CIDADÃO, ESTADO E POLÍTICAS NO BRASIL CONTEMPORÂNEO

DEPARTAMENTO DE SOCIOLOGIA DA UNIVERSIDADE DE BRASÍLIA

Cidadão, Estado e Políticas no Brasil Contemporâneo

Coordenação Geral
Wilma de M. Figueiredo

PROGRAMA NACIONAL DE
desburocratização

Editora Universidade de Brasília

Impresso no Brasil

Editora Universidade de Brasília
Campus Universitário – Asa Norte
70.910 Brasília – Distrito Federal

EQUIPE TÉCNICA

Capa: Magno Ernesto Cavalcanti

Revisão:
Esmeraldino Henrique da Silva

ISBN: 85-230-0214-6

Ficha Catalográfica
elaborada pela Biblioteca Central da Universidade de Brasília

Figueiredo, Wilma de M., Coord.
T266c Cidadão, Estado e políticas no Brasil contemporâneo. Brasília, Editora Universidade de Brasília, 1986.
294 p.

Convênio PrND/UnB

342.71:321(81) 321.7(81)
323.2(81)
t

SUMÁRIO

APRESENTAÇÃO

Sob o título Cidadão, Estado e Políticas no Brasil Contemporâneo, reúnem-se, no presente volume, alguns dos trabalhos produzidos com financiamento do convênio firmado entre o PrND e a Universidade de Brasília e executado pelo Departamento de Sociologia.

O momento político brasileiro traz o desafio de se repensar as relações entre Estado e sociedade com vistas à identificação das possibilidades e limites da democracia neste país. O tema da cidadania, de sua construção e universificação, assume o *status* de categoria analítica central quando se pretende praticar a democracia. Os textos reunidos neste volume contribuem para o aprofundamento dessas questões, em diferentes níveis.

Os quatro primeiros discutem, direta ou indiretamente, o tema da cidadania ao tratarem, principalmente, da análise de planos e/ou programas governamentais de âmbito nacional ou local. O Plano Nacional de Reforma Agrária e a cidadania do trabalhador rural são analisados por Elizabeth Freitas e Isabelle B.P. da Silva, acompanhando as forças político-sociais que levaram à apresentação da primeira proposta e suas modificações na versão final. Uma análise cuidadosa das possibilidades de – entraves à – absorção dos pequenos produtores rurais nordestinos no processo de democratização do país é feita por Ives Chaloult, no âmbito do Projeto Nordeste. José Estêvão Machado Arcanjo examina as possibilidades de um planejamento democrático focalizando o Plano de Desenvolvimento do Nordeste da Nova República e Maria Cilene M.S. dos Santos examina o Programa Nacional de Desburocratização enquanto permitindo uma atualização do discurso liberal e também como se constituindo em um campo de expressões de reivindicação de direitos e assunção de deveres pelo cidadão.

Os quatro textos seguintes analisam políticas setoriais do Estado. Vicente Faleiros, tomando a previdência social, desenvolve um panorama das articulações entre sociedade e Estado e dos limites da cidadania no Brasil. O modelo energético é analisado por Paulo Leonelli que aponta sua crucialidade para a democratização do país e Mário Tinoco da Silva discute a Reforma Tributária e a Constituinte como questões centrais na reestruturação das forças sociais brasileiras. Elizeu Calsing estuda a descentralização governamental visando a uma efetiva federalização que implica maior poder para os municípios.

O último texto, de Ivan Sérgio F. de Sousa e Michelângelo G.S. Trigueiro é o único que, especificamente, trata de movimentos sociais e construção da cidadania, focalizando a luta pela terra.

Os autores tiveram plena autonomia na elaboração de seus textos sendo, portanto, de sua inteira responsabilidade as afirmações que neles fazem. Apesar da diversidade de estilos, nenhum trabalho desta coletânea se restringe a uma análise conjuntural correndo o risco de ser ultrapassado, rapidamente, pelos acontecimentos. Porém, como se referem, também, ao momento atual, cabe lembrar que todos os textos foram recebidos pela coordenação do convênio antes de meados de fevereiro de 1986.

Vilma de M. Figueiredo.

REFORMA AGRÁRIA E CIDADANIA

*Elizabeth S. Freitas**
*Isabelle B.P. da Silva***

* Bel. em Sociologia, UnB; aluna do Mestrado em Sociologia da UnB.
** Bel. em Ciências Sociais, UFCE; aluna do Mestrado em Sociologia da UnB.

1. INTRODUÇÃO

O trabalhador rural brasileiro, de um modo geral, sempre viveu à margem da sociedade, como elemento manipulado ou reprimido por forças orientadas pelo poder econômico dos latifundiários, principalmente os grandes grupos financeiros multinacionais. Sua participação na vida política do país e sua capacidade para influenciar nas decisões tomadas por aqueles que deveriam ser seus representantes no Congresso Nacional têm sido insignificantes, configurando-se sua situação de pré-cidadania. A Reforma Agrária representa a possibilidade de conquista da cidadania plena para o homem do campo, e o direito de tornar-se uma classe organizada e forte, capaz de alcançar representatividade política no aparelho de estado e exercer pressões na defesa de seus interesses.

Com o agravamento da situação econômica no campo, tornaram-se crescentes as pressões dos trabalhadores rurais e de parcela majoritária da sociedade, no sentido da realização imediata de uma Reforma Agrária que promova, de fato, mudanças estruturais no meio rural. O Movimento Sindical dos Trabalhadores Rurais (MSTR), através de suas diferentes instâncias de representação, tem sido o principal canal de expressão das reivindicações da classe trabalhadora rural nesse processo, que teve como ponto culminante a realização do 4º Congresso Nacional de Trabalhadores Rurais, em maio de 1985.

Por outro lado, os grande proprietários de terras e empresários rurais, atualmente vinculados organicamente ao poder, utilizam-se dos mais diversos instrumentos para garantir a permanência da estrutura fundiária atual e a continuidade do processo de concentração de terra e de renda.

Pretende-se, neste trabalho, analisar o processo de evolução da "Proposta para a Elaboração do 1º PNRA da Nova República" (PPNRA) até chegar-se à versão definitiva daquele documento que resultou no Decreto nº 91.766, relacionando-o à dinâmica do conflito de classes que se verifica no interior do aparelho estatal e na sociedade.

Primeiramente, será estabelecida a relação entre Reforma Agrária e a conquista de cidadania do trabalhador rural. Em seguida, analisa-se o posicionamento das classes sociais e frações de classe em luta no meio rural, frente à PPNRA, fazendo-se também uma comparação entre a proposta e o plano de Reforma Agrária definitivo. Juntamente com seu aspecto econômico, acredita-se necessário que a Reforma Agrária seja compreendida como parte de uma totalidade social que deve ser analisada em todas as suas instâncias.

2. A QUESTÃO DA CIDADANIA PARA OS TRABALHADORES RURAIS

Encontra-se embutido na questão agrária o aspecto da cidadania do homem do campo. Compreendida como um princípio de igualdade de participação na comunidade, a questão da cidadania assume um caráter particular quando se trata de uma sociedade que tem, como sua dinâmica, o princípio da desigualdade de classes. De fato, na sociedade capitalista verifica-se uma contradição entre o processo de concretização dos direitos formais da cidadania e a desigualdade de classes. Marshall (1967) acredita ser possível existir uma compatibilidade entre estes dois fenômenos, na medida em que a cidadania pode legitimar a desigualdade social. Referindo-se a Alfred Marshall (1949) ele afirma que "a desigualdade do sistema de classes sociais pode ser aceitável desde que a igualdade de cidadania seja reconhecida" (Marshall 1967:62). Não obstante, a aceitabilidade dessa desigualdade social, que se torna camuflada pela igualdade de cidadania, não implica que a contradição inerente à sociedade de classes esteja resolvida, o que nos leva a crer que essa compatibilidade aparente entre os dois fenômenos, na realidade, apenas oculta um conflito não resolvido.

O *status* de cidadania que possuem os membros de uma comunidade implica a obtenção de direitos e o compromisso do cumprimento de deveres para com a comunidade. Para que a conquista do *status* de cidadania não corresponda somente à legitimação da desigualdade social existente, faz-se necessário que ela seja apenas um dos aspectos do processo de transformação das estruturas sociais ao nível econômico e político. Daí o seu aspecto contraditório em relação a uma sociedade movida pela dinâmica da luta de classes na qual predomina a desigualdade social. Na verdade, existe um conflito permamente entre cidadania e classes sociais.

Marshall (1967) ressalta três elementos – civil, político e social – na definição do seu conceito de cidadania. O elemento civil inclui os direitos à liberdade individual, liberdade de ir e vir, liberdade de imprensa, pensamento e fé, o direito à propriedade e o direito à justiça, que representa o direito de defender e afirmar todos os direitos em termos de igualdade com os outros. Os tribunais de justiça seriam as instituições mais intimamente ligadas aos direitos civis. O elemento político da análise de Marshall refere-se ao direito de participar no exercício do poder político, como membro de um organismo investido da autoridade política ou como um eleitor dos membros de tal organismo. As principais instituições ligadas a esse aspecto do direito de cidadania são os partidos políticos e o parlamento. O aspecto social inclui tudo, desde o direito a um mínimo de bem-estar econômico e segurança ao direito de participar, por completo, na herança social, vivendo como um ser civilizado de acordo com os padrões que prevalecem na sociedade. O sistema educacional e os serviços sociais figuram entre as instituições mais ligadas aos direitos sociais.

A análise de Marshall, calcada na ideologia liberal, abrange aparentemente todos os aspectos que envolvem o *status* de cidadania, omitindo, no entanto, a questão crucial do direito ao trabalho, que parece ficar implícita no aspecto social, mas que não recebe qualquer referência particular. Tanto quanto um direito social, o direito ao trabalho e à sua remuneração justa podem ser definidos como um direito civil, uma vez que podem ser incorporados ao direito à justiça, e constituem condição essencial para a conquista das demais liberdades implicadas no aspecto civil da cidadania. O desemprego e a marginalidade social dele decorrentes anulam todos os demais aspectos do direito de cidadania mencionados no conceito de Marshall. O direito ao trabalho e à sobrevivência digna surge, ao nosso ver, como o elemento básico do processo de conquista de cidadania, vista como participação integral na comunidade.

Um dos grandes desafios das sociedades capitalistas subdesenvolvidas está na questão de como garantir o trabalho como elemento central de conquista da cidadania enquanto a economia desses países encontra-se atrelada ao processo de acumulação capitalista mundial e subordinada às suas leis de desenvolvimento, que implicam uma exploração muito grande do proletariado e sua marginalização, especialmente nas fases recessivas em que sobe muito a taxa de desemprego.

Nessas sociedades, a questão agrária encontra-se em evidência pois é na área rural onde se verifica o mais alto nível de exploração da mão-de-obra e piores condições de vida da população. Certos direitos civis e sociais já consolidados como conquistas reais entre os trabalhadores da área urbana ainda não chegaram à grande maioria de pessoas que habitam o campo. O direito à alimentação, à educação, à moradia decorrentes, como já foi dito, do direito ao trabalho, embora não tenham sido também alcançados por grande parte da população urbana, são completamente desconhecidos para a maioria da população rural, que vive em estado de miséria absoluta, especialmente na região nordeste do país. Sem a conquista destes direitos mínimos necessários para a garantia da sobrevivência, torna-se impossível alcançar a condição de cidadania, que tem que ser acompanhada pela percepção de seus direitos e deveres, assim como da capacidade para exercê-los.

A necessidade de incorporar o trabalhador rural à sociedade legal brasileira foi reconhecida oficialmente, pela primeira vez, na segunda metade da década de 50. Nesta época os movimentos camponeses através, inicialmente, das Ligas Camponesas começam a se organizar em seus órgãos de classes, que dariam origem posteriormente ao movimento sindical propriamente dito.

Em março de 1963, João Goulart enviou ao Congresso uma mensagem de mudança da Constituição, anexando um anteprojeto de

Reforma Agrária que estabelecia "a desapropriação por interesse social" e a "indenização dos bens desapropriados em títulos da dívida pública, resgatáveis no prazo de 20 anos em parcelas anuais iguais e sucessivas, de valores nominais fixados por ato do poder executivo" (como afirma SILVA (1985), naquela época não se havia instituído ainda a correção monetária). No entanto, as forças contra a Reforma Agrária pronunciaram-se contra a reforma da Constituição, o que propiciou um intenso debate não só no parlamento, mas em entidades da sociedade civil, debate só interrompido pelo Golpe Militar de 1964. A promulgação do Estatuto do Trabalhador Rural[1] representou um importante marco histórico no processo de conquista da cidadania do homem do campo. Através dele, estendia-se a legislação social trabalhista para o campo, concedendo-se proteção legal ao trabalhador rural até então praticamente excluído dela, que só beneficiava o trabalhador urbano. Foi uma lei de grande alcance econômico e social, mas que, por vários motivos, incluindo falhas na sua elaboração e a indefinição das fontes de financiamento, acabou não obtendo o sucesso esperado.

Outro passo dado na direção da conquista da cidadania do trabalhador rural foi a promulgação do Estatuto da Terra[2]. Não se cogitava, naquele instrumento legal, de destruir o latifúndio de forma definitiva, mas apenas de superar algumas contradições que a propriedade improdutiva da terra gerava para o capitalismo. Tratava-se de realizar uma modificação conservadora, prescrevendo o modelo de empresa rural como o ideal para o país, constituindo-se, portanto, numa lei de desenvolvimento rural. O não cumprimento dessa lei durante os seus 21 anos de existência foi o reflexo de uma estrutura estatal comprometida com os grandes latifundiários e desinteressada pela promoção da justiça social e pela melhoria das condições de existência da população rural.

Em termos estritamente jurídicos, a criação do Funrural (1971)[3] dá início a um processo de inclusão da área rural na participação da distribuição de benefícios (Santos, 1979). O Funrural distingue-se, basicamente, do sistema previdenciário urbano porque nele "rompe-se com a concepção contratual da previdência, sendo o programa financiado, em parte, por impostos sobre a comercialização dos produtos rurais, e, em parte, por tributação incidente sobre as empresas urbanas. Os trabalhadores rurais não desembolsam contribuição direta para o fundo. Ademais, inexiste a partilha profissional, ou ocupacional, do trabalho agrícola, à qual, eventualmente, estivessem associadas pautas de direitos diferenciados... Do ponto de vista da eqüidade é inegável tratar-se de um programa redistributivo que transfere renda das áreas urbanas para as áreas rurais, visto que a

---

1 Estatuto do Trabalhador Rural – Decreto nº 53.517, de 31-01-1964.

2 Estatuto da Terra – Decreto nº 4.504, de 30 de novembro de 1964.

3 Fundo de Assistência ao Trabalhador Rural.

tributação que dá origem aos recursos para o programa termina por ser incorporada ao preço dos produtos consumidos majoritariamente nas áreas urbanas" (Santos, 1979: 115).

A análise do papel desempenhado pelo Funrural na promoção da cidadania leva-nos a recorrer ao conceito de "cidadania regulada" formulado por Santos e expresso na política econômico-social do Governo revolucionário pós-30 no Brasil:

> "Por cidadania regulada entendo o conceito de cidadania cujas raízes encontram-se, não em um código de valores políticos, mas em um sistema de estratificação ocupacional... que... é definido por norma legal. Em outras palavras, são cidadãos todos aqueles membros da comunidade que se encontram localizados em qualquer uma das ocupações reconhecidas e definidas em lei... A cidadania está embutida na profissão e os direitos do cidadão restringem-se aos direitos do lugar que ocupa no processo produtivo, tal como reconhecido por lei[4]. Tornam-se pré-cidadãos todos aqueles cuja ocupação a lei desconhece. A implicação imediata deste ponto é clara: seriam pré-cidadãos todos os trabalhadores da área rural que fazem parte ativa do processo produtivo, e, não obstante, desempenham ocupações difusas para efeito legal; assim como seriam pré-cidadãos os trabalhadores urbanos em igual condição, isto é, cujas ocupações não tenham sido reguladas por lei" (Santos, 1979: 75).

O Estado tem um papel fundamental desse processo de extensão regulada da cidadania, uma vez que "os direitos dos cidadãos são decorrência dos direitos das profissões e as profissões só existem via regulamentação estatal" (Santos, 1979:76). A carteira profissional passa a ser o instrumento jurídico que comprova a existência do contrato entre o Estado e a cidadania regulada, tendo o papel de uma "certidão de nascimento cívico".

O Funrural, segundo Santos, rompe com o conceito de cidadania regulada e com a noção contratual de direitos sociais na medida em que estabelece o trabalho como origem da pauta de direitos sociais básicos. O Funrural implica o conceito de proteção social por razões de cidadania na medida em que os benefícios são pagos "em razão de carências que se geram ao longo da participação do trabalhador no processo produtivo, ou quando dele já não pode mais participar. Trata-se de promover direitos que são direitos do trabalho, simplesmente" (Santos, 1979: 118).

---

[4] O conceito de cidadania regulada estabelece uma associação entre cidadania e ocupação.

O agravamento da situação no campo é visível. De maneira geral, pode-se dizer que as medidas tomadas pelos diferentes governos no período ditatorial no que se refere à questão agrária, foram insignificantes, ou pouco representaram face à gravidade do problema e das péssimas condições em que se encontram os trabalhadores rurais. O crescimento da violência e das injustiças sociais cometidas, em muitos casos, sob as vistas ou com o consentimento dos representantes da lei e do Estado são constantes. Dados da Associação Brasileira de Reforma Agrária (Abra) e da Comissão Pastoral da Terra (CPT) mostram que de 173 conflitos pela terra registrados no ano de 1982, evoluiu-se para 484 registrados no ano passado. Somente neste ano (1985) já se registraram mais de 1.000 conflitos envolvendo cerca de 600 mil pessoas. A Reforma Agrária que implique transformações estruturais e que proporcione o direito ao trabalho, à educação, à moradia e alimentação decentes é o único caminho que poderá levar o homem do campo a alcançar o *status* de cidadão consciente de seus direitos e deveres, capacitado a participar no processo político, representando-se a si próprio como cidadão no Poder Legislativo e usufruindo dos benefícios do desenvolvimento econômico que ele ajuda a criar. Portanto, a Reforma Agrária de que se fala é uma questão política e de justiça social, além de ser um instrumento de contenção do êxodo rural, que resulta na transformação do trabalhador em pessoa improdutiva, já que na conjuntura brasileira dos anos 80 a capacidade de absorção de mão-de-obra nas cidades é muito pequena.

Está superado o período em que a grande preocupação na agricultura brasileira era a baixa oferta de alimentos e matérias-primas. Hoje já temos uma oferta maior que a demanda, e a grande preocupação é o baixo poder aquisitivo de grande parte da população, em sua maioria, de origem rural.

Consta que a geração de um emprego na agricultura é bem inferior à da indústria (Silva, 1985: 34). Daí conclui-se que a área rural é um espaço privilegiado para uma política de geração de emprego, e, desde que não se pretenda continuar com o processo de concentração de renda, faz-se necessária a realização de uma Reforma Agrária.

A chamada "Nova República" mostrou-se sensível à problemática do meio rural. Já no programa da Aliança Democrática (firmada entre o PMDB e o PFL) constava o compromisso de realizar uma "Reforma Agrária mediante cumprimento do Estatuto da Terra e melhoria das condições de vida do homem do campo" (*Folha de S. Paulo, 8-8-84*). Decorrente desse compromisso, e em honra a ele, foi que, em maio de 1985, o Ministério da Reforma e do Desenvolvimento Agrário apresentou, para "conhecimento e debate da Nação, a proposta para a elaboração do 1º Plano Nacional de Reforma Agrária... com que a Nova República dá início ao resgate desta imensa dívida social perante a sociedade brasileira" (PPNRA, 1985, Apresentação).

3. O MOVIMENTO SINDICAL DE TRABALHADORES RURAIS (MSTR) E A PROPOSTA DE ELABORAÇÃO DO 1º PNRA DA NOVA REPÚBLICA (PPNRA)

A questão fundiária é um dos aspectos fundamentais da ação sindical coordenada pela Contag [5], instância máxima de representação do Movimento Sindical de Trabalhadores Rurais. Desde 1968, a Reforma Agrária tem sido a reivindicação central dos trabalhadores do campo junto aos órgãos governamentais. No apogeu do regime autoritário o movimento sindical foi obrigado a retrair-se, assumindo uma postura defensiva tanto em virtude das ameaças de represálias por parte do aparelho estatal, como do seu desbaratamento completo em algumas regiões. Mesmo durante o período em questão, as três reivindicações centrais – a Reforma Agrária, a organização sindical e a securidade social – foram sustentadas como as principais bandeiras de luta do movimento sindical no campo. A partir de 1978, configura-se, na conjuntura política do país, maior espaço para a atuação do movimento sindical, que pode passar a adotar, progressivamente, uma atitude mais ofensiva e definida em relação às questões sociais e políticas que envolvem os trabalhadores rurais.

O 4º Congresso Nacional de Trabalhadores Rurais – realizado em Brasília, em maio de 1985, coincidindo com a apresentação da "Proposta para a Elaboração do 1º PNRA da Nova República" – foi o resultado de uma série de encontros preparatórios nos quais foram discutidas, com as bases locais, as principais questões relativas à situação do homem no campo e as reivindicações específicas das diferentes categorias inseridas no MSTR. As propostas apresentadas para discussão consubstanciaram as prioridades determinadas em nível municipal pelos sindicatos, e em nível estadual pelas Federações, a partir dos congressos realizados ao longo do período preparatório. Foi incontestável a representatividade desse Congresso, que teve a sua dinâmica especialmente marcada pela participação e o confronto de diferentes tendências políticas e a heterogeneidade social do MSTR. Sabendo-se que ele engloba um conjunto de categorias que chegam a ser antagônicas – como é o caso de pequenos proprietários da região sul que empregam sistematicamente mão-de-obra assalariada e a maior parte dos trabalhadores despossuídos da região nordeste – pode-se entender que os interesses e as prioridades dos diversos grupos são contraditórios, gerando conflitos e disputas dentro do contexto sindical. Esse quadro reflete a diversificação da força de trabalho no campo e a situação de desigualdade social que se verifica, mesmo entre as camadas menos beneficiadas da população rural.

Como grande fórum de debates sobre as questões agrárias, o 4º Congresso foi a expressão das principais reivindicações da classe traba-

[5] Contag: Confederação Nacional dos Trabalhadores na Agricultura.

lhadora rural que nele se fez representar. Seu funcionamento baseou-se na organização de comissões de trabalho que envolveram os principais temas em torno dos quais o MSTR mobiliza-se no momento: Questões Trabalhistas, Política Agrícola, Problemas Nacionais, Questões Agrárias, Sindicalismo e Previdência Social. Entre essas diferentes comissões distribuíram-se os cerca de 4.300 delegados, presentes para discutir as diferentes propostas apresentadas e chegar a conclusões sobre a formulação e o encaminhamento da política a ser adotada pelo MSTR. A participação de diferentes correntes políticas com a defesa de propostas que, em alguns casos, resultaram em resoluções tomadas pelas comissões de trabalho, confirmou a existência de um crescente pluralismo no interior do MSTR, e "determinou a maneira como o posicionamento final foi explicitado" (Medeiros e Santos Filho, 1985: 27).

A coincidência entre a proposta para a elaboração do PNRA e o posicionamento do movimento sindical rural sobre a Reforma Agrária é clara. Fica evidente que houve, por parte do Governo, interesse em consultar previamente os trabalhadores rurais sobre o processo de realização da Reforma Agrária e seu caráter. Essa é a primeira vez que a Classe trabalhadora rural participa do processo de elaboração de um plano dessa natureza. As modificações introduzidas posteriormente na proposta original, e que vieram a descaracterizá-la como instrumento de mudança da estrutura agrária, serão analisadas mais adiante neste trabalho. Por ora, vale ressaltar a utilização do Estatuto da Terra como parâmetro para a realização da Reforma Agrária proposta tanto pelo MSTR como, num primeiro momento, pelo Governo. Na versão definitiva do documento, que se transformou em decreto, verifica-se um claro distanciamento dos princípios nos quais ele se baseou inicialmente.

Embora o Estatuto da Terra tenha sido o ponto de partida para as discussões sobre a Reforma Agrária no 4º Congresso, aquele documento legal já não satisfaz ao movimento sindical rural, que se posicionou em defesa de medidas mais avançadas no que se refere à forma de ocupação e exploração da terra, incentivando práticas de coletivização em alguns casos específicos, como nas terras públicas, inexploradas ou de empresas rurais. Ao lado da exigência de uma "nova estrutura da propriedade fundiária", mudanças nas relações de trabalho no campo, "mais justa distribuição da renda", e "maiores direitos de garantia aos trabalhadores rurais", surgem críticas ao modelo econômico que privilegia os interesses de latifundiários e do grande capital nacional e estrangeiro, propõe-se uma orientação de política econômica voltada para o mercado interno e mudanças nas leis trabalhistas, consideradas aspecto fundamental do processo de implantação da Reforma Agrária. Esse avanço representa uma síntese das divergências entre as diferentes correntes políticas presentes ao 4º Congresso, algumas das quais (como o Movimento dos Sem Terra e a CUT) rejeitam o Estatuto da Terra como base para a realização de uma Reforma Agrária verdadeira.

Para o movimento sindical rural, a colonização como forma de assentamento, além de inexpressiva na forma como vinha sendo encaminhada, representou uma saída encontrada pelos governos autoritários para evitar a Reforma Agrária. A proposta do plano de Reforma Agrária também explicita o caráter negativo desse processo de colonização, esclarecendo, no entanto, que a colonização é um procedimento importante para o desenvolvimento regional e por isso não deve ser abandonado.

A questão da Política Agrícola perpassa a PPNRA como uma política distinta e, da mesma forma que a colonização, *complementar* à Reforma Agrária. Sua função, conforme a definição do Estatuto da Terra[6], é a de assegurar condições de trabalho e boa produtividade àqueles *que já têm acesso à terra.* Isso significa que as definições sobre Política Agrícola devem surgir ao longo do processo de implantação da Reforma Agrária.

A orientação da Política Agrícola atinge mais diretamente os pequenos produtores, os quais se vêem em situação vulnerável em relação às suas diretrizes. Foi na análise dos problemas deste grupo que se concentraram as discussões do 4º Congresso relacionadas com o tema. As reivindicações dos pequenos produtores sintetizam-se em dois aspectos principais: participação nas decisões sobre Política Agrícola e respeito à cidadania dos trabalhadores rurais através da eliminação dos privilégios, da corrupção e dos escândalos, que são freqüentes na sua administração e implementação.

No âmbito do Movimento Sindical, a luta pela Reforma Agrária é uma luta política. Ela representa a libertação do trabalhador rural de uma dominação que não é apenas econômica, mas também política e ideológica. É uma luta que abrange toda a sociedade, uma vez que o latifúndio constitui-se numa das forças de sustentação do regime, que é basicamente opressor da classe trabalhadora como um todo. A conquista de direitos e deveres sociais, que significa a conquista da cidadania para todos os trabalhadores, passa pela capacidade de participação política. É, portanto, através da prática política que o trabalhador rural acredita poder alcançar seus objetivos de melhoria da situação econômica. A reivindicação não é apenas de terra e trabalho, mas também de participação nas decisões políticas. A luta pela Reforma Agrária envolve um entrelaçamento entre o aspecto econômico e o aspecto político, tornando-se, este, a forma de expressão imediata do conflito rural.

---

6 Estatuto da Terra, Artigo 1º § 2º: "Entende-se por Política Agrícola o conjunto de providências de amparo à propriedade da terra, que se destinam a orientar, no interesse da economia rural, as atividades agropecuárias, seja no sentido de garantir-lhes o pleno emprego, seja no de harmonizá-las com o processo de industrialização do País".

4. OS GRANDES PROPRIETÁRIOS DE TERRA E A PROPOSTA DO PLANO DE REFORMA AGRÁRIA

Após a divulgação da proposta do 1º Plano Nacional de Reforma Agrária da Nova República houve uma grande reação de segmentos conservadores da sociedade, desde denúncias na imprensa ao armamento de milícias privadas e o assassinato de camponeses. Críticas as mais diversas e mais contundentes foram lançadas pelos latifundiários e empresários rurais em relação não só à proposta apresentada, mas também aos membros do Poder Executivo, especialmente ao ministro Nelson Ribeiro, do Mirad [7], e ao presidente do Incra [8], sr. José Gomes da Silva.

Flávio Teles de Menezes, presidente da Sociedade Rural Brasileira (SRB) classificou o plano de "inadequado e inaceitável". Em mensagem veiculada pela imprensa, clama pela necessidade de "resguardo da atividade produtiva hoje existente no Brasil que, com grandes dificuldades, conseguiu montar uma estrutura de abastecimento, gerar divisas e criar milhões de empregos" (*Folha de S. Paulo, 2-6-85*).

Com este, outros comentários inflamados foram proferidos por dirigentes das mais diversas entidades representativas da classe proprietária e empresarial rural, que culminaram na realização do Congresso Brasileiro sobre Reforma Agrária (CBRA).

O Congresso realizou-se em Brasília nos dias 27 e 28 de junho de 1985, autodefinido como "posição da classe rural perante o 1º PNRA". Foi promovido pela Confederação Nacional da Agricultura (CNA) e teve como patrocinadores diversas entidades ligadas ao setor agrícola e ao capital financeiro.

Não se pode afirmar que o CBRA tenha sido um encontro pacífico, a julgar pelo acirramento dos ânimos e pelas propostas de caráter radical expressas, as quais contaram com um forte incentivo da organização de cunho fascista conhecida como Tradição, Família e Propriedade (TFP), fartamente representada. O tumulto que se criou com os discursos exarcebados e de forte teor ideológico impediu que a mesa dirigente pudesse conduzir a bom termo os seus trabalhos[9].

Estavam presentes ao encontro cerca de três mil produtores rurais do país, distribuídos entre empresários, latifundiários e médios produtores, bem como senadores e deputados federais. A partir da diferenciação entre

---

7 Mirad – Ministério da Reforma e Desenvolvimento Agrário.

8 Incra – Instituto de Colonização e Reforma Agrária.

9 Algumas das afirmações anunciadas em público no CBRA: "Vamos criar o Partido Social Rural para a defesa da democracia brasileira", "O PNRA é o caos para o produtor rural", "vamos derrubar o ministro", "O PNRA é um lixo", "Não confiamos nos homens que estão à frente do Governo, não aceitamos a coletivização da propriedade. Somos a favor da propriedade privada". "Lembramos à classe política que a classe rural também vota!".

os segmentos de classe, perceberam-se diferentes avaliações sobre a PPNRA, as quais refletiram contradições entre a posição dos empresários e dos latifundiários, embora estas contradições não chegassem a romper a unidade da classe. O que pretenderam demonstrar, expressaram através da afirmação de que "estamos dando uma demonstração da união da classe, atuante, dentro da ordem constitucional, dos que fazem a agricultura no Brasil" (CBRA, 1985). As contradições refletidas nas propostas apresentadas demonstraram que o Congresso não foi totalmente unitário pois que entre os grandes proprietários de terras e empresários rurais (impossível caracterizá-los numa categoria só) há divergências de interesses. Não obstante, foram capazes de organizar-se rapidamente e em bloco para demonstrar a sua força (que ficou constatada) e combater a postura do Mirad/Incra em relação à Reforma Agrária.

Utilizando o esquema proposto por Graziano da Silva (1985), entre os que são "contra qualquer reforma agrária" encontram-se os latifundiários, a TFP (esta é contra o próprio Estatuto da Terra) e outros radicais de direita com grande força dentro da CNA e das federações estaduais. Entre os que são contra a "desapropriação por interesse social" estão os grandes produtores (usineiros e empresários rurais, representados pela SRB) e os médios produtores. Favoráveis à Reforma Agrária somente posicionam-se setores menos conservadores, como a Sociedade Nacional de Agricultura (SNA).

Destarte toda essa diferenciação, foi apresentado um documento crítico com sugestões de reformulação à PPNRA, sendo algumas modificações elaboradas no decorrer do Congresso. No documento intitulado "Posição da Agropecuária perante o 1º PNRA", as críticas dirigem-se diretamente ao Estatuto da Terra e ao texto da proposta ao 1º PNRA, considerada inconstitucional, tecnicamente errada e mal formulada.

Em linhas gerais, o principal eixo de argumentação se ateve a uma polarização entre Política Agrícola e Reforma Agrária, tentando-se deslocar a questão da concentração fundiária para aspectos ligados à produção e produtividade, de tal forma que a questão fundiária estivesse inserida na Política Agrícola; e a tomada do Estatuto da Terra como ponto de referência, tendo como base de legitimação os compromissos assumidos por Tancredo Neves e pela Aliança Democrática: "Não postulo medidas radicais e novas para a solução do problema agrário no Brasil. Vamos nos empenhar em executar a legislação que aí está, proclamada e não cumprida. Para os anos próximos, a aplicação do Estatuto da Terra, por si só, corresponderá a uma revolução no campo" (Tancredo Neves, 1984).

O que se constitui, para os latifundiários, como "excessos" da PPNRA, refere-se à instituição da área máxima de propriedade, o que, no entender dos "donos da terra", representa uma "barreira irracional e prejudicial ao crescimento da produção agrícola nacional" (CBRA, 3); inclusão de "formas comunitárias de apropriação", o que demonstraria um "conteúdo ideológico coletivizante" (CBRA, 2); acréscimo de "critérios e indicadores" aos já previstos pelo Estatuto da Terra quando da identificação e delimitação das áreas regionais prioritárias, áreas de ação e áreas desapropriáveis, o que "não só extravasa os limites da lei, como o faz confessadamente, e entrega ao arbítrio exclusivo da autoridade a sorte do produtor rural" (CBRA, 3).

Outras críticas dizem respeito ao aspecto constitucional, no qual a proposta estaria ferindo a independência dos Poderes da União (CBRA, 4), na medida em que se propõe a "sensibilizar instâncias e órgãos do Poder Público" no sentido de rever o entendimento da expressão "justa indenização". Também estaria sendo inconstitucional (CBRA, 4) quando, na tentativa de impedir a reconcentração de terra, propõe-se a evitar a "transferência de domínio da propriedade a terceiros".

Os grandes "donos de terra" acusam, também, a proposta de "subestimar as carências de infra-estrutura"; de que "os custos de assentamento são orçados irrealística e superficialmente"; e ainda, que suas "estatísticas são baseadas em estimativas fornecidas por entidades não oficiais ou em dados cadastrais desatualizados" (CBRA, 5). Alegam, também, que "o anúncio inadequado de critérios prioritários de desapropriação... provocou o exacerbamento e ações de invasão de propriedades" (CBRA, 5), e citam como "erro" a "elaboração", em sessenta dias, de um programa para quinze anos" (CBRA, 6).

Como pode ser constadado através da leitura do PNRA, foi clara influência da aliança entre os latifundiários e a nova classe capitalista rural na elaboração daquele documento. As sugestões apresentadas por eles foram acatadas, e a proposta do Mirad/Incra descaracterizada no seu conteúdo de justiça social. O apoio explícito de representantes do Poder Legislativo, conhecidos proprietários de terras, e o suporte velado do Poder Executivo evidenciaram que a força do latifúndio manifesta-se organicamente dentro do poder de Estado no Brasil.

5. A PROPOSTA E O PLANO DE REFORMA AGRÁRIA QUE DEU ORIGEM AO DECRETO Nº 91.766

A apresentação da proposta do Mirad/Incra no 4º Congresso de Trabalhadores Rurais, em Brasília, configurou-se como a abertura do que deveria ser um grande debate nacional em torno do tema, no qual deveriam participar todos os segmentos interessados da sociedade. Diante da necessidade de legitimar-se perante a Nação numa conjuntura marcada pelos acontecimentos ligados ao falecimento de Tancredo Neves, o presidente da República decidiu dar prioridade à classe trabalhadora na discussão do tema.

Não obstante, esse ato do Governo foi interpretado como um "erro tático" por um grande número de pessoas (inclusive técnicos do próprio Governo) e órgãos da grande imprensa. Ao invés de ser encarada como um passo no processo de democratização do País, a abertura do debate, começando pela classe trabalhadora rural, foi vista como um ato de provocação, criticado tanto por parte dos proprietários de terras, conservadores, como de setores mais liberais dentro do aparelho de Estado, que acabaram revelando o seu comprometimento com o latifúndio.

Em lugar da discussão pública que se pretendia estimular em torno da proposta apresentada pelo Mirad/Incra, começaram as pressões, violências e conchavos que resultaram na modificação do documento original, transformando-o num texto quase inócuo em relação às já limitadas transformações defendidas anteriormente. A contradição que se verifica entre o texto original (PPNRA) e o Plano de Reforma Agrária definitivo (PNRA) deixa claro que o objetivo do Governo não é o de realizar mudanças estruturais, mas apenas reduzir a tensão social no campo para "garantir a sobrevivência... do capitalismo... A miséria, constantemente reproduzida, continua sendo uma questão a ser resolvida pelos trabalhadores" (Souza, 1985: 16).

As mudanças introduzidas no documento original descaracterizam-no exatamente no que ele continha de inovador em relação aos projetos formulados por governos anteriores. "A necessidade de incentivar exploração racional da terra", que no PNRA substituiu "a necessidade de profundas modificações da estrutura agrária do país" (PNRA, 3), demonstra, já nas primeiras linhas, que o novo plano está voltado principalmente para as questões ligadas ao aumento da produtividade e não para as desapropriações por interesse social e o assentamento de trabalhadores sem terra. Seguindo a linha dos documentos comuns à chamada "Velha República", o PNRA deixa de explicitar de maneira clara e objetiva o seu caráter. Dessa forma, procura dar a idéia de que se trata de um documento transformador, quando a sua leitura cuidadosa revela exatamente o contrário. No item II, por exemplo, que se refere aos "Princípios Básicos da Reforma Agrária", o documento afirma que "O PNRA visa a atingir os objetivos e metas definidos..., a partir da observância dos preceitos constitucionais e da aplicação do Estatuto da Terra (Lei nº 4.504, de 30-11-64)" (PNRA, 10). Mas, ao afirmar logo em seguida, que "decorrem daí *alguns* (grifo nosso.) princípios e diretrizes fundamentais adotados no plano", fica esclarecido que os princípios do Estatuto da Terra como um todo não serão obedecidos, ou seja, utiliza-se o Estatuto da Terra como fachada quando, na verdade, ele não será cumprido em sua essência.

Ao centralizar na Presidência da República as decisões sobre a execução dos planos regionais, o decreto visa a enfraquecer o Ministério da Reforma e Desenvolvimento Agrário, retirando-lhe prerrogativas que facilitariam a agilização do processo de assentamentos e criando dificuldades para a operacionalização da Reforma Agrária.

Ainda no bojo das modificações, a política agrícola considerada anteriormente como complementar à Reforma Agrária, passa agora para primeiro plano, confundindo-se com a própria Reforma Agrária em si. Como políticas agrícolas, o PNRA entende "o conjunto de providências de amparo à produção agropecuária através de mecanismos como crédito, seguro agrícola, preços mínimos, geração e difusão de tecnologia, sistema de escoamento de eletrificação e de comercialização da produção" (PNRA, 18). Esses itens, sem dúvida importante no decorrer do processo de realização de uma Reforma Agrária, não podem, no seu momento inicial, receber a mesma ênfase que a política agrária, uma vez que lhes são decorrentes e não condicionantes. A implementação de políticas agrícolas implica a definição da política agrária adotada. Como estava explícito na proposta original, constitui-se medida complementar ao processo de transformação da estrutura fundiária.

De acordo com o novo plano, não são estabelecidas as áreas prioritárias para desapropriação, e nem todos os latifúndios são incorporados ao processo. O significado social do latifúndio é substituído pelo seu sentido exclusivo de "extensa propriedade rural", o que resultou, segundo Gomes da Silva, na criação da figura do "latifúndio produtivo", que é fictícia. A exclusão desses latifúndios, ditos produtivos, e das empresas rurais, bem como a prioridade a ser dada às terras públicas e não às privadas no processo de desapropriação, evidencia o poder dos grandes proprietários de terra, refletido na modificação do texto original do PNRA. No plano definitivo, os trabalhadores rurais sem terra ou com terra insuficiente deixam de ser os agentes principais das transformações decorrentes da Reforma Agrária, passando a incluir-se numa categoria genérica chamada de "beneficiários", e não claramente especificada.

O objetivo central do PNRA deixou de ser a justiça social, a participação da classe trabalhadora nas decisões, e a conseqüente conquista da cidadania do homem rural, itens pelo menos enfatizados no texto da proposta, para dar lugar ao incentivo à produção, a qual só parece ser possível com a eliminação dos focos de tensão social. Para o Governo, a necessidade da Reforma Agrária surge face ao avanço das contradições sociais e à impossibilidade de manter-se a estrutura sócio-econômica brasileira junto à crescente conscientização dos trabalhadores (Souza, 1985: 15). Daí a necessidade de implantar-se este tipo de Reforma Agrária, que, na verdade, representa apenas um conjunto de medidas tímidas que visam aos objetivos mencionados anteriormente. Parece claro que, como saída para o desenvolvimento econômico capitalista, o Estado prioriza a modernização da agricultura sem passar pela Reforma Agrária. Esta postura está explícita no decreto presidencial, que ainda conta com o reforço do Conselho de Segurança Nacional através da Política Nacional de Desenvolvimento Rural (PNDR, D.O. 14.921), que visa a garantir uma Reforma Agrária "gradual, contínua e ordenada", conforme deseja o segmento militar.

Na verdade, o Estado já vem comandando esse processo de modernização, na medida em que controla a política agrícola e direciona os investimentos na produção. Segundo Souza (1985), o Estado procurou encontrar na Reforma Agrária uma solução que acomodasse os interesses das diversas frações da burguesia, sendo, ao mesmo tempo, legitimada pelos trabalhadores. A solução para a crise do capital no Brasil passa por um reordenamento da economia agrícola comandado pelo Estado. "O controle, pelo Estado, de uma possível reorganização agrária, significaria, fundamentalmente, a possibilidade de expandir a produção agrícola subordinada à lógica da reprodução do capital financeiro." (Souza, 1985: 15).

Ao tomar conhecimento das modificações introduzidas na PPNRA, o movimento sindical de trabalhadores rurais e os setores mais progressistas da sociedade expressaram certa perplexidade, mas não conseguiram mobilizar-se com a devida rapidez no sentido de pressionar o Governo contra o recuo em relação às premissas já estabelecidas através do Estatuto da Terra. O decreto presidencial nº 91.766, segundo especialistas na matéria, é ilegal porque não poderia modificar uma lei (no caso o Estatuto da Terra, promulgada em 1964). Mesmo assim, não houve grande empenho dos partidos ou qualquer articulação política em nível nacional para pressionar o Governo no sentido de retomar o compromisso anteriormente assumido, de cumprir o Estatuto da Terra. Enquanto os empresários e proprietários de terra demonstraram grande capacidade de organização e influência dentro da estrutura do poder, setores progressistas da sociedade revelaram-se politicamente débeis e desarticulados, e as lideranças do movimento sindical não se manifestaram significativamente porque confiaram demais nos seus representantes dentro do aparelho de Estado, os quais não tiveram condições de reagir ao ponto de mudar o que já estava feito. Esse conjunto de fatores inibiu o avanço das forças democráticas, que pareciam, num primeiro momento, vitoriosas quanto ao desencadeamento de um processo de Reforma Agrária que, embora limitada, tinha como prioridade as desapropriações, por interesse social, dos latifúndios e o assentamento dos trabalhadores rurais necessitados de terra.

6. CONCLUSÕES

O Plano Nacional de Reforma Agrária da chamada "Nova República" não é o primeiro elaborado no País. No ano de 1966 foi implementado um Plano de Reforma Agrária, que realizou os cadastramentos previstos pelo Estatuto da Terra. Como forma de esquivar-se da Reforma

Agrária, alegou-se, na época, que era necessário fazer primeiramente um diagnóstico dos imóveis rurais do país, argumento reeditado no Congresso da CNA.

O 2º PNRA foi implementado no ano de 1968 e enfatizou a colonização e a tributação de terras, sem igualmente realizar a Reforma Agrária. Chegando em 1985 a um 3º PNRA, o da "Nova República", constata-se que, mais uma vez, não será realizada uma Reforma Agrária, entendida como uma desconcentração massiva de terra e renda, que permita assentar o trabalhador rural na terra, usufruindo do aumento da produtividade na agricultura, e apto a participar da distribuição da riqueza gerada pelo trabalho.

Embora o presidente José Sarney declare que não promoveu modificações substanciais na proposta do Mirad/Incra, estas na realidade, ocorreram, como já foi demonstrado anteriormente neste trabalho. O principal aspecto de descaracterizaçãdo da proposta original diz respeito à "desapropriação por interesse social", instrumento fundamental a ser utilizado no processo de desencadeamento da Reforma Agrária. O ministro Nelson Ribeiro, em discurso proferido na 37ª Reunião da Sociedade Brasileira para o Progresso da Ciência (SBPC), em julho de 1985, afirmava que o desenvolvimento econômico não pode ser medido pelo crescimento do Produto Interno Bruto (PIB); do produto agrícola; e da renda *per capita;* mas trata-se de um "processo histórico-temporal, de uma mudança qualitativa. Somente a Reforma Agrária pode conciliar, a um só tempo, aumento de produtividade e paz no campo. O custo político da não realização de uma autêntica reestruturação fundiária será, sem dúvida, o crescimento dos excedentes populacionais e da concentração da propriedade rural, além da exacerbação de conflitos no campo". Ainda no mês de maio, a imprensa publicou a relação de 385 propriedades rurais envolvidas em conflitos e tensão social, nas quais seria implementada a Reforma Agrária em sua primeira etapa. Estariam envolvidas 73.561 famílias em um total de 3.943.233 hectares de terra. Naquela ocasião dizia-se que os números atestavam a urgência de uma intervenção imediata, fazendo-se a previsão de que em quarenta dias, no máximo, a medida seria colocada em prática.

O processo transcorrido da proposta ao decreto presidencial exemplifica, em parte, o que Santos (1979) chamou de "cálculo do dissenso", que seria uma prática exercida pelos governos como resultante do jogo entre "as imposições da dinâmica dos conflitos... e as necessidades de garantir a reprodução ampliada da acumulação da riqueza social", e que se traduz na "taxa de acumulação que será socialmente tolerada, ou... a magnitude dos recursos que se podem subtrair à acumulação em favor da eqüidade, sem prejuízo catastrófico para o processo ampliado de reprodução" (Santos, 1985:125). No primeiro momento teria havido a opção, embora tímida pela eqüidade, e no momento seguinte em favor da acumulação. Embora o raciocínio do autor esteja correto, vale acrescentar que, em termos da taxa de injustiça socialmente tolerável, o Estado não é capaz de manobrar de fora o jogo dos interesses conflitantes, uma vez que ele é a própria expressão de interesses e conflitos de classe. A evolução da proposta para o decreto revelou a supremacia das forças conservadoras, como classe hegemônica, que ainda controlam o aparelho de Estado. É certo que a realização da justiça social não pode ser garantida por nenhum critério automático, mas é possível que ocorra uma modificação relativa no perfil de desigualdades existente, em decorrência de uma crescente organização das forças progressistas e o conseqüente aumento de sua influência no Governo. O PNRA demonstra que no Brasil ainda não se conseguiu estabelecer o valor da cidadania universal, nos termos da democracia liberal, mas ainda vive-se na era da cidadania estratificada, de participação limitada. O simples reconhecimento da universidade da cidadania, por parte do Governo, não garante a diminuição da injustiça na distribuição de bens e valores sociais. Faz-se necessário observar as políticas governamentais e ver em que medida elas refletem o esforço para reduzir as desigualdades sociais no contexto da promoção da cidadania.

Se, por um lado, a política governamental é de extrema importância nesta problemática, a capacidade de organização e mobilização das classes envolvidas é outro dado fundamental. É assim que a Reforma Agrária extrapola os limites das decisões governamentais e vai centrar-se na correlação de forças, na capacidade, organização e mobilização das classes envolvidas. Com o decreto aprovado, transfere-se basicamente para o âmbito estadual o jogo de poder que, através da proposta, se verificaria em nível federal. Abre-se uma rede de possibilidades de negociação no âmbito do poder político local, no qual a influência dos políticos municipais e estaduais é maior do que a dos trabalhadores, aumentando muito a tensão política sobre os planos regionais. Embora seja inegável o avanço da mobilização da classe trabalhadora, passa-se a exigir mais do seu potencial de luta, construindo-se obstáculos à conquista da sua cidadania. O PNRA, não obstante, é ainda uma conquista e não deve ser rejeitado, mesmo sabendo-se que em algumas regiões a sua operacionalização será menos bem-sucedida do que em outras.

O Governo da chamada "Nova República" expressa mais claramente do que qualquer outro, o conflito de classes na dinâmica da sociedade brasileira. No processo de evolução da proposta para o PNRA, esse conflito manifestou-se numa batalha travada entre as diferentes forças sociais dentro do próprio poder. Parece clara a aliança entre os latifundiários e o "jovem latifúndio capitalista" oriundo da classe dos capitalistas industriais surgida para o poder em 1930 (Rangel, 1985:83). Embora a correlação de forças ainda seja favorável à aliança das classes dominantes, os tratalhadores possuem representantes dentro do bloco de poder, oriundos também de outras classes, que os apóiam. Cabe a eles, trabalhadores e a seus aliados, buscarem na sua própria força a possibilidade de conquista da cidadania, resolvendo, de forma mais favorável para as classes populares, o conflito social existente no momento.

7. BIBLIOGRAFIA

Carvalho, Abdias Vilas e D'Incao, Maria da Conceição (Coords). *Reforma Agrária – Significado e Viabilidade.* Petrópolis, Ed. Vozes 1982.

Confederação Nacional da Agricultura – CNA. *Posição da Classe Rural perante o 1º PNRA.* Brasília, junho, 1985.

Confederação Nacional dos Trabalhadores na Agricultura – Contag (Nota Oficial). *Posição da Contag sobre o Plano Nacional de Reforma Agrária, aprovado pelo Governo.* Brasília, 11 de outubro de 1985.

Confederação Nacional dos Trabalhadores na Agricultura – Contag. *Conclusões do 4º Congresso Nacional de Trabalhadores Rurais.* Brasília, maio de 1985 (mimeo).

Durão, Jorge Eduardo S. "O 4º Congresso dos Trabalhadores Rurais e a Questão Agrária", IN *Reforma Agrária.* Ano 15, nº 2, maio/junho, 1985.

Ferreira, Aloysio Nunes. "Reforma Agrária", IN *Reforma Agrária.* Ano 15, nº 2, maio/junho 1985.

Graziano da Silva, José. "Reforma Agrária Já?" IN *Reforma Agrária.* Ano. 15, nº 2, maio/junho 1985.

Graziano da Silva, José. *Para Entender o Plano Nacional de Reforma Agrária.* São Paulo, Ed. Brasiliense 1985.

Leal, Laurindo (Coord.) *Reforma Agrária da Nova República – Contradição e Alternativas.* São Paulo. Cortez Ed./EDUC. 1985.

Marshall, Alfred. *The Marshall Lectures.* Cambridge, 1949.

Marshall, T. H. *Cidadania, Classe Social e Status.* Rio de Janeiro, Zahar Ed. 1967.

Medeiros, Leonilde e Santos Filho, José Reis. "Notas Sobre a Reforma Agrária no 4º Congresso da Contag", IN *Reforma Agrária.* Ano 15, nº 2, maio/junho 1985.

Ministério da Reforma e Desenvolvimento Agrário-Mirad e Instituto Nacional de Colonização e Reforma Agrária-Incra. *Proposta para a Elaboração do 1º Plano Nacional da Reforma Agrária da Nova República – PNRA.* Brasília, maio 1985.

Ministério da Reforma e Desenvolvimento Agrário-Mirad e Instituto Nacional de Colonização e Reforma Agrária-Incra. *1º Plano Nacional de Reforma Agrária da Nova República* (1985/1989). Brasília, outubro 1985.

Neves, Tancredo. Discurso proferido na Convenção do PMDB. Brasília, 12/08/84.

Prado Júnior, Caio. *A Questão Agrária no Brasil.* São Paulo, Ed. Brasiliense, 1979.

Presidência da República. Decreto nº 91.766 de 10/10/1985. *Diário Oficial da União* de 11/11/1985. Seção I.

Presidência da República. *Estatuto da Terra.* Lei nº 4.504 de 30/11/1964.

Presidência da República. *Estatuto do Trabalhador Rural.* Decreto nº 53.517 de 31/01/1964.

Rangel, Ignacio. *Economia: Milagre e Antimilagre.* Rio de Janeiro, Jorge Zahar Editor 1985.

Ribeiro, Nelson. Discurso proferido na 37ª Reunião Anual da SBPC. Belo Horizonte julho, 1985.

Santos, Wanderley Guilherme dos. *Cidadania e Justiça Social.* Rio de Janeiro, Ed. Campus, 1979.

Souza, Clemilda Maria de O. Comentário à Proposta de Reforma Agrária da Nova República. Campina Grande, novembro 1985. (mimeo.).

Folha de S. Paulo – 29/05/85, 02/06/85, 28/06/85, 27/10/85.

Jornal de Brasília – 24/02/85, 12/10/85

Correio Braziliense – 13/10/85

O Povo – 18/07/85, 10/08/85

A NOVA REPÚBLICA E OS
PEQUENOS PRODUTORES RURAIS NORDESTINOS

Yves Chaloult *

* PhD em Sociologia, Cornel Univ., prof. do Departamento de Sociologia da UnB.

1. INTRODUÇÃO

A abertura democrática e a Nova República não foram "doação gratuita", mas resultaram de uma luta política. Como nos ensina a história política de tantos países do mundo, as liberdades democráticas não se ganham, conquistam-se, nas praças públicas, nas fábricas, no campo, sob as pressões do povo. A Nova República, símbolo de um governo essencialmente transitório, abriu horizontes, fez muitas promessas e, conseqüentemente, gerou muitas esperanças e expectativas. O que resultou destas promessas? Estão sendo cumpridas?

Tendo um discurso de valorização do homem e de prioridade absoluta do social, a Nova República afirma que uma de suas áreas prioritárias de atuação é o Nordeste, que representa quase 30,0% da população do País. Nesta região, 78,9% das pessoas com 10 anos de idade ou mais têm uma renda média inferior a um salário-mínimo. No setor mais explorado e que o Estado deixou nas mãos do capital agrário, o Nordeste rural, aproximadamente 96,0% das famílias têm uma renda familiar inferior a dois salários mínimos mensais (Peixoto, 1984: 7).

Além da diminuição das disparidades regionais, uma outra meta da Nova República é beneficiar mais o pequeno produtor rural, através de políticas agrária e agrícola adequadas, melhorando a sua qualidade de vida. De fato, a pequena produção agrícola nordestina não capitalista recria-se num constante processo de redefinição, sem conseguir, entretanto, apropriar-se de quase nenhum excedente e servindo cada vez mais de reservatório de força de trabalho para os grandes proprietários.

Tendo em vista as promessas feitas nas praças públicas e a ideologia pregada, o que a Nova República fez para os pequenos produtores rurais nordestinos, proprietários ou não? Em 1985, a política mais significativa do Estado nesta região foi, sem dúvida, o lançamento, no dia 1º de abril, do Projeto Nordeste que o Presidente Sarney chegou a chamar de Plano Marshall da região! No início de sua primeira fase, o Projeto Nordeste almeja beneficiar dois milhões de famílias de pequenos produtores rurais num espaço de 15 anos e num custo total de cerca de US$ 12 bilhões.

Entretanto, esta intervenção do Estado é altamente contraditória porque o presidente da República, pressionado pelos governadores da região, todos eleitos pelo Partido Democrático Social (PDS) em 1982, lançou um projeto inteiramente elaborado durante os últimos anos do autoritarismo, sem participação dos beneficiários, da Sociedade Civil e do Poder Legislativo em diversos níveis. O que é pior, o projeto foi criado por decreto, como durante as administrações do período do arbítrio, sem discussão e aprovação pelo Congresso Nacional.

Pretende-se neste trabalho tornar público e analisar as diversas contradições que estão imbuídas numa importante intervenção da Nova República, o Projeto Nordeste, o qual reproduz diversos "vícios" dos programas do antigo regime. Deseja-se, em segundo lugar, lançar idéias que possam contribuir para repensar, reformular e aprimorar algumas políticas da Nova República em prol dos trabalhadores rurais do Nordeste, levando sempre em consideração, no decorrer da análise, que a Nova República, sendo um governo transitório e sustentado por uma aliança de classes frágil e sujeita a inúmeros conflitos no interior do bloco do poder, poderá superar algumas de suas contradições somente após a Constituinte, a qual, possivelmente, responderá a alguns anseios do povo.

Em primeiro lugar, apresenta-se um breve histórico e descrição do Projeto Nordeste para, em seguida, analisar o conteúdo e significado de dois programas do projeto, focalizando seis dimensões essenciais; em último lugar, o trabalho apresentará algumas conclusões e sugestões.

2. HISTÓRICO

O Estado não é neutro e, conseqüentemente, o seu planejamento e as suas políticas estão relacionados a interesses específicos. Sabendo que o bloco do poder não é monolítico mas situa-se num palco onde interesses muito diferentes se enfrentam e chocam, o aparelho do Estado está sujeito a diversos tipos de pressões. Neste contexto, o Estado desempenha dois papéis básicos e, com freqüência, mutuamente contraditórios: acumulação e legitimação.

Com efeito, o Estado capitalista moderno é o lugar onde se formula a articulação política entre as classes e se estrutura basicamente a ideologia. Este Estado tem duas dimensões: de um lado representa e defende os interesses das classes dominantes, reproduzindo e reforçando as relações sociais existentes enquanto, de outro lado, possui uma autonomia relativa, ou seja, não é *totalmente* controlado por estas classes. Através de suas políticas de acumulação que são as mais importantes, o Estado defende as demandas sócio-econômicas e políticas das classes dominantes; utilizando as suas políticas de legitimação, defende algumas demandas das classes dominadas através de intervenções ou programas de cunho social e de recompensas simbólicas que permitem que as normas e crenças do bloco do poder sejam "aceitas" ou toleradas pela maior parte do povo propiciando assim a manutenção e reprodução do sistema social (Chaloult, 1984).

Desde que Dom Pedro II declarou que venderia sua coroa para melhorar as condições de vida dos nordestinos, centenas de discursos eloqüentes foram pronunciados sobre a região. A fim de contrabalançar as suas macropolíticas, privilegiando a acumulação para o capital, o Estado elaborou e implementou no Nordeste nos últimos decênios dezenas de políticas de legitimação de si mesmo e dos diversos interesses que representa. Entretanto o quadro geral da região pouco foi alterado. Segundo Chaloult (1980), a presença do Estado caracterizou-se pelo enfoque das soluções hidráulicas, implementadas pela Inspetoria de Obras Contra as Secas (IOCS), criada em 1909, transformada em Departamento Nacional de Obras Contra as Secas (Dnocs). Após uma grande seca, em 1958, o Estado decidiu criar a Superintendência do Desenvolvimento do Nordeste (Sudene), tentando atacar de maneira estrutural e não só conjuntural a problemática da região. Entretanto, este novo órgão se constituiu rapidamente "no instrumento pelo qual a burguesia do Centro Sul descapturou o Estado na região da mão da oligarquia agrária, submeteu a burguesia industrial regional à sua tutela e indiretamente controlou a "ameaça" representada pela coligação das forças populares, passando a utilizar o Estado para seus próprios fins, isto é, para assegurar um processo de crescimento econômico acelerado e fazer avançar a expansão capitalista no Nordeste" (Sampaio *et al*., 1980: 70).

Em 1970, após uma outra seca e frente à ineficiência da Sudene durante a seca, o Estado, através do Executivo, criou, sem consultar realmente a Sudente, dois programas, afetando as regiões Norte e Nordeste: o Programa de Integração Nacional (PIN) e o Programa de redistribuição de Terras e de Estímulo à Agroindústria do Norde e Nordeste (Proterra). Este último visava estimular o desenvolvimento das atividades agrícolas e pecuárias, reduzindo as pressões demográficas no Nordeste e os problemas relacionados à posse da terra.

Os dois programas citados não alcançaram os seus objetivos e a partir de 1974, diversos outros programas governamentais foram criados ou dinamizados para diminuir as contradições existentes no setor primário do Nordeste. Alguns destes são: o Programa Especial de Apoio ao Desenvolvimento da Região Semi-Árida do Nordeste (Projeto Sertanejo), o Programa de Integração da Companhia de Desenvolvimento do Vale do São Francisco (Codevasf), o Programa de Desenvolvimento de Comunidades Rurais – (Prodecor) do Ministério da Agricultura, o Programa de Interiorização de Ações de Saúde e Saneamento no Nordeste (PIASS), o Programa Nacional de Alimentação e Nutrição (Pronam), o Programa de Irrigação, o Programa de Aproveitamento de Recursos Hídricos do Nordeste (Prohidro), o Programa de Apoio às Populações Pobres das Zonas Canavieiras do Nordeste (Procanor) e o mais importante deles em termos de recursos humanos e financeiros e de potencial para mudanças, o Programa de Desenvolvimento de Áreas Integradas do Nordeste (Polonordeste). Estes Programas permitiam ao Estado exercer um maior controle sobre a pequena produção e o processo produtivo ligado a ela. Em outras palavras, o Estado "cercava" progressivamente a pequena produção.

Essas intervenções do Estado contribuíram para reforçar as relações de produção já existentes na região e beneficiaram pouco os trabalhadores rurais, notadamente os sem terras, por diversos motivos, entre os quais: a) o público-meta destes programas, os pequenos produtores, não participaram efetivamente do planejamento, elaboração e execução destas intervenções; b) dois grandes problemas estruturais – a posse e uso da terra e o acesso aos recursos hídricos – nunca foram profundamente atacados; e c) faltou uma verdadeira articulação e integração entre os múltiplos programas e ações do Estado e entre as instituições executoras. Alguns programas foram até danosos aos trabalhadores rurais, pois contribuíram para o agravamento da tensão social, aumentando a concentração de terras e de renda e elevando os índices de pobreza, de fome, de assalariamento sazonal, de proletarização e de êxodo rural forçado.

Na área rural nordestina onde vive quase a metade da população da região, dois fatos chamam especialmente a atenção. Em primeiro lugar, a altíssima concentração da renda rural e a progressiva acentuação deste fenômeno. Com efeito, segundo os dados dos censos de 1970 e 1980, o estrato dos 20,0% mais probres da região detinha, em 1970, 5,2% do total da renda e dez anos depois passou a deter 3,8%. No lado oposto, no mesmo período, os 1,0% mais ricos que detinham 10,5% desta renda, viriam a obter 29,3% em 1980, revelando um quadro de perversa distribuição da renda.

Em segundo lugar, observa-se uma alta concentração da posse e uso da terra. Por exemplo, segundo o censo de 1980, naquele ano 67,8% dos estabelecimentos, isto é, aqueles com área inferior a 10 ha, tinham acesso a apenas 5,0% das terras enquanto 4,0% dos estabelecimentos, aqueles com área inferior a 1.000 ha, controlavam 32,7% das terras. Os dados dos censos revelam também uma tendência a uma maior concentração e monopolização da terra. Em 1960. O índice de Gini para o Nordeste era de 0,8006, em 1970, 0,8102 e em 1980, 0,8196 (Chaloult, 1984).

Os latifúndios da região, estimulados pelas políticas governamentais, aumentaram em número e tamanho através da concessão de enormes extensões de terras devolutas, através da grilagem ou ainda da reconstituição e remembramento de antigos latifúndios, sobretudo nas áreas de fronteira. Este fenômeno contribuiu sensivelmente para acentuar a já existente pecuarização da região, ou seja, o aumento da área destinada à pecuária em detrimento da área de lavoura que vem diminuindo progressivamente. Paralelamente, observa-se um fenômeno de minifundização, única saída frente as pressões e avanços do latifúndio e do grande capital. Por exemplo, em 1960; a área média dos estabelecimentos de menos de 10 ha era de 3,14 ha enquanto em 1980 passou a ser 2,70 ha.

Entretanto, a pequena produção continua de vital importância para a economia agrícola da região. Com efeito, segundo o censo agropecuário de 1980, os estabelecimentos nordestinos com menos de 10 ha, eram responsáveis pela produção de 44,0% do milho, 46,0% do feijão, 45,9% do arroz e 66,6% da mandioca, demonstrando a relevância dos pequenos produtores. Considerando os estabelecimento até 100 ha, os percentuais são os seguintes: milho: 85,3%, feijão: 81,9%, arroz: 76,3% e mandioca: 94,4%. No que diz respeito a outros produtos, estes últimos estabelecimentos produziam mais de 50,0% do algodão arbóreo e do cacau e mais de 60,0% do algodão herbáceo e da laranja. A importância deste segmento de produtores não é típica do Nordeste ou do Brasil mas observa-se também os países capitalistas avançados onde a pequena produção altamente tecnificada é imprescindível ao grande capital e está integrada ao processo de acumulação e concentração (Chaloult, 1984).

Frente a problemática descrita, no final de 1981, o Banco Mundial, percebendo as contradições de diversas intervenções que ele próprio financiava e ciente da importância dos pequenos produtores, manteve contatos com diversos ministérios a nível federal e com a Superintendência do Desenvolvimento do Nordeste (Sudene), questionando a superposição das ações do Estado na região e sugerindo que fosse discutida a possibilidade de implantar um único programa de desenvolvimento rural que o banco teria interesse em financiar.

Em 1982, foi criada uma Comissão Interministerial encarregada de articular as ações dos ministérios envolvidos no assunto, definir as diretrizes gerais, aprovar termos de referência e supervisionar o trabalho de elaboração do novo projeto de desenvolvimento. Na preparação deste projeto, isto é, no decorrer de 1983 e 84, foram mobilizados centenas de técnicos da esfera federal, regional e estadual, mas sem a real participação dos beneficiários.

No início de março de 1985, no apagar das luzes da administração Figueiredo, todos os ministérios ligados à elaboração do Projeto Nordeste concordaram em encaminhar ao Presidente da República o decreto de criação desse projeto, exceto o ministro da Agricultura, Nestor Jost, que não assinou o documento. Vetou a idéia porque o Ministério da Agricultura estava marginalizado da coordenação e administração do primeiro programa do projeto, o qual é essencialmente agrícola. Por este motivo, a Velha República não pôde lançar o Projeto Nordeste.

No dia 1º de abril de 1985, o presidente da República em exercício, o nordestino José Sarney, assinou dois decretos. Através do primeiro, nº 91.178, criou o Programa de Desenvolvimento da Região Nordeste (Projeto Nordeste) visando ao desenvolvimento econômico e social da região. Com uma duração de 15 anos e executado através de programas qüinqüenais, o Projeto Nordeste é baseado numa estratégia em três etapas, orientada para os seguintes setores: a) rural, b) urbano e c) diversos setores econômicos e sociais. A programação para implementação do projeto compete a uma Comissão Interministerial, presidida pelo secretário-geral do Ministério do Interior. A esse ministério compete a administração e o acompanhamento da execução do projeto e à Sudene a coordenação executiva dos trabalhos para implantação dos programas.

O segundo Decreto, nº 91.179, assinado no mesmo dia, dispõe sobre a definição da estratégia da primeira etapa do Projeto, isto é, o desenvolvimento rural para pequenos produtores, e sobre a criação do Programa de Apoio ao Pequeno Produtor Rural (Papp), primeiro programa desta etapa. O decreto também define mais cinco programas, componentes desta etapa: a) desenvolvimento de pequenos negócios não agrícolas; b) irrigação; c) ações de saúde; d) educação no meio rural e e) saneamento básico no meio rural.

O único programa em execução em 1985 é o Papp cujo objetivo é "propiciar a elevação dos níveis de emprego e renda dos pequenos produtores agropecuários, pelo aumento da produção e da produtividade" (Brasil..., 1985b: 5699). O público-meta é o pequeno produtor rural que "desenvolve atividades econômicas, isoladamente ou em regime de parceria, em terras de sua propriedade ou não, cuja superfície total não ultrapasse 100 hectares e cuja fonte predominante de rendimento familiar provenha da exploração dessas terras" (Brasil..., 1985b: 5699).

O Papp compreende sete segmentos: ação fundiária, recursos hídricos, crédito rural, pesquisa adaptada, assistência técnica e extensão rural, comercialização e apoio às pequenas comunidades rurais, sendo, conseqüentemente, um programa essencialmente produtivo e não social[1].

Finalmente o financiamento do Papp corre por conta do Programa de Integração Nacional (PIN), do Programa de Redistribuição de Terras e de Estímulo à Agroindústria do Norte e do Nordeste (Proterra), do Fundo de Investimento Social (Finsocial) e outras fontes, além de operações de crédito externo, através, por exemplo, do Banco Mundial.

3 CONTRADIÇÕES DO PAPP E DO PROGRAMA DE IRRIGAÇÃO

Após esta breve apresentação dos antecedentes e da descrição do Projeto Nordeste, nesta parte analisa-se sobretudo o Papp, o primeiro programa implementado no contexto da estratégia de desenvolvimento rural para pequenos produtores. Abordar-se-á seis dimensões específicas: participação popular, ação fundiária *versus* reforma agrária, crédito rural e irrigação, articulação e integração, autonomia dos governos estaduais e o poder numa economia de mercado onde impera o monopólio. Discutir-se-á também, no segmento crédito rural e irrigação, o Programa de Irrigação do Projeto Nordeste.

---

[1] O Papp atuou inicialmente com algumas ações fundiárias em todos os Estados e, concomitantemente, com a execução dos seis outros segmentos nos Estados de Sergipe, Rio Grande do Norte e Bahia.

3.1 Participação Popular

Conforme demonstrar-se-á no decorrer das próximas páginas, na opinião dos trabalhadores rurais e da maioria dos segmentos da Sociedade Civil, o Papp está desacreditado porque representa o continuísmo, tendo apenas mudado o nome das intervenções do Estado, sem um real redirecionamento qualitativo do seu conteúdo. O que é pior, o Papp estaria enganando e manipulando os trabalhadores porque fala constantemente em planejamento participativo desde 1982, sem entretanto isto ocorrer, e no artigo 5 do próprio Decreto 91.179: "Propiciando-se a todos os agentes envolvidos, inclusive aos beneficiários, oportunidade de participação no processo de planejamento e implementação" (Brasil..., 1985b: 5699). Dá a ilusão da participação, enquanto na prática, segundo confirmam os trabalhadores, ela não existe. Cria uma situação contraditória porque engana e sem a participação dos agentes de mudança, dificilmente haverá verdadeiras mudanças.

Existe uma necessidade de repensar profundamente todo o Projeto Nordeste e, em particular, o Papp. Isto se faz necessário uma vez que o programa foi concebido durante os anos do "entulho autoritário" que o influenciou nitidamente e foi "comprado" pela Nova República sem discussão e sem qualquer ajuste à ideologia e orientações da nova administração. Em segundo lugar, o Papp deve ser repensado e reformulado porque é antidemocrático uma vez que foi elaborado e aprovado sem a participação dos agentes envolvidos, a saber: trabalhadores rurais, Sociedade Civil, legislativo e parte do atual executivo.

Com efeito, os representantes dos beneficiários do Papp, como as federações estaduais dos trabalhadores na agricultura e a organização das cooperativas dos trabalhadores rurais, não foram realmente ouvidos durante a elaboração do Papp ou o foram de forma simbólica e isolada. Durante sua implementação, foram previstos mecanismos de participação dos trabalhadores em conselhos regionais ou estaduais mistos onde estes teriam assento. Entretanto, isto é apenas um mascaramento de democracia porque nestes conselhos os trabalhadores são minoria e o seu poder de influência e barganha é bastante restrito. As aparências mudam, mas de fato, o controle das decisões nestes conselhos não está nas mãos deles.

No âmbito da Sociedade Civil, houve também pouquíssima participação na elaboração do Papp, durante os últimos anos da administração Figueiredo, como testemunham diversos pronunciamentos de representantes da igreja católica do Nordeste, da Comissão Pastoral da Terra (CPT) e de outras igrejas. O "Movimento Muda Nordeste" que representa mais de 50 entidades da sociedade nordestina manifestou-se mais de uma vez no mesmo sentido, assim como associações formais e informais que estão se organizando para lutar a fim de tentar derrubar e reorientar políticas oriundas de um outro contexto sócio-político e infelizmente aprovadas sem debate por um governo que recebeu o apoio de diversos segmentos da classe trabalhadora.

No que tange aos Poderes Legislativos, isto é, aos representantes do povo no Senado Federal, Câmara dos Deputados e de Vereadores e nas Assembléias Legislativas estaduais, pode-se afirmar que embora tenha havido alguns debates isolados, como nas Comissões de Agricultura e do Interior do Congresso Nacional, nunca se presenciou uma discussão ampla e sistemática do Projeto Nordeste e do Papp. Não foram submetidos ao Congresso Nacional para a sua aprovação final, o que devia ter sido feito pela Nova República no lugar de legislar por Decreto, como durante os anos de arbítrio. Este fato levou o deputado e ex-governador pernambucano, Miguel Arraes, a afirmar que o Projeto Nordeste é inconstitucional porque infringe o Artigo 53, inciso IV, da Constituição: "Cabe ao Congresso Nacional, com a sanção do presidente da República, dispor sobre todas as matérias de competência da União, especialmente..., planos e programas nacionais e regionais de desenvolvimento" (Arraes, 1985: 3).

Finalmente, considerando o próprio executivo, constata-se que, embora o Papp tenha sido gerado principalmente pela tecnocracia da administração Figueiredo, os documentos mais progressistas como, por exemplo, aqueles colocando a desapropriação como peça-chave do segmento de ação fundiária, foram sistematicamente "podados" na medida em que subiam nos escalões do aparelho de Estado, esvaziando propostas reivindicadas de longa data pelos próprios trabalhadores. No executivo da Nova República, diversos grupos pediram uma profunda reformulação do Projeto Nordeste e, conseqüentemente, repudiaram a assinatura apressada dos Decretos 91.178 e 91.179 que o Ministério do Interior e os governadores da região, sem recursos para os seus Estados, defendiam. Quem se manifestou em público contra a aprovação dos dois decretos, sem ampla discussão, foi o ministro da Agricultura, senador Pedro Simon que, conforme noticiou a imprensa através do *Correio Braziliense* de 02 de abril, assinou sob protesto porque o seu ministério e ele, ministro recém-empossado, não foram consultados a respeito do projeto. "No caso específico do Projeto Nordeste o que mais aborreceu o ministro Pedro Simon foi o fato do programa definir prioridades para o atendimento ao pequeno produtor rural sem que a sua pasta tenha sido ouvida, sobre o assunto. 'Por isso, assinei sob protesto', repetiu visivelmente irritado" (Simon..., 1985: 12).

Esta falta de participação em diversos níveis é claramente evidenciada no documento de conclusões do IV Congresso Nacional dos Trabalhadores Rurais que reuniu, em Brasília, de 25 a 30 de maio de 1985, representantes de 2.600 sindicatos e 22 federações: "O Projeto Nordeste foi elaborado de forma absolutamente antidemocrática, nos moldes estabelecidos pelos governos militares que dominaram o País nos últimos 20 anos, sem a menor participação dos trabalhadores rurais, pequenos produtores, através do seu Movimento Sindical, bem como sem nenhuma consulta a outras entidades representativas como Cooperativas de Trabalhadores Rurais, entidades da sociedade civil e ao próprio poder legislativo" (Congresso..., 1985: 63).

Para facilitar e estimular a participação dos beneficiários no PAPP, criou-se o segmento de Apoio às Pequenas Comunidades Rurais (APCR). As comunidades, mobilizadas e organizadas em associações, administram um fundo, representando em quase todos os Estados de 10 a 15,0% do custo total do programa. Esse fundo serve para construir pequenas obras coletivas, demandadas pela comunidade.

Embora o segmento APCR tenha aspectos positivos e possa favorecer a participação popular no Papp, ele é também ambivalente e, segundo os sindicatos, é contraditório e perigoso. É ambivalente porque usa a força de trabalho dos próprios beneficiários para construir, a custo barato, obras de infra-estrutura que o próprio Estado tem o dever de fazer. É mera substituição de um papel e obrigação que pertencem ao Estado. Por outro lado, se a Nova República fosse totalmente legítima e defendesse plenamente os interesses dos trabalhadores rurais, seria então natural que cada um fizesse um esforço pessoal para construir o País, como é, por exemplo, o caso dos trabalhadores rurais de Nicarágua hoje em dia. Mas a legitimidade daqui é muito "relativa".

Neste Apoio às Pequenas Comunidades Rurais, o agente comunitário, coordenando as ações da comunidade e sendo escolhido e pago pelo Estado, desempenha um papel-chave. Muitas vezes um técnico que não pertence à comunidade e à região, tem um poder enorme, rivalizando com o sindicato ou com pessoas eleitas pelo povo, como o prefeito, vereadores, etc. A Federação dos Trabalhadores na Agricultura do Estado de Pernambuco (Fetape) acredita que "a coordenação das ações nas comunidades cabe aos próprios trabalhadores organizados pelo sindicato e não aos técnicos dos órgãos governamentais, como prevê o projeto" (Fetape, 1985: 13). Entretanto, deseja-se acrescentar aqui que, às vezes o técnico, se for identificado com os anseios da comunidade, pode desempenhar um papel importante de mediador entre o povo e o aparelho do Estado, propiciando possivelmente uma maior participação popular, tornando as intervenções do Estado mais legítimas.

Segundo as lideranças sindicais, o APCR é perigoso porque seria uma tentativa golpista contra o movimento sindical dos trabalhadores rurais, criando associações e organizações paralelas. Desta forma enfraqueceria o seu movimento, fomentando lideranças paralelas. Nas conclusões de um seminário realizado no início de maio de 1985, 101 dirigentes dos sindicatos de trabalhadores rurais de Pernambuco, além da diretoria da Fetape e representantes de entidades vinculadas à área rural, afirmam que: "Não haveria necessidade de criação de Associação em cada comunidade, vez que o sindicato, em ação conjunta com a cooperativa de trabalhadores rurais no município, tem justamente a função de organizar as comunidades e representar os seus interesses. A criação de associações paralelas pode simplesmente representar a visão de esvaziar o sindicato ao invés de fortalecê-lo, como propõe o projeto" (Fetape. 1985: 11).

A este respeito, o IV Congresso Nacional dos Trabalhadores Rurais vai mais longe, assegurando que estão sendo criadas associações nas comunidades com o objetivo de "desmantelar o Movimento Sindical" (Congresso..., 1985: 63). À primeira vista, a crítica parece radical e tem uma conotação corporativista ou ainda do tipo "fora do sindicato, não há salvação!" Nenhum movimento é dono total da verdade e outros tipos de associações, ligadas a instituições como a igreja católica ou outras entidades formais ou informais, fizeram avançar a causa dos camponeses. Se, de um lado, não se admite exclusivismo rigoroso ou ainda que sindicatos administrem os fundos do APCR, como alguns sugerem, de um outro lado, associações paralelas e sem nenhum vínculo com o movimento sindical podem a médio e longo prazos enfraquecer a luta e união de uma classe cujos integrantes têm interesses similares, embora existam também associações profundamente legítimas e politizadas que são muitas vezes mais combativas e coerentes do que muitos sindicatos. Nos casos onde um sindicato local é controlado por dirigentes que não representam os interesses dos trabalhadores, as federações recomendam às comunidades unirem-se à oposição sindical e travar a luta lá dentro para reverter o quadro.

Associações paralelas apresentam uma outra ameaça: elas são vulneráveis às manipulações de diferentes grupos que não representam os interesses dos beneficiários do Papp ou ainda podem "servir de suporte eleitoreiro às oligarquias regionais" (Congresso..., 1985: 63). Numa visita recente ao interior do Nordeste, constatamos que uma associação, criada dentro do espírito do APCR, elegeu anteriormente uma diretoria composta por pequenos proprietários, parceiros e assalariados, o presidente sendo um assalariado. Entretanto, na eleição posterior o presidente eleito foi um grande proprietário, dono de capital comercial e financeiro. Rapidamente o capital conseguiu se apropriar dos benefícios e dos excedentes gerados por esta associação. A presença do sindicato poderia ter mudado os rumos desta comunidade ou, pelo menos, dificultaria o avanço do capital agrário. Em outro município, verificamos que os primeiros benefícios do APCR foram coletivos, construindo armazéns, galpões e instalações comunitárias; entretanto, a segunda etapa do projeto já financiava obras individuais e sem dimensão coletiva, reforçando a posse individual dos meios de produção, o que é contrário ao espírito do APCR.

Em outros lugares, constatamos que diversos agentes comunitários eram técnicos com pouca experiência e sem um suficiente conhecimento da comunidade. Existem técnicos que não sabem escutar, perceber e decodificar os anseios da comunidade. São bem-intencionados e querem "organizar a comunidade" ou impor modelos de organização sem perceber que muitas vezes as comunidades já estavam bem estruturadas antes da chegada do Estado. Não sabem resgatar múltiplas formas de organização informal destas comunidades.

Não há dúvida de que a presença do movimento sindical, conforme o tipo de sindicato que se encontre num pólo sindical, por exemplo, pode contribuir para diminuir consideravelmente estes riscos e os perigos mais comuns da manipulação dos recursos do APCR para fins eleitorais, embora possam existir sindicatos que manipulem os seus associados. O movimento sindical pode também dificultar a infiltração dos donos do capital agrário e comercial nas comunidades, evitando que o capital controle os rumos das comunidades. O sindicalismo ajuda a tornar a comunidade sujeito e não objeto da intervenção do Estado.

Como última observação, deve ser ressaltado que o segmento Apoio às Pequenas Comunidades Rurais e a idéia da organização, mobilização e planejamento participativos não podem limitar-se a um só segmento, como é muitas vezes o caso, mas devem permear o Papp como um todo e o conjunto de seus segmentos. É isto que pregam os trabalhadores rurais, que desejam controlar o Papp, transformando-o, então, em um autêntico programa do e para o homem descapitalizado do campo, diminuindo as contradições da Nova República e legitimando-a progressivamente aos olhos dos trabalhadores rurais nordestinos. Nesta linha, o Estado deve criar mecanismos e formas operacionais *ad hoc* que propiciem um maior controle e participação dos beneficiários no Papp como um todo.

3.2. Ação Fundiária Versus Reforma Agrária

Existe uma convergência de opiniões a respeito do seguinte postulado: para erradicar a pobreza no campo, deve-se atacar uma dimensão estrutural que é a posse e o uso da terra, altamente concentrada e monopolizada. Por exemplo, segundo o censo de 1980, naquele ano 67,8% dos estabelecimentos do Nordeste, isto é, aqueles com área inferior a 10 hectares, tinham acesso a apenas 5,0% das terras enquanto 4,0% dos estabelecimentos, com área superior a 1.000 ha, controlavam 32,7% das terras. De que forma o segmento fundiário do Papp, já negociado ao nível de financiamento internacional pelo Banco Mundial, ataca o problema da reestruturação fundiária?

Em janeiro de 1985, o governo brasileiro negociou em Washington junto ao Banco Mundial o Projeto de Desenvolvimento do Sistema Fundiário Nacional (PDSFN) com duração de três anos e meio. O Projeto abrange só o Nordeste e está totalmente integrado ao Papp, representando o seu componente chamado ação fundiária.

Os objetivos do PDSFN são: a) atender a cerca de 600.000 pequenos produtores com ações de regularização fundiária; b) proporcionar o acesso à terra a 130.000 famílias de minifundiários ou trabalhadores sem terra; c) estabelecer um banco de dados cadastrais em cada Estado; d) fortalecer os órgãos ou institutos estaduais de terras, melhorando sua capacidade técnica e seus equipamentos e e) promover estudos legais, institucionais e sócio-econômicos.

O valor dos recursos negociados foi de US$ 250,5 milhões, dos quais US$ 140 milhões são financiados pelo Banco Mundial (Bird), US$ 100,5 milhões pela União e US$ 10 milhões pelos Estados[2]. Deste total, US$ 91,2 milhões, isto é, mais de 36,0%, são alocados para serviços de aerofotogrametria e US$ 79,2 milhões para discriminação e regularização fundiária (Banco Mundial, 1985: 34), significando que estes dois segmentos representam mais de 68,0% do custo total do montante negociado[3]. Por outro lado, estão sendo previstos somente US$ 22,5 milhões para o apoio à redistribuição de terras, o que atinge diretamente o produtor.

Os dados demonstram a prioridade e a valorização do componente de aerofotogrametria, processo muito sofisticado e caro, custando mais de US$ 90 milhões. O PDSFN argumenta que a aerofotogrametria é essencial porque gera os produtos básicos para as demais ações fundiárias: discriminação, cadastramento, redistribuição de terras, reorganização fundiária e titulação. Antes de abordar o tema referente a quem se beneficiará com estes elevados investimentos, vamos analisar uma dimensão muito polêmica e contraditória da aerofotogrametria: a exigência por parte do Banco Mundial de concorrência internacional irrestrita para o componente.

O governo brasileiro, tanto a antiga administração como a atual, não queria abrir o seu mercado às firmas estrangeiras neste setor, por motivos de proteção à indústria nacional e também de segurança nacional, considerando que dados possivelmente desconhecidos sobre o nosso solo e outros tipos de informações potencialmente "sensíveis" seriam manipulados por firmas estrangeiras. O Estado Maior das Forças Armadas (EMFA) defendia com insistência essas posições. Entretanto, prevaleceu a vontade do Banco Mundial, que não abriu mão de sua reivindicação e exigiu a aplicação de uma de suas normas, a saber, a concorrência internacional irrestrita. Assim, em 3 de junho de 1985, cedendo frente às

---

2 Durante as negociações em Washington, em 1985, foi acordada a participação do Banco Interamericano de Desenvolvimento (BID) no segmento fundiário, num valor de US$ 40 milhões. Na época, era também prevista a participação do BID no financiamento do PAPP de três Estados. Posteriormente, em setembro do mesmo ano, o BID decidiu não se envolver mais no Papp, deixando o seu espaço para o Banco Mundial. Isto reforçou este banco que conquistou, como queria de longa data, o monopólio do financiamento externo do Papp, diminuindo obviamente o poder de barganha da União e dos Estados, que, dependendo de um só credor, ficam ainda mais vulneráveis e diversos tipos de pressões.

3 Obviamente, se incluirmos no custo do Projeto os recursos nacionais para a redistribuição de terras, pagos em parte com Títulos da Dívida Agrária (TDA) e podendo atingir até US$ 305 milhões, os percentuais seriam diferentes. Entretanto, o projeto negociado com o Bird totaliza somente US$ 250,5 milhões, embora preveja a redistribuição de terra.

pressões internacionais, o presidente da República assinou o Decreto nº 91.291, abrindo o mencionado mercado às firmas estrangeiras, com a ressalva de que o processamento do material seria realizado em território nacional sob o controle e supervisão das autoridades brasileiras, atenuando um pouco o conflito gerado. No dia da assinatura do decreto e posteriormente, associações de classe ligadas à indústria nacional, como a Associação Nacional das Empresas de Aerolevantamento – (Anea), o Estado Maior das Forças Armadas, a Comissão de Cartografia (Cocar) hoje pertencendo ao Ministério da Ciência e Tecnologia, o Congresso Nacional, etc., continuaram protestando através de telex, meios de comunicação de massa e outras vias, mas prevaleceu a imposição de uma instituição financeira internacional, que o próprio presidente dos Estados Unidos tenta reforçar, a fim de contrabalançar o desgaste cada vez maior do Fundo Monetário Internacional, e de suas políticas que fracassaram em vários países do mundo. Mais uma vez na história do Brasil, vingou a lógica do capital transnacional, frente ao qual a Nova República, como a Velha, se curvou, em detrimento de diversos *lobbies* e interesses nacionais.

Os dados anteriormente mencionados revelam também a prioridade dada ao processo de discriminação/regularização que custará US$ 79,2 milhões. Estima-se que a discriminação de terras atingirá cerca de 31 milhões de hectares. Quem se beneficiará com isto? A discriminação atinge as terras públicas e privadas, as dos grandes e pequenos proprietários. Utilizando esse processo, o projeto pretende beneficiar cerca de 600.000 pequenos produtores com ações de regularização fundiária, mas atingirá também muitas outras classes como os médios e grandes proprietários e o capital agrário como um todo, os quais serão beneficiados pelo processo global, isto é, tanto pela aerofotogrametria quanto pela discriminação, que, como foi dito, não se limitam ao público-meta do Papp. Por outro lado, o processo como um todo pode envolver no seu bojo uma contradição muito relevante. As federações dos sindicatos rurais de diversos Estados do Nordeste denunciam a existência de dezenas de casos de terras griladas a serem tituladas pelo segmento fundiário do Papp; legitimando e reforçando o processo de grilagem, muitas vezes vinculado à violência no campo, que aumenta de forma assustadora como noticiam quase diariamente os meios de comunicação.

Baseado nos parágrafos anteriores, pode-se concluir que o principal objetivo do PDSFN é realmente a titulação fundiária, colocando em segundo plano a desapropriação via aplicação do Estatuto da Terra, devido ao poder de pressão dos grandes proprietários. Esta idéia é claramente colocada no relatório final de avaliação do projeto, feito pelo Banco Mundial em 11 de março de 1985: "A fim de evitar fortes reações políticas (especialmente dos latifundiários) ao proposto processo de melhoramento da posse da terra, o Incra, desde o início, recomendou que a ênfase das primeiras etapas do projeto seja concentrada na titulação fundiária, a qual teve o apoio de todos os proprietários nos outros projetos financiados pelo Bird ou BID. *A titulação fundiária é o principal objetivo do atual projeto*" (Banco Mundial, 1985: 12). (O grifo é nosso).

Entretanto, embora o PDSFN não financie diretamente a redistribuição de terras como componente, prevê US$ 22,5 milhões para apoio ao processo de redistribuição de três milhões de ha, beneficiando 130.000 famílias sem terras ou minifundiários, o que representa muito menos de 10,0% dos beneficiários em potencial[4]. O que importa saber é como serão obtidas essas terras. O projeto apresenta duas opções: uma, apoiada pelo Governo Federal, é a expropriação negociada, paga através de Títulos da Dívida Agrária (TDA). A outra modalidade, defendida vigorosamente pelos governos estaduais, é a pura e simples compra de terras e benfeitorias com pagamento em espécie, a preço de mercado, financiada através de fundos de terra[5]. É óbvio que as oligarquias estaduais preferem e defendem a segunda opção porque preservam seus interesses, favorecendo a especulação e valorização das terras, além de preservá-las do processo de desapropriação por interesses sociais. Não há como negar que a compra de terras é um método vantajoso para muitos grandes proprietários que têm a oportunidade de se desfazer de suas terras ociosas a preço determinado por poderes públicos estaduais, muitas vezes amigos. Por outro lado, os diretores dos Institutos de Terra não são sempre insensíveis frente a pressões políticas de diversos tipos ou ainda frente a seus próprios interesses, tendo em vista que, em alguns Estados, grandes proprietários ocupam cargos-chave nos Institutos de Terra. Finalmente, o método de aquisição de terra tem um alcance social pequeno porque a União nunca terá recursos suficientes para realizar uma redistribuição de terras em larga escala através da compra de terras com pagamento em espécie a preço de mercado.

De fato, contrariamente aos esboços preliminares elaborados a nível técnico em 1983 e posteriormente eliminados por motivos de pressões políticas, o PDSFN valoriza pouco e subutiliza a dimensão-chave de qualquer reestruturação fundiária profunda: a desapropriação por interesses sociais. A explicação é simples: a época da elaboração e aprovação da proposta correspondeu ao período do regime autoritário, durante o qual o Estado não admitia a possibilidade de uma reforma agrária ampla e massiva, como queriam os trabalhadores, porque o bloco do poder, baseado em alianças e não sendo monolítico, estava dividido neste assunto. Embora naquela época expressivos setores da burguesia industrial e certos setores

---

4 Essas famílias terão que pagar integralmente o custo da terra que receberão num período de 15 anos ou mais.

5 Segundo o relatório do Banco Mundial (1985: 13), esta opção será fundamental porque a terceira opção possível, a utilização de terra públicas, é pouco realista, considerando que pouquíssimas terras públicas de boa qualidade e desocupadas poderão ser identificadas e aproveitadas.

mais lúcidos do capital financeiro concordassem com a tese da reforma agrária e pregassem a necessidade de ampliar o mercado interno, outros setores do bloco do poder, sobretudo os ligados às oligarquias agrárias, defendiam e continuam defendendo o *status quo* ou, no máximo, uma posição reformista, temendo o esvaziamento do seu poder. Tabus ideológicos vedavam e vedam a estas oligarquias a percepção do óbvio: do ponto de vista do modo de produção capitalista e na ótica de um amplo processo de acumulação e de divisão regional do trabalho, uma reforma agrária "moderada" é desejável e dinamiza qualquer economia de mercado porque contribui para elevar os níveis de emprego, de remuneração e de consumo da força de trabalho, tanto rural quanto urbana (Chaloult, 1984).

Hoje em dia, a proposta fundiária do Papp deve valorizar mais a redistribuição de terras, baseada na desapropriação, indo além do Plano Nacional de Reforma Agrária (PNRA) que não correspondeu aos anseios dos trabalhadores rurais porque ficou extremamente tímido e foi esvaziado de última hora, devido às pressões de diversas correntes ideológicas e políticas que formam a aliança que sustenta o governo de transição que está no poder. Uma verdadeira Reforma Agrária deve ser o ponto de partida e o Papp com os seus diversos segmentos deve complementá-la e não o contrário. Ademais, estas mudanças e a rápida implementação do PDSFN, o qual foi formalmente aprovado e assinado em Washington em outubro, são tarefas urgentes porque as ações fundiárias devem anteceder as políticas agrícolas, o que não está sendo plenamente cumprido.

Finalmente precisa-se acrescentar que a escolha das terras a serem desapropriadas, no âmbito do Papp, não deve ser principalmente feita pelos governos estaduais, mas necessita contar com a participação dos representantes dos trabalhadores, de instituições da Sociedade Civil, dos Poderes Legislativos e de entidades regionais e nacionais, como o Instituto Nacional de Colonização e Reforma Agrária (Incra) através de suas Diretorias Regionais que devem ter um papel-chave e como a Comissão de Reforma Agrária do Nordeste (Coran), integrada por diversos membros e presidida pelo representante do Ministério da Reforma e Desenvolvimento Agrário (Mirad). Caso contrário, as oligarquias agrárias que contribuíram para eleger os governos que estão no comando no Nordeste influenciarão decisivamente para que os seus interesses sejam uma vez mais preservados, permitindo que sejam desapropriadas e redistribuídas apenas as terras que não lhes interessam.

3.3. Crédito Rural e Irrigação

A redistribuição massiva de terras é condição necessária mas não suficiente para melhorar as condições e qualidade de vida de populações exploradas e marginalizadas durante séculos. Além de ter uma política agrária abrangente, o Estado necessita implementar diversas políticas agrícolas, sem as quais será difícil aumentar substancialmente a produção e a produtividade de alimentos básicos que possam melhorar a dieta e a qualidade de vida das populações rurais mais exploradas. Mas para compreender melhor o tipo e as formas de políticas agrícolas implementadas pelo Estado, deve-se analisar inicialmente o papel do pequeno produtor rural numa economia de mercado onde impera o monopolismo.

O pequeno produtor não é independente e nem está desconectado do circuito global do capital e das transformações impostas pelo desenvolvimento do capitalismo no setor primário. Esse trabalhador rural deixou de produzir somente para sua subsistência, comercializando pouquíssimo excedente. Hoje ele passa a produzir em função do mercado, mesmo no Nordeste, embora o fenômeno seja mais acentuado e acelerado no Sudeste. Sua unidade produtiva é cada vez mais dependente dos mecanismos estruturais do mercado. Progressivamente, o pequeno produtor é orientado para comprar insumos industriais por imposição do capital comercial e industrial. Essa tecnificação e modernização resulta mais de uma imposição do que de uma conquista dele. Aumentam as formas de subordinação às agroindústrias e às cooperativas capitalistas. Em decorrência das políticas agrícolas do Estado, a pequena unidade de produção, cada vez mais mercantilizada e monetarizada, entra num conhecido processo de diferenciação: ou o pequeno produtor consegue se capitalizar e acumular ou é forçado a se proletarizar.

Segundo Graziano da Silva e outros autores (1983), presenciamos um novo padrão tecnológico cujas características-chave são as seguintes: a) ao nível de produção: utilização crescente dos processos mecânicos e de insumos químicos; b) ao nível de circulação de mercadorias: redefinem-se as relações com o capital comercial tradicional, através do aumento da capacidade de armazenamento da produção, da eletrificação rural e da melhoria nos transportes; c) ao nível do financiamento: o principal fator operante foi e é o crédito rural subsidiado, agindo no sentido do deslocamento do capital usuário tradicional, viabilizando o processo de modernização tecnológica; e d) ao nível das relações de emprego: expansão do trabalho assalariado e substituição das formas tradicionais de parceria.

É óbvio que as transformações impostas pelo novo padrão de produção agrícola teve e tem ritmos diferenciados, conforme os produtos, as regiões e os tipos de produtores. O Papp pretende acelerar a penetração deste novo padrão tecnológico para o seu público-meta, através de seus diversos segmentos, como o acesso ao crédito, irrigação, pesquisa adaptada, extensão rural e processo de comercialização. Por exemplo, muitos pequenos produtores podem se tecnificar sem ter muita terra, através da absorção de tecnologias físico-químicas. Nas próximas páginas, vamos focalizar dois segmentos chaves do Papp, o crédito rural e a irrigação, assim como o Programa de Irrigação, os quais são também intimamente interdependentes de outros componentes como a pesquisa, extensão e comercialização.

Tudo indica que o principal fator que viabilizou a modernização conservadora da agricultura brasileira foi o crédito rural subsidiado, que diminui a subordinação do produtor ao capital usuário e que ajudou a criar um mercado sólido e crescente para o subsetor industrial, produzindo insumos, máquinas e equipamentos para o setor primário. O crédito de investimento, por exemplo, acelerou a tecnificação e a intensificação do processo produtivo através da aplicação crescente de capital fixo. No que concerne ao Papp, que tipo de política está sendo proposta?

Assim como o Fundo Monetário Internacional (FMI), o Banco Mundial, desde longa data, pressiona o Governo brasileiro, para que o crédito rural subsidiado seja progressivamente eliminado. Entretanto, considerando o público-meta do Papp, que sem subsídio não têm condições reais de pagar o total dos encargos financeiros dos seus empréstimos, chegou-se a uma fórmula de "transição", aceitável para o Bird, tendo em vista a forte influência e poder de pressão que tem nesta área como em outras, utilizando os seus empréstimos. A fórmula de compromisso, aceita em setembro ao nível do próprio presidente da República, é a criação de um mecanismo de incentivo para o crédito de investimento do Papp, isto é, uma "linha especial de crédito rural para o Papp, com encargos financeiros de 85,0% da variação das Obrigações Reajustáveis do Tesouro Nacional (ORTNs) e mais 3,0% de juros, ao ano, e simultaneamente se utilizaria de mecanismo de incentivo, somente para investimentos, através do qual o produtor rural seria compensado pelas taxas de juros normalmente praticadas pelo Sistema Nacional de Crédito Rural" – (Brasil..., 1985d: 2). O produtor rural entrando nesta linha de crédito, em 1986, será ressarcido em 65,0% dos valores investidos em sua propriedade, inclusive encargos financeiros. O produtor ingressando em 1987 será beneficiado com o ressarcimento de 60,0%, em 1988 com 55,0% e nos anos subseqüentes com 50,0%, havendo, portanto, uma redução gradual do incentivo ano-a-ano, conforme a ideologia do Banco Mundial. O prazo do crédito é de até oito anos, inclusive três de carência, financiando investimentos fixos e semifixos. O teto pode atingir 500 ORTNs, elevado a 1.000, quando incluir culturas irrigadas, por mutuário, podendo chegar a 50.000 ORTNs para investimentos próprios às cooperativas.

Além de subsidiar o pequeno produtor, uma outra vantagem deste mecanismo de incentivo é que o Estado pode calcular com antecedência o montante deste incentivo, provindo do Orçamento Fiscal e sendo incluído no Orçamento Geral da União, garantindo recursos no banco para o pequeno produtor, o que sempre foi um problema. Entretanto, algumas perguntas devem ser formuladas. Os ministérios da área econômica, mesmo levando em conta a mudança de rumos que houve em agosto de

1985 tendendo para uma linha estruturalista, alocarão recursos substanciais para este tipo de subsídio e para os beneficiários do Papp? Qual é o poder de barganha desta classe de produtores? Não continua muito reduzido? Um número significativo deles será atendido? Considerando que o Papp estima beneficiar dois milhões de famílias, de um número potencial muito maior, o Estado pretende atender com crédito de investimento 21.000 beneficiários em 1986, isto é, muito menos de 1,0% do universo potencial. Esse percentual é irrisório e nem chega a ser simbólico!

Por outro lado, se compararmos este total de 21.000 beneficiários, com os contratos de investimento do Banco do Brasil em 1984 para miniprodutores do Nordeste – para os quais, todos sabem, há normalmente muito pouco dinheiro disponível nos bancos – que somaram 64.456 contratos, adicionados aos contratos para pequenos produtores que atingiram 12.342 (Banco do Brasil, 1985), constatamos que os beneficiários do Papp em 1986 não atingem 30,0% dos contratos do Banco do Brasil, para essas duas categorias, atendidas sobretudo graças aos programas especiais vigentes à época para esse público. Sendo que outros bancos, além do Banco do Brasil, atenderam mini e pequenos produtores, como também houve crédito para os pequenos, via cooperativas, o número absoluto e relativo do Papp é ainda menos relevante. Ademais, considerando agora o número de contratos de custeio do Banco do Brasil em 1984, para mini e pequenos produtores, que foi de 268.209 (Banco do Brasil, 1985), podemos afirmar que a demanda efetiva e, sobretudo, potencial, para crédito de investimento e custeio do Papp será muito superior à oferta dos recursos.

Em cinco anos, o Papp almeja atender cerca de 210.000 beneficiários com crédito de investimento, o que representa muito menos de 10,0% do universo potencial. O dado é ainda menos relevante tendo em vista que cada mutuário será atendido uma só vez neste período, porque se alega que os recursos são escassos para atendê-lo em mais de uma operação ou para atingir um número maior de trabalhadores. Se houvesse uma verdadeira decisão política em prol dos pequenos produtores rurais do Nordeste, haveria obviamente recursos, como sempre existiram e continuam existindo para programas tipo Proálcool ou Fundo de Investimento do Nordeste (Finor) ou para políticas que atendem os interesses de outras classes sociais do campo ou da cidade como, por exemplo, os interesses do setor financeiro. O fato é que, sem subsídio, ou o público-meta do Papp não tem acesso ao crédito ou ainda, em muitos casos, o banco se apropria da terra como pagamento da dívida contraída.

Qual é a política de crédito de custeio para o público-meta do Papp? Os encargos financeiros obedeceriam ao seguinte esquema de graduação:

---

6 No que tange ao crédito de comercialização, ele "será concedido preferencialmente através da política de preços mínimos, e de conformidade com a sistemática operacional estabelecida pela Comissão de Financiamento da Produção (CFP) "Brasil..., 1985d: 7).

no primeiro ano, 50,0% da variação das ORTNs e mais 3,0% de juros, ao ano, no segundo ano o percentual atingiria 55,0%, no terceiro, 60,0%, no quarto, 70,0% e no quinto e anos subseqüentes 85,0% (Brasil..., 1985d:6) [6]. De novo convém indagar se os gerentes dos bancos reservarão recursos para este tipo de clientela, que, normalmente, opera com montantes pequenos, o que, em termos econômicos, não é tão interessante para o banco quanto uma operação grande, ainda mais considerando que haverá um subsídio para o beneficiário do Papp.

A respeito dos não proprietários, não imediatamente beneficiados pelo Programa Nacional de Reforma Agrária, O Papp se refere à "carta de anuência" que será exigida dos proprietários. Como todos sabem que pouquíssimos dão esta carta, significa dizer que dificilmente esta categoria terá acesso ao crédito, a não ser via cooperativas ou mecanismos como a compra antecipada da produção com um montante de recursos muito limitado.

Isto dito, devemos perguntar: qual tipo de política terá o Estado frente aos outros pequenos produtores, além dos 600.000 que o Papp pretende beneficiar em cinco anos e que representa menos de 25,0% do universo em potencial? A outra categoria que ultrapassa dois milhões de trabalhadores deverá pagar 85,0% da variação das ORTNs mais 3,0% de juros, ao ano. Tem condições de pagar estes encargos financeiros? A história responde negativamente. Qual será a atitude da Nova República frente à grande maioria dos trabalhadores rurais nordestinos, não incluídos no Papp nos próximos anos? Serão deixados à sua própria sorte como durante séculos? Serão forçados a se tornar, caso já não sejam, assalariados sazonais ou permanentes, ou ainda a migrar para as cidades, morando em favelas em condições subumanas?

Sabe-se que o problema fundamental não é a falta de recursos mas situa-se ao nível de decisão política. Por exemplo, a circular do Banco Central nº 849, de 9/3/84, aprovou para os municípios nordestinos atingidos pela estiagem encargos financeiros, para custeio e pré-comercialização, à taxa nominal de 35,0% ao ano. A mesma taxa nominal prevaleceu para o crédito de investimento até cem vezes o Maior Valor de Referência (100 MVR) para aquisição de máquinas, tratores, equipamentos, etc., e também para os chamados "demais investimentos". Esta política creditícia altamente subsidiada, não foi revogada, como se esperava, e continua sendo implementada, devido a fortes pressões políticas de todos os tipos, exercidas pelos governadores e políticos do Nordeste, sobre a Presidência da República. Esta modalidade de crédito é importantíssima em termos eleitoreiros e de clientelismo, sobretudo ao nível do poder local, porque atinge centenas de municípios e abrange a maioria dos Estados do Nordeste. Só a Bahia tem mais de 300 municípios enquadrados na relação dos municípios atingidos pela estiagem. Este crédito altamente subsidiado beneficia sobretudo os médios e grandes produtores da região. Significa dizer que os pequenos produtores, público-meta do Papp, vão pagar pelo crédito de custeio encargos financeiros muito superiores aos grandes proprietários, isto é, enquanto os mini e pequenos pagarão 50,0% da variação das ORTNs mais 3,0% de juros ao ano, os médios e grandes pagarão uma simples taxa nominal de 35,0% ao ano. Os dados revelam também que os pequenos produtores não beneficiados pelo Papp vão pagar, a preço de outubro de 1985, cerca de 190% de encargos financeiros (85,0% da variação das ORTNs, mais 3,0% de juros, ao ano), enquanto na mesma região ou no mesmo Estado, um latifundiário poderá pagar somente 35,0%.

A contradição é flagrante. Os dados denunciam uma injustiça patente e revelam que as diversas forças que formam a aliança democrática e sustentam a Nova República influem de forma desigual nas políticas agrícolas do Estado. As pressões do capital agrário e das oligarquias estaduais, defendidas pelos governadores, têm obviamente mais peso do que as reivindicações dos trabalhadores, defendidas pela Contag, Sociedade Civil, igrejas, etc. Considerando o segmento de crédito rural do Papp, podemos afirmar que uma política de legitimação do Estado, a do Papp, teve muito menos peso e repercussão do que uma macropolítica de acumulação, beneficiando sobretudo uma outra classe social, via crédito, à taxa nominal de 35,0% ao ano.

Deve-se mencionar, finalmente, o Programa de Recuperação de Áreas Atingidas pelas Enchentes na Região Nordeste, aprovado pelo Decreto nº 91.265, de 24 de maio de 1985, destacando recursos da ordem de Cr$ 500 bilhões para aplicação no setor rural, via crédito, para um período de 18 meses (Conselho Monetário Nacional, 1985). Os encargos financeiros do programa são também a uma taxa nominal de 35,0% ao ano, para crédito de custeio agrícola e pecuário, e para investimentos fixos e semifixos, beneficiando unicamente os pequenos produtores rurais, entendidos aqui como aqueles cuja área total da exploração não seja superior a dois módulos fiscais. Podemos afirmar de novo que, em termos de crédito, as condições financeiras oferecidas por esse programa são muito mais vantajosas do que as do Papp, revelando, uma vez mais, uma diferenciação enorme nas modalidades dos encargos financeiros de crédito rural no Nordeste. Entretanto, deve-se destacar a dimensão altamente social do mencionado programa, que abrange só os pequenos produtores, legitimado o discurso da Nova República e contribuindo para melhorar as condições de vida dos beneficiários do programa o qual, por outro lado, tem recursos limitados e uma duração de apenas 18 meses, o que não se aplica ao crédito vigente para os municípios atingidos pela estiagem onde não figuram limites para os recursos nem duração definida no tempo.

Conforme afirma o Decreto nº 91.179, o Papp deseja promover a melhoria geral das condições de vida da população rural do Nordeste. Um instrumento importante para atingir esta meta é o acesso ao crédito de custeio e investimento, que ajuda o pequeno produtor a tecnificar-se e modernizar-se e, possivelmente, permitir-lhe-á acumular. Da forma como está, no entanto, só um pequeno percentual do público-meta em potencial do Papp terá acesso ao crédito, sobretudo o de investimento, dificultando por conseguinte, o acesso desse mesmo público ao novo padrão tecnológico, embutido no atual processo de modernização da agricultura. Assim, continuará a ser vulnerável e subordinado ao capital usuário e comercial tradicionalmente utilizado e será progressivamente forçado a se proletarizar. Por outro lado, o grande proprietário que tem acesso a um crédito altamente subsidiado à taxa nominal de 35,0% ao ano, nos municípios atingidos pela estiagem, tem alternativas. Os que não utilizam os recursos para especulação financeira fora da agricultura ou para especulação na compra de terra ou outras formas, podem ter acesso a um novo padrão tecnológico, tanto ao nível da produção propriamente dita, e de um novo arranjo das relações sociais de trabalho e produção, quanto ao da circulação das mercadorias.

Além do crédito, uma outra forma de ingressar neste novo padrão tecnológico e no processo global de modernização é a irrigação, acompanhada de pesquisa adaptada, de assistência técnica e extensão rural. O Papp e o Projeto Nordeste prevêem estes tipos de intervenção do Estado. Vamos tratar agora do componente irrigação.

O Papp contempla um segmento chamado recursos hídricos, que engloba não só a irrigação pública e privada como o abastecimento de água para as comunidades. Entretanto, tendo em vista a meta de um milhão de hectares irrigados no Nordeste, lançada pelo presidente Sarney em Petrolina, Pernambuco, a Sudene acelerou a elaboração de mais um dos seis Programas – o de irrigação – que compõem a primeira fase do Projeto Nordeste.

Em que consiste este novo programa? Baseada no Decreto nº 81.379 de 28 de junho de 1985, que dispõe sobre a criação de comissão interministerial para elaborar um programa de irrigação de um milhão de hectares no Polígono das Secas do Nordeste, a Superintendência Adjunta de Desenvolvimento Rural da Sudene apresentou as metas globais do Programa de Irrigação que são 1.121.635 hectares no período 1986/90 (Brasil..., 1985c: 6.189). Essa meta, oriunda de uma ideologia populista, é extremamente ambiciosa. É pouquíssimo provável que seja alcançada, considerando que, desde o descobrimento do Brasil até 1985, foram irrigados aproximadamente 300.000 ha no Nordeste, e tendo em vista a baixa capacitação dos técnicos da região neste setor e a falta de recursos.

Como se subdivide essa meta e quem a implementará? A irrigação pública federal executará, conforme prega o programa, 678.996 ha, isto é, cerca de 61,0% do total: a irrigação pública estadual, via PAPP, 43.350 ha, isto é, 4,0%; e a irrigação privada, 399.289 ha, isto é, 35,0%, sendo que

69.289 ha desta irrigação privada dependerão do Papp (Brasil..., 1985c: 6.189) [7].

No que tange ao principal segmento em termos numéricos, a irrigação pública federal, três instituições a executarão. A Companhia de Desenvolvimento do Vale do São Francisco (Codevasf) implementará 285.500 ha de obras, o Departamento Nacional de Obras Contra as Secas (Dnocs) 234-496 ha e o Departamento Nacional de Obras e Saneamento (Dnos) 159.000 ha (Brasil..., 1985c: 6.188).

O custo desta irrigação pública federal será de mais de US$ 5,7 bilhões, elevando o preço de um hectare irrigado acima de US$ 8.500,00. Estima-se que o Programa de Irrigação como um todo custará mais de US$ 6,7 bilhões. Parece difícil que uma economia em crise, pressionada pelo FMI para reduzir seus investimentos, aloque para uma região como o Nordeste, em cinco anos, este elevado montante, mesmo sabendo que instituições internacionais participarão do financiamento do Programa.

Para poder avaliar as possibilidades de sucesso do Programa de Irrigação do Projeto Nordeste, no seu componente de irrigação pública federal, é importante analisar brevemente o comportamento passado das três instituições mencionadas. De fato a experiência revela que, salvo honrosas exceções que confirmam a regra, a irrigação pública federal não propiciava a participação ativa dos beneficiários dos projetos governamentais. Embora se falasse em planejamento participativo, a práxis do dia-a-dia revelou uma atitude paternalista e uma forte intervenção dos órgãos executores dos projetos de irrigação, sobretudo nas cooperativas formadas, as quais serviam muitas vezes de instrumentos de manipulação dos produtores a fim de manter o regime existente. Em muitas cooperativas, a posição do gerente, agente governamental, representava o poder do Estado e a sua intervenção paternalista.

A este problema dos limitados espaços, em termos de participação, dos beneficiários da irrigação pública, decorrente, em parte, do regime autoritário em que se encontrava o País, acopla-se o da irrigação pública de custo social altíssimo, quando o número de famílias deslocadas e forçadas a migrar era muito maior do que o dos assentados, gerando diversos conflitos violentos, muitos dos quais foram denunciados e desmascarados pelos sindicatos dos trabalhadores rurais e pela Igreja Católica. Dez bispos nordestinos, numa carta dirigida ao presidente da República e datada em 30 de julho de 1985, analisam o PNRA e mencionam o Programa de Irrigação do Projeto Nordeste. Criticam "os grandes projetos de irrigação que têm-se constituído em fonte de concentração da terra e da renda. Além de complexos e caros, são incapazes de absorver contingentes significativos de trabalhadores. Infelizmente, são orientados para o cultivo de produtos de

---

7 Considerando os Estados que integram a área de atuação da SUDENE, os quatro mais privilegiados são: a Bahia com 269.000 ha, o Ceará com 201.000, Minas Gerais com 181.000 e o Piauí com 158.000 (Brasil..., 1985c).

alto valor comercial e portanto, consumidos por classes socialmente privilegiadas... Admitir-se a continuidade desses projetos, é manter as políticas que anunciam o apoio ao pequeno produtor e terminam por beneficiar diferentes grupos que não são de trabalhadores rurais" (CNBB, 1985:3). Finalmente, pode-se perguntar: como agirão instituições que no passado tiveram atitudes arbitrárias frente aos pequenos produtores? O futuro dirá. Para evitar certos problemas, o Programa de Irrigação terá que ser intimamente integrado com o Plano Nacional de Reforma Agrária e com todos os segmentos do Papp.

Um aspecto deixa qualquer analista preocupado frente a amplitude das metas da irrigação pública do Projeto Nordeste: é a reduzida capacitação dos técnicos que atuam na região, no plano institucional, no setor de irrigação. Frente a esta limitação, quem impôs, no passado, as regras do jogo nos projetos de irrigação foi quase sempre o capital. Grandes firmas dimensionavam e orientavam tecnicamente os projetos, conforme os seus próprios interesses e não de acordo com o interesse da coletividade. Então usava-se uma tecnologia sofisticadíssima e caríssima, nem sempre necessária, e às vezes mal manejada. Obviamente, as pressões e "interferências" políticas influíam também na defesa dos interesses do grande capital. A fim de remediar o problema de competência técnica, o Programa de Irrigação pretende capacitar, em cinco anos, 9.000 técnicos de nível superior, 40.000 de nível médio e 300.000 agricultores (Brasil..., 1985c: 4.118).

Uma última observação a respeito dos quase 700.000 ha da irrigação pública federal é a seguinte: fala-se em "assentamento prioritário de pequenos produtores" (Brasil..., 1985c: 4.97). Quem diz "prioritário", deixa claro que outras categorias serão atendidas, além dos pequenos. Devia-se falar em "exclusivamente" para os pequenos produtores, embora esta declaração de princípio não fosse garantir que, na prática, isso viesse a acontecer! Esse outro dado revela uma das contradições do Programa de Irrigação que contradiz a estratégia da primeira fase do Projeto Nordeste", como vimos no início do trabalho.

Falando em contradições, o que nos revela, no programa em foco, o segmento da irrigação privada, responsável por uma meta de mais de 400.000 ha? Surge logo uma indagação: qual classe social será beneficiada? Considerando que os principais executores serão o Programa Nacional de Aproveitamento de Várzeas Irrigáveis (Provárzeas), o Programa de Financiamento para Equipamentos de Irrigação (Profir) e a Empresa Brasileira de Assistência Técnica e Extensão Rural (Embrater), os três pertencendo ao Ministério da Agricultura, e levando em conta que o Provárzeas e o Profir, que terão a seu cargo uma substancial parte da irrigação privada, não privilegiam os pequenos produtores e, pelo contrário, trabalham sobretudo com médios e grandes, tudo indica que estas duas últimas categorias participarão de forma significativa do programa. Entretanto, qualquer equívoco fica afastado quando, falando em crédito, o documento do Ministério do Interior é transparente: "O crédito rural deve ser visto no Programa de Irrigação como um instrumento de incentivos, com linhas básicas específicas para atender aos pequenos produtores. A outra faixa do público-meta do programa, *constituído por grandes produtores e empresários*, se beneficiará de incentivos como o Finor e Decreto-lei nº 2.032/83" (Brasil..., 1985c: 4.134) (o grifo é nosso). Mais adiante afirma-se, em termos de recursos, que para atender ao Programa "será criada uma faixa preferencial dentro do Finor, destinada a empresas agrícolas de irrigação e a empresas agroindustriais estabelecidas para o processamento da produção agrícola" (Brasil..., 1985c: 4.143) indicando a participação de grandes produtores e empresários. Além disto, o 1º Encontro Brasileiro de Irrigação, realizado em Brasília de 30/9 a 2/10 de 1985, cujo tema central era "Um Milhão de Hectares Irrigados no Nordeste", demonstrou claramente nas palestras e nos debates a ativa participação que terão os grandes produtores e empresários na implementação do Programa de Irrigação. Todos esses dados ferem frontalmente o Decreto nº 91.179 que "dispõe sobre a definição da estratégia de desenvolvimento rural para pequenos produtores", através de seis programas, dois dos quais são o Papp e o Programa de Irrigação.

Estes fatos revelam uma das contradições da Nova República. Embora tenha pregado a priorização das classes sociais mais desfavorecidas nas praças públicas e, por decreto presidencial, tenha afirmado que a primeira fase do Projeto Nordeste seria para os pequenos produtores, o segundo Programa a ser executado nesta fase deixa claro que terá um público-meta amplo, abrangendo diversas classes sociais do setor primário nordestino. Rapidamente, uma política de legitimação do Estado se transforma – e já estava embutido na composição da aliança democrática! – em uma política de acumulação para o capital agrário, comercial e financeiro. O processo de modernização da agricultura, acompanhado de um novo padrão tecnológico, beneficia, através de um programa de pequenos produtores, um significativo número de grandes produtores e empresários que assim capitalizam e acumulam.

3.4. *Articulação e Integração*

O Projeto Nordeste e seus programas foram elaborados de forma isolada. Necessitam ficar integrados ao novo plano diretor da região e a uma nova política global de desenvolvimento do Nordeste, repensada de forma democrática como reivindicam os trabalhadores: "Que o Projeto Nordeste seja componente de uma nova política de desenvolvimento regional, que reoriente inclusive a política agrícola, iniciando-se com uma completa redefinição dos recursos do Finor, que beneficia com recursos da Nação grandes grupos empresariais, muitos deles, com ação meramente especulativa sobre a terra, sem nenhuma aplicação produtiva" (Congresso..., 1985:64). Essa integração não pode se limitar ao nível regional mas deve também levar em conta o primeiro Plano Nacional de Desenvolvimento da Nova República que traça diretrizes à luz das quais as políticas regionais devem ser elaboradas.

Uma das grandes contradições do Papp é a frágil integração existente entre as dezenas de instituições nacionais, regionais, estaduais, municipais, locais, além de internacionais, que atuam na sua execução. Falta uma articulação interinstitucional, por exemplo, entre os sete segmentos que compõem a estratégia do programa e entre os programas da primeira fase do Projeto Nordeste. Esta elaboração de cada segmento de forma estanque, devido à falta de uma concepção globalizante, resultou numa desarticulação a nível da execução, acompanhamento e avaliação. O Papp é hoje um programa mecânico e linear, sem oferecer uma estratégia que permita ao seu beneficiário consolidar avanços graduais, dando-lhe chances de se desvincular do Estado paternalista que muitas vezes substituiu o antigo patrão.

Para que os beneficiários do Papp possam participar na reformulação de um programa elaborado de forma antidemocrática, devem ser criados instrumentos e mecanismos que permitam isto. Desta forma os produtores terão condições de cobrar do Estado – que afirma ter criado um Programa diferente dos anteriores – uma mudança nas suas estruturas organizacionais e administrativas a fim de atuar de forma mais eficiente. Por exemplo, poderão exigir um fluxo dos recursos mais direto e racional.

Essa reestruturação do Papp e a integração entre segmentos, programas e instituições, realizadas democraticamente, não se fazem por decreto mas na práxis e com a participação dos beneficiários. Ela é complexa porque, de fato, o poder está se deslocando cada vez mais do nível federal e regional para o estadual, que vê a sua autonomia crescer dia-a-dia, não só devido à redemocratização do país e à reforma tributária, mas também porque os programas estaduais estão se consolidando a partir da visão sócio-política de cada Estado.

3.5. *Autonomia dos Governos Estaduais*

A elaboração dos dez programas estaduais que integram o Papp foi iniciada antes da aprovação das diretrizes e orientações para o programa regional. Conseqüentemente, muitos programas estaduais foram elaborados sem uma clara visão do processo global de desenvolvimento regional e sem um marco de referência específico, a não ser a orientação das instituições internacionais participando do Papp a título de colaboração, seja financeira, como o Banco Mundial, seja técnica, como a FAO, das Nações Unidas, a Organização dos Estados Americanos (OEA) ou o Instituto Interamericano de Ciências Agrárias (IICA), sem ter ficado claro, no entanto, o papel futuro de cada uma dessas instituições. Por outro lado, muitas vezes uma instituição financeira como o Banco Mundial tinha e tem no decorrer do processo de elaboração e aprovação dos programas uma influência excessiva e um poder de barganha enorme, os Estados estando sujeitos a pressões de diversos tipos, sobretudo quando a presença das instituições federais ou regionais é pouco marcante.

Apesar destas pressões externas, o grau de autonomia dos governos estaduais continua sendo muito significativo e refletiu-se, por exemplo, na escolha das áreas de atuação. Assim, as melhores terras de certos Estados, como a Zona da Mata e o Agreste que, segundo o Grupo de Trabalho de Desenvolvimento do Nordeste (GTDN), seriam as mais indicadas para a produção de alimentos de base, não são prioritárias no Papp, embora as áreas-chave devessem ser aquelas de maiores potencialidades em termos de recursos naturais e de maior concentração do público-meta do programa. A desapropriação e redistribuição de terras não pode ser feita prioritariamente nas piores áreas e nas terras menos férteis, mas sim nas mais favoráveis à agricultura.

Obviamente esta escolha é política. Os Estados não podem ter autonomia demais, não só na escolha das microrregiões onde começará o programa, mas também das terras sujeitas à desapropriação por interesse social. A descentralização do poder, desejável em si, tem riscos, às vezes muito altos, sendo preferível, no caso das desapropriações, ter uma maior interferência do nível federal. A autonomia nas desapropriações e na elaboração dos programas é muito contraditória porque os nove Estados do nordeste elegeram governadores do PDS em 1982, os quais têm obrigação de defender os interesses de quem os elegeu, exercendo muitas vezes políticas "clientelistas", especialmente frente ao poder local, geralmente mais reacionário e sempre pronto a exercer um maior controle em termos ideológicos e eleitorais. As oligarquias agrárias integram o bloco do poder no âmbito estadual e, conseqüentemente, influenciam nas decisões que afetam ou não os seus interesses como representantes do capital agrário. Neste bloco do poder, os pequenos produtores são obviamente minoritários e, portanto, as decisões tomadas em cada Estado tendem, sem dúvida, a favorecer e proteger os interesses das oligarquias estaduais como um todo, tornando contraditório o discurso participativo e redistributivo do Papp.

Ademais, o Papp reforça as estruturas existentes e as Secretarias Estaduais que o executam, especialmente a Secretaria de Planejamento, coordenadora do programa no plano estadual. Esta situação leva muitos Estados a cobrar custos administrativos elevadíssimos para administrar o programa, a construir prédios ou obras muitas vezes desnecessárias e sem estar de acordo com o espírito de austeridade pregado, na teoria, pela Nova República e a gastar a maior parte dos recursos em despesas de custeio sem que o dinheiro chegue até o homem do campo. Mais uma vez os recursos públicos contribuem para reproduzir e aumentar os quadros da tecnocracia, sobrando um percentual mínimo dos recursos totais para o público-meta do Papp.

Uma maneira de evitar as mencionadas contradições é, sem dúvida, uma maior participação dos trabalhadores e seus representantes no planejamento, execução e avaliação do Papp. Paralelamente, uma presença mais dinâmica da Sudene e dos órgãos federais atuando na região, como algumas empresas vinculadas ao Ministério da Agricultura, seria proveitosa. A nível técnico, os Estados necessitam do *know how* de diversas empresas federais que podem prestar uma valiosa contribuição às comunidades. A nível político, um maior acompanhamento da execução dos programas por órgãos não vinculados aos Estados e sobretudo pelos trabalhadores e por representantes da Sociedade Civil e das Assembléias Legislativas Estaduais, permitirá apontar e desmascarar a marcante presença do Papp dos interesses do capital agrário, comercial, industrial e financeiro nos contextos estadual e municipal.

3.6. *O Poder numa Economia de Mercado Monopolizada*

Seria obviamente uma ilusão acreditar que o Papp vai atender plenamente os interesses dos trabalhadores rurais do Nordeste porque, de fato, os trabalhadores ocupam um lugar muito reduzido frente ao conjunto das forças integrantes do bloco do poder. A Nova República tolera o discurso avançado dos trabalhadores e faz certas concessões, não só porque, ideologicamente, diversos espaços foram conquistados, mas sobretudo porque a aliança democrática precisa dos trabalhadores do campo e da cidade para poder se legitimar. Entretanto, as concessões feitas representam migalhas frente aos lucros e ao poder conquistado pelo capital durante o regime autoritário.

No Nordeste rural, o Estado representa o comitê executivo dos interesses da burguesia que, via poder local e estadual, o pressiona para ver seus interesses defendidos, seja através de programas como o Finor ou o Proálcool, seja através de políticas agrícolas em prol dos grandes empresários e latifundiários.

Embora a nível de discurso a bandeira da pequena produção esteja sendo hasteada, na prática e na hora da alocação dos recursos, ela é recolhida. Por exemplo, em 1984, o Estado planejou destinar cerca de US$ 3,6 bilhões para o Papp em cinco anos, enquanto hoje em dia uma estimativa preliminar aponta que serão alocados aproximadamente US$ 2,3 bilhões de recursos novos para os primeiros oito anos do Papp. Significa que a Nova República alocará menos de US$ 300 milhões por ano para o Papp no lugar dos US$ 700 milhões previstos pela administração Figueiredo! Os números falam por si mesmos. Além disto, na Nova República, a velha discriminação do Governo Federal frente ao Nordeste, sobretudo em relação ao homem faminto do campo, continua a existir no que concerne a alocação de recursos. Por exemplo, enquanto – apesar da crise sócio-econômica e das pressões do FMI e cortes no orçamento – os grandes projetos nacionais como Carajás, Itaipu, a construção de estradas, etc., não têm problemas em obter os recursos nacionais que servem de contrapartida aos empréstimos externos, o Papp tem dificuldade em ver alocada esta contrapartida da União. Conclui-se que o Nordeste e os seus pequenos produtores não são prioridades no momento da alocação dos recursos financeiros.

O exemplo da reforma agrária, de vital importância, pode ilustrar melhor a afirmação de que a participação e poder de barganha dos trabalhadores na Nova República são ainda muito reduzidos, pois sua implantação é cada vez mais distorcida e as pressões das minorias atingidas influenciam muito o núcleo do poder, apesar dos discursos e promessas feitas e considerando que um elevado percentual da população brasileira deseja uma reforma agrária imediata e massiva. Como afirmam diversos bispos nordestinos, em carta ao presidente da República, "ouve-se um clamor nacional urgindo a implantação da Reforma Agrária. As pressões dos latifundiários não podem nem devem impedir a discussão e a deflagração do processo. As vozes que se opõem à Reforma Agrária são vozes de minorias detentoras de grandes extensões de terra e de capital, beneficiárias privilegiadas de estímulos e incentivos governamentais, as quais não admitem sequer dividir uma parcela desses privilégios "(CNBB, 1985: 1-2).

Acontece que as minorias das quais falam os bispos são muito bem articuladas, têm um enorme poder de pressão sobre o Palácio do Planalto e têm aliados poderosos em diversos setores, como na tecnocracia do aparelho do Estado e, fator importante, na área militar. Conforme noticiou o *Jornal do Brasil* de 27/09/85, a reforma agrária volta a ser uma questão militar (plano..., 1985: 5).

Com efeito, em 19 de agosto de 1985, o presidente da República aprovou a Exposição de Motivos (E.M.) nº 21, apresentada pelo secretário-geral do Conselho de Segurança Nacional, criando o Programa chamado Fixação do Homem no Meio Rural. Segundo o primeiro parágrafo da E.M., "a necessidade de evitar o êxodo rural do campo e de inverter a corrente migratória, no sentido da zona urbana para a zona rural, é um dos imperativos da Segurança Interna" (Conselho de Segurança Nacional, 1985: 1). Os outros objetivos do novo programa são: a) criar estímulos para a melhoria da qualidade de vida e para a fixação do homem do campo; b) criação de novos empregos no campo e c) desenvolver pólos de atração agrícolas e de industrialização de alimentos. Entre os onze incentivos mencionados para atingir esse último objetivo, um só é relacionado à ação fundiária. De fato, no programa como um todo a reestruturação fundiária é vista marginalmente. Além disto, o ritmo de implementação do programa será lento, sendo que iniciará em "municípios (áreas) pilotos" (Conselho de Segurança Nacional, 1985: 4).

Este programa está diretamente relacionado a uma outra proposta do Conselho de Segurança Nacional um pouco anterior. Consiste num Plano de Política Nacional de Desenvolvimento Rural Integrado. Esse plano em estudo relembra os antigos Projetos de Desenvolvimento Rural Integrado (PDRIs), estimulados inicialmente por instituições internacionais mas que, considerando o seu fracasso em vários países da América Latina e do mundo, hoje em dia são abandonados, até por instituições insuspeitas, como o Banco Mundial! A volta a esta linha de ação desgastada é obviamente um retrocesso.

O programa e o plano em estudo são duas propostas paralelas ao Plano Nacional de Reforma Agrária (PNRA). *O Jornal do Brasil* noticiava, já em setembro, que tinham sido tomadas duas decisões que enfraqüecem e isolam ainda mais o Ministério da Reforma e Desenvolvimento Agrário (MIRAD), o INCRA e o PNRA: "Duas medidas de grande importância já foram tomadas a partir de ponderações levadas por Bayma ao presidente da República, Sarney cassou a autonomia do Ministério da Reforma Agrária para assinar os planos regionais que se sucederão ao Plano Nacional e que agora serão assinados pelo próprio presidente. E determinou também que o plano não fixe as áreas prioritárias para a Reforma Agrária" (plano..., 1985: 5). O fato de não mencionar áreas prioritárias é muito prejudicial, não só porque faz o jogo das oligarquias, mas também porque pode servir de pretexto jurídico para impedir ou diminuir o ritmo de implementação do PNRA, alegando que o Estatuto da Terra não está sendo respeitado, pois o mesmo exige que áreas prioritárias sejam mencionadas.

Infelizmente, os fatos deram razão aos observadores prevendo que o PNRA ia "murchar" rapidamente. No dia de sua assinatura, 10 de outubro de 1985, a Nação tomou conhecimento do esvaziamento generalizado do PNRA no qual se afirma que o assentamento das famílias beneficiadas deve ser feito, em primeiro lugar nas terras públicas, colocando a desapropriação em último plano. O PNRA chega ao ponto de especificar que será evitada, inclusive em zonas prioritárias, a desapropriação dos imóveis rurais, apresentando elevada incidência de arrendatários e parceiros agrícolas, e cujos donos observem as disposições legais regulando as relações de trabalho entre proprietários e cultivadores diretos. O Palácio do Planalto recuou na última hora. Prevaleceu a tese, defendida pelos representantes dos latifundiários e dos grandes empresários rurais, como a Confederação Nacional da Agricultura (CNA), de que a política agrária deve ficar subordinada à política agrícola.

Todos os fatos mencionados preocupam e revelam claramente, na Nova República, a força do capital agrário e a influência das entidades representativas dos interesses dos grandes empresários, os quais, junto com os técnicos que assessoram o Conselho de Segurança Nacional e Incentivaram a criação e elaboração das mencionadas propostas paralelas ao PNRA, formam uma significativa aliança com os militares, podendo remilitarizar a questão agrária. Uma outra preocupação é que, contrariamente ao que foi feito com o PNRA, o programa e o plano mencionados são duas propostas que não estão sendo submetidas ao debate com os trabalhadores rurais, entidades da Sociedade Civil e os Poderes Legislativos. Finalmente deve-se ainda acrescentar que essas propostas paralelas estão conquistando espaços e podem vingar, porque o próprio PNRA careceu de apoios mais explícitos e vigorosos, especialmente dos partidos políticos, que não o defenderam de forma enérgica antes de sua assinatura e, assim, contribuíram para o seu esvaziamento. Mais uma vez os trabalhadores rurais sabem que as suas lutas continuam; mesmo se o PNRA tivesse respondido aos seus anseios, teriam que se mobilizar para exigir a sua execução. Não basta um plano ou um decreto!

Para terminar esta análise sobre o poder numa economia de mercado monopolizada, deve-se acrescentar que os numerosos pronunciamentos em prol dos trabalhadores rurais não são suficientes para reverter – pois não são acompanhados de medidas concretas – um processo histórico durante o qual a política agrária e as políticas agrícolas beneficiaram durante quatro séculos os grandes proprietários rurais e os seus aliados. Entretanto, o Estado não favorece somente o capital agrário. Na realidade, muitos trabalhadores rurais chegaram à conclusão de que o maior inimigo deles não é só o grande proprietário latifundiário mas sobretudo o grande capital monopolista nacional e transnacional, embora aliado ao latifúndio sob a égide do Estado.

Este capital, apoiado pelo Estado, tem uma presença marcante na elaboração e execução das políticas oficiais. Este mesmo capital estimula a modernização e industrialização das atividades agrícolas, levando a duas conseqüências diferentes: ou o trabalhador rural é expulso da propriedade e transforma-se em proletário na cidade ou no campo, sendo reservatório de mão-de-obra, ou reproduz-se como pequeno produtor, mas sendo subordinado ao capital. Neste último caso, produz essencialmente em função do mercado e, conseqüentemente, monetariza-se, mercantiliza-se e deve especializar-se, dependendo de decisões tomadas fora do seu controle. Se quiser sobreviver, é forçado a tecnificar-se, sem entretanto, acumular, que é o privilégio do capital comercial, industrial ou financeiro, conforme as situações (Chaloult, 1984).

4. CONCLUSÕES

Os trabalhadores rurais, a Sociedade Civil e o Poder Legislativo não aceitam o Projeto Nordeste e os seus diversos programas da forma como foram elaborados, aprovados e começam a ser executados, porque reforçam, com o aval e apoio do aparelho do Estado, o próprio continuismo e as tendências à concentração/centralização do capital, reproduzindo as relações sociais vigentes. O Projeto Nordeste precisa ser profundamente repensado, ainda mais considerando que muitos dos seus programas não foram ou estão sendo elaborados.

No que tange ao Papp, já elaborado e sendo executado em vários Estados, deve-se reorientar a sua concepção global, criando, desde já, mecanismos e instrumentos operacionais *ad hoc* a fim de que os trabalhadores rurais possam participar desta tarefa e sejam parte integrante das diversas etapas de sua execução, acompanhamento e avaliação. As contradições apontadas no decorrer do trabalho, por exemplo nos segmentos crédito rural, irrigação e APCR, poderão ser parcialmente superadas, para que haja uma autêntica participação dos beneficiários. Eles já estão exigindo uma articulação e integração entre os sete segmentos do Papp, os programas do projeto e outras políticas do Estado.

Um exemplo de uma necessidade imprescindível de integração claramente destacada no IV Congresso na Contag, é uma verdadeira Reforma Agrária. O Papp e o Programa de Irrigação complementam a reforma agrária, e não o contrário, assegurando-lhe a concretização de políticas agrícolas que representem complementos essenciais a uma reforma agrária. Por outro lado, se o Projeto Nordeste criar mecanismos e meios objetivos para que os seus beneficiários participem, organizem-se e mobilizem-se, então eles mesmos vão ter mais condições de cobrar da Nova República uma reforma agrária massiva e imediata, reivindicada há décadas. De fato, terra não se ganha, conquista-se.

É obvio que a base política da Nova República, a aliança democrática, é frágil, transitória e contraditória, explicando, pelo menos parcialmente, as próprias contradições do Projeto Nordeste. A Nova República se apoia em diversas classes sociais. Os representantes do capital são sua principal base de sustentação e têm um discurso aparentemente democrático, mas não admitem, na prática, que o processo de consolidação da democracia no País passe necessariamente por uma profunda mudança da estrutura agrária vigente e por uma reforma urbana, primeiros passos para mudanças estruturais nas relações de poder.

Por outro lado, a Nova República necessita do respaldo das classes trabalhadoras e faz algumas concessões, tentando satisfazer as expectativas geradas nos comícios das praças públicas. No plano do discurso, valoriza a dimensão social, como, por exemplo, no primeiro grande pronunciamento do presidente da República, baseado em cinco pontos, ou nas suas posições frente à Assembléia Geral das Nações Unidas, no tocante à renegociação da dívida externa e à necessidade de crescimento interno e desenvolvimento social. Embora a Nova República necessite dos trabalhadores para legitimar-se e manter um certo equilíbrio das forças em jogo, na realidade as mudanças e as concessões são muito tímidas, em etapas distantes e num ritmo "homeopático" refletindo-se nas políticas ou programas do Estado, tipo PNRA. Considerando as alianças de classes no interior do Estado e no próprio bloco do poder, conclui-se que o capital é o lado privilegiado e é o mais interessado e beneficiado pelo chamado "pacto social".

De qualquer forma, hoje em dia existem no país algumas condições objetivas e subjetivas para mudanças. Diversas forças e categorias, como os trabalhadores do campo e da cidade, importantes instituições e entidades da Sociedade Civil, alguns partidos políticos – embora, às vezes, a reboque das suas bases-estão cada vez mais organizadas e mobilizadas, reivindicam reformas no campo e na cidade e repudiam as "experiências-piloto". É fato que o movimento da Assembléia Nacional Constituinte está bastante desgastado. Isto se deve ao fato de que a) a Comissão dos 50 "notáveis" é pouco representativa e está submetida a uma liderança autoritária; b) o papel do povo e do Congresso, até que seja convocada a Constituinte, continua indefinido; c) será convocada uma "Constituinte Congressual" e não uma Constituinte autônoma, a qual permitiria, sem dúvida, aproximá-la mais do povo e de suas aspirações gerais. Apesar destes problemas, a Assembléia Nacional Constituinte continua a gerar expectativas positivas porque pode propiciar a superação de algumas das contradições da Nova República, embora se saiba que o grande capital e as forças reacionárias vão "investir" de diversas maneiras para controlar um elevado percentual dos constituintes. Por outro lado, os trabalhadores e a Sociedade Civil vêem a Assembléia Nacional Constituinte como um primeiro passo num processo mais amplo de mudanças. O povo sabe que deve lutar cada vez mais porque a História da Humanidade ensina que as classes dominantes nunca abriram mão dos seus privilégios, senão pressionadas e forçadas. Lutas e conquistas formam uma simbiose.

5. REFERÊNCIAS BIBLIOGRÁFICAS

ARRAES, M. *O Projeto Nordeste é autoritário e antidemocrático.* Brasília, s. ed., 1985. Mimeografado.

BANCO DO BRASIL. *Relatório Anual 1984.* Brasília, 1985.

BANCO CENTRAL. *Circular nº 849; 09 mar.* Brasília, 1984. (Documento, 3).

BANCO MUNDIAL. *Brazil: National Land Administration Program;* Northeast Region Land Tenure Improvement Project. Washington, 1985.

BRASIL. Leis, decretos, etc. Decreto nº 91.178 de 01 abril 1985. *Diário Oficial.* Brasília, 02 abril 1985a, Seção 1, p. 5698.

BRASIL. Leis, decretos, etc. Decreto nº 91.179 de 01 abril 1985. *Diário Oficial.* Brasília, 02 abril 1985b, Seção 1, p. 5699.

BRASIL. Ministério do Interior. *Comissão Interministerial para o Programa de Irrigação do Nordeste;* 19 de setembro Brasília, 1985c.

BRASIL. Ministério do Interior. *Proposta de linha especial de crédito rural e de mecanismo de incentivo para o Programa de Apoio ao Pequeno Produtor Rural – Papp – do Projeto Nordeste;* 28 de setembro. Brasília, 1985 d.

CHALOULT, Y. Questão agrária e política do Estado: o Polonordeste. *Revista Econômica do Nordeste, 11* (4): 527-564, 1980.

CHALOULT, Y. *Uma política de legitimação do Estado e rearticulação da pequena produção rural: o Projeto Nordeste.* s.n.t. Trabalho apresentado no VI Congresso Mundial de Sociologia Rural, Manila, Filipinas, 15 a 21 de dezembro de 1984.

CONFERÊNCIA NACIONAL DOS BISPOS NO BRASIL. Secretariado Regional do Nordeste I. *Carta ao presidente da República Federativa do Brasil*; 30 de julho de 1985. Fortaleza, 1985.

CONGRESSO NACIONAL DOS TRABALHADORES RURAIS, 4, Brasília, 1985. *Conclusões...* Brasília, Confederação Nacional dos Trabalhadores na Agricultura, 1985.

CONSELHO DE SEGURANÇA NACIONAL. *Exposição de Motivos n.º 21 de 19 de agosto 1985.* Brasília, 1985.

CONSELHO MONETÁRIO NACIONAL. *Crédito de Custeio e Investimentos: Programa de Recuperação de Áreas Atingidas pelas Enchentes na Região Nordeste;* condições e prazos para aplicação dos recursos. Brasília, 1985.

FEDERAÇÃO DOS TRABALHADORES NA AGRICULTURA DO ESTADO DO PERNAMBUCO. *Seminário sobre o Projeto Nordeste em Pernambuco.* Recife, 1985. Mimeografado.

PEIXOTO, C.A. *Políticas y programas de apoyo a la producción de alimentos por pate de la agricultura campesina; la experiência de la elaboración del "Projeto Nordeste".* Brasília, s.ed., 1984. Apresentado no simpósium sobre "Políticas y Programas para aumentar la Producción de la Agricultura Campesina em América Latina", México, D.F., 4 a 8 de março de 1985.

PLANO de reforma agrária volta a ser questão militar. *Jornal do Brasil,* Rio de Janeiro, 27 de setembro de 1985. 1 cada., p.5.

SAMPAIO, Y.; L. Sampaio e S. Maranhão. *Desenvolvimento rural no Nordeste: a* experiência do Polonordeste. Recife, Pimes; 1980.

SILVA, J.G. da; A.A. Kageyama, D.A. Romão, J.A. Wagner Neto e L.A. Guedes Pinto. Tecnologia e campesinato: o caso brasileiro. *Revista de Economia Política, 3* (4): 21-56, 1983.

SIMON só assinou sob protesto. *Correio Braziliense,* Brasília 02 de abril de 1985 1 cad., p. 12.

PERSPECTIVAS DE UM PLANEJAMENTO DEMOCRÁTICO NA NOVA REPÚBLICA – O PLANO DE DESENVOLVIMENTO DO NORDESTE (1986-1989)

*José Estêvão Machado Arcanjo**

* Bel. em Filosofia UFCE; estudante do Mestrado em Sociologia da UnB.

1. INTRODUÇÃO

O planejamento sócio-econômico no capitalismo, enquanto modo específico de atuação do Estado, tem-se colocado historicamente numa dupla perspectiva: amenizar os distúrbios da "irracionalidade" capitalista e, ao mesmo tempo, gerir, de uma forma que se apresenta como neutra, os conflitos sociais inerentes ao modo de acumulação capitalista.

Assim entendido, o planejamento não poderá ser estudado como um procedimento técnico por excelência, mas, antes de tudo, ele tem fundamentos políticos que o orientam de acordo com o jogo das forças sociais antagônicas do capitalismo.

Com a implantação de uma Nova República no Brasil, o Estado não mudou sua natureza de Estado capitalista. No entanto, sua nova feição significa uma mudança na correlação de forças existentes entre os agentes sociais. Dessa forma, abre-se um espaço – antes inexistente pela força do autoritarismo – onde instituições, grupos, sindicatos ou outras formas associativas dos cidadãos poderão ter mais força e influenciar, de forma decisiva, os rumos a serem tomados pela nação.

No que tange à "questão regional", essa nova perspectiva pode significar o fim de uma prática planejamental autoritária e excessivamente centralizada, na qual a tomada de decisões dá-se ao nível do estamento burocrático, desprezando os canais regionais de representação popular, anulando o poder decisório que se poderia ter a nível regional, estadual ou municipal.

A Superintendência do Desenvolvimento do Nordeste – Sudene, após breve experiência de autonomia administrativa, nos seus primeiros anos de existência, foi, nos últimos anos, esvaziada, perdendo seu caráter de órgão especial, anulando-se completamente seu poder decisório.

Nesse novo quadro de correlação de forças que a Nova República apresenta, a Sudene é o órgão federal que está "largando na frente", em busca de superar um planejamento tradicionalmente autoritário, bem como sair do marasmo e da ineficiência a que foi submetida ultimamente. Nesse sentido, recentemente, nos diversos estados da região, realizaram-se fóruns de debates, envolvendo intelectuais, políticos, empresários, trabalhadores, representantes da sociedade civil em geral, com o intuito de elaborar o 1º Plano de Desenvolvimento do Nordeste da Nova República, a vigorar de 1986 a 1989.

Nosso propósito neste breve artigo limita-se a refletir um pouco sobre a validade ou não desses processos de planejamento e em que medida eles respondem às necessidades da população. Esse tipo de planejamento pode fazer presentes no Estado os interesses das classes trabalhadoras brasileiras?

2. ESTADO E PLANEJAMENTO

Nos padrões da economia neo-clássica, aponta-se como maior serviço prestado pela "revolução keynesiana", a justificativa da presença do Estado como agente efetivo do processo de acumulação capitalista. Tal justificativa consiste, mesmo de forma incipiente, no reconhecimento das contradições do capitalismo de livre mercado, pensado pelos economistas liberais.

Nos padrões da heterodoxia marxista, muito embora o papel do Estado tenha sempre ficado marcado como "agente da classe dominante", seu papel enquanto interventor direto no processo de extração da mais-valia nunca foi de todo realçado, como exige hoje a configuração do sistema capitalista.

Nesse sentido, faz-se cada vez mais presente a necessidade de investigar a ação dos Estados nacionais no contexto do capitalismo internacionalizado, e em que medida dá-se sua interação com o setor privado, nesse novo padrão oligopolista de acumulação de capital. Mais complexamente, persiste a necessidade de investigar como se configura nesse quadro a "questão regional", já que dentro de um modo de produção internacionalizado persistem os Estados nacionais, em países que apresentem diferenças nas formas pelas quais suas várias regiões se integram ao mercado.

Sem dúvida, a presença marcante e indispensável do Estado no sistema econômico tem origem nas próprias condições internas do sistema produtivo e seus mecanismos de acumulação. A intervenção estatal caminha por dois vetores fundamentais e complementares: a garantia da expansão do sistema oligopolista que exige do Estado um papel de "centro de controle" da economia; a garantia da reprodução da classe trabalhadora, personagem central do sistema econômico, que, através de suas reivindicações, exige do Estado um papel de regulador dos conflitos sociais.

Inicialmente, o Estado apresenta-se como instrumento da classe dominante, pois favorece os mecanismos de concentração e centralização do capital, contribuindo para a formação de um sistema produtivo, onde cada vez mais as formas de produção são coletivizadas enquanto que a apropriação dos lucros é cada vez mais centralizada. É fundamental o papel do Estado nesse processo, onde socializa-se o trabalho e persiste a acumulação privada.

A nova ordem econômica mundial que se instala a partir desse processo, assenta suas bases em duas pilastras: Estado e grande empresa privada. O Estado passa a ser o "centro de controle" regularizador e dinamizador das novas relações capitalistas, o que vai permitir a continuação do processo de centralização que a alta composição orgânica do capital exige.

O poder político, assim, passa a caminhar de mãos dadas com os grupos oligopolistas, não mais vivendo um sem o outro. A grande firma passa a se constituir como célula-mãe do mecanismo de integração monopolista internacional, necessitando para esse fim, uma centralização administrativa e uma centralização de capitais, enquanto estabelece uma união estreita entre ela e o Estado, que a justifica e financia. Os Estados nacionais financiam as grandes empresas, "seja através de empréstimos diretos para as empresas multinacionais, seja com a garantia de mercados para seus produtos, ou através do financiamento de obras de infra-estrutura, ou ainda através de concessões, seguros e outros benefícios para incentivar a inversão internacional" (Santos, 1977: 25).

A contradição estabelecida permite visualizar a existência da grande firma multinacional vivendo sob os benefícios dos Estados localizados. A apropriação é privada mas a dominação econômica e política passa pelos Estados nacionais, já que o momento da extração da mais-valia é localizado. As relações de poder em nível internacional passam pela composição do grande capital com os Estados. Isso justifica o domínio dos países centrais sobre os dependentes ou periféricos.

A presença cada vez mais forte do Estado na articulação da economia – exercendo o papel que denominamos de "centro de controle" – é exigência dessa nova configuração capitalista. A grande empresa não só necessita do grande volume de capital que só o Estado é capaz de carrear, mas também de que ele centralize a administração e faça o planejamento sócio-econômico, de modo que o sistema possa ficar livre de atropelos que interesses políticos regionais pudessem ocasionar. O montante de negócios é imenso para que fique sujeito a "tempestades políticas localizadas".

Por outro lado, em relação ao segundo vetor apresentado, o Estado capitalista moderno é obrigado a intervir no jogo das relações sociais como instrumento regulador dos conflitos, de modo a garantir a reprodução da força de trabalho. Essa função social do Estado surge como necessidade de proteger a força de trabalho da exploração desenfreada do capitalismo selvagem, garantindo assim sua reprodução e o modo de acumulação capitalista. Essa função social permanece ainda hoje como forma de amenizar os conflitos sociais gerados por essa estrutura oligopólica cada vez mais elitista.

Assim, parece ficar claro que os dois vetores que traçamos aqui são partes da mesma realidade (o intervencionismo estatal) que simultaneamente pende ao social e ao econômico, dependendo do nível de correlação das forças sociais, sem negar sua natureza de Estado capitalista.

Entender o Estado enquanto relação social, "reflexo" das pressões das diversas classes sociais, não significa, entretanto, afirmá-lo como elemento neutro no conflito. A intervenção estatal capitalista personifica o sistema de dominação da classe dominante, apresentando-o num conjunto institucional coercitivo e elitista, tido como fundamento legítimo necessário à regulamentação da vida social – ideologicamente aparece como órgão público, quando na verdade o Estado é privatizado pela classe dominante.

3. O PLANEJAMENTO E A "QUESTÃO REGIONAL"

O planejamento dentro do capitalismo não é mais do que uma nova forma de gerir o conflito entre as classes sociais, forma essa que é exigida pelo novo padrão de acumulação baseado no grande capital multinacional. Porém, essa forma racional de política econômica não supera as contradições básicas do capitalismo, mas ao contrário, procura justificá-las e oficializá-las, a partir da concepção ideológica de que o planejamento é uma técnica neutra, aplicada a serviço de toda a população.

Segundo Oliveira, o planejamento num sistema capitalista "não é mais que a forma de racionalização da reprodução ampliada do capital" (1981: 24). E no Brasil, a política industrializante do final dos anos 50, consistiu exatamente em criar uma nova forma racional para otimizar a acumulação, à medida que foi capaz de transformar parte dos recursos públicos em novo capital à disposição da grande burguesia.

Em nível de Nordeste, o planejamento estatal, ideologicamente, procura mostrar-se como dirigido à região e a seus interesses, justificando um discurso regionalista, que não vê divergências mas centra-se na idéia de comunidade regional. Na prática, em verdade, dirige-se aos interesses das classes dominantes hegemônicas.

Boa parte do discurso oficial não foge à visão neoclássica, que vislumbra os problemas regionais numa ótica estática, sem vinculá-los à totalidade político-econômica do país e do sistema econômico mundial como um todo.

Os diagnósticos governamentais não têm se preocupado em estudar os problemas da região à luz da divisão regional do trabalho e do processo global de industrialização que foi imposto ao país. É certo que a herança regional no desenvolvimento econômico brasileiro remonta ao período colonial; porém, ela é agravada não por aqueles fatores, mas pelo próprio desenvolvimento desigual e combinado do capitalismo que é imposto à nação como um todo, e que se reflete nas regiões. O modelo de industrialização, a política de investimentos e o processo de difusão tecnológica são os responsáveis por esta nova situação de desigualdade, que não pode ser explicada senão com referência a esses fatores.

Nessa nova visão, já não nos cabe falar de região na ótica das diferenciações físicas e geográficas ou a partir da relevância de determinados caracteres internos de um espaço sócio-econômico. Podemos falar, isto sim, de "zonas de localização diferenciada" de atividades econômicas, que se completam mutuamente de forma subordinada e desigual.

Tal complementaridade significa uma forte tendência de homogeneização do espaço econômico, onde as partes caminham para uma relação dialética e complementar. Naturalmente, essa homogeneização não se dá de forma completa, inclusive devido ao processo de difusão tecnológica, que também é desigual e consiste em meio poderoso de dominação. Porém, no dizer do mesmo Oliveira, em nível da apropriação da mais-valia, essa homogeneização é um fato, à medida que:

> "a face interna do imperialismo é essa incoercível tendência à homogeneização do espaço econômico, enquanto sua face externa na maioria das vezes não apenas aproveita das diferenças regionais reais, como as cria para seu próprio proveito" (1981: 27).

Uma região, então, entende-se, no capitalismo, como um espaço no qual predomina uma forma especial de reprodução do capital, forma esta subordinada ao movimento geral do capital e que induz, também, à associação subordinada das classes dominantes daquele espaço. Sem essa dimensão política fica quase impossível definir essa "região capitalisticamente subordinada", pois é a dominação direta exercida pelos dominantes localizados que permite a extração da mais-valia e a sua transferência para as empresas mais avançadas. Sem essa dominação local, o capital internacional não passaria de uma "abstração".

4. O PLANEJAMENTO REGIONAL E A CRIAÇÃO DA SUDENE

Foi a partir do governo de JK que, no Brasil, as relações entre Estado e economia se aprofundaram. Essa relação se intensificou a partir da tentativa do Estado de acelerar o desenvolvimento econômico, particularmente pela industrialização. O padrão de acumulação que se inaugurava nesse novo período ficou muito bem representado pelo *slogan* do governo na época: "cinqüenta anos em cinco".

A política econômica do momento estava expressa no "Plano de Metas", cujos objetivos básicos eram:

> a) abolir os pontos de estrangulamento da economia, por meios de investimentos infra-estruturais, a cargo do Estado, pois que esses investimentos não atrairiam o setor privado;
>
> b) expandir a indústria de base, como a automobilística, indústria pesada e de material elétrico pesado, estimulando investimentos privados nacionais e estrangeiros" (Cf. Ianni, 1979: 153).

Apontam nesse momento as duas colunas mestras do desenvolvimento econômico brasileiro dos últimos anos, a ação do Estado como garantidora dos serviços infra-estruturais que beneficiariam a iniciativa privada; e a própria iniciativa privada, representada em sua maior parte por capitais estrangeiros.

Principalmente aumentam, nesse período, as condições infraestruturais do país. De uma nação praticamente agrária (ou pelo menos com concepções de desenvolvimento menos comprometidas), passou-se a "vender" ao mundo um país disposto a percorrer, em pouco tempo, um rápido curso de desenvolvimento industrial.

Tal atitude governamental implicou, naturalmente, uma postura política, relacionada à posição assumida frente ao capitalismo internacional. Tomar tal caminho significou aceitar (ou submeter-se a) um padrão de relações centro-periferia, colocado no mais alto nível da divisão internacional do trabalho. Assume o país seu lugar no mercado de forma dependente e subordinada.

A industrialização que brotou desse modelo tem a característica de ser totalmente dependente dos grandes grupos estrangeiros, sem nenhuma autonomia. No período subseqüente a JK, por exemplo, quando Goulart quis reorientar a política institucional, tentando dar uma autonomia às decisões, sentiu ser impossível, à medida que o modelo oligopolista já tinha fincado suas raízes e dificilmente seria expulso de suas "comodidades". Qualquer proposta política em contrário acarretaria confronto (o que acabou por ocorrer em 1964).

Em nível regional, entretanto, o modelo oligopolista não tinha fincado definitivamente suas raízes no nordeste do País. Tanto assim que foi possível a criação de uma Superintendência de Desenvolvimento do Nordeste, a Sudene, uma das mais ousadas experiências mundiais de política de desenvolvimento regional, na sua gênese trazendo elementos francamente opostos ao movimento geral da economia nacional.

A intervenção estatal na região sempre esteve presente, porém, de modo esporádico e assistencialista. A criação da Sudene iniciou um período de intervenção planejada do Estado no Nordeste, que muito embora já estivesse comprometido com o modelo oligopolizador, permitiu, devido suas contradições, a concepção de um modelo "revolucionário" de desenvolvimento para o Nordeste.

Pressionado pela grande seca que atingiu a região em 1958, pela vitória dos partidos de oposição nas eleições do mesmo ano nos estados da Bahia e Pernambuco, pelas Ligas Camponesas, JK resolveu aceitar os trabalhos do economista Celso Furtado, profundamente ligado com as forças políticas progressistas e reformuladoras do país, no sentido de resolver de uma vez por todas os problemas do Nordeste.

O relatório final elaborado pelo Grupo de Trabalho de Desenvolvimento do Nordeste, a equipe de Celso Furtado, "Uma Política para o

Desenvolvimento Econômico do Nordeste" (conhecido como GTDN), que deu origem à nova agência de desenvolvimento (Sudene), embora carregasse vícios da concepção dualista cepalina, apresentou de revolucionário um dispositivo abordando a questão regional como um problema do sistema sócio-econômico nacional, polarizado no avanço do Centro-Sul e no atraso do Nordeste.

Nesse sentido, a industrialização que faltava ao Nordeste, se implantada, significaria a redenção da Região, nivelando-a ao Centro-Sul. O plano de industrialização visado pelo GTDN tinha como objetivos:

> "primeiro, reorganizar as indústrias tradicionais da região(...) a fim de reconquistar a posição que antes detinham em face do parque industrial do Centro-Sul; segundo, modificar a estrutura do sistema industrial da região, com a instalação de indústrias de base, criando assim, um sistema capaz de autopropagação" (GTDN, 2ª edição, pp. 57/58).

No entanto, a "solução" não estava só na industrialização. O GTDN, no total, fixava quatro linhas principais de ação:

> a) a criação de centro autônomo de expansão manufatureira no Nordeste, via intensificação dos investimentos industriais;
> b) transformação da economia agrícola da faixa úmida, para garantir alimentação nos grandes centros urbanos;
> c) transformações no semi-árido para torná-lo mais resistente à seca;
> d) deslocamento da fronteira agrícola, atingindo áreas úmidas do Maranhão.

Naturalmente as coisas não se deram bem assim. Primeiramente, pela falta de poder político da Sudene para influir em questões básicas como a estrutura fundiária, por exemplo. Em outro sentido, pelas deficiências presentes no plano. Basicamente, as críticas mais gerais ao GTDN situam-se no que ele tem de çepalino e desenvolvimentista. Podemos resumi-las nos seguintes pontos:

> a) O GTDN pensou ser possível transpor para os marcos de uma região uma política de industrialização baseada no princípio de substituição regional de importações, tendo em vista criar no Nordeste um "centro autônomo de expansão manufatureira";
> b) tenta compensar a inexistência das fronteiras fiscais e alfandegárias entre as regiões através de incentivos fiscais que possibilitassem a política de substituição regional de importações;

> c) não diagnosticou que no final da década de 50 a industrialização que se processava no país "já não guardava as mesmas relações que predominavam no processo até então desenvolvido por substituição de importações. Em verdade, o cerne da questão da industrialização nacional não residia apenas na implantação de setores modernos (bens de consumo duráveis e de produção), mas uma *industrialização predominantemente comandada pelo capital estrangeiro ou pelo Estado, de caráter marcadamente oligopolista*" (Cano, 1985: 26).

A realidade dos fatos logo mostrou a impossibilidade de algumas dessas teses defendidas pelo GTDN. Parece claro para nós, hoje, a inexistência, naqueles dias, de espaço econômico e político para a criação do "centro autônomo de expansão manufatureira" defendida pelo GTDN. O modelo de acumulação capitalista no Brasil de há muito integrava o mercado nacional, determinando complementariedades inter-regionais, sob o controle do centro econômico dominante (São Paulo, basicamente). Em resposta à tentativa de estabelecer uma política de substituição regional de importações, o II Plano Diretor da Sudene, em 1963 contrariamente, faz é ampliar o sistema de incentivos fiscais, que passa a não mais se restringir às empresas de capital 100% nacional, mas também os incentivos são estendidos ao capital externo.

Daí pode-se entender porque o crescimento industrial que houve no Nordeste nos últimos anos foi fundamentalmente marcado por relações de dependência, que se verificaram tanto em relação à necessidade de recursos quanto de fornecimento de insumos e compra de equipamentos. Os agentes da industrialização nordestina, beneficiados pelo sistema de incentivos fiscais são, na sua maioria, extra-regionais. São os principais grupos econômicos já instalados no Centro-Sul do País que se estendem ao Nordeste, atraídos pela matéria-prima local e pela disposição do mercado. Entendemos, assim, as razões da não validade do modelo de substituição regional de importações. A industrialização do Nordeste, nesse contexto oligopolista, só podia mesmo se dar de forma dependente e liderada por agentes externos, mesmo que esse fato seja oposto às expectativas do GTDN.

Depois de duas décadas e meia de reflexão e amadurecimento das avaliações sobre a industrialização patrocinada pela Sudene, torna-se fácil para nós uma cobrança a Celso Furtado e sua equipe das falhas que lhes apontamos acima. No entanto, além dos aspectos verdadeiramente "revolucionários" contidos no GTDN, aqui já referidos, a concepção político-administrativa pensada para a Sudene constituía-se noutra pilastra fundamental – embora também tenha sido abordada como as propostas de reestruturação agrária, de expansão da fronteira agrícola, da ampliação do emprego industrial, etc.

A proposta do GTDN era criar uma agência de desenvolvimento que pudesse, com autonomia, dirigir toda a intervenção estatal na região, inclusive subordinando os outros órgãos, na sua maioria de caráter assistencialista (como o DNOCS), à sua administração. A esses outros órgãos federais cabiam a elaboração de planos anuais a serem aprovados pela Sudene.

A primeira reação aos "superpoderes" da Sudene partiu dos próprios parlamentares do Nordeste, representantes das oligarquias regionais, que haviam se apoderado dos aparelhos do Estado estabelecidos na região, cujo controle a autonomia da Sudene poderia ameaçar. A oposição à nova agência de desenvolvimento vinha particularmente do DNOCS, dos plantadores de cana-de-açúcar e das oligarquias algodoeira-pecuaristas[1].

O primeiro fator de mudança estava na previsão de que a sede da nova agência se situasse em Recife, ao contrário dos outros órgãos federais. Esta seria mais uma fonte de autonomia da Sudene. Esta tinha, legalmente, a liderança do planejamento regional, a coordenação dos investimentos públicos na área e o poder de admissão e requisição de pessoal por dispositivos especiais. Do mesmo modo cabia-lhe fiscalizar a aplicação de recursos públicos, bem como definir, através de Planos Diretores, o destino dos investimentos privados no Nordeste (aprovados os Planos Diretores pelo Congresso Nacional).

De acordo com Celso Furtado, a idéia de montar um órgão com certas características especiais – o Conselho Deliberativo da Sudene era composto não apenas de pessoas ligadas ao Executivo, mas por representantes dos mais diversos órgãos de política regional (CVSF, BNB, DNOCS), pelos governadores da região e por um ministro de Estado Extraordinário (prevaleceu a fórmula de um Superintendente sem *status* de ministro, ligado diretamente ao presidente da República) – vinha no sentido de que a Sudene contrabalançasse o peso das oligarquias regionais junto ao Executivo, bem como defendesse "a região contra o avanço do tecnocratismo no executivo federal, o qual é por definição concentrador de poder" Furtado, 1981: 144).

Só se conseguiria tal intento se essa nova agência expressasse a vontade política da região, tivesse acesso a todas as informações e participasse do processo de decisão. A ruptura de 1964, segundo Furtado, aniquilou com essas tendências.

---

1 A aprovação da lei de criação da Sudene pelo Congresso Nacional em dezembro de 1959 foi considerada grande vitória política de JK. Note-se que por parte do empresariado do Centro-Sul a idéia de criação da Sudene era por demais atrativa. Cohn; 1976).

5. PLANEJAMENTO E PARTICIPAÇÃO NA SUDENE

Já tivemos oportunidade, neste trabalho, de referir que a criação da Sudene se deu em torno de forte conflito social, marcado fundamentalmente pela organização e pressão das forças populares, representados basicamente pelas Ligas Camponesas, sindicatos rurais e urbanos, no Estado de Pernambuco. A Revolução Cubana, de outra forma, foi também referencial que amedrontou as classes dominantes e as levou a clamar pela ação redentora do governo na região.

A Sudene, enquanto personificação da intervenção estatal refletiu a coerção dessas forças existentes na sociedade, embora não negando sua natureza capitalista e não deixando de significar o principal motor da destruição da economia regional nordestina e integrando-a na expansão hegemônica do capitalismo monopolista no Brasil.

Mesmo assim, até 1964, a Sudene trouxe na sua história algumas identificações com as lutas populares da região. O próprio Celso Furtado era identificado com os movimentos reformadores no país. A estrutura administrativa da Sudene carregava os vícios do dualismo cepalino – por isso tinha "superpoderes" para enfrentar seu inimigo número um, o Centro-Sul – mas significa avanços e dava mais poder decisório às instâncias políticas regionais[2]. Além do mais os Planos Diretores da Sudene tinham de passar pela aprovação do Congresso Nacioal.

O importante a atentar, isto sim, é para o fato de que a história da Sudene não pode ser vista de modo retilíneo, nem como instrumento libertador das classes dominadas nem como instrumento maquiavélico de opressão das classes dominantes.

Segundo Maranhão, não podemos entender a ação dessas instituições como um "intento deliberado e prévio de beneficiar os interesses dessa ou daquela classe. Tal postura tem levado freqüentemente ao equívoco de ver-se a atuação dessas instituições como inscrita e determinada desde o início no momento de sua criação" (Maranhão, 1984: 85).

Exemplos como a oposição dos parlamentares nordestinos à criação da Sudene, como a realização de comício em praça pública pela aprovação do 1º Plano Diretor da Sudene (que arrastou-se em longos debates que duraram dois anos), como a pressão das agências americanas Usaid e Aliança para o Progresso no sentido de esvaziar a autoridade da Sudene, só podem ser entendidos à luz da correlação de forças existentes entre as classes sociais, interna e externamente.

O mais importante é caracterizar que a intenção original da Sudene era combinar um planejamento centralizado de "cima para

---

2 Sobre essa questão, faz-se necessário observar a posição, de Francisco de Oliveira, para quem a estrutura da Sudene, desde o início, nada mais é do que "a marca da concentração de poder em mãos do Executivo Federal e, portanto, a morte da Federação" (Oliveira, 1981: 116).

baixo" com um planejamento descentralizado de "baixo para cima". Foi a necessidade de aprovação dos planos pelo Congresso Nacional que fez com que prevalecesse o primeiro modelo.

Para Furtado, o coroamento desse 1.º modelo se deu com a ruptura de 1964, quando a Sudene "limitou-se a criar facilidades, favorecendo os grandes grupos econômicos e punindo as pequenas empresas (...) Essa agência se omitiu face às tendências perversas que se iam definindo, quando sua tarefa precípua era orientar os investimentos subsidiados pelo governo em função dos interesses da população nordestina" (Furtado, 1981:125).

Em palestra recente, Francisco de Oliveira constata que, de um projeto reformista a Sudene havia se transformado num movimento revolucionário, isso porque haviam classes empurrando a história. No entanto, 1964 significou, no confronto das forças antagônicas, a derrota do projeto revolucionário, a sua realização sob outra forma[3].

Não nos cabe no momento uma análise detalhada das razões pelas quais o bloco reformista do início da década de 60 foi derrotado. Vale lembrar apenas que o patamar em que se colocava o planejamento de "baixo para cima", na época, não fugia ao momento de crise institucional do apagar das luzes do desenvolvimentismo populista. Do final do governo JK até os últimos dias de Goulart assiste-se a um grande período de intensa mobilização das forças populares na luta por transformações estruturais no país. Não passou disso o "planejamento de baixo para cima" que a Sudene experimentou naqueles anos. Sem um regime democrático consolidado, num governo extremamente enfraquecido, com conflitos sociais generalizados, só se podia chegar a esse tipo de participação.

Institucionalmente, apenas depois de 1964 é que a Sudene vai pensar numa forma de promover a integração e a participação das comunidades nordestinas nos programas e projetos de planejamento regional. Isso sim, porque desmanteladas as associações e sindicatos representativos, tornou-se perigoso deixar essas classes sem chances de associativismos que pudessem substituir as antigas formas, então destruídas. Naturalmente, agora sob o comando do Estado, no sentido de cooptações das classes trabalhadoras, para aceitar e desejar o previsto nos planos e projetos então destinados à região[4].

Daí em diante cada vez mais a Sudene caminhou para o esvaziamento, seja em nível dos recursos – com a extensão do sistema de incentivos fiscais a outros programas como o PIN e o Proterra – seja em nível do poder decisório – quando o IV Plano Diretor é incorporado ao Plano de Desenvolvimento Regional do I PND. O Governo Federal passou a atuar independen-

---

3 Palestra realizada na FESP, em 24-3-85, promovida pelo Movimento Muda Nordeste. Texto mimeografado, não revisado pelo autor.

4 Nesse sentido, veja-se Ammann, (1980).

temente quanto à política regional, passando a Sudene a mero órgão seccional de um sistema nacional de planejamento autoritário e centralizado.

É interessante notar – e já insistimos desde o início deste trabalho – que no capitalismo oligopolista há necessidade de que o Estado centralize o mais possível a administração nacional, de modo a tornar-se o "centro de controle" absoluto a garantir o ritmo da acumulação.

A Sudene, num período de efervescentes lutas sociais, pode ter seu período de relativa autonomia, de modo a cumprir "sua missão". Consolidado o sistema, entretanto, realizada a integração econômica nacional, volta-se à centralização para garantir a continuidade do processo, sob a hegemonia do grande capital.

Sob a Nova República diagnosticamos uma correlação de forças diferentes. Quais as condições colocadas até o momento para que essa nova situação possa "balançar" as estruturas oligopolistas é o que precisamos investigar.

6. O PLANO DE DESENVOLVIMENTO DO NORDESTE DA NOVA REPÚBLICA

Dentro do caráter geral assumido pelo planejamento no capitalismo, e no Brasil em particular, de legitimação tecnocrática dos interesses sociais e atenuação da "irracionalidade" capitalista, o que foi discutido nos capítulos anteriores, constata-se que na elaboração do plano da Nova República para o Nordeste (Plano de Desenvolvimento do Nordeste – Minter/Sudene, Recife, outubro, 1985)[5] tomou-se como ponto de partida, por um lado, a descentralização nos processos de planejamento e tomada de decisão e, por outro, a adoção de diagnósticos e estratégias críticas, considerados progressistas e de alguma maneira bastante distintos dos processos anteriores.

Além mesmo de se considerar as políticas adotadas no documento impõe-se analisar o próprio processo de elaboração do planejamento e as propostas nele inseridas relativas aos futuros processos de tomada de decisão e planejamento na região. Estes aspectos, que se reportam à concepção política presente, no sentido estrito do termo, refletem as posições sobre democracia, organização social, papéis dos diversos agentes que se impuseram e se impõem ao longo do processo. Afinal, a

[5] O que aqui chamamos de Plano de Desenvolvimento do Nordeste da Nova República (doravante PDN-NR) na realidade constitui apenas sua 1.ª parte, elaborada em conjunto pela equipe da Sudene, de onde saiu a versão preliminar para discussão (doravante "Proposta para Discussão") em agosto de 1985, complementada pelos debates regionais realizadas em agosto e setembro do mesmo ano. O PDN-NR se completará com a elaboração do detalhamento setorial, devendo ser apreciado, na sua totalidade pelo Conselho Deliberativo da Sudene e pelo Congresso Nacional no início da legislatura de 1986.

égide da descentralização não é a "chave mágica" que garante a eficácia das tomadas de decisões.

Um outro nível de análise reporta-se às políticas adotadas no plano para o Nordeste. Sem pretendermos estabelecer aqui um padrão absoluto de medida de eficiência das opções acolhidas, é nosso objetivo, entretanto, examinar e explicitar historicamente as linhas estratégicas adotadas no PDN. Este talvez seja um nível de grande utilidade instrumental, na medida em que procura revelar, por exemplo, a preexistência de políticas semelhantes (ou diferentes), as causas de sua não execução, os maus e bons resultados, os óbices e facilidades para as diversas intervenções, etc.

O que tentamos ressaltar é a grande preponderância do caráter "político" presente nas atividades de planejamento, marcadas pela preeminência dos interesses individuais e de classe.

É evidente que estes dois níveis de análise não podem ser inteiramente seccionados, o que se faz aqui apenas operacionalmente. É na lógica político-econômica que se encontra a síntese destas e de outras esferas de análise do planejamento governamental. Como já se viu antes, é no estudo do capitalismo e do Estado capitalista brasileiro que se encontram as raízes mais profundas das práticas de planejamento e políticas propostas, como estas em análise.

Em suma, pretendemos neste capítulo examinar os processos e os frutos do PDN-NR, dividindo operacionalmente o assunto em seus aspectos de conteúdo e formas de elaboração abordados nas seções seguintes.

Em outubro de 1985 a Sudene deu a conhecer à sociedade brasileira o documento "Uma Política de Desenvolvimento para o Nordeste", parte fundamental do Plano de Desenvolvimento do Nordeste da Nova República (PDN-NR). Esse documento foi elaborado depois de amplos debates regionais, que contaram com a participação de diversos representantes do governo, como da sociedade em geral, na pretensão de ser marco norteador da política governamental para a região, de 1986 a 1989.

Desde a sua "proposta para discussão" elaborada pela equipe da Sudene, o PDN-NR apresentou-se marcado por inovações bastantes significativas, seja quanto à necessidade explícita de vir a se tornar um plano elaborado pela "participação direta" de toda a sociedade nordestina, quanto ao diagnóstico das condições regionais de "miséria predominante" na região, e ainda quanto às estratégias de desenvolvimento do plano no que pretendem privilegiar "predominantemente os grupos sociais excluídos das decisões e dos benefícios do recente processo de desenvolvimento" (Proposta para discussão, pág. 8).

Referindo-se ao estilo de crescimento econômico adotado no País nos últimos anos, o PDN-NR constata como suas conseqüências a pobreza absoluta da maioria dos habitantes da região, a exclusão política da grande maioria da população, um padrão de crescimento excludente e uma grande dívida social que se expressa nas altas taxas de analfabetismo, de habitação subnormal, de déficit calórico, de desemprego, de mortalidade infantil, etc. "É, portanto, nesse espaço do território brasileiro que a dívida social, acumulada em períodos de crise ou de crescimento, assume maior dimensão no âmbito do País, configurando como que uma fratura social e devendo, por isso, ser encarada como um desafio social" (PDN-NR: 26).

As novas bases para uma política de desenvolvimento para a região, segundo o plano, só podem ser adotadas sobre quatro pressupostos básicos aos quais cabe ao Governo Federal executá-los: a) considerar a questão nordestina como prioridade nacional; b) promover a retomada do crescimento econômico no País, com o redirecionamento do modelo de desenvolvimento nacional; c) adotar a questão agrária como prioridade nacional, com ênfase no Nordeste onde a Reforma Agrária e o incremento na produção de alimentos são "opções essenciais"; d) favorecer a democratização e a descentralização do aparelho de Estado.

A partir dessas bases nacionais, o PDN-NR propõe seis linhas estratégicas de ação, de modo a garantir "aos cidadãos nordestinos, no mínimo, o seu direito inequívoco ao trabalho produtivo e aos serviços sociais básicos, condição indispensável ao pleno exercício da cidadania" (PDN-NR: 18).

As linhas estratégicas propostas, seus direcionamentos centrais são:

- Transformação das Estruturas Rurais
  - Reforma Agrária
  - Reestruturação da base econômica (infra-estrutura) rural
  - Reestruturação dos espaços agrários (agreste, sertão, regiões serradas, matas costeiras litorâneas, cerrado, meio-norte, região pré-amazônica e bacia do São Francisco).

- Reorientação do Desenvolvimento Urbano
  - Dinamização da economia urbana (indústria de transformação, construção civil, turismo, artesanato e setor informal)
  - Reordenamento do espaço urbano (estruturação das cidades, uso do solo e meio ambiente).

- Consolidação e Conservação da Infra-estrutura Econômica
  - Energia
  - Transportes
  - Telecomunicações

- Ampliação e Melhoria da Oferta de Serviços Sociais
  - Educação
  - Cultura

- Saúde
- Habitação
- Saneamento
- Transporte Coletivo
- Defesa Civil

– Estímulo ao Desenvolvimento da Ciência e da Tecnologia
- Sistema Regional de Ciência e Tecnologia

– Democratização e Descentralização do Aparelho Político-Institucional
- Democratização do aparelho do Estado
- Descentralização dos níveis decisórios e desconcentração dos recursos financeiros (Reforma da Administração Pública e Reforma Tributária).

Por essa breve esquematização do plano pode-se sentir que o mesmo incorpora análise e sugestões profundamente renovadoras, outrora restritas aos meios acadêmicos ou aos partidos de oposição.

Interessam-nos mais de perto, no momento, as "estratégias de planejamento" que propõe o PDN-NR.

7. A QUESTÃO DO PLANEJAMENTO PARTICIPATIVO E DA DESCENTRALIZAÇÃO

O PDN-NR apresenta-se explicitamente, enquanto estratégia para sua implementação, como uma "construção coletiva". As práticas participativas são adotadas como o caminho da transformação do Nordeste, e em certo sentido, a própria elaboração do plano procurou seguir as diretrizes do chamado "planejamento participativo", que incorpora os diversos interesses da população nordestina, ressaltando a necessidade e a importância da organização de seus vários segmentos e a democratização do aparelho do Estado, para que o mesmo adquira expressão.

O texto do plano adianta, ainda, os pontos fundamentais desta nova prática política: o amplo acesso às informações sobre os projetos, sobre a alocação de recursos e sobre as práticas administrativas; a delegação de competências e responsabilidades; a descentralização dos recursos; e, especialmente, a construção e definição dos canais institucionais por onde a população possa exercer toda esta gama de direitos.

Estas estratégias de transformação das relações da sociedade civil (internamente e com o Estado) colocam-se no PDN-NR como premissas para a realização de todas as outras linhas de ação.

Examinar as atitudes participatórias no planejamento, no entanto, não pode se resumir à apresentação deste caso concreto e erigi-lo como modelo ou antimodelo de prática de planejamento. No momento atual é fundamental uma abordagem distinta que incorpore e discuta as concepções do fenômeno participativo junto à história concreta da democracia no Brasil, tendo em vista que esta é o marco maior onde a participação deve se processar.

Equívocos neste campo têm levado a reducionismos ou generalizações mistificadoras ligados em um pólo aos aspectos operacionais e em outro aos macropolíticos. Assim, a tendência é encarar unicamente os aspectos operacionais da participação, enquanto a questão da descentralização pode vir a ser senão inócua, pelo menos insuficiente, no Brasil, enquanto possa ser predominante em outros países em que a questão da prática democrática geral seja mais ou menos resolvida, onde o modelo econômico não é tão excludente.

Dois outros aspectos devem ser levantados no âmbito desta discussão. Em primeiro lugar, e com implicações de fundo filosófico, o próprio questionamento da possibilidade da participação ao nível da concepção de homem e de sociedade. Coloca-se sempre em dúvida a viabilidade prática das propostas de participação comunitária. Marxistas e conservadores ortodoxos vêem com desconfiança a possibilidade de o homem atuar como sujeito consciente e ativo na vida social. O que, rigorosamente, é uma posição utópica, uma vez que, efetivamente, nós somos, muitas vezes, apenas mercadoria ou número, objeto passivo na humanidade a que pertencemos.

Por outro lado, a recuperação da utopia, caracterizada por uma racionalidade dos fins, é fundamental no pensamento do século XX e é a partir da qual que se colocam, na atividade política, as tentativas de participação e descentralização como alternativa basicamente utópica ainda que realista.

Em segundo lugar, coloca-se o grande debate entre a democracia representativa e a democracia direta, da qual a participação é um dos mecanismos fundamentais. É quase sempre legítimo propor que quando órgãos responsáveis pelo planejamento em qualquer nível, estendem indiscriminadamente a responsabilidade desta função, há uma falência do mecanismo representativo e, complementarmente, esta atitude coloca-se como uma necessidade de legitimação das políticas decisórias anteriormente correntes e por quaisquer motivos, e em algum momento, postas em cheque.

Ao lado destas balizas, coloca-se, para a análise do problema, naquele pólo que chamamos macropolítico (em oposição ao operacional), a perspectiva da reinvenção da democracia. Especialmente no nosso contexto, não se pode isolar a participação no caso particular da prática democrática em geral.

O processo de rejeição à democracia praticado no Brasil moderno (pós-30) começou a desmoronar em meados da década de 70, com o surgimento no cenário político das especificidades dos diversos setores (as mulheres, os negros, os moradores, favelas, etc.) que provocam uma profunda politização do cotidiano e iniciam a construção de relações mais complexas e não dualistas entre Estado e sociedade. Como se pode observar, este processo foi francamente tributário às posições participatórias, o que sem dúvida é legítimo, em vista do quadro terrivelmente autoritário e centralizador vivido no país de 1964 a 1985. Embora possa também levar a alguns equívocos perigosos.

A existência de uma harmonia social é a idéia-chave da participação considerada da maneira mais elementar, baseada no pressuposto de que, uma vez tornado visível o bem comum e afastados os obstáculos à sua realização, todos adeririam espontaneamente a esta tarefa. Segundo esta fantasia de harmonia social, nada é legítimo sem delegação expressa das chamadas "bases".

Por si só, a transferência da autoridade pública representativa para as "bases" não garante a resolução de todos os problemas. O fato de serem os interessados diretos chamados a atuar em seus próprios problemas não garante a adoção de respostas mais adequadas. E ainda, o imediatismo dos interesses particulares de cada grupo pode gerar e tornar insolúveis conflitos entre setores da população, não permitindo a manifestação e o conhecimento do interesse público.

Mas, obviamente, a relação da participação com a democracia não é apenas negativa ou excludente. Os aspectos levantados aqui têm a intenção de consolidar um elenco de críticas a serem confrontadas às experiências concretas. A participação pode significar o crescimento da consciência política dos cidadãos, o fortalecimento e o controle popular sobre a autoridade, reforçando, assim, o grau de legitimidade do poder público.

Em seus mecanismos ela deve buscar, principalmente, o aperfeiçoamento dos canais institucionais de informação, de consulta e de reivindicação, do ponto de vista da participação direta, e dos canais representativos, enquanto instâncias responsáveis pelas tomadas de decisão. Desta maneira, entendemos que a participação fortalece a democracia em seus vários aspectos. A demarcação rigorosa dos canais participativos é tarefa essencial para autoridade pública cumprir seu papel e assumir suas responsabilidades.

Vejamos agora o caso concreto da formulação do PDN-NR enquanto processo participativo. Um dos pontos centrais da questão reporta-se à característica que assume o fenômeno enquanto retomada de um processo que já tinha legitimação. A Nova República representou, em maior ou menor grau, uma ruptura com a ordem estabelecida anteriormente; e em seus desdobramentos esta ruptura teria que, necessariamente, refletir-se nos processos setoriais e regionais. A Sudene e o Nordeste, que já possuíam uma experiência de autonomia administrativa, foram esferas que reagiram prontamente à nova correlação de forças vigentes. Mesmo antes da extinção formal do regime anterior, iniciam-se no Nordeste e na Sudene amplos movimentos de reivindicações por uma atuação regional mais democrática.

De sorte que, no decorrer do processo de formulação do PDN-NR, os mecanismos utilizados foram francamente participativos, tanto no Seminário Interno da Sudene, em maio de 1985 [6], como nos seminários locais e regionais, no segundo semestre de 1985, que definiram o PDN-NR.

Independentemente do caráter positivo que assumiu neste momento a convocação das mais diversas entidades "representativas" em cada estado nordestino para a discussão do plano, é preciso que fique bem claro que a preocupação exclusiva e mistificadora com a participação, sem a contraparte relativa aos canais representativos da população, pode levar a uma experiência estanque e isolada. Além disso, o mecanismo que foi utilizado para a convocação das entidades no âmbito de cada estado pode ter levado a sérias distorções e desequilíbrios, os quais são freqüentemente empalidecidos na presença muitas vezes demagógica e "poderosa" da atitude participativa direta.

Outro aspecto que demonstra claramente a insuficiência da tese participativa enquanto alternativa fundamental reside na expectativa do papel que a Sudene volte a desempenhar. Está claramente estabelecido no PDN-NR que um dos retornos mais imediatos que se espera do plano é o fortalecimento da Sudene, de sua capacidade de decisão, de sua autoridade e de seus recursos. Vemos então que, se por um lado, a participação é mecanismo de retomada e legitimação de um processo de planejamento regional, por outro, ela tem o fim precípuo de fortalecer um organismo de Estado, capacitá-lo à tomada de decisões, agilizar sua máquina administrativa. Vemos, então, que se em um nível ela representa desconcentração, em outro, significa concentração, localizado em outro patamar e com todos os méritos que possa ter a reestruturação da Sudene.

A outra linha de ação colocada como pré-requisito para a realização satisfatória do plano é a descentralização, entendida em seus níveis administrativos e financeiros. As propostas envolvem a restauração plena do federalismo, autonomia municipal, amparadas por reformas administrativas e financeiras profundas, entre as quais se destaca a reforma tributária.

O PDN-NR ao adotar essas diretrizes, sem dúvida, incorporou as propostas consensuais de um amplo espectro de especialistas e instituições. Não obstante, devemos reconhecer que a própria formulação e também a execução destas políticas defrontam-se com dificuldades várias, tanto no campo do entendimento da realidade nordestina como no da ação política.

O que no PDN-NR parece continuar ausente é uma compreensão maior da dinâmica de integração nacional levada a cabo com as práticas

---

[6] "O Papel da Sudene na Nova República" – Seminário interno na Sudene, promovido pela Associação dos Servidores da Sudene, de 29 a 31 de maio de 1985.

autoritárias das políticas regionais dos governos anteriores. A ênfase quase absoluta foi dada, no regime anterior, à concessão de benefícios para a acumulação capitalista, o que favoreceu a homogeneização monopolista da economia brasileira, transformando a economia nordestina e tornando-a solidária ao conjunto da economia nacional. Este fenômeno é claramente demonstrado, inclusive no PDN-NR, pelos efeitos gerados em nível regional: a) a nítida urbanização das atividades econômicas e das populações; b) a expansão e diversificação da indústria na região; c) a modernização conservadora no campo; e d) a manutenção (e agudização) dos problemas sociais.

Independentemente do reconhecimento destas condições, no PDN insiste-se em caracterizar nitidamente suas linhas de ação como estratégias "regionais" e em nomear os principais beneficiados pelo plano, eufemisticamente, como "maior parte da população nordestina", "segmentos sociais excluídos das decisões e dos benefícios do recente desenvolvimento".

O prejuízo maior dessa visão é não aprofundar o conhecimento das condições sócio-econômicas do Nordeste e não adotar um fio condutor para as práticas políticas a serem implementadas na região. Para Carvalho e Castro (1985) as políticas de transformação da realidade nordestina deveriam se orientar centralmente pela análise da "diversidade e complexidade dos padrões ocupacionais e das condições de vida das classes trabalhadoras" (Carvalho e Castro, 1985:20) no Nordeste.

Se, por um lado, ocorreu a integração citada acima, através da qual a classe trabalhadora nordestina adquiriu padrões de reprodução semelhantes aos padrões nacionais, por outro, este processo não é uniforme nem unidirecional. O avanço desigual do capitalismo em nível nacional verifica-se também regionalmente, com estados e microrregiões apresentando características gerais das classes trabalhadoras bastante diferenciadas. E mais, mesmo do ponto de vista regional (global), as especificidades são relevantes. O processo de homogeneização monopolista da economia não implica equalização integral dos padrões de reprodução das classes trabalhadoras. Isto porque a acelerada industrialização-urbanização acarreta a continuação da importância relativa das formas de economia não capitalista além de que o próprio universo cultural dos trabalhadores transmite mesmo aos segmentos assalariados padrões regionalmente específicos.

8. CONSIDERAÇÕES FINAIS

Apesar das muitas críticas que se possam fazer ao processo de "planejamento participativo" que levou à elaboração do PDN-NR, por mais restrita e não representativa que possa ter sido a participação da sociedade civil nesse plano, muitos avanços hão de ser considerados. Mesmo ao nível do conteúdo, uma comparação entre a "proposta para discussão" e a versão final do plano atestam as contribuições dadas e a abrangência maior com que foi revestido o plano.

A proposta inicial da Sudene pregava a "construção coletiva" de uma política de desenvolvimento para a região, dentro das proposições de idéias de "pacto social" arquitetadas por Tancredo Neves. Segundo José Reinaldo Tavares, superintendente da Sudene, o PDN-NR "deverá apreender os interesses consensuais e arbitrar os interesses conflitantes do conjunto da sociedade, para tornar-se o instrumento da construção de um Novo Pacto Social" (Proposta para discussão: 1).

A versão final do documento tem o cuidado de em nenhum momento particularizar seu papel, evitando assim referir-se ao "pacto social", ao "vale-transporte", etc.

Da mesma forma, o documento final está bastante enriquecido no que diz respeito aos diagnósticos da dívida social da nação para com o Nordeste. Além das questões de saúde, moradia, salário, etc., o PDN-NR acrescenta sua preocupação com a perda das referências culturais das populações nordestinas ocasionada pelo processo de modernização desequilibrado a que foi submetida a região. Há crítica mais profunda ao Sistema Financeiro da Habitação, realidade do transporte coletivo no país, ao desrespeito à questão do meio ambiente, ao descontrole da escola privada no país, à falta de segurança, etc...

Por outro lado, se podemos fazer críticas a concepções "participacionistas" de planejamento, todo esse processo de discussão, por mais limitado que seja, mesmo que suas considerações não venham a ser observadas, tem o mérito de abrir o horizonte do debate e da conscientização, podendo vir a se transformar em um trunfo de mobilização política dos trabalhadores do Nordeste e do país.

Resta esperar – e lutar – para que esse novo tempo dê poder à sociedade de exigir e controlar a operacionalização de todos os pontos previstos no PDN-NR. A atual conjuntura política no país permite à Sudene transformar-se num órgão democrático e moderno. O caminho a esse estágio passa pela consolidação da democracia brasileira. A hegemonia liberal no país tem, no momento, a chance de implantar um capitalismo modernizante e "social". Aparecem algumas arestas do "modelo" para não voltar a dar passos contra a História.

No fundo, porém, um planejamento participativo, na sua raiz conceitual, é muito mais um processo político do que técnico, educa e conscientiza. E por si só o planejamento não altera a natureza do capitalismo. Ao contrário do que pensam os tecnocratas, é o capital quem comanda o planejamento e não o inverso.

9. REFERÊNCIAS BIBLIOGRÁFICAS

ALBUQUERQUE; J.A. Guilhon – *Participação sem Panacéia* – Folha de São Paulo – 20/3/83.

AMMANN, S. – *Ideologia do Desenvolvimento de Comunidade no Brasil* – São Paulo, Cortez Editora, 1980.

CANO, W. – *Desequilíbrios Regionais e Concentração Industrial no Brasil 1930–1970.* Campinas – Global – 1985.

CARVALHO, Maria M. de e CASTRO, Nadja A. – *E os problemas das classes trabalhadoras? O que fazer com eles?* (Alguns dilemas da Política de Desenvolvimento Regional), Bahia, UFBA, 1985 (mimeo).

CARVALHO, O. de – *Desenvolvimento Regional, um problema político.* Rio de Janeiro, Editora Campus, 1979.

COHN, Amélia – *Crise Regional e Planejamento.* São Paulo, Perspectiva, 1976.

FURTADO, C. – *O Brasil Pós-Milagre* – Rio de Janeiro – Paz e Terra, 1981.

GTDN – *Uma política de desenvolvimento econômico para o Nordeste.* Recife, Sudene, 2ª edição, 1967.

IANNI, O. – *Estado e Planejamento Econômico no Brasil (30–70).* Rio de Janeiro, Civ. Brasileira, 3ª Ed. 1979.

IPEA – *Desenvolvimento Regional no Brasil* – Série Estudos para o Planejamento. Brasília, 1976.

MARANHÃO, S. et alli – *A Questão Nordeste* – Paz e Terra, Rio de Janeiro, 1984.

Ministério do Interior – *Uma Política de Desenvolvimento para o Nordeste – Proposta para discussão* – Recife, Sudene, 1985.

Ministério do Interior – *Uma Política de Desenvolvimento para o Nordeste – PDN.* Recife, Sudene, 1985.

OLIVEIRA, Francisco de – *Elegia para uma re(li)gião.* Rio de Janeiro. 3ª edição, Paz e Terra, 1981.

OLIVEIRA, Francisco de – *Redefinição da questão regional e o papel da Sudene.* Recife, Associação dos Servidores da Sudene, 1985.

SANTOS, T. – *Imperialismo e corporação multinacionais.* Rio de Janeiro, Paz e Terra, 1977.

A ATUALIZAÇÃO DO DISCURSO LIBERAL NO PROGRAMA NACIONAL DE DESBUROCRATIZAÇÃO (PrND)

Maria Cilene M. Sales dos Santos *

* Mestre em Serviço Social – PUC-RJ.
Professora do Departamento de Serviço Social – UnB.

INTRODUÇÃO

O Estado brasileiro ao instituir o Programa Nacional de Desburocratização (PrND) admite a existência de um poder burocrático exarcebado pelo desenvolvimento da máquina estatal que reforça a tradição autoritária, centralizadora, e reconhece a debilidade da sociedade civil para opor-se ou neutralizar esse poder. O aparente paradoxo da "desburocratização" reside na suposição de que o desenvolvimento burocrático deveria trazer racionalidade formal e impessoalidade no trato da coisa pública, como garantia de igualdade do cidadão perante o Estado e não a opressão do cidadão comum.

Neste trabalho pretende-se a compreensão do fenômeno de burocratização e desburocratização no contexto da formação específica do Estado brasileiro, historicamente marcado pela contradição de idéias liberais do início do século e instalação de uma estrutura estatal patrimonialista, centralizadora, burocrática e autoritária.

Da herança colonial e do posterior desenvolvimento capitalista no país, resultou o patrimonialismo contemporâneo ou "neopatrimonialismo" brasileiro, característica dos estados modernos formados à margem da revolução industrial, com uma forma de dominação política exercida por um "extrato social sem propriedade e que não tem honra social por mérito próprio" (Weber, in Schwartz: 1982: 45).

A dominação política aqui mencionada é exercida pela burocracia e a classe política cuja função de direção ideológica e cooptação teria por finalidade promover formas de participação social sob a tutela do Estado (o sistema de cooptação, na concepção de Simon Schwartzman estaria situado numa posição intermediária entre os sistemas corporativo e a política aberta de grupos de interesse dos sistemas capitalistas modernos).

Admite-se portanto, neste trabalho, que o Programa Nacional de Desburocratização é, à semelhança de outras políticas públicas, uma forma de cooptação social e está inserido no campo de luta ideológica onde atuam os princípios do liberalismo clássico e o centralismo burocrático que dominam a vida política brasileira. Atenta-se para as questões em debate no interior do Estado, onde processa-se uma dinâmica própria que está em íntima relação com o desenvolvimento econômico e as forças políticas do país.

Essa ordem de considerações orienta o presente trabalho que não visa a produção de um texto acadêmico, mas faz uso de proposições teóricas que esclareçam as tendências e comprometimentos ideológicos do novo programa.

1. IDEOLOGIA E POLÍTICA

O Programa Nacional de Desburocratização surgiu em julho de 1979, instituído pelo Decreto nº 83.740, tendo por metas simplificar, humanizar e agilizar as relações no interior da máquina estatal, além de se propor a descentralizar o poder visando diminuir a distância entre o cidadão e o Estado. Criou canais de participação objetivando detectar o quotidiano do cidadão brasileiro e incentivou-o a criticar a burocracia de Estado. Por outro lado tratou de elaborar decretos na tentativa de simplificar a vida do cidadão, instituiu o juizado de pequenas causas, o estatuto da microempresa e, finalmente, popularizou-se através da figura do ministro Hélio Beltrão, por ter o ministro a característica especial de "extraordinário" "... não está na ordem, não é previsto pela organização do Estado. O modo de se comunicar com o povo não é ordinário". (Zatz, 1983:9) [1].

A ação do PrND, iniciada no governo Figueiredo, teve contrapartida imediata na pronta manifestação de cidadãos que se julgavam de alguma forma prejudicados pela ação danosa da burocracia. Ademais, medidas governamentais amplamente divulgadas pelos meios de comunicação popularizaram o programa elevando consideravelmente a expectativa da população.

A popularidade e expectativas geradas fizeram com que os cidadãos escrevessem para o PrND. Através da apreciação das cartas, verifica-se que os indivíduos, ao encaminharem suas mensagens, fundamentaram-nas a partir da explicitação clara de sua inserção na sociedade evidenciando papéis e funções que desempenham.

Evidencia-se, também, o reconhecimento da desigualdade social expressa pela consciência das diversas posições que cada grupo ocupa e direitos e deveres correspondentes.

A pronta resposta dos cidadãos aos apelos do PrND representando uma coincidência entre o discurso da ideologia liberal e representações socialmente reconhecidas pela população significaria o processo de construção da "nação brasileira"?

A questão certamente se encaminha no sentido de elucidar conceitos de nação-estado e cidadania. Caso conceitue-se nação-estado pela referência à integração mental e cultural de seus membros que aderem ao Estado e suas leis, privilegia-se a abordagem político-ideológica. Ao conceituar nação pela ideologia que enfatiza o ser individual, independente de sua condição social, a discussão ainda recai no terreno da ideologia. A

---

1 Zatz, Inês – "O Governo, o Povo e a Nação – mimeo (não publicado).

concepção de cidadania – de reconhecida ambigüidade – é historicamente marcada pelo discurso liberal no reconhecimento da igualdade humana, e está relacionada à concepção de nação-estado pela vinculação jurídica do indivíduo a um determinado Estado – "não há portanto cidadão que não seja cidadão de um Estado" (Peirano, 1982). A questão da cidadania está, por conseguinte, vinculada primeiramente ao princípio da igualdade formal que constitui o apanágio da ideologia liberal e em tensão permanente com a desigualdade inerente à sociedade de classe.

Com base no exposto, pretende-se neste trabalho privilegiar a questão ideológica, entendendo que ideologia tem o significado de uma concepção do mundo, que se manifesta implicitamente na arte, no direito, na atividade econômica em todas as manifestações de vida individual e coletiva, cujo significado é legitimar a hegemonia da classe fundamental. A conformação da ideologia se efetua na dialética da opressão – libertação dentro de uma totalidade concreta cujo movimento é contraditório. Em outras palavras, a ideologia é sempre política e se caracteriza como instrumento de dominação utilizado pelo grupo dirigente que busca a coesão social, enquanto, no outro pólo, o dominado toma consciência da dominação a qual se encontra submetido.

A proposta de trabalho que aqui se desenvolve se orientará pela hipótese que se segue:

– O PrND faz uso da ideologia liberal como forma de legitimar o Estado, enquanto a sociedade – aceitando as regras do jogo – faz uso do mesmo discurso como estratégia de sobrevivência.

– A manipulação da população pelo Estado engendra a tentativa de manipulação do Estado pela população. No bojo dessa contradição surge um novo espaço, pois ao estimular as manifestações da sociedade civil amplia-se a possibilidade do exercício democrático que pode ser exercido e ampliado. Do ponto de vista do Estado as manifestações da sociedade civil permitem a atualização do discurso da dominação.

Pretende-se nesse trabalho:

– Verificar a atualização do discurso liberal do PrND da Nova República.

– Verificar através de cartas e do programa "Fala-Cidadão" se a população reitera o mesmo discurso, ou se inicia o processo de cobrança das posturas extraídas no discurso do Estado.

A perspectiva assumida nessa proposta de trabalho questiona o uso da ideologia liberal pelo fato de estimular uma ação clientelística de Estado, incapacitando-o na condução das questões estruturais que afetam o país.

Com a finalidade de abordar esse fenômeno, que evidenciaria o tangenciamento das questões políticas de maior envergadura, elegeu-se a temática da Reforma Agrária para estudo. Considerando-se que essa problemática vem sendo amplamente discutida nos meios intelectuais, nas associações de classes, sindicatos e nos principais meios de comunicação, pretende-se investigar a abordagem do tema pelos cidadãos que se dirigem ao PrND, verificando se o problema se situa ao nível dos interesses de classe ou se permanece na perspectiva de solução de problemas individuais.

2. O DISCURSO DO PrND/1985

2.1 O PrND crítico sobretudo antiestatal

O novo PrND retoma o discurso liberal da primeira fase da desburocratização, quando se pretendia superar o Estado paternalista, clientelista e burocratizado. No entanto, ao avaliar a fase anterior que propõe uma desburocratização autoritária, de cima para baixo, por decreto, renega essa fórmula e em contrapartida sugere a desburocratização pelo fortalecimento do exercício da cidadania organizada.

Em que consiste afinal o novo discurso do Programa Nacional de Desburocratização da Nova República?

Face a uma nova conjuntura política, onde as forças da sociedade se rearticulam em associações, sindicatos e outras manifestações políticas, como se manifesta o Programa Nacional de Desburocratização?

Na tentativa de buscar elementos elucidativos sobre essas questões foi realizado levantamento de artigos, relatórios, programas e outros documentos que se supõem fundamentais para análise do novo discurso político do PrND.

No documento intitulado Diretrizes do PrND – 1986 o atual ministro admite que o "PrND vem buscando redefinir a atuação do Estado frente aos interesses do cidadão, de suas iniciativas empresariais e da própria sociedade civil, uma atuação quase sempre autoritária, assistencialista e cartorial" (Diretrizes do PrND; 1986: 5). No mesmo documento atribui à 1ª fase do PrND uma maior atenção à racionalização dos procedimentos burocráticos... "eliminar papéis e documentos dispensáveis e paralelamente estimular a melhoria do atendimento ao público nas repartições do Governo" (ibidem: 6). Observa-se ainda que a ação desburocratizante estava na verdade respaldada e facilitada pelo autoritarismo do regime. O novo PRND ataca o mito da "burocracia desburocratizadora" e critica "a pretensão de eliminar papéis através de outros papéis" (ibidem: 6). Na nova ordem democrática... "não há método válido para impor de cima para baixo iniciativas desobstrutivas da atividade estatal..." (ibidem: 6). Prosseguindo na crítica ao velho discurso, o novo PrND se afirma ao apontar dois erros básicos na fase anterior: "...uma visão complacente do Estado acoplada a uma visão paternalista por parte dos cidadãos" (ibidem: 6).

A postura de "suspeição" no que se refere ao Estado é freqüente nos documentos analisados. A nova concepção parte da necessidade de desmistificar o Estado "...em sociedade aberta sob processo de democratização cabe colocar o Estado no seu devido lugar, ou seja, como máquina suspeita e como instrumento de serviço público, controlado pelo público". (Participação e ajuda do Estado, 1985: 4). O novo discurso chama a atenção para a alienação de direitos e os riscos decorrentes.

"O Estado se encastela em si mesmo e embora viva do contribuinte, o trata como cliente e até como esmoler, que busca favores." (Desburocratização e Cidadania, 1985: 94.) Em outro trecho reafirma "...Qualquer sociedade consciente sabe que é mau negócio confiar muito no Estado, ao contrário, é mister levá-lo com rédeas curtas" (ibidem: 63).

Retomando a crítica ao clientelismo de Estado admite o novo PrND que "...faz parte da nossa história um Estado que distribui favores e que com isto captura a subserviência da população" (ibidem: 8). No mesmo sentido, esclarece "...aí está a manhã do Estado, sua habilidade primeira, sua sagacidade típica. A arte de convencer ao real mantenedor, que não faz mais que sua obrigação, enquanto o próprio Estado nada deve a ninguém e tudo o que faz são favores" (ibidem: 65). Reafirmando com freqüência que o Estado não funda sua própria bondade, a nova proposta ideológica do PrND critica "...uma visão complacente do Estado, uma forma de autodefesa, à medida que se imagina autor exclusivo da própria dignidade: de outro, uma visão paternalista por parte do cidadão, que ainda não amadureceu uma atitude de suficiente autonomia frente ao Estado, do qual espera favores, não a concretização de direitos" (ibidem: 6).

Uma tal visão crítica permite supor que vigora alguma forma de vinculação ao ideal anárquico de supressão do Estado.

O caráter institucional, no entanto, é preservado "...não é o caso de eliminar a figura do Estado. Trata-se, não de submeter-se à lógica do Estado, mas de controlá-lo" (ibidem: 94).

A vinculação jurídica é reforçada, ao considerar que o Estado não é uma autoridade desligada do cidadão.

A idéia do Estado Moderno, com um sistema de representação política ampla, pressupõe a participação de grupos de interesses próprios de caráter diversificado, abrangendo desde o interesse econômico, religioso, étnico, a grupos de mulheres e outros.

O discurso do novo PrND, pautado na crítica às ações clientelísticas do Estado, evolui dessa maneira para o sistema representativo e, como tal, passa necessariamente pela discussão de formas de participação. A relevância de debates dessa natureza reside na crítica à qual a sociedade capitalista não pode se furtar, ou seja, embora o liberalismo tenha se institucionalizado, não se pode afirmar que a institucionalização da liberdade e da igualdade foram suficientes para que se concretizassem uma igualdade real. A promoção da participação está no bojo da contradição no interior do Estado uma vez que a base da igualdade institucionalizada encontra-se face a face com a desigualdade de classes e grupos.

Esse tipo de preocupação está presente no novo discurso do PrND que, novamente, situa-se na posição de aparelho de Estado crítico de si mesmo. O atual discurso recusa as formas de participação tutelada, a participação como disfarce à ingenuidade dos que se atrelam ao paternalismo de Estado. "O Estado aprecia participação enquanto for fonte de justificativa ideológica, ou seja enquanto não atrapalha, além disso põe-se a coibir." (ibidem: 54.) Reforçando a mesma linha crítica reafirma "a participação só é interessante quando não atrapalha. O Estado gosta de usá-la, mas como disfarce, não como realidade histórica" (mimeo, Consumidor Desburocratização, 1985: 3). Destacando os aspectos negativos da tutela participativa afirma que "quanto mais existe tutela do Estado, mais é propício o ambiente para forjar-se o desvirtuamento de processos participativos. Imaginar um Estado que não tende a tutelar, é argumentar pela exceção, não pela regra" (Desburocratização e Cidadania, 1985: 54).

O novo PrND ao criticar o paternalismo critica a ingenuidade política pois "...parece ser um acinte pensar que o Estado deve financiar a organização popular, porque tal atitude revela ignorância quanto à autenticidade do fenômeno participativo e quanto à tendência desmobilizadora do Estado" (ibidem: 37). No prosseguimento da crítica ao papel desmobilizador do Estado, afirma que o mal grassa também em alguns setores de esquerda que defendem sem mais a tese de que o Estado deve sustentar os movimentos de organização popular. Chama atenção ainda para os riscos que correm os movimentos populares quando as lideranças comunitárias buscam a tutela estatal, pois tal liderança "...perde diante do Estado o espaço da competência conquistada, recaindo ao pântano do espírito público sempre profundamente desmobilizador" (ibidem: 54).

Considerando a luta ideológica entre os princípios liberais e o centralismo governamental abordados anteriormente, o PrND parece fortemente influenciado pelos primeiros, por um tipo de liberalismo que na concepção de Simon Schwartzman "...é o liberalismo à outrance, que vê no Estado a fonte de todos os males, que propõe transformar definitivamente os clientes em constituintes, em fontes de poder, e o Estado em simples instrumento da vontade da maioria organizada." (Schwartzman 1982: 144).

2.2 Da cidadania regulada à cidadania organizada

Após a "cidadania regulada" dos anos 30, a "cidadania em recesso" dos governos militares pós-64, o novo PrND concebe a "cidadania organizada". A cidadania regulada foi definida como a forma ... "de cidadania cujas raízes encontram-se, não em um código de valores políticos, mas em um sistema de estratificação ocupacional, e que ademais tal sistema de estratificação ocupacional é definido por norma legal" (Santos: 1979: 75).

A idéia de regulação que orientou a política social do período pós-30 embutia a cidadania na profissão "...são cidadãos todos aqueles membros da comunidade que se encontram localizados em qualquer uma das ocupações reconhecidas e definidas por lei" (ibidem: 75). Conseqüentemente aqueles cidadãos cuja ocupação a lei desconhece, embora estejam integrados ao processo produtivo, são considerados pré-cidadãos.

A cidadania em recesso se dá "...pelo não reconhecimento do direito ou da capacidade da sociedade governar-se a si própria" (ibidem: 123).

Essa fase decorre da violação da ordem democrática ocorrida em 1964 que colocou em recesso a dimensão política da cidadania brasileira. As cassações de mandatos e de direitos políticos que se seguiram à extinção de partidos políticos em 1966, as intervenções nos sindicatos e associações civis dificultaram a formação de cidadania brasileira que dessa forma ficou reduzida a um estado pré-cívico.

A concepção de cidadania organizada que se extrai de novo discurso da desburocratização amplia a cidadania regulada considerando dois fatores fundamentais: a inserção dos indivíduos no sistema produtivo – condição que o coloca em plena potencialidade para exercer-se como cidadão – e ou vinculação a formas organizacionais capazes de ação política.

Quem é o cidadão? "Cidadão no fundo é quem participa porque produz, trabalha ou produz porque participa." (Desburocratização e Cidadania, 1985: 70.) A situação de desemprego ou a desvinculação de algum tipo de atividade produtiva são considerados fatores de desordem e negação do cidadão, pois "...não é cidadão quem vive em situação de desorganização ou não participa de nenhuma forma relevante de associação" (ibidem: 69). "Não é cidadão quem não participa dos processos decisórios que lhe dizem respeito." (ibidem: 63.) Assim como "...não é cidadão quem não controla o Estado como instância delegada sua" (ibidem: 69).

A concepção de cidadania organizada tem por pressuposto o sistema capitalista, afirmando ser importante ter-se em mente que nossa sociedade está sob regime capitalista por mais que isto possa desagradar às posições teóricas e práticas e tendo por valor fundamental a inserção na produção, quer na forma de prestação de serviços ou através de iniciativas individuais. É portanto fundamental criar condições para ... "organizar o mercado informal onde grupos de artesãos, pequenos produtores, pescadores, prestadores de serviços podem potenciar suas oportunidades de emergir através de processos que aliem condições de desenvolvimento político (cidadania) com condições de desenvolvimento econômico (geração de renda)" (mimeo, Pequeno Empreendimento e Desburocratização, 1985: 2). Afirma o novo discurso que a cidadania tem um caminho assegurado pela via da iniciativa capitalista. "A questão mais importante está na recuperação de um espaço fundamental da cidadania, que é o pequeno empreendimento." (Desburocratização e Cidadania, 1985:36.)

O caminho do pequeno empreendimento "... é forma estratégica de plantar a cidadania no centro da própria sobrevivência onde a maioria luta para ter e para ser" (ibidem:37).

A ideologia antiestatal, liberal, que se extrai dessa postura busca a legitimação do Estado através de um sistema de representação ampla, campo promissor para o florescimento da iniciativa individual e do desenvolvimento do sistema capitalista.

Entretanto, cabe destacar a feição política que se pretende acoplar ao conceito de cidadania através do qualificativo "organizado". A função ideológica de valorização do associativismo e de outras formas organizacionais visa abranger os movimentos sociais em geral "...É fundamental que se leve em conta a cidadania do negro que aparece na história nacional somente como escravo e não como alguém que colaborou decididamente no crescimento do país e na formação cultural do povo" (mimeo. Organização da Sociedade Civil, 1985: 2). No que tange às mulheres, considera-se "...seu direito mais estratégico produzir, até porque não haveria emancipação que por aí não passasse" (ibidem: 3).

Coerentemente com o discurso antiestatal, descentralizador e marcadadamente liberal elege-se o município como *locus* privilegiado da cidadania "...A cidadania é sobretudo e tipicamente municipal ..." (mimeo. Desburocratizar é Democratizar, 1985: 2). Ressalta-se a tendência de revitalização da área municipal, com função política de possibilitar o primeiro e mais forte elo de ligação entre indivíduo e Estado.

Dentro da mesma concepção descentralizadora prossegue "... toda organização democrática é tanto mais perfeita quanto mais federativa for" (Desburocratização e Cidadania, 1985: 15). No âmago dessa discussão retoma-se a chamada "Crise Federativa", resultante da exarcebação dos poderes da União em detrimento do Estado, situação contraditória em que se encontra hoje o federalismo brasileiro.

Se a cidadania organizada passa necessariamente pela produção, um dos movimentos sociais estimulados pela desburocratização está relacionado ao consumo e traduz-se no estímulo ao movimento de defesa do consumidor. "O consumidor que despertar para sua cidadania descobre logo o sentido da desburocratização. Defesa é no seu âmago, mais autêntica capacidade de autodefesa. Porque não há cidadania vicária" (ibidem: 96).

A ideologia que se oferece ao movimento de defesa do consumidor pretende se orientar longe da tutela do Estado. "O consumidor lesado não deve entregar-se às mãos do Estado, ao contrário, deve organizar-se para poder comportar-se diante do Estado como sujeito de seus direitos e impor-lhe o nível de dignidade dos serviços públicos que lhe parece adequado." (ibidem: 8.) A relação aqui proposta baseia-se no controle que o cidadão pode exercer sobre o Estado... "O consumidor organizado com competência não desliga o Estado, mas sabe usá-lo, na perspectiva da cidadania, ou seja, como instância delegada sua, e mantida por seu imposto de renda e outros tributos." (ibidem: 95). Além disso, "... é um traço de nossa pobreza política postular a defesa do consumidor dentro do Estado como se um dos principais culpados pudesse, nisso, elaborar sua própria absolvição" (ibidem: 94).

Cidadão tão ativo, independente e cônscio de seus direitos não corresponde exatamente ao perfil do cidadão brasileiro. Atentando para essa realidade o novo discurso reconhece uma realidade política onde "... não temos propriamente um povo organizado, consciente de seu destino histórico e capaz de conquistar seu próprio espaço, mas uma massa de manobra, com a qual a oligarquia e o Estado se divertem" (ibidem: 84).

Na busca de um sistema político liberal com ampla base de sustentação social o novo PrND procura reforçar a sociedade civil... "É preciso reforçar por todos os meios democráticos possíveis e no exercício deles, a confiança da sociedade civil em si mesma, para que construa diante do Estado a necessária maturidade histórica que lhe possibilita controlá-lo e, assim, impor-lhe alguma dignidade pública." (ibidem: 53.) "A Nova República talvez fosse isto: como descobrir a fé da população em si mesma." (ibidem: 10.) Retomando, talvez, a tradição teórica liberal clássica, onde o Estado atua por delegação do povo, reforça a idéia de contrato social onde "... é a sociedade que vai construir um Estado eficiente, digno, ágil e humano, porque é ela a criadora, a mantenedora e a própria razão de ser, a causa primeira e última do Estado" (ibidem: 54).

Essa entidade suspeita, que se chama Estado "... Estará em seu lugar se lá for colocado, mantido e limitado sob severa vigilância do cidadão" (ibidem: 55). "Pertence à sabedoria de cada povo decidir o que o Estado deve, e conseqüentemente, o que deve arrecadar do povo para manter o que deve." (ibidem: 40.)

2.3 A nova concepção de Desburocratização

A concepção de Estado e cidadania aqui destacadas estão na base da sustentação ideológica da nova concepção de desburocratização e possibilitam uma abordagem mais esclarecedora do novo programa. A finalidade atual da desburocratização, "... é encontrar espaços estratégicos para o exercício da cidadania, não só porque sua atuação está no campo do desenvolvimento político, mas sobretudo porque desburocratizar é uma conquista do cidadão organizado" (ibidem: 36). Evidencia-se o desejo de captar as manifestações de sociedade civil, estabelecer canais efetivos de comunicação, o PrND pretende funcionar como "... uma antena do Estado plantada no seio da sociedade, e que centra nos oprimidos o caráter prioritário de sua ação". (mimeo. Razões de um trabalho com as formas organizadas da sociedade com vistas à Assembléia Nacional Constituinte, 1985: 2). O discurso volta-se freqüentemente para os oprimidos, os fracos, os desprotegidos pois "... a burocratização atinge muito mais e por vezes somente o humilde, que não tem dinheiro nem poder" (Desburocratização e Cidadania, 1985: 6).

Sem dúvida, ambiciosa, a desburocratização pretende a grande tarefa de educação política do povo brasileiro... "o caminho da desburocratização se descortinou como sendo o do desenvolvimento político, ligado sobretudo ao desafio de organização democrática da sociedade civil dentro dos quais se gesta a capacidade histórica de resistência e amadurecimento frente ao autoritarismo, a centralização do poder, ao desmando dos privilegiados" (ibidem: 69). Aspira a função de ... "criar condições de motivação do despertar da cidadania, cuja organização democrática fornece a chave de possíveis soluções" (ibidem: 89). A nova desburocratização recusa a função precípua de eliminar papéis, pois "... a função da desburocratização é despertar a cidadania, não anestesiá-la com sucedâneos burocráticos" (ibidem: 96). Afirmando-se na negação da proposta anterior que privilegiava a "atividade cartorial, contra cartórios", procura destacar o associativismo, privilegiando as organizações e grupos em geral, pois ... "desburocratizar é a luta aberta pela cidadania organizada, que acredita mais na competência própria de dobrar o Estado, do que na pretensa competência deste de se redimir por ato próprio" (ibidem: 76). A desburocratização procura, no cidadão organizado, o aliado que lhe falta para execução de sua proposta de democracia liberal – antiestatal... "a desburocratização depende acima de tudo da cidadania organizada que é a real democracia..." (ibidem: 68). Por essa razão supõe que o Estado burocrático não é o maior obstáculo à realização de seu projeto "... o problema mais grave para a desburocratização não é propriamente o Estado burocrático, porque seria uma obviedade e uma surpresa inútil, mas a falta de organização democrática sólida da sociedade" (ibidem: 10). Sem esquecer que a concepção de cidadania proposta está comprometida também com a sustentação do sistema econômico capitalista a concepção de desburocratizar passa também a significar "... a capacidade de arregimentar forças produtivas locais em torno de sua própria dinâmica e de impor ao Estado a postura aberta de não ser pelo menos obstáculo sistemático" (ibidem: 57). Desburocratização também "... é identificar e propor a simplificação ou eliminação de exigências absurdas na burocracia, facilitando a vida do cidadão, das empresas e reduzindo o custo da máquina administrativa do Estado" (mimeo, Programa Nacional de Desburocratização; 13).

São programas prioritários do PrND:

a) Projeto Cidadão
b) Política Nacional de Defesa do Consumidor
c) Apoio aos pequenos empreendimentos
d) Descentralização, Municipalização e Participação
e) Desburocratização participativa
f) Desestatização e Desregulamentação sócio-econômica

g) Racionalização da elaboração legislativa
h) Recadastramento eleitoral
i) Racionalização dos serviços judiciários

2.4 Projeto Cidadão

Em função dos objetivos desse estudo, apenas o Projeto Cidadão será objeto de análise e, mais especificamente o capítulo referente ao Projeto "Fala Cidadão". De acordo com as Diretrizes do PrND – 1986 esse projeto "... visa descobrir as raízes da fé da população em si mesma, para que consiga ser um povo consciente de seus direitos e deveres e organizado em torno de seu presente e do seu futuro" (Diretrizes do PrND, 1986: 9).

O projeto cidadão pretende realizar um trabalho de educação política através do estímulo ao exercício de direitos e deveres e desobediência civil quando necessário for. Tal proposta educacional funcionará como ponto de partida para a organização política "... seja ao nível de aglutinação de interesses coletivos (grupos de interesse), seja ao nível da composição localizada (comunidades)" (ibidem: 9).

A organização política, por sua vez, possibilitará a organização participativa que abrange as organizações clássicas (partidos, sindicatos, etc.), e terá seu sentido ampliado em função de açambarcar "... outras formas associativas dentro, ou fora do espaço econômico..." (ibidem: 9).

O projeto cidadão tem sua ênfase no aspecto político, por essa razão destaca a participação como fundamento e fim de sua ação no meio social. "A participação está contida na idéia de cidadania que não se define apenas pelo simples gozo dos direitos políticos – quase sempre concedidos – mas a cidadania consciente e organizada, forjada na formação educativa e na participação social" (ibidem: 10).

Entretanto, vale atentar para o uso da "participação como disfarce" criticado pelo próprio PrND... "... Por mais que um governo deseje ser participativo, não foge à lógica da burocracia e da concentração do poder, mesmo porque conta menos o desejo, do que a tendência histórica típica." (Desburocratização e Cidadania, 1985: 46.) Com a mesma suspeição que trata o Estado, é tratada a proposta de participação "... quando o poder se apresenta com a mão participativa é fundamental ver o que esconde na outra" (ibidem: 48). Ainda nesse sentido reafirma "quando o poder prega a participação só pode ser uma iniciativa digna de suspeita" (ibidem: 49).

A julgar pelo discurso, o novo PrND está consciente da contradição que se desenvolve em sua dinâmica interna, pois como aparelho de Estado, sujeito à lógica da organização e do poder, propõe o aumento da participação, conseqüentemente a divisão do poder. "A tensão que vive a desborocratização no seu ministério, é de ser parte do Estado a serviço da cidadania" (ibidem: 64) "... nossa tarefa é de um lado abalar a estrutura empedernida da burocracia pública e de outro colaborar na construção da consciência cívica dentro do processo histórico" (ibidem: 63).

Tal contradição não significa incoerência, de forma que, caso se dê credibilidade aos propósitos aqui delineados pela desburocratização ela própria autoriza que se exerça sobre si própria forte vigilância cívica.

Em decorrência da análise empreendida, e ressalvando as limitações do presente trabalho, pode-se avançar em direção a conclusões preliminares:

- O atual PrND reafirma a ideologia liberal e trabalha no sentido de atualizar a nível do discurso e da prática uma linha de ação condizente com o espírito da Nova República.
- Desenvolve-se tendo como adversário, no próprio seio do aparelho estatal, a ideologia do centralismo burocrático exacerbada nos últimos vinte anos de vida política brasileira.
- Pauta-se por uma concepção de Estado Moderno, onde não se descarta a função do Estado, mas condiciona sua existência ao controle social e sua legitimidade à articulação com os sistemas representativos da sociedade que lhe propiciam base de sustentação política.
- Postula uma ampliação do sistema representativo pela integração de amplos setores e sociedade, desde que organizados, como forma de assegurar a iniciativa individual e o fortalecimento do sistema econômico capitalista.
- Em substituição a formas paternalistas de ação, propõe a educação política pelo exercício da cidadania organizada, valorizando a integração do indivíduo ao sistema produtivo e seu engajamento nas organizações, associações e grupos em geral.
- Redimensiona o sentido da desburocratização pela crítica ao "mito da desburocratização", restringindo a atividade de racionalização administrativa (considerada um item entre outros) para ressaltar como sentido maior do programa a organização participativa, o exercício ativo da cidadania.
- Participação organizada é a forma de ação privilegiada, pela capacidade de funcionar como alavanca política e ser capaz de autogestão.

3. O DISCURSO DA POPULAÇÃO

3.1 Fala Cidadão

Prosseguindo no exame das questões delineadas nesse trabalho, verificaram-se as cartas e ligações para o "Fala Cidadão" relacionadas à temática da Reforma Agrária, captando por essa via a forma como se expressa o discurso da população.

O programa "Fala Cidadão" é integrado pela seção de cartas e telefonemas registrados através do 156, o uso da franquia postal e de urnas colocadas em cada uma das instituições públicas.

Para os interesses desse trabalho serão abordadas apenas as mensagens através de cartas e de registros do 156.

• Cartas e Projeto 156

A seção de cartas do PrND responde por uma das formas de atendimento direto ao cidadão, nas suas queixas, reclamações e reivindicações. Herança da administração anterior, as cartas são arquivadas pelo nome, endereço, procedência e data. Aquelas que estão afetas à Desburocratização são respondidas diretamente; as demais são encaminhadas ao serviço, departamento, secretaria ou qualquer outro setor administrativo relacionado ao problema mencionado.

O programa de cartas informa posteriormente ao missivista que seu pedido de reclamação foi encaminado à consideração do setor competente. Algumas instituições encaminham cópia ao PrND das medidas efetuadas, outras não, dificultando o controle que esse programa pretende realizar sobre os casos pendentes. Outras, ainda, repassam a informação para que o Programa de Desburocratização informe diretamente ao missivista.

A comunicação entre os usuários e Prefeituras através do 156 já ocorria em determinadas cidades do Brasil. O Projeto "Fala Cidadão" procurou dinamizar essa prática e ampliá-la fazendo com que as Prefeituras registrassem também as mensagens destinadas à administração federal.

Desse modo, o projeto 156 possibilita a comunicação direta entre a população e a Prefeitura Municipal, assim como, entre a população e a Administração Pública Federal, ampliando dessa maneira a comunicação em geral, uma vez que prescinde da escrita. Tal fato não pode ser minimizado, em um país onde ainda predominam altos índices de analfabetismo. Instalado o "Fala Cidadão", uma simples instrução para orientação do usuário permite-lhe de viva voz expressar e ter registrado seu depoimento.

Tal franquia democrática, entretanto, está na dependência primeira da possibilidade de instalação de um serviço prestado pela subsidiária da Telebrás no local, sob o código 156; em segundo lugar da celebração de convênio entre a Prefeitura Municipal e o Programa Nacional de Desburocratização.

Cabe à Prefeitura Municipal solicitar a implantação do serviço e arcar com as despesas de assinante. Os telefonemas recebidos pelo 156 na sede municipal registrarão o que for referente ao Município, assim como aquilo que estiver relacionado à Administração Federal, enviando ao Programa de Desburocratização o que estiver fora de sua competência administrativa.

O "Fala Cidadão" mantém convênio atualmente com as seguintes localidades: Belém-PA, Belo Horizonte-MG, Brasília-DF, Campinas-SP, Curitiba-PR, Goiânia-GO, Juiz de Fora-MG, Mogi das Cruzes-SP, Paranaguá-PR, Petrópolis-RJ, Porto Alegre-RS, Recife-PE[2], Toledo-PA, Uberlândia-MG e Uberaba-MG.

Além disso, o programa está mantendo contatos com 30 municípios que, segundo informações da Diretoria de Marketing da Telebrás, já têm implantado o código 156.

Nos arquivos do Programa Nacional de Desburocratização encontra-se uma coletânea de cartas e registros do projeto orgnaizada de forma a que se possa identificar os encaminhamentos feitos aos diversos ministérios. Nesse arquivo foi realizado levantamento de registros referentes ao Ministério da Reforma e Desenvolvimento Agrário, onde foram encontrados vinte e uma carta e 154 telegramas para o "Fala Cidadão" no período compreendido entre março e janeiro de 1985.

A escolha recaiu nos encaminhamentos feitos ao Ministério da Reforma e Desenvolvimento Agrário, pela importância que assumiu o tema na Nova República, por tratar-se de proposta que atinge a estrutura social, dela resultando maior ou menor credibilidade do novo governo junto aos setores progressistas que integram o atual "pacto social".

A grande polêmica em torno da Reforma Agrária vem ocupando manchetes de jornais, seções de cartas, revistas, debates em televisão, encontros e seminários, entre outros. Os técnicos do PrND que lidam com o programa de cartas e "Fala Cidadão" informam sobre a relação entre a intensidade de manifestação sobre determinado tema e a discussão do mesmo nos meios de comunicação. Esse "modismo" faz com que no momento atual o maior número de cartas destine-se ao Ministério da Justiça, por se referirem à questão da liberação do polêmico filme do cineasta Godard *Je vous salue Marie.*

Abordar correspondências e manifestações sobre a Reforma Agrária exige que se discuta ainda que superficialmente a questão referente à cidadania do trabalhador rural, ou cidadania rural como é denominada por alguns estudiosos do tema.

Registra-se uma certa unanimidade no reconhecimento de desigualdade na participação social entre os habitantes do meio rural e os da cidade. Essa desigualdade é facilmente detectada ao se examinar comparativamente o acesso a bens públicos. Igualmente se destaca a insignificância da participação política do homem do campo, seu desinteresse, sua falta de informação e para tal indivíduo tão distanciado do homem político, dono de seu destino, atribui-se a condição de pré-cidadão. Este pré-cidadão estaria fora do alcance de medidas de desburocratização que visam a racionalidade administrativa.

---

2 A Prefeitura de Recife não implantou o código 156 e a comunicação se dá via linha telefônica usual.

"Nesse ponto a desburocratização não chega" (in Reis, Elisa, mimeo. Ruralismo e Cidadania, 1981: 15) não chega porque "... a personalização nas relações com a clientela permite evadir regras e protocolos de ação burocrática em benefício de uma racionalidade substantiva" (ibid: 15). Prosseguindo na linha de reflexão assumida por Elisa Reis, a população rural está alheia ao tema de desburocratização porque o mesmo está fora de suas vivências, distanciado do seu quotidiano. "Também a noção de direitos de cidadania é inexistente para a maioria da população. Sua percepção de acesso a bens e serviços públicos é totalmente personalizada..." (ibid: 17.) A aquisição de benefícios está freqüentemente sujeita à intermediação, à interferência de terceiros, legitimando assim as formas de patronagem e tutela. Nessa ordem de raciocínio a autora questiona: "Qual o sentido de desburocratizar o exercício do poder público em áreas onde tradicionalmente se têm chamado a atenção para as implicações autoritárias do exercício extraburocrático do poder, para o uso arbitrário da autoridade dentro de redes pessoais de interação?" (ibidem: 19).

Evidentemente que a concepção de pré-cidadania atribuída ao homem rural e a desburocratização, que prioriza a atividade cartorial com vista à racionalidade administrativa, já não se coadunam com o novo discurso do PrND. Na atual fase o trabalhador rural, integrado ao sistema produtivo, tem para o PrND potencialidade plena para o exercício da cidadania, além do que, a nova desburocratização visa sobretudo a educação política, a organização participativa.

Ao assumir esse discurso, a Desburocratização já não poderá tangenciar a questão agrária, pois essa estará sempre embutida na cidadania do homem do campo. Por outro lado, estimular a cidadania organizada no meio rural significará também uma alteração na correlação de forças que define a política governamental ou, melhor, a Política Social para o setor.

3.2 Análise do discurso da população

As manifestações da população sobre a Reforma Agrária pela via do "Fala Cidadão" não correspondem à importância e dramaticidade com que o tema se reveste.

Examinando-se o quadro sintético do Projeto "Fala Cidadão", pode-se facilmente visualizar que as mensagens dirigidas ao Ministério da Reforma e Desenvolvimento Agrário são numericamente inferiores àquelas dirigidas aos Ministérios da Fazenda, Administração, Saúde, Educação e outros.

Por essa razão, deliberou-se abordar todo o material registrado no PrND da Nova República entre cartas e mensagens enviadas através do telefone 156.

Na tentativa de não extrapolar limites e buscar no material de pesquisa o que está diretamente relacionado ao interesse deste trabalho, procurou-se manter a investigação em torno das seguintes questões:

1. Que assunto motiva o indivíduo a interromper a rotina de sua vida diária para escrever ao Programa Nacional de Desburocratização ou telefonar ao "Fala Cidadão"?

2. Tal assunto refere-se a uma problemática de caráter individual ou coletivo?

3. A população ratifica o discurso anterior ou permanece de mão estendida na busca de soluções paternalistas?

4. A população está atenta à ocupação de espaços para encaminhamento de seus problemas?

As informações colhidas estão consubstanciadas no quadro que se visualiza abaixo:

Quadro 1

MENSAGEM AO PrND POR ASSUNTO SEGUNDO O TIPO DE INTERESSE

DF – 1985

ASSUNTO	INTERESSE INDIVIDUAL	INTERESSE COLETIVO	TOTAL (%)
Denúncias de violência	34	12	46(29)
Reivindicações	22	03	25(16)
Sugestões	–	39	39(24)
Informações	11	–	11 (7)
Favores, Doações	15	–	15 (9)
Excesso Burocrático	01	02	03(2)
Protestos pela Condução da Reforma Agrária	–	09	09 (6)
Reclamações Diversas	07	04	11 (7)
Total	90(57)	69(43)	159(100)

FONTE: Levantamento Direto.

Entre os assuntos que ocuparam os cidadãos estão relacionados pela ordem de freqüência as denúncias de violência (29%), as sugestões (24%), as reivindicações (16%) e os favores e doações (9%). Entre os temas menos freqüentes encontram-se os pedidos de informações (7%), as reclamações diversas (7%), os protestos pela maneira como vem sendo conduzida a Reforma Agrária (6%) e as reclamações de excesso burocrático (2%).

Foram consideradas denúncias de violência as cartas ou telefonemas cujo teor evidenciavam ser o cidadão vítima de uma situação de ameaça física – às vezes de morte – ou ameaça de danos à sua propriedade. Foram também considerados nessa categoria os relatos referentes a terras invadidas, terras tomadas com o auxílio de homens armados e casos de expulsão.

Na categoria de sugestões estão as mensagens que contém idéias e opiniões sobre Reforma Agrária, em caráter de "colaboração" e "ajuda" na busca de soluções para os problemas.

Como reivindicações foram considerados os pedidos que têm por argumentação explícita a condição de cidadão e seus presumíveis direitos.

Os favores e doações referem-se aos pedidos de ordem estritamente pessoal e visam ganhos materiais.

Por informações caracterizam-se solicitações que objetivam dirimir dúvidas, buscar esclarecimentos para assuntos de interesse, tais como, andamento de processos e detalhes sobre a Reforma Agrária.

Nas referências à burocracia, estão mensagens que relatam entraves burocráticos e dificuldades no andamento de processos, no que tange a questões relativas à terra e ainda a problemas de interesse do funcionalismo civil vinculado ao Mirad.

Protestos pela condução da Reforma Agrária incluem pronunciamentos contra e a favor de encaminhamento do processo.

As reclamações diversas registram os protestos que abordam temas variados e não se enquadram nos assuntos referidos anteriormente.

Os assuntos abordados referem-se a questões de interesse individual ou coletivo, considerando-se na categoria individual os problemas que atingem o indivíduo e sua família e na categoria coletivo, problemas que envolvem grupos, organizações ou que atingem grande número de pessoas.

Analisando ainda o Quadro 1 verifica-se que os assuntos abordados recaem com maior freqüência na coluna de interesse individual. As denúncias de violência contêm: interesse individual (74%) e 26% são caracterizadas como coletivas. As "reivindicações" juntamente com "favores e doações" concentram-se quase na totalidade na coluna de interesse individual. Já no que se refere a "sugestões" e "protestos pela condução da Reforma Agrária", a concentração se dá na coluna de interesse coletivo.

Outra questão que indicaria uma atuação da população orientada pelo novo discurso refere-se à escolha do canal utilizado para acesso ao PrND. Por essa razão procurou-se identificar os assuntos encaminhados individualmente e aqueles encaminhados em nome de associações, sindicatos, entidades de classe, Prefeituras, etc. Os resultados obtidos estão contidos no Quadro2.

Quadro 2

MENSAGEM AO PrND POR CANAL UTILIZADO

DF – 1985

ASSUNTO	ENCAMINHAMENTO INDIVIDUAL	ATRAVÉS DE ASSOC., SIND., ENT. CLASSES, ETC.
Denúncias de Violência	42	04
Reivindicações	22	03
Sugestões	37	02
Pedidos de Informações	11	–
Favores, Doações	15	–
Reclamações de Excesso Burocrático	2	01
Protestos contra a Condução da Reforma Agrária	08	01
Reclamações Diversas	11	–
Total (%)	148(93)	11(7)

FONTE: Levantamento Direto.

Observando-se o Quadro 2 verifica-se que a quase-totalidade de encaminhamentos se faz por via individual, 93%, e 11% de forma coletiva. Deve-se atentar, porém, para o fato de que embora aparentemente inexpressivas, as manifestações coletivas dizem respeito a maior número de pessoas.

3.2.1 As Denúncias de Violências

As denúncias de violência encabeçam com destaque as relações de temas abordados pelas pessoas que usam o "Fala Cidadão". Os tipos de violência que aqui são denunciados variam da perda de terra para parentes gananciosos, à expulsão das terras por proprietários armados. Para entender-se a violência rural, nada mais esclarecedor que a definição de

Marilena Chauí sobre violência, ou seja, "... a realização determinada das relações de força tanto em termos de classes sociais quanto em termos interpessoais... conversão de diferentes em desiguais e a desigualdade em relação entre superior e inferior . . ." (Chaui, 1985: 23:26).

Abordando cartas e "Fala Cidadão" pode-se verificar que o "Fala Cidadão" é o canal privilegiado para denúncia de violência, 93%, enquanto as cartas se fazem representar com 7% apenas. A denúncia feita ao "Fala Cidadão" é condizente com o veículo utilizado, é conjuntural, emergencial e revela que a necessidade da interferência solicitada é premente.

As violências denunciadas são feitas principalmente por proprietários que têm suas terras invadidas por posseiros, por autoridades que ocupam postos governamentais ou simples soldados, e por vizinhos poderosos. Outro tipo de denúncia parte de produtores que cultivam a terra há mais de 20 anos e têm as mesmas invadidas e tomadas por pessoas que se dizem proprietárias (fazendeiros ou grileiros da região).

Quadro 3

DENÚNCIAS DE PROPRIETÁRIOS POR NATUREZA DE AGRESSOR

DF – 1985

INVASÃO OU AMEAÇAS DE INVASÃO COM VIOLÊNCIA	N.os ABSOLUTOS	%
Ameaças por posseiros	24	67
Por vizinhos	5	14
Por autoridades	3	8
Outras	4	11
Total	36	100

FONTE: Levantamento Direto

Examine-se o depoimento[3] de alguns proprietários que têm suas terras invadidas:

Um proprietário de uma fazenda em Goiás reclama por "ter tido sua fazenda invadida por 12 pessoas sendo que o Getat já intimou os invasores e que os mesmos não atenderam a intimação. Pede que seja enviada a Polícia Federal para expulsar os invasores o mais rápido possível pois do contrário será obrigado a partir para a violência", (11041)[4]. Outra reclamação de Araguaiana-GO notifica que um grupo de posseiros

[3] Os depoimentos serão conservados em sua grafia original.

[4] Os números aqui citados correspondem aos registros das mensagens ao PrND.

invadira suas terras e impedira seus familiares de saírem da fazenda; informa que "... intimados pelo delegado a comparecer na Delegacia lá aceitaram a sair da fazenda, mas não fizeram assim. Diz a cidadã que o marido se encontra na fazenda e se comunica com ela através de rádio. Pede proteção da Polícia Federal para suas terras", (1195). Ainda de Goiás, o cidadão reclama que sua fazenda "... está sendo invadida e pede providências. Ele diz que está havendo muitas mortes", (05483). Um outro fazendeiro de Imperatriz-MA notifica que a discussão do Projeto de Reforma Agrária vem causando insegurança no campo "... com o perigo de posseiros invadirem a terra, pessoas que não querem nada com o plantio, com o trabalho; assim que recebem as escrituras definitivas, vendem e saem para a cidade. Isso não é um roubo?... Que reforma é essa? É para o bem do povo ou de algum arruaceiro?", (02702). Uma outra denúncia de Marabá-PA informa que o cidadão dono de uma fazenda foi vítima de uma emboscada, teve seu filho seqüestrado, foi roubado e saqueado "... deu parte as autoridades de Marabá, sem nenhuma providência. Foi até a Polícia Civil, Militar e até na Federal, sendo que toda a população de Marabá está ciente dos arruaceiros. Outras fazendas foram invadidas. A Polícia local diz que é um caso para o Ministério da Justiça... Ele está impossibilitado de chegar à fazenda...", (04300). Entre outras denúncias um cidadão de Alagoinhas teve "... sua terra invadida por soldados do exército e, fez uma carta ao Senhor Presidente relatando o fato... mas até hoje não recebeu resposta. Pede então uma solução urgente para o seu problema", (15633). Um cidadão do interior da Bahia denuncia a invasão de uma propriedade sua pelo prefeito "... ele pede providências para que possa retornar a sua terra e reaver suas propriedades... Uma vez que a justiça comum de sua região nada fez em seu favor devido ao peso político de seus adversários e além disso se encontra jurado de morte", (13933).

Outro tipo de denúncia é feita por aqueles que moram na terra há mais de vinte anos e têm suas terras invadidas e tomadas por fazendeiros, empresas, grileiros e até mesmo pela Polícia.

Quadro 4

DENÚNCIAS DE POSSEIROS POR NATUREZA DO AGRESSOR
DF – 1985

TERRAS INVADIDAS E TOMADAS	N.os ABSOLUTOS	%
Por novos proprietários	05	50
Por grileiros	04	40
Pela Polícia	01	10
TOTAL	10	100

FONTE: Levantamento Direto

Um cidadão da Bahia que tem escritura de suas terras informa que ele juntamente com 18 pessoas teve suas terras tomadas por um fazendeiro que agora está requerendo na justiça a posse da terra, "... o fazendeiro está desfrutando das plantações as quais não tem direito, enquanto ele e sua família passam fome... pede providências ao Presidente da República, pois está desesperado". (07014).

Um cidadão do Paraná, proprietário de uma terra na BR-Cuiabá-Porto Velho, informa que tem escritura da terra e todos os documentos em ordem mas está ameaçado por "uma pessoa que está afirmando que uma parte da terra é dele e também que um estrangeiro tem um título falso... já ligou para reclamar mas até agora nada foi feito, por isso pede providências imediatas... Neste local a polícia está invadindo terras a mando dos interessados em desalojar os reais proprietários e está na eminência de ocorrerem morte...", (10206).

Um cidadão de Brejolândia afirma ter posse reconhecida de sua terra e encontra-se atualmente enfrentando um grileiro "... usando ele de violência pelas mãos de pistoleiros armados... o mesmo entrou com ação na justiça local contra os posseiros apresentando testemunhas falsas e comprando a dinheiro a justiça. Pede providências urgentes...", (04627).

De Monte Carmelo-MG vem a denúncia "... tem uma gleba de terra... o dono da fazenda vizinha tomou as terras e não devolve. Já tenta há 8 anos tomá-las de volta...", (04551).

Um cidadão de Correntina-BA diz que "... na cidade estão expulsando os posseiros de suas terras, através da contratação de pistoleiros. Estes posseiros são donos da terra e criam gado, embora alguns não tenham a documentação... quem está se apossando da terra é o Bradesco", (08926).

De Imperatriz-MA "... o cidadão e outras pessoas são posseiros há mais de doze anos e no entanto agora estão aparecendo grileiros com escrituras... o cidadão diz que pode haver choques entre os posseiros e estes grileiros ...", (18011).

Outra denúncia de Correntina-BA pede ao presidente "... providências no sentido de preservar os direitos de umas 200 pessoas... onde um proprietário de terra... dizendo que vai reflorestar a região está invadindo suas terras... sem dizer que ele está contando com a ajuda da própria polícia da região para perseguir os sitiantes que estão ali há mais de 40 anos... confia no presidente Sarney e pede que assegure os direitos desses probres coitados que não têm a quem recorrer ...", (10535).

As denúncias dos posseiros que vêem seus direitos ameaçados são, em números absolutos, menores que as denúncias dos proprietários, no entanto, observa-se que essas denúncias têm caráter coletivo e envolvem maior número de pessoas; uma delas fala em nome de 200 pessoas, outra em nome de 18, outra em nome de 12, e as demais quase sempre referem-se a um conjunto, nunca a um só indivíduo.

Dentre as poucas cartas que fazem denúncias, uma é proveniente do Amazonas onde o indivíduo afirma "... venho por meio dessa representação junto a V.Sa. requerer os meus direitos de cidadão... sou o único trabalhador rural que permanece na área indígena... somos vítimas do medo...". O denunciante requer uma definição a respeito da indenização pelas benfeitorias na propriedade e vem "... requerer uma definição como cidadão brasileiro que sou", (12185).

Destaca-se ainda as denúncias de violência favorecida pela condição feminina, pois a mulher na correlação de forças é ainda um grupo desprivilegiado.

As denúncias partem de mulheres que cultivam a terra e sentem-se ameaçadas. De uma mulher de Santa Catarina "... isto porque a pessoa que se intitulou dona das terras não tem nenhum documento que comprove isto e mesmo assim quer retirar quem cultiva verdadeiramente", (10979).

De Piracicaba-SP uma filha fala em nome da mãe viúva que possuía um terreno em Conchas que foi invadido por um fazendeiro "... não consegue resolver a causa e sua mãe é pobre, vive na roça e precisa do terreno. Tinha um advogado cuidando do caso há quatro anos. A mãe tinha ganho a causa... passando em frente ao Fórum tinha um papel dizendo que ela havia perdido... Procurou o advogado... ele havia sumido", (02682).

Outra denúncia proveniente de Belo Horizonte-MG... "reclama que estão querendo tomar suas terras e que vem lutando no Fórum há 16 anos e não consegue nada", (16217).

Uma cidadã de Alagoas solicita agilização na solução de seu problema "... ao ficar viúva foi despejada do local onde morava pelo proprietário da terra, local este que seu marido trabalhava há vários anos... não recebeu nenhum tipo de indenização", (17255).

Outra denúncia é feita em Brasília-DF "... Pelo amor de Deus que a ajudem a resolver seu problema. É viúva, tem 10 filhos e não sabe mais o que fazer. Seu marido antes de morrer vendeu a terra que possuíam e não recebeu... os pistoleiros puseram-na para fora da terra e ela está desesperada", (18231).

Do Paraná, a cidadã fala em nome dela e do marido "... apesar do marido possuir a propriedade da terra há vinte anos e pagar todos os impostos, inclusive a escritura definitiva da terra, foram expulsos por um rico fazendeiro", (03262).

De Jaguari-PR uma filha fala por sua mãe que vem tendo suas terras invadidas, alega que "... a justiça não consegue resolver o problema e para isso apela para as autoridades federais", (11727).

De Bom Jesus da Lapa-BA, outra mulher denuncia "... pessoas da região que querem lhe tomar a terra... solicita que intercedam junto à juiza... para que ela a proteja".

As informações e depoimentos são reveladores da desordem social que prevalece no meio rural, onde a justiça local não tem nenhuma autoridade sobre os mais fortes, e os mais fracos estão à mercê da sorte.

3.2.2 Sugestões, Reivindicações, Favores, Protestos

As sugestões ocupam o segundo maior percentual entre os assuntos registrados através de telefonemas enviados ao PrND, pois não há cartas que tratem do assunto especificamente. As sugestões são provenientes de técnicos, profissionais e proprietários de terra, produtores rurais e população em geral.

Algumas sugestões são feitas por profissionais da Agronomia que propõem soluções técnicas para a Reforma Agrária; outros oferecem suas experiências em topografia e outros ainda fazem referência à experiência de trabalho em área de posseiros com problemas de grilagem.

Por parte da população em geral as sugestões versam muito freqüentemente sobre as possíveis soluções para a Reforma Agrária. Um cidadão sugere que "... além da Reforma Agrária seja dada mais assistência à população rural" e sugere que "o governo patrocine assistência como água, luz, escolas, enfim todo o conforto da cidade", (85012400). Entre as sugestões para a Reforma Agrária propriamente dita as questões operacionais têm prevalência. Um cidadão sugere que "... o título seja provisório, por 2 anos e que a cada seis meses houvesse necessidade de apresentação de um programa de trabalho". Outro cidadão sugere "... que o exército seja acionado para garantir a Reforma Agrária, pois os fazendeiros estão comprando armas e organizando milícias e isso pode tulmutuar a ordem interna, é reservista ... e está à disposição", (09282). Que os terrenos da Reforma Agrária tenham reserva de floresta, "... que o governo arrendasse terras por 4 anos e o BB financiasse a juros baixos; depois de 4 anos o arrendatário teria preferência...". "... Que seja dada uma gleba de 100 alqueires para cada 10 famílias... um trator e um caminhão."

Além das soluções técnicas, são freqüentes as sugestões ao ministério para agilizar a R.A., criar novas linhas de créditos, promover um dia D da Reforma Agrária tal como foi realizado no Ministério da Educação. Outros sugerem que os títulos da terra sejam passados de pai para filho, não podendo ser vendidos; sugerem também que o governo faça mais propaganda da R.A.; outros já propõem cursos da Emater para os novos proprietários, etc.

Reivindicações

As reivindicações têm caráter diverso, algumas referem-se a problemas funcionais dentro de setores ligados ao ministério, outras solicitam a intervenção do governo para solucionar problemas que se encontram sem solução há muitos anos, a exemplo de um cidadão que precisa transferir o título da terra que está em nome do pai, já falecido.

As reivindicações de caráter coletivo estão freqüentemente ligadas ao assentamento e demarcação de terras. Uma missivista de Mangueirinha-

PR, numa longa carta de quatro páginas relata o sofrimento de 250 famílias que estão no acampamento dos sem-terra e se diz injustiçada pelo ITC local "... é muito triste ter seção de direito de 30 alqueires de terra e perder por mal determinamento do ITC que media a terra para os outros...". Prossegue afirmando que os assentamentos contemplam pessoas de outras localidades e nenhuma do município. "... Aonde tem mais ou menos 250 famílias sem terra ... aonde não tem sequer o pão para dar aos filhos que pedem quando estão com fome ... tem 105 famílias sem terra que invadiram a fazenda Imariba por motivo de revolta contra o ITC ... foi expulsa com armas de fogo ... era capaz de ter dado morte... obrigado a sair da terra para não perder a vida... se existe lei e justiça verdadeira dentro do Brasil espero que resolva este problema... que estamos esperando com a Reforma Agrária" (037).

Uma reivindicação também de natureza coletiva é proveniente de Altamira-PA e "diz respeito a uma usina que está parada e que gerou a prisão de um padre francês ... São ao todo mais de 600 famílias ... a safra deste ano está perdida. Sempre nos pediram calma, mas agora não dá para agüentar ... do contrário vai protestar novamente" (089043).

Constam ainda entre as reivindicações algumas referentes ao pagamento de terras desapropriadas, outras cobram do governo mais apoio a R.A., e algumas abordam assuntos diversos.

Favores e doações

A solicitação de favores e doações que apontam para a permanência de uma faceta do processo de clientelismo político está representada por 15 pedidos que representam 9% do cômputo geral das mensagens. Quase sempre através de cartas os pedidos referem-se na sua maioria à obtenção de terras, são solicitações de "terreno para produzir e trabalhar", "pedaço de terra para plantar", "um terreno de 150 a 200 alqueires", "uma ajuda para obtenção de terra", "... 2 hectares de terra para plantar", "... meio hectare de terra que se encontra desapropriado", etc.

De Cambuí-MG vem a solicitação de 30 milhões de cruzeiros para comprar um pedaço de terra e construir uma casa para morar. A missivista relata a perda de tudo em função de um financiamento no Banco e uma colheita mal-sucedida. "... O que meu marido ganha mal dá para o sustento de nossa família. Eu, Ana Maria, conto com a ajuda das autoridades. Por favor, acredite no que está escrito nesse pedaço de papel. Estou desesperada, não sei o que fazer, me ajude pelo amor de Deus".

Uma outra cidadã pede ainda que o presidente adquira suas terras para a R.A., "pois está idosa e deseja uma solução pacífica" para o problema da terra.

Os demais itens que são por ordem de freqüência informações (7%), reclamações diversas (7%), protesto pela maneira como vem sendo conduzida a R.A., (6%), e excesso burocrático (2%) sao menos expressivos no contexto geral.

Os protestos pela condução da Reforma Agrária partem de cidadãos e associações, que pretendem registrar sua posição considerando o bem-estar geral. A Federação das Associações Comerciais do Rio Grande do Sul – Associação Comercial de Porto Alegre "que representam 136 Associações Comerciais e Industriais no Estado" "... Condenam de forma veemente e com extrema preocupação o clima de violência que se está criando no País, em torno do problema da Reforma Agrária... A proposição ... é lírica, utópica e acirra os ânimos...".

Um cidadão "considera o projeto uma grande utopia" (17465). De Guaraí-GO outro cidadão assim se manifesta ... "me dirijo a V. Excia. para pedir que reflita bem sobre esse plano ... tenho 46 anos e vim para o norte de Goiás ... enfrentando buracos e atoleiros pelas estradas, malária e outras febres... por isso não acho justo no regime que se diz democrático as propostas de indenização..." (16688). As demonstrações favoráveis são mais tímidas e se manifestam na expectativa de concessão do Estado. "... E a Reforma Agrária, quando sai?"

Através da análise das mensagens ao "Fala Cidadão" percebe-se que o segmento da população que se manifestou não está desatento ao discurso governamental. Evidentemente ao considerar-se o conjunto da população brasileira e a magnitude do tema, as manifestações dirigidas ao Mirad são numericamente inexpressivas, principalmente se comparadas à quantidade de mensagens dirigidas a outros ministérios. Entretanto, o segmento da população que se pronunciou está atento à discussão da Reforma Agrária e já inicia o processo de atualização de seu discurso em função de nova política do PrND. Ao examinarem-se as denúncias de violências, observa-se que embora ainda estejam centradas nos interesses pessoais, são expressivamente mais freqüentes que os pedidos, favores e doações que caracterizam a patronagem e o clientelismo brasileiros. Essa ordem de manifestações (15%), ocorrendo de forma bem menos freqüente que a esperada, faz supor que a população se atualiza face as perspectivas abertas pelas novas diretrizes do PrND.

As reivindicações, por sua vez, são muito mais freqüentes que as reclamações contra o excesso burocrático, fato que reforça a idéia de que a desburocratização no sentido de racionalidade administrativa – marca do discurso anterior – não está entre as prioridades do cidadão que se manifesta ao Mirad, fazendo supor que a população está receptiva ao novo discurso.

Já no que se refere à nova concepção de cidadania organizada que a desburocratização procura motivar, não se evidenciou correspondência no meio social no caso específico da Reforma Agrária. Observa-se que as manifestações que utilizaram canais coletivos foram bem menos freqüentes que as manifestações individuais.

No âmbito total de manifestações 93% são feitas em caráter individual e apenas 7% são encaminhadas através de organizações e Associações de classe.

É provável que o novo PrND não tenha difundido suas idéias de forma a comunicar efetivamente seu novo direcionamento político, mas também é provável que os setores mais politizados das associações não considerem o PrND fórum privilegiado para esse tipo de debate, permanecendo vago um espaço a ser ocupado.

Finalizando a análise e considerando os limites deste trabalho pode-se concluir que o PrND atualizou o discurso liberal face à nova conjuntura política e à população, ao captar mudanças na política governamental, também inicia seu processo de atualização através de encaminhamentos que não mais se referem apenas a necessidade e carências emergenciais, mas a problema de natureza estrutural.

Após análise da dinâmica que se estabeleceu entre a população e o PrND, procurou-se avançar um pouco mais no sentido de visualizar a comunicação entre o PrND e o Ministério em questão.

Considerando o processo do "Fala Cidadão" em seu desenvolvimento global verifica-se que numa 1ª etapa o PrND motiva o cidadão a se manifestar. O cidadão responde ao estímulo escrevendo ou telefonando e a carta ou registro do telefonema é encaminhado pela Desburocratização ao Ministério afeto. Em aviso assinado pelo ministro de Estado extraordinário para a Desburocratização que faz referência a EM Nº 049/1985, aprovada pelo presidente da República é solicitado... "exame e possível solução dos assuntos especificados no material em anexo, cientificando diretamente ao interessado e enviando posteriormente a este PrND listagem contendo a síntese da resposta, com indicações do nº de referência." Na fase final do processo, o órgão competente toma as providências cabíveis e comunica ao cidadão e ao PrND sobre as medidas tomadas. A coordenação do Proejto "Fala Cidadão", por sua vez, elabora mensalmente um quadro cujos resultados divulgados em jornais de circulação nacional dão uma visão geral das questões encaminhadas aos diversos ministérios, destacando em três colunas as questões "enviadas", "respondidas" e "pendentes". No referido quadro, as questões encaminhadas ao Ministério da Reforma e Desenvolvimento Agrário totalizam em 31/12/85 134 mensagens, aparentemente nenhuma delas respondidas pois 134 é o número que ocupa a coluna "pendentes".

Em 1983, o ministro Hélio Beltrão já reconhecia a existência de áreas resistentes às iniciativas do programa, algumas recusando-se a cumprir os decretos, outras simplesmente ignorando-os. É provável que essa ordem de dificuldades persista na Nova República, fato que esclarece de alguma forma a luta do atual ministro pela continuação do programa a nível de ministério extraordinário.

4. CONSIDERAÇÕES FINAIS

O atual discurso do PrND trava uma luta ideológica com os setores mais conservadores da cena política brasileira, ao assumir os princípios liberais tal como formulados no novo programa.

O PrND da Nova República, articulado e coerente em torno de uma nova concepção de desburocratização e estímulo à cidadania organizada, é capaz de exercer uma certa atração sobre as demais camadas intelectuais propiciando à classe dirigente novas formas de legitimação.

Por ser marcadamente liberal, o PrND ao pressupor a neutralidade do Estado evidencia uma forma de pensar onde o Estado pode atuar como representante dos interesses gerais da sociedade exercendo a função de árbitro.

O novo discurso liberal já admite contradições internas, mas não vê que o Estado concentra "... não apenas a relação de forças entre funções e blocos no poder, mas também a relação entre estas e as classes dominadas." (Poulantzas, 1981: 162).

O novo discurso não aborda os conflitos de interesses, a contradição e luta de classes, e, ao estimular a manifestação de grupos e formas associativas em geral parece tentar o direcionamento de movimentos sociais que estão fora do controle do Estado. Em contrapartida, ao ampliar a comunicação e estimular o exercício da cidadania organizada, abre espaço à participação de setores antes marginalizados, espaço que poderá ser ocupado e ampliado no interesse das forças políticas emergentes.

Face às considerações feitas, é possível supor que o atual discurso do PrND:

> Tangencia as questões estruturais do país, ao descartar a dominação e a luta de classes.
>
> Fornece um discurso alternativo que poderá se constituir em novo bloco ideológico que, atualizado face à nova conjuntura política, seja capaz de colaborar efetivamente no processo de legitimação do Estado.
>
> Abre espaço às forças emergentes para que façam uso de participação e organização social de modo a manter o Estado sob controle, possibilitando dessa forma a educação política do cidadão.

Com futuro político incerto, o PrND poderá ser descartado ou retomado em função da articulação das correntes políticas e do interesse do Estado que poderá avaliá-lo dentro das seguintes alternativas:

1. retomar o discurso clientelista, paternalista da "Velha República";

2. enfatizar no discurso anterior apenas a parte referente à racionalização administrativa;

3. dinamizar a proposta liberal do novo PrND; e

4. considerar esvaziada a função ideológica da Desburocratização, partindo para novas formas de cooptação social.

Caso a opção do Estado se faça entre as 2 primeiras alternativas, é permitido supor que, na correlação de forças, prevaleça a corrente conservadora que exorciza inovações, mesmo que estas objetivem, em última análise, a atualização do discurso da classe dominante.

Qualquer que seja a alternativa encampada pelo Estado, cabe a reflexão: "O fenômeno espantoso e constante, de reviravoltas da política governamental, feita de acelerações e freadas, de recuos de hesitações, de permanentes mudanças, não é devido a uma incapacidade de qualquer maneira característica dos representantes e do alto pessoal burguês, mas é a expressão necessária da estrutura do Estado" (Poulantzas, 1981: 156).

BIBLIOGRAFIA

PrND 1985: "Desburocratização e Cidadania – Textos para Discussão"

- Desburocratização: ontem e hoje
- Municipalização
- Desburocratizar é Municipalizar
- Município e Pequeno Empreendimento, Participação e Autonomia
- Pequeno Empreendimento e Desburocratização
- Pobreza: São duas
- Participação como disfarce
- Participação e ajuda do Estado
- Organização da Sociedade Civil
- Estado e Cidadania e o Ministério da Desburocratização
- Desburocratização e Desenvolvimento Político
- Desburocratizar o Estado
- Direitos da vítima
- Ombudsman Caboclo
- Consumidor Desburocratizado

PrND 1985: Documentos Mimeografados

- Direitos da vítima
- Programa Nacional de Desburocratização: mesa-redonda sobre desregulamentação sócio-econômica
- A intervenção estatal em perspectiva histórica
- Desburocratização e Desregulamentação
- Razões de um trabalho com as formas organizadas da sociedade com vistas à Assembléia Nacional Constituinte
- Desburocratização Participante: Mutirão desburocratizante
- Desburocratização nos Estados e Municípios

PrND 1986: Diretrizes do PrND – Programa Nacional de Desburocratização – Ministro Paulo Lustosa

• Projeto "Fala Cidadão"
PrND 1985: Propostas, Ações e Resultados 1985
Portelli, Hugues – *Gramsci e o Bloco histórico;* Trad. Angelina Peralva, Paz e Terra, Rio 1977
Gramsci, Antônio – *Os intelectuais e a organização da cultura,* Edit. Civilização Brasileira, Rio, 1982
Centre for Contemporary Cultural Studies – Da ideologia – Zahar Edit., Rio, 1980
Schwartzman, Simon – *Bases do Autoritarismo Brasileiro,* Edit. Univ. de Brasília, 1982
OFF, Claus – *Problemas Estruturais do Estado Capitalista,* bil. Tempo Universitário, Rio, 1984
Chauí, Marilena – *Participando do debate sobre mulher e violência* – In: Perspectivas antropológicas da mulher, Zahar, Rio
Poulantzas, Nicos – *O Estado, o poder, o socialismo,* R.J. Graal, 1985
Dahrendorf, Ralf – *As classes e seus conflitos na sociedade industrial,* Edit. Univ. de Brasília, 1982
Crozier, Michel – *O fenômeno burocrático,* Edit. Univ. de Brasília, 1981
Durham, Eunice Ribeiro – *Movimentos Sociais – A construção da Cidadania,* Novos estudos CEBRAP, nº 10, 1984
Santos, Wanderley Guilherme dos – *Cidadania e justiça social,* Rio, Edit. Campus, 1979
Geertz, Clifford – *A interpretação das Culturas,* Rio, Zahar Edit. 1978
Marschall, T.H. – *Cidadania*, Classe Social e Status, Rio Zahar Edit. 1967.
Weber, Max – *Ensaios de Sociologia,* Rio, Zahar Edit., 1979
Peirano, Marisa – *Documentos e Identidade Social – reflexões sobre cidadania no Brasil* – Brasília – FUB, Série Antropologia Social – 30.
Tourraine, Alain – *O Pós-Socialismo,* Trad. Antônio M. Rollo, Porto – Portugal, 1981
Bakunin – *O Socialismo Libertário,* Global Editora, S. Paulo, 1979
Zatz, Inês G. – *O Governo, o povo e a Nação* (mimeo), CIS – Pós-grad. em Antropologia – 1983
Reis, Elisa M.P. – *Ruralismo e Cidadania* (mimeo), V. Encontro Anual da Assoc. Nac. de Pós-Graduação e Pesquisa em Ciência Social, 1981
Barthy, Aldayr B. – *Poder e Hegemonia,* FUB – CIS – Série S. Social, Brasília, 1981.

PREVIDÊNCIA SOCIAL E SOCIEDADE EM PERÍODO DE CRISE

*Vicente de Paula Faleiros**

* PhD em Sociologia, Universidade de Montreal, Quebec – Canadá; prof.: do Departamento de Serviço Social da UnB

1. INTRODUÇÃO

Neste trabalho pretendemos analisar as propostas das diferentes forças e grupos sociais, que têm interesses diretos ou indiretos na questão da previdência social, no período de 1979 a 1984. A escolha deste período não foi aleatória, pois representa um momento crítico da história da previdência social que manifestou o mais elevado déficit e assim chamou a atenção de toda a sociedade brasileira. O debate sobre a previdência – seu déficit e as alternativas de solução – passou pelos sindicatos urbanos e rurais, pelas associações comerciais, associações empresariais, universidades, associações profissionais, associações de saúde pública e privada, pelo Congresso Nacional e por vários ministérios. Tanto a sociedade como o Estado voltaram-se para o que foi então denominado "O Rombo da Previdência Social".

Nesse período o país atravessava uma profunda crise econômica, marcada pela inflação e pela recessão, atingindo-se níveis históricos no que diz respeito à inflação e à recessão. Os índices inflacionários ultrapassaram os 200% nos anos de 82, 83, 84 e 85 e a recessão pôde ser medida através da queda do produto nacional bruto em 5%, no ano de 1983 (Dornbusch, 1984: 44). Os professores Luiz Carlos Bresser Pereira e Yoshiaki Nakano (1984) consideram a nova inflação como resultante não de uma pressão da demanda, segundo o esquema keynesiano clássico, mas decorrente, de um lado, da presença das empresas monopolistas e oligopolistas na economia e, por outro lado, da própria política governamental, que articula as multinacionais e o próprio Estado.

O objetivo deste trabalho não é analisar esta crise econômica que mais afetou os países dependentes, mas compreender a questão previdenciária numa conjuntura recessiva de forte mobilização social e política. A política recessiva implica cortes nos gastos e a mobilização social exige ampliação de benefícios numa relação contraditória que aguça questões teóricas e práticas.

Do ponto de vista teórico, a expansão ou a redução dos benefícios e das políticas sociais tem perspectivas de análise. Por um lado, há aqueles que vinculam o desenvolvimento dos benefícios sociais às pressões dos grupos frente ao Estado, fazendo com que a própria dinâmica da previdência seja vista numa relação de pressão-resposta. Pressão de grupos mais ou menos fortes e organizados que, por isto mesmo, obteriam mais benefícios do próprio Estado no atendimento de seus interesses e respostas isoladas e pontuais do próprio Estado à pressão desses grupos.

Nesta linha de análise, situa-se o trabalho de Carmelo Mesa Lago (1978) que, de certa forma, é retomado por Ernesto Isuani (1984). Este autor destaca que os "benefícios recebidos e derivados da pressão exercida por esses grupos sobre o Estado, ou pelo interesse do Estado em promover ordem social ou apoio político, refletem as desigualdades existentes na sociedade como um todo" Isuani, 1984: 316). Segundo Isuani, os escalões mais altos são os que desfrutam de maior cobertura e benefícios mais amplos destacando que a previdência social se expande verticalmente com benefícios mais abrangentes e melhores para os setores mais cobertos deixando de lado o atendimento de setores ainda não protegidos. A ótica de Ernesto Isuani leva a mostrar que a expansão da previdência está ligada ao mercado formal de trabalho e que aqueles que estão fora desse mercado não têm acesso aos benefícios previdenciários, criando-se uma dificuldade estrutural ao desenvolvimento e à universalização da previdência social. Nesta perspectiva, aqueles que estão fora do mercado de trabalho logicamente ficariam fora dos benefícios da previdência e, num período de recessão, maior número de pessoas se vêem, pois, privadas dos benefícios pelo próprio fato da perda do emprego formal.

Esta análise deixa, no entanto, de considerar os aspectos estruturais mais profundos da relação Estado/sociedade e que vão além de uma simples inserção ou não no mercado de trabalho, ou pressões de grupos organizados que poderiam obter maiores benefícios frente ao Estado. A política previdenciária e de saúde, segundo Braga e Góes de Paula (1981), depende fundamentalmente do processo de valorização (Braga e Paula, 1981: 38-39) e de acumulação do capital, através de suas mudanças e das exigências de transformação técnica e social do processo de trabalho e da implantação de políticas como uma regulação do Estado para atender à própria produção de meios coletivos de consumo para responder às condições gerais da produção. Esta perspectiva retoma a ótica defendida por Lojkine (1981), que coloca os meios de consumo coletivo como indispensáveis para transformar o capital variável em salário e, portanto, em compra de mercadoria destinada ao consumo final. A política previdenciária se desenvolve de acordo com as mudanças no processo de acumulação de capital que vão introduzir a capitalização da própria medicina e dos serviços de saúde.

Na perspectiva de desenvolvimento do capitalismo e das mudanças do seu processo produtivo, de caráter técnico e organizacional, Cristina Possas (1981) destaca o movimento da intensificação da produtividade, da aceleração da produção que coloca novas exigências à saúde do trabalhador, fazendo com que a intervenção do cuidado médico e do sistema previdenciário consista em "recuperar o trabalhador para mantê-lo em condições de produtividade". Para a autora "não se trata de uma garantia de condições gerais de saúde do trabalhador mas de mantê-lo em condições mínimas de saúde para a produção, reduzindo o impacto do desgaste na produção sobre o organismo" (1981: 26). A ênfase colocada por Possas é na intervenção sobre a força de trabalho, a fim de que tenha condições de manutenção e de melhor produtividade, evitando-se interrupções, absenteísmos e promovendo-se a devolução mais rápida possível do trabalhador à produção. A própria acumulação capitalista, segundo a autora, encontra seus limites de expansão na garantia desse mínimo de eficácia social sobre a mercadoria força de trabalho, destacando-se o papel do empresário capitalista que estabelece um rígido controle de produtividade dos seus empregados, e o papel do Estado, que garante o acesso aos serviços médicos, tanto no sentido de reduzir tensões como de assegurar o mínimo de eficácia dos serviços prestados a determinados setores da classe trabalhadora.

No desenvolvimento do processo de produção capitalista, nesta perspectiva, como na anteriormente mencionada, destacam-se os determinantes econômicos fundamentais da expansão ou das modificações das políticas de saúde e de previdência social, enfatizando as modificações do processo produtivo e da divisão do trabalho, do processo de monopolização e de intervenção do capital no setor específico da saúde e das exigências do capital quanto à reprodução da força de trabalho. No entanto, há ênfases diferentes nas propostas de Góes de Paula e Braga e de Cristina Possas. A última considera como fundamental na questão da política de saúde a reposição de energia e da capacidade do próprio trabalhador, enquanto que Góes de Paula e Braga privilegiam a própria dinâmica do capital que penetra no setor de saúde levando a própria arrecadação previdenciária a servir às instituições privadas, segundo padrões de hospitalização, medicalização e tecnificação capitalistas na produção dos serviços e no consumo de medicamentos.

Numa perspectiva mais concreta, a dinâmica das modificações da previdência social também vem sendo analisada sob o ângulo conjuntural, ou seja, das forças políticas e das mudanças do bloco do poder, e dos processos de maior ou menor abertura ou fechamento do Estado. Amélia Cohn (1981: 232 ss.) considera que até 1960 a Previdência Social se constituiu como instrumento de capitalização de recursos, pelo Estado, retirados das classes assalariadas para investimentos em setores estratégicos da economia, na implantação do processo de industrialização do Brasil, no contexto dominado pela ditadura. A partir de 1950, no entanto, as classes assalariadas impõem-se com mais vigor, como uma força social no todo político, fazendo com que a Previdência se torne um mecanismo de mobilização e controle dessas classes, deixando de figurar como instrumento de captação de poupança, para assumir um significado maior ao nível político. Nesta ótica, a dinâmica da Previdência Social varia econômica e politicamente, de acordo a conjunturas e a própria força das classes assalariadas, fazendo com que esta questão sirva de instrumento ao Estado para fins diversificados, de acordo a própria dinâmia social.

Os serviços de saúde, segundo Paul Singer (1978), são uma forma de polícia médica para impor normas coletivas de conduta e, portanto, de controle social frente a ameaças à ordem estabelecida. Os programas de saúde mental, por exemplo, seriam formas de reprimir o comportamento não aceito socialmente.

Com efeito, podemos distinguir, nessas diferentes perspectivas, duas propostas fundamentais: uma que privilegia as determinações provenientes do movimento da valorização do capital, ou da reprodução da força do trabalho, exigida pelas mudanças no próprio capitalismo e, por outro lado, uma proposta mais "política", que enfatiza seja a conjuntura, seja o processo de mobilização e organização que represente uma ameaça à ordem social, vendo-se, então, a política social e a expansão dos benefícios como uma resposta a uma desordem social. Este aspecto da desordem como fator explicativo central do processo de expansão dos benefícios de assistência social foi delineado pelos autores Piven e Cloward (1972) destacando que não é suficiente a crise para que haja expansão dos benefícios da ajuda social americana, mas que haja desordem civil através da mobilização e ameaça à ordem estabelecida. Piven e Cloward lembram que os processos de adoção da ajuda resultam de manifestações políticas. Citam, por exemplo, que em 1500 a cidade de Lyon, na França, foi abalada por um movimento de camponeses e isto levou o município à adoção de uma política de ajuda, que, até então, ficava nas mãos da Igreja. Os autores recordam ainda o processo de ajuda, adotado na Inglaterra em 1536 quando a medicância atingiu um nível considerado ameaçador, sendo, outra vez, modificada e acentuada a ajuda, em 1572, por razões de agitação social. Mais recentemente, os autores analisam os processos de expansão da ajuda em 1930 e durante a agitação nos bairros negros nos Estados Unidos nos anos 60. A comprovação empírica desta hipótese está na própria análise das listas de assistidos sociais, que aumentam significativamente nas fases de crise e desordem, servindo à restauração da ordem e manutenção da moral do trabalho. A moral do trabalho está no fato de a assistência ser sempre inferior ao salário e também temporária.

Na perspectiva adotada neste artigo, como já venho expondo em trabalhos anteriores (Faleiros, 1980), o processo de expansão dos benefícios sociais situa-se numa perspectiva de articulação do econômico e do político, onde são vistos tanto os determinantes estruturais como o processo conjuntural e, fundamentalmente, na correlação de forças diante de determinadas questões políticas.

As forças sociais, que se mobilizam em torno de uma determinada questão política, não se formam como grupos autônomos, voluntários, destacados do contexto econômico e sim de acordo com a própria confrontação de interesses econômicos e políticos em cada conjuntura. As forças traduzem, portanto, na prática política, a própria dinâmica estrutural do processo econômico. Nesta linha de pensamento, o econômico e o político, a estrutura e a prática, as determinações fundamentais e o movimento conjuntural se entrelaçam numa história em que os atores manifestam um processo mais global e profundo. As forças sociais se definem a partir da estruturação das classes sociais. As forças manifestam, exprimem, a dinâmica da divisão da sociedade em classes, pois estas só se constituem no conflito de umas com outras. A força é um processo de mobilização, organização em torno de certos interesses que se constroem contraditoriamente no confronto com um adversário, ou com adversários definidos num conflito. Os conflitos fundamentais das classes dizem respeito seja à manutenção do bloco dominante, seja à sua derrubada pelo bloco dominado. Neste confronto de blocos de forças existem conflitos gerais, que dizem respeito ao fundamento da própria ordem capitalista, que é a manutenção da exploração da força de trabalho. No entanto, no cotidiano, esta exploração explode, se exprime, em múltiplas facetas e passa pelo dia-a-dia da vida do trabalhador e das inúmeras mediações exigidas para a sua sobrevivência e para a manutenção do sistema em seu conjunto. Os conflitos não são diretos e simples. O conflito de classes não coloca, sempre, frente a frente, burguesia e proletariado desnudados, claramente definidos, revestidos de consciência total de seus projetos políticos e econômicos. Os conflitos, na sociedade moderna, e na complexidade do capitalismo, são mediados por inúmeras organizações, posições, alianças, divisões, combinações que perpassam as relações sociais entre os atores. Nesse sentido, o bloco dominante não forma uma base sólida permanente mas manifesta divergências diante de cada questão, de cada litígio em jogo. Isto representa a diversidade de interesses estruturais existentes entre as frações industrial, comercial e financeira da própria burguesia e as divisões políticas que se traduzem na formação de organizações, partidos e alianças. Também no bloco dominado existem frações e camadas estruturalmente determinadas pela dinâmica do capital, e, por sua vez, pela formação de organizações fundadas nos projetos articulados por indivíduos e grupos que se unem diante de questões sociais coletivas e de propostas políticas para construir e direcionar uma aliança das próprias classes dominadas. No entanto, estas propostas dependem da própria desigualdade de forças dos diferentes blocos.

Esta desigualdade representa a própria assimetria estrutural das relações econômicas e de poder (Faleiros, 1985). Enquanto as classes dominantes detêm recursos capazes de rapidamente articular e mobilizar o seu bloco, as classes dominadas situam-se num terreno desfavorável em que seus recursos e meios são mais precários. No entanto, detêm o poder de ser maioria, e de, pela sua situação objetiva no processo de produção da riqueza, poder ameaçar a ordem capitalista.

Esta situação contraditória se reflete na própria política estatal que, apesar de se articular, a longo prazo, com os interesses dominantes, deve dar resposta às pressões sociais e às ameaças das classes dominadas. Estas respostas são processos mediados por mecanismos, recursos, organizações e estruturas de avanços e recuos num conjunto de pressões e contrapressões das forças em presença numa determinada conjuntura. O processo de implantação das políticas sociais não resulta, automaticamente, de uma pressão, não sendo, em si mesmo, conquista ou doação. Esta dicotomia com que muitas vezes são apresentadas as políticas sociais não reflete a complexidade estrutural das mediações, pois as conquistas para a classe trabalhadora podem tornar-se meios, mediações para uma detenção do próprio movimento das classes dominadas e tornar-se, ao contrário, um meio para avanço e abertura de processos que venham favorecê-las. Uma análise da correlação de forças não pode ser completa se não tiver em conta esta complexidade de relações e mediações que não são dadas numa divisão mecânica da sociedade entre fracos e fortes ou patrões e empregados.

Explicitando um pouco mais a perspectiva de análise que considera estrutura e conjuntura num processo complexo, é necessário ter em conta que as estratégias e as táticas definidas ou praticadas pelas forças sociais articulam interesses fundamentais dos blocos em presença, que refletem tanto as propostas mais amplas de sociedade como os interesses imediatos do dia-a-dia. Sob esse ângulo, há certa convergência de propostas do bloco dominante no sentido de se garantir, ao máximo, a manutenção do processo global de acumulação capitalista através da manutenção da força de trabalho ao nível mínimo necessário para sobreviver sem contestação. Esta garantia do mínimo não é, por sua vez, automática, decorrente de uma lógica implacável da produtividade, mas articulada a processos globais, econômicos e políticos. Do ponto de vista do bloco dominado, as exigências da política previdenciária e salarial se colocam no sentido de melhorar as condições de sobrevivência e manutenção da força de trabalho através dos salários e dos meios de vida, como habitação, saúde, educação, lazer, assistência, transporte. Esta sobrevivência no cotidiano envolve as relações com as organizações sociais, com as instituições estatais, empresariais, de trabalho e de consumo. O enfrentamento desse dia-a-dia se traduz na luta constante pela sobrevivência e através de mediações das organizações políticas e ações individuais que aparecem na cena pública ou se escondem nos recônditos dos empreendimentos particulares.

Neste texto, levamos em conta as intervenções que surgem na cena pública, isto é, que se traduzem em eventos políticos por meio de sua representatividade ou de sua intensidade na cena política institucional e pela importância que adquirem na mobilização de grupos e forças da sociedade civil. Sob o ponto de vista institucional, o problema previdenciário aparece, no discurso e nas práticas dos poderes Executivo e Legislativo, como uma questão de legitimação do poder diante da massa trabalhadora. Há muito a Previdência é um mecanismo importante de garantia de uma relação política importante do Estado com as classes trabalhadoras e mais ainda com as massas urbanas, pois significam o atendimento da sobrevivência do trabalhador no momento em que vem a perder sua capacidade de trabalho.

Diante das exigências do capitalismo monopolista, que coloca a produtividade e a capacidade de produção do trabalhador como condição de seu contrato, a perda dessa capacidade por doença, velhice, invalidez, acidente, ou por perturbações da vida pessoal e familiar como morte, casamento, nascimento colocam o trabalhador numa situação de impossibilidade de sobreviver, sem a garantia de uma renda. Se do lado da produção não há contrato sem a produtividade, do lado do consumo não há acesso aos bens e serviços sem dinheiro. E sem contrato, sem trabalho, não há dinheiro e, portanto, não há consumo. Sem vínculo que traduza renda não há acesso ao mercado e, portanto, não há sobrevivência, pois, no capitalismo, as condições e o acesso aos meios de subsistência dependem do mercado. O acesso ao mercado depende do ingresso em dinheiro e sem capacidade de trabalho não há contrato e, portanto, não há ingresso de dinheiro. A família já não pode garantir a todos os seus membros a sobrevivência, já que o trabalho não permite a renda suficiente para todos, principalmente quando há perda de capacidade de trabalho e sobrecarga financeira para a família. Nestas condições, a Previdência se situa como uma mediação da sobrevivência da classe trabalhadora em momentos mais críticos de sua trajetória pessoal e social, pois a perda da capacidade de trabalho implica mudanças nas relações, nas condições sociais de subsistência. Nesse sentido, a dinâmica das relações entre as classes trabalhadoras e o Estado implicam a garantia dessa sobrevivência que, por sua vez, é paga pelo próprio trabalhador ao Estado, através dos descontos, contribuições e impostos que se arrecadam em massa para uma distribuição intermediada pelo Estado nesses momentos críticos.

A ampliação dos benefícios (aposentadoria, pensão, auxílio-doença, auxílio-reclusão, auxílio-funeral, auxílio-natalidade, auxílio-maternidade, salário família, abono anual ao aposentado ou pensionista, pecúlio, renda vitalícia aos maiores de 70 anos) e sua concessão são fatores de legitimação do Estado diante da massa que deles necessita e que os demanda. As formas de organização de benefícios não podem ser garantidas a não ser por uma instituição estruturada em bases amplas já que o próprio capitalismo não garante a estabilidade do trabalhador. Como já analisamos (Faleiros, 1980, 1985), a Previdência é uma forma de socializar os custos desta manutenção e de retirar do âmbito da fábrica as reivindicações e conflitos referentes ao processo de reprodução da força de trabalho nos momentos em que está inserida na produção.

Ao mesmo tempo, o próprio capitalismo penetra nessa mediação da reprodução do poder de trabalho fora da produção e não fica exclusivamente nas mãos do setor público. As relações capitalistas se tornam presentes na produção dos serviços necessários à reprodução da força de trabalho quando incapacitada por doença, velhice, desemprego, usando-se não só a empresa de serviços mas as de intermediação financeira, para captar a poupança do trabalhador.

Os Ministérios da Previdência, do Trabalho, da Saúde, da Educação, por sua vez, são articulações políticas fundamentais das relações entre Estado e massas e Estado/empresas. Nesse caso, pelo repasse de recursos em troca de serviços. Diante do volume econômico, da importância política da reprodução da força de trabalho, os ministérios econômicos como a Seplan ou Secretaria de Planejamento e Ministério da Fazenda exercem forte poder de decisão sobre a questão.

No Legislativo, os partidos e deputados manifestam grande interesse nesse debate já que as relações e as conjunturas eleitorais são mediadas pelos mecanismos de troca de benefícios por votos. Esta forma, chamada de clientelismo, evidentemente, utiliza as promessas de favores previdenciários para conquistar o apoio de determinadas categorias de trabalhadores. Em levantamento realizado por mim na Câmara dos Deputados em junho de 1985, havia 1039 projetos de lei em tramitação, provenientes tanto dos deputados como dos senadores, a maioria deles dispondo sobre aposentadoria com proventos integrais, reduzindo o prazo de aposentadoria por tempo de serviço, estendendo o regime de previdência aos trabalhadores rurais, admitindo contagem recíproca de tempo de serviço para aposentadoria, ou estendendo benefícios a categorias especiais de trabalhadores como vendedores de jornal, enfim ampliando a gama de benefícios concedidos pela Previdência. Esta é a preocupação fundamental do Poder Legislativo. No entanto, as relações do Legislativo com o Executivo no período autoritário-militar se fazem sob o predomínio das propostas do Executivo, já que se trata de um regime baseado no comando centralizado e controlador do grupo militar/tecnocrático/empresarial governante. Os projetos oriundos do próprio Legislativo raramente têm condições de êxito sem o apoio do Poder Executivo. Este vai, por sua vez, atraindo a si o próprio Poder Legislativo, através da distribuição de favores, recursos e cargos. Não se pode descartar, entretanto, a importância destas propostas dos congressistas, e a estratégia predominante dos mesmos vai no sentido de ampliar benefícios às suas clientelas políticas.

No âmbito da sociedade civil, é fundamental destacar as propostas dos empresários, dos trabalhadores, fundamentalmente dos movimentos operários, das associações profissionais que intervêm no âmbito previdenciário, dos aposentados. Entre os empresários, é necessário distinguir os interesses específicos dos industriais, das companhias de seguros, dos bancos, dos donos de hospitais e das associações médicas de medicina de grupo. Entre os trabalhadores há interesses específicos dos urbanos diferentes dos rurais, em vista das próprias condições de trabalho de cada grupo.

2. METODOLOGIA

Tendo em vista o enfoque, o ângulo de análise acima definido no sentido de se correlacionar a dinâmica estrutural com a dinâmica conjuntural das forças que intervêm no âmbito previdenciário, é que nos propusemos a levantar as propostas de cada uma dessas forças e as relações existentes entre essas diferentes propostas, nas suas contradições e à medida que foram sendo definidas estratégica e taticamente no bojo da crise previdenciária que se manifesta no período de 1979 a 1985. Para pesquisar as diferentes posições e os seus relacionamentos utilizamos o levantamento de quatro tipos de fontes: 1) os documentos oficiais e públicos que podemos obter no Ministério da Previdência Social como folhetos, relatórios, algumas estatísticas; 2) os documentos específicos das entidades; 3) o *dossier* de imprensa relativo aos dados e notícias da Previdência Social no período de 1979 a 1985; e 4) os depoimentos na Comissão Parlamentar de Inquérito da Previdência Social. Utilizei-me dos arquivos preparados pelo Serviço de Documentação da Câmara dos Deputados que faz o recorte do noticiário dos principais jornais do país, classificando-os por assunto. Realizei uma análise deste *dossier* da imprensa transformando-o num fichário analítico, de acordo com as diferentes posições das forças que intervêm na questão de Previdência. Infelizmente, não me foi possível obter dados estatísticos da Previdência Social nesse período, de acordo a um pedido à Dataprev, considerando os altos custos exigidos por este organismo para fornecimento das informações.

Seguem-se os detalhes de alguns aspectos fundamentais da conjuntura para situar as propostas, as estratégias e táticas de cada força social relativamente à Previdência, num debate que envolveu interesses de toda a sociedade brasileira, seja de trabalhadores e empresários, seja do Governo.

3. A CONJUNTURA POLÍTICA

Para contextualizar o momento em foco, é necessário considerar que o período de 1979 a 1985 esteve marcado por dois grandes eventos eleitorais: o primeiro, em novembro de 1982, refere-se à eleição de deputados e governadores – estes, pela primeira vez em 19 anos – e o segundo refere-se à escolha do presidente da República através do Colégio Eleitoral em janeiro de 1985. Esta escolha, precedida de ampla mobilização nacional pelas eleições diretas, fez com que as massas afluíssem às praças e às ruas (grandes multidões de até de mais de um milhão de pessoas em certos casos), cobrando mudanças políticas. Nesta conjuntura, a estratégia do Governo se baseava na busca de legitimação, de aceitação política de um governo desgastado (Faleiros, 1985). Por isso não poderia implantar medidas que viessem a diminuir ostensivamente os benefícios concedidos pela Previdência Social. Ao contrário, em fases pré-eleitorais é estratégico e tático aumentar-se o quadro de benefícios, como aconteceu nas mudanças previdenciárias de 1960, quando foi aprovada a Lei Orgânica da Previdência Social (Lops). Em 1970, houve a introdução do Funrural e, em 1974, a introdução da renda vitalícia para os maiores de 70 anos. Nestas três conjunturas pré-eleitorais, a Previdência foi utilizada como um mecanismo de legitimação política do governo.

É necessário destacar, também, o Projeto de Lei nº 6, de 1973, que desemboca na Lei nº 5.890 e que amplia os benefícios, na perspectiva de maior legitimação do Governo diante das eleições de 1974. A própria exposição de motivos do Projeto nº 6 assinala que seu objetivo é "a universalização da Previdência no setor urbano e a modernização do atendimento" ampliando-se os benefícios mínimos a 60, 70 ou 90% do salário mínimo, assim como o teto da contribuição, e incluindo os trabalhadores autônomos na Previdência. Esta inclusão levava em conta a realidade da ampliação do mercado informal de trabalho no país e a impossibilidade de se atender, através da Previdência, um vasto setor do que dela ficava excluído. Os empregados domésticos também já haviam sido incluídos no âmbito previdenciário, com algumas restrições em termos de benefícios para não sobrecarregar as classes médias (por exemplo não pagam o FGTS).

A conjuntura eleitoral de 1982 colocava em jogo não só a eleição de um ou outro deputado ou governador, mas um plebiscito sobre o governo. Assim, este não poderia reduzir benefícios sob a pena de perder ainda mais votos da população. Nesse período, muitas das declarações de ministros contrariam várias propostas técnicas, insistindo, por exemplo, para que a aposentadoria por tempo de serviço não fosse eliminada. Um dos ministros da Previdência nessa administração, Jair Soares, aumenta enormemente o número de credenciamentos no setor médico do Rio Grande do Sul, como uma medida preparatória à sua eleição como governador daquele Estado. A própria dinâmica das relações entre os vários organismos estatais e entre vários setores do Estado levam em conta esta conjuntura eleitoral, que exige todo o cuidado de uma estratégia de longo prazo para que o governo não venha a se desgastar ainda mais aos olhos da população, já descontente com a política salarial e a política repressiva do governo militar.

4. CONJUNTURA ECONÔMICA

Como ficou assinalado logo no início deste trabalho, a conjuntura que caracteriza os anos 79-85 é a de um ciclo de crise, isto é, de recessão, desemprego, inflação e ociosidade da produção. A crise se caracteriza, por um lado, pela sobra de equipamentos, e, por outro, pela sobra de força de trabalho. De um lado, as máquinas estão ociosas e, de outro, os braços estão ociosos. Como assinala Frederico Mazzucchelli (1985:59), não é que o capital seja excessivo em relação às necessidades sociais; o excesso é relativo à própria valorização do capital, de modo que a sua supervalorização significa, única, e tão-somente, que o capital é excessivo a uma dada taxa de lucro. A superprodução tem lugar, segundo o próprio Marx, não porque os trabalhadores consumam relativamente poucas mercadorias ou os capitalistas produzam também pouco, senão porque de ambos há em demasia; não demasiado para o consumo, senão para se assegurar a relação correta entre o consumo e a valorização, demasiado para a valorização (Mazzucchelli, 1985: 59). Assim, a crise está vinculada à dinâmica do capital numa determinada taxa de lucro, quando a realização do lucro se torna inferior à prevalente e, por isso, o próprio capital deixa de produzir, já que a lógica interna dessa produção é sua acumulação e não o atendimento das necessidades sociais.

Como já assinalei, em trabalho recente (Faleiros, 1983), a crise não é um fenômeno estranho ao próprio capitalismo mas faz parte do seu desenvolvimento, e, no caso brasileiro, das relações existentes entre a periferia, os países subdesenvolvidos e o centro ou os países dominantes e desenvolvidos. A raiz da crise (Dowbor, 1981) está na relação imperialista dos países dominantes em relação aos países dominados, agudizando-se a reprodução da miséria na periferia capitalista que transfere produtos e rendas para os países dominantes. É nesse contexto que atua o Fundo Monetário Internacional para exigir dos países dominados o controle de seu consumo e sua produção que possibilite a sangria dos dominados para os países dominantes. As relações imperialistas é que levaram o terceiro mundo ao endividamento externo. A atual crise se manifesta em termos do pagamento dessa dívida. Para acertar com os credores, o Brasil deve submeter-se ao Fundo Monetário Internacional de tal forma que aceite seu programa recessivo e de arrocho salarial a fim de poder diminuir os gastos públicos e o consumo interno, o que é condição para o aumento das exportações e obtenção dos recursos necessários ao pagamento da dívida (Dornbusch, 1984, Brum, 1983, Biz e Girardi, 1984). Embora o ministro Hélio Beltrão declare (*Folha de S. Paulo*, 19-12-82, p. 45) que o FMI não interferirá na Previdência Social, assinalando que este não pode dizer que se deixe de aplicar nessa área, porque a Previdência Social é uma cobertura contra riscos e existe em todos os países. Segundo um colaborador de Delfim Netto, entretanto (*Correio Braziliense*, 4-12-84, p. 7), o déficit da Previdência tem sido um dos principais problemas da renegociação com o FMI, referindo-se, principalmente, à sétima carta de intenções, já que a política do Fundo é reduzir os gastos correntes e financeiros do Governo e toda a estratégia da Seplan é de cortar esses gastos.

Segundo Carlos von Doelinger (1982:105), os programas sociais que representavam 46% do dispêndio da União em 1977 representam pouco mais de 20% em 1982. Esta política de cortes nos programas sociais resulta das exigências de diminuição de gastos públicos, imposta pelo Fundo Monetário Internacional ao longo de todas as negociações com o Brasil, e que só foi formalmente aceita e claramente definida após as eleições de 1982. A conjuntura política adiou a ida formal do Brasil ao Fundo Monetário Internacional e o Governo retardou essa medida até 6 de janeiro de 1983, quando se assina a primeira carta de intenções com o FMI. Contudo, a política de cortes de gastos do setor social já havia sido praticada anteriormente. A dinâmica entre conjuntura política e conjuntura econômica faz com que as relações entre economia e política não sejam mecânicas, mas articuladas num processo bastante complexo.

As políticas salarial e previdenciária estão, assim, condicionadas à política eleitoral e à política econômica. Em 1979, o governo determina reajustes semestrais com 10% de ganho acima do INPC para quem receba até 3 salários mínimos (Lei nº 6.708), mas esta lei é rapidamente modificada após as eleições. Em 1979, ela contribui para conter o grande número de movimentos grevistas que pipocam no país a partir de 1978. O reajuste acima do Índice Nacional de Preços abrange também os beneficiários da Previdência Social. No entanto, como assinala João Sabóia (1985:37), não houve uma melhora real no salário mínimo, pois apenas os menores salários foram beneficiados, ocorrendo-se uma aproximação por baixo entre o maior e o menor salário mínimo. Enfim, para o trabalhador, os reajustes sofreram, também, o impacto do grande aumento inflacionário, principalmente dos preços dos alimentos. O custo da ração essencial fixada em 1940 passou de 54,7% do salário mínimo em 1972 a 83,6% em 1983.

Em dezembro de 1980, o Governo reduz, através da Lei nº 6.886, os salários dos que ganham de 15 a 20 salários mínimos. É em 1983, contudo, que o arrocho salarial se faz mais contundente, em primeiro lugar, cortando-se os 10% adicionais para quem ganhava até 3 salários mínimos, através do Decreto-lei nº 2.012, de fevereiro. Reduzem-se os reajustes a 100% do INPC para a faixa de até 3 salários mínimos, a 95% do INPC para quem ganhe de 3 a 7 salários mínimos, a 80% do INPC para a faixa de 7 a 15, e a 50% para as faixas superiores. Em junho de 83, o Decreto nº 2.024 concede 100% do INPC a quem ganhe até 7 salários mínimos, mas o Decreto-lei nº 2.045, de agosto de 83, reduz a 80% do INPC todos os aumentos salariais. Este arrocho atinge, também, os benefícios da Previdência Social e, portanto, os aumentos das aposentadorias, das pensões e de outros benefícios. Somente de maio de 83 a maio de 85 há uma perda de 17% do valor real dos salários, e também no valor real dos benefícios.

A política de cortes dos benefícios não se faz ostensivamente no que diz respeito à Previdência Social. O Governo utliza o ano de 1983 para realizar este arrocho, justamente por ser o intermediário entre as duas eleições, a de 1982 e a de janeiro de 1985. Entre 82/83, houve aumento no quantitativo de aposentadorias (10,68%) e pensões (6,68%) e queda nos demais benefícios, chegando-se a –7,07% na renda vitalícia, segundo dados da Previdência. As internações caíram de 13.070.882 para 12.071.162 (Stephanes, 1984: 131 e 151). A legitimação do governo estando em jogo, há variações da própria política social conforme a conjuntura eleitoral, e o arrocho salarial e previdenciário atinge as faixas salariais mais altas. Ele é acompanhado de cortes de gastos na assistência médica, o que constitui a estratégia fundamental do Ministério do Planejamento em relação à Previdência Social, no período de crise.

Ao mesmo tempo em que corta os gastos sociais, o Governo busca aumentar as contribuições ou a arrecadação para diminuir o déficit público. Esta é a jogada mais aparente do Governo em relação à Previdência Social, já em 1981, com o decreto do aumento das contribuições. Se a conjuntura política impediu que houvesse um corte ostensivo nos benefícios, a conjuntura econômica colocou em questão um aumento das contribuições para a redução do déficit público. Um novo "imposto social" foi instituído através do Decreto-lei n.º 1.940, de 25 de maio de 1982, que impõe uma contribuição social de 0,5% incidente sobre a receita bruta das empresas e denominado de Finsocial para "custear investimentos de caráter assistencial em alimentação, habitação, saúde, educação e amparo ao pequeno produtor", segundo a própria legislação. O aumento de 25% na contribuição à Previdência Social é uma tática vinculada à estratégia geral de diminuição do déficit público de acordo com as exigências do Fundo Monetário Internacional. Conforme declaração de representantes do Fundo, não haveria acordo do FMI com o Brasil sem lei salarial (Aguiar, Arruda e Flores, 1983: 61).

A política de arrocho salarial do Executivo tem grande resistência no Congresso Nacional que rejeita o Decreto-lei n.º 2.024, em 15 de agosto, assim como os decretos que limitam a remuneração dos funcionários das estatais (n.º 2.036), o que altera o cálculo da correção monetária sobre as contribuições previdenciárias (n.º 2.039) e o que permite a inclusão da declaração de renda de valores não declarados anteriormente, desde que depositados em cadernetas de poupança ou empregados em obrigações do tesouro até 30.10 (n.º 2.040). Finalmente, o Congresso derruba o Decreto n.º 2.045. O Governo, a 18 de outubro, impõe "medidas de emergência" para intimidar os congressistas e controlar a população levando à aprovação de novo decreto pelo Congresso. Com tropas militares no Distrito Federal e acordos do PDS com o PTB, o Governo consegue impor o Decreto n.º 2.065 que reduz o reajuste salarial de acordo com a faixa dos salários. Concede, no entanto, 100% àqueles que ganham até 3 salários mínimos.

Através do Decreto n.º 2.065, somente a partir de 1988 é que se poderá estabelecer uma livre negociação salarial, promovendo-se uma modificação nos reajustes em cada ano. De 85 a 86, os salários superiores passariam a ser reajustados em 80% do INPC, permitindo-se uma negociação acima deste reajuste. No entanto, as pressões sociais aumentam, em 1985, e muitas categorias conseguem um reajuste real acima do INPC. O próprio salário mínimo tem um reajuste de 12% acima desse índice, não se perdendo de vista a inflação de 232% em 1985. Nesse ano a economia brasileira cresce a uma taxa de 8%, o que permite, também, mudanças no déficit previdenciário, que, segundo declarações do próprio ministro da Previdência, teria sido zerado e superado com um saldo positivo de 4 trilhões de cruzeiros (*Folha de S. Paulo*, 10-1-1985).

A relação entre a conjuntura econômica e a conjuntura política é, pois, fundamental para se entender a dinâmica da relação de forças relativas à questão da Previdência Social. Muitas das lutas sociais giram em torno de reivindicações por benefícios ou de reivindicações salariais de trabalhadores, inclusive da própria Previdência, e que sofrem o arrocho. Há manifestações de protestos contra o aumento das contribuições. Ao mesmo tempo o Governo deve reagir ao movimento e colocar frente ao momento político as exigências de cortes dos gastos públicos, estabelecidos pela política econômica vinculada ao FMI e ao pagamento da dívida externa brasileira que, em 1984, atinge 100 bilhões e 813 milhões de dólares. A seguir, analiso as posições das diferentes forças sociais nesta conjuntura, colocando em primeiro lugar as diferentes propostas dos setores estatais.

5. FORÇAS SOCIAIS E PROPOSTAS PARA A PREVIDÊNCIA SOCIAL: OS MINISTROS DA PREVIDÊNCIA SOCIAL

Durante o governo do presidente João Figueiredo, houve três ministros da Previdência Social: Jair Soares, dentista gaúcho, ex-secretário de Saúde do Rio Grande do Sul que ocupa o posto desde o início do governo, de março de 1979 a maio de 1982, quando sai para disputar as eleições de governador do Rio Grande do Sul. De maio de 1982 a 15 de novembro de 1983, está como ministro da Previdência Social o empresário Hélio Beltrão, ex-ministro da Desburocratização. Já ocupara vários cargos públicos, inclusive o de ministro do governo Costa e Silva, quando assinou os Atos Institucionais, inclusive o de nº 5. O coronel Jarbas Passarinho, que era seu colega no governo Costa e Silva, vem substituí-lo no Ministério da Previdência Social até o término do governo Figueiredo, em março de 1985. Nesta data, assume o posto o jurista Waldir Pires, ex-consultor geral da República no governo João Goulart e candidato derrotado no Governo da Bahia, em 1962, e ao Senado em 1982, e que teve seus direitos políticos cassados.

Jair Soares

As propostas dos diferentes ministros variam de acordo com as conjunturas, tendo-se em vista o processo eleitoral e a política econômica. O ministro Jair Soares (*O Globo*, 5-8-79) visita filas do Inamps e considera a Previdência Social como "um fator de distribuição de riquezas e paz social", propondo uma política de saúde preventiva denominada

Prev-Saúde para tornar-se uma porta de entrada do segurado no sistema previdenciário. Não vem, entretanto, contrariar os interesses privados, pois o próprio ministro declara que "temos no país 4.000 hospitais privados enquanto que os públicos não chegam a 200" (*Gazeta Mercantil*, 31-3-81, p. 3). Manifesta sua posição contrária ao aumento das contribuições previdenciárias por considerá-lo inflacionário e propõe a criação de fundos de reserva para evitar saques em vermelho (*Jornal do Brasil*, 26-6-81), exigindo que a União pague os 50 bilhões de cruzeiros que deve à Previdência Social. Ao mesmo tempo, Jair leva para a sua assessoria 21 assessores gaúchos, chamados de 21 famílias (*Veja*, 29-7-81, p. 21) e desenvolve uma política de credenciamentos que favorece, primordialmente, os médicos gaúchos, principalmente no final do seu mandato no Ministério.

Para diminuir o déficit da Previdência, Jair Soares estabelece novos prazos aos devedores para o pagamento da sua dívida e até admite privatizar o setor de saúde da Previdência (*Jornal do Brasil*, 16-8-81). Sob a pressão dos empresários e em acordo com eles, retira um projeto que isenta as empresas de juros de mora (*Estado de S. Paulo*, 29-8-81) para novas reformulações.

O ministro fala muito em público de várias propostas para resolver o déficit da Previdência e afirma, alarmante, que se medidas não forem tomadas em 1981 teremos 8,5 milhões de pessoas sem receber auxílios, porque os bancos não terão mais dinheiro para pagar (*O Globo*, 3-8-81, p. 14). Apesar de todas essas declarações do ministro, ele termina por lançar para a opinião pública, em 5-8-81, a possibilidade de aumento das contribuições previdenciárias e até o estabelecimento de um limite de idade de 60 anos para se aposentar, mas pronuncia-se contra a privatização, por inexeqüível e danosa (*Jornal do Brasil*, 9-8-81). Assinala que a cobrança da assistência médica é defendida pela Seplan, mas se torna difícil (*Correio Braziliense*, 16-8-81). A estratégia do ministro Jair Soares é de, ao mesmo tempo, conter gasto e aumentar a arrecadação através de mudanças nos mecanismos internos do INPS ou pelo acionamento de mecanismos já existentes. Em 31-3-79 (*Jornal do Brasil*, p. 7), Jair levanta a idéia de criar um sistema paralelo de cobrança para aumentar a arrecadação, embora afirme que isto seja apenas estudo e possibilidade. Em 15 de abril de 1979 (*Estado de S. Paulo*, p. 24), Jair assinala que a dívida ativa da Previdência se encontra em torno de 7 trilhões, 609 milhões e 576 mil cruzeiros e que será enfrentada através de medidas drásticas, como a venda da Companhia Federal de Seguros, venda de imóveis, suspensão de gastos supérfluos e de todo o tipo de contratação e credenciamento, a partir de uma fiscalização rigorosa e não parcelamento de dívidas atrasadas, assim como pela dispensa de todas as empresas de *leasing* e de funcionários sem funções.

Este duplo movimento de corte de despesas e de aumento de arrecadação anunciado pelo ministro efetiva-se, apenas, através da cobrança de dívidas aos credores da Previdência. Em setembro de 1979, o Governo publica uma lista de devedores da Previdência Social (*Estado de S. Paulo*, 26-9-79) incluindo empresas públicas e privadas, assim como vários jornais, como a *Tribuna de Imprensa* e a *Folha de S. Paulo*. O ministro assinala que várias tentativas de acordo com os credores foram feitas nos vários Estados. Em seu pronunciamento na Câmara dos Deputados (A Previdência Social – Exposição perante a Câmara, em 22-6-81 – Coordenadoria de Comunicação Social, Brasília, p. 31), Jair Soares diz que a Previdência tem no seu cadastro 2.198.235 empresas e, destas, 63.000 estão em débito, sendo que a dívida total é de 16 bilhões. As empresas estariam sendo acionadas em duas instâncias: a administrativa com débitos no valor de Cr$ 8.800.546.460 e na fase judiciária com débitos no valor de Cr$ 7.855.329.882. Estariam sendo cobrados, também, órgãos federais e municipais, assim como entidades esportivas. Além disso, o ministro assinala estar desenvolvendo uma campanha contra as fraudes da Previdência. Indica que somente nas aposentadorias cerca de Cr$ 1.300.000 já deixaram de sair dos cofres previdenciários. Fala que hospitais que cobravam por serviços não prestados foram punidos e descredenciados. Na área de acidentes do trabalho está economizando Cr$ 1.800.000.000 que deixaram de fluir dos cofres da Previdência. Conta que 8.500.000 benefícios estão sendo reestudados, manipulados um por um. O ministro assinala que três servidores da Previdência foram assassinados na agência da Penha, em São Paulo, sem que a polícia federal tenha apurado os verdadeiros culpados, o que demonstraria o seu combate às fraudes.

Em relação aos cortes de gastos, o ministro declara que está tentando implantar um novo sistema de autorização de internação hospitalar (AIH) em Curitiba que substitua as US – Unidades de Serviços – e apresenta uma nova tabela para corte nos gastos hospitalares. Introduz o controle da arrecadação por computação. Altera, também, a tabela de contribuição dos autônomos.

Em 11-5-81, o ministro já havia parcelado em até 4 vezes as dívidas para com a Previdência, além de tentar cobrar da União 99 bilhões que lhe são devidos, e em seu pronunciamento na Câmara dos Deputados (p. 27), Jair Soares afirma que Delfim Netto se havia proposto a pagar 50 bilhões à Previdência.

Soares fala, também, da implantação do Prev-Saúde para ampliar o atendimento médico ambulatorial. No entanto, esta tática ainda fica predominantemente no âmbito do discurso, já que o próprio Prev-Saúde passa por várias modificações desde que foi lançado em julho de 80 pelos Ministérios da Saúde, da Previdência e Assistência Social, do Interior e pela Seplan. Até setembro de 81, duas novas versões do programa vieram à luz, segundo Jaime de Oliveira (1981:11). O programa é considerado inviável por chocar-se com fortes interesses econômicos das empresas de saúde e também por ser considerado inviável na estrutura social brasileira de saúde.

É em setembro de 1981 que o Governo lança um dos mais polêmicos projetos de mudança da Previdência após um grande atrito entre as propostas do ministro Jair Soares e do ministro Delfim Netto e que são levadas ao arbítrio do Gabinete Civil do próprio presidente da República. Este vem à televisão anunciar as mudanças na Previdência Social. As diferenças entre Delfim Netto e Jair Soares dizem respeito ao corte dos 10% acima do INPC que vinham ganhando os assalariados e as outras medidas de aumento de arrecadação. A Seplan estimula novas fórmulas de arrecadação, enquanto que Jair insiste nos cortes de gastos, aceitando até a autonomia do Inamps (*Folha de S. Paulo*, 8-8-81, p. 21).

O presidente Figueiredo já havia enviado, em maio, um Projeto de Lei que reduzia substancialmente o valor dos benefícios e pensões pagos pelo INPS como aposentadorias, pensões e auxílios-doença e que obteve uma resposta negativa do próprio PDS. Em 27-10-81, o presidente envia a Mensagem nº 337 ao Congresso Nacional alterando, como diz a própria Exposição de Motivos, "substancialmente a legislação previdenciária", propondo que sejam cortados os reajustes de 10% acima do INPC para os que ganham até 3 salários mínimos e punindo os aposentados que voltam ao trabalho com uma redução de 75% na pensão e de 80% na aposentadoria caso se tenham aposentado proporcionalmente. Segundo a Previdência, 80% dos aposentados estão na ativa.

A tática de punição dos aposentados vem reduzir o número dos aposentados que querem trabalhar, já que não afetaria aqueles que já estivessem no trabalho. O Governo propõe que a aposentadoria seja paga relativamente até o desligamento do empregado da empresa, sendo que este terá 180 dias para requerer aposentadoria após o seu desligamento. Propõe-se, também, o aumento de teto de contribuição que passa de 15,5 para 20 salários mínimos, o que traria, segundo a Seplan, uma elevação de receita para a Previdência Social. Esta é a medida que mais afeta a folha salarial das empresas. Os orçamentos de saúde previdenciária serão fixados pelo Conasp, em decretos presidenciais, para conter despesas hospitalares.

Esta mensagem recebe reações contundentes e diversas no Congresso Nacional, provocando um amplo debate que leva à aprovação da Lei nº 6.950, de 4-11-81, surgida de um acordo entre as diversas forças do Parlamento e que modifica profundamente a proposta do Executivo. Conforme a nova lei, vêm constituir fontes de receita da Previdência 20% de impostos sobre o preço da comercialização final de bens considerados supérfluos em ato do Poder Executivo. Estabelece-se um prazo de carência de 3 meses para que o segurado comece a usufruir da assistência médica, excetuados casos de acidentes de trabalho. A aposentadoria será a partir da data do comprovado desligamento do emprego, aumentando-se, também, o teto de contribuição de 15,5 para 20 vezes o maior salário mínimo do país. Não se altera, contudo, os 10% concedidos aos que ganham até 3 salários mínimos. Posteriormente, o Governo propõe a lista dos supérfluos incluindo refrigerantes, uísques, automóveis, numa lista bastante variada.

A reação do Congresso Nacional significa uma derrota para as propostas da Seplan e o presidente Figueiredo contra-ataca vindo novamente à televisão anunciar o Decreto-lei nº 1.910, de 29-12-81, denominado "pacote da Previdência Social". A proposta foi articulada no Gabinete Civil, chefiado pelo general Golbery do Couto e Silva. Segundo a revista Veja (6-1-82, p. 25), "tanto Golbery quanto Delfim não escondiam que consideravam Soares inepto para o exercício do cargo e o próprio ministro Delfim considerava que o INPS "criou um rombo tão grande que nele cabe o Brasil".

No citado pacote de final de ano, o presidente propõe que haja um aumento de alíquotas de contribuições dos segurados e das empresas para custeio da Previdência, sendo elevadas de 8 a 10% para as empresas. No tocante aos segurados, há faixas de incidência do aumento. Ele foi para 8,5% para os segurados cujos salários forem inferiores a 3 vezes o salário mínimo. Atinge 8,75% para a faixa de 3 a 5, e eleva-se a 9% para a faixa de 5 a 10, a 9,5% para a faixa de 10 a 15, e a 10% para a faixa superior a 15 vezes o salário mínimo. O Governo ainda introduz uma contribuição de 3% para os aposentados, cujo benefício chegue a 3 vezes o salário mínimo, de 3,5 na faixa de 3 a 5, de 4% na faixa de 5 a 10, de 4,5 na faixa de 10 a 15, e de 5% na faixa superior a 15 salários mínimos. Os pensionistas terão desconto de 3% nos respectivos benefícios.

Além disso, através do Decreto nº 86.805, o Governo estabelece a lista de produtos considerados supérfluos e pelo Decreto nº 86.328 institui, no âmbito do Ministério da Previdência e Assistência Social, o Conselho Consultivo da Administração de Saúde Previdenciária – Conasp – com representantes dos Ministérios da Previdência, Saúde, Trabalho, Educação, Fazenda, Planejamento, Desburocratização, da CNI, da CNC, da CNA, da CNTI, CNTC, Contag e do Conselho Federal de Medicina, para opinar sobre a organização da assistência médica, sugerir critérios de alocação de recursos, recomendar adoção de modalidades de financiamento de assistência à saúde e analisar e avaliar a operação e o sistema de controle da assistência médica. A implantação do Conasp deu-se em 3-9-81, mas foi regulamentada em 22-12-81. O Decreto-lei nº 1.910 deveria levar para a Previdência Social, em 1982, cerca de 2,2 bilhões de dólares adicionais. Esse aumento de contribuições fora preparado pelo anúncio, por parte do ministro Delfim Netto, de um déficit de 200 bilhões de cruzeiros na Previdência Social que o ministro Jair Soares fez recuar para 64 bilhões quando viu sua administração criticada (*Veja*, 6-2-82, p. 22).

Além das medidas referentes à assistência médica e ao aumento de contribuições, o Governo estabelece a emissão de 180 bilhões de cruzeiros em Obrigações Reajustáveis do Tesouro Nacional por meio das quais a Previdência pagará a dívida acumulada junto aos bancos privados. Esta decisão recebe a desaprovação dos banqueiros que acusam o Governo de casuísta, pois as ORTNs só poderão ser resgatadas daqui a 5, 6 ou 7 anos, pagando-se correção monetária anual de apenas 60% com juros semestrais de 5%, bastante inferiores às ORTNs normais.

Este pacote da Previdência Social é anunciado justamente no final do ano e surpreende a própria sociedade já que havia sido aprovada, em novembro, a Lei nº 6.950. Ele é visto como um novo imposto sobre a sociedade para cobrir o déficit não só da Previdência, mas o déficit público em geral.

Sabendo que o ano seguinte seria ano eleitoral, o Governo agiu rapidamente para minimizar as conseqüências de um tal pacote às vésperas das eleições. Quando o Governo decide mexer nos benefícios, através dos projetos de maio e outubro, surge uma forte reação do Congresso Nacional. Esta reação obriga o Executivo a recuar, tanto num como noutro projeto. Sua contraproposta vem por via autoritária, através do instituto do decreto-lei, com aprovação por decurso de prazo.

Na perspectiva de racionalização tecnocrática, implanta-se no Ministério da Previdência a Secretaria de Assistência Social, que passa a coordenar e controlar as atividades da LBA e Funabem, assim como certos programas especiais, além de promover ações diretas de coordenação do atendimento nas áreas urbanas e rurais, estabelecendo políticas de ação conjunta para os serviços assistenciais (*Estado de S. Paulo*, 6-6-81). Esta Secretaria, assim como a criação do Conasp, mostra a face tecnocrática da orientação governamental, no bojo da própria crise, que exige a integração das ações do Governo Federal, Estadual e Municipal, já que o paralelismo das instituições de saúde e mesmo de previdência é uma das características da intervenção pública brasileira. Para uma mesma finalidade, ou um mesmo objetivo, criam-se vários órgãos paralelos dentro do mesmo nível do governo e, mais ainda, quando se comparam níveis diferentes. Ao invés, no entanto, de desmontar esse paralelismo, o Governo tenta coordenar, ao menos, alguns dos esforços que são desenvolvidos em áreas semelhantes.

Mais especificamente em relação aos empresários, o Governo reduz áreas de atrito e articula o diálogo. Através da Lei nº 6.944, de setembro de 81, parcelam-se os débitos previdenciários das empresas. Ao mesmo tempo, o Governo tenta aumentar os recursos para o custeio da Previdência através da utilização das arrecadações que vão para o Sesi/Senai e Sesc/Senac. Em fevereiro de 81, o Executivo propõe que a arrecadação do Sesi e do Sesc seja destinada e administrada pela própria Previdência, mas diante da forte reação dos próprios empresários, através do Decreto nº 1.867, de 29-3-81, revoga-se a proposição anterior, ficando sob a administração dos organismos patronais a arrecadação até 10 vezes o Máximo Valor de Referência (MVR) e o montante acima dessa arrecadação, até 20 vezes o salário de contribuição, deve ir para o Ministério da Previdência e Assistência Social. Isto afeta em maior medida as empresas médias e aumenta para aquelas que pagam maiores salários. O aumento da arrecadação necessita de várias articulações com as forças sociais, pois tanto banqueiros como empresários, donos de hospitais, pressionam o Governo para que não intervenha nem no lucro dos primeiros, nem na contribuição dos segundos, nem nos serviços dos terceiros.

Ao final de seu mandato como ministro da Previdência, Jair Soares autoriza grande número de credenciamentos para médicos gaúchos, já que pretende ser candidato ao Governo do Rio Grande do Sul e é substituído pelo ministro da Desburocratização, Hélio Beltrão, cujas propostas a seguir são vistas.

Hélio Beltrão

A ação de Hélio Beltrão à frente do Ministério da Previdência e Assistência Social ficou marcada por intervenções espetaculares tanto na sua posse, como no seu afastamento. Quando nomeado, no início de maio de 82, Beltrão encontra-se nos Estados Unidos e de lá mesmo envia um telex à Presidência do Inamps determinando que as Superintendências Regionais sustem, até posterior deliberação, todos os credenciamentos autorizados pelo ex-ministro Jair Soares nos últimos dias em que esteve no cargo, para posterior deliberação. E, segundo informações de *O Estado de S. Paulo*, 16-5-82 p. 33, o número de credenciamentos nos quatro primeiros meses de 82 chegou a 11.500 e serão avaliados pela nova administração. Esta ação espetacular dá a Beltrão uma imagem de credibilidade e moralização. No seu afastamento, como veremos a seguir, Beltrão lança uma carta de resposta ao ministro Delfim Netto discordando de sua política econômica. Nesse momento Beltrão já está com um pé na dissidência do PDS, que se cristalizará posteriormente, contribuindo para a formação da Aliança Democrática que apóia Tancredo Neves/José Sarney à Presidência e Vice-Presidência da República, respectivamente.

Beltrão define-se como humanista e defensor dos direitos do cidadão aos benefícios sociais. Propõe a consolidação de uma rede primária de assistência e sua descentralização, prometendo não transigir com falhas e fraudes e eliminar as filas na Previdência, combatendo seu gigantismo (*Folha de S. Paulo*, 6-6-82, p. 35). Segundo Beltrão, a dívida para com os bancos teria sido paga havendo até superávit a favor da Previdência.

No que tange aos serviços médicos, o ministro estabelece novos parâmetros de assistência e a Resolução 26 do Conasp, que controla esse setor, leva a grandes reações dos hospitais, que chegam a paralisar o atendimento público. Para Hélio Beltrão isto configura um crime e critica o fato de um hospital ter 200 leitos e estar faturando como se tivesse 600 ou 700 e apóia o plano de reorientação do Conasp (*Folha de S. Paulo*, 19-12-82, p. 45). Promete utilizar a Central de Medicamentos para apoio à indústria nacional, já que considera que o grosso da indústria farmacêutica está nas mãos de estrangeiros, mas afirma que se deve iniciar o processo de presença nacional no setor através de uma relação nacional de medicamentos essenciais chamada Rename (*Folha de S. Paulo*, 19-12-82, p. 45).

O ministro nega, peremptoriamente, mudanças na aposentadoria e chama de boatos o fato de se levantar a possível queda do sistema de aposentadoria por tempo de serviço (*Folha de S. Paulo*, 20-7-82, p. 18). Chega a atribuir a crise da Previdência aos credenciamentos anteriores (*Folha de S. Paulo*, 22-5-82).

A estratégia de Beltrão se inscreve no contexto eleitoral de 82, difundindo imagem moralizante e defendendo os benefícios existentes além de buscar dar prioridade aos hospitais próprios do Inamps (*Folha de S. Paulo*, 21-7-82). Nova portaria (20-7-82) nesse sentido determina as contratações de serviços conforme uma escala de prioridades: governo, entidades assistenciais, entidades sindicais e outros.

Em 14-11-83, Beltrão pede demissão discordando da política recessiva de Delfim Netto e afirmando que se demite porque reitera sua política de apoio à descentralização. Assinala que a União ainda tem dívidas para com a Previdência. Em resposta pública a Beltrão a Seplan nota que o cerne da questão está no crescimento das despesas com benefícios a uma taxa real de 10% ao ano, enquanto que a receita cresce a uma taxa real mínima de 3%, citando cálculos do Ipea (*Estado de S. Paulo*, 14-11-83). Beltrão declara, também, a participantes de um congresso em Santa Catarina que é um presidenciável, fazendo críticas ao Governo que serviu (idem). Para substituí-lo, o presidente Figueiredo nomeia o ex-ministro do Trabalho e Previdência Social, e da Educação, e ex-senador pelo Pará, Coronel Jarbas Passarinho.

Jarbas Passarinho

Na ocasião de um Encontro Nacional dos órgãos da Previdência Social, logo após sua posse em novembro de 83, Passarinho faz a vinculação entre a questão da Previdência e a segurança nacional, já que "a convulsão social advinda da falência da Previdência seria de tal ordem que não haveria governo que na hora mais difícil não se sentisse tentado a imprimir papel como dinheiro e entregá-lo à Previdência" (Previdência Social: É preciso repensar, Brasília, MPAS, 1984, p. 7). Enquanto Hélio Beltrão apresentava uma imagem da Previdência vinculada aos direitos do cidadão, Passarinho coloca a questão como sendo de segurança nacional, isto é, vinculada às exigências de manutenção da ordem social.

A estratégia de eliminação do déficit para Jarbas Passarinho passa pela retomada do processo de corte de despesas, mas, principalmente, pelo aumento de arrecadação. Como manifesta no encontro acima e em depoimento feito no Senado Federal, em 24-5-84 (MPAS, outubro, 1984), sua tática é de compensar as perdas de arrecadação da Previdência Social provenientes da política salarial do Governo. Segundo o ministro, a Lei n.º 6.708, que concede benefícios acima do INPC aos que ganham de 1 a 3 salários-mínimos, provoca descompensação na Previdência, assim como o Decreto n.º 2.065 que extingue estes mesmos 10%. Afirma que o fator que incidia sobre a folha de salários era inferior àquele que incidia sobre a folha de dispêndio, de tal forma que a primeira era corrigida na base de 0,88% enquanto que a segunda na base de 0,96%. Além disso, o ministro critica a legislação, introduzida pelo presidente Geisel, de concessão da renda vitalícia, de concessão dos benefícios ao empregador rural e do abono anual como portadora de despesas sem cobertura, sem custeio, e, por isso também, causadora do déficit previdenciário.

Diante da análise feita, o ministro adota três medidas fundamentais: a primeira é de negociar com a União uma forma de pagamento de sua dívida para com a Previdência Social; a segunda é de obter das empresas uma maior arrecadação, e a terceira aponta para o combate a certas fraudes detectadas no âmbito da Previdência. Já em dezembro de 83, Figueiredo promulga três decretos-lei sobre essas questões. O de número 2.087 antecipa o recolhimento devido pelas empresas. Segundo o próprio ministro, os empresários reagiram negativamente à antecipação do prazo de recolhimento em 20 dias, mas concordaram que se fizesse o Decreto n.º 2.087, com a condição de que não o defenderiam publicamente, para não ficarem mal com seus sindicatos e suas federações (É Preciso Repensar, p. 8). Além disso, o Decreto n.º 2.087 estabelece uma contribuição de 2% dos que estiverem na inatividade, o que foi profundamente questionado pela sociedade, já que reduzia os benefícios sociais. Diante da reação do próprio PDS (*Correio Braziliense*, 19-4-84, p. 13) o Governo retira o artigo 2.º do Decreto n.º 2.087 através do Decreto-lei n.º 2.113, em abril de 84. O ministro declara que "no Congresso Nacional, a despeito de ingentes esforços junto às lideranças do PDS, depois de um debate com a bancada e com a Câmara Federal, evidenciou-se a impraticabilidade de aprovação do Decreto-lei" (idem).

Através do Decreto n.º 2.088, o presidente da República estabelece que as empresas devem pagar à Previdência, o principal, sendo a correção monetária parcelada em doze prestações e são também dispensadas de multas e juros. Segundo Passarinho, esta medida, válida até 29-02, permitiu a entrada de 105 bilhões de cruzeiros de principal e que a correção monetária seria parcelada no decorrer de 1984. Além desta tática junto às empresas, tenta negociar novas verbas junto ao ministro Delfim Netto, justificando esse pedido pelos efeitos desastrosos da Lei n.º 2.065. Obtém, segundo seu depoimento no Senado, 80 bilhões que estavam à disposição no orçamento fiscal e 50 bilhões reclamados da área financeira, chegando-se, então, a um superávit de 12 bilhões de cruzeiros em 1983. No entanto, o déficit previsto para 1984 poderia ser de 2 trilhões e 300 bilhões de cruzeiros se as medidas econômicas não se modificassem.

Através do Decreto-lei nº 2.102, o ministro restaura uma norma antiga da legislação que dava à Previdência o valor correspondente a 6% do preço dos combustíveis, ou melhor da gasolina. Em 1980, por pressões da Seplan, esta contribuição ficou limitada não ao aumento da gasolina mas da ORTN, retraindo-se as verbas da Previdência Social. Em contatos com Delfim Netto, Passarinho consegue que os 6% incidam sobre os combustíveis (não só sobre a gasolina) e por sugestão, segundo ele, de Delfim, na redação do decreto fica estabeelcida uma contribuição de "até 6%", negociada para 4%, na prática.

O ministro elabora, também, uma tática de combate às fraudes. Estas aparecem com grande repercussão na imprensa, com destaque a presença da polícia federal, principalmente de São Paulo (*Estado de S. Paulo*, 1-2-85, *Veja*, 13-2-85). A insistência relativa às fraudes é dada no início de 85, às vésperas da transferência do Governo Figueiredo ao Governo da Aliança Democrática.

Segundo o ministro Passarinho, em seu depoimento no Senado, a Previdência Social tem convênio com 3.600 hospitais particulares e detém 350 hospitais próprios, notando-se, através do plano do Conasp, que há quatro anos atrás 72% do atendimento ambulatorial era feito pela iniciativa privada, enquanto que em dezembro de 84, 60%. Além deste plano de fortalecer os hospitais públicos, Passarinho estabelece medidas para a concessão mais rigorosa de aposentadorias por invalidez e através do Funrural. Assinala, também, na tática de combate às fraudes, o controle de falsos vínculos empregatícios, da elevação fictícia de contribuições, de falsas certidões de nascimento e óbito, de falsa alegação de extravio do carnê, do preenchimento de comando de concessão eletrônica com fins ilícitos, beneficiando infratores, da emissão fria de comunicação de acidente de trabalho. Segundo ele, esse controle tem contribuído significativamente para reduzir o déficit previdenciário.

Além dessas medidas, o ministro levanta a possibilidade de estabelecer um limite de idade para aposentadoria (ver depoimento no Senado) além de salientar, talvez como balão de ensaio, a possibilidade de cobrar taxa extra por serviço médico. Já em 16-8-84 (*O Globo*, p. 6) declara-se contra a cobrança de taxas adicionais dos segurados pelos hospitais, dizendo que não ficará de braços cruzados diante disso porque seria uma agressão contra os previdenciários.

Passarinho constitui uma comissão técnica para promover uma revisão da legislação previdenciária (ver *Projeto de Revisão da Previdência e Assistência Social*/MPAS, 1984). Em seu relatório a comissão propõe: que a renda mensal vitalícia se transforme em abono de subsistência, financiado pelo Finsocial; que se crie o Instituto Nacional de Assistência Social que compreenda a LBA, Funabem e Fundação Abrigo do Cristo Redentor para dedicar-se a atividades assistenciais; que se promova a transferência do Inamps ao Ministério da Saúde; que haja um limite de idade para aposentadorias começando-se com 52 anos até atingir 55 a partir de 1990. Propõe, também, que se termine com o tratamento especial aos acidentados de trabalho e a extensão, aos trabalhadores rurais, dos benefícios dos trabalhadores urbanos introduzindo-se a contribuição de 8% sobre o salário. Este relatório não foi debatido publicamente e as medidas propostas não foram implementadas já que dependem de grandes articulações políticas.

No período que vai de 1979 a 1984, vemos que os benefícios da Previdência Social foram profundamente afetados pela política salarial e as contribuições aumentadas. No entanto, houve a inclusão dos estudantes como beneficiários da Previdência através da Lei 7.004, de 24-6-1982, no período anterior às eleições de novembro. Foi introduzida a aposentadoria especial para os professores (respectivamente após 25 e 30 anos de efetivo exercício para mulheres e homens) através da Emenda Constitucional nº 18 após enormes pressões da categoria, quando, em 81, era presidente do Senado o próprio Jarbas Passarinho.

Na estratégia governamental relativa à Previdência, há uma presença predominante do decreto-lei como forma de implantação da política setorial. Quando os projetos do Executivo foram enviados para discussão no Congresso, como em dezembro de 81 e em dezembro de 83, houve pressões de tal ordem que obrigaram a um recuo do Governo. O objetivo dos congressistas era não afetar tão drasticamente os aposentados, já que um corte nos benefícios afetaria a imagem do Governo diante dos eleitores.

6. OS PARTIDOS POLÍTICOS

A estratégia e a tática dos partidos da oposição e, principalmente, do PMDB, com maior representação parlamentar, é de crítica à política governamental na área da Previdência e de mobilização dos trabalhadores para manifestações contrárias ao Governo, utilizando-se, justamente, do fato de que a Previdência se coloca como uma questão de sobrevivência para a classe trabalhadora.

Cristina Tavares (*Estado de S. Paulo*, 18-6-81) propõe que a contribuição seja feita em base ao faturamento da receita bruta das empresas. Euclides Scalco, do Paraná, critica o estímulo ao convênio/empresa e o credenciamento de médicos e odontólogos de forma indiscriminada (*Jornal do Brasil*, 7-6-81). O Líder do PDT na Câmara, Alceu Colares, requer a constituição de uma CPI para investigar a crise que ameaça a Previdência Social (*O Globo*, 24-4-81). Franco Montoro critica o aumento de contribuição já que, segundo ele, o problema é de estrutura administrativa da Previdência (*Jornal do Brasil*, 2-8-81).

A CPI da Previdência é requerida e a oposição exprime grande crítica à assistência médica privada considerando-a sorvedora de recursos, segundo Fernando Henrique Cardoso, senador por São Paulo (*Folha de S. Paulo*, 6-4-82). A oposição convoca Delfim Netto, Jair Soares e Jarbas Passarinho para depor no Congresso Nacional, articulando, também, o fechamento de questão contra qualquer aumento do limite de idade para a Previdência.

O Partido dos Trabalhadores (PT) acusa o governo e empresários pelo desemprego e o ministro Delfim Netto de cinismo, pelo aumento da arrecadação da Previdência (*Folha de S. Paulo*, 11-8-81). O trabalho conjunto da oposição, em 1981, em relação à questão previdenciária, compreende a articulação dos líderes do PMDB, PP, PDT, PT e PTB para investigar como está sendo investido o dinheiro do povo, e para recusar soluções autoritárias para a Previdência Social (*Jornal da Tarde*, 6-8-81).

A proposta de taxar as empresas pelo faturamento não é só do PMDB, defendida pelo seu líder, Odacir Klein, mas do próprio PDS. Carlos Chiarelli, senador do PDS pelo Rio Grande do Sul, é contra a iniciativa de se retirar os 10% de aumento dos aposentados (*Estado de S. Paulo*, 3-5-81), propõe uma previdência complementar (*Estado de S. Paulo*, 30-5-81) e defende contribuição sobre o faturamento das empresas, segundo estudos feitos pela própria liderança da bancada do PDS. Quando da votação do Decreto-lei, que aumentou as alíquotas da Previdência pelo Congresso (15-6-82), a oposição se mobiliza para a votação contra as mesmas unindo-se o PMDB, o PT e o PDT. Realiza-se um comício na rampa do Congresso que reúne 2.000 sindicalistas de todo o país em 2 -6-82 (*Folha de S. Paulo*, 3-6-82). Ulisses Guimarães convoca os peemedebistas para votar contra o decreto e Luís Inácio da Silva presidente do PT, apóia o líder do seu partido, Airton Soares, que exorta os trabalhadores a darem uma basta às oligarquias, criticando duramente o ex-ministro Jair Soares. O líder do PDT, Araújo Jorge, critica os 2.600 credenciamentos assinados pelo ex-ministro.

O PDS é mobilizado pelo Palácio do Planalto para aprovar o decreto-lei e sofre as pressões da Seplan, terminando por ausentar-se do plenário, propiciando a aprovação automática do pacote por decurso de prazo.

Na Câmara e no Senado, a oposição insiste em vincular a questão da Previdência Social à crise internacional. Assim o fazem Fernando Henrique Cardoso e Severo Gomes, senadores por São Paulo, na interpelação ao ministro Jarbas Passarinho em seu depoimento no Senado. Hélio Gueiros, do Pará, chama o ministro de "terrorista da Previdência Social", por suas medidas de contenção e sua proposta de cobrança de 2% dos aposentados. O líder do PMDB no Senado, Humberto Lucena, nesta mesma sessão, considera que o ônus imposto pelo Estado à sociedade não cabe a esta pagar, pois o estouro da Previdência Social não pode recair sobre os orçamentos familiares. Lucena defende uma política de integração da União, Estado e Município nessa área e a descentralização da Previdência.

Em 1984, os parlamentares se unem para derrubada do artigo 2º, do Decreto 2.087, o que obriga a um recuo do Executivo, que nem sequer conta com o apoio do PDS. No entanto, o Congresso apóia o parcelamento da dívida das empresas para com a Previdência Social através da Lei 7.186, de 24-4-84.

Nas relações entre Executivo e Legislativo sob o regime militar, o Congresso Nacional vive sob tutela, isto é, se as leis apresentadas pelo Executivo não fosse aprovadas, pesava sobre ele a espada de Dâmocles do fechamento, como ocorrera várias vezes. O Governo estabelece com o Congresso relações de clientelismo e de troca de favores, trocando a aprovação de certas leis pela distribuição de cargos e favores a determinados deputados. No entanto, a partir de 1979, o Congresso Nacional, pela pressão da sociedade, manifesta certa independência, certa autonomia e alguns deputados defendem claramente a necessidade de retomar as prerrogativas do Congresso. Assim se exprime o próprio presidente da Câmara dos Deputados, Flávio Marcílio. As manifestações contrárias, por parte do Congresso, em relação à legislação previdenciária, em 81, e em relação à lei salarial, em 1983, revelam uma nova correlação de forças que, aos poucos, vai se aglutinando em torno da Aliança Democrática e leva à derrota do candidato do PDS no Colégio Eleitoral em janeiro de 1985. Em 1982, entretanto, o Congresso aprova o pacote da Previdência por decurso de prazo, já que o PDS se retira do plenário para não dar o *quorum* necessário à votação, diante das articulações do próprio Palácio do Planalto e da Seplan.

7. OS EMPRESÁRIOS

Durante esse período de crise da Previdência Social, constata-se intensa articulação entre empresários e Governo, numa estratégia de se obter, por parte do Governo, a anuência do empresariado nacional para certas medidas de cobertura do déficit previdenciário. O presidente da Confederação Nacional da Indústria, Albano Franco, manifesta-se contrário ao sistema contributório baseado sobre o faturamento bruto das empresas de alta tecnologia, "pela repercussão que teria na busca de tecnologia e produtividade" (*Estado de S. Paulo*, 8-7-81). Esse mesmo discurso é adotado pelo ministro Jarbas Passarinho em seu depoimento no Senado Federal de 24-5-1984. Outra tônica do discurso empresarial é a consideração de que a Previdência é má administrada e que a questão do déficit não se resolveria com simples aumento de alíquotas. Ermírio de Morais (proprietário da Votorantin) propõe que se crie um fundo público para o atendimento público de saúde e que as empresas possam atender seus empregados com recursos da Previdência. Por sua vez, apóia um aumento de contribuições (*Gazeta Mercantil*, 10-8-81), Ermírio é também presidente da Beneficência Portuguesa de São Paulo.

O primeiro confronto concreto entre empresários e Governo em relação ao déficit previdenciário se dá relativamente ao decreto das cotizações do Sesi/Sesc. Os patrões pressionam para que seja devolvida às entidades patronais a autonomia da administração dos recolhimentos feitos para estas entidades (*Estado de São Paulo*, 7-3-81, p. 9). O Governo se reúne várias vezes com os empresários e decide recuar parcialmente. Como ficou assinalado anteriormente, parte dos recursos recolhidos para o Sesi/Sesc ficará administrada pelos empresáriso e outra parte recolhida à Previdência Social.

Em 14-8-81, Delfim Netto se encontra com 11 presidentes de entidades empresariais. (*O Globo* de 13-8-81) e, nesta mesma data, Artur Donato, presidente da Firjan, diz que o déficit previdenciário não é uma questão de crise de caixa e reclama do atraso das contribuições ao Sesi e ao Sesc (*Gazeta Mercantil* 11-8-81). Luiz Eulálio Bueno Vidigal, presidente da Fiesp, não assume publicamente o compromisso de não repassar custos decorrentes de aumentos de alíquotas e contribuições e propõe a volta da assistência à saúde à sociedade, retirando-se a assistência médica da Previdência Social (*Folha de S. Paulo*, 14-8-81). José Papa Júnior, da Federação do Comércio de São Paulo, afirma que os bons pagadores pagam pelos maus e propõe uma comissão tripartite entre empresários, empregados e governo para discutir a racionalização do custo da Previdência e a transferência da assistência médica para a União (*Folha de S. Pualo*, 25-8-81). Alguns setores empresariais, como as associações comerciais do Rio Grande do Sul, propõem também a fixação de idade mínima de 55 anos para a aposentadoria e a extinção da gratuidade dos serviços médicos (*Jornal do Brasil*, 27-6-81). Uma das preocupações dos empresários é fazer com que o setor privado seja o menos onerado possível com os custos da cobertura do déficit, como o assinala Mário Garnero (*Jornal do Brasil*, 9-6-81).

Os empresários em geral, e em particular as associações comerciais, são contra a taxação dos supérfluos, pois, conforme sua perspectiva de análise, esta medida traria aumento da inflação (*Correio do Povo*, 31-12-81). Os empresários chegam a enviar um documento ao presidente Figueiredo contra esta taxação (*Folha de S. Paulo*, 11-2-82).

Há, também, resistência ao aumento das contribuições. O presidente da Confederação Nacional da Indústria diz que os empresários não aceitariam passivamente o aumento de contribuição a não ser em caráter excepcional e transitório (*Isto É*, 6-1-82 p. 55). O aumento de alíquotas é muito debatido no meio empresarial durante o ano de 1981, tanto em nível federal como da Fiesp (*Folha de S. Paulo*, 13-8-81). Apesar do ministro Delfim Netto insistir no não repasse dos aumentos das contribuições aos preços, os empresários encaram esta alternativa com naturalidade e, por isso, talvez, não tenha havido grandes reações dos empresários ao Decreto nº 1.910, de aumento de contribuições. No entanto, há uma preocupação constante para que não aumente ainda mais esse encargo como o manifesta Guilherme Afif Domingos ao assinalar suas conseqüências diretas no aumento do mercado clandestino de trabalho, o que não propiciaria um aumento real da contribuição previdenciária (*Gazeta Mercantil*, 24-5-84).

Os empresários intervêm diretamente no debate e nas pressões para anistia aos devedores da Previdência. O próprio ministro da Previdência lembra que esta anistia levou em conta os fluxos de caixas das empresas, demonstrando uma negociação com elas (*Estado de S. Paulo*, 23-3-84 p. 12).

Como se pode observar, os empresários são capazes de se mobilizar rapidamente diante de uma intervenção do Estado que atinja seus interesses imediatos no âmbito previdenciário. Demonstram grande agilidade em articular estudos, comissões internas às suas organizações, encontros e entrevistas com o Governo. Além disso, têm acesso fácil à expressão de suas opiniões na imprensa nacional.

A proposta recessiva do governo é, por vezes, condenada pela classe empresarial que tenta transmitir uma imagem de confiança no Governo e na economia, defendendo, ao mesmo tempo, a empresa privada e a presença menor do Estado na economia, criticando sua crescente intervenção. É nesse sentido que se situa o pronunciamento do vice-presidente da Fiesp em 8-4-84 (*Jornal do Brasil*). O Governo, por sua vez, também promove a ideologia da empresa privada e defende sua ação complementar na área da previdência. As entidades de previdência privada têm grandes investimentos na Bolsa de Valores. A própria Bolsa do Rio de Janeiro propõe um programa de aposentadoria privada, o chamado Pait, declarando em 19-10-84 (*Correio Braziliense*) que já tem 62 empresas comprometidas nesse programa. Segundo dados do Ministério da Previdência (É preciso repensar ... p. 56) o sistema fechado de previdência possuía, em dezembro de 82, 1.261.778 participantes diretos, 3.837.556 dependentes. A reserva total desse grupo era de 3,364 trilhões em setembro de 83. O próprio Governo falou, várias vezes, em privatizar a Companhia Federal de Seguros ligada à Previdência Social (*Folha de S. Paulo*, 8-6-82). A defesa da empresa privada e de sua importância faz parte a demonstração da "ineficácia" dos serviços públicos como inerente à própria lógica da prestação desse serviço pelo Estado.

Ao mesmo tempo em que os empresários dialogam com o Governo, enrijecem as posições diante das reivindicações dos trabalhadores e das greves do período, como manifesta o estudo de Eli Diniz (1985). Assinala a autora que "ao optar pela tática do enrijecimento, a direção dos órgãos empresariais pretendia não só abalar forças do movimento sindical, mas também pressionar as autoridades governamentais que se recusavam a permitir o repasse dos custos dos reajustes salariais para os preços dos produtos" (Diniz, 1985: 9). Os empresários têm interesses específicos não só na questão previdenciária, mas também em outras legislações que estão em jogo, como a legislação sindical, a lei de greve a política salarial. Estas três questões se agudizam após o advento do governo Sarney.

8. OS BANCOS

A relação entre os bancos e a Previdência Social constitui uma área especial de conflito devido ao fato de o recolhimento das contribuições e o pagamento de benefícios serem feitos através da rede bancária. A Previdência utiliza os serviços de 13.000 bancos para esta tarefa, pagando a eles uma taxa de 0,2% sobre os valores arrecadados e de 0,35% sobre benefícios pagos (em dezembro de 1983). Os bancos efetuam em torno de 8 milhões de pagamentos por mês. (É preciso repensar ... p. 99 e 107). O recolhimento de benefícios se faz numa conta enquanto que o pagamento se faz em outra, configurando-se o chamado sistema de "conta dupla" que os banqueiros sempre defenderam, chamando a conta única de "fantasia". Teófilo de Azeredo Santos, presidente da Federação Nacional dos Bancos, diz que "há muita fantasia em torno da conta única" (*Folha de S. Paulo*, 19-9-81). Os banqueiros reivindicam da Previdência juros ao nível de mercado já que lhes são pagos 4,33% ao mês em caso de adiantamento de recursos ao Iapas. Nem sempre se caracteriza um adiantamento, já que pode haver recursos da Previdência na conta de recebimento de contribuições. O próprio Conselho Monetário Nacional resolveu aumentar esses juros em agosto de 83, mas o ministro da Previdência fez gestões junto ao Planalto para que permanecessem ao nível anterior (É preciso repensar... p. 108). Nesse contexto, os bancos alegam prejuízos com o "adiantamento" de recursos para a Previdência, conforme declarações do presidente da Fenabam em 26-8-81 (*Folha de S. Paulo*). Falam, também, que 80% dos benefícios são pagos pelos bancos comerciais privados e apenas 20% pelo Banco do Brasil.

Sua proposta para a Previdência Social é a redução de suas despesas. O presidente da Fenabam, nessa data, encontra-se, juntamente com 11 banqueiros, com os ministros Delfim Netto, Jair Soares, Ernane Galveas, o presidente do Banco Central, o diretor da área bancária e o secretário geral da Seplan.

Um histórico dos convênios firmados entre a Previdência e os bancos, elaborado por Macedo (1984) com a colaboração de Luque, mostra que, de julho de 1965 a setembro de 1967, o prazo médio de permanência do dinheiro nos bancos era de 36 dias, não havendo remuneração direta dos serviços prestados nem juros sobre saldo devedor. Em janeiro de 1976, o convênio é modificado e o prazo médio de permanência dos recolhimentos nos bancos passou a 45 dias. Em setembro de 78, o prazo médio fica em 39 dias, e, a partir de dezembro de 1979, o produto arrecadado de uma segunda-feira até sexta-feira é transferido na quinta subseqüente para o Iapas. O prazo médio passa a ser de 8 dias. É, também, estabelecida uma renumeração direta dos serviços já acima indicada e o pagamento de juros a uma taxa semelhante à cobrada pelos bancos nos empréstimos de liquidez, o que chega a 4,33%. A nova administração da Previdência Social, no governo Sarney, consegue reduzir, ainda, o prazo a 3 ou 4 dias, após duras negociações. Os bancos pleiteam, então, uma taxa de juros de 6%, além da elevação dos preços dos serviços. O argumento contrário do ministro é de que o déficit da Previdência deve ser zerado em 1985, enviando uma carta aberta aos bancos (*Correio Braziliense*, 14-8-85) nesse sentido.

À medida que o saldo devedor da Previdência diminui, os bancos pressionam menos sobre o Governo, pois têm menos dinheiro emprestado para pagamentos dos benefícios.

A relação entre a Previdência e os bancos revela uma correlação de forças em equilíbrio de impasse. Só em juros, os bancos receberam, de janeiro a julho de 84, 62,5 bilhões e mais 34,5 bilhões por taxas administrativas. Nesse período, a média da permanência do dinheiro é de 5 dias úteis. Por outro lado, os bancos usam dinheiro próprio para "antecipar" os recursos no pagamento de benefícios. Se, por uma parte, a Previdência deve aos bancos, por outro estes utilizam o dinheiro da Previdência, o que lhes traz inúmeras vantagens financeiras e de ampliação da clientela. Apesar disso, os bancos pressionam para aumentar sua lucratividade, ameaçando ir à justiça para "cobrar 300 bilhões" de dívidas da Previdência (*Folha de São Paulo*, 27-12-84). Através do Banco Central, conseguiram uma resolução que lhes permitia aumentar os juros (Resolução 881/83). A Previdência reage a esta decisão, pois com a nova resolução seus gastos dobrariam. O presidente do Iapas argumenta que o déficit previdenciário é de caixa e não de recursos e Jarbas Passarinho considera que com novos recursos é possível cobrir esse déficit. Há possibilidade de se aumentar o número de empresas que pagam ao Iapas. Segundo a Dataprev, de 2.500.000 empresas cadastradas, apenas 1.100.000 estão contribuindo regularmente, ou seja 44%. Há 10.000.000, de pessoas jurídicas, profissionais e autônomas, cadastradas, mas somente 4.100.000 contribuem regularmente, ou seja 41%. (É preciso Repensar... p. 25). A Previdência quer argumentar junto aos bancos que têm cacife para bancar seu débito.

Se, por um lado, os bancos fazem pressões sobre a Previdência, esta tem o trunfo de ameaçá-los com a retirada do dinheiro arrecadado dos bancos privados e com o estabelecimento de uma conta única (*Correio Braziliense*, 12-5-84). Os bancos temem a falência do sistema no futuro, caso aumente o déficit de forma crescente, como assinala Jorge Bornhausen, presidente da Febraban. Bornhausen afirma, também, que "diálogo dos bancos com o governo têm sido de alto nível e isto significa bastante coisa para um entendimento" (idem).

Os bancos reagem veementemente à implantação, em 1981, das ORTNs da Previdência (*Isto É*, 6-1-82 p. 56). Pedro Conde, então presidente da Febraban, comenta: "vamos contribuir, mas esperando que não sejamos chamados a cobrir um novo buraco. Damos o nosso voto de confiança ao governo". Acrescenta, o jornalista: "outros dirigentes de bancos foram menos gentis em seus comentários, especialmente depois de calcular as prováveis perdas". Lázaro Brandão, do Bradesco, desabafa seu parecer sobre as ORTNs: "uma verdadeira pancada" (*Veja*, 6-1-82, p. 24).

As relações entre os bancos e a Previdência são, pois, de pressão e de contra pressão e, ao mesmo tempo, de diálogo, de encontros, de intercâmbios. Os banqueiros não conseguem tudo que desejam obter em termos de lucratividade, mas o governo não elimina vantagens, e sim articula novas formas de pagar os bancos. A redução do prazo de permanência do dinheiro é compensada com o pagamento de taxas pelos serviços prestados. E fica sempre a garantia de que o sistema não vai falir, pois o Governo pode sempre cobrir o déficit com a contribuição do povo.

10. OS HOSPITAIS PRIVADOS – FEDERAÇÃO BRASILEIRA DE HOSPITAIS

Uma das áreas de mais constante atrito nas relações entre governo e sociedade na questão previdenciária encontra-se nas relações entre o Ministério da Previdência, ou mais especificamente, entre o Inamps e os hospitais privados. Nesse período de crise, o atrito se agudiza tendo em vista a necessidade da redução das despesas na área da assistência médica.

A assistência médica na Previdência Social é relativamente recente, tendo surgido em 1958 de forma sistemática, já que o sistema se estruturou para prestar aposentadoria e pensões, a partir de 1930.

A partir de 1977, nota-se uma queda da proporção dos gastos com saúde no âmbito previdênciário. Nessa data, a percentagem de despesas do Inamps representava 30,56% do total de gastos do sistema previdenciário, caíndo para 27,58% em 1979 e para 23,29% em 1982. No entanto, há que se destacar que, no Brasil, é o setor público o que arca com os maiores gastos em saúde, comparativamente ao setor privado. A participação do primeiro nos gastos de saúde, em 1975, representa 67% do total. (Mc Greevey, 1984). Há que se destacar, no entanto, que 84,6% dos gastos com saúde vão para os serviços chamados curativos, ligados ao Inamps, enquanto que o Ministério da Saúde, mais vinculado ao serviço preventivo, detem apenas 15,4% dos gastos em saúde. Os serviços curativos, por sua vez, estão vinculados à assistência médica hospitalar já que 90% dessa assistência é prestada através de convênios com os hospitais privados. Assim como são os bancos privados que prestam os serviços de pagamento e recolhimento, são os hospitais privados que fazem os serviços de atendimento médico aos 24 milhões 448 mil segurados ou contribuintes da Previdência Social.

Em seu depoimento na Comissão Parlamentar de Inquérito sobre a Previdência Social, em 6-4-83, o dr. Sílio Andrade, presidente da Federação Brasileira de Hospitais, considera a crise previdenciária vinculada à falta de definição na aplicação dos recursos recolhidos, o que fica, segundo ele, ao saber de cada ministro e de cada presidente e de cada chefe. Assinala que os recursos foram destinados à ponte Rio/Niterói, Itaipu, Transamazônica, Funabem e estas aplicações não têm trazido vantagens para o trabalhador. Critica as fraudes existentes nos benefícios e reclama que 25% dos recursos devem ser destinados ao Inamps conforme o Plano Plurianual de 1979. Lamenta que alguns considerem a assistência médica supérflua e secundária. Mostra, com estatísticas, o achatamento da assistência hospitalar chamando a atenção para a defasagem entre o crescimento dos gastos com a assistência médica e o crescimento de outros gastos na Previdência. Assinala que o volume de internações nos hospitais próprios do Inamps atingiu a cifra de 214 mil, em 1981, enquanto que nos hospitais contratados foi de 9.201.698, aumentando 229% em 10 anos, enquanto que nos hospitais próprios aumentou apenas 58%. Segundo o presidente, os hospitais privados vêm perdendo dinheiro constantemente e sua proposta é que se forme uma entidade "mutualista" com um conselho constituído por representantes de empregados, empregadores e prestadores de serviços, que "jamais deverá ter a maioria de representantes governamentais", cabendo ao Estado apenas uma ação normativa. A direção executiva do sistema deve ser entregue a gerentes e administradores pagos a preços de mercado, "abandonando-se a demagogia do governo".

Marcos Wippel, presidente da Associação de Hospitais de Santa Catarina, no mesmo depoimento à CPI, critica o Ministério da Previdência por não cumprir compromissos com a rede hospitalar e declara que estão sendo afetados pela atual situação, não tendo conseguido substituir equipamentos obsoletos e nem mantê-los, apresentando elevado prejuízo mensal. Critica as resoluções e circulares baixadas pelos tecnocratas, no sentido de restringir a assistência médica, gerando clima de descontentamento e insatisfação. Lembra a Portaria 2.576, de 22 de julho de 81, que isenta os trabalhadores e produtores rurais da participação do custeio da assistência médica-hospitalar. Assinala que o ministério não vem reajustando as prestações de acordo com artigo 15 do Decreto-lei nº 1.867 de 25-3-81 e nem cumprindo com a Portaria 2.866 de 6-5-82 que concede reajustes semestrais a entidades prestadoras de serviços médico-hospitalares. Segundo ele, Hélio Beltrão suspendeu arbitrariamente esta Portaria, concedendo reajustes de apenas 33%, em 25-3-82, com defasagem dos preços dos serviços prestados. Lamenta que as decisões sejam tomadas sem consulta prévia a entidades representativas, que são, segundo ele, esquecidas e ignoradas.

Humberto Mello, presidente da Associação de Hospitais de Alagoas, considera a crise previdenciária causada pelo descumprimento da União relativamente ao não pagamento da sua dívida previdenciária. No entanto, nesse mesmo depoimento, Humberto Mello mostra que o número de internações vem aumentando constantemente, passando de 8.617.431 em 1977 para 13.193.536 em 1981, para argumentar que o custo relativo das mesmas vem diminuindo.

Se há uma estratégia do Governo em reduzir o aumento das internações para diminuir o custo das mesmas, os hospitais adotam a estratégia inversa de aumentá-las real ou ficticiamente para aumentar seus lucros. O presidente da Federação Brasileira de Hospitais critica a orientação da assistência à saúde na Previdência através da política da integração da União/Estados e Municípios tendo em vista que a realidade brasileira é diversificada e é necessária a participação dos médicos e dirigentes hospitalares nesse plano. Sem isso, diz ele, "é correr um risco desnecessário de se inviabilizar um plano de tamanha importância". Acrescenta que o plano é verticalizado, feito de cima para baixo e alienado da realidade, com desinteresse pela avaliação da saúde do previdenciário, pela seguridade social e desviando recursos do contribuinte para outros serviços e retirando o incentivo médico pelo pagamento do seu trabalho com um salário rebaixado. O presidente aceita a integração dos vários níveis, a prioridade a ações primárias, a simplificação do pagamento, a implantação gradual de uma reforma no âmbito público, mas não aceita a política de que o setor privado seja de participação complementar na prestação de assistência, já que detem 80% da capacidade implantada e não aceita, também, a redução de custos para a cobertura assistencial. Critica a Portaria 3.046, de Hélio Beltrão, que reduz as internações sob a alegação de que diminui a relação leito/população dizendo que, atualmente, é de 3,32 e será baixada a 2,32. Diz que "ninguém é louco de meter dinheiro em hospital atualmente". Justifica o internamento do doente mental pela expectativa da comunidade, que assim o deseja. O discurso da Federação Brasileira de Hospitais salienta três pontos:

1) A manutenção da iniciativa privada no setor;
2) A manutenção do financiamento público ou dos recursos públicos para a iniciativa privada, sem cortes, de acordo aos critérios estabelecidos por esta mesma iniciativa;
3) Participação da iniciativa privada nas decisões da política de saúde através de representações e comissões e mesmo da mudança deste sistema para o mutualismo. Assim, o público terminaria por financiar os lucros privados.

Se, por um lado, os hospitais buscam aumentar seus lucros, por outro, a tática do governo em período de crise é de corte nos recursos, corte nas despesas, através de uma série de medidas que vão paulatinamente reduzindo o número de internações e de custos. O Governo investe esforços na apuração de certas fraudes referentes ao superfaturamento de hospitais e muda as regras do jogo no pagamento das internações. Busca, também, valorizar os hospitais próprios do Inamps e dos Estados, criando uma política de prestação de serviços integrada com estes e os hospitais universitários, introduzindo as chamadas Ações Integradas de Saúde, como já se assinalou nas páginas acima.

Em 4-8-81 (*Estado de S. Paulo*) o ministro Delfim Netto, anuncia um novo sistema de prestação de assistência médica, dizendo textualmente: "Este déficit foi produzido com a extensão da assistência médica. Ou cobrimos esse déficit com recursos e a assistência médica continua, ou temos que cortar a assistência médica". Em março de 81, Jair Soares já havia mudado a data do pagamento das prestações aos hospitais e vinculava os reajustes das prestações ao aumento dos salários dos servidores públicos, o que recebe os protestos da rede médico-hospitalar (*Folha de S. Paulo*, 18-3-81 p. 11).

Desde 1979, o Governo vem levantando algumas fraudes nos hospitais, mas com uma tática de ação isolada e pontual à medida que vão sendo suscitados ou apontados os casos. A revista *Veja* de 3-10-79, denuncia que quadrilhas especializadas, hospitais, empresas e fraudadores avulsos desviam bilhões de cruzeiros do sistema previdenciário, utilizando quilômetros de esparadrapos em um só paciente, descontando contribuições de empregados sem encaminhá-las a Previdência. Denuncia-se o superfaturamento, o aliciamento de pessoas nas filas e outras formas de irregularidades, às vezes articuladas com os próprios funcionários da Previdência. A tática de combate às fraudes vai ser posteriormente retomada com vigor às vésperas da mudança do governo Figueiredo para o governo Sarney.

Os hospitais não ficaram passivos e somente na tática da reclamação e da denúncia através dos discursos, mas usaram uma série de táticas e de pressões para levar a Previdência a atender suas reivindicações. Pode-se destacar a pressão feita através de assembléias permanentes dos representantes hospitalares, já realizadas desde 1978 (*Estado de S. Paulo*, 24-2-78). As demais táticas devem ser situadas no seu contexto.

Em 1981, o Inamps implanta um novo sistema de pagamento de contas hospitalares (AIH), em Curitiba, atingindo 53 hospitais. Segundo a nova modalidade, o dinheiro enviado aos hospitais se refere ao conjunto do tratamento necessário para uma determinada doença e não mais a uma unidade de serviço. A Federação Brasileira de Hospitais pronuncia-se contra o fim das unidades de serviço, pois considera que a AIH é contrária aos princípios da medicina (*Estado de S. Paulo*, 27-8-82). Em se tratando de medida de caráter experimental, o próprio ministério a foi paulatinamente introduzindo, para evitar reações mais vigorosas.

O auge do conflito entre os hospitais e o Ministério da Previdência surge em 1982 em função da Resolução 026, que limita as internações de beneficiários, o número de leitos cadastrados e as urgências a 15% do total de atendimentos.

A Associação de Hospitais do Estado de São Paulo e o Sindicato de Hospitais realizam uma assembléia geral em 17-11, ameaçando reduzir os serviços e exigindo atualização do pagamento, com grande alarde na imprensa, ocupando um quarto de página para anunciar estas medidas. Os hospitais se justificam diante da opinião pública dizendo que a situação de corte nos serviços não é responsabilidade deles. A estratégia da Previdência frente a esta pressão consiste na denúncia de fraudes hospitalares, desmoralizando os hospitais, na dificultação de convênios, no desenvolvimento do plano ambulatorial. Ela também alerta a opinião pública (contra-informação) sobre a tática dos hospitais, e se diz apta a garantir o atendimento de todos (*Folha de S. Paulo*, 3-12-82, p. 13). em dezembro de 1985, os hospitais também paralisam seus serviços como forma de pressionar o Inamps a mudar uma resolução que limitava o atendimento médico a 4 pacientes por hora nos ambulatórios. Nesse caso, o Inamps recuou retirando a sua resolução, mas em 1982 o governo manteve a sua política de pressionar os hospitais.

Em 1983, Passarinho reaje à cobrança de taxas extras levantada como hipótese pelo presidente da Federação Brasileira de Hospitais, como advertência, caso o ministro não concedesse o reajuste de 68,4% sobre as taxas hospitalares (*O Globo*, 16-8-84).

O que se pode notar como resultado dessa luta é uma lenta, mas progressiva, mudança no atendimento à saúde, principalmente após o advento do governo Sarney, que coloca como prioritárias as "Ações Integradas de Saúde", (AIS) para atendimento da população. No entanto, sua operacionalização na rede privada é dificultada pela sua resistência em se integrar a um sistema onde ela se considera fundamental e não complementar. A perspectiva do governo é de que os serviços públicos se tornem fundamentais e os privados complementares, mas outro é o entendimento da Federação Brasileira de Hospitais, como ficou manifesto nos seus depoimentos na CPI da Previdência e cujo conteúdo já foi aqui analisado. A Federação critica o corte de gastos com a assistência médica e que chegou a 21,91% do orçamento do Sinpas em 1983. O Governo, no entanto, acentua a pressão sobre os hospitais, bloqueando as contas de 667 deles em julho de 1984 (*Visão*, 22-10-84, p. 43). O governo Sarney, através do ministro Waldir Pires, continua o processo de apuração de fraudes chamando-o de "devassa geral" e tomando-o como meta prioritária do Ministério da Previdência e Assistência Social (*Estado de S. Paulo*, 1-10-85, p. 10).

A correlação de forças entre a Previdência Social e os hospitais privados é semelhante àquela existente entre Previdência e bancos: sem as verbas da Previdência, muitos hospitais não podem sobreviver e a Previdência, por sua vez, não tem condições de oferecer assistência médica à população sem a rede privada que atende a 90% da clientela segurada. Assim, o governo utiliza ao mesmo tempo a estratégia da força e do consenso. A primeira, pela imposição de decretos-lei e, a segunda, através do diálogo para ajustar o pagamento das diárias hospitalares à disponibilidade de recursos existentes.

Aliada à FBH está a Medicina de Grupo que presta assistência a 11 milhões de pessoas sendo 7 em São Paulo e conta com 30 mil funcionários e utiliza o serviço de 10 a 12 mil médicos. Das 200 empresas existentes na área, 112 são filiadas à Associação Brasileira de Medicina de Grupo (*Folha de S. Paulo*, 15-7-82). Segundo os representantes dessa entidade, há uma faixa do mercado que pode ser atendida por esse tipo de medicina.

O representante da Unimed considera que algumas empresas são as causadoras do déficit previdenciário quando levam ao pagamento duplo pelo mesmo serviço: através do Inamps e do atendimento dado pela Medicina de Grupo (*Folha de S. Paulo*, 22-7-82, p. 13).

OS MÉDICOS

Os médicos constituem uma força específica no âmbito da política previdenciária porque têm em suas mãos o saber que intermedia o tratamento do trabalhador doente. A estratégia dos médicos em relação à Previdência Social é de, prioritariamente, obter empregos e salários. Para isso, realizam vários movimentos, inclusive grevistas, para atingir seus objetivos.

A Associação Paulista de Medicina denuncia o "calote do Inamps" ao não nomear médicos concursados, mas defende também o novo sistema de internação hospitalar (*Folha de S. Paulo*, 23-6-82). Em 1981, os médicos realizam uma paralisação de 6 dias para elevar o piso salarial. Esta luta é conduzida pelo Sindicato dos Médicos, e consegue-se um aumento de 142% a partir de janeiro do ano seguinte (*Folha de S. Paulo*, 14-5-81). Em realidade, só 4,5% dos médicos exerce exclusivamente a medicina liberal segundo a pesquisa feita em São Paulo (*Folha de S. Paulo*, 29-10-83). Em relação à política nacional de saúde, a Associação Médica Brasileira se define favoravelmente aos princípios elaborados em Alma Ata isto é, prioridade à prevenção, mas não se posiciona diretamente quanto ao movimento grevista (*Folha de S. Paulo*, 29-10-83).

O Sindicato dos Médicos de São Paulo pronuncia-se contra o internamento lucrativo da saúde (*Folha de S. Paulo*, 29-11-81). Os médicos que cobram taxas adicionais, no Inamps, não são diretamente censurados pelo dr. Proença, da Associação Paulista de Medicina, já que culpa o Inamps por aviltar a atividade médica com baixos salários. Predomina, nesse caso, a defesa corporativa, muito comum nas categorias profissionais.

Na defesa da remuneração, os médicos se aliam taticamente à FBH, para manter o sistema e o reajuste das unidades de serviço (US). Para isso, até ameaçam paralisar seu trabalho (*Estado de S. Paulo*, 22-7-83). Ao mesmo tempo, na defesa das condições de trabalho, denunciam a utilização da empresa médica pelo Inamps, a ineficiência do mesmo. Buscam uma estratégia de poder ao manifestarem-se contra sua discriminação do processo decisório da Previdência Social (*Folha de S. Paulo*, 21-7-82).

A greve de 1984 atinge todo o sistema previdenciário e não só os médicos, já que estes obtiveram certas vantagens anteriormente. Os demais funcionários da Previdência se viram na contingência de parar os serviços diante do achatamento salarial. Os funcionários do Sistema Nacional de Previdência decidiram interromper a greve que durou mais de 40 dias e atingiu cinco Estados: Minas Gerais, Goiás, Rio Grande do Sul, Santa Catarina e Paraná, tendo em vista as propostas de negociação do governo (*Estado de S. Paulo*, 25-7-84). Voltam à greve em 1985, terminando-a com a promessa de Waldir Pires em conseguir um aumento de 20%. O ministro coloca seu cargo em jogo e consegue, posteriormente, o referido aumento.

Em relação às mudanças na política de assistência médica, os médicos, através de suas associações, defendem a prioridade ao atendimento público, o fim da política de convênios entre Inamps/Indústrias e o fim da Medicina de Grupo, assim como a ampliação de rede ambulatorial. Reivindicam a participação paritária de empregados, empregadores e governo nos órgãos decisórios da Previdência. Este foi o resultado de uma reunião realizada em São Paulo em 16-8-81 na qual estiveram presentes 14 instituições médicas estaduais filiadas à Associação Médica Brasileira e aos Sindicatos Médicos. Os presentes defenderam também a responsabilidade do Estado na execução da política de saúde. A Associação Médica Brasileira também se posiciona contra as fraudes dos hospitais.

Em relação ao Conasp, a principal crítica é a seu verticalismo e no 12º Congresso da Federação dos Médicos há uma manifestação de repúdio à "maneira antidemocrática" como o Conasp escolheu o seu representante médico e luta pela readmissão de representantes sindicais da categoria punidos durante a greve do Rio de Janeiro (*Folha de S. Paulo*, 15-8-81). Assim, além da reivindicação de empregos e de salários, os médicos também reivindicam participação. O presidente da Federação Nacional dos Médicos, Carlos Sá, critica o plano de reorientação da Previdência, dizendo que "foi feito de cima para baixo" e exige uma maior participação da categoria nas decisões da política previdenciária.

Em depoimento na CPI da Previdência Social, realizado em 4-5-83, o dr. Mário Barreto, então presidente da Associação Médica Brasileira, defende certas medidas de integração propostas pelo Conasp já que, no seu entender, haveria melhor atendimento à população. Critica o convênio Inamps/empresas e defende a melhoria do pagamento ao médico, devendo-se destacar, na Unidade de Serviço, aquilo que for exclusivo do médico e o que se referir a outro tipo de gasto. O dr. Mário Barreto assinala, também, que a Associação Médica Brasileira enviou à Previdência Social, através de uma comissão, um "plano de valorização do trabalho médico" e que o mesmo foi utilizado no grupo de trabalho do Inamps do qual a Associação Médica faz parte. Assinala que o grupo é misto, com representantes do Dasp e da Seplan e nele as propostas dos médicos têm sempre encontrado forte resistência, sob a alegação de falta de recursos. Podemos observar que, ao mesmo tempo que o governo enfrenta greves, dos médicos, ele tenta levá-los a comissões, ao diálogo e ao interior de grupos formados por tecnocratas e representantes dos ministérios econômicos.

O dr. Mário Barreto declara que as diárias hospitalares estão defasadas e que a própria fraude é muitas vezes uma maneira utilizada pelos hospitais para se manter nas circunstâncias de cortes de despesas. Distingue, no entanto, entre os 500 mil hospitais existentes no Brasil aqueles que são criados pelos médicos, como oficinas de trabalho e que deveriam ser preservados e corretamente remunerados, daqueles outros hospitais lucrativos.

O poder dos médicos está justamente na possibilidade de utilização do seu saber profissional. Este, no entanto, está articulado profundamente à lógica institucional tanto no Inamps como das Empresas. No Inamps, os médicos buscam atender o mínimo e nas empresas estão em lugares determinados pelos próprios patrões, que condicionam o saber profissional às exigências da produção.

Ao possuir o saber de mediar a questão da doença e da saúde, os médicos detêm um poder específico que lhes permite fazer certas pressões e serem ouvidos tanto em comissões de inquérito como em comissões internas da Previdência Social. O seu saber profissional é também um instrumento de legitimação no atendimento de uma demanda para consultas médicas que vêm aumentando constantemente. Assim, em 1981 houve 202,5 milhões de consultas médicas no sistema previdenciário, acarretando 13,1 milhões de internações, num processo de atendimento ao paciente baseado na medicalização (consulta) e na hospitalização (internação). A área de medicina preventiva é completamente relegada a segundo plano, na política de assistência médica brasileira. Inverter essa lógica não depende unicamente dos médicos e eles, muitas vezes, se acomodam à prática exigida nas instituições que é dar consultas e produzir receitas. Consultas e receitas parecem ser as demandas dos indivíduos que se apresentam às instituições médicas, mas no conjunto da sociedade há exigências coletivas e não individualizadas que implicam intervenções globais no meio ambiente, no trajeto do trabalho, na prevenção de acidentes, na mudança de hábitos alimentares e de condições de trabalho. A luta da maioria dos médicos se refere, ainda, aos interesses econômicos da sua categoria profissional, com propostas de reformas das políticas de saúde.

11. OS TÉCNICOS E OS TECNOCRATAS

Os técnicos e os tecnocratas constituem uma força específica na questão da Previdência, na medida em que produzam alternativas, propostas, encaminhamentos como, também, o bloqueio a algumas intervenções dos ministros e deputados através do retardamento ou envolvimento de suas decisões na malha burocrática. No período em foco nesse trabalho, a questão previdenciária emerge e se desenvolve de forma muito mais política e econômica, que propriamente técnica. Os ministros da Previdência e do Planejamento são os que articulam com a sociedade as várias propostas para a Previdência. No entanto, tanto em nível da Previdência como em nível da Seplan, há intensa participação dos técnicos em estudos, análises e propostas que são demandadas pelos próprios ministros ao exigirem estudos de várias alternativas para a solução da crise. As propostas e considerações dos técnicos, entretanto, não são levadas adiante quando se nota resistência política ou condicionamento econômico adverso.

Os estudos são, por sua vez, utilizados para justificar as manobras ministeriais. Assim, o estudo produzido no Ipea considerando o aumento da receita da Previdência inferior ao aumento da despesa é publicamente usado pelo ministro Delfim Netto como uma forma de propor o aumento da contribuição previdenciária (*Folha de S. Paulo*, 13-11-83). Certos estudos técnicos do Ipea veiculam que o déficit previdenciário é estrutural já que a receita cresceu a uma taxa de 3% ao ano, e que a despesa aumentou a uma taxa também anual de 10%. Estes estudos ligados à Seplan também afirmam que não há mais responsabilidade da União para com a Previdência, a partir de 1982, e chegam a dizer que a política salarial tem pouco afetado a Previdência. Justificam estas assertivas com o dado de que, em 1981, já se concedera 50 bilhões à Previdência e mais recursos adicionais através dos decretos Sesc/Sesi e da emissão especial de ORTN's.

Em 5-6-81, os ministros Jair Soares e Delfim Netto criam um grupo de trabalho de 14 técnicos para estudo da questão previdenciária. Segundo notícias da imprensa, no interior do grupo surgem propostas tanto de congelamento de serviços como de redução dos credenciamentos, de proibição de abertura de novos programas (por exemplo o Prev-Rural), de redução do tempo de permanência do dinheiro nos bancos (*Estado de S. Paulo*, 12-6-81).

As discussões do grupo revelam que há até propostas de se privatizar a Previdência a longo prazo (*Estado de S. Paulo*, 18-6-81). Aparece, também, a sugestão de se aumentar em 2% as contribuições dos segurados (*Estado de S. Paulo*, 19-7-81).

Há técnicos que, por outro lado, defendem o plano de saúde preventiva do Ministério da Saúde através da descentralização dos serviços, como Nelson Proença (*Folha de S. Paulo*, 13-8-81). Não é raro que os técnicos proponham a introdução de novas tecnologias para a redução do déficit como o uso de computadores, de novas normas, como, por exemplo, propõe o ex-secretário geral do ministro Hélio Beltrão, Guilherme Duque Estrada. Nesta perspectiva é necessário o uso do computador para atualizar e controlar a concessão de benefícios (*Gazeta Mercantil*, 5-10-84). Segundo Loureiro Júnior, foi a fuga às normas atuais que quebrou a Previdência (*Ultima Hora de Brasília*, 25-1-85). O ex-presidente do INPS e deputado Reinholde Stephanes é favorável ao corte das aposentadorias, pois considera que existem 3% de fraudes na Previdência Social. Manifesta-se contra os abonos de aposentadoria e os auxílios-natalidade às pessoas de renda mais elevada. A curto prazo propõe uma melhor gestão da Previdência Social (*Correio Braziliense*, 16-11-83 e Stephanes, 1984).

Em 1984, o ministro Jarbas Passarinho cria uma comissão de especialistas presidida por Celso Barroso Leite, que apresenta um relatório onde se propõem várias medidas de corte de gastos e a integração da política de acidente de trabalho no conjunto da Previdência. O relatório da Comissão já foi sintetizado nas páginas anteriores deste texto, e, no seu conjunto, não foi levado em conta nas medidas concretas de mudanças da Previdência no período em foco.

Essas análises e estudos ficam disponíveis como uma reserva que pode ser utilizada de uma ou de outra forma pelos ministros nas suas articulações políticas.

O Instituto Brasileiro de Geografia e Estatística (IBGE) também se manifesta sobre a crise da Previdência. Seu presidente, Josué Montello, considera a questão na perspectiva do envelhecimento da população e da redução da taxa de natalidade. Segundo seu depoimento, os maiores de 60 anos eram 4,6% em 1950 e chegam a 6,07% em 1980. Insinua a possibilidade de um limite de idade para aposentadoria, considerando, também, que há mais eficiência na previdência privada (*Correio Braziliense*, 28-8-83).

No âmbito não governamental, há grande quantidade de propostas de solução da questão previdenciária por parte de inúmeros analistas. Maurício Tragtemberg, professor da Fundação Getúlio Vargas, considera que, no Brasil, não há política social já que o Inamps repassa o dinheiro público ao setor privado (*Folha de S. Paulo*, 19-1-82). Raul Ussuna Delgado Filho, advogado trabalhista, considera que o déficit previdenciário tem origem na assistência médica (*Folha de S. Paulo*, 21-2-82). O economista e ex-ministro Otávio Gouveia de Bulhões afirma que a Previdência é um grande encargo e sugere o fim da Previdência (*Correio Braziliense*, 26-8-83). Outros técnicos, como Rio Nogueira (1985), consideram que a despesa do Sinpas vem crescendo mais rapidamente que a receita por uma questão de empreguismo e desmando desde os primórdios da Previdência e que foi exacerbada pela recessão que compeliu a classe média a buscar o Inamps fugindo do custo opressivo da rede assistencial privada.

Em linhas gerais, nas propostas e na análise dos técnicos e especialistas do governo e de fora do governo podemos distinguir: 1º) uma análise da crise previdenciária vinculada à sua dinâmica interna onde ocorrem problemas de duas ordens: a) vinculados a uma má gestão ou má administração ou b) vinculados a desequilíbrios temporários entre a receita e a despesa, com o acréscimo de benefícios não cobertos com a arrecadação de contribuições correspondentes. 2º) uma análise que considera a crise da Previdência vinculada à própria crise do capitalismo. A recessão resulta da própria estrutura capitalista dependente e das imposições do Fundo Monetário Internacional. A curto prazo, cabe ao Estado custear a cobertura do déficit previdenciário e, a longo prazo, deve-se buscar as mudanças da estrutura capitalista.

Os que vêem a crise sob a ótica moral afirmam que a solução da mesma passaria por cortes de gastos, melhor gestão e aumento de contribuições sem que afetem as relações capitalistas de exploração e dominação. Há técnicos e analistas, por sua vez, que se posicionam como aliados dos interesses dos trabalhadores e vêem a Previdência numa perspectiva de mudanças das relações sociais de produção e de poder, a começar pela presença dos trabalhadores nas decisões fundamentais do Sinpas (Faleiros, 1983). Já numa visão de longo prazo vinculada, aos setores e classes dominantes do capitalismo, surge a proposta de se privatizar a Previdência Social. Rubens Rodrigues dos Santos, por exemplo, propõe a compra de ações previdenciárias de empresas privadas de capital aberto que sejam bloqueadas em vida para custear os seguros sociais (*Estado de S. Paulo*, 6-5-84). Nesse mesmo sentido, pronuncia-se o ex-ministro Dias Leite propondo a privatização das estatais e entregando-as à Previdência Social através de cotas das empresas para que paguem a dívida da Previdência (*Estado de S. Paulo*, 27-12-84). A privatização proposta por Dias Leite é para todas as estatais.

Nesta gama diferenciada de "técnicos", é possível vislumbrar a divergência de perspectiva de classe na análise da sociedade e fica claro que não são opções neutras. Umas se colocam numa perspectiva liberal, de privatização, de retorno ao mercado (Rezende, 1984). Guy Sorman (1984), por exemplo, defende a solução dada à crise previdenciária por Margareth Thatcher e Ronald Reagan através de cortes na política social, forçando os indivíduos a competir no mercado pela sua sobrevivência, isto é, sem as garantias que a Previdência ou a assistência social vinham oferecendo para manutenção da força de trabalho.

Não vê, entretanto, que o mercado seja desigual. A outra tendência é justamente a socialização dos gastos sociais e a participação, cada vez maior, dos trabalhadores na gestão da Previdência Social. Esta socialização implica não só o aumento de benefícios, mas fundamentalmente o direito do cidadão a eles enquanto sujeito político individual e coletivo de uma sociedade que ele constrói, para a qual contribui, e da qual é partícipe.

Os advogados e juristas formam também uma força de manifestação no problema da Previdência. Há uma questão jurídica que é levantada pelos advogados e é relativa a certos direitos consagrados em lei. O tributarista José Carlos Gonçalves Wagner, vice-presidente do Instituto de Advogados de São Paulo, levanta a questão do reajuste injusto dos aposentados desde 1979, pois é feito baseado no salário mínimo do semestre anterior e não do semestre no qual vai ter vigência. Além disso, é pago com o atraso de dois meses (*Jornal da Tarde*, 14-11-83). A Ordem dos Advogados do Brasil pretendeu levar uma ação contra elevação das alíquotas da Previdência em conjunto com os trabalhadores (*Folha de S. Paulo*, 12-1-82). Frente à ação do próprio PMDB contra o aumento das alíquotas, o procurador-geral da República mandou arquivar o pedido de Odacir Klein que alegava inconstitucionalidade (*Folha de S. Paulo*, 17-12-82). A presença de advogados se fez ativa através da proposição de ações individuais nos tribunais, criando-se a jurisprudência sobre as questões da Previdência e contribuindo para a afirmação dos direitos individuais.

Merece destaque, no debate aqui analisado, a posição dos técnicos em relação ao plano do Conasp. Esse plano defende maior presença do setor público na saúde e dá prioridade para o atendimento ambulatorial. No grupo de trabalho, criado pelo Inamps em 1982, há participação de representantes de empregados, empregadores, entidades médicas e de medicina de grupo e se concluiu pela incompatibilidade entre o plano do Conasp e o convênio Inamps/empresas e pela necessidade de sua progressiva desativação. Documento nesse sentido foi entregue ao então ministro Hélio Beltrão mas nenhuma providência concreta foi tomada (Ribeiro, Lacaz, 1984: 163).

No interior das diferentes comissões, os técnicos também defendem posições divergentes e os conflitos e confrontos devem ser arbitrados pela instância política. Quando os conflitos não se resolvem através do acordo e do entendimento, apela-se para instância superior, como foi o caso da disputa surgida em 1981. Nesse momento, tanto o Ministério da Previdência como a Seplan apelaram para a arbitragem do presidente da República que, evidentemente, analisou as propostas de acordo com as exigências econômicas e as exigências políticas. No caso concreto, predominou a proposta da Seplan, que no interior do próprio governo exercia uma posição de força hegemônica.

O processo de hegemonia de uma força na determinação de uma política é contraditório e se desenvolve através de conflitos que são resolvidos à medida que há predomínio de um bloco ou de uma força. O bloco se constitui na articulação de forças e o próprio Delfim Netto, como já analisamos neste texto, realizou várias reuniões com banqueiros e empresários para concluir pela solução do déficit previdenciário através do aumento de contribuições e de cortes de gastos.

12. TRABALHADORES E APOSENTADOS

Na correlação de forças em torno da Previdência, há predomínio da hegemonia do bloco formado pela aliança entre o Ministério do Planejamento, empresários e banqueiros. Os trabalhadores e aposentados situam-se dissimetricamente nesta relação, como um pólo mais fraco, dominado, sem aqueles recursos e condições para articular um grande movimento, uma mobilização capaz de impor seus interesses quanto ao problema em questão. Apesar disso, e no contexto eleitoral propiciado pelo pleito de 1982, os sindicatos e organizações populares não deixaram de mobilizar suas forças e suas energias no sentido de defender interesses específicos na Previdência Social. Os sindicatos consideram que a cobrança da assistência médica é abusiva e é uma forma disfarçada de privatizar tais serviços. Julgam que é inadiável a extinção da política de convênios e contratos de compra de serviços médico-hospitalares, ambulatoriais e complementares ao diagnóstico, particularmente aqueles que remuneram sob a forma de unidades de serviços. Defendem a dotação de maiores recursos, por parte da União, para assistência médica, expandindo-se os serviços médico-ambulatoriais e hospitalares públicos para que se crie o sistema de saúde pública unificada. Nesse sistema, os trabalhadores devem estar representados de forma paritária com representantes do governo e dos profissionais de saúde. Combatem o fato de que as indústriais farmacêutica e de equipamentos médicos não se situem sob o controle do governo. Propõem que os empregadores fiquem obrigados a enviar cópias aos sindicatos de convênios de assistência médica enquanto os mesmos não forem extintos e que sejam aceitos os exames, diagnósticos e pedidos de consulta feitos pelo serviço médico dos sindicatos. Para os trabalhadores, é fundamental poder decidir sobre a prestação de serviços através da sua participação e fiscalização sobre os serviços do Inamps. Manifestam sua preocupação com a privatização da Previdência e o esvaziamento dos seus benefícios.

Em simpósio realizado em 15-10-83 sobre a crise econômica e a saúde dos trabalhadores, estes manifestam a necessidade de revogação da atual CLT para que se discuta uma nova proposta do movimento sindical sobre as condições de trabalho. Para os presentes ao encontro, é fundamental que os sindicatos participem das Comissões Internas de Acidentes de Trabalho (Cipas) e que detemham informações a respeito destas comissões. Defendem a participação dos trabalhadores na direção da Previdência, exigindo o pagamento do subsídio da União a ela devida e a cobrança rigorosa das prestações dos empresários. Os trabalhadores pedem o congelamento dos gêneros de primeira necessidade e propõem uma ampla discussão das questões da saúde do trabalhador em toda a sociedade.

O Sr. José Francisco da Silva, presidente da Contag, em seu depoimento à Comissão Parlamentar de Inquérito, em 26-5-83, denuncia a diferenciação acentuada existente entre o sistema de previdência urbana e de o previdência rural, destacando que enquanto no meio urbano a Previdência concede treze tipos de benefícios, no meio rural há apenas cinco, ou seja, aposentadoria por velhice, aposentadoria por invalidez, auxílio-acidente, e quanto ao dependente, pensão e auxílio-funeral. Salienta que a Contag vem reivindicando uma mudança que equipare os trabalhadores rurais aos urbanos e, recentemente, fez entrega ao ministro da Previdência de subsídios que defendem esta proposta. Critica a contribuição imposta ao aposentado e pensionista através do Decreto-lei nº 1.910 de 29-12-81 e salienta seu repúdio a tal iniciativa no momento em que foi estabelecida, não só pela forma de implantação que recusou qualquer negociação política, mas também pelo seu conteúdo. A Contag considera essa medida injusta e ilegal. Considera que a crise previdenciária decorre muito mais de sua má administração, através da politicagem, do empreguismo, e da malversação de recursos que propriamente da ausência de cobertura financeira. A Contag propõe um sistema de contribuição misto permitindo-se a contribuição indireta através da taxação de produtos e a contribuição direta, pois há trabalhadores rurais que não podem contribuir diretamente para a Previdência Social.

Nesta mesma sessão, falou também o sr. José Teles Dias, presidente do Sindicato de Trabalhadores da Construção Imobiliária de Brasília, atribuindo à recessão a principal causa da crise, pois provocou grande número de demissões de trabalhadores, aumentando o percentual da contribuição e instituindo o desconto sobre as aposentadorias. Salienta, também, que a crise imediata é resultado de uma má administração previdenciária.

Depôs, também na CPI, o sr. Joaquim dos Santos Andrade, presidente do Sindicato dos Metalúrgicos de São Paulo, e um dos dirigentes da Conclat, que configura uma importante tendência sindical no Brasil, nesse momento. Denuncia a existência de fraudes empresariais no contrato de trabalhadores sem carteira assinada, para burlar a própria Previdência, assim como a rotatividade da mão-de-obra e a política posta em prática pelo governo. Segundo o sindicalista, esta política arrocha consideravelmente os salários já que o empresário busca o aumento de lucro através da substituição de trabalhadores e, evidentemente, do rebaixamento salarial. Em conseqüência, isto acarretou o agravamento da crise.

Quanto à qualidade dos serviços, ele disse "ter medo do INPS", pois os serviços decaíram de qualidade e critica o pouco tempo que os médicos dedicam à assistência médica em função dos baixos salários que recebem. Assinala que os convênios são causa de corrupção e salienta que o Conasp vem tomando algumas medidas salutares no combate às fraudes mas "nos parece que o Conasp está com medo de entrar num barco cheio de cobras venenosas, que se chama brigas contra as empresas que exploram a medicina de grupo". Joaquim Andrade defende a aposentadoria por tempo de serviço, o aumento do valor do salário-família para 15% do salário mínimo, e o reajuste das aposentadorias de acordo com o custo de vida, a eliminação de carência para concessão dos auxílios. Lembra que se tendo em vista o grande número de desempregados no País, os auxílios previdenciários são usados como uma forma de seguro-desemprego.

O movimento da CUT, chamado em 1982 de pró-CUT, em reunião da comissão executiva em janeiro de 82, com a participação de 54 sindicalistas entre os quais os presidentes dos petroleiros de Campinas, dos metalúrgicos de Santos, dos bancários de Porto Alegre, manifesta sua oposição à elevação da alíquota previdenciária e decidem realizar fortes pressões contra a aprovação do pacote previdenciário de dezembro de 81, no sentido de induzir senadores e deputados à rejeição do Decreto-lei nº 1.910 quando for submetido a apreciação do Congresso (*Folha de S. Paulo*, 14-1-82). Em 28-8-81, uma comissão composta por 18 representantes de sindicatos do ABC paulista e do Conselho de Aposentados do Estado de São Paulo, tendo à frente o deputado Benedito Marcílio do PT, ameaça a deflagração de uma greve geral por tempo indeterminado caso o governo aprove as medidas previstas no pacote previdenciário e decida aumentar os descontos para o INPS. A comissão foi recebida pelo ministro Jair Soares que prometeu que a União participará na cobertura do déficit.

Até a conservadora Confederação Nacional dos Trabalhadores da Indústria, dirigida por Ary Campista, adverte que qualquer medida que sufoque o trabalhador será lembrada em 82, "porque o povo tem memória" e anuncia que, no Congresso que se reunirá em Brasília, irá discutir e propor soluções para a crise previdenciária.

Sindicalistas de todas as tendências manifestam-se, pois, contra o aumento das alíquotas e promovem grandes debates em todos os sindicatos onde seja possível fazê-lo.

No Congresso da CNTI há votação no sentido de se extinguir o Sinpas, pela volta à autarquia do INPS. Os trabalhadores não desejam a transferência do Inamps para o Ministério da Saúde sem que seja saneada a sua situação financeira. Propõem a transferência de Seguro Obrigatório de Veículos para Federal de Seguros e um acréscimo de 14,5% para 20% na cota de arrecadação da Loteria Esportiva para a Previdência Social. Os trabalhadores filiados à CNTI propõem uma taxa de 10% nos ingressos de competições esportivas, uma alíquota de 16% nos valores de passes dos atletas profissionais para a Previdência e consideram que a contribuição patronal previdenciária deve ser de 3% sobre o faturamento, mas respeitando-se um mínimo de 8% de descontos na folha de pagamento. Sugerem que a União contribua com 4% sobre o total arrecadado de patrões e empregados e que o trabalhador pague apenas 8% do seu salário, sendo os benefícios limitados a 20 salários mínimos (*Folha de S. Paulo*, 11-9-81).

Desde 1981, os trabalhadores mobilizam-se contra o aumento de alíquotas. Em 4-10-81, a Pró-CUT organiza uma manifestação, um dia nacional de luta contra a política econômica do governo, incluindo a política previdenciária e, desde 1981, os metalúrgicos de São Paulo começaram uma campanha para não aprovação do "pacote". Em junho de 1982 manifestam-se, em Brasília, sob a égide da CUT e conjuntamente com outras tendências. Cerca de 1.500 sindicalistas reúnem-se na rampa do Congresso Nacional para que o pacote não seja aprovado, o que não é alcançado pela decisão do PDS.

Os sindicalistas de São Paulo lançam, então, um manifesto na imprensa denunciando todos aqueles deputados paulistas que deixaram de comparecer ao plenário e, com isso, contribuíram para o aumento de alíquotas dos trabalhadores.

O movimento dos aposentados inicia-se, também, em janeiro de 82 com manifestações na praça da Sé, em São Paulo e reunindo 22 associações denunciando os deputados que também votaram a favor do pacote de dezembro (*Folha de S. Paulo*, 24-1-82). Além disso eles vão a Brasília protestar contra o "pacote" e decidem acompanhar a votação do Decreto-lei nº 1.910. Delegações de quase todos os Estados do País estão presentes na Capital Federal no dia 15-6-82 e cerca de 500 aposentados ocupam os corredores e salões do Congresso Nacional para protestar contra o "pacote previdenciário". Nessa manifestação, fala o presidente do PT, participando da campanha contra o pacote (*Estado de S. Paulo*, 16-6-82).

Além de lutar contra o aumento de alíquotas, isto é, pela defesa dos salários, os trabalhadores da ativa e aposentados se posicionam claramente a favor de sua participação nas decisões da Previdência, salientando que esta presença lhes foi retirada pelo grupo militar-tecnocrata que comandou o País após 1964 e que também levou a economia nacional à recessão.

Além da estratégia da pressão mobilizadora, os trabalhadores usam a pressão jurídica para sustentar suas reivindicações. O Sindicato de Petroquímicos do Rio de Janeiro dá entrada na justiça a uma ação contra a Previdência (*Folha de S. Paulo*, 6-5-82). Usam, também, a formação de opinião pública com declarações em jornais e o envio de telegramas aos congressistas. As entidades técnicas mantidas pelos sindicatos como o Dieese e o Diesat manifestam-se contra o aumento de contribuições O Dieese, através do seu presidente, considera que o déficit provém de desvios de fundos para grandes obras públicas e declara que o pacote não resolve as contas da Previdência (*O Globo*, 8-1-82). O Diesat assinala que o Conasp quer tirar o caráter securitário da Previdência para estender a assistência à saúde para toda população, mas sua estratégia é de apenas conter gastos nas políticas sociais, elaborando normas rígidas para com os hospitais o que pode levar à baixa de qualidade do atendimento médico. Além disso, essa medida não resolve a inclusão da maioria da população de baixa renda na assistência médica (*Jornal da Tarde*, 5-8-82).

Em seu depoimento na Comissão Parlamentar de Inquérito, o sr. José Mamede, presidente da Federação das Entidades de Aposentados e Pensionistas do Rio de Janeiro, além de criticar o Decreto-lei nº 1.910, levanta uma série de reivindicações para ampliar os benefícios da Previdência como: aposentadoria das seguradas aos 25 anos de atividade, extensão da Previdência plena à empregada doméstica, extensão do benefício funeral, pensão condigna para os segurados, participação na gestão da Previdência Social, e pagamento pela União dos seus débitos para com a Previdência . O Sr. José Mamede lê, também, a "Carta do Aposentado" aprovada no Congresso de Praia Grande, em 30-9-82 explicitando a luta para se "derrotar o governo e seu partido e derrotar os parlamentares responsáveis pela aprovação, por decurso de prazo, do Decreto-lei nº 1.910-81", conclamando os trabalhadores para eleger à Câmara e ao Senado uma maioria de parlamentares da oposição. Os aposentados e trabalhadores da ativa são unânimes em reprovar o Decreto-lei de aumento de contribuições, mas, como já assinalamos, na correlação de forças existentes, não lhes restou outra estratégia que o protesto e a pressão. Não foram convidados, ao que parece, para debater as questões de seu interesse com os ministros da Previdência e do Planejamento, como o foram os banqueiros, empresários, donos de hospitais e representantes de associações médicas. Na correlação de forças existentes, os trabalhadores elaboram uma estratégia de médio prazo frente à política eleitoral para retirar, ainda mais, a legitimação do governo, colocando-o frontalmente contra a classe operária.

A conjuntura política e a pressão dos trabalhadores influíram para frear alguns cortes diretos de benefícios como a aposentadoria por tempo de serviço. Uma limitação de idade para esse tipo de benefício poderia provocar aos olhos do próprio governo grande mobilização social, temida pelo próprio ministro Jarbas Passarinho, na perspectiva de se manter a "Segurança Nacional". Aliás, o Serviço Nacional de Informações (SNI) esteve sempre presente na análise das questões previdenciárias tanto por parte do chefe de gabinete, general Golbery, como do general Medeiros (*Isto É*, 2-9-81).

A dinâmica social em torno da Previdência, como vimos, é um jogo de interesses complexos que envolve o segundo maior orçamento do País e, mais que isso, as relações sociais entre Estado e sociedade e as relações de produção (Faleiros, 1980, cap. 4 e 7), implicando os processos de relações de poder (consenso e coerção) articulados aos processos de reprodução da força de trabalho (acumulação) de forma conflitiva e dinâmica. Nas conclusões, a seguir, retomo esta discussão, já definida no início deste trabalho.

13. CONCLUSÕES

As relações entre o Estado e a sociedade no Brasil, no período de 1979 a 1984, estão ainda profundamente marcadas pelo autoritarismo militar oriundo do golpe de 1964. Na análise da questão previdenciária podemos ver o predomínio de decisões verticais em vez de um processo articulador e negociador com todas as forças sociais em presença. As organizações em luta pela Previdência denotam esse verticalismo das imposições nos seus discursos, chamando justamente de "pacote previdenciário" as determinações principais da política do setor. Queixam-se do verticalismo tanto a Federação Brasileira de Hospitais como as Associações de Aposentados. Os próprios banqueiros manifestam-se surpresos com a emissão de ORTNs da Previdência em 1981. Há, em execução, um formato político de predomínio da força sobre o consenso, "da ordem sobre a justiça" como o diz claramente o professor Leitão de Abreu, chefe da Casa Civil do general João Figueiredo.

Esta predominância do verticalismo e do autoritarismo parece significar uma presença exclusiva do Estado, como se toda a política viesse "do alto". Neste trabalho demonstramos que nas relações do Estado com a sociedade é necessário levar-se em conta os condicionamentos econômicos (estrutura dependente em crise), os condicionamentos políticos (eleições de um governo sem legitimação) e a dinâmica dos conflitos de forças sociais (classes e blocos em presença).

Os condicionamentos econômicos se situam, historicamente, numa estrutura capitalista dependente, penetrada e hegemonicamente dominada pelos setores monopolistas e pelo capital financeiro internacional.

A dívida externa brasileira é resultado de uma articulação complexa, feita pelo governo tecnocrático-militar, entre os detentores de capitais estrangeiros e "grandes projetos" de investimento na época do auge dos "petrodólares". Paradoxalmente, o aumento do petróleo agrava as importações que alimentavam os "grandes projetos", e sobra para o país uma "dívida a pagar". O ministro Delfim Netto comanda uma operação fantástica de volta do país às exportações como diretriz básica, ao preço do corte da produção nacional, do consumo, dos gastos públicos. O próprio presidente eleito Tancredo Neves declara no discurso que havia preparado para sua posse: "é proibido gastar". A estratégia do governo no período é de utilizar todos os meios possíveis para cortar gastos e aumentar arrecadação. O Estado quer cobrir o déficit que ele mesmo provocou com um custo social elevado. Parte desse custo social é transferido para a Previdência Social e para os salários. Após um período curto (novembro de 79 a fevereiro de 83) de aumento salarial na fase pré-eleitoral a novembro de 82 os salários e benefícios são arrochados, com uma diminuição das pressões sociais de trabalhadores muito ativas de 78 a 80, devido ao medo do desemprego que ronda os lares, como um fantasma. O próprio Ministro Delfim Netto declara que "o aumento do desemprego freia as pressões salariais e contribui para reduzir os conflitos distributivos associados à perda da renda transferida à Opep" (Discurso no Senado Federal em 17/5/83).

Após as eleições de novembro de 1982, constata-se um arrocho geral dos salários, principalmente dos que ganham acima de três salários mínimos, o que repercute profundamente nos benefícios da Previdência, já que estes acompanhavam a política salarial. O reajuste das aposentadorias esteve sempre defasado do aumento do salário do período por um artifício de considerá-lo em referência ao salário do semestre anterior.

Estes cortes nos benefícios foram acompanhados por um aumento significativo de 25% nas contribuições previdenciárias, e que estavam estabilizadas em 8% da folha salarial (patrões e empregados) desde a Lei Orgânica de 1960.

Os parlamentares, os banqueiros, os empresários e, principalmente, os trabalhadores da ativa e os aposentados se mobilizam contra o aumento de contribuições e até conseguem fazer o governo recuar na primeira vez em que propõe descontos aos aposentados, em 1981. O governo contra-ataca através de decretos-lei aprovados por decurso de prazo. Com a ausência dos deputados do PDS no plenário do Congresso, consegue-se a falta de *quorum* necessária à aprovação automática de seu projeto, através do "decurso de prazo". Segundo este dispositivo constitucional, os projetos do Executivo são automaticamente aprovados pelo Congresso, caso não haja discussão dos mesmos no prazo de 45 dias. É através de atos de coerção que o governo impõe as outras medidas à Previdência, no final de 1983. Os atos de força do governo não são peças isoladas da política, mas representam o resultado de articulações complexas de análises conjunturais e de estratégias de dominação. Estas articulações se fazem, à luz do dia, entre as forças do bloco dominante.

O ministro Jarbas Passarinho afirma que "os patrões concordaram com que fizéssemos o Decreto 2087, mas com a ressalva de que não o defenderiam, para não ficarem mal com seus sindicatos". (É preciso repensar... p. 8). A imprensa noticia freqüentes reuniões dos ministros da Previdência e do Planejamento com banqueiros e empresários. No entanto, é o ministro do Planejamento, Delfim Netto, quem comanda o processo de articulação para a cobertura do déficit público e do déficit previdenciário, criando até conflitos com os ministros Jair Soares e Hélio Beltrão.

Já em 1º de agosto de 81, portanto, três meses antes de se decretar o aumento das alíquotas, Delfim confirma um acréscimo de 8 a 10% nas mesmas (*Folha de S. Paulo* de 2-8-81). Comunica esta decisão diretamente aos empresários e, posteriormente, numa operação de legitimação pública, socilita aos empresários que "não repassem os aumentos da Previdência aos preços, pois "um pedaço deve ser absorvido pelas empresas". (*Estado de S. Paulo* de 13-8-81). Este repasse, no entanto, não pode ser controlado nem mesmo pelo ministro, dependendo da "boa vontade" dos empresários. Apesar de manifestar-se contra a elevação das contribuições, os empresários não se comprometem em não repassá-la aos preços das mercadorias. No caso do decreto do Sesc/Sesi, os empresários reagem, não perdem nada com o aumento decretado e o governo acaba tirando mais uma lasca do contribuinte. Os empresários também se beneficiam com o parcelamento das dívidas, o que, sob a ótica do governo, deveria permitir maior arrecadação. O governo não toca na questão dos medicamentos e a indústria farmacêutica aufere ganhos fabulosos no período.

Quanto aos banqueiros, há certa tensão com o governo num processo de ameaças de ambos os lados: o governo ameaçando usar a rede pública para os serviços de recebimento e pagamento de carnês da Previdência e os bancos ameaçando ir à justiça para cobrar a "dívida da Previdência". Consegue-se um acordo, já em 78, de redução do prazo do dinheiro nos bancos em troca de taxas pelos serviços. A União cede parte do dinheiro devido à Previdência para cobrir o déficit bancário, mas, também, emite as ORTNs da Previdência, que oneram os bancos. Estes reagem, mas, por sua vez, obtêm lucros extraordinários com outros tipos de títulos emitidos pelo próprio governo. As ORTNs da Previdência, no valor de 180 bilhões de cruzeiros, representam uma parcela insignificante de "sacrifício" exigido dos banqueiros.

Os conflitos entre governo e hospitais se acentuam no período de crise diante da política de contenção de gastos com a assistência médica, operacionalizada pelo Conasp. Ao mesmo tempo em que o governo impõe medidas restritivas às internações, desenvolve uma estratégia de denúncia de fraudes, sobretudo a partir da possibilidade de vir a perder as eleições no Colégio Eleitoral, com o racha do PDS. Diante do "malufismo", que significa corrupção, devido às denúncias de compra de votos pelo candidato oficial do PDS, Paulo Maluf, o Palácio do Planalto quer transmitir uma imagem "moralizante" do governo, já anteriormente abalado pelos grandes escândalos como os da Capemi, da Coroa-Brastel, da Delfin Imobiliária. Os hospitais reagem ao corte de gastos, à limitação de internações, à apuração de fraudes. Na época de Jair Soares, conseguem ser avisados dos processos que estão sendo levantados, pois participam das próprias investigações. Algumas fraudes são apuradas e a Polícia Federal assume as investigações de forma ostensiva só em 1984. Os reajustes dos pagamentos hospitalares são corrigidos abaixo das inflações e são implantadas normas rígidas de internação. É definida uma política de prioridade à atenção pública à saúde, que é reafirmada pelo governo José Sarney.

Se levarmos em conta o que há de reivindicação comum dos discursos de empresários, aposentados, banqueiros, donos de hospitais, trabalhadores, ressalta de forma unânime o pedido de que "a União pague sua dívida" para com a Previdência Social.

A sociedade quer, na Previdência, os recursos que vêm depositando há mais de 60 anos nas caixas, institutos e no sistema unificado da Previdência hoje chamado de "Sinpas". Esta exigência advém do fato de que o próprio Estado usou o dinheiro dos segurados para grandes obras como Brasília, hidroelétricas, siderurgias. Há, por outro lado, a inclusão nos gastos da Previdência de benefícios não vinculados a custeio direto e chamados de assistenciais, enumerando-se entre eles a renda vitalícia, os do empregador rural, o abono anual, a Funabem e a LBA. Há propostas de se separar da Previdência estes setores assistenciais, dando-lhe um caráter de seguro social. Há, também, quem considere a assistência inerente à própria cidadania e não importa, no fundo, se é prestada pela Previdência ou por outro meio administrativo.

Os trabalhadores, além da reivindicação acima, posicionam-se clara e fortemente contra o aumento de contribuições, o corte dos benefícios dos aposentados e pela participação na Previdência. Destaca-se a reivindicação de participação, também presente nas exigências de médicos, empresários e donos de hospitais. Os trabalhadores reivindicam, mais especificamente, presença dos segurados na gestão da Previdência.

A sociedade manifesta descrença no autoritarismo e o debate sobre a questão do déficit previdenciário é um meio de expressão das exigências de participação. No período em foco, esta manifestação torna-se mais transparente na dinâmica social já que nos anos seguintes a 1964 era reprimida qualquer atividade de pressão ou expressão considerada "subversiva". Os trabalhadores exigem, também, a punição dos culpados pela dilapidação do dinheiro dos segurados.

A sociedade não aceita mais que o Estado malverse os recursos que lhe são retirados como contribuição. Tanto empresários como técnicos e trabalhadores falam da necessidade de melhor administração do que lhe é retirado, sobretudo num momento em que são impostas novas contribuições. Alguns ainda acreditam que se possa gerir melhor a Previdência com a introdução de mecanismos burocráticos de controle de fraudes, com a modernização dos equipamentos de gestão. Um desses mecanismos seria a implantação da tecnologia do computador como meio de combate às fraudes e desmandos. À perspectiva apenas modernizante opõe-se aquela que pleitea a participação de baixo para cima, com a presença dos segurados nos organismos decisórios para um efetivo controle da política, isto é, dos destinos da Previdência e não apenas de seus meios ou de seus resultados *a posteriori*. A política decisória é afirmação do destino, das finalidades, da perspectiva que se quer dar a um organismo em função dos interesses do cidadão contribuinte.

Para participar desse destino coletivo vastos setores da sociedade lutaram nesse período, sob a forma do movimento por eleições diretas para presidente da República, havendo já conquistado eleições para governadores em 1982. Nestas eleições, como já havia ocorrido desde 1970, as forças da oposição venceram nos principais centros populacionais e econômicos. O governo, através de casuísmos, ainda consegue manter uma maioria parlamentar que lhe obedece, com momentos de insubordinação, até esfacelar-se no Colégio Eleitoral de janeiro de 85.

A conjuntura eleitoral coloca em cheque, através das urnas e do voto, as políticas do regime militar. Antes das eleições de 1982, ocorre uma pequena liberalização do arrocho salarial.

Para evitar um confronto social na questão previdenciária, o governo se apressa em impor novas contribuições no final de 1981, embora o pacote tenha sido apreciado pelo Congresso em 1982. Apesar da via autoritária de aprovação do "pacote previdenciário", o governo coloca sob a forma de balões de ensaio à sociedade dilemas desse tipo: "ou se aumentam as contribuições ou serão cortados os benefícios".

A sobrevivência eleitoral dos deputados do governo fez com que reagissem veementemente a qualquer corte dos benefícios de forma ostensiva e direta, ainda que estivessem arrochados pela própria política salarial.

Nossa análise, mostra, assim, que a ação tutelar e autoritária do Estado é condicionada pela conjuntura econômica de redução do déficit, articulada numa conjuntura política eleitoral e de deslegitimação, é limitada pela mobilização e exigências da sociedade. As lutas da sociedade perpassam o próprio aparelho do Estado, que, embora ainda fechado à negociação com os setores populares, busca responder limitadamente a eles. As pressões da sociedade dividem os atores governamentais. Esta divisão do aparelho do Estado se manifesta, constantemente, nos atritos entre os ministros da Previdência e o do Planejamento.

O aparelho do Estado, como já vem sendo mostrado em várias pesquisas, não é monolítico (Faleiros, 1980). No caso em questão, as lutas e propostas divergentes da sociedade vão sendo encaminhadas num processo dinâmico de avanços e recuos do governo, sobretudo face à insubordinação do Congresso Nacional no caso da política previdenciária e da política salarial, que culminou com a insubordinação do Colégio Eleitoral que elegeu um candidato da oposição à Presidência da República. Embora esta "desobediência" signifique um evento histórico nas relações de subserviência do Congresso no regime militar, ela ainda ficou restrita à mudança institucional vigente, isto é, a um pacto de manutenção das relações de explorações capitalistas.

A Previdência Social se inscreve nessa ordem institucional, pois mantém os benefícios do trabalhador incapacitado pela exploração, e o aumento de contribuições recai sobre as costas do trabalhador e do consumidor. O governo tentou agir sobre a faixa mais desmobilizada dos trabalhadores, isto é, sobre os aposentados, mas também criou as condições para o ressurgimento da mobilização dessa faixa ou desta camada que, em boa medida, não têm outro meio de vida senão a Previdência. Formou-se uma aliança entre aposentados e trabalhadores na luta contra o "pacote da Previdência" e vastos setores das classes médias. A sociedade despertou para questões da cidadania e os direitos previdenciários passaram a ser um tema central nas discussões sobre a Constituinte. A questão do seguro-desemprego foi levantada como um direito do cidadão que não encontra, na ordem capitalista, o direito ao trabalho. Esta temática talvez seja fortemente debatida e objeto de mobilização na elaboração da nova carta constitucional, em 1986. Nesse caso uma conjuntura política vai trazer à baila as questões econômicas do país e o problema da sobrevivência do trabalhador no capitalismo.

14. BIBLIOGRAFIA

AGUIAR, Marco Antônio de Souza; ARRUDA, Marcos e FLORES, Parsival. *Ditadura econômica versus democracia.* Rio, IBASE; 1983.

ALMEIDA, Célia Maria de. A propósito do Funrural in *Saúde em Debate*, n.º 14, 32-45, 1982.

AZEVEDO, Maria Emília R. M. e OLIVEIRA, Francisco E. B. *Previdência Social.* Documento de Trabalho n.º 15. Brasília, CNRH, Outubro de 1984. Mimeografado.

BERLINGUER, Giovanni. *Medicina e política.* São Paulo, CEBES/HUCITEC. 1978.

BIZ, Osvaldo e GIRARDI, Leopoldo. *A dívida externa brasileira e o FMI.* Porto Alegre, Mundo Jovem, 1984.

BOMFIM, B. Calheiros. *A crise previdenciária.* Rio, Edições Trabalhistas, 1982.

BRAGA, José Carlos de Souza e PAULA, Sérgio Goes de. *Saúde e Previdência.* São Paulo, CEBES/HUCITEC, 1981.

BRASIL, MINISTÉRIO DA PREVIDÊNCIA E ASSISTÊNCIA SOCIAL. *Projeto de revisão da Previdência Social.* Brasília. MPAS/CCS, 1984.

BRASIL, MINISTÉRIO DA PREVIDÊNCIA E ASSISTÊNCIA SOCIAL. *Previdência social: é preciso repensar.* Brasília, MPAS/CCS, 1984.

BRUM, Argemiro. *Por que o Brasil foi ao Fundo.* Petrópolis, Vozes, 1983.

BURSZTYN, Pedro Leitão e CHAIN, Arnaldo (orgs.). *Que crise é esta.* São Paulo, Brasiliense, 1984.

CAMPANHOLE, Adriano e CAMPANHOLE, Hilton Lobo. *Consolidação das Leis da Previdência Social e Legislação Complementar.* São Paulo, Atlas, 1983.

COHN, Amélia et alii. *Acidentes do trabalho: uma forma de violência.* São Paulo, Brasiliense, 1985.

COHN, Amélia. *Previdência Social e processo político no Brasil.* São Paulo, Moderna, 1981.

DINIZ, Eli. O empresariado e o momento político: entre a nostalgia do passado e o temor do futuro. Rio, IUPERJ, *Cadernos de Conjuntura* n.º 1, outubro de 1985. Mimeografado.

DOELLINGER, Carlos von. Implicações da ação do Estado in *Conjuntura Econômica*. 36 (10): 49; Rio, out. de 82.

DORNBUSCH, Rudiger. Um programa de estabilização no Brasil in *Revista de Economia Política* 4 (2): 39-49. 1984.

DOWBOR, Ladislaw. *Introdução teórica à crise.* São Paulo, Brasiliense, 1981.

FALEIROS, Vicente de Paula. *A política social do estado capitalista.* São Paulo, Cortez, 1980.

FALEIROS, Vicente de Paula. *Crise econômica e política social na América Latina.* João Pessoa, UFPB, Mestrado em Serviço Social. Documento n.º 2, 1983. Mimeografado.

FALEIROS, Vicente de Paula. *Estado e massas na atual conjuntura.* UnB, Departamento de Ciências Sociais, Série Serviço Social nº 17, 1985. Mimeografado.

ISUANI, Ernesto A. Previdência e Assistência Social na América Latina: limites estruturais e mudanças necessárias. in *DADOS,* 27(3): 307-320, 1984.

LEITE, Celso. *A crise da Previdência Social.* Rio, Zahar, 1981.

LEITE, Celso Barroso. *Um século de Previdência Social.* Rio, Zahar, 1983.

LOJKINE, Jean. *O Estado capitalista e a questão urbana.* São Paulo, Martins Fontes, 1981.

MACEDO, Roberto. Com a colaboração do LUQUE, Carlos e VASCONCELOS, Marco A. S. de. *A Crise da Previdência Social Brasileira.* São Paulo, Outubro de 1984. Texto para discussão. Mimeografado.

MAZZUCCHELLI, Frederico. *A contradição em processo. O capitalismo e suas crises.* São Paulo, Brasiliense, 1985.

McGEEVEY, William et alii. *Política e financiamento do sistema de saúde brasileiro.* Brasília, IPEA/IPLAN, 1984.

MESA-LAGO, Carmelo. *Social security in Latin-America.* Pittsburgh. University of Pittsburgh Press, 1978.

O movimento médico e a saúde. Mesa-redonda in *Saúde em Debate.* Nº 13, 1981, pp. 32-37.

NOGUEIRA, Rio. *A crise moral e financeira da previdência social.* São Paulo, DIFEL, 1985.

OLIVEIRA, Francisco E. B. *Alguns aspectos conceituais, operacionais e estruturais da Previdência Social brasileira.* Brasília, Ipea, Texto para Discussão Interna nº 53, dezembro de 1982.

OLIVEIRA, Jaime A. de Araújo. A crise da Previdência e seu impacto sobre a política de saúde. in *Saúde em Debate,* Nº 13: 4-20, 1981.

OLIVEIRA, Jaime A. de Araújo. Em defesa do PrevSaúde ou VII Conferência Nacional de Saúde. Um passo adiante. In *Saúde em Debate* Nº 11, 1981, pp. 38-44.

PASSARINHO, Jarbas. Depoimento no Senado Federal em 24 de maio de 1984. Brasília, MPAS/CCS, 1984.

PEREIRA, Luiz C. Bresser e NAKANO, Yoshiaki. *Inflação e recessão.* São Paulo, Brasiliense, 1984.

PIVEN, Frances Fox e CLOWARD, Richard. *Regulating the poor. The functions of public Welfare.* New York, Vintage Books, 1972.

PASSOS, Cristina. *Saúde e Trabalho. A crise da Previdência Social.* Rio, Graal, 1981.

REZENDE, Fernando. A imprevidência da Previdência. In *Revista de Economia Política.* 4 (2): 51-69, 1984.

RIBEIRO, Herval Pina e LACAZ, Francisco A. de Castro (orgs.) *De que adoecem e morrem os trabalhadores.* São Paulo, DIESAT, 1984.

SABÓIA, João. *Salário mínimo. A experiência brasileira.* Porto Alegre, L & PM, 1985.

SINGER, Paul; CAMPOS, Oswaldo e OLIVEIRA, Elizabeth M. *Prevenir e curar: o controle através dos serviços de saúde.* Rio, Forense-Universitária, 1978.

SORMAN, Guy. *La solution libérale.* Paris, Fayard, 1984.

STEPHANES, Reinhold. *Previdência Social: um problema gerencial.* Rio de Janeiro, Lidador, 1984.

TEIXEIRA, Sônia Maria Fleury. Previdência versus assistência na política social brasileira. In *Dados*, 27 (3): 321-345, 1984.

O MODELO ENERGÉTICO NO BRASIL DEMOCRÁTICO

Paulo Augusto Leonelli *

* Engenheiro Elétrico – Escola de Engenharia São Carlos – USP – Membro do Conselho Federal de Engenharia, Arquitetura e Agronomia – Especialização em Economia e Tecnologia de Energia.

1. INTRODUÇÃO: MODELO DE DESENVOLVIMENTO E MODELO ENERGÉTICO

Usualmente a análise da participação da energia no processo de desenvolvimento nacional é tratada sob a ótica monetarista. Esta visão, por sua extrema miopia, impede a compreensão da gravidade que a questão encerra. Desta maneira, algumas leis elementares da natureza são completamente desprezadas e a intrínseca relação entre a manipulação dos recursos energéticos nacionais com o modelo econômico vigente e a assombrosa dívida externa é inteiramente omitida.

Uma visão mais apurada e conseqüente do tema revela o papel indispensável da energia na sociedade moderna. Todos os sistemas biológicos e econômicos demandam energia para o seu desenvolvimento. A energia está presente em todos os processos naturais e sociais: no ciclo da reprodução animal e vegetal, no ciclo das águas e ventos, na fotossíntese, na agricultura, indústria e comércio, nos serviços públicos e nos meios de transportes. Enfim, o homem desconhece qualquer atividade cotidiana que não envolva o consumo de alguma forma de energia. Não se incorre em exagero ao se afirmar que todo o Universo está fundamentado na energia e que o controle dos seus fluxos se constitui no vetor fundamental da existência humana.

Ao longo da história da humanidade, a captação e aproveitamento da energia disponível na natureza, nas mais diversas formas, permitiu o desenvolvimento e o equilíbrio das sociedades humanas, havendo uma relação direta entre o controle dos fluxos de energia e a produção e conservação dos bens. Odum, (1985) e Mielnik, (1984), descrevem as inúmeras relações existentes entre os sistemas energéticos, sociais e econômicos. No âmbito deste trabalho, destaca-se a impossibilidade da análise isolada do chamado Modelo Energético Brasileiro – MEB –, sem o correspondente exame do Modelo de Desenvolvimento que lhe fornece o suporte.

Qualquer ação no Sistema Econômico tem sua conseqüência no Sistema Energético, sendo válido o percurso inverso. Portanto, a busca de um novo Modelo Energético compatível com as necessidades da população brasileira e com as diponibilidades dos recursos naturais da nação, torna-se indissociável da elaboração de um novo Modelo de Desenvolvimento Nacional que atenda a esses propósitos.

Quais as principais características do atual Modelo de Desenvolvimento Nacional e suas conseqüentes implicações no Modelo Energético?

Quais as relações entre este Modelo Energético e a Dívida Externa?

Quais os parâmetros para elaboração de um Novo Modelo Energético e o necessário estabelecimento de um Novo Modelo de Desenvolvimento Nacional?

Que ações de governo são requeridas para uma reorientação e adequação institucional para dar sustentação democrática às novas propostas?

Qual a importância da Reforma Agrária dentro do Novo Modelo Energético e como aproveitar o processo de eleição da Assembléia Nacional Constituinte para posicionamento nacional sobre estas vitais questões?

Colaborar no esforço de reflexão e resolução destes questionamentos é o que se propõe o presente trabalho.

2. TANTO SE FALA, MAS O QUE É ENERGIA?

Dentro do conceito físico tradicional, diz-se que energia é a capacidade que um corpo (ou sistema) tem para realizar trabalho ou produzir calor. Daí advêm todos os usos finais de energia: Força Motriz, Aquecimento e Iluminação. A energia viabiliza a produção do trabalho através das máquinas, aliviando o esforço humano e gerando bens para seu conforto e progresso.

A origem de todas as fontes de energia é o sol. O astro-rei é um imenso reator nuclear, equivalendo a bilhões de bombas de hidrogênio explodindo a cada segundo. A energia solar é responsável, aqui na Terra, pela formação de ventos, dos rios, do calor, do crescimento das plantas, da atividade biológica dos animais, inclusive do homem. Em épocas passadas foi responsável pela própria formação dos chamados combustíveis fósseis: petróleo, carvão e xisto.

A energia se encontra disponível na natureza sob as mais diferentes formas. Seu emprego torna-as conversíveis umas nas outras. Assim, são progressivamente caracterizadas a energia mecânica, química, térmica, elétrica, nuclear, etc. A maioria das fontes de energia utilizadas pela sociedade ocorre sob a forma química, devido à facilidade de estocagem e transporte. É o caso do petróleo, carvão, gás ou biomassa. As fontes de energia são classificadas em renováveis e não renováveis. As fontes renováveis caracterizam-se pelo fato de serem permanentemente restauradas pela ação da energia solar. Nesta categoria destacam-se a energia hidráulica e biomassa, estando também incluídas outras cujo emprego ainda é incipiente, como a energia eólica, das marés, etc. As fontes não renováveis são aquelas cuja utilização não permite a restauração natural, como o petróleo, carvão, gás natural e urânio.

Um aspecto importante a ser observado é que as formas de utilização da energia pelo homem requerem uma transformação das fontes originais disponíveis na natureza, também chamadas de fontes primárias[1], em outras formas mais facilmente manipuláveis, usualmente denominadas fontes secundárias[2]. Esta transformação, além de requerer um *quantum* de Energia em seu próprio processamento, diminui a quantidade de energia final que poderá ser empregada de maneira útil, em conseqüência das perdas inevitáveis para o ambiente. Um aprofundamento desta abordagem apresenta dados supreendentes (BEU, 1984): Para o ano de 1983, apenas 33% de toda a oferta interna bruta foi convertida em energia útil. Descontando-se uma pequena parcela de 11%, cuja aplicação é destinada a fins não energéticos[3], cerca de 56% daquele total são devidos às perdas na transformação, distribuição e armazenagem (12%) e às perdas no uso final[4] (44%). Estes dados reforçam o fato que a Energia só pode ser utilizada uma única vez. Cabe à sociedade, portanto, empregá-lo de maneira adequada e racional. "Com o uso e o controle crescentes da energia, o homem é capaz de controlar a biosfera e tem agora uma redobrada necessidade de ser um bom administrador." (Odum, 1985).

3. ENERGIA E SOCIEDADE: UMA BREVE HISTÓRIA EM TRÊS TEMPOS

3.1. *O ritmo primitivo do Sol e dos músculos*

O desenvolvimento da humanidade sempre esteve ligado a um tipo de sistema técnico, fundamentado no aproveitamento de uma forma de energia bem determinada. Assim, nos primórdios da civilização o homem dependia exclusivamente do sol para sua sobrevivência (não é por acaso a íntima relação do astro com as atividades e adorações religiosas em quase todas as civilizações antigas). Gradativamente, as atividades extrativas foram perdendo importância para a agricultura e pecuária: o homem deixa de utilizar unicamente a força de seus músculos e passa essa tarefa para os animais; com a manipulação do fogo cozinha seus alimentos, ilumina suas noites e não sente mais frio.

Até então, os fluxos de energia são determinados pelos ritmos naturais: dia e noite, fluxo dos rios, as estações do ano, os períodos normais de colheita, etc. Assim ocorre porque o homem ainda não aprendeu como acumular a energia, tampouco utilizar as fontes energéticas que se encontravam estocadas e intocadas.

---

1. Fontes primárias: Petróleo, Carvão, Quedas d'água, Biomassa, etc.
2. Fontes secundárias: Derivados de Petróleo, Carvão Vegetal, Alcool, Hidroeletricidade, Termoeletricidade, etc.
3. Fins não energéticos: produtos para indústria petroquímica, lubrificantes. gás para reinjeção nos poços, etc.
4. Perdas no uso final: rendimentos deficitários de máquinas, motores e equipamentos em geral.

3.2. *O ritmo alucinante da sociedade industrial*

Com a descoberta da máquina a vapor e o uso do carvão, inicia-se uma grande revolução, com a liberação de potencialidades até agora desconhecidas. O homem passa a viver melhor e quer sempre mais e mais. O projeto de sociedade orienta-se para o crescimento das quantidades: mais produção, mais consumo, mais velocidade, mais riqueza, mais prestígio, mais tudo... No início do século XX, o processo ganha maior impulso com a (re)descoberta do petróleo, energia limpa e barata. É fácil de perceber que o progresso que se observa no mundo desenvolvido é devido à capacidade humana de ter utilizado os recursos energéticos estocados pela Natureza em milhões e milhões de anos.

O aprendizado de como acumular energia, armazenada nos grandes depósitos e lagos artificiais, libera o homem do ritmo imposto pela natureza. Assim, ele utiliza o tempo como lhe convém:Vai e vem sem a ninguém pedir licença, transporta o que e quando bem entende, constrói aquilo que quer no momento em que assim deseja, consome tudo que lhe dá vontade. Enfim, já não há mais limites para a ambição humana!

Evidentemente algum preço tem que ser pago por esta abundância. A moeda tem a cara da vida e a coroa da sobrevivência. Ao dissociar-se dos ritmos naturais, a sociedade industrial passa a dissociar-se da própria natureza, muitas vezes conspirando contra ela. O exercício das tecnologias energéticas em grande escala, ao extrair e acumular enormes quantidades de energia necessárias à manutenção da sociedade moderna, transforma os ecossistemas naturais em ecossistemas artificiais, cuja exploração predatória pode ameaçar a própria sobrevivência das gerações futuras. Aqui mesmo no Brasil não faltam evidências: em São Paulo, a poluição ambiental e a extração indiscriminada de madeira esgotou a cobertura florestal, em particular a serra do Mar. Os lagos de Itaipu e Tucuruí inundaram milhares de hectares de terras produtivas, com conseqüências ecológicas e climáticas ainda não corretamente avaliadas. Inúmeros outros exemplos significativos podem ser encontrados na devastação da floresta amazônica e na prática depredatória das grandes monoculturas de soja e cana.

3.3. *Tempo: e Agora, José?*

O carvão e o petróleo são combustíveis fósseis e portanto não renováveis. Isto significa que algum dia as reservas acabarão. As estimativas otimistas prevêem ainda uma disponibilidade de 100 anos, considerando-se a contínua evolução tecnológica na extração. Alguns renomados institutos de pesquisa (entre eles o MIT[5]) calculam que as reservas de

5. MIT: Massachussets Institute of Tecnology

petróleo duram no máximo 30 anos, se o consumo continuar na atual progressão. De qualquer maneira, o Brasil possui magras reservas de óleo (nossos 2,3 bilhões de barris representam menos de 0,5% das reservas mundiais). A tecnologia e a extração nas plataformas marítimas são caríssimas, com custos mais elevados que o próprio petróleo importado.

A concentração da produção leva à concentração das riquezas e do poder. Na sociedade industrial, quem detém os estoques de energia e a tecnologia do seu aproveitamento, exerce o controle econômico do sistema. Cada vez mais o processo extrapola as fronteiras geopolíticas e se internacionaliza. Os choques do petróleo de 1973 e 1979 colocaram em evidência duas questões fundamentais:

1. A era da energia farta e barata encerrou-se definitivamente;

2. Os países do Terceiro Mundo (excluindo-se o México, Venezuela e membros da Opep), sob o ponto de vista energético, são profundamente vulneráveis às nações desenvolvidas, pois dependem vitalmente da importação de energia que os sustenta.

Nas duas últimas décadas, inúmeros conflitos mundiais são demarcados pelas tentativas de controle dos recursos energéticos. As guerras no Oriente Médio são manifestações evidentes de que as grandes potências estão determinadas a apoiar e inclusive estimular seus "aliados" na consolidação do domínio sobre as reservas estratégicas de petróleo. As nações industriais buscarão as fontes energéticas onde elas se encontrarem e a qualquer preço. Seria muita ingenuidade imaginar que estes inúmeros embates repousam em singelas divergências religiosas...

Por outro lado, o setor energético mundial cresceu rapidamente nos últimos anos. Segundo o Prof.º Bautista Vidal, em 1974 apenas uma dentre as dez maiores empresas do mundo pertencia ao setor energético. Esse número eleva-se para sete, em 1984.

"Através da ação inteligente das sete famosas transnacionais petroleiras (hoje autodenominadas empresas energéticas) decidiram conservar suas próprias reservas, promover e proteger até pelas armas a exploração das 'reservas' extraterritoriais e ainda recolher para gestão do sistema financeiro internacional nada menos que 328 bilhões de dólares (excedentes financeiros da Opep entre 1974 e 1980)" (Petracco, 1984),

É clara a afinidade existente entre o Sistema Financeiro Internacional e as transnacionais energéticas. Ora, não foi senão com os excedentes gerados pelos euro e petrodólares que se viabilizou a monumental dívida externa dos países do Terceiro Mundo. Inúmeros trabalhos descrevem com precisão a evolução da taxa de juros e da elevação dos preços do petróleo (Petracco, 1984; Schilling, 1985; Leonelli, 1985). Cabe, apenas ressaltar que tanto uma como outra derivam de uma decisão política unilateral dos grandes banqueiros internacionais e do cartel petrolífero, consoante seus interesses econômicos particulares e, evidentemente, das respectivas nações beneficiadas.

Toda esta situação engendra, na verdade, o já conhecido mecanismo de transferência de riquezas dos países subdesenvolvidos para os desenvolvidos. Não é por mero acaso que o receituário do FMI recomenda duas prescrições fundamentais: O estímulo à política de exportações e o arrocho salarial. Assim, o pagamento da dívida externa é feito com os recursos naturais e a força de trabalho dos países endividados.

À medida que os juros internacionais se elevam, aumentando geometricamente a dívida, os países devedores são forçados a exportar maiores quantidades de matérias-primas e alguns produtos manufaturados, cujos preços são progressivamente vilipendiados. Alguns casos são particularmente alarmantes, como o alumínio e o aço, que incorporam grandes quantidades de energia em sua transformação. Essa maneira indireta de exportação tem se revelado muito eficiente. Também não é por acaso a política do cartel do alumínio e aço de transplantar suas fábricas das sedes para os países periféricos. A todas estas práticas nocivas, acompanham os já tradicionais métodos de remessa de lucros: subfaturamento dos produtos vendidos da filial para a matriz, superfaturamento dos equipamentos adquiridos no exterior (muitos dos quais já amortizados na origem) *royalties* e patentes, etc.

Desta maneira, a dependência energética está associada à dependência econômica e estas, evidentemente, geram a dependência política. Compõe-se o perverso ciclo vicioso do aumento da dívida seguido pelo incremento das exportações, cujo rompimento só se dará através de uma decidida determinação política da nação, com a conseqüente opção pela formulação de um novo Modelo de Desenvolvimento Nacional, soberano e democrático.

4. PARA ONDE CAMINHA ESTE GIGANTE CHAMADO BRASIL?

Não se pode afirmar com segurança que o Brasil dispõe de um Modelo Energético consolidado, compreendido como um conjunto de estruturas e programas que proporcionem a interação harmônica dos fluxos de energia, e que permitam a operação ótima dos subsistemas de produção, transporte, distribuição e consumo. Seria mais apropriado dizer que o Modelo Energético Brasileiro, se assim pode ser denominado, compõe-se de uma série de ações governamentais destinadas a suprir a demanda nacional de energia, dirigido por incidentes conjunturais, carente de um planejamento global e consistente, caracterizado por políticas isoladas e freqüentemente contraditórias.

Para efeito de estudo, o chamado Modelo Energético Brasileiro pode ser desdobrado em dois segmentos diferenciados e complementares:

1) Relações entre o Modelo de Desenvolvimento com o Modelo Energético; 2) Características principais do Sistema Energético Brasileiro.

4.1. *O Modelo de Desenvolvimento Brasileiro e a "crise energética"*

A polvorosa provocada pelo aumento de petróleo nos anos de 1973 e 1979 levou às manchetes dos jornais a falaciosa idéia de que o país sofria uma crise de energia. A alta dos preços do petróleo serviu, na verdade, de largos ombros para encobrir a grave distorção do modelo de desenvolvimento que o país adotara e em cuja utilização (do petróleo e seus derivados) se fundamenta. A então chamada "crise energética" reduz-se, em sua essência, à crise de fornecimento de combustíveis líquidos, derivados do petróleo, que nos são escassos. Sob o ponto de vista energético, o Brasil dispõe de inesgotáveis reservas de fontes de energia, principalmente as renováveis.

Não obstante, a importância das despesas com o petróleo (a chamada "conta-petróleo") na balança comercial brasileira e na formação da dívida externa é muito significativa, não exclusivamente pelos aumentos unilaterais provocados pelos países árabes, mas principalmente pela dependência insensata que a estrutura econômica nacional mantém para com este energético. (Ver Tabelas 1 e 2).

A participação do petróleo na pauta de importações brasileiras saltou de 12,7% no ano de 1972 para 46,6% dez anos após. Apesar da política de substituição dos derivados e do aumento da produção interna, o petróleo ainda é responsável por quase metade das nossas importações. Em contrapartida, os sucessivos superávits obtidos na balança comercial, que representam o imenso esforço e sacrifício do povo brasileiro nesta última década, só serviram para aplacar a voracidade dos banqueiros internacionais e encher os cofres (ou tanques) do cartel das "sete irmãs"[6]: Em 1972 apenas 13,5% dos recursos obtidos com as exportações eram destinadas ao pagamento do petróleo importado. Em 1982, dez anos após, este índice eleva-se a 46,1%. Atualmente, a política governamental logrou baixar para 25% esta relação. Entretarto, não pode haver ilusões sobre este aparente resultado satisfatório, pois os preços do petróleo no mercado internacional estão continuadamente sujeitos às variações conjunturais e, sendo pagos em dólar, representam um ônus adicional para a nação.

Por outro lado, só foi possível obter tamanha redução nas importações de petróleo graças ao ritmo alarmante de 600 mil barris/dia imposto pela Petrobrás às extrações do óleo nacional. A relação reservas/produção decai perigosamente para um horizonte menor do que dez anos, apontando o risco de exaustão das reservas brasileiras. O petróleo extraído da plataforma continental apresenta custos equivalentes ou superiores aos

---

* Gulf, Britsh Petroleum, Exxon, Standard Oil, Texaco, Mobil e Shell.

preços do mercado internacional. O rendimento energético representado pela relação entre a quantidade de energia investida (em equipamentos, insumos e pessoal) e a quantidade de energia extraída, não estaria sendo deficitário?

A participação do petróleo na matriz do consumo total de fontes primárias foi sempre preponderante nestes últimos anos. A taxa média do período 1973/83 revela um índice de cerca de 40%. Comparando-se com outras fontes renováveis, como a eletricidade (24%) ou a lenha (23%), pode-se vislumbrar uma real avaliação da gravidade do problema. (Ver tabela 3).

O principal responsável pelo elevado consumo de petróleo é o setor de transportes, fundamentado na opção rodoviária. Em 1983, 58% do consumo total de petróleo é devido a este segmento e a modalidade rodoviária responde por quase 8% desta parcela. (Ver tabelas 4 e 5).

Até a metade do século, o modelo ferroviário vigorava no país. "Coincidentemente", o rodoviarismo passou a ser predominante na razão direta da influência dos Estados Unidos em nossa economia, a partir da Segunda Guerra Mundial. Os EUA não eram exportadores de carvão, mas de petróleo; não de vagões e locomotivas, mas de automóveis. Atualmente, cerca de 70% das cargas transportadoras no Brasil e 96% dos transportes de passageiros é realizada por via rodoviária. No panorama mundial, o transporte rodoviário de cargas representa apenas cerca de 22%, sendo que nos países capitalistas desenvolvidos este índice eleva-se para 30% e nos países socialistas reduz-se a 7%. Nos demais países do Terceiro Mundo este índice não atinge os 43%. (Homem de Melo, 1981).

Como se constata facilmente, o modelo rodoviário (que inclusive representa o pólo dinâmico de nossa economia dependente), encontra-se na contramão do processo de desenvolvimento nacional.

Identificado o principal componente que conduz a dependência brasileira aos combustíveis fósseis, cabe uma abordagem, ainda que superficial, relativamente à constituição da atual dívida externa e à política de exportações que os governos da velha e nova república vêm adotando para enfrentá-la.

A economia brasileira, conforme análise exposta no capítulo anterior, enquadra-se perfeitamente no modelo de desenvolvimento então descrito: apresenta os mesmos sintomas e mecanismos de dependência às nações desenvolvidas. Por ser um País extremamente rico, a quantidade das riquezas expoliadas é imensa. Não é sem razão que o Brasil apresenta a maior dívida externa dentre os países do Terceiro Mundo. Mas, qual é a real legitimidade desta dívida?

Schilling (1985) indica algumas pistas: "A Comissão Parlamentar de Inquérito – CPI que examinou as causas e as conseqüências da dívida externa, chegou também à conclusão de que parte considerável da mesma é ilegítima. *Esta ilegitimidade se origina, entre outras causas, na política do governo norte-americano que, através de medidas unilaterais, mantém o dólar supervalorizado e as taxas de juros altamente inflacionadas.* Os deputados integrantes da CPI calculam que cerca de 40 bilhões da dívida originam-se da elevação artificial das taxas de juros..." (grifo nosso).

Com efeito, quando o Tesouro norte-americano começou a concorrer nos mercados financeiros (interno e externo) para cobrir seus déficits, encerrou-se a fase de crédito farto, gerado pelos petrodólares e eurodólares na década de 70. Estes excedentes haviam criado uma inflação até então desconhecida nos EUA, atingindo o recorde de 13,3% em 1979. Com a ascensão do presidente Ronald Reagan em 1980, os Estados Unidos adotaram uma política monetarista clássica, com restrições ao crédito e deflagração de um processo de recessão econômica. Pretendia-se retomar o controle sobre a economia americana. A implantação desta política recessiva ocasionou a diminuição da compra das matérias-primas produzidas pelos países em desenvolvimento. Conseqüentemente, ocorreu um acúmulo nos estoques e inevitável redução dos preços no mercado internacional. Decai o poder de compra dos países endividados que, na eminência de falência, recorrem ao FMI. O Fundo Monetário Internacional condiciona seu "auxílio" à adoção de medidas recessivas, estimulando crescentes exportações para quitação dos débitos. Entre 1978 e 1982, 46 países renegociaram suas dívidas, num montante de 50 bilhões de dólares[7].

No período 1972/1983, nossas exportações ampliaram-se de 3,99 bilhões de dólares para 21,90 bilhões. Isto representa um crescimento de 548%, que seria louvável não fossem as relações mostradas a seguir: No mesmo período, o total do serviço da dívida (juros + amortização) elevou-se de 1,69 bilhão para 19,35 bilhões de dólares, num crescimento de 1.145%. Em 1972, este serviço consumia 42,3% das nossas exportações, elevando-se para 89,35% em 1983[8]. Em outras palavras, segue-se à risca o receituário do FMI: praticamente todas as nossas exportações estão sendo destinadas ao pagamento da dívida.

É oportuno observar que enquanto os países desenvolvidos buscaram readequar suas estruturas produtivas após os aumentos do preço do petróleo, com medidas de racionalização e racionamento, o Brasil continuava impune sob o comando do governo Geisel rumo ao "desenvolvimentismo", ao consumo desenfreado dos combustíveis e ao endividamento externo. Neste período de governo, a dívida saltou de 17 para 50 bilhões de dólares, quase triplicando seu valor. O galope continuou acelerado sob as rédeas do governo Figueiredo, atingindo 100 bilhões de dólares em 1984. Grande parte do valor líquido dos empréstimos foi empregado no setor energético: Programa Nuclear, Itaipu e Tucuruí.

7. FONTE: Revista Le Point, 1/11/85.
8. FONTE: Conjuntura Econômica, set. de 1985.

Como decorrência do raciocínio e dados apresentados, e para efeito do presente trabalho, o modelo de desenvolvimento capitalista brasileiro pode então ser caracterizado como "dependente, expansionista-exportador".

Dependente, porque seu desenvolvimento está subordinado aos interesses dos países ricos que detêm o controle da nossa dívida externa, dos processos tecnológicos, e dos fluxos de energia necessárias à manutenção deste modelo.

Expansionista-exportador, pois seu desdobramento incorre num crescimento desordenado da economia, desvinculado dos interesses da nação brasileira e direcionado para a produção crescente de mercadorias destinadas ao mercado externo.

Dentro do âmbito da política energética, os governos autoritários buscaram soluções para a "crise" dentro dos contornos do modelo vigente, sem promover transformações essenciais. Assim, as medidas governamentais foram concentradas em três grandes programas: Programa Nuclear, Proálcool e Programa de Mobilização Energética (PME). Admitindo-se que os dois primeiros tenham se inciado em 1975, nota-se claramente um atraso de pelo menos 2 anos na tentativa de uma resposta efetiva à 1ª Crise do Petróleo (1973). As medidas de racionamento e conservação postas em prática de imediato pelos países desenvolvidos após o 1º Choque de Petróleo só foram encontrar providências similares no Brasil com o PME, aprovado apenas em 1982. Desta maneira, quase dez anos após o 1º Choque do Petróleo e quase três anos após o 2º, é que o governo aprova as diretrizes para o enfrentamento do problema.

Desde sua concepção e implantação, o Programa Nuclear vem sendo objeto de severas restrições por parte da comunidade científica e tecnológica nacional. As críticas concentram-se em três argumentos básicos: inicialmente, do ponto de vista do uso final energético, produzir eletricidade a partir da energia nuclear só se justificaria caso nossos recursos hidroelétricos fossem escassos, o que sabidamente não ocorre. Sob o ponto de vista tecnológico, afirmava-se a necessidade do Brasil capacitar-se para a tecnologia nuclear. Caso realmente fosse este o propósito, pergunta-se: – Por que o Grupo do Tório foi desativado, se poderia produzir tecnologia nuclear genuinamente brasileira? – Por que o processo de enriquecimento de urânio optado foi o "jato centrífugo", cuja aprovação em escala industrial não estava comprovada, os investimentos são maiores e se consome uma quantidade imensa de energia elétrica em seu processamento?

Finalmente, sob o aspecto econômico, o programa revela-se um desastre. Previa-se um custo inicial de 500 dólares por kilowatt instalado. A avaliação atual dos custos eleva-se para 3.000 dólares, três vezes mais caro que o kilowatt hidroelétrico. Além destes argumentos, restaria ainda um questionamento estratégico a respeito da conveniência da opção pela energia nuclear: a questão do lixo atômico radioativo ainda não foi solucionada, nem tampouco o que se irá fazer com as usinas após esgotada sua vida útil.

As diretrizes para o Programa de Mobilização Energética foram sancionadas por decreto federal em abril de 1982. Adota como providências prioritárias a "conservação de energia" e a "substituição dos derivados de petróleo", sem apresentar uma orientação segura quanto à modificação da estrutura da demanda e das implicações econômicas decorrentes. Não obstante as limitações descritas, o PME oferece uma tentativa bem-intencionada na busca de soluções específicas alternativas. Os resultados colhidos até agora, no entanto, não se revelam significativos dentro da gravidade do panorama energético brasileiro. Nos quatro anos iniciais, investiu-se um montante de 2,8 bilhões de dólares, que não é a metade dos recursos aplicados no Proálcool. Esta quantia não representa nem 10% do total do petróleo importado no período. O Programa de Biomassa, ao privilegiar o Proálcool, não proporcionou um desenvolvimento adequado das demais potencialidades energéticas (lenha, babaçu, óleos vegetais, etc.). O Programa Conserve (Conservação de Energia na Indústria) embora com alguns resultados específicos favoráveis, não penetrou com a extensão necessária. O Programa do Carvão está muito aquém das metas previstas e o Programa de Transportes não logrou alterar a forte participação do segmento rodoviário na matriz do setor.

O Proálcool é o único programa que o governo pode colher louros das metas a que se propôs. Dos 625 milhões de litros produzidos na safra 1973/1974, estima-se um total de 11 bilhões de litros para a safra 1984/1985. Nestes 11 anos a produção aumentou cerca de 18 vezes. Sem adentrar nas inúmeras implicações sócio-econômicas do programa, considera-se inteiramente improcedente o papel que se confere ao Proálcool como solução das carências energéticas brasileiras. A economia de gasolina que ele proporciona reduz-se apenas a um segmento do mercado, representado pelo setor de veículos leves. As categorias sociais beneficiadas são aquelas que dispõem de recursos para adquirir automóveis. Por outro lado, coibiu-se a implantação das microdestilarias de álcool, que poderiam significar excepcional desenvolvimento às pequenas propriedades rurais. Esta medida veio concentrar a produção e beneficia apenas os grandes usineiros e empresários do setor sucro-alcooleiro, conspirando contra a maior virtude deste energético: o fato de sua produção e consumo poderem efetivar-se de maneira local e descentralizada, a baixo custo.

4.2. *Diagnose do Sistema Energético Brasileiro: quem manda o que na terra de ninguém?*

Considera-se o Sistema Energético Brasileiro como o conjunto dos organismos que produzem, transportam, consomem e gerenciam os recursos energéticos. Incluem-se também os órgãos do poder executivo responsáveis pelo setor bem como o aparato institucional e legal concernentes. O eixo principal do diagnóstico do SEB é a identificação da inexistência de um planejamento consistente e coordenado, levando a uma superposição e freqüente conflito entre as diversas iniciativas governamentais. Destacam-se as seguintes características:

• ESTRUTURA CENTRALIZADA POR FONTES DE ENERGIA. As grandes empresas estatais foram criadas para gerir basicamente apenas um único setor da área energética. Assim é a Petrobrás, Nuclebrás e Eletrobrás. Esta atual configuração, ao lado da centralização federal que inibe inúmeras iniciativas regionalizadas, leva à situação de competição entre as diversas empresas, favorecendo o desperdício de recursos e inviabilizando um aproveitamento ótimo das diferentes fontes de energia.

• DISTORÇÃO NOS CRITÉRIOS DE PLANEJAMENTO. O enfraquecimento dos órgãos normativos e a omissão do governo federal enquanto instância centralizadora das ações, perante a força e autonomia das grandes empresas estatais e privadas, inviabilizam a consecução de um planejamento global para o Sistema Energético Brasileiro. Assim, não se dispõe ainda de uma avaliação real do conflito: "necessidades sociais de energia x disponibilidade dos recursos naturais brasileiros". Além disso, a atual demanda de energia não é considerada como objeto de planejamento e portanto controlável. A demanda é admitida apenas como um dado indicador a ser atendido, gerando o desenvolvimento desordenado em vários setores do sistema.

• POLÍTICA TARIFÁRIA INADEQUADA. A administração das tarifas carece de mecanismos adequados para avaliação real dos custos dos diversos energéticos. Os preços são determinados, em geral, utilizando-se critérios econômicos arbitrários e exógenos ao sistema. São evidentes as distorções no setor elétrico que se encontra inteiramente endividado (cerca de 20 bilhões de dólares) – e no setor dos derivados de petróleo.

As diversas taxas incidentes sobre os energéticos e os preços unificados nacionalmente permitem uma transferência de recursos entre as regiões sem beneficiar aquelas menos favorecidas, inibindo o desenvolvimento dos energéticos localizados. Assim, a política tarifária não é empregada como um mecanismo controlador do sistema.

• DESENVOLVIMENTO TECNOLÓGICO INSUFICIENTE. A questão tecnológica não é considerada em sua real dimensão, não se contemplando a necessidade de criação e adaptação de tecnologias como uma condição essencial ao desenvolvimento do sistema. Sabe-se que não basta dispor dos recursos, mas também de como utilizá-los. Deste modo um grande potencial de recursos energéticos – tanto pelo lado da oferta como da demanda – não são aproveitados. Destaque-se que o domínio dos processos tecnológicos é fator indispensável para a autonomia e independência da Nação.

Em síntese, a política governamental na área de energia caracteriza-se basicamente pela substituição das importações de petróleo, no plano físico; e deficiência em gerir eficientemente o Sistema Energético, no plano econômico-institucional.

5. EM BUSCA DE NOVOS CAMINHOS

Um novo Modelo Energético só pode ser concebido dentro de um amplo processo de reformulação do próprio Modelo de Desenvolvimento, que seja orientado para a soberania nacional, descentralização e democratização da renda, contemplando as necessidades sociais. Certamente esta opção a ser tomada não atende os interesses imediatos dos banqueiros internacionais, do FMI, das empresas transnacionais e seus sócios internos, requerendo da nação uma determinação política inequívoca e coesa. A permanência do modelo "dependente, expansionista-exportador" não apresenta longos horizontes, mesmo porque não existem riquezas naturais ilimitadas e elas seguramente estão se exaurindo. Portanto, cabe ao povo brasileiro optar pela luta ao direito do seu desfrute, ou permitir que outros o façam.

5.1. *Premissas físicas para um novo Modelo Energético*

O gerenciamento consciente de quaisquer recursos energéticos deverá observar os princípios fundamentais da Termodinâmica, sob o risco de se comprometer irremediavelmente o equilíbrio do sistema. A aplicação da Lei da Conservação (1ª Lei da Termodinâmica) leva à conclusão que não se poderá transformar ou utilizar a Energia além dos limites disponíveis no planeta, sejam renováveis ou não; a Lei da Entropia (2ª Lei da Termodinâmica) estabelece que qualquer forma de Energia, uma vez utilizada, não mais poderá ser reaproveitada. A correta compreensão de tais princípios determina, portanto, a utilização racional da Energia.

Neste final do século XX, o modelo desenvolvimentista do mundo ocidental apresenta características de crescimento desordenado, concentração de produção e renda, consumo elevado de bens supérfluos e desperdício no transporte e comercialização de produtos. Sob o ponto de vista energético, esta situação é traduzida no uso intensivo de energia (especialmente oriunda dos combustíveis fósseis), na dilapidação dos recursos naturais e destruição do ecossistema.

A principal característica da sociedade de consumo é exatamente o estímulo ao desperdício, que se choca frontalmente com a preservação da energia e dos recursos naturais. Nos países dependentes, o problema torna-se mais complexo pois a demanda de energia é artificialmente incrementada pelos hábitos de consumo importados, introduzidos por meios culturais manipulados exteriormente. O uso irracional da energia não se verifica somente com o desperdício, mas com o emprego intensivo de insumos energéticos nos processos de transformação industrial. É interessante se observar que a própria produção de alimentos, na agricultura e pecuária, demandam progressivamente crescentes quantidades de energia, quer sob forma de fertilizantes e rações, quer sob forma de maquinários e combustíveis.

A elaboração de um Modelo Energético ideal se assenta nos seguintes parâmetros gerais:

- Avaliação adequada das necessidades sociais de energia e das reais disponibilidades dos recursos naturais.

- Preservação do ecossistema, quer na extração, quer no emprego das diferentes formas de energia.

- Democratização, descentralização e racionalização do uso de energia.

Evidentemente não é possível desenvolver um modelo único aplicável a qualquer sociedade, embora os conceitos básicos sejam os mesmos. No caso do Brasil, o cumprimento desta metodologia aponta para a formulação de um novo Modelo Energético determinado pelas seguintes características básicas:

- ÊNFASE ÀS FONTES RENOVÁVEIS DE ENERGIA. A grande vocação energética do Brasil é a biomassa e a hidroeletricidade, cuja utilização deverá ser aprofundada, democratizada e estimulada através de programas governamentais específicos. Destaca-se a importância do incentivo às microdestilarias de álcool e às Pequenas Centrais Hidroelétricas, como vetores do processo de descentralização do desenvolvimento econômico, principalmente nas áreas rurais e na produção de alimentos. O uso de petróleo e seus derivados deverá ser progressivamente desestimulado, com o correspondente estímulo às fontes alternativas de Energia.

- UTILIZAÇÃO RACIONAL DA ENERGIA. Em todos os empreendimentos econômicos, deverá ser considerado o balanço energético e o custo físico da energia. Os setores produtivos da economia deverão ser reorientados para um estilo menos intensivo no seu uso, principalmente na indústria, transportes e construção civil. Novos hábitos de consumo deverão ser promovidos.

• DEMOCRATIZAÇÃO DO PLANEJAMENTO ENERGÉTICO. Viabilizar o acesso a amplas camadas da população ao consumo de energia. Estimular o desenvolvimento dos recursos energéticos regionais, privilegiando o desenvovimento de tecnologias adequadas. Reformular a Política Tarifária, como instrumento de reorientação do Modelo Energético, controlando-se os benefícios sociais auferidos através de subsídios e/ou impostos. Fortalecer os organismos de planejamento, normativos e fiscalizadores, abrindo-os à participação da Sociedade Civil organizada através de suas entidades representativas.

5.2. *Premissas político-econômicas para o novo Modelo de Desenvolvimento Nacional, Soberano e Democrático.*

Confunde-se frequëntemente o desenvolvimento com o simples crescimento da economia. O verdadeiro desenvolvimento nacional é determinado por um conjunto de medidas sócio-político-econômicas capazes de promover o atendimento das necessidades básicas da população, liberando as forças produtivas para o aproveitamento consciente dos recursos naturais, cuidando da preservação do ecossistema. Ora, de nada serve o crescimento indiscriminado da economia se ele ocorre às expensas do patrimônio natural, gerando graves distorções sociais e ameaçando a sobrevivência das gerações futuras.

Quaisquer proposições isoladas que se restrinjam aos contornos técnicos, especificamente no caso do desenvolvimento de novas fontes de energia ou na otimização do seu uso, ficarão circunscritas ao modelo atual, que em última instância estarão contribuindo para sua realimentação.

Pretende-se uma solução de essência e não de forma, daí só ser possível encontrá-la no campo das opções políticas, algumas delas irrevogáveis:

• REAVALIAÇÃO DA DÍVIDA EXTERNA. O montante da atual dívida externa representa no momento o maior empecilho ao desenvolvimento soberano do País. Afastada a possibilidade incipiente da moratória unilateral, a renegociação deverá admitir o reconhecimento explícito das partes intervenientes que a dívida possui um caráter eminentemente político, devendo ser conduzida de governo a governo. A demissão deste fato sugere que se proceda um ajustamento coletivo entre os países devedores e credores.

Propõem-se algumas medidas que poderiam balizar a reavaliação da dívida externa brasileira:

1. Identificação dos parâmetros básicos para serem caracterizados os empréstimos obtidos no exterior:

- Taxas de juros estabelecidas unilateralmente pelos banqueiros internacionais
- Destinação do principal dos empréstimos (em quais aplicações foram empenhadas)
- Apropriações indevidas, relativas a comissões, *swetness*, taxas de riscos, etc.

2. Estabelecidos estes critérios, dimensionar-se-ia o montante bruto das quantias realmente devidas, mediante análise de cada operação efetuada dentro de um período apropriado (p.e.: os últimos 15 anos).

3. Avaliação das perdas líquidas decorrentes das exportações nacionais, em função da depreciação do valor de venda dos produtos e do incremento do custo de energia nelas agregados.

4. A dívida líquida devida (se é que existirá) será composta da diferença entre o valor bruto obtido para a dívida e as perdas líquidas oriundas das exportações desvantajosas.

Isto posto, algumas iniciativas poderiam ser adotadas pelos países devedores, visando fortalecer sua resistência e capacidade de negociação:

1. Intensificar as relações comerciais entre os países do Terceiro Mundo o Bloco Socialista, no sentido de diversificar o comércio atualmente predominante com os países ricos e, conseqüentemente, minorar as vulnerabilidades dele decorrente.

2. Estimular e criar instituições internacionais de cooperação técnica e de estudos de planejamento econômico, que poderiam viabilizar tecnicamente a intensificação comercial acima proposta e procederem aprioristicamente as avaliações requeridas para o estabelecimento da real quantia da dívida externa.

• REFORMA AGRÁRIA: A CONSTRUÇÃO DA GRANDE USINA DE ENERGIA RENOVÁVEL. A terra é o maior e mais eficiente instrumento de captação de energia solar, armazenada sob as formas de biomassa e energia hidráulica. A biomassa só é produtiva nos solos e climas intertropicais e o Brasil dispõe de 50% do trópico úmido do mundo. As condições climáticas brasileiras são excelentes, onde se desconhece intempéries tão comuns em outras regiões tropicais como furacões, tempestades de areia, desertos, etc. Os índices de insolação e umidade proporcionam ao Brasil mais de 200 milhões de hectares diretamente agricultáveis, sem contar os cerrados e a floresta amazônica (500 milhões de ha). O potencial disponível ainda é enorme. Independentemente da complexidade das inúmeras implicações políticas e sociais da questão da posse da terra, a manutenção de estruturas latifundiárias e improdutivas é um impedimento real ao desenvolvimento dos recursos renováveis. Acima de tudo, a Reforma Agrária é uma medida urgente de interesse nacional. As conquistas obtidas com o atual Plano Nacional de Reforma Agrária, ainda que insuficientes, deverão ser imediatamente efetivas e aprofundadas.

A consolidação da Reforma Agrária só será possível com a implantação de uma Política Agrícola orientada principalmente para a produção conjunta da Energia e Alimentos. São conhecidos inúmeros experimentos de "Comunidades Agro Energéticas", cujos resultados práticos vêm se revelando bastante promissores. A idéia básica consiste no aproveitamento da complementariedade de diversas culturas alimentares e energéticas, bem como no adequado reaproveitamento dos seus subprodutos. O modelo fundamental desenvolve-se a partir de uma microdestilaria de álcool, com produção de energia, fertilizantes, ração para gado ou piscicultura e alimentação para a população. A aplicação deste modelo em larga escala poderá representar uma verdadeira revolução no meio rural, compreendendo pequenos e médios produtores ou cooperativas agrícolas. Promovendo-se desta maneira a ocupação do solo com base na pequena propriedade, geram-se empregos permanentes e evita-se o risco potencial representado pelas grandes monoculturas. A produção e comercialização dos excedentes contribuirá para o atendimento da demanda urbana e poderá assegurar real autonomia à Nação no vital abastecimento de energia e alimentos.

6. CONCLUSÃO: O MODELO ENERGÉTICO E A CONSTITUINTE

O suprimento de energia é estratégico para a nação e a luta pela soberania nacional passa necessariamente pela autonomia energética. Não se pretende um isolamento auto-suficiente, mas um *status* que permite ao Brasil relacionar-se em condições de igualdade com os demais países.

No corpo deste trabalho, procurou-se demonstrar que a dependência energética brasileira está associada à dependência econômica e estas à dependência política, dentro do contexto das relações internacionais entre os países desenvolvidos e os do Terceiro Mundo. Destacou-se que o principal instrumento de dominação que caracteriza estas relações é a dívida externa, constituída a partir de uma decisão política unilateral de elevação dos preços de petróleo e das taxas de juros internacionais. Os países devedores são forçados a adotar uma política exportadora, realizada graças à dilapidação dos recursos naturais e expoliação da força de trabalho. A composição deste mecanismo gera um perverso ciclo vicioso de aumento do endividamento seguido pelo incremento das exportações, cujo rompimento requer uma forte determinação política da nação, com a conseqüente formulação de um novo Modelo de Desenvolvimento Nacional, soberano e democrático. O atual Modelo Energético ainda está fundamentado, principalmente, nos derivados do petróleo e no uso irracional da energia, cuja situação a política governamental ainda não logrou reverter. O gerenciamento do Sistema Energético Brasileiro apresenta grandes distorções, carecendo de uma política integrada e consistente para o setor.

O novo Modelo Energético deve ser compatível com a nova proposta de Modelo de Desenvolvimento Nacional e orientar-se para a ênfase às fontes renováveis de energia, racionalização do seu uso e democratização do planejamento energético. A reavaliação da dívida externa e a implantação da Reforma Agrária são premissas indispensáveis na reformulação do Modelo de Desenvolvimento.

A expectativa com a convocação da Assembléia Nacional Constituinte incorpora o risco da crença de ser a panacéia que resolverá todos os problemas nacionais. A esperança de mudanças, latente no coração do povo brasileiro, será frustrada se não houver a consciência de que a finalidade imediata é apenas em rearranjo jurídico que regulamente as relações institucionais entre o Estado e a Nação. O que ocorre, na verdade, é que este momento vivenciado por todo país constitui-se num privilegiado *forum* de debates de amplo alcance nacional, onde as grandes questões político-econômicas serão discutidas e todos os setores sociais terão o direito e o dever de se manifestar, independentemente da formulação de uma nova Constituição, este processo poderá conduzir a uma completa reorientação dos destinos do País e certamente determinará as futuras ações do Governo. Aprofundar a compreensão de toda a problemática nacional, formular e organizar propostas gerais e setoriais é a tarefa que ora a nação requer de seus cidadãos.

Dentro do âmbito do Modelo Energético Brasileiro, a futura Assembléia Nacional Constituinte deverá posicionar-se explicitamente sobre duas diretrizes fundamentais: a preservação dos recursos naturais e o estabelecimento de mecanismos institucionais que permitam a participação da sociedade civil organizada na elaboração e fiscalização da política nacional para o setor. Especificamente com relação ao tema, o Anexo II discrimina um conjunto de proposições objetivas destinadas a estimular os debates.

ANEXO I

Tabela 1: Brasil. Evolução do consumo, produção e importação de petróleo

Mil barris/dia	*1972*	*1973*	*1974*	*1975*	*1976*	*1977*	*1978*	*1979*	*1980*	*1981*	*1982*	*1983*
CONSUMO	610	736	794	840	918	924	1.014	1.122	1.098	1.016	1.018	1.059
PRODUÇÃO	170	172	180	176	172	166	164	171	187	220	266	330
IMPORTAÇÃO	514	700	688	714	818	810	894	1.044	872	844	737	729
PRODUÇÃO / CONSUMO	28%	23%	23%	21%	19%	18%	16%	15%	17%	21%	26%	31%
Preço Posto Brasil, dólares/barril	2,84	3,88	12,55	12,27	12,97	13,51	13,65	18,36	30,72	36,59	35,25	29,39
Importação Líquida milhões de dólares	538	1.032	3.137	3.055	3.748	3.907	4.350	6.639	9.811	10.335	9.301	7,824

Tabela 2: Brasil. Importação de petróleo e a balança de pagamentos

Ano	*Importação Petróleo US$ Milhões (1)*	*Importação Total US$ Milhões (2)*	*Exportação Total US$ Milhões (3)*	*(1)/(2) %*	*(1)/(3) %*
1972	538	4.232	3.991	12,7	13,5
1973	1.032	6.192	6.199	16,7	16,6
1974	3.137	12.641	7.951	24,8	39,5
1975	3.055	12.210	8.670	25,0	35,2
1976	3.748	12.383	10.128	30,3	37,0
1977	3.907	12.023	12.120	32,5	32,0
1978	4.350	13.683	12.659	31,8	34,4
1979	6.639	18.084	15.244	36,7	43,6
1980	9.811	22.960	20.132	42,7	48,7
1981	10.335	22.091	23.293	46,8	44,4
1982	9.301	19.937	20.195	46.6	46,1
1983	7.824	15.428	21.900	50,7	35,7

Nota: Os preços do petróleo referentes ao ano de 1983 são FOB

Tabela 3: Brasil. Evolução do consumo total de fontes primárias 10^3tEP

Ano	*Petró-leo*	*Gás Natu-ral*	*Carvão Vapor*	*Carvão Meta-lúrgico*	*Urânio* U_3O_8	*Energia Hidráu-lica*	*Lenha*	*Cana-de-Açúcar*	*Outras Fontes Primá-rias*	*Sub-total Reno-váveis*	*Total*
1973	37.866	259	613	1.818	—	16.788	23.899	7.051	121	47.859	88.415
	42,8	0,3	0,7	2,1	—	19,0	27,0	8,0	0,1	54,1	100,0
1974	39.796	520	629	1.784	—	19.047	25.343	7.043	127	51.560	94.289
	42,2	0,5	0,7	1,9	—	20,2	26,9	7,5	0,1	54,7	100,0
1975	43.994	571	652	2.197	—	20.963	26.793	6.351	134	54.241	101.655
	43,2	0,6	0,6	2,2	—	20,6	26,4	6,3	0,1	53,4	100,0
1976	46.794	627	597	2.813	—	24.045	27.234	7.232	161	58.672	109.503
	42,7	0,6	0,5	2,6	—	22,0	24,9	6,6	0,1	53,6	100,0
1977	47.901	1.085	727	3.338	—	27.109	26.735	9.447	166	63.457	116.508
	41,1	0,9	0,6	2,9	—	23,3	23,0	8,1	0,1	54,5	100,0
1978	53.405	925	1.151	3.369	—	29.797	26.522	10.125	184	66.628	125.478
	42,6	0,7	0,9	2,7	—	23,7	21,1	8,1	0,2	53,1	100,0
1979	55.576	983	1.099	3.859	—	33.382	27.266	11.265	236	72.149	133.666
	41,6	0,7	0,8	2,9	—	25,0	20,4	8,4	0,2	54,0	100,0
1980	54.318	1.133	1.206	4.044	—	37.641	28.509	12.378	335	78.863	139.564
	38,9	0,8	0,9	2,9	—	27,0	20,4	8,9	0,2	56,5	100,0
1981	52.592	1.069	1.794	3.617	—	37.922	27.915	13.523	470	79.830	138.902
	37,9	0,8	1,3	2,6	—	27,3	20,1	9,7	0,3	57,4	100,0
1982	52.032	1.463	2.196	3.768	1.154	40.928	28.541	15.205	508	85.182	145.795
	35,7	1,0	1,5	2,6	0,8	28,1	19,6	10,4	0,3	58,4	100,0
1983	51.103	2.008	2.163	4.476	—	43.927	29.341	18.843	408	92.519	152.269
	33,6	1,3	1,4	2,9	—	28,8	19,3	12,4	0,3	60,8	100,0

Tabela 4: Brasil 1983. Estrutura do consumo de petróleo

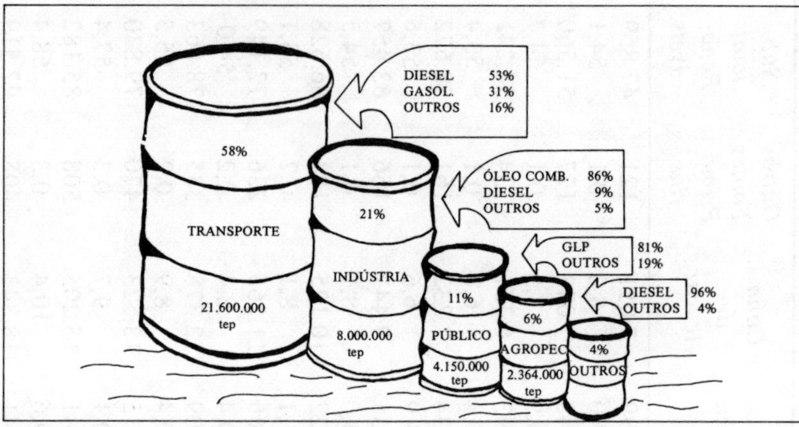

Tabela 5: Brasil 1983. Participação do petróleo no setor de transportes

ANEXO II

PRINCÍPIOS BÁSICOS PARA A CONSTITUINTE *

1. Estatuto (ou Código) dos Recursos Energéticos
   Deverá ser definido um Estatuto (ou Código) que regulamente a exploração, beneficiamento, comercialização e utilização dos recursos energéticos nacionais. Os seguintes parâmetros deverão ser considerados:
   a. Todos os recursos energéticos nacionais são propriedade do povo brasileiro e sua exploração deverá ser regulamentada de acordo com o interesse nacional, excetuando-se aqueles destinados a usos não comerciais.
   b. Para efeito de regulamentação, os recursos energéticos deverão ser subdivididos entre os recursos do solo, subsolo e do curso das águas.
   c. Proibição expressa, com estabelecimento das respectivas punições às práticas que estabeleçam a exploração depredatória dos recursos energéticos e/ou representem ameaça à sobrevivência do ecossistema.

2. Disciplinar os interesses da iniciativa privada, da comunidade e do estado.
   Estabelecer uma política rígida de remessa de lucros e reformular a política tributária, de maneira a beneficiar eqüitativamente o Município, o Estado e a União.

3. Destinação de 3% do orçamento básico da União para aplicação no desenvolvimento de Ciência e Tecnologia.

4. Criação de um organismo nacional, com representação paritária dos órgãos do Governo, do Congresso Nacional e entidades da Sociedade Civil, com as seguintes atribuições:
   a. Elaborar a política energética brasileira.
   b. Coordenar as iniciativas governamentais.
   c. Dimensionar os recursos e definir a política tarifária.
   d. Implementar programas de pesquisa e desenvolvimento tecnológico.
   e. Redefinir as responsabilidades do empresariado nos investimentos da área energética.
   f. Supervisionar e fiscalizar a aplicação da Política Energética Nacional, cuidando da preservação e respeito ao ecossistema.

5. Estabelecer critérios de participação da sociedade civil e do conjunto de funcionários nos organismos diretores das empresas estatais.

---

* Elaboração coletiva do Grupo de Energia na ocasião do Seminário Nacional da Constituinte da Federação Nacional dos Engenheiros, Belo Horizonte, nov. 1985.

REFERÊNCIAS BIBLIOGRÁFICAS

ANUÁRIO ESTATÍSTICO, 1985. *Conselho Nacional de Petróleo. Brasil/MME, 1985.*

BEN – 84. *Balanço Energético Nacional.* Brasil/MME, 1984.

BEU – 84. *Balanço de Energia Útil*, Brasil/MME, 1984.

CONJUNTURA ECONÔMICA – Vol. 39, nº 9. Fundação Getúlio Vargas. Setembro, 1985.

GUERRA, Silvio et alli. *Questões Energéticas – Abordagem para um processo constituinte.* SENGE-MG, 1985.

HOMEM DE MELO, Fernando. *Proálcool, Energia e Transportes*, Fipe/Pioneira, 1981.

LEONELLI, Paulo. *Energia e Constituinte.* SENGE-BA, 1985.

MIELNIK, Otávio. *Fatores de Ligação entre a Energia e Sociedade*, Coppe/Pimeb, 1984.

ODUM, Howard T. "Palestra Energia e Sociedade". *Questões Energéticas*, Vol. 2, Confea, 1985.

PETRACCO, Fúlvio Celso. *Mais grave do que a própria crise será nossa incapacidade de compreendermos sua natureza*, Serg, nº 49, 1984.

PINTO, Reinaldo Andrade. *Alguns subsídios para uma política alternativa de Energia e Transporte.* COPEL, 1985.

RODRIGUES, Eduardo Celestino. *Solução Energética*. Ed. Unidas, 1983.

SCHILLING, Paulo. *América Latina: Pátria Livre ou Colônia de Banqueiros*? Havana, 1985.

ZATZ, José. *Diagnose do Sistema Energético Brasileiro*. Mimeo, 1984.

A REFORMA TRIBUTÁRIA E A CONSTITUINTE

Prof. Mário Tinoco da Silva *

* Mestre em Economia – UnB. Doutorado em Economia USP – Técnico da Seplan. Prof. do Departamento de Economia da UnB.

1. Diagnóstico da Atual Estrutura Tributária

O novo Sistema Tributário Nacional, com vigência a partir de 1967, foi inspirado no modelo econômico do regime autoritário, que priorizava a participação do grande capital. A Reforma Tributária foi concebida de modo articulado com outras reformas – Financeira e Administrativa – de modo a instrumentalizar o Estado para sua ativa participação no processo de modernização da economia brasileira.

A Reforma Tributária de 1962 apresentava três objetivos claros. Em primeiro lugar, gerar recursos tributários compatíveis com a dimensão da participação que o Estado viria a assumir na economia, sem precisar lançar mão de recursos inflacionários. Em segundo, estimular a acumulação privada de capital, elevando a taxa global de acumulação e diferenciando a taxa de lucro dos diversos setores. Em terceiro, atuar sobre a distribuição da renda. Nesse último caso, a despeito do discurso distributivista, a prática foi extremamente concentradora, pois a funcionalidade do Sistema Tributário para o processo de acumulação de capital decorria de um certo grau de regressividade tributária e da concentração de competência tributária e de recursos fiscais nas mãos da União.

1.1 – *A Evolução da Receita Tributária*

Em relação à geração de recursos tributários compatíveis com as funções que o Estado viria a assumir, a Reforma atingiu plenamente suas metas. O Quadro I apresenta a evolução da Receita Tributária Federal, em valores reais, no período 1967 a 1983, além de sua participação no PIB. Como os efeitos do novo Sistema Tributário só se fizeram sentir a partir de 1968, nota-se que a participação da Receita Tributária no PIB cresce de 5,8%, em 1967, para 8,1%, em 1968. Essa participação aumenta, de modo sistemático, até 1972, atingindo, nesse ano, 10,4%. A partir de 1972, essa participação mantém-se relativamente estável, em torno de 20%, até 1976. A partir de 1976, ela cai, até 1981, chegando a atingir o nível de 7% (1981).

Esse comportamento da Receita Tributária Federal "vis-a-vis" o PIB evidencia que a estrutura tributária montada em 1967 é pró-cíclica, ou seja, cresce mais que o PIB em períodos de expansão da economia e cresce menos que o PIB em períodos de estagnação. Para compensar essa relativa erosão da carga tributária, o governo utilizou o expediente de criar novas incidências, rotuladas de contribuições parafiscais para fugir das restri-

Quadro I – Brasil: Evolução da Receita Tributária Federal e de sua Participação no PIB – 1967-83

Anos	*Índice de crescimento real 1968 = 100*	*Participação (%) da receita tributária no PIB*
1967	62,8	5,8
1968	100,0	8,1
1969	120,2	8,9
1970	128,9	9,4
1971	144,3	9,6
1972	176,7	10,4
1973	209,1	10,1
1974	233,6	9,9
1975	264,0	10,0
1976	306,4	10,2
1977	290,8	9,0
1978	288,9	8,2
1979	293,9	7,6
1980	276,6	6,9
1981	258,2	7,0
1982	353,9	9,4
1983	321,0	9,1

Fontes: Balanço Geral da União e Conjuntura Econômica.

ções constitucionais à criação de novos impostos, que não estão incluídos nas estatísticas da Receita Tributária.

A partir de 1982, apesar do esperado impacto negativo da recessão econômica e do aumento da inflação, observa-se uma recuperação da participação da Receita Tributária Federal no PIB, de 7,0% (1981) para 9,4% (1982) e 9,1% (1983). Este comportamento resulta da nova estratégia da política tributária de elevar a carga tributária do Imposto de Renda e ampliar os mecanismos de antecipação de receita, que será analisada mais adiante.

De todo modo, verifica-se que o crescimento da Receita Tributária Federal, notadamente até 1976, ocorreu de acordo com os objetivos da Reforma, possibilitando uma ampliação da atuação do Estado, sem que ocorressem, por essa razão, significativas pressões inflacionárias.

1.2 *O Estímulo à Acumulação Privada de Capital*

O Sistema foi concebido de forma a gerar uma grande folga fiscal, caso fosse aplicado de maneira abrangente e inflexível. Isto permitia que o

Sistema fosse defensável, do ponto de vista dos critérios teóricos de justiça fiscal, mas, ao mesmo tempo, foram criadas diversas exceções na sua aplicação e diversos benefícios ao capital, que acabaram desfigurando a eqüidade horizontal e vertical implícita em seu modelo formal.

Como resultado da verdadeira parafernália de "incentivos" fiscais que vieram sendo criados ao longo do período, o capital recebeu um tratamento privilegiado. O conjunto de incentivos fiscais (principalmente nas áreas do Imposto de Importação, IPI e Imposto de Renda) e financeiros tornavam a taxa de juros real negativa, estimulando a utilização intensiva de capital, em detrimento da mão-de-obra.

A tributação dos rendimentos e ganhos de capital no nível da pessoa física sempre foi insignificante, sendo tais rendimentos excluídos da tributação progressiva, a título de estímulo à poupança e ao mercado de capitais.

Um exemplo de relativo sucesso na utilização dos incentivos fiscais refere-se às exportações de manufaturados. O conjunto de benefícios e subsídios fiscais e financeiros permitiu que o País aproveitasse uma conjuntura internacional favorável e ampliasse, de maneira significativa, sua participação nas exportações mundiais de produtos manufaturados. Em particular, conseguiu-se engajar as empresas multinacionais, depois de alguma relutância por parte delas, no esforço de aumento das exportações. Hoje, essas empresas participam com cerca de 70% das exportações brasileiras de produtos industrializados.

Ocorre que a utilização sistemática dos benefícios fiscais, nos últimos anos, gerou duas grandes distorções. A primeira consiste na criação de privilégios indefensáveis para alguns contribuintes (notadamente as pessoas físicas que auferiram grandes quantias a título de rendimentos e ganhos de capitais e os grandes oligopólios), o que não se coaduna com o objetivo de construir uma sociedade mais justa e livre. A grande falácia de que é preciso deixar o bolo crescer para depois distribuí-lo tem sido desmentida por todos os episódios da história do capitalismo. A segunda distorção decorre do fato de que a criação dos incentivos fiscais, como se deu no País, gerou uma série de interesses econômicos poderosos, inclusive encastelados na própria administração pública, que torna praticamente impossível extinguir aqueles incentivos que já cumpriram seu papel ou que se mostraram, desde o início, desnecessários, ou ainda corrigir distorções nas sistemáticas de operacionalização dos benefícios, que geram desperdícios e/ou desvios de recursos.

Assim sendo, torna-se inadiável repensar toda a atual sistemática de incentivos e benefícios fiscais, tendo em vista os objetivos de maximizar o retorno de qualquer renúncia fiscal e de eliminar as iniqüidades existentes na estrutura tributária.

1.3 *O Sistema Tributário e a Distribuição Pessoal da Renda*

O padrão de acumulação predominante no período exigiu que o perfil da demanda se adequasse ao dinamismo do setor de bens de consumo duráveis, através de um processo de concentração da renda. O regime autoritário, inibindo a organização popular em torno de reivindicações de caráter redistributivo, centrava seu discurso legitimador na modernização da economia e no crescimento acelerado. Argumentava-se que com o crescimento todos ganhavam e, com isto, postergava-se uma discussão política sobre a evolução das parcelas relativas do capital e do trabalho e sobre a distribuição pessoal da renda.

A primeira evidência da não preocupação com a redistribuição da renda na estrutura tributária consiste na pouca importância dada à tributação da riqueza. Os únicos tributos sobre a riqueza existentes no Brasil são o ITR e o IPTU. O primeiro, cujo pretenso objetivo seria contribuir para a implementação de uma Reforma Agrária, nunca teve aplicação efetiva, o que levou a uma subtributação da terra, notadamente no que se refere a áreas ociosas. No caso do IPTU, sua aplicação nunca teve um caráter progressivo, tendo sido utilizado, quase unicamente, como fonte de receita das prefeituras municipais. Só mais recentemente, com o início do processo de redemocratização do País, alguns governos municipais vêm caminhando para o que se convencionou chamar de IPTU progressivo, mas que, na verdade, consiste na cobrança do IPTU com alíquotas diversificadas.

A experiência internacional mostra que os tributos sobre a riqueza geram poucos recursos, dada a resistência política à fixação de níveis mais expressivos de incidência, e são de difícil administração. Entretanto, embora tenham uma pequena participação na arrecadação tributária, estão presentes na maioria das estruturas tributárias dos países desenvolvidos, garantindo um mínimo de progressividade para seus sistemas tributários e, inclusive, facilitando a administração do Imposto de Renda. O estágio de desenvolvimento econômico atingido pelo País e a eficiência da máquina arrecadadora federal mostram que existe viabilidade de se criar um imposto sobre o patrimônio líquido das pessoas físicas no Brasil. É preciso, entretanto, que o debate sobre a criação dessa nova incidência ultrapasse os exíguos limites do círculo de tributaristas e ganhe ressonância política.

Outra evidência da não preocupação com a redistribuição da renda consiste na baixa participação do Imposto de Renda, em particular do Imposto de Renda das Pessoas Físicas, no total da Receita Tributária Federal, notadamente até 1974. A participação do Imposto de Renda oscilou, entre 1968 e 1974, entre 22% e 28%. A elevada participação dos tributos indiretos, que representavam 16,6% do PIB em 1970, contra apenas 9,1% dos tributos diretos, gera uma grande regressividade do sistema tributário, tendo em vista a maior e mais rápida transferência dos tributos indiretos para o consumidor, através dos preços.

Mesmo com a tendência, nos últimos anos, de crescimento da participação do Imposto de Renda no total da receita tributária, deve-se destacar que essa participação ainda é pouco expressiva, se comparada aos padrões internacionais, como por exemplo ao dos países da OCDE.

Um outro aspecto que reforça o caráter regressivo do Sistema Tributário, como já foi mencionado anteriormente, consiste no fato do Imposto de Renda da Pessoa Física ter sua progressividade nominal corroída pela não inclusão de rendimentos e ganhos de capital na tributação progressiva. Esses rendimentos são auferidos, principalmente, pelos contribuintes de maior renda.

A sistemática de abatimentos da renda bruta também contribui para atenuar a progressividade do tributo. Um contribuinte de alta renda obtém uma redução maior de imposto, em relação a outro de menor renda, se ambos efetuarem o mesmo dispêndio. Ora, não tem sentido que a sociedade, ao participar do ônus de determinadas despesas do contribuinte, subsidie mais fortemente aqueles de maior renda.

A conjugação desses diversos fatores tornou a estrutura tributária brasileira extremamente regressiva. Embora não existam estudos recentes sobre a distribuição da carga tributária por classe de renda, estudos anteriores, como a pesquisa realizada pelo prof. Ibrahim Eris para Secretaria da Receita Federal, com base em dados de 1975, mostram que, à medida que se passa das classes de maior para as de menor renda, a carga tributária eleva-se.

1.4 *O Federalismo Fiscal*

A Reforma Tributária foi, também, extremamente concentradora de renda, a nível regional.

Cabe aos Estados a competência apenas sobre o Imposto Sobre a Circulação de Mercadorias – ICM e o Imposto Sobre a Transmissão de Bens Imóveis – ITBI. Aos Municípios, sobre o Imposto Sobre Serviços – ISS e o Imposto Sobre a Propriedade Predial e Territorial Urbana – IPTU.

Esse perfil parece ter decorrido da necessidade de concentrar instrumentos de política econômica nas mãos do governo federal, de forma a maximizar os retornos das aplicações dos recursos fiscais, avaliados sob a ótica da acumulação de capital.

Foram alocados à União a competência sobre aqueles tributos que poderiam ser manipulados, de modo a influenciar a alocação de recursos e a dinâmica do processo de crescimento econômico. Neste sentido, o Imposto de Importação e o ITR que, segundo a Constituição de 1946, eram de competência dos Estados e Municípios, respectivamente, passaram para a competência da União.

Convém ressaltar que, mesmo em relação ao ICM, ITBI e ISS, a competência dos Estados e Municípios não é plena. A União tem o poder de conceder isenção de impostos estaduais e municipais, sem que, em contrapartida, seja obrigada a indenizar essas esferas de Governo. O caso mais dramático é a imunidade constitucional do ICM para produtos manufaturados exportados.

Existem, além disto, limitações mais específicas, como a necessidade de que qualquer modificação da alíquota máxima do ISS se faça através de Lei complementar e das alíquotas máximas do ITBI e do ICM através de Resolução do Senado Federal.

Outra limitação à utilização, pelos Estados, do tributo como instrumento de política econômico-social decorre da própria concepção do ICM, que substituiu o Imposto Sobre Vendas e Consignações – IVC. O sistema de débito-crédito do ICM, uma aproximação do sistema de valor agregado, tributo típico de repúblicas unitárias, tornou interdependentes os interesses das unidades da federação envolvidas em operações interestaduais. Dessa forma, um Estado só pode conceder isenção, ou qualquer outro tipo de benefício fiscal, se houver aprovação unânime dos demais Estados, através de convênios.

De modo a compensar a concentração de competências nas mãos da União, foram fortalecidos os mecanismos de transferências. Foi montada uma sistemática de partilha de tributos administrados pela União. Parte da arrecadação do Imposto de Renda e do IPI constituem os Fundos de Participação dos Estados e Municípios e o Fundo Especial. Os Estados e Municípios têm, também, participação nos Impostos Únicos (Imposto Único sobre Lubrificantes e Combustíveis – IULC; Imposto Único sobre Minerais – IUM e Imposto Único sobre Energia Elétrica – IUEE), Imposto sobre Transporte Rodoviário de Cargas e Passageiros – ISTR e Taxa Rodoviária Única – TRU. Esta última foi transformada, recentemente, no Imposto sobre a Propriedade de Veículos, com sua arrecadação passando a ser destinada, exclusivamente, aos Estados e Municípios. Além disto, pertence aos Municípios o produto de arrecadação do ITR e aos Estados e Municípios o Imposto de Renda na Fonte sobre os salários dos funcionários públicos, das administrações estaduais e municipais.

O repasse de recursos, através do sistema de transferências constitucionais, vinculava as aplicações a despesas de capital e a diretrizes e prioridades definidas pelo Governo Federal. Além disto, cabia ao Governo Federal analisar planos de aplicação ou programas de trabalho e fiscalizar as aplicações realizadas.

Dessa forma, o Governo federal pretendeu minimizar o que considerava "desperdícios" de recursos, assim entendidos como aquelas aplicações de menor ou nenhuma prioridade para o projeto autoritário de modernização da economia, sob a égide do grande capital. Estava subentendido que as comunidades seriam incapazes de escolher suas próprias prioridades e fiscalizar seus governantes.

O sistema montado, do ponto de vista do Governo Federal, era extremamente atraente, pois, embora mantivesse o poder de formular a política tributária e definir as prioridades da política de gastos públicos em suas mãos, descentralizava a execução dos projetos. Além disto, mantinha sob controle político os interesses do pequeno e médio capital dessas regiões, através de alianças com as oligarquias locais. A prática mostrou, entretanto, que a União é tão ou mais ineficiente que os Estados e Municípios para definir prioridades. Em uma sistemática de descentralização das decisões, nunca teriam sido implementados projetos faraônicos do tipo Programa Nuclear, Ferrovia do Aço ou Itaipu. Os desperdícios e os desvios de recursos teriam sido, provavelmente, bem menores, pois a impunidade daqueles que ocupavam os gabinetes dos centros de decisão em Brasília e a falta de sensibilidade social dos tecnocratas, que justificavam a tomada de decisões, atingiram níveis sem precedentes.

O que deve ficar claro é que a garantia de que a formulação da política tributária e a definição das prioridades da política de gastos se adequarão às necessidades sociais, e a aplicação dos recursos será fiscalizada pela comunidade e dependerá do aperfeiçoamento do sistema político e não do nível de governo que ficará responsável pelas decisões. Ao contrário da falácia sobre a superioridade das decisões "técnicas" do Governo Federal, deve-se levar em conta que o fortalecimento do federalismo é um fator indispensável para o processo de desenvolvimento político da sociedade brasileira.

A desvinculação dos recursos dos Fundos de Participação dos Estados e Municípios, acompanhada da elevação dos percentuais de partilha, só foi obtida devido as pressões políticas crescentes dos governos estaduais, a partir de 1979.

A sistemática de vinculação dos Impostos Únicos foi flexibilizada pelos Decretos-Leis n.ºs 1.805/80 e 1.833/80, que revogaram disposições legais e regulamentares que atribuíam competência a órgãos da Administração Federal para orientar e fiscalizar a aplicação dos recursos transferidos, abolindo, assim, as exigências de planos de aplicação, de programas de trabalho e de outros instrumentos de controle e extinguindo as vinculações às categorias econômicas de despesas. Nos casos dos Fundos de Participação dos Estados e Municípios, as vinculações já haviam sido eliminadas pelo Decreto n.º 83.556/79.

Convém ressaltar que, após a implementação da Reforma Tributária de 1967, a concentração de recursos se agravou. O Quadro II apresenta a repartição da Receita Tributária Própria e a repartição dos Recursos Efetivamente Disponíveis (Receita Tributária Própria ± Transferências) por esferas de governo. Tomando-se para comparação, de modo a avaliar o impacto da implantação da Reforma, os anos de 1966 e 1968, percebe-se que a participação dos Estados e Municípios na Receita Tributária Própria das três esferas de governo manteve-se relativamente estável (48,7%, em

Quadro II

Anos	Repartição da Receita Tributária Própria — *Participação %*			*Anos*	Repartição dos Recursos Efetivamente Disponíveis (+) — *Participação %*		
	União	*Estados*	*Municípios*		*União*	*Estados*	*Municípios*
1964	48,7	44,8	6,5	1964	39,6	48,5	11,9
1965	50,6	42,6	6,8	1965	39,0	48,1	12,9
1966	51,3	41,4	7,3	1966	40,6	46,3	13,1
1967	45,8	49,4	4,8	1967	36,9	45,2	17,9
1968	51,5	44,7	3,8	1968	40,6	42,5	16,9
1969	53,6	42,7	3,7	1969	45,8	39,8	14,4
1970	54,4	41,9	3,7	1970	45,7	39,6	14,7
1971	56,4	40,0	3,6	1971	47,7	38,4	13,9
1972	58,4	37,8	3,8	1972	49,7	36,5	13,8
1973	58,5	37,7	3,8	1973	49,1	37,1	13,8
1974	59,3	36,9	3,8	1974	50,2	36,2	13,6
1975	58,9	37,0	4,1	1975	50,3	36,0	13,7
1976	62,3	33,0	4,7	1976	51,4	34,3	14,3
1977	60,9	34,0	5,1	1977	50,3	34,8	14,9
1978	58,1	36,1	5,8	1978	47,3	36,7	16,0
1979	58,3	35,9	5,8	1979	47,5	36,2	16,3
1980	58,7	36,2	5,1	1980	49,3	35,5	15,2
1981	58,2	36,7	5,1	1981	49,2	34,9	15,9
1982	57,2	37,6	5,2	1982	48,0	35,7	16,3
1983	57,9	37,0	5,1	1983	48,2	35,6	16,2
1984	58,2	36,9	4,9	1984	45,2	37,6	17,2

Fonte: Secretaria de Economia e Finanças.
(+) Receita Própria + transferências de recursos federais.

1966, e 48,5%, em 1968), o mesmo ocorrendo em relação aos Recursos Efetivamente Disponíveis (59,4% em 1966 e 1968). No entanto, tendo em vista as características da sistemática que foi montada e a concentração da competência tributária nas mãos da União, os efeitos do ciclo econômico sobre os fluxos de Receita da União, de um lado, e dos Estados e Municípios, de outro, foram diferenciados.

A participação dos Estados e Municípios na Receita Tributária Própria total caiu de 48,5%, em 1968, para 37,7%, em 1976, sendo que a queda ocorreu a nível dos Estados (44,7% para 33,0%). Esse comportamento reflete a redução das alíquotas do ICM no período (de 15% nas operações internas no Centro-Sul e 18% no Norte-Nordeste para 14% e 15%, respectivamente; de 15% nas exportações no Centro-Sul e 18% no Norte-Nordeste para 13%, em ambos os casos), a não-incidência ou isenção do ICM sobre uma série de operações e produtos, bem como a maior flexibilidade com que foi dotada a União para ampliar o seu campo de incidência e de elevar a base de cálculo e alíquotas de seus tributos. Convém lembrar, adicionalmente, que a União ainda lançou mão de uma série de contribuições parafiscais (FGTS, PIS, Pasep, Salário-Educação e posteriormente, Finsocial), que não estão incluídos na Receita Tributária.

O mais dramático é que as transferências não compensaram, como seria de se esperar, essa deterioração da participação dos Estados e Municípios na Receita Própria Total, em decorrência de reduções de percentuais de rateio e da erosão da base de cálculo do sistema de partilha tributária. A participação dos Estados e Municípios no total dos Recursos Efetivamente Disponíveis caiu de 59,4%, em 1968, para 48,6%, em 1976, mantendo, portanto, a perda de pontos percentuais ocorrida a nível da Receita Própria (10,8%).

No tocante aos Fundos de Participação, o crescimento dos incentivos fiscais, notadamente os incentivos do IPI e IRPJ às exportações de manufaturados, corroeu a base de cálculo desses Fundos. Desse modo, a formulação da política econômica, de reponsabilidade da União, refletiu-se sobre o nível de recursos disponíveis para os Estados e Municípios.

Além disto, os percentuais dos Fundos de Participação foram drasticamente reduzidos em 1968. Os Fundos de Participação dos Estados e Municípios eram compostos por recursos, para cada um, correspondentes a 10% da arrecadação do IR e do IPI, totalizando 20%. Através do Ato Complementar 40/68, esse percentual foi reduzido para 5% (totalizando 10%), embora houvesse uma compensação parcial, através da criação do Fundo Especial, com recursos correspondentes a 2% do IR e do IPI. Desta forma, o volume total de recursos dos Fundos caiu de 20% daqueles tributos para 12%, além do que a criação do Fundo Especial representou um aumento do arbítrio da União, que passou a fixar critérios não estáveis para a partilha dos recursos entre as Unidades da Federação.

Os percentuais dos Fundos de Participação mantiveram-se constantes até 1975. Através das Emendas Constitucionais 5/75, 17/80 e 23/83, esses percentuais foram gradualmente elevados, tendo sido atingido o nível inicial de 10% apenas em 1981.

O percentual do IULC destinado aos Estados e aos Municípios foi reduzido, em 1967, de 60% para 40%. Para compensar esta redução, os Estados poderiam tributar com o ICM a venda ao consumidor final de lubrificantes e combustíveis líquidos. Entretanto, posteriormente, o dispositivo que permitia a referida incidência foi revogado, sem que tivesse sido restabelecido o percentual de 60%. Isto só ocorreu através da Emenda 23/83, a chamada Emenda Passos Porto.

Em complemento a este esquema de transferências constitucionais que, apesar dos problemas já levantados, é transparente e regulamentado legalmente, existe toda uma sistemática de transferências negociadas, onde não existem regras claramente definidas quanto ao montante a ser repartido, sobre a fonte de recursos ou sobre o acesso aos recursos, que muitas vezes depende de variáveis políticas inteiramente arbitrárias.

As grandes desvantagens desse esquema de transferência negociada, como destaca Fernando Rezende, são a imprevisibilidade sobre a efetivação de convênios e data de liberação das verbas, além da vinculação total das aplicações a determinadas funções de governo e categorias de despesas.

Alguns dos mais importantes repasses para os governos estaduais e municipais são: o convênio do Finsocial; o programa de Emergência para Combate à Seca do Minter; a cooperação às Secretarias Estaduais de Educação pelo MEC, com os recursos do Salário-Educação; o Programa de Mobilização Energética; os projetos de investimentos urbanos da EBTU; o Programa PIN/Proterra; o Programa de Saúde Metropolitana e Distribuição de Medicamentos; além de diversos repasses de autarquias, como DNER e Funabem, e empresas federais, como no caso das indenizações da Petrobrás, freqüentes ajudas para saneamento financeiro a bancos estaduais e atendimento de emergências (secas, enchentes, etc.).

Não existe um levantamento sistemático dessas transferências, nem estatísticas globais sobre os montantes repassados, na medida em que o Balanço Geral da União não apresenta nível de detalhamento capaz de identificar esses repasses. José Roberto R. Afonso, com seu trabalho "Fontes de Financiamento dos Governos Estaduais e Municipais no Brasil (1963/83)", estima que o montante das cinco primeiras fontes de transferências (Finsocial; Programa de Emergência para Combate a Seca; Cooperação às Secretarias Estaduais de Educação; e EBTU) atingiu "219,7 bilhões de cruzeiros em 1983, correspondendo a mais de 15% do total dos tributos federais partilhados com Estados e Municípios neste ano ou 20% do total distribuído pelos Fundos de Participação".

O resultado da aplicação da sistemática de repartição constitucional dos recursos tributários entre as três esferas de governo, criada com a Reforma Tributária de 1967, as modificações que foram sendo introduzidas nessa sistemática, em detrimento dos Estados e Municípios, aliado à instabilidade e insuficiência do esquema das transferências negociadas e a total vinculação desses recursos, criaram uma situação financeira dramática para os Estados e Municípios, levando-os a um processo crônico de endividamento. Porém, como destaca Afonso, "o endividamento não atenua a presença de relações intergovernamentais na estrutura de receita porque quanto mais crédito tomam, mais os governos subnacionais dependem da União devido, por um lado, à autonomia restrita para contratação dos empréstimos e, por outro lado, serem de bancos oficiais federais as principais linhas de crédito utilizadas pela atividade governamental".

Cabe ao Senado Federal a responsabilidade pela regulamentação da dívida pública dos governos estaduais e municipais, através da determinação dos limites globais, prazos de pagamento e taxas de juros, além do controle sobre o lançamento de títulos da dívida pública. O montante global da dívida consolidada interna deve ser inferior a 70% da receita líquida do exercício anterior, bem como somente metade desse montante deve corresponder a emissão de títulos da dívida pública. A expansão anual da dívida e do seu serviço não deve exceder a 10% e 15%, respectivamente, da receita líquida do último exercício, exceto para operações de crédito contratadas junto ao BNH/CEF e FDU/BB. (Resoluções do Senado Federal n.ºs 62/75 e 73/76). Embora os empréstimos extralimite consistam em uma válvula de escape dos Estados e Municípios, geram, em contrapartida, uma excessiva vinculação dos recursos a categorias de despesas e representam uma excessiva carga financeira, ainda que a taxa de juros seja abaixo da de mercado, para programas de interesse social, que deveriam ser financiados a fundo perdido.

O controle dos limites legais de endividamento cabe ao Bacen, enquanto à Seplan o pronunciamento sobre a prioridade de operações extralimite, inclusive da administração indireta (exceto autarquias). Sistemática semelhante é seguida nos casos de empréstimos externos.

Evidências de que o atual esquema de financiamento dos gastos dos Estados e Municípios é insustentável consistem no crescimento que o endividamento dessas esferas de governo apresentou no período, inclusive no que diz respeito à dívida flutuante (créditos de curto prazo e pagamentos atrasados), sem que tenha ocorrido, em contrapartida, aumento exagerado no lado da despesa, e a dificuldade que essas esferas de governo vêm apresentando atualmente, em rolar suas dívidas, notadamente as externas.

As mudanças mais significativas na repartição de recursos entre as três esferas de governo nos últimos anos foram as Emendas Constitucionais n.ºs 23/83 e 27/85.

A Emenda Constitucional 23/83, conhecida como Emenda Passos Porto, que resultou de um processo de negociação entre o Congresso, que defendia um projeto mais ousado, e o Executivo Federal, que resistia ao aumento das transferências, introduziu as seguintes modificações:

a) – elevação dos percentuais dos Fundos de Participação dos Estados e Municípios, segundo o seguinte cronograma:

1984 – 26%
1985 – 30%

b) – elevação do percentual de participação dos Estados e Municípios na arrecadação do IULC, segundo o seguinte cronograma:

1984 – 44%
1985 – 48%
1986 – 52%
1987 – 56%
1988 – 60%

c) – inclusão do IPI na base de cálculo do ICM incidente sobre cigarros, à razão de 1/3 em 1984, 2/3 em 1985 e integralmente em 1986.

A Emenda Constitucional 27/85 também resultou de um amplo processo de negociação, envolvendo, inclusive, a Frente Municipalista. As principais medidas contidas nessa Emenda foram:

a) – transformação da Taxa Rodoviária Única – TRU no Imposto sobre a Propriedade de Veículos Automotores, cujo produto da arrecadação é dividido da seguinte forma: 50% constitui receita dos Estados e 50% dos Municípios;

b) – alteração dos percentuais dos Fundos de Participação dos Estados e Municípios, que passaram a ser os seguintes:
– Fundo de Participação dos Estados, do Distrito Federal e dos Territórios – 14%
– Fundo de Participação dos Municípios – 17%
– Fundo Especial – 20%

c) – alteração dos percentuais de partilha do ISTR, que passaram a ser os seguintes:
– Estados, Distrito Federal e Territórios – 50%
– Municípios – 20%.

Essas mudanças elevaram o aporte de recursos para os Estados e Municípios, mas foram insuficientes para reverter o quadro de excessiva concentração de recursos triburários nas mãos da União.

É preciso fortalecer o federalismo, pois o atendimento do atual déficit de serviços públicos para a população deve ser realizado, prioritariamente, através dos Estados e Municípios. Isto pressupõe uma descentralização político-administrativa: aqueles serviços que os governos locais puderem prestar com eficiência não devem ser repassados para os governos estaduais ou, muito menos, para o governo federal; aqueles que os governos estaduais podem prestar com eficiência não devem ser repassados para o governo federal. Essa descentralização tem dois objetivos. Em primeiro lugar, racionalizar a prestação dos serviços públicos, evitando superposições e desperdícios, além de possibilitar a fiscalização da qualidade dos serviços prestados e, muitas vezes, o próprio controle administrativo, por parte das comunidades beneficiadas. Em segundo lugar, o fortalecimento do federalismo se constitui em força de contraposição ao autoritarismo.

A necessidade de recursos para que os Estados e Municípios possam prestar os serviços públicos básicos, dentro de padrões satisfatórios, e a possibilidade de que essas esferas de governo possam ajustar o nível de tributação às condições sócio-econômicas da região tornam imperioso que essas esferas de governo venham a adquirir autonomia financeira. Para isto, supõe-se o alargamento de sua competência tributária.

Mas esse princípio não deve ser único em uma federação, principalmente em um país com disparidades regionais como as que existem no Brasil. Cabe à União, neste caso, papel fundamental na redistribuição de recursos entre as diversas Unidades da Federação. Mesmo sabendo que a política fiscal é importante para, sozinha, reduzir os desníveis regionais, é preciso garantir um mínimo de recursos tributários *per capita* para as regiões mais pobres.

Têm-se, assim, dois princípios que, embora aparentemente contraditórios, são passíveis de serem combinados numa proporção adequada no sentido de fortalecer a federação brasileira. É preciso que a nova Reforma Tributária conjugue um mínimo de autonomia tributária com um nível de transferências compatível com o objetivo de reduzir os desníveis regionais.

2. O DÉFICIT PÚBLICO E A REFORMA TRIBUTÁRIA

A desaceleração da economia mundial na última década reflete o esgotamento de um padrão de acumulação que se articulou em escala internacional e se manifesta na redução dos fluxos do comércio internacional, um dos principais motores do dinamismo que a economia mundial apresentou durante a década de 60, e na desorganização do sistema financeiro internacional.

A inexistência de políticas internacionais adequadas a um novo padrão de crescimento e de um aparato institucional, compatível com o grau de internacionalização atingido pelos capitais industrial e financeiro, sujeitaram as economias dos diversos países às flutuações da política econômica norte-americana.

A política econômica do governo Reagan, visando restaurar a hegemonia do dólar, vem retardando a necessária reestruturação do padrão monetário mundial e provocando um processo de contração da liquidez internacional, criando uma situação insustentável para os países em processo de industrialização e os semi-industrializados, que haviam aproveitado a conjuntura internacional de liquidez anterior para financiar o crescimento através de empréstimos externos.

O dinamismo da economia brasileira durante as décadas de 60 e 70 se deveu, em grande parte, à sua inserção, como economia periférica industrializada, no padrão de acumulação do capitalismo, em escala internacional. A crescente internacionalização da economia brasileira, o aproveitamento das oportunidades oferecidas pelo comércio mundial e as condições de liquidez do mercado de euro-moeda propiciaram uma aceleração do processo de crescimento econômico, acompanhada dos desequilíbrios inerentes às economias de industrialização retardatária.

Internamente, o padrão de acumulação predominante no período que vai da fase de recuperação (1967-70) à de auge (1971-73) baseou-se na liderança do setor de bens de consumo duráveis. O esgotamento desse padrão, agravado pelo primeiro choque do petróleo, levou a uma desaceleração do crescimento, no período 1974-77.

A elevada liquidez dos mercados financeiros internacionais e a participação ativa do Estado permitiram que a economia brasileira se ajustasse de maneira não passiva à mudança dos preços relativos e à conjuntura recessiva internacional. Esse ajustamento, entretanto, gerou desequilíbrios estruturais para a economia brasileira, tais como o crescente endividamento externo e a ineficiência de projetos infra-estruturais superdimensionados.

O segundo choque do petróleo (1979), a dramática elevação das taxas de juros internacionais e o retraimento do sistema financeiro internacional, a partir do pedido mexicano de moratória, são episódios de um processo de constrangimento ao crescimento da economia brasileira. A dívida externa tornou-se inadministrável. A capacidade de importar foi estrangulada, situando-se, em 1983, a nível inferior à metade do nível prevalecente em 1978.

Por exigência dos banqueiros internacionais, coube ao FMI o papel de supervisionar o processo de renegociação da dívida dos países do terceiro mundo e fiscalizar a aplicação de política econômica adequada à geração de superávits nos Balanços Comerciais, capazes de garantir, no mínimo, o pagamento dos juros.

A política de ajustamento acordada pelos diversos países endividados com o FMI consiste em reduzir a demanda agregada, através da política fiscal e monetária contracionistas, de modo a reduzir importações e elevar o excedente exportável. Além disto, alguns preços relativos deveriam ser mudados. A taxa de câmbio deveria subir acima da inflação e o salário real deveria ser reduzido, de forma a elevar a competitividade das exportações.

O governo brasileiro já vinha adotando políticas de estabilização desde o final de 1980. Elas foram reforçadas a partir dos últimos meses de 1982, já então sob a vigilância do FMI.

Em relação à política fiscal contracionista, a fórmula é antiga. O governo deve reduzir despesas e aumentar receitas. Ocorre que o crescimento da dívida externa e a desaceleração da economia já haviam desarrumado a estrutura de financiamento do Estado, tornando a administração do déficit público extremamente complicada.

As finanças públicas se transformaram em um verdadeiro imbróglio, no qual o componente menos complexo era a política tributária, tendo em vista sua maior transparência.

2.1 – *A Política Tributária no Período 1980-84*

A política tributária, após 1980, passou a ser formulada em consonância com a política econômica contracionista adotada pelo governo. A meta básica era elevar a arrecadação tributária, mesmo que através da simples antecipação da receita. De modo a atingir esse objetivo, o governo procurou linhas de menor resistência, adotando medidas específicas e pragmáticas, ao invés de tentar reformular, de maneira sistemática e abrangente, a estrutura tributária.

As principais medidas foram:

a) – fixação dos índices de correção da tabela progressiva de Imposto de Renda abaixo da inflação média do período, fazendo com que contribuintes sem ganhos reais de renda passassem a pagar o tributo segundo alíquotas maiores;

b) – cobrança de Empréstimo Compulsório (1980 e 1983);

c) – extensão do sistema de antecipação do Imposto de Renda da Pessoa Física aos locadores de imóveis e profissionais liberais (Carnê Leão) (1979);

d) – elevação de alíquotas e ampliação do campo de incidência do IOF, alcançando também as operações de seguro, de câmbio e de valores mobiliários (1980);

e) – aumento da alíquota do "Carnê Leão" de 15% para 20% (1983);

f) – ampliação e aumento da incidência do Imposto de Renda na Fonte sobre dividendos e ganhos sobre operações financeiras (1983);

g) – indexação do IRPF a pagar (1982);

h) – instituição do Fundo de Investimento Social – Finsocial (1982);

i) – antecipação do recolhimento do Imposto de Renda para empresas que não encerram balanço em dezembro (1979);

j) – indexação do IRPJ a pagar (1982);

k) – elevação dos adicionais do IRPJ das instituições financeiras para 15% e 10% nos demais casos, aplicáveis sobre lucros acima de 40.000 ORTNs (1983);

l) – elevação da alíquota do IRPJ de 30% para 35%, para as empresas de grande porte (1983);

m) – antecipação do recolhimento do IRPJ para instituições financeiras (1983);

n) – criação ou aumento do IR na Fonte sobre rendimentos de aplicações financeiras auferidos por empresas (1983);

o) – eliminação e redução de incentivos fiscais à pessoa física, como, por exemplo, a extinção do incentivo criado pelo DL nº 157/67 (1982 e 1983); e

p) – aumento da alíquota marginal do IRPF de 55% para 60% (1983).

Apesar do impacto dessas medidas sobre a Receita Tributária Federal ter sido significativo, os ganhos de receita obtidos foram incapazes de cobrir o déficit fiscal e estancar o processo de endividamento público. Além disto, o elenco de medidas mostra que o espaço para pacotes emergenciais, visando, simplesmente, a elevar a arrecadação, ia se estreitando. Na verdade, a Política Fiscal convencional, através do aumento de impostos e da redução dos gastos, perdeu a eficácia, não sendo capaz de debelar o processo crônico de geração de déficits públicos.

2.2 *O Pacote Fiscal de 1985*

A partir de março de 1985, com a vigência da Nova República, ocorreram algumas mudanças de rumo na política econômica. Na verdade, as diferenças foram sentidas somente após a mudança de comando no Ministério da Fazenda, com a entrada do ministro Funaro.

O maior nível de emprego, combinado com aumentos reais de salários, proporcionaram alguma recuperação nas condições de vida da população brasileira e geraram um reaquecimento da economia, através de um crescimento da demanda. Paralelamente à recuperação dos salários reais, verificou-se uma redução nas taxas de juros, com efeitos favoráveis nos custos financeiros das empresas privadas e do setor público.

Em nível externo, a Balança Comercial apresentou notável desempenho, possibilitando o cumprimento dos compromissos internacionais e permitindo um certo alívio sobre os controles das importações.

As políticas de controle do déficit público e do processo inflacionário, entretanto, não tiveram o mesmo sucesso. No exercício de 1985, não foi possível manter a tendência de redução do déficit do setor público verificado em 1983 e 1984. O déficit operacional do setor público, para 1985, situou-se em torno de 3% do PIB, contra 1,6% verificado em 1984.

No *front* do combate à inflação, a economia brasileira foi submetida a mais um choque de oferta, decorrente de condições adversas para a agricultura (seca na região Sul), o que elevou o IPCA de janeiro de 1986 para mais de 16%. A instabilidade daí decorrente provocou uma elevação na taxa de juros, colocando em perigo os ganhos que tinham sido obtidos, durante 1985, na política de redução dos juros.

A política tributária, por sua vez, não sofreu grandes modificações. Ao final de 1985, o governo federal propôs ao Congresso Nacional um conjunto de medidas fiscais visando, prioritariamente, ao financiamento do déficit público de 1986, tendo sido aprovado ainda no início de dezembro. Embora o "pacote fiscal" apresentasse preocupações de maior justiça social, nenhuma mudança de maior relevo na estrutura tributária foi contemplada. A política fiscal continuou atrelada à estratégia de combater o déficit público através de aumentos de receita e cortes de gastos públicos, inovando, apenas, na introdução de um programa de privatização de empresas estatais não-deficitárias.

A questão central do "pacote fiscal" prendeu-se a outra dívida do setor público, que vinha sendo rolada há algum tempo, e que também se tornaria impagável, tendo em vista sua tendência explosiva. Tratava-se da dívida com os contribuintes do Imposto de Renda, pois o montante de devoluções crescia de modo preocupante, devido à estratégia do governo, que vinha sendo utilizada desde 1980, de antecipar a receita. A forma encontrada para solucionar esse problema foi a instituição do Imposto de Renda em Bases Correntes para as Pessoas Físicas e a Declaração Semestral para as grandes empresas.

O Imposto de Renda em Bases Correntes foi simulado de maneira bastante engenhosa, como, aliás, já vinha sendo proposta, há algum tempo, pelos ex-ministros Mário H. Simonsen e Francisco N. Dornelles. Manteve-se o antigo esquema de antecipações e retenção na fonte, sem se preocupar em incluir todos os demais rendimentos. No entanto, os rendimentos não tributados no ano-base passaram a estar sujeitos à correção monetária.

No período de transição entre os dois sistemas, de modo a aliviar o aumento da carga tributária, remanejou-se a tabela do Imposto de Renda de modo a adequar o imposto antecipado com aquele que seria devido em bases correntes, de modo a minimizar os montantes de imposto a pagar ou de devoluções. Além disto, a tabela progressiva do IRPF foi modificada, de modo a aliviar a carga tributária sobre os contribuintes de menor renda. Finalmente, o governo instituiu algo semelhante a um empréstimo compulsório, parcelando em quatro anos as devoluções que deveriam ser pagas no exercício de 1986.

A introdução do sistema de bases correntes se fazia necessária pela erosão da carga tributária, devido ao movimento ascendente da inflação. Mesmo com as medidas de aumento de incidência tributária citadas anteriormente, a carga tributária vem caindo desde 1979, como pode ser visto no Quadro III.

As principais medidas do "pacote fiscal", contidas na Lei 7.450/85, foram as seguintes:

a) – fixação do limite de isenção do Imposto de Renda em cinco salários mínimos, ou em até sete salários mínimos se o contribuinte tiver mais de três dependentes;

b) – redução do Imposto de Renda na fonte, através da modificação da tabela progressiva;

c) – parcelamento das restituições de 1986, tanto das pessoas físicas como das jurídicas;

d) – antecipação do pagamento do imposto dos profissionais liberais autônomos e de rendas de aluguéis ("Carnet Leão");

e) – correção, pelo mesmo índice, dos impostos – devido e antecipado –, para efeito de cálculo do imposto a pagar ou a restituir;

f) – fixação de regras estáveis e transparentes para correção das tabelas progressivas do IRPF e do IRRF, segundo o valor das ORTNs;

g) – fixação do período semestral para apuração do lucro das pessoas jurídicas, cujo lucro seja superior a 40 mil ORTNs;

Quadro III – BRASIL: CARGA TRIBUTÁRIA BRUTA E LÍQUIDA – 1979 – 84

(% do PIB)

Anos	*Tributos Diretos*	*Tributos Indiretos*	*Carga Tributária Bruta*	*Carga Tributária Líquida*
1979	11,8	11,5	23,3	12,2
1980	10,4	12,8	23,2	10,7
1981	11,2	12,4	23,6	11,0
1982	12,6	12,5	25,1	10,8
1983	11,9	12,5	24,4	9,8
1984(*)	11,1	10,4	21,5	6,4

Fonte de Dados Básicos: FGV.
Obs.: (*) – Estimativa Preliminar.

h) – permissão para utilização pelas pessoas jurídicas de coeficientes de depreciação acelerada, correspondentes ao dobro da taxa anterior admitida;

i) – incorporação definitiva do adicional do imposto incidente sobre pessoas jurídicas;

j) – antecipação do IR-Fonte sobre rendimentos de títulos pós-fixados para o momento da primeira colocação do título e uniformização das alíquotas da ORTN e CDB;

k) – tributação exclusivamente na fonte dos rendimentos de títulos de renda fixa;

l) – tributação dos ganhos reais, a uma alíquota de 45%, de operações financeiras realizadas por pessoas físicas e empresas não-financeiras, exceto operações de curto prazo (cuja alíquota é de 55%);

m) – alteração nos prazos de recolhimento do IPI-fumo, IPI-automóveis e IUEE;

n) – alteração da base de cálculo do IULC, que passa a incidir sobre o preço dos produtos ao consumidor, em lugar do preço de compra pela Petrobrás;

o) – redução de 12% para 10% da alíquota do IR-Fonte sobre as operações de curtíssimo prazo (Resolução Bacen nº 1077); e

p) – cobrança do IOF sobre operações a termo na Bolsa de Valores.

3. A REFORMA TRIBUTÁRIA E A CONSTITUINTE

A Reforma Tributária que deverá ser discutida durante o processo Constituinte não pode se preocupar com o aumento da arrecadação federal para, simplesmente, cobrir o déficit público. Na verdade, a Reforma Tributária é uma parte de uma questão mais ampla. É preciso repensar, de modo democrático, a atuação do Estado brasileiro. É necessário que se desenvolvam mecanismos políticos, estáveis e eficazes, que viabilizem o controle da sociedade brasileira sobre a atuação do Estado. Além disso, devem ser coibidos, com rigor, os abusos, desperdícios e malversações com dinheiro público, punindo-se, exemplarmente, os responsáveis, de modo a resgatar a credibilidade política na atuação do governo. Finalmente, o governo deve recuperar sua capacidade de intervir, de maneira não-passiva, na esfera econômica, no sentido de viabilizar a recuperação do crescimento econômico, tornando possível o aumento do nível do emprego e o resgate da dívida social acumulada nos últimos anos.

A discussão sobre a Reforma Tributária deve estar inserida em um contexto mais amplo da Política Fiscal, priorizando o atendimento às necessidades básicas da população. Os recursos adicionais, gerados pela Reforma, não podem ser destinados a resolver a crise financeira do Estado, a qual exige uma solução específica. Devem servir para atenuar os problemas sociais que se acumularam ao longo dos últimos vinte e dois anos e que se agravaram com a crise econômica.

A inexistência de uma política consistente e eficaz de gastos públicos tem levado o Estado brasileiro a desperdiçar recursos. É preciso que essa política venha a ser formulada de modo a atender as necessidades sociais básicas e que se adote como princípio a substituição do oneroso e sofisticado pelo funcional e simples, de acordo com a real disponibilidade de recursos do País.

Um outro aspecto a considerar consiste no conteúdo eminentemente político da Reforma Tributária. Embora exista um consenso de que o atual Sistema de Tributação está superado e que é preciso uma nova Reforma Tributária, cada segmento da sociedade tem sua própria visão sobre a Reforma. Tem-se, na verdade, cinco grandes atores envolvidos: governo federal; governos estaduais e municipais; assalariados; empresários; e proprietários. O contorno final da Reforma dependerá do poder de barganha de cada um desses atores. Neste sentido, torna-se necessário levar o debate a todos os segmentos da sociedade, na medida em que a omissão de qualquer um deles deverá refletir-se, posteriormente, na composição da carga tributária ou na partilha dos recursos.

Apresentam-se, a seguir, algumas sugestões, como contribuição ao debate. Essas sugestões já foram apresentadas à Comissão de Reforma Tributária do Senado Federal, em maiores detalhes. As medidas propostas estão classificadas em três grupos, de acordo com cada um desses objetivos:

i) – fortalecer a base tributável dos Estados e Municípios, possibilitando uma maior autonomia financeira para essas esferas de governo;

ii) – equalizar a disponibilidade de recursos entre as unidades da federação, de modo a contribuir para a redução das disparidades regionais; e

iii) – elevar o grau de progressividade do sistema tributário, através da incidência do Imposto de Renda sobre rendimentos não-tributáveis, e compensar a União pela eventual perda da receita decorrente de medidas constantes dos outros grupos.

3.1 *Sugestões Visando ao Fortalecimento da Base Tributária dos Estados e Municípios*

a) Criação de um Imposto sobre o Patrimônio Líquido das Grandes Empresas, de competência dos Estados

O fortalecimento da base tributária dos Estados e, conseqüentemente, a sua maior autonomia financeira, pressupõe a atribuição para essa esfera de governo a competência sobre tributos rentáveis e de fácil administração, como é o caso de um imposto sobre o patrimônio das empresas. Além disto, a nova incidência permitiria que o aumento de receita dos Estados não ocorresse às expensas da União. Cabe destacar que este imposto já existe em outros países, como Suíça, Alemanha, Canadá e Austrália. Evidentemente, sua alíquota é, normalmente, reduzida.

b) Transferência do ITR para a competência dos Estados

A utilização, pelo governo federal, do ITR como instrumento de Reforma Agrária nunca passou do discurso, o que resultou em uma subtributação da propriedade rural. A transferência da competência deste tributo para os Estados propiciaria a criação de nova e promissora base tributária e a formulação de políticas regionais de Reforma Agrária. Sua cobrança poderia estar, por exemplo, inversamente relacionada com o pagamento do ICM sobre produtos agrícolas, de modo a penalizar somente as propriedades improdutivas.

c) Transferência do Imposto sobre Serviços de Telecomunicações para a Competência dos Municípios

O ISST foi criado em substituição à sobretarifa que era cobrada sobre serviços de telecomunicações. A transferência de competência proposta permitiria um reforço de receita para os municípios, principalmente aqueles mais urbanizados e que vêm apresentando sérios problemas financeiros, tendo em vista a insuficiência de recursos disponíveis frente à crescente demanda de suas populações por maior quantidade e qualidade dos serviços públicos. Além disto, trata-se de um tributo de fácil administração e fiscalização.

d) Co-administração do Imposto sobre Lucros Imobiliários pela União e Municípios

Existe uma grande potencialidade na tributação sobre os lucros imobiliários no Brasil. No entanto, sabe-se que esses lucros são significativamente subestimados, não tendo a União condições de avaliar, convenientemente, as informações apresentadas pelo contribuinte. Os municípios, entretanto, possuem condições de contribuir, de maneira efetiva, para a fiscalização desse tributo, tendo em vista sua experiência com o IPTU. O aumento de receita que poderia ser obtido, desse modo, compensaria a União pela perda de 50% do produto da arrecadação do tributo.

e) Criação de um Fundo de Compensação aos Estados e Municípios pela não incidência do ICM nas exportações de manufaturados

A não incidência do ICM nas exportações de manufaturados é justificável, pois, além de ser prática generalizada internacionalmente, é necessária para manter a competitividade das mercadorias brasileiras.

O que não se justifica, entretanto, é que os Estados e Municípios tenham que arcar com parcela substancial do ônus da política de promoção das exportações, cuja formulação é de responsabilidade da União. É preciso que o Governo Federal repare os Estados e Municípios por essa perda de receita, através da criação de um Fundo de Compensação.

Em relação ao critério de rateio dos recursos do Fundo, é preciso que se combine a origem das exportações com algum critério que beneficie as unidades mais pobres da federação, visando, com isto, reduzir disparidades regionais.

f) Ampliação da base tributária do ISS e atribuição de competência aos Municípios para estabelecer as alíquotas do imposto

A competência municipal sobre o ISS é limitada, tendo em vista que a fixação da alíquota máxima do tributo é feita por Lei Complementar e que a incidência do tributo só ocorre sobre atividades que estejam compreendidas em lista discriminatória, estabelecida pela União, deixando de lado uma série de serviços de relevância econômica, como, por exemplo, os serviços públicos.

É reivindicação antiga dos municípios que lhes seja concedida maior autonomia em relação ao ISS. Isto permitiria que os governos municipais ajustassem o nível de tributação às condições sócio-econômicas do município e que os municípios de maior base tributária pudessem aumentar sua receita tributária.

3.2 – *Sugestões Visando à Revisão dos Mecanismos de Equalização Tributária*

a) Transformação do ICM em um imposto sobre o consumo, através da isenção das operações interestaduais

A atual sistemática de cobrança do ICM em operações interestaduais penaliza os Estados mais pobres, que são consumidores. Uma forma de eliminar essa distorção consiste em transformar o ICM em um imposto sobre o consumo, isentando operações interestaduais. Os efeitos alocativos da medida devem ser de pequena importância. O grande problema é de controle fiscal.

O prof. Ricardo Varsano apresentou sugestão, que vem, inclusive, sendo avaliada pela Comissão da Reforma Tributária e Descentralização da Administração Financeira, da Seplan, de criar uma Câmara de Compensação, de modo a coibir eventuais fraudes fiscais. O tributo seria cobrado no Estado de origem e o produto dessa arrecadação seria destinado à Câmara de Compensação, diretamente subordinada ao CONFAZ, que ratearia o montante arrecadado entre os Estados consumidores, de acordo com a destinação das mercadorias, de modo a simular uma situação de isenção. Enfim, este ou qualquer outro mecanismo operacional que se possa conceber, com o objetivo de garantir o controle fiscal, retiram as mais importantes objeções a que o ICM se transforme em um imposto sobre o consumo.

Adicionalmente, convém destacar que a medida permitiria que os Estados pudessem adequar o nível de tributação às suas condições sócio-econômicas. A objeção de que essa autonomia poderia levar a "guerras fiscais" entre os Estados deve ser relativizada, tendo em vista o amadurecimento da estrutura industrial brasileira, o desenvolvimento do sistema político, que deverá criar contrapesos à generalização de "dádivas fiscais", e ao balanço altamente positivo da medida, em termos de vantagens e desvantagens.

b) Criação de um Fundo de Equalização Tributária

Embora se tenha proposto uma série de medidas que visam fortalecer a receita tributária própria dos Estados e Municípios, isto não resolve o problema de carência de recursos das unidades mais pobres da federação, que não possuem matéria tributária capaz de financiar suas atividades básicas.

O Fundo de Equalização Tributária não substituiria os Fundos de Participação dos Estados e Municípios, mas os complementaria. A idéia, que já foi apresentada ao debate pelo prof. Osmundo Rebouças, seria garantir um piso mínimo de recursos tributários *per capita* para os Estados e Municípios mais pobres.

c) Revisão da Sistemática dos Incentivos Fiscais Regionais e Setoriais

O atual esquema de incentivos fiscais destinados ao Finor, Finan e Fiset não tem atingido os objetivos a que se propôs, como já foi diagnosticado por diversos estudos.

Uma sugestão para modificar a atual sistemática de aplicação dos recursos e ampliar seu montante seria converter os recursos relativos aos incentivos fiscais e aos programas especiais – cuja criação representou, na verdade, uma redução dos recursos destinados ao Norte e Nordeste sob a forma de incentivos fiscais e sobre cuja aplicação os governos estaduais não têm qualquer controle – em recursos de dois Fundos de Desenvolvimento a serem criados, um para a região Norte e outro para a Região Nordeste. As aplicações desses fundos deveriam objetivar o desenvolvimento das regiões, porém tendo como parâmetro básico para a fixação de prioridades a geração de novos empregos. O senador Cid Sampaio, presidente da Comissão de Reforma Tributária do Senado Federal, que já sugeriu a criação desses Fundos, propõe, inclusive, que os recursos aplicados pelos Fundos sejam transformados em ações, cuja propriedade seria distribuída entre a empresa executora do projeto e os trabalhadores.

3.3 *Sugestões Visando a Aumentar a Progressividade do Sistema Tributário*

a) Tributação dos Rendimentos e Ganhos de Capital

É necessário que sejam eliminados os vazamentos à incidência do Imposto de Renda, que distorcem o critério de progressividade do imposto. O montante de rendimentos não tributados, que se concentram nas classes de renda mais elevada, evidencia que a tributação sobre os ganhos de capital precisa ser mais abrangente. As medidas mais importantes seriam:

a.1 – *Modificar a regra de isenção das alienações de participação societárias* mantidas por mais de cinco anos, que garante que o prazo seja contado a partir da propriedade das "ações-mãe", isentando, desse modo, todas as "ações-filhote";

a.2 – *Tributar os ganhos realizados nas transações de ações em Bolsa de Valores,* tendo em vista que a tributação deve atingir todas as aplicações financeiras, principalmente aquelas altamente especulativas, de modo a estimular aplicações produtivas. Adicionalmente, deve-se levar em conta que a criação desta incidência não deverá provocar nenhum impedimento ao funcionamento do mercado acionário, uma vez que as decisões de portfólio baseiam-se em um rico conjunto de variáveis, ocupando a variável tributária um espaço muito mais modesto que as taxas de inflação e juros, e que as ações mais negociadas em Bolsa são de empresas estatais. Na verdade, no caso do mercado acionário brasileiro, é o patrimônio social, sob a forma de ações de empresas estatais, que alimenta a valorização financeira dos capitais privados;

a.3 – *Tributar os ganhos realizados em Bolsas de Mercadorias,* em especial a de ouro, uma vez que a maior parte das transações realizadas nessas Bolsas têm caráter exclusivamente financeiro (2/3 dos valores transacionados nessas Bolsas referem-se ao ouro);

a.4 – *Tributar as bonificações, descontados os efeitos da correção monetária,* pois esta isenção, juntamente com a isenção dos ganhos realizados com alienações de participações societárias mantidas por mais de cinco anos ou transacionadas em Bolsa de Valores, representa a peça fundamental da sistemática que permite subtrair à tributação do Imposto de Renda um valor substancial de rendimentos e de ganhos de capital. O tributo sobre as bonificações, descontadas aquelas decorrentes de reavaliação de ativos, poderia ser cobrado na fonte, a uma alíquota de 25%, de modo a se dar um tratamento análogo ao dos dividendos. Convém assinalar que as bonificações representam 50% dos rendimentos não tributáveis na declaração do IRPF (Anexo 2);

a.5 – *Rever a atual sistemática de cálculo do rendimento tributável oriundo das atividades agropecuárias (Cédula G),* que é de difícil controle fiscal, levando a uma subtributação da renda agrícola, em relação às rendas de outras origens, e permitindo evasão do tributo, inclusive para contribuintes de outras cédulas. A receita adicional derivada dessa modificação poderia ser destinada às políticas de crédito agrícola e preço mínimo.

b) Tributar a Riqueza e sua Transferência

Trata-se de medida de grande cunho social, já implementada em quase todos os países da OCDE. Os argumentos de que esta incidência poderia provocar fuga de capitais ou desestímulo à poupança não se baseiam em evidências incontestáveis. Existe uma vasta literatura internacional sobre a matéria, na medida em que a polêmica sobre a tributação da riqueza é altamente ideológica, podendo-se alinhar inúmeros argumentos pró e contra sua adoção. No entanto, constata-se que nenhum país que a incorporou a sua estrutura tributária voltou atrás. A criação de um tributo sobre a riqueza, no Brasil, encontraria muitos obstáculos de cunho político e dificuldades de controle fiscal, em nível operacional. Mas essas não são razões para não criá-lo. Um passo intermediário poderia ser a criação de um Imposto sobre o Patrimônio Líquido das Grandes Empresas (como já proposto no item 3.1), cujas dificuldades políticas e operacionais seriam sensivelmente menores, ao invés da incidência sobre o patrimônio líquido das pessoas físicas, e de um Imposto sobre as Heranças e Doações. O Imposto sobre Heranças e Doações poderia ser encarado como uma etapa inicial para uma tributação mais ampla sobre a riqueza e se justifica pelo objetivo de tornar mais equânime o Sistema Tributário, pois, como as diferenças entre as riquezas não advêm exclusivamente dos rendimentos mas, em parte, dos bens havidos por heranças e doações, a tributação da renda não consegue corrigir, no grau socialmente desejável, as diferenças entre os cidadãos. Esse novo tributo não deveria, é claro, incidir sobre as pequenas heranças e o contribuinte só estaria sujeito ao recolhimento no momento que alienasse o objeto do tributo. Vale lembrar que todos os países da OCDE tributam as heranças e doações.

c) Transformar os abatimentos da renda bruta em créditos do Imposto de Renda, calculado segundo percentual uniforme das deduções pessoais

A sistemática atual de abatimento da renda bruta choca-se com o princípio da progressividade, uma vez que as classes de renda mais elevadas podem beneficiar-se de reduções do imposto que, em relação às deduções pessoais, são proporcionalmente maiores.

As propostas apresentadas devem ser encaradas como sugestões iniciais ao debate. Algumas delas têm sofrido críticas, às vezes candentes, de representantes dos diversos segmentos da sociedade, uma vez que cada um desses segmentos tem a sua própria visão da Reforma Tributária, como já foi destacado. Cabe ressaltar, entretanto, que as medidas sugeridas guardam coerência com o diagnóstico apresentado e com as diretrizes formuladas ao longo do trabalho, além de manterem consistência técnica.

BIBLIOGRAFIA

AFONSO, José Roberto R. *Fontes de Financiamento dos Governos Estaduais e Municipais no Brasil* (1963/83), Comissão de Reforma Tributária e Descentralização Administrativa e Financeira, Seplan (mimeo.), Ago. 1985.

DA SILVA, Mário Tinoco. "A Necessidade de Uma Reforma Tributária – Diagnóstico e Sugestões", em *Anais do XII Encontro Nacional de Economia, Anpec*, Dez. 1984.

DA SILVA, Mário Tinoco e de Resende, Valmir José. *Projeto de Reforma Tributária – Síntese das Medidas Propostas*, Comissão Técnica de Reforma Tributária do Senado Federal (mimeo.), Jan. 1985.

O MUNICÍPIO BRASILEIRO E A DESCENTRALIZAÇÃO GOVERNAMENTAL – ANOTAÇÕES SOBRE A NECESSIDADE DE REVITALIZAÇÃO DOS MUNICÍPIOS –

*Elizeu Francisco Calsing**

* Mestre em Sociologia pelo Iuperj; técnico do CNRH Ipea; e aluno de Doutorado em Sociologia do Departamento de Sociologia, UnB.

I. INTRODUÇÃO

O município, ao que tudo está indicando, deverá ser considerado novamente peça fundamental da estrutura sócio-econômica e política da nação brasileira, pela recuperação do prestígio político desta esfera de governo e por novos favorecimentos, especialmente financeiros, no complexo político nacional.

Persegue-se, na verdade, um novo perfil político da nação, que inclui a revitalização do município, no sentido de que volte a assumir funções e encargos relevantes do ponto de vista do desenvolvimento sócio-econômico e político do país, uma vez que é o município o contexto social e cultural por excelência onde acontecem e se deseja que aconteçam as transformações e mudanças.

Não resta dúvida de que a grande maioria dos municípios brasileiros possui problemas graves, de toda a ordem, passando do nível político ao administrativo, financeiro, de recursos humanos, de desmobilização política, de extremas desigualdades sociais e níveis elevados de pobreza, de necessidades básicas insatisfeitas nas áreas de educação, saúde, saneamento, habitação, etc., de falta de emprego e renda em condições de propiciar aos munícipes o acesso aos bens e serviços produzidos, e assim por diante. Parecem, na verdade, problemas intransponíveis, mas que podem ser classificados, sem hesitação, também como problemas estritamente políticos, ou de ausência de um tratamento político adequado aos municípios, segundo suas características e peculiaridades, dentro do contexto microrregional e estadual em que estão inseridos.

Quando se analisa os níveis e a intensidade da intervenção do Governo Federal pós 1965-67, fica claro que a excessiva centralização de poderes determinou que tanto Estados quanto municípios passassem a perder representatividade política e econômica, uma vez que transformados em esferas administrativas dependentes de tudo, configurando-se assim uma estrutura autoritária e burocratizada, que veio a perdurar até nestes últimos anos.

A estratégia concentracionista não é atípica de um sistema federativo, mas, no Brasil configurou-se como excessiva face às demais esferas de governo existentes, e que chegou a descaracterizar o sistema federativo típico que havia, e que se pretende restaurar com a Nova República. Esta estratégia inseriu-se na perspectiva de que era necessário um nível de governo extremamente forte e eficiente no estágio atual do capitalismo monopolista, que exige do Estado Central algumas determinações estruturais que deve procurar cumprir, tanto para poder garantir o processo de acumulação de capital e constante organização da produção, quanto para responder à dialética das forças sociais, representada pelo seu nível organizacional e reivindicativo. Com o título de "considerações gerais sobre a intervenção do Estado" é que estes aspectos são analisados, procurando-se ressaltar que Estados e municípios não fogem às determinações estruturais no capitalismo, em sua fase monopolista, e que devem realizar enquanto condições essenciais do desenvolvimento nacional. O que se enfatiza, todavia, amparado na experiência brasileira, é que Estados e municípios necessitam participar deste processo, tendo em vista minorar efeitos perversos provocados pelo excesso de concentração de poderes num único nível de governo, pelo fato de estar distante das reais necessidades da população, normalmente majoritária e pobre. A revitalização do município passaria, assim, por uma intervenção que contribua para assegurar e expandir as bases materiais do sistema econômico capitalista, ao mesmo tempo, proporcionando melhorias substanciais da qualidade de vida da população.

Em seguida, procura-se analisar algumas idéias a respeito da assim chamada "crise do federalismo", provocada substancialmente pelo excesso de centralização, ao mesmo tempo que destaca a necessidade de um reexame das competências institucionais de cada nível de governo, para poder fazer frente à própria crise do capitalismo.

Em qualquer circunstância, o município aparece com um papel de destaque, mas necessitando ser capacitado para atuar decisivamente no processo de desenvolvimento econômico, social e político do país. Ele apresenta inúmeras disfunções, inadequações e dependências, que são objeto de exposição na parte IV do trabalho. Na medida em que são analisadas, sugere-se, por outro lado, um conjunto de diretrizes com o objetivo de verificar a viabilidade de um projeto de descentralização baseado no município.

Esta parte completa-se com a seguinte, em que são ressaltados alguns pontos considerados importantes e decisivos para a revitalização do município brasileiro, de acordo com o modelo federativo preconizado.

O trabalho em nenhum momento esgota qualquer dos assuntos tratados. Pretende, apenas, reiniciar um conjunto de discussões necessárias para a restauração da federação no país, tendo o município, enquanto a esfera de governo mais próxima do cidadão, como o ambiente social e cultural por excelência das mudanças requeridas pelo novo momento político-institucional que se está implantando no Brasil, e que terá no Programa Nacional de Desburocratização um apoio decisivo.

2. CONSIDERAÇÕES GERAIS SOBRE A INTERVENÇÃO DO ESTADO

Uma análise sumária dos fatores determinantes da intervenção do Estado na sociedade capitalista já é suficiente para compreender e demarcar os limites do atual grau de centralização e concentração estatal existente, e que recebe críticas de todos os lados, em geral vigorosas, especialmente em momentos de abertura política e de redemocratização, como o que se está vivendo no Brasil.

Ao longo da I Guerra Mundial começam a ser usadas expressões como "Estado Capitalista" e "Capitalismo de Estado", designando fundamentalmente a intervenção estatal no domínio econômico com a finalidade de planificar (coordenar, orientar, controlar) a economia de guerra.

Tratava-se de uma relação entre o Estado e capital até então desconhecida, na medida em que o liberalismo, como pensamento econômico predominante, deixava ao mercado a responsabilidade de resolver os problemas, mediante seus mecanismos de destinação e distribuição dos recursos. É importante ressaltar que, nesse momento do conflito, a intervenção do Estado impunha-se "por razões exteriores ao movimento do capital." Teixeira, 1983: 86-87).

Já a partir da grande crise de 1929, e em decorrência da nova guerra mundial, o fenômeno da intervenção assume outras feições, por exigências e necessidades internas do próprio capital. A ação do Estado passa a fazer parte integrante da vida econômica e social do capitalismo, "assumindo o caráter, qualquer que seja a forma e o grau em que se apresente, de um fenômeno universal nos países em que domina o modo de produção capitalista (e talvez nem só aí), sejam do centro ou da periferia, maduros ou retardatários, milagreiros ou estagnados." (Teixeira, 1983:87) A partir da formulação de Keynes, que reintroduz o Estado dentro da economia, fica definido que o capitalismo dele necessita, notadamente nos momentos de crise, para não se tornar presa fácil de suas próprias contradições, seja na formação da taxa de lucro, seja do próprio processo de acumulação, e para poder se reproduzir em escala ampliada.

Com a emergência do capitalismo monopolista, que explica o movimento do capital em sua fase atual, inclusive no Brasil, (Cardoso de Mello e Belluzzo, 1972; Cardoso de Mello, 1977; Oliveira, 1972; Kowarick, 1982; Teixeira, 1983) o Estado não só é apresentado como definidor de uma nova fase na evolução do capitalismo, quanto surge como um produtor direto, com a eliminação inclusive das barreiras entre o público e o privado, na medida em que é concebido e se concebe como pressuposto do capital privado.

Não é necessário recordar todos os termos do debate em torno do capitalismo monopolista de Estado. Dentro do âmbito deste trabalho é conveniente apenas registrar que a intervenção estatal no contexto capitalista, independentemente do seu grau de desenvolvimento, representa uma condição indispensável para evitar ou eliminar ameaças à acumulação e continuar se reproduzindo de forma ampliada.

Neste contexto, o Estado capitalista se apresenta com quatro determinações estruturais que deve procurar cumprir. A primeira, com relação à acumulação de capital, que consiste na conversão dos lucros e excedentes econômicos em novo capital. Com a finalidade de manipular os mecanismos e efeitos do processo de acumulação que se torna necessária a intervenção do Estado, pois, do contrário, seria difícil assegurar e expandir as bases materiais do sistema econômico capitalista em seu conjunto. Para tanto lhe são atribuídos diversos papéis ou funções, que vão desde a instauração e estruturação das condições materiais gerais de produção (criação e ampliação de bens infra-estruturais) e organização do dinamismo econômico (caráter regulador do Estado), até o estabelecimento de garantias para a expansão do capital, o estímulo à esfera produtiva pela criação de demanda estatal, a institucionalização das relações sociais e assegurando uma forma politicamente duradoura.

A intervenção do Estado objetiva a valorização intensa do capital, preenchendo a função de facilitar a acumulação através da manutenção da demanda/procura por bens e serviços.

A segunda determinação estrutural diz respeito à legitimação, que orienta grande parte da atividade do Estado, no sentido de selecionar fontes possíveis de descontentamento das classes sociais, transformando demandas políticas em demandas econômico/administrativas. A legitimação "é um requisito necessário à incrementação da 'unidade política', que, juntamente com a 'autonomia relativa', é um dos elementos que constituem o Estado como tal. A legitimação é uma faculdade possuída pelo Estado, em virtude da qual as suas instituições conseguem a adesão à ordem social predominante (ou projetada)." (Schmidt, 1983: 29)

C. OFFE destaca que essa legitimação deve ser democrática e, em função dos recursos materiais de que dispõe para o exercício efetivo do poder estatal, proveniente do processo de acumulação, torna-se em grande parte inevitável que o atendimento de demandas sociais ou de preferências do público eleitor estejam condicionadas aos (ou em consonância com os) requisitos de uma acumulação continuada e mesmo ampliada. (OFFE, 1984: 125) Desta forma, a transformação de demandas políticas em demandas econômicas/administrativas não é um processo automático, não se realiza sem conflitos. Pelo contrário, o Estado, representando uma "arena de luta entre frações de classe" e como expressão de "um Pacto de Dominação", (Poulantzas, 1969; Cardoso, 1977; Oszlak e D'Donnel, 1976; Kowarick, 1982) articula-se através de seus "aparelhos", de sua "máquina burocrática", com o objetivo de assegurar uma forma politicamente duradoura em defesa dos interesses de todas as classes sociais, o que não deixa de implicar na prática de uma certa "seletividade". (Offe, 1984: 140-177)

Fica claro que o Estado também manifesta seu poder por meios materiais – obtidos através de políticas fiscais e tributárias –, resultantes, hoje mais do que nunca, da arrecadação de impostos e profundamente dependente do volume da acumulação privada. Portanto, esta terceira determinação do Estado – dependência de impostos –, representa a fonte do próprio poder, a capacidade de produção de excedentes econômicos e de mais impostos arrecadados a partir desses excedentes (ou de outras formas de aplicação/remuneração do capital. Com muita propriedade tem-se afirmado que o sistema tributário de um país deve ser concebido visando atender a um triplo objetivo. Em primeiro lugar, ao objetivo meramente tributário de angariar recursos para o financiamento das despesas públicas. Em segundo lugar, ao objetivo social de contribuir para a melhoria da distribuição da renda entre as pessoas e regiões. Em terceiro lugar, ao objetivo funcional de orientar a atividade econômica, adaptando-a aos objetivos nacionais de desenvolvimento. (Dornelles, 1983)

Daí sobressai a privatização da produção como a quarta função do Estado capitalista, num duplo sentido: cumprindo seu papel de pôr à disposição do processo de produção privada os bens infra-estruturais necessários à contínua acumulação e tornando-se um produtor direto e atuando a partir de critérios privados naqueles setores econômicos em que se torna proprietário (empresas estatais, por exemplo).

Este quadro geral, que se aplica ao caso brasileiro, inaugura uma nova fase no capitalismo, em que grande parte da riqueza é estimulada e criada pelo Estado, que inclusive se privatiza para poder servir ao grande capital e assim transformar-se numa alavanca poderosa e suporte inequívoco da acumulação privada.

Não é por outras razões que tanto o setor estatal quanto a despesa estatal funcionam em função destes determinantes do Estado e fundamentalmente baseados no crescimento do setor monopolista e da produção total. Daí as afirmações de que "o crescimento do Estado tanto é causa quanto efeito da expansão do capital monopolista" e de que "a acumulação é impossível sem a participação direta e sem a intervenção do Estado na economia", querendo dizer que o capitalismo monopolista de Estado é indispensável à acumulação porque a acumulação é impossível sem o capitalismo monopolista de Estado. (O'Connor, 1977; Cheprakov, 1980)

Na verdade, é dentro deste enfoque que se deve buscar a compreensão da qualidade e da quantidade da intervenção pública no país, revelando assim a forma de existência do Estado, de sua presença constitutiva no seio das relações de produção e reprodução. "Falar de Estado significa falar de uma dinâmica contraditória das classes sociais, ou seja, fundamentalmente, de uma ação política que cria as condições para a reprodução e expansão do capital e as formas de apropriação do excedente." (Kowarick, 1982: 2)

Esta tendência da intervenção do Estado na economia e sociedade já é um fenômeno mundial em países com prática federativa, visto que conseqüência da expansão do capitalismo. A centralização parece inevitável, especialmente em algumas áreas – como na organização da economia e da política e arrecadação de tributos.

Alguns Estados, mais do que outros, têm procurado exercer mais intensamente sua forma de intervenção, centralizando decisões, competências e recursos públicos, como que diminuindo ou até eliminando outros níveis de governo/administração, em nome de um modelo de desenvolvimento que antes de tudo necessita apresentar desempenhos econômicos favoráveis, e não distributivismos apressados e incompatíveis ao processo de acumulação, como os exigidos pelo capitalismo monopolista.

Não há como excluir qualquer esfera de governo destas considerações, na medida em que seus níveis de eficiência e eficácia vão depender enormemente de uma organização voltada para o cumprimento das funções estruturais anteriormente examinadas.

3. A FEDERAÇÃO E A CENTRALIZAÇÃO

Vive-se no país um sistema federativo tipicamente brasileiro, onde, mesmo que o município não constitua um ente da Federação – o que se revela coerente com o princípio da doutrina federal –, aparece no texto constitucional como um objeto de crescentes e numerosas normas, seja quanto à organização, funcionamento e competências, seja quanto à criação de municípios, em detrimento inclusive das Constituições Estaduais.

Até 1967, Estados e municípios tiveram maior autonomia política e administrativa, e várias análises têm demonstrado que "a evolução do federalismo em todos os países é no sentido da ampliação dos poderes da União em detrimento dos concedidos aos Estados" e municípios, e que, no caso do Brasil, "a absorção da administração estadual e municipal pela União é notória e incontestável e que ela se vem operando com a solicitação e pleno assentimento dos Estados e municípios." (Silva, 1977: 124-125)

Esta centralização progressiva, embora considerada como tendência natural e difícil de conter, na medida em que vai atingindo todos os setores e áreas da economia e sociedade, vem configurar pelo menos duas posições em relação à questão da federação e centralização. Uma, que considera inevitável e ao mesmo tempo necessária esta forma de intervenção centralizada, seja porque reconhecidamente fortalece e mantém a integridade do país, seja porque permite organizar a vida social de uma maneira mais comum e uniforme. (Figueiredo, 1985) Uma segunda posição reconhece que o excesso de centralismo não só subverte os alicerces do regime federativo, dilapidando responsabilidades noutros níveis administrativos, como cria dependências indesejáveis ao ponto da prestação de serviços à população não corresponder efetivamente às suas necessidades e desejos mais imediatos.

Por que o excesso de centralismo não condiz, no caso brasileiro, com o regime federativo?

A partir da Constituição de 1967 e de sua Emenda nº 1/69 presencia-se uma excessiva centralização política e econômica, representando restrições vigorosas à autonomia dos Estados e Municípios, "pondo em risco o equilíbrio federativo consagrado pela Constituição anterior. A hipertrofia do poder executivo da União, processo que foi retomado em 1964, com o objetivo de criar condições para implantação e desenvlvimento de um novo padrão de acumulação, foi transformando o Brasil, ao longo desses anos, num Estado Unitário. Não se garantiram aos Estados e municípios condições básicas de autonomia nem de representatividade – situação que se caracteriza pela falta de independência entre os poderes e pela não garantia dos pressupostos essenciais da ordem democrática. Não apenas essas medidas centralizadoras da União concorreram para comprometer o federalismo brasileiro. Desrespeitando a clássica divisão dos poderes, o executivo promoveu um processo de esvaziamento do Legislativo e do Judiciário, acompanhado do uso indiscriminado de instrumentos de exceção." (Maciel, 1985: 22)

A formação do Estado autoritário e democrático, que veio fortalecer a centralização, é que faz renascer o Estado Unitário, que tem vocação absolutista, e que dificilmente se compadece com o estado de direito. (Ulhôa Cintra, 1981; Bonavides, 1973) No Estado Unitário é que residem vários dos problemas estruturais da nação, visto que o excesso de intervencionismo e a capacidade decisória unilateral do Poder Central sufocam os Estados e municípios na implementação de suas iniciativas políticas e econômicas. "É óbvio que todo federalismo importa em equilíbrio, coordenação, harmonia, consentimento, pluralismo, em suma, representa sempre uma fórmula desejada de compatibilidades. Mas nunca devemos, por outro lado, perder de memória que o ponto de partida para essa fórmula é justamente o desencontro, a disputa, a confrontação dialética, a diferenciação, a multiplicidade que compõe o volume inicial das forças centrífugas." (Ulhôa Cintra, 1981: 155)

Daí decorre que o centralismo se opõe à autonomia, que compreende o poder político. A autonomia "é o resultado específico da descentralização política e pressupõe uma relação diferenciada da parte com o todo (o Estado)." (Alves, 1981: 230) Neste sentido, ela se efetiva pela capacidade legislativa (escolha direta dos membros dos poderes executivo e legislativo) no âmbito de sua competência, pela administração própria, pelo poder de tributação, pela capacidade de aplicar suas receitas, pela organização dos serviços públicos essenciais, e assim por diante.

No que se refere aos municípios, por exemplo, o conteúdo desta autonomia era bastante visível nas Constituições de 1934 e 1946, que se inspiraram no propósito de criar condições favoráveis ao florescimento do municipalismo, na medida em que emancipava o município da tutela organizatória do Estado-membro.

A autonomia deve ser considerada como um elemento necessário das diversas instâncias governamentais, para que possam preencher sua função de representar toda a formação social da área de sua competência, possibilitando-lhes, segundo a relação de forças concretas, e a partir da própria autonomia do seu poder político-institucional, implementar medidas econômicas, sociais, etc., que representem efetivamente as necessidades de bem-estar da população.

Como administrar assuntos que interessam a várias esferas de governo, sem feri-los em sua autonomia? Neste sentido, a instauração da Federação brasileira implicaria, necessariamente, através do fortalecimento dos Estados e municípios, uma definição de uma nova estrutura de poder, onde estejam bem definidos e adequados os papéis das diferentes esferas de governo.

A descentralização, na verdade, postula exatamente uma melhor distribuição intergovernamental das decisões, competências, recursos públicos, etc., no contexto do Estado federativo. Esta distribuição de competências institucionais é extremamente imprópria no Brasil, haja vista que as da União são demasiado abrangentes e detalhadas; a dos Estados, definidas residualmente; as do município são estabelecidas de forma imprecisa. Como decorrência, há superposições, áreas de competência nebulosa, conflitos de competência, tendência a responsabilizar a União por quase tudo que ocorre no país, indigência estadual e municipal produzida principalmente pela centralização financeira, atendimento preferencial a áreas com maior poder econômico, político, de barganha ou de pressão, e assim por diante. (Albuquerque, 1983:580-586)

A instauração do federalismo implica, pois, prioritariamente, num reexame das competências institucionais da União, dos Estados e dos municípios, ou seja, a uma nova, mais explícita e inequívoca distribuição dos encargos públicos, que estão se complexificando e ampliando, "pari passu" a uma menor disponibilidade de recursos financeiros.

É fora de dúvida que se está presenciando, neste momento, o que se pode chamar de "crise do federalismo", não só no Brasil, quanto também no mundo ocidental em geral, "onde as federações clássicas e não clássicas atravessam dificuldades as mais diversas." Trata-se, em suma, de uma inadequação e incompatibilidade entre modelo político e modelo econômico, resultante de uma série de fatores, como as crises do capitalismo, as guerras imperialistas, o domínio econômico, o crescimento demográfico, a nova imagem filosófica que tem sido pretendida para o homem por todo o ocidente, etc. Estes fatores não ficaram sem resposta, e se manifestaram através do "advento das massas, a prevalência dos direitos sociais sobre os direitos individuais, o autoritarismo para impor certas medidas e decisões de programação estatal na escassez de recursos, o fortalecimento de regimes militares para manter a integridade e a segurança, a exacerbação de aparatos de comunicação social, o descontrole ambiental e a crescente tecnocracia de Estado para ditar as regras de um novo estilo da divisão do trabalho na convivência econômica internacional." (Dias, 1982: 63)

Com a Constituinte afigura-se para o país uma oportunidade de estabelecer novos padrões de inter-relacionamento governamental, que fortaleçam a organização federativa – enquanto composição orgânica entre sedes efetivas de poder –, com reais benefícios para o desenvolvimento social, econômico e político do povo e da nação brasileira. A descentralização pretendida, portanto, não é apenas tributária, administrativa, econômica, política, mas dos benefícios, de modo a reverter o quadro da pobreza que caracteriza grande parte do Brasil. O município é o caminho necessário para restaurar este quadro de desigualdades.

4. O MUNICÍPIO NO SISTEMA FEDERATIVO BRASILEIRO

Com ênfase vem-se insistindo na tese de que é imprescindível uma reforma no regime municipal brasileiro, de forma a resgatar o município "de inadequações, pressões e dependências, devolvendo-lhe presença definitiva na organização federativa nacional, e capacitando-o de forma eficaz, para ser entidade decisória no nosso processo de desenvolvimento econômico, social e político." (Dias, 1982: 57)

Já se afirmou anteriormente que o município não é um ente federativo. Contudo, em vários momentos da história do país ele teve um papel bem definido na perspectiva econômica, administrativa e política. Trata-se de recolocar novamente o município como a esfera ou o *locus* privilegiado de execução das políticas governamentais, na medida em que só adquirem viabilidade e factibilidade neste contexto preciso. "Na verdade, o Brasil inteiro mora no município e depende do município. Sem querer incidir no lugar comum, ele é sustentáculo territorial do País. É a célula governamental mais próxima do cidadão. Normalmente, é a primeira escola de civismo e de política. É o ponto de inflexão entre a educação doméstica e a formal urbana. É, em suma, o ambiente social e cultural por excelência." (Dias, 1982: 57)

É desta forma que se coloca a importância do município e do ambiente municipal. Aliás, como reconhece o próprio Programa Nacional de Desburocratização, a revitalização do município é um dos elementos indispensáveis para o processo de descentralização do poder, ao lado da descentralização administrativa e da reforma tributária. A recuperação, o resgate, a estabilização institucional, o fortalecimento e o prestígio do Município são indispensáveis para que volte a ser dotado de alto grau de autonomia, e represente uma garantia de realização das aspirações dos munícipes.

Em qualquer país, e o Brasil não faz exceção, os governos municipais/locais encontram-se sujeitos a alguma forma de supervisão de esferas superiores de governo, recebendo orientação, assistência técnica e financeira, etc. Varia, por outro lado, sua articulação com tais esferas, seja através do planejamento ou de outros mecanismos, em geral de cunho controlador.

O sistema de relações intergovernamentais, no caso do Governo Central e Municipal, depende em grande parte do grau de centralização, seja nos países desenvolvidos, seja nos em desenvolvimento. Naqueles, quando existente, as "relações são orientadas no sentido de prestigiar os governos locais, deixando-lhes grande margem de autonomia no desempenho das funções que lhe são reservadas, ainda quando os serviços prestados pelo Governo local são financiados com transferências das esferas superiores." No caso dos subdesenvolvidos, e o Brasil é um exemplo, verifica-se que os governos locais são utilizados como agências das esferas superiores para a prestação de serviços às respectivas comunidades. Por outro lado, tais governos têm sua presença enfraquecida pela ambigüidade do seu papel e funções que deve desempenhar. (Mello, 1976)

Estas breves referências permitem situar de forma adequada o que se passa com os municípios brasileiros: não têm presença e atuação significativa no processo de desenvolvimento nacional; a execução das políticas governamentais independem dos municípios e das suas características; costumam ser agências de outras esferas de governo para a prestação de serviços às comunidades; desconhecem seus papéis e funções no processo de desenvolvimento; são tratados igualitariamente pelos textos legais, e não de acordo com suas peculiaridades; dependem excessivamente em termos financeiros; a administração dos seus negócios é encaminhada normalmente por modelos excessivamente burocratizados; possuem em geral uma base econômica extremamente pobre, e assim por diante.

Este conjunto de características, na verdade, representam fatores de desestabilização dos municípios, que se vêem transformados, na grande maioria das vezes, em níveis meramente formais de poder. A revitalização dos municípios, portanto, passa, em primeiro lugar, pelo processo de estabilização político-institucional-financeiro-econômico-social e, em segundo lugar, através da participação da população, pelo exame do próprio modelo de desenvolvimento que se deseja alcançar, em função do volume de benefícios a ser incorporado a cada habitante.

As disfunções do sistema federativo brasileiro vêm sendo apontadas desde muito, sem que medidas significativas tivessem sido adotadas no decorrer do tempo. Em geral pensa-se que a reforma tributária, através de uma descentralização tributária, recomponha novamente a autonomia financeira e a capacidade de intervenção dos governos municipais, juntamente com os estaduais. "Convém lembrar que as acentuadas desigualdades regionais no Brasil tornam inviável a equação financeira da grande maioria de Estados e municípios brasileiros, cuja base econômica é insuficiente para garantir patamares mínimos de arrecadação tributária própria, criando inúmeros pontos de atrito na discussão das alternativas de reforma." (Lobo e Rezende, 1985: 26) À reforma tributária vincula-se grande parte da discussão sobre a autonomia de Estados e municípios. À reforma tributária, pela maior liberdade no uso dos recursos, credita-se a melhoria do atendimento das necessidades da população. A reforma tributária equivale a uma diminuição da prática corrente do país de duplicação de esforços na prestação de serviços à população pelas várias esferas de poder. À reforma tributária incide-se automaticamente soluções para vários problemas estruturais do país, como o desemprego, precária distribuição de renda, precário acesso aos bens e serviços, elevados níveis de pobreza, etc. À reforma tributária atribui-se melhorias no desempenho técnico e administrativo do processo decisório municipal.

Se há uma unanimidade de opinião sobre a necessidade de uma reforma tributária, por que motivo ela não é feita imediatamente? Ou, no caso dos municípios, até que ponto concordam de que não deva haver modificações estruturais no sistema tributário vigente, mas apenas mudanças em algumas de suas premissas, notadamente na do aumento de suas participações na receita total?

Os argumentos para esta descentralização são inúmeros e em sua grande maioria perfeitamente aceitáveis. Em primeiro lugar, os municípios têm uma participação muito limitada no bolo tributário nacional. Como se pode observar a partir dos últimos dados disponíveis, a União dispunha em 1982 de 48% dos recursos efetivamente disponíveis a partir da receita tributária, apresentando leve declínio; os Estados tinham 36% do total, com indicações de aumento nesta participação; os municípios ficavam com 16%, aumentando também levemente o montante efetivamente disponível para eles. (Mustafa, 1984) Esse problema de desequilíbrio na distribuição vertical dos recursos, ou seja, nos três níveis de governo, parece próprio de qualquer Federação. Na Alemanha e nos Estados Unidos, por exemplo, a concentração em termos percentuais é maior do que no Brasil, devendo-se levar em conta que os governos locais não têm a mesma importância. Mas o importante não é o percentual, e sim o volume de recursos efetivamente disponível. E, neste sentido, aqui no Brasil o volume é efetivamente muito pequeno, notadamente porque a economia é pobre para gerar a quantidade de recursos de que os vários níveis institucionais precisam. Se não há economia forte, não há fato gerador de arrecadação, e não adianta ter imposto a cobrar. O grande desafio sempre será, pois, o de fortalecer a capacidade produtiva do país, a fim de que qualquer reforma fiscal possa ter alguma relevância financeira. Aí é que entra a capacidade do governo municipal, de suas lideranças e de sua população da busca de alternativas viáveis – segundo as peculiaridades locais – para o fortalecimento econômico do município, como o demonstram várias experiências a nível do país, como os casos de Toledo (PR), Lages (SC) e Boa Esperança (ES).

É sabido que a quase totalidade dos municípios têm receitas próprias meramente simbólicas, e neste sentido passam a depender das transferências federais e estaduais, o que provoca toda a sorte de dependências. Quanto menor o município, maior esta dependência e, por outro lado, maior o grau de incapacidade de atendimento das necessidades, seja de gerir os negócios do governo municipal, seja da população, que passa a migrar para outros centros – especialmente urbanos de maior porte –, na busca de melhores condições de vida.

Pesquisas têm indicado que nos municípios ocorre uma baixa eficiência na exploração da receita própria, decorrente de uma inadequada administração fazendária (cadastros desatualizados, valores venais defasados, alíquotas reduzidas, códigos tributários locais imperfeitos, ineficácia da dívida ativa, etc.). Os municípios não estão cobrando os impostos que o próprio sistema tributário reservou para eles, tendo aí bem próximo o contribuinte. (Nalin, 1983; Queiróz, 1983) Portanto, as dificuldades financeiras encontram-se pelo lado da receita própria, seja pela negligência na arrecadação, seja pela impossibilidade da própria comunidade municipal financiar suas necessidades, independentemente do sistema de transferências. De toda a sorte, melhorar e ampliar a receita tributária própria não significa a possibilidade de auto-suficiência e autonomia financeira, em função dos crescentes deveres do governo (em qualquer nível) para com os cidadãos.

Em segundo lugar, a descentralização, na medida em que implique uma reorganização e redefinição de competências entre as três esferas de governo, exige que os municípios e Estados disponham de um maior volume de recursos para financiar as novas responsabilidades na prestação de serviços. O que se vem observando, na verdade, é um sistema de competência concorrente, o que na prática significa duplicação de esforços, desperdício de recursos escassos ou até irresponsabilidade geral quando uma obrigação de todos os níveis de governo termina por não ser de nenhum.

Qualquer reforma tributária deveria ser concebida como um resultado automático de um determinado esquema de divisão de poderes, enquanto uma resposta ao modelo de desenvolvimento econômico, social e político desejado.

Neste sentido, o que o cidadão espera do governo é que ele responda de forma eficiente e eficaz às suas demandas, necessidades e aspirações.

Pensa-se num governo de serviço, que atenda as suas funções básicas, intervindo nos diversos setores da economia e sociedade, enquanto um representante oficial de toda a sociedade.

Tudo parece confluir para esta tendência de aproximar a receita ao contribuinte, de sorte que suas demandas possam ser satisfeitas. "É extremamente improvável que se possa fazer este tipo de atendimento a nível federal, porque a demanda que o contribuinte tem é a nível local, e há muito mais capacidade de se fazer isto a nível local do que a nível nacional." (Pinho, 1983: 14-15). O município, portanto, deve ser considerado, inexoravelmente, como o *locus* preferencial de implementação das políticas governamentais, aproveitando, o quanto possível, as potencialidades e recursos comunitários, através da participação de toda a população, e não apenas dos beneficiários diretos.

É neste sentido, também, que a autonomia financeira e tributária desejada pela maioria dos municípios está mais ligada à despesa do que à receita propriamente dita, visto que já estão suficientemente comprovadas as vantagens de arrecadações centralizadas. Na perspectiva da municipalização, a descentralização pressupõe uma ampliação da atuação municipal na prestação daqueles serviços que são do seu peculiar interesse econômico, social, político, cultural, etc., necessitando contar para isto com modificações, seja no sistema de arrecadação, seja no sistema de transferências.

Esta parece ser a forma mais viável do município participar mais intensamente do processo de desenvolvimento do país, na medida em que poderia se comprometer com determinação em empreendimentos econômicos e sociais de vital interesse para os munícipes, e repelindo assim o papel passivo e submisso a que foi relegado.

O município também não pode ser forçado a desenvolver atuação meramente supletiva e marginal, face à presença marcante de outras esferas de governo, principalmente do Estado, na prestação de serviços de interesse predominantemente local. Os esforços municipais costumam ser dispersivos, na medida em que ficam na expectativa de que suas necessidades básicas venham a ser supridas por esferas superiores de governo. A descentralização deveria, necessariamente, levar em conta a municipalização de vários serviços públicos, inclusive como forma de induzi-los à incorporação de novas tecnologias, vitais em termos de desenvolvimento.

Não parece exagero afirmar que se conhece em geral muito pouco sobre os municípios brasileiros e suas potencialidades. Face à excessiva dependência do Estado e da União, a grande maioria tem permanecido como entidade ambígua e de ficção, embora podendo determinar seus limites geográficos, localizá-los em mapas ou até encontrá-los referidos em tabelas estatísticas. Esta ambigüidade decorre, em parte, do município simétrico. Em outras palavras, as mesmas formas de organização e conduta prevalecem e se aplicam indiscriminadamente e de modo uniforme à União,

Estados e municípios, independentemente das pecualiaridades de cada um. No que se refere à organização municipal brasileira, não tem distinguido entre municípios ricos ou pobres, grandes ou pequenos, de população densa ou rarefeita, urbanos e/ou rurais, etc. Confere-se tratamento igual a entidades tão diferentes e diversificadas, quando a capacidade de execução, por exemplo, não se distribui de maneira uniforme pelo território nacional. (Brasileiro, 1973 e Mello, 1971)

Em terceiro lugar, e considerando esta diversidade e a necessidade de descentralização, torna-se imprescindível para os municípios, no curto prazo, intensificarem a criação de associações municipais fortes e atuantes, que precisamente possam operar como entidades de apoio aos municípios de uma mesma região ou à cada um individualmente, como bem demonstram as experiências exitosas em andamento. (Silva, 1982) As associações municipais têm funcionado como entidades de planejamento, de debates, de prestação de serviços, de reivindicação, etc. Desta forma, municípios que pela sua pouca representatividade dentro do contexto de um Estado acabam em geral não sendo beneficiados, podem se aproveitar da força resultante da união de um conjunto de municípios, e obter a ajuda de que necessitam, observando os critérios e mecanismos burocrático-administrativos, que de outra forma lhes seria difícil seguir. Na verdade, a União ainda dispõe de vigorosos instrumentos de ascendência sobre os Estados e municípios, no sentido de que pode intervir naqueles que tomam medidas ou elaboram planos que não estejam de acordo com as diretrizes federais.

A organização das regiões metropolitanas também se insere nesta mesma perspectiva, embora a situação aí seja diversa, e já tenha ousado falar num quarto nível de poder. Na verdade, envolve problemas de autonomia municipal, mas é fora de dúvida que a institucionalização das regiões metropolitanas afigura-se como uma missão importante de compatibilização das intervenções dos diversos municípios, Estados e União com o interesse metropolitano. "A ação metropolitana é (...) um processo de permanente negociação e partilhamento de responsabilidades em torno dos ideais e necessidades da sociedade, em seu estágio metropolitano de desenvolvimento." (Maciel, 1985: 64)

De qualquer sorte, questões que preocupam às Associações Municipais, preocupam também à coordenação da ação metropolitana, como: formas de desburocratização dos repasses dos recursos, para que prevaleçam as prioridades locais; diminuição da interferência da União nos assuntos municipais; regionalização dos orçamentos estaduais e federais, com destaques específicos para certas regiões; reforço político às entidades municipais e metropolitanas; compatibilização dos planos de ação, para que se possa operar em conjunto. (Maciel, 1985)

Mas o governo municipal não pode prescindir da participação de suas comunidades. Daí que, em quarto lugar, torna-se essencial restaurar a cidadania, no sentido de devolver a individualidade de cada pessoa, para a manifestação e conquista de suas necessidades, aspirações e direitos.

O tema da participação comunitária na administração pública, ou do planejamento participativo, reúne um conjunto de experiências, algumas mais exitosas que outras, que tiveram ou têm o objetivo de reunir esforços governamentais e do próprio povo, tendo em vista melhorar as condições econômicas, sociais e culturais de uma área ou município. O tema virou mais modismo do que realidade, e parece de muito bom tom declarar-se adepto dessa empreitada, que tem na máscara da participação uma ideologia interessante e envolvente. (Demo, 1985)

De todo o modo, a participação da comunidade no planejamento e na execução de programas públicos exige uma definição clara de sua importância social, de tal forma que a população, através dos mais diferentes segmentos sociais, possa integrar-se a um esforço de mudanças econômico-social e cultural, como também alcançar maiores níveis de eficiência e eficácia na distribuição dos bens e serviços socialmente produzidos.

Não é necessário analisar nenhuma experiência em particular, e muito menos tecer considerações de ordem teórico-conceitual e metodológica a respeito do tema, uma vez que isto já foi feito em abundância. Apenas, para efeito de síntese, dizer que "as experiências mais recentes foram nomeadas de utilitário-participativas, onde a participação comunitária é vista como estratégia de obtenção de benefícios imediatos, através dos canais (nem sempre) competentes e disponíveis. Englobam dois enfoques distintos. Algumas das experiências têm caráter mais normativo-ideológico, valorizando a organização e articulação de demandas, o processo de discussão e o direito de manifestação de grupos envolvidos e, mais uma vez, a 'conscientização das bases'. Outras delas têm natureza puramente utilitária, organizando-se coletivamente somente para conseguir bens imediatos, tendo como expressão máxima a campanha comunitária." (Libânio, 1984: 24)

O planejamento participativo relaciona-se bastante estreitamente com a democracia, na medida em que supõe e favorece a ampliação das bases sociais e políticas do setor público municipal, constituindo pois num exercício de busca recíproca de legitimidade e responsabilidade, pela criação de canais mais ágeis e diversificados de ligação entre o poder e a comunidade.

Este parece ser um elemento essencial do fortalecimento da Nova República, como expresso no Programa Nacional de Desburocratização. A ampliação dos "espaços de liberdade e participação" só são possíveis através da efetiva educação para o exercício da cidadania, que implica no exercício democrático de explicitação dos diferentes interesses sociais que movem a sociedade e que o Estado, através das diversas esferas de governo, necessita articular num plano de ação integrado, e executá-lo como uma resposta às demandas, o quanto possível aproveitando-se da participação dos interessados.

Pode-se observar, ao longo destas observações, que a organização municipal brasileira é ainda extremamente frágil, tanto política quanto economicamente. A revitalização do município, no federalismo brasileiro, passa necessariamente por todos estes aspectos abordados, necessitando para isto melhorar as relações Estado e Sociedade, reduzindo não só a opressão do próprio Estado sobre os cidadãos, como sendo um legítimo representante de todas as classes sociais, desempenhando a função social que lhe é inerente.

5. PONTOS PARA A REVITALIZAÇÃO DO MUNICÍPIO BRASILEIRO

Como já se acentuou, o município é a esfera de governo mais próxima do cidadão, a quem deve propor suas demandas, reivindicar seus direitos, recorrer para que suas necessidades básicas sejam satisfeitas, requerer maior participação política, etc. É no município que a pessoa exercita todas as suas potencialidades de força de trabalho, consumidor, morador, contribuinte, assalariado, empresário, usuário, mendigo, turista, cientista, professor, artista, poupador, investidor, e assim por diante.

Portanto, é no município que se forma o cidadão, que se constrói o homem, e não no Estado ou na Federação. O ambiente social e cultural por excelência é o município, o que torna relevante e justificável revitalizá-lo enquanto célula governamental.

Alguns impactos da excessiva centralização governamental, no nível federal, permitiram verificar que o município foi alijado, em grande parte, do processo de construção nacional e do desenvolvimento econômico-social. Até que ponto é possível reverter esta tendência centralizadora, e voltar às origens, ou seja, ao modelo municipal consagrado em textos constitucionais de 1934 e 1946, por exemplo? Segundo um renomado professor de Direito, o momento é propício para empreender a viagem de retorno e, "do alto da amadurecida experiência constitucional brasileira, vislumbrando o horizonte constitucional do passado e do presente, não é difícil apontar o que deve permanecer, o que deve ser aprimorado e o que deve ser abandonado em relação ao município." (Horta, 1982: 46)

A revitalização do município, neste sentido, que implica numa redefinição de funções e encargos dos diferentes níveis de governo, coloca alguns pressupostos inevitáveis, importantes do ponto de vista sociológico, antropológico e político.

Antes de mais nada, é preciso atacar a questão da pobreza existente nos municípios. Num país como o Brasil, com fortes desequilíbrios internos de estilo regional e social, não cabe certamente continuar concentrando nos maiores centros urbanos a produção e distribuição dos bens e serviços.

Mesmo que isto se torne cada vez mais difícil, porque a grande produção, a grande indústria, a tecnologia avançada correlacionam-se inevitavelmente com a grande cidade, com os maiores aglomerados populacionais, é preciso pensar na sobrevivência de curto prazo de mais de 50 milhões de brasileiros, que vivem em municípios pequenos, e propor-lhes condições de emprego e renda como estratégia de melhoria dos seus níveis de bem-estar sócio-econômico.

Parece irracional continuar criando municípios pequenos e pobres, sem efetivas condições de participar do processo de desenvolvimento nacional. Em termos municipais, o negócio é não ser pequeno econômica e socialmente, para não ser fraco e financeiramente incapaz de realizar os anseios da população. Por outro lado, o município demasiadamente grande, com uma organização social e econômica cada vez mais complexa e hierárquica, tende ao desperdício e facilita o surgimento de bolsões de pobreza, que serão oriundos precisamente dos municípios pequenos, que não conseguem satisfazer as demandas quanto ao bem-estar de suas populações.

Há um meio termo a alcançar, e a experiência brasileira, neste sentido, indica que é possível uma descentralização econômico-industrial, capaz de trazer para o interior do país condições efetivas de emprego e renda, localizando-a em cidades de médio porte, em que o nível de urbanização comporta condições favoráveis de qualidade de vida e ascenção social.

Num contexto de probreza e desigualdade social, parece ilusório imaginar tanto formas populares de sobrevivência, quanto condições de participação comunitária e vida democrática. Participação e democracia representam anseios comunitários quando se vislumbra e reconhece que existe algum nível de governo capaz de induzir diferentes agentes sociais a promoverem o desenvolvimento e satisfação das necessidades básicas da população. A participação e a democracia se efetivam em contextos históricos em que seja possível reconhecer que as potencialidades comunitárias – ou de segumentos sociais específicos e expressivos, como os trabalhadores, por exemplo – representam uma efetiva expressão do nível de desenvolvimento que se está alcançando. Os municípios e suas populações precisam de espaço suficiente para sua própria manifestação e autopromoção, possível através de projetos produtivos, da mesma forma que o atendimento das demandas políticas e sociais requerem o reconhecimento da dimensão da cidadania, "pois supõe a presença de membros atuantes e comprometidos, capazes de se expressar com opinião própria, de discutir os destinos do país, de controlar seus mandantes, de construir regras comuns de jogo e assim por diante. E não por último, de compor a necessidade de produção, com as necessidades de sua devida distribuição". É a partir da condição de cidadão que "a população interessada deixa a condição de objeto e de massa de manobra, passando a sujeito legítimo;

como sujeito legítimo emerge na posição de parceiro competente de programas e projetos, capaz de argumentar e colaborar sobre a base dos direitos e não sobre esmolas do Estado". (Dumo, 1984: 21)

É a partir do município que podem e devem ser fomentadas estas características sócio-históricas e ambientais da comunidade, como expressão cultural e como moldura da participação e vida democrática. A revitalização do município, desta forma, implica em estimular os traços sócio-culturais do povo, de forma que o desenvolvimento seja compatível a eles, capaz de substituir processos arcaicos e subdesenvolvidos, que reproduzem padrões de pobreza inaceitáveis.

O federalismo, precisamente, é cooperação e solidariedade para a realização do bem-comum. A revitalização do município, no sistema federativo brasileiro, pressupõe tanto o respeito às suas características e peculiaridades, quanto o cuidado de não conservar excessivos privilégios em algumas regiões, em prejuízo das demais. A reforma tributária, quanto a isto, representa a pedra angular da sobrevivência municipal, que necessita de novos arranjos para recolher e gastar a receita a ser arrecadada.

Qual o tipo de autonomia municipal que reivindicam, em geral, os prefeitos? O que querem os prefeitos: mais recursos ou simplesmente mais poder político? Ou mais recursos e mais poder?

Como foi dito, o município ou qualquer nível de governo consegue autonomia efetivamente a partir do instante que passa a realizar e atender os anseios da população, ao lado do fomento do setor produtivo, garantindo possibilidades reais de acumulação de capital.

A baixa eficiência na exploração da receita própria por parte dos municípios torna-os ainda mais dependentes de transferências federais e estaduais. É de se supor, todavia, que a despesa é feita com maior eficiência e eficácia quando realizada a nível municipal ou estadual, especialmente em contextos de maior participação da população, seja na formulação de prioridades, seja no controle e fiscalização dos atos e gastos governamentais.

Neste sentido, apesar da necessidade e urgência da descentralização, não parece de todo conveniente atender de imediato os apelos incisivos dos prefeitos no que se refere a um grande aumento da participação dos municípios no bolo fiscal, notadamente quando não se tem a garantia do fortalecimento político-partidário no país. Constata-se, ainda, a inexpressividade nacional de vários partidos políticos – porque não possuem programas efetivos –, e por isso não governam e nem representam interesses de classes ou frações de classes. Ao lado disso, a lamentável tendência do brasileiro ao antipartidarismo, fruto dos costumes do coronelismo, apadrinhamento, clientelismo e estados de compromisso, que ainda não está sendo capaz de superar. (Dias: 1982)

Enquanto não se eliminar de todo as formas autoritárias ainda vigentes, em todos os níveis de governo, e não se implantar um modelo político com a efetiva representação de todas as classes sociais, torna-se difícil restaurar a federação e revitalizar o município, determinando, conseqüentemente, que o poder central continue tendo a maior participação nas receitas fiscais, e realize os investimentos mais importantes para criar as condições viáveis de produção e acumulação.

A ausência de governos municipais fortes, realmente comprometidos política e partidariamente com um projeto de desenvolvimento para a realização do bem comum, faz com que ocorram o que vem sendo denominado de síndromes da administração pública. Significam, fundamentalmente, problemas na organização do serviço público, que deveria servir e atender ao público.

Diagnósticos de pessoal dos municípios têm identificado a falta de motivação, baixa produtividade e absenteísmo do servidor público, que decorrem, em geral, dos baixos salários, das discrepâncias entre as atribuições inerentes a um cargo e aquelas realmente exercidas pelo servidor, da ausência de um vínculo empregatício definido, do medo de assumir responsabilidades e comprometer-se com decisões, dos conflitos entre servidores antigos e novos – uma vez que esses passam a receber normalmente mais vantagens –, e assim por diante.

Como a administração municipal é efeito do sistema político do município – e generalizando, da sociedade – e não causa, este conjunto de problemas administrativos, que vai desembocar numa baixa eficiência e eficácia dos recursos aplicados, impede a revitalização do município, porque incompatível com a organização e funcionamento de um aparelho de gestão moderno, responsável e dinâmico.

No fundo, são muitos os problemas que devem ser atacados imediatamente a nível dos municípios brasileiros e, porque não dizer, de toda a administração pública brasileira, se se deseja uma nova ordem democrática e municipal. São muitas, por outro lado, as instituições governamentais, para-governamentais e privadas que têm o município como alvo preferencial de suas preocupações e atividades, que devem ser mobilizadas urgentemente a colaborar de forma incisiva, assim que as condições político-institucionais forem mais favoráveis, para proporcionar aos municípios efetivas condições de se ajustar aos novos tempos propiciados pela Nova República.

6. CONCLUSÕES

Muitos foram os temas tratados neste trabalho, e que envolvem fundamentalmente os municípios em relação às suas responsabilidades e funções e aos demais níveis de governo.

Perseguiu-se, no fundo, uma tentativa de análise dos principais problemas que afligem os municípios brasileiros, grandes ou pequenos pobres ou ricos, urbanos ou rurais, procurando ressaltar alguns pontos considerados fundamentais para sua revitalização, um dos objetivos pretendidos pela Nova República, de acordo com o seu compromisso de restauração da Federação brasileira, como expresso no Programa Nacional de Desburocratização.

O tratamento analítico conferido aos diversos problemas foi muito simples, correspondendo basicamente ao que vem sendo, embora de maneira assistemática, veiculado por diferentes trabalhos, desde há muito tempo. Eles, na verdade, não constituem propriamente novidade, mas, à luz da descentralização governamental que se avizinha, adquirem novo significado e relevância, especialmente quanto às possibilidades efetivas dos municípios de assumirem novos compromissos e funções, e novos mecanismos administrativos e financeiros.

Estudos e análises mais detalhados devem ser feitos neste momento, procurando, preferencialmente, avaliar o impacto de determinadas medidas descentralizadoras sobre a atual organização municipal, não deixando de considerar as peculiaridades e características próprias de cada tipo de município.

A descentralização política, administrativa, financeira e tributária é essencial para a revitalização do município. Mas, até que ponto ele está capacitado a responder por esta nova realidade? Ou, por outra, quais são os municípios capacitados para assumir na prática novos compromissos, embora velhos no discurso?

O trabalho não contém propriamente respostas. Contudo, dado o conjunto de fatores determinantes da intervenção do Estado (para os diferentes níveis de governo) no capitalismo monopolista, pode-se concluir que os municípios pequenos e pobres dificilmente têm condições de sobrevivência e de participação efetiva no processo de desenvolvimento. O que fazer, então, para capacitá-lo a não apresentar, pelo menos, mais um óbice neste processo?

7. BIBLIOGRAFIA UTILIZADA E CITADA

ALBUQUERQUE (1983) – "O Estado como superinstituição e o poder regional: as razões do centralismo". *Revista Econômica do Nordeste 4 (14)*, out./dez.

ALVES (1981) – *Planejamento Metropolitano e Autonomia Municipal no Direito Brasileiro*, São Paulo, Bushatsky.

BRASILEIRO (1973). "O Federalismo Cooperativo". *Simpósio sobre as Relações Supergovernamentais*, Rio de Janeiro, Instituto de Administração Municipal.

CARDOSO (1977). "Estado Capitalista e Marxismo". *Estudos Cebrap (21).*

CARDOSO DE MELLO (1977). "O Estado Brasileiro e os Limites da Estatização". *Ensaios de Opinião (2-3).*

CARDOSO DE MELLO e BELLUZZO (1972). "Reflexões sobre a Crise Atual". *Escrita Ensaio (2).*

CHEPRAKOV (1980). *El Capitalismo Monopolista de Estado.* Moscou, Editorial Progresso.

DEMO (1984). "Riscos e Desafios de Processos Participativos". Brasília, CPR/IPLAN/IPEA.

DEMO (1985). "Planejamento Participativo – visão e revisão." *Forum Educacional 9 (2),* Rio de Janeiro.

DIAS (1982). "Desestabilização Institucional no Municipalismo Brasileiro". *Revista de Administração Municipal 163*, abril/junho.

DORNELLES (1983). "A Reforma Tributária". Conferência pronunciada em setembro de 1983 na Fundação Bahiana para Estudos Econômicos e Sociais.
FIGUEIREDO (1985). "O Sistema Federalista e a Integridade do Brasil". *Revista de Informação Legislativa 85*, Brasília, janeiro/março, Senado Federal.
HORTA (1982). "A Posição do Município no Direito Constitucional Federal Brasileiro". *Revista de Administração Municipal 164*, julho/setembro.
KOWARICK (1982). "Processo de Desarrollo del Estado en América Latina y Políticas Sociales. "Brasília, UnB (*mimeo*).
LIBÂNIO (1984). "Participação Comunitária e Programas Públicos no Brasil". *Cadernos de Pesquisa 48*, Fundação Carlos Chagas, São Paulo, fevereiro.
LOBO e REZENDE (1985). "Competências Tributárias em Regimes Federativos". *Revista de Administração Municipal 175*, Rio de Janeiro, abril/junho.
MACIEL (1985). "Região Metropolitana e Poder". Belo Horizonte, Universidade Federal de Minas Gerais, Departamento de Ciência Política, Tese de Mestrado.
MELLO (1971). "O Município na Organização Nacional: base para uma reforma do regime municipal brasileiro". Rio de Janeiro, IBAM.
MELLO (1976). "O Controle dos Governos Municipais". *Revista de Administração Municipal 136*, Rio de Janeiro, maio/junho.
MUSTAFA (1984). "Notas sobre o Federalismo Fiscal". *Revista de Finanças Públicas 358,* Secretaria de Economia e Finanças do Ministério da Fazenda.
NALIN (1983). "Finanças Municipais: dependências x autonomia". *Revista de Administração Municipal 167*, Rio de Janeiro, abril/junho.
OFFE (1984). *Problemas Estruturais do Estado Capitalista*. Tradução de Bárbara Freitag, Rio de Janeiro, Tempo Brasileiro.
OLIVEIRA (1972). "A Economia Brasileira: Crítica a Razão Dualista". *Estudos Cebrap (2)*, São Paulo.
O'CONNOR (1977). *USA: A Crise do Estado Capitalista*. Tradução de João Maia, Rio de Janeiro, Paz e Terra.
OSLLAK e O'DONNEL (1976). "Estado y Políticas Estatales en América Latina: havia una estrategia de investigación". *Documento Cedes/G.E. Clacso 4.*
PINHO (1983). "A Reforma Tributária". Fundação Bahiana para Estudos Econômicos e Sociais.
POULANTZAS (1969). *Clases Sociales e Poder Político en el Estado Capitalista*. Traducción de Florentino M. Torner, México, Siglo XXI.
QUEIRÓZ (1983). "A Reforma Tributária". Fundação Bahiana para Estudos Econômicos e Sociais.
SCHMIDT (1983). *O Estado e a Política Urbana no Brasil*, Porto Alegre, Editora da Universidade (UFRGS) e LSPM.
SILVA (1977). "Evolução do Regime Federativo". *Revista de Ciência Política 20 (nº especial)*, Rio de Janeiro, outubro.
SILVA (1982). "A Experiência Catarinense em Associações Municipais". *Revista de Administração Municipal 164*, julho/setembro.
TEIXEIRA (1983). "Capitalismo Monopolista de Estado: um ponto de vista crítico". *Revista de Economia Política 3/4)*, outubro/dezembro.

A LUTA PELA TERRA: CONSIDERAÇÕES PRELIMINARES SOBRE SUAS CARACTERÍSTICAS NO BRASIL

Ivan Sergio Freire de Souza *
Michelangelo Giotto S. Trigueiro **

* MS, PhD em Sociologia; Coordenador da Área de Pesquisa do Departamento de Difusão de Tecnologia da Embrapa.

** Bel. em Sociologia; estudante do Mestrado em Sociologia da UnB.

1. INTRODUÇÃO

Um dos primeiros imperativos que se impõem neste ensaio é o da conceituação do próprio objeto de estudo: o que é a luta pela terra? Essa luta é sobretudo a manifestação de necessidades e aspirações específicas. Assim, tão importante quanto a caracterização dessa manifestação – da sua morfologia e dos seus códigos – é a busca de compreensão do seu lado oculto, determinante e opaco que lhe oferecem as condições de existência. A luta pela terra é um processo complexo que assume diferentes formas. Ela se situa dentro do contexto da luta pelo espaço. A sua especificidade não está só na busca por segurança (essa é uma necessidade geral), mas na busca pela reprodução da vida dentro de uma marca social de valorização das relações diretas entre homem e natureza, enquanto a luta pelo espaço tem também o seu lado urbano – a luta por moradia. No entanto, ambas as lutas se confundem enquanto manifestação da necessidade de segurança, de participação, de identidade social. A noção de espaço não pode se prender ao seu aspecto exclusivamente geográfico. Moreira (1985), por exemplo, num importante estudo da produção e organização do espaço brasileiro, aborda a problemática do espaço como uma estrutura ordenadora da reprodução dos antagonismos de classe. Ele discute a presença do espaço geográfico intervindo no movimento de reprodução social através de cinco relações: "história-natureza" (que encarna o processo concreto de trabalho), "espaço-tempo", "espaço-sociedade", "espaço-poder" e "espaço-ideologia". Nessa medida, a procura do espaço liga-se à procura da identidade social e à própria busca da cidadania. Como um momento da luta pelo espaço, a luta pela terra carrega a força de representar a busca pela certeza da alimentação diária dentro de padrões dignos e a produção de valores de uso compatíveis com os padrões de idealização próprios da vida rural. Ela não se restringe às áreas de fronteiras agrícolas, mas pontilha as regiões agrícolas mais produtivas do país que ainda admite o latifúndio improdutivo.

A problemática da luta pela terra tem sido tratada diferentemente nos vários estudos sobre o tema. Alguns autores tendem a priorizar os aspectos econômicos e políticos, enquanto outros têm uma abordagem antropológica.

Por outro lado, muitas das preocupações de se pensar teoricamente a questão da luta pela terra apontam para uma referência de tempo empiricamente identificado – os chamados "cortes históricos" – numa cadeia de acontecimentos sucessivos e logicamente articulados entre si. A esse respeito, no extremo, poder-se-ia pensar numa única história do Brasil, em que os vários fatos seguem uma mesma trilha que, invariavelmente, obedece à lógica dos processos dominantes. Nesse caso, a manifestação pura e simples dos fenômenos, plasmados num mesmo tempo homogêneo e contínuo conforme a sua aparência física, explicaria, por si só, as lógicas internas dos movimentos sociais em geral. Ao contrário, a apreensão de tais fenômenos passa, necessariamente, pela tentativa de se compreender o específico, subjacente às suas manifestações concretas. Assim, cada grupo, cada comunidade, possui sua própria lógica, sua própria história, seu tempo, seu espaço. A compreensão destes elementos requer um esforço teórico de reconstrução do modo como estes grupos criam e recriam seus valores, crenças e ritos na ambiência sócio-cultural em que se constituem.

A luta pela terra não se dá apenas pelo seu lado aberto e visível de conflito. Dela faz parte também o seu lado latente, mas real, de resistência aos perigos do endividamento bancário, e de sujeição ao trabalho assalariado em regiões dc produção agrícola distantes, como no caso de alguns "bóias-frias", onde parte dos seus ganhos é canalizada para a complementação da renda de sua família que ficou em seu pedaço de terra na região do Nordeste. Faz parte dessa luta o trabalho, em centros urbanos como São Paulo e Rio de Janeiro, para assegurar a posse de uma terra longínqua, mas que é parte integrante fundamental de um sonho difícil, de um projeto de produzir para si e para os seus de forma independente. Essa luta envolve diferentes formas de organização e diferentes tipos de ações sociais. Assim sendo, ela envolve não só os sem terra, os expropriados, mas também aqueles pequenos proprietários que estão sempre na iminência de perder a sua propriedade, seja pela ação direta da guarda avançada do capital territorializado, os grileiros, seja como resultado quase que inexorável de determinações estruturais norteadas pelo processo de acumulação de capital e pela ação do Estado. Parece lógico que as ações dos que não têm terra e daqueles que estão prestes a perdê-la são diferentes, embora isso não signifique que ambos os tipos de ações possam estar reunidos dentro da concepção mais ampla de luta pela terra. Não há dúvida que as ações dos sem terra e dos posseiros são as que possuem um interesse sociológico mais imediato: É delas que surge o fenômeno visível do conflito aberto. Mas daí para considerar como epifenômeno a luta de sobrevivência dos pequenos proprietários para manterem as suas propriedades vai uma grande distância.

A efetiva luta pela terra tem várias frentes, diferentes personagens e estratégias múltiplas. De uma maneira geral, ela envolve os trabalhadores rurais; tanto aqueles que trabalham para um empregador em troca de um salário em dinheiro, em produto e alojamento ou uma forma mista, quanto aqueles que, de uma maneira ou de outra, têm acesso direto à posse da terra, sendo ou não proprietário e utilizando basicamente a mão-de-obra familiar, como é o caso dos pequenos proprietários, dos parceiros, de alguns tipos de arrendatários e dos posseiros (Wanderley 1985, Minc 1985). Há ainda a luta pela terra empreendida pelos povos indígenas: uma luta diferente, mas tão trágica e importante quanto as outras. A questão que se coloca, entretanto, é como cada um desses agentes sociais, ameaçados em suas necessidades básicas e culturais, tem respondido concretamente à lógica da produção dominante. A esse respeito o que está em jogo é exatamente a própria cidadania ou a luta desses segmentos por seus legítimos direitos à vida e à liberdade de criação e representação de seus valores, mitos e crenças.

Um outro aspecto que é importante ter presente é que a luta pela terra não é necessariamente um fenômeno permanente do capitalismo periférico. Como manifestação de necessidades específicas, essa luta pode vir a se transformar em outro tipo de manifestação (por exemplo: luta por salário) desde que haja uma mudança ou transformação daquelas necessidades. Se a luta pela terra não é um fenômeno de vida própria, mas uma manifestação de algo que é sentido por uma quantidade razoável de pessoas, que se sentem não só no limite das possibilidades de obterem a terra, como excluídas do processo produtivo, o seu caráter de permanência se liga ao caráter de permanência das condições que lhe propiciam a existência. Embora a terra possa estar contida em projetos individuais, em sonhos pessoais de vida, a luta em si, enquanto projeto de uma coletividade, demanda a associação desses projetos individuais com as condições objetivas dadas pela trajetória de desdobramento do capitalismo periférico. Supondo a execução de uma ampla e dinâmica reforma agrária e, portanto, a mudança no padrão de necessidades, é de se esperar que a manifestação social dessas massas se transfigure para uma demanda ou uma luta por tecnologias apropriadas, por uma política conseqüente de produção de alimentos e assim por diante. É essa dinâmica que a Figura 1 pretende captar.

A realidade pode ser entendida como contendo dois níveis distintos e inter-relacionados entre si: o nível das determinações estruturais e o dos fenômenos empíricos propriamente dito. As necessidades, bem como as suas manifestações sensórias, estão presentes no nível mais transparente e visível dessa realidade – o dos fenômenos concretos – ainda que suas determinações não sejam compreendidas pela simples visualização imediata. Tanto as necessidades como suas manifestações não se explicam por si sós, nem trazem em si a explicação de seus desdobramentos. Ambas demandam o emprego de ferramentas teóricas específicas que facilitem o acesso aos mecanismos que materializam as suas determinações. O nível da realidade onde se dão as necessidades e suas manifestações é de grande importância (por exemplo, é nele onde ocorre a fome). As relações de determinação que perpassam esse nível não ocorrem apenas no sentido vertical (estrutura – nível das aparências), mas também no sentido horizontal, isto é, entre fenômenos daquele mesmo nível. Os condicionantes mais imediatos de manifestações, como a luta pela terra, são as necessidades sentidas pelos agentes sociais. A luta pela terra, enquanto manifestação de necessidades e carências específicas, é explicada por essas necessidades; deve a elas a sua condição de existência. São essas necessidades e carências vividas por uma grande quantidade de pessoas que definem a coletividade de luta. "A igualdade das carências recobre – como diz Durham (1984: 28) – a heterogeneidade das positividades (dos bens, das capacidades, do trabalho, dos recursos culturais)". Assim, a um dado conjunto de necessidades (ou carências) sentido por uma coletividade corresponde um tipo específico de manifestação daquela coletividade.

Figura 1: Evolução, no tempo, das manifestações de necessidades coletivas

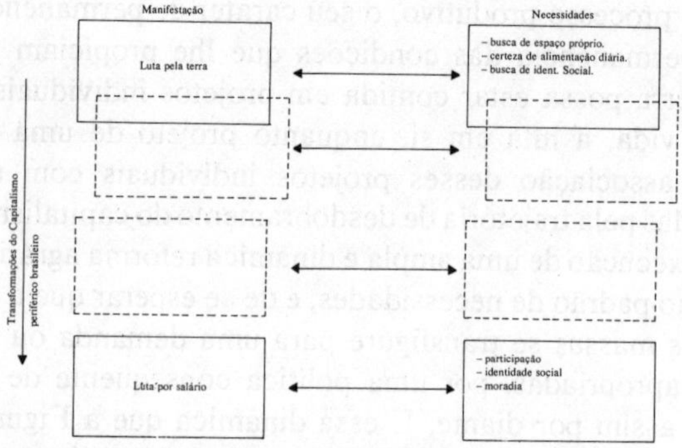

Os quadros pontilhados na Figura 1 mostram as possibilidades superpostas e um possível deslocamento dessas manifestações. O quadro da luta por salário não aponta para um determinismo na transformação do capitalismo periférico brasileiro que necessariamente evolua de uma luta pela terra das populações marginalizadas rurais para uma luta por salário com a fase da perfeita integração de capitais entre agricultura e indústria. A luta pela terra pode se dar de forma paralela à luta por salários, no caso, por exemplo, dos "bóias-frias" e à luta por crédito, assistência técnica e tecnologia apropriada, no caso do pequeno proprietário de base familiar espalhado pelas diversas regiões do País. O sentido da Figura 1 é apontar 1º) para a transitoriedade da luta pela terra e 2º) para o caráter de manifestação de necessidades que a luta pela terra representa. O sucesso ou não da luta pela terra depende não apenas das condições estruturais como do nível da luta e dos arranjos de classe num determinado momento.

Não se deve desprezar o potencial transformador desses acontecimentos. Há entre essas diversas lutas (pela terra, no meio rural; por salário, no meio urbano e na produção agrícola capitalizada) um caráter sóciocultural que se sobressai ao seu sentido político. Evers (1984: 12) chama a atenção para o fato de que o potencial maior dos movimentos sociais "não diz respeito principalmente ao poder, e sim à renovação de padrões sócioculturais e sócio-psíquicos do quotidiano, penetrando a microestrutura da sociedade". Nesses movimentos, nessas lutas, há um potencial de extrema relevância e que vem sendo minimizado pelas análises sociológicas: o potencial de criação e vivência de formas diferentes de relações sociais quotidianas. Lembra o mesmo autor que "são os milhões de pequenos atos quotidianos de obediência irrefletida à ordem existente que criam, reproduzem e reforçam as estruturas sociais. (. . .) Nenhuma estrutura de dominação social poderia resistir se não existisse essa representação nos planos sócio-cultural e psíquico-social. É dentro dessa estrutura celular da sociedade que o 'fazer diferente' quotidiano dos novos grupos sociais guarda suas metas" (Evers 1984: 15). Não há dúvidas de que a luta pela terra, no seu sentido político, implica uma luta por liberdades democráticas que se desfecha contra o que Sandroni (1980) identifica como os pilares básicos nos quais se apóia o poder econômico e político dos fazendeiros: o monopólio da terra e a ausência de liberdades democráticas. Mas o mais importante é que esses movimentos, ao viverem uma prática social diferente, ao fazerem um quotidiano diferente, carregam consigo padrões de relações sociais alternativos que bem podem ter influência na transformação social que se opera no Brasil. O ato objetivo de submissão dessas populações seria o de aceitar a expropriação. A luta solidária e articulada, ao contrário, reafirma a sua dignidade pessoal. A ação de luta, na medida que reflete uma interiorização da objetividade de forma não-alienada, aponta para alternativas. É a reação de periferias do sistema a mostrar vitalidade diante da esmagadora força da sociedade dominante marcada pela prevalescência dos interesses da acumulação de capital.

Essa sociedade dominante é, como diz Evers (1984: 17), "a face frontal, iluminada e sólida da esfera social, que exerce uma pressão permanente sobre sua franja constestadora, a fim de adaptá-las às realidades de poder existentes. A utopia positiva para a qual apontam os novos elementos dos movimentos sociais permanece ainda como a face oculta na obscuridade do futuro, antecipada somente pela fantasia social. Não fosse esta franja se mexer, não poderíamos sequer imaginar que a esfera tem um lado oculto". Esse é o lado inexplorado das lutas sociais do Brasil de hoje. O que elas trazem além das suas especificidades? O que está presente na luta por moradia, na luta pela emancipação feminina, na luta pela terra, na luta por salários, na luta pela preservação do meio-ambiente que vai além do seu objetivo imediato? Quais os novos padrões de prática sócio-cultural que essas diferentes lutas encerram? O que elas trazem de novo? Estas e outras questões estão a demandar respostas dos cientistas sociais que estudam as transformações sociais, políticas, tecnologicas e econômicas do Brasil de hoje.

A existência objetiva das necessidades (ou carências) é uma condição importante, básica até, para a eclosão de movimentos sociais tais como aqueles que formam o processo de luta pela terra. Isto está posto na Figura 1. Lá há uma conexão recíproca, uma correspondência constante, entre esses dois elementos: as necessidades e suas manifestações. Contudo, é importante ter presente que algo precisa ocorrer para que a conexão se efetive; algo parecido com o que heise (1975) denomina de *operator* [1]. Na Figura 1, esse *operator* está representado pela dupla seta que estabelece a correspondência entre "necessidades" e "manifestações". No caso, esse *operator* é a tomada de consciência daquelas necessidades pelos agentes sociais envolvidos. Sem essa consciência das necessidades não existe razão para luta, apenas o potencial para a sua emergência. Há trabalhadores da terra que enfrentam condições objetivas de carências sem tomarem consciência delas, por viverem, por exemplo, a lógica da dependência do patrão, por se nortearem por um código de comportamento marcado pela dependência privada do proprietário.

No estudo da situação dos moradores na Zona Canavieira de Pernambuco, Sigaud (1979) apresenta um exemplo bem concreto da situação acima descrita. Diz ela: "se toda a vida do morador se passa dentro da propriedade, mas essa própria vida é controlada por um proprietário ao qual o morador se liga através de uma relação personalizada marcada pelo dom de um lado e a dívida do outro, a subordinação do morador é total mesmo naquelas esferas, como no trabalho para si, na terra concedida e no âmbito doméstico, que escapam a um controle mais imediato do senhor ou de seus prepostos" (Sigaud 1979: 40).

Esse mecanismo de transformação de necessidades objetivas em necessidades interiorizadas pelos agentes sociais é um importante foco de análises e pesquisas que precisa fazer parte da agenda de trabalho dos cientistas sociais envolvidos com a temática dos movimentos sociais. É através desse mecanismo que se processa o fenômeno de vivência de uma carência coletiva; a experiência, por exemplo, de fazer parte de uma comunidade dos sem-terra ou dos expropriados. Esses movimentos que pontilham as lutas sociais formam, na verdade, "um lugar privilegiado onde a noção abstrata da igualdade pode ser referida a uma experiência concreta de vida. (...) Essa vivência de comunidade, isto é, da coletividade de iguais criada pela ação conjunta de *todos*, se dá numa dimensão própria que

1 Um *operator* (operador) é uma estrutura material ou processo estruturado que implementa uma relação causal (Heise 1975: 7-8).

implica uma novidade muito importante: o reconhecimento da pessoa num Plano público e não privado" (Durham 1984: 28).

A interiorização não-alienada das carências transforma a ação dos agentes. No caso dos moradores dos engenhos pernambucanos, quando esse processo passa a acontecer, o comportamento e a atitude daqueles agentes são reorientados. Ao reinterpretar os elementos da vida no engenho, "os moradores vão transformar o barracão, de local onde se abasteciam, em local de aglutinação e discussão; as casas isoladas nos corgos em centros de reunião; os instrumentos de trabalho em armas de luta; a terra e a criação em retarguarda para abastecê-las durante os enfrentamentos prolongados; e o companheiro de homem de confiança do proprietário como deveriam ser todos os moradores, um homem de confiança, investido na condição de delegado sindical" (Sigaud 1979: 40).

A luta pela terra é um processo e como tal possui uma dinâmica própria. Portanto, esta luta não é algo que possa ser definido aprioristicamente, como um conceito vazio de conteúdo social. Dela participam indivíduos concretos e grupos socialmente identificados, que sofrem, pensam e agem segundo suas próprias representações e valores culturais. A necessidade de suprir carências básicas tais como alimento, moradia e saúde, bem como a satisfação pela reprodução de seus bens simbólicos, implica, por parte desses atores sociais, um irromper contra "aquilo" que representaria ameaça à satisfação desse conjunto de necessidades e aspirações.

Nessa perspectiva, deve-se buscar a identificação dos agentes sociais que participam do processo de luta pela terra. O que está em jogo então, não é apenas a terra no seu aspecto de fator de produção, mas também o seu próprio conteúdo simbólico. Isto é, a terra por que se luta não tem, necessariamente, o mesmo valor cultural para os indivíduos e grupos envolvidos nessa luta. Para os índios, por exemplo, a terra que se reclama é também a "terra de seus ossos" – aquela em que são enterrados os seus antepassados –, o espaço segundo o qual são organizados seus sistemas simbólicos e totêmicos e que, por sua vez, orientam a própria organização social da tribo. Quando o índio luta por determinada área de terra, está igualmente empenhado na defesa de sua cultura, de suas crenças, de seu mundo e, portanto, de si próprio. Assim, o seu projeto transcende a uma elaboração própria de uma análise fundamentalmente econômica.

De tudo o que se discutiu até o momento, sobre a conceituação da luta pela terra, fica uma idéia básica: a sua multiplicidade de significados. Esta conclusão contradiz uma postura generalizada de que falar em luta pela terra é se falar, *a priori*, de uma luta pela mesma coisa, com o mesmo referencial lógico-dedutivo.

Cada experiência de luta pela terra é, portanto, um processo particular, possuindo sua dinâmica própria nas relações indivíduo (ou grupo) versus terra, espaço. O morador, o posseiro, o índio ou o bóia-fria mantêm, segundo sua visão de mundo, relações específicas com a terra, que são, antes de tudo, manifestações de necessidades e, como tais, possuem também um caráter de relativa transitoriedade.

Na realidade, tem-se não uma luta pela terra, mas tantas quantos forem os grupos socialmente identificados. A característica comum entre elas é o fato de responderem, de modo diferenciado, ao avanço do capitalismo na agricultura. Assim, é relevante identificar como são criadas e recriadas as formas de resistência assumidas pelos diferentes agentes sociais.

Feita essa perspectiva conceitual da luta pela terra, o trabalho apresentará, a seguir, os contornos específicos e concretos dessa problemática, iniciando-se com a caracterização histórica do problema da terra no Brasil, até chegar a uma discussão mais precisa das peculiaridades de luta de alguns dos diferentes personagens envolvidos na questão, especialmente os índios, os posseiros e os sem terras, além de uma rápida discussão sobre os "moradores" e cortadores de cana da Zona da Mata Nordestina.

2. CARACTERIZAÇÃO DE ALGUNS ASPECTOS HISTÓRICOS DA PROBLEMÁTICA DA OCUPAÇÃO, APROPRIAÇÃO E POSSE DA TERRA NO BRASIL.

A luta pela terra no Brasil tem sido uma constante em toda a sua formação histórico-social. Já em 1850, com a Lei de Terras nº 601, estabelece-se um novo regime de propriedade, dificultando o acesso dos trabalhadores às chamadas "terras livres". "Ao contrário do que se deu, por exemplo, nas zonas pioneiras americanas, a Lei de Terras instituiu no Brasil o cativeiro da terra – aqui as terras não eram e não são livres, mas cativas. A Lei 601 estabeleceu em termos absolutos que a terra não seria obtida por outro meio que não fosse o da compra. Extinguia-se, assim, completamente, a viabilidade da posse liberada no interregno de 1822 a 1850" (Martins, 1980: 71-72).

O tráfico de escravos da África para o Brasil havia sido proibido exatamente no ano de 1850. Nesta época, a empresa colonial começava a sentir os reveses da escassez da mão-de-obra, indispensável para a economia local. A alternativa foi o estímulo às imigrações. Condições não muito favoráveis em alguns países da Europa, especialmente a Itália e a Alemanha, foram fatores que permitiram a rápida transferência de força de trabalho para o Brasil. O Estado, nesse caso, desempenhou papel preponderante, assumindo inclusive com grande parte dos custos no transporte daquelas famílias. Ocorre, entretanto, que se houvessem terras livres em nosso País, os imigrantes, com o tempo, tornar-se-iam colonos em áreas ainda não ocupadas pelas grandes fazendas. Havia, portanto, uma razão compatível com os interesses dos fazendeiros na definição de uma lei que, impedindo a posse da terra por homens livres, tornasse subjugado o trabalho. A destituição dos meios de produção ou a expropriação do trabalhador são a condição necessária para a reprodução da lógica capitalista. Este, portanto, o sentido da Lei 601, de 1850.

Nas regiões Norte e Centro-Oeste, ao contrário do Nordeste, Sudeste e Sul que eram inseridas na economia colonial, seja com os engenhos de açúcar ou com as fazendas de café e mesmo com a gradativa formação de colônias de imigrantes (no Sul) que conseguiam comprar terras, a ocupação se dava pelos posseiros. A interiorização acompanhava a economia de subsistência trabalhada pela família do posseiro. No litoral e no Sul do país, os posseiros encontravam-se numa relação de desigualdade face a existência dos fazendeiros, que impingiam àqueles todas as formas de discriminação social e mesmo dominação.

Ao lado dessas formas de ocupação da terra econtram-se, especialmente no interior do território, os mais variados grupos indígenas. Assim, pode-se identificar três grandes faixas: na porção litorânea, com a sociedade capitalista já configurada; no outro extremo, pelo continente, a maioria das sociedades tribais; e entre uma e outra estão os posseiros, segundo uma economia com características distintas das relações capitalista.

É interessante observar o papel que os posseiros desempenharam como desbravadores do território. Verifica-se, neste caso, um duplo deslocamento: o capitalismo desabrigando os posseiros e estes, os índios. Atualmente, para a ocupação das novas terras, como na Amazônia, o capital, estimulado pelo Estado, já avança, simultaneamente, sobre terras de posseiros e terras indígenas (Martins, 1984: 74).

Os conflitos têm se sucedido na razão direta em que essas frentes de ocupação e penetração se superpõem. Os grupos indígenas, os posseiros e as frentes de expansão capitalista lutam por um espaço que possa garantir a sua reprodução. Nesse jogo, evidentemente, o capital, historicamente, tem levado a melhor.

a) *Os grupos indígenas*

No que se refere aos indígenas – um dos segmentos que mais tem sido penalizado ao longo de nossa história – verifica-se, hoje, só na área coberta pelo Getat (Grupo Executivo de Terras do Araguaia – Tocantins) cerca de 10 grupos envolvidos em conflitos são eles: Xerentes, Krahó, Apinayé, Guajajaras (Tenetchar), Krikaty, Canelas, Gaviões, Suruí, Guajás e Kaiapós (Xicrim). Eles cobrem uma região de aproximadamente um milhão e oitocentos mil hectares, segundo dados do CIMI-Manaus. Essa extensão vem sendo invadida pelos grandes "fazendeiros" locais e por muitos posseiros, gerando violentos conflitos e produzindo mesmo alguns choques armados.

Os Xerentes (Tocantínia, Goiás), por exemplo, desde 1973 têm procurado desalojar de suas terras demarcadas os "fazendeiros" e posseiros. "Em julho de 1976 houve uma contenda, que resultou em morte de três invasores das terras dos Xerentes e em ferimentos de três membros do grupo. Atualmente, as autoridades políticas locais querem transferir a aldeia do Funil, agravando as já deterioradas relações entre as partes" (Almeida, 1980: 53).

Os Guajajaras (Barra do Corda, Maranhão) da aldeia Lagoa Comprida enfrentaram, em 1979, grileiros e posseiros nas proximidades do povoado "Centro do Felipe". A atuação do governo, por intermédio da Funai, nesse episódio, culminou com a transferência das mais de mil famílias de posseiros dos povoados de Alto Alegre e São Pedro dos Cacetes, situados em uma das reservas dos Guajajaras.

Os Kaiapós, cujas terras estavam sendo tomadas pelos "fazendeiros" e as matas derrubadas para formar pastagens, mataram 17 pessoas ligadas à Fazenda Espadilha em Conceição do Araguaia no Pará, conforme informa Almeida (1980: 54).

É identificado um outro conflito envolvendo os índios Xicrim-Kaiapós da Aldeia Cateté (Sul do Pará) e as três empresas madeireiras que realizam extrações de mogno nessas terras.

Evidentemente estes não são os únicos conflitos entre grupos indígenas e posseiros, fazendeiros, grileiros e grandes empresas agropecuárias. Cada vez mais o próprio Estatuto do Índio – Lei nº 6.001/73 – que estabelecia o prazo de cinco anos para a demarcação de todas as reservas indígenas do País, deixa de ser aplicado para dar lugar aos interesses do capital. Os conflitos surgem como a forma que essas tribos indígenas encontram para protestar contra a avassaladora fome por terras, que têm as formas capitalistas de produção no campo (especialmente, nesse caso, as terras de expansão de fronteiras como as regiões Norte e Centro-Oeste). É de mais a mais evidente a luta dos índios para valer seus direitos.

A demarcação das áreas indígenas, necessária a dirimir parte dos diversos conflitos existentes, ganha, a partir do início de 1983 com o Decreto nº 88.118, uma nova sistemática. O decreto que vigorava anteriormente, o de número 76.999 de 8.1.1976, estabelecia que os processos de demarcação estariam restritos às atividades da Funai, desde que, ao final, fossem submetidos à homologação do presidente da República. O governo buscava, com essa nova orientação na política de demarcação de terras indígenas, adequar e compatibilizar as ações integradas do Programa Nacional de Política Fundiária e do Ministério Extraordinário para Assuntos Fundiários, que compõem as diretrizes gerais da Política Agrária, com a atuação da Funai (Oliveira Francisco & Almeida, 1985: 48).

O Grupo de trabalho Interministerial, o "Grupão", como passou a ser chamado, não tem dado o ritmo mínimo esperado às delimitações e homologações. Segundo dados do próprio governo, as áreas delimitadas por decreto em 1983 não são superiores a 660.000 ha, tendo mesmo reduzido para menos de 600.000 ha no ano seguinte. Somente 5 das 28 áreas remetidas ao grupo de trabalho para delimitação no ano de 1984 receberam a homologação do presidente da República. Enfim, de acordo com a Funai, há um total de 67 milhões e 300 mil hectares de áreas indígenas identificadas no nosso País, sendo apenas de 12 milhões e 600 mil hectares a área já demarcada. A diferença entre essas áreas – algo muito próximo a 55 milhões de hectares – está distribuída em quase 160 áreas indígenas e demonstra a grande expectativa desses povos na resolução da questão. Enquanto os processos a serem deferidos são arrastados no passo do descompromisso das instituições governamentais para com os problemas, os conflitos multiplicam-se nas terras indígenas.

Os principais pontos de estrangulamento no processo de demarcação dessas áreas estão relacionados à própria forma como o Estado tem encarado a questão – sob a ótica da Segurança Nacional. O Conselho de Segurança Nacional e o Serviço Nacional de Informações intervêm decisivamente nas estratégias que definirão as decisões tomadas ao nível federal. Já em 1980, com o objetivo explícito de promover a regularização fundiária no Sudeste do Pará, Norte de Goiás e Oeste do Maranhão, foi criado o Grupo Executivo de Terras do Araguaia-Tocantins (Getat), que é diretamente subordinado ao Conselho de Segurança Nacional. Os conflitos eram tratados como agitações e extremamente "perigosos" para a ordem constituída, regida pela expansão das relações capitalistas. O Getat, apesar de enfatizar sua atuação segundo os propósitos de regularização fundiária de grandes áreas devolutas da União, beneficiava nitidamente os "invasores" das terras das tribos indígenas. Todas as evidências apontam para o fato de que, as chamadas "arrecadações" de terras propiciavam à grilagem e ao estabelecimento, por meio de medidas "legais", dos "fazendeiros". Assim, legalizados, dificilmente seriam removidos esses "invasores". Nesse sentido, as ações dos aparelhos do Estado a respeito da administração do problema fundiário e, neste caso particular, das questões indígenas, haja vista que caracterizam relações de classes, tendem a beneficiar os setores ligados à produção dominante. Os índios são uma parte indesejada do processo, porquanto representam, na sua forma de existir, um entrave à lógica de expansão do capital.

É sabido que as sociedades indígenas necessitam de uma grande extensão de terra para que possam reproduzir-se física e culturalmente. As suas matas não são apenas áreas de caça, mas são as matas em que produzem e recriam simbolicamente. As florestas não são apenas formas exteriores, ocasionais, mas são codificadas, representadas e reinterpretadas no plano cultural. As árvores, as folhas, as aves, as penas, o barro e as cores. . . são matérias-primas para serem transformadas e processadas em produtos simbólicos – uma prática cultural. A extensão e o limite das terras indígenas devem ser entendidas segundo essa dimensão.

É bastante interessante observar as estratégias de grandes grupos econômicos no sentido de mobilização de opiniões favoráveis aos seus projetos, visando a legitimação de suas ações. No caso de grandes empresas mineradoras e extrativistas, argumentam que as terras ocupadas pelos "índios" possuem grandes recursos e potencialidades econômicas para serem desperdiçadas com o luxo parasitário daquelas tribos. Falam ainda nas "necessidades nacionais", no crescimento do País e em coisas semelhantes. São nítidos, no entanto, os interesses não manifestos dessas proposições. A experiência tem mostrado que essas ditas necessidades gerais têm, na realidade, sido diluídas no favorecimento de poucos, em detrimento de uma grande massa de indivíduos. O que se tem observado é a crescente concentração da terra e da renda, ao lado do empobrecimento e da perda da identidade cultural dos segmentos dominados.

Enfim, os mais de 200 mil índios brasileiros lutam segundo condições e objetivos muito peculiares. Nessa luta, que vem sendo liderada pelos Xavantes, Kaingang, Guajajara, Xocó e outros, é colocado, fundamentalmente, o direito e o reconhecimento da propriedade tribal – um código inteiramente distinto da perspectiva de pequena propriedade, por exemplo.

b) *os posseiros*

Quando se deseja pensar nas várias lutas pela terra no Brasil, não se pode deixar de discutir a fundamental importância da Região de expansão das fronteiras agrícolas. Aliás, pode-se dizer que a maioria dos conflitos existentes ocorrem exatamente nessas regiões.

A fronteira agrícola poderia ser entendida como área potencial – um espaço que ofereceria condições para a expansão (e, em ocasiões, para a retração) de atividades econômicas, do setor primário, especialmente da agropecuária (Sawyer, 1981). O esgotamento das áreas disponíveis levou o capital a procurar novas terras que pudessem dar continuidade ao processo de acumulação em nossa formação social. Isto levou à exploração daquelas áreas tidas como de potencialidades econômicas agropecuárias. Nas duas últimas décadas, cento e vinte milhões de hectares passaram a fazer parte do estoque de terras disponíveis para atividades econômicas. Quanto à natureza dessas atividades, tem-se, neste caso, tanto aquelas relacionadas ao fornecimento de produtos a mercados mais amplos ou mesmo limitados, como as especulativas. De qualquer modo é mister entender a região de fronteiras não só do ponto de vista das relações econômicas, mas principalmente como um espaço socialmente definido. Dessa forma, a fronteira agrícola configura um amplo cenário, em que os vários atores sociais – camponeses, trabalhadores assalariados, posseiros e grandes empresários capitalistas em geral – compõem complexa trama em que intervêm vários fatores econômicos, políticos e culturais. As fronteiras em expansão, em vista das profundas modificações que provocam ao nível das relações de produção, aparecem, sobretudo, como área de acirrados conflitos e tensões sociais.

No plano político, a fronteira tem se tornado a "válvula de escape" das tensões sociais no campo. Aqui, destacam-se os projetos de colonização no Brasil que funcionam como "alternativas políticas" às transformações mais profundas na estrutura fundiária – reforma agrária.

De outro ponto de vista, a fronteira representa uma orientação dos fluxos migratórios, especialmente das populações rurais. Ela se torna o *locus* da recriação camponesa que é expulsa das regiões de agricultura mais desenvolvida. Esta questão é agravada com o fechamento das fronteiras, resultando um infindável movimento de populações que perambulam pelo território nacional.

O fenômeno do fechamento das fronteiras é, desse modo, fundamental para que se possa compreender essas modificações recentes na agricultura brasileira. Na utilização da terminologia de Carlos Osório, entende-se como fechamento "por dentro" da fronteira o processo de substituição de antigas culturas de subsistência, caso típico dos chamados posseiros, por uma produção capitalista. Esse fenômeno é identificado, principalmente, no Sudoeste do Paraná e na Região Oriental do Maranhão. Quanto ao fechamento "por fora", a terra deixa de assumir o seu fundamental papel produtivo e passa a ter a função de "reserva de valor" e de meio de acesso a outras formas de riqueza a ela associadas. O fechamento por fora é característico da ocupação da Amazônia e do Norte do Mato Grosso. Para este último caso, convergiram tanto as "atividades" de grilagem como a própria instalação de grandes grupos econômicos e conglomerados que se serviam dos vários benefícios governamentais para ali instalarem seus projetos agropecuários.

A grilagem constitui-se ainda em um dos mais sérios problemas enfrentados pelos posseiros. Trata-se de uma série de mecanismos de falsificações de documentos de propriedade de terras, negociações triangulares fraudulentas, chantagens e corrupções que têm envolvido desde as pessoas mais simples até mesmo donos de cartórios, deputados, senadores e mesmo governadores estaduais. O Estado com maior quantidade de grilagem é o Maranhão que, a propósito, é típico de uma área de expansão de fronteiras. Aí, predomina a existência de frentes especulativas, frontalmente opostas às necessidades dos posseiros de trabalharem essas terras.

Apesar de que a grilagem encontra o seu maior reduto no eixo da Rodovia 040 – a Belém-Brasília – no Sudoeste do Pará e principalmente no Maranhão, ela não é exclusiva a estas regiões. No Paraná, na Bahia, Mato Grosso e Goiás são localizados, da mesma forma, outros pontos de grilagem. O que se quer enfatizar é o predomínio dos fenômenos relativos à especulação, dentre eles a grilagem, em áreas de expansão de fronteiras como no Norte e no Centro-Oeste.

Enfim, na busca por novas terras na Amazônia, vários são os métodos utilizados, contando-se mesmo com a ajuda das autoridades dos cartórios e judiciais. Em depoimento na Comissão Parlamentar de Inquérito (CPI) da

Terra, José Francisco da Silva – Presidente da Contag – revela alguns desses métodos utilizados nas grilagens: 1) "Compra, pelo grileiro, do direito de posse de pequenas áreas com benfeitorias, sem confrontações ou limites. Em seguida é requerido o usucapião da área, embora, muitas vezes, não exista registro algum de propriedade particular. Mas, com a sentença, não cumpridas as exigências legais, acompanhadas de um mapa abrangendo milhares de hectares, é conseguido o registro de propriedade do imóvel em livro próprio; 2) Falsificação de títulos e seus registros posteriores no Registro de Imóveis, sem observância, nestes casos, do exigido por lei; 3) Hipotecas de grandes áreas às instituições creditícias, sem estarem registradas no livro próprio; 4) Sentenças declaratórias de usucapião, proferidas por juízes de direito, sobre áreas de grande extensão, sem dar vistas dos autos quer à União, ao Estado ou à Prefeitura.

Tendo-se conseguido o documento, ainda que de forma fraudulenta, passa-se à fase seguinte de "limpeza da área". Isto consiste em expulsar os lavradores posseiros, não importando se já possuem moradia e cultura permanente. O posseiro prepara a terra, desmata e cuida da área que lhe será retirada pelos grileiros. A grilagem interessa-se especialmente por essas áreas já desbravadas, tendo-se em vista as vantagens de conseguir a terra beneficiada a um custo muito mais reduzido se tivesse de realizar essas melhorias.

As ameaças, perseguições, violências e assassinatos fazem parte da trama que visa a "limpeza da área" que está sendo grilada. Pode-se identificar algumas dessas estratégias:

1) Invasões de posses através de animais dos grileiros, com o propósito de destruir as roças dos posseiros;

2) Interdição das estradas e vias de acesso aos mercados, dificultando a comercialização dos produtos;

3) Realização de queimadas próximas às residências dos posseiros;

4) Plantio de capim, utilizando-se inclusive de avião, sobre os cultivos das posses;

5) Ameaças feitas por jagunços e pistoleiros a toda a família do posseiro, procurando amedrontá-lo. Neste caso, muitas vezes, ocorriam prisões de posseiros sem que houvessem sequer a ordem judicial;

6) Expulsão por jagunços e/ou policiais, promovendo violência segundo milícias particulares ou mesmo públicas;

7) Pressões e ameaças para que os posseiros vendam suas terras a preços irrisórios.

Estes exemplos não esgotam todas as formas de violência que têm resultado numa verdadeira guerra no campo. Os conflitos se sucedem a tal ponto que os órgãos de segurança procuraram agilizar os processos de discriminação e regularização das posses e projetos agropecuários. Isto, no entanto, ainda está muito longe de solucionar o problema.

Na realidade, o que se verifica é que, a despeito dos planos oficiais insistirem na necessidade de colonizar a Amazônia para evitar sua ocupação por supostas potências estrangeiras, a colonização tem mesmo sido comandada pelas grandes empresas – beneficiárias da política de incentivos fiscais do governo.

Segundo uma pesquisa do Ibase (s/d), nos estados de Rondônia, Acre, Amapá, Amazonas e Pará existem 152 empresas e grandes latifundiários ocupando nada menos que 40.000.000 de hectares, com áreas individuais que variam desde um patamar mínimo de 20.000 hectares até um máximo de 4.300.000 hectares. A área total ocupada por essas fazendas equivale à superfície somada dos estados do Maranhão, Rio Grande do Norte e Paraíba, ou quase o dobro do Estado de São Paulo. Equivale também ao total de terra cultivada com lavouras no Brasil (50.000.000 de hectares), só que essa terra é ocupada por milhões de estabelecimentos e não 152 empresas, como no caso da Amazônia. A área da maior empresa existente nesta Região (4.300.000 hectares) é semelhante à extensão do Estado do Rio de Janeiro.

A tabela seguinte aponta características importantes dos dez maiores grupos detentores de fazendas no Estado do Amazonas.

TABELA 01: OS DEZ MAIORES GRUPOS DE FAZENDAS NO ESTADO DO AMAZONAS, POR ÁREA TOTAL (HECTARES), NÚMERO DE FAZENDAS E POR PESSOAL OCUPADO.

Nome do proprietário	*Área total (Hectares)*	*Nº de Fazendas que possui*	*Pessoal ocupado*
1. Manasa Madeira Nacional S.A.	4.302.190	06	68
2. Aplub Agroflorestal Amazônia S.A.	2.245.622,5	24	140
3. Adalberto Codeiro e Silva	1.382.134	04	10
4. Mustafa Said	1.074.536	12	28
5. Mazih Hassan El Madula	661.174	02	00
6. Rosa Lina Gomes Aurora	584.157	63	24
7. Jussara Marques Pais	432.119	01	02
8. Antônio Pereira de Freitas	414.306	10	11
9. Maderex Madeiras do Amazonas S.A.	362.490	04	27
10. Cia Norte	331.148	30	03
Total	11.789.876	156	313

Fonte: Ibase – A fronteira Amazônica – s/d.

Desses números, pode-se constatar que: 1) é nítido o fenômeno da divisão e repartição dessas propriedades como uma tentativa de descaracterização dos latifúndios, o que ainda não esconde o problema, pois os 11.789.876 de hectares, distribuídos em 156 fazendas, correspondem a uma média de 75.576.128 hectares para cada fazenda; 2) os 313 empregados, distribuídos nas 156 fazendas indicadas, equivalem a uma média de 2 pessoas por cada estabelecimento, o que mostra a baixíssima absorção por pessoal na Região – fenômeno típico do fechamento por fora da fronteira e próprio de áreas com grande especulação imobiliária.

A respeito dos processos de titulação e regularização das grandes extensões de terras açambarcadas pelas empresas agropecuárias na região das fronteiras, muito contribuiu a ação dos órgãos e instituições do Estado tais como o Getat, o Gebam (Grupo Executivo de Terras do Baixo Amazonas) – vinculados ao Conselho de Segurança Nacional –, o Incra e o Ministério Extraordinário para Assuntos Fundiários.

Em 1976 foram expedidas as Resoluções n.ºs 005 e 006 do Conselho de Segurança Nacional que permitiu, contrariamente às expectativas formuladas na legislação agrária brasileira, o estímulo à grilagem e a formação de novos latifúndios. "As Resoluções n.ºs 005 e 006, de junho de 1976, referentes à Amazônia legal, estabeleceram normas para a legalização de terras adquiridas à revelia da lei e da ordem e permitiram a médios e grandes grupos a apropriação de terras devolutas, sem concorrência pública, de áreas superiores ao módulo, e de até 72.000 hectarres, ultrapassando o limite constitucional de 100 hectares estabelecido no art. 171 da Carta Magna, que também exigia que a legitimação fosse deferida em favor daqueles que tornassem as terras produtivas com o seu trabalho e de sua família" (Contag, 1982: 4-5).

No que se refere aos projetos de colonização governamentais para a ocupação da Amazônia também se observa a inviabilidade da reprodução dos camponeses nessas áreas: faltava crédito, armazéns, estradas e transportes, além da assistência médica e educacional.

Aos poucos estes projetos de colonização foram sendo desativados, resultando a reprodução, na Amazônia, do mesmo processo de concentração de terras, onde um fazendeiro termina por adquirir os lotes dos parceiros, e estes tornam-se posseiros, parceiros e "bóias-frias" (IBASE-s/d).

Atualmente, verifica-se que o Incra vem promovendo de forma pouco expressiva a colonização, tendo mesmo transferido esse trabalho às cooperativas e às empresas particulares, funcionando, neste caso, como mero administrador do processo de colonização, permitindo, por essas vias, o acesso ao lucro fácil e à especulação imobiliária. A tabela 02, a seguir, mostra claramente o grande crescimento relativo dos projetos de colonização particulares no Brasil em detrimento daqueles comandados diretamente por órgãos oficiais.

TABELA 02 – EVOLUÇÃO DOS PROJETOS DE COLONIZAÇÃO NO BRASIL NO PERÍODO DE 1946 A 1981, CLASSIFICADOS EM OFICIAIS E PRIVADOS, SEGUNDO O NÚMERO, A ÁREA EM HECTARES E A QUANTIDADE DE FAMÍLIAS ASSENTADAS.

Período	*Projetos*		*Area (hectares)*		*Famílias assentadas*	
	Oficiais	*Privados*	*Oficiais*	*Privados*	*Oficiais*	*Privados*
1946-1964	40	34	690441	699521	4945	2566
1965-1981	28	70	7440398	3072315	27166	19650
Total	68	104	8130839	3771836	39111	22216

Fonte: DEMORO, LUÍS. Coordenação de lei de imigração e colonização no Brasil, RJ, Inic., 1960; TAVARES, Vania et alii. Colonização dirigida no Brasil, RJ, Ipea, 1972; Incra. Departamento de Projetos e Operações – Colonização Oficial e Particular. Brasília, 1978 e Situação dos Projetos de Colonização Particular. Brasília, 1981 in Abra (1985).

Os números revelam, de imediato, o decréscimo de projetos de colonização oficial, especialmente a partir de 1964 – o período de 1965 a 1981 apresenta uma queda percentual de 30 pontos relativa ao período que vai de 1946 a 1964.

Quanto às áreas destinadas às colonizações oficiais e privadas observa-se que houve aumento significativo na extensão da área utilizada para esses projetos de colonização, tanto por conta do Governo como pelas Empresas particulares, tomando-se como referência os dois períodos de 46 a 64 e de 65 a 81 na tabela. Em termos relativos os projetos oficiais tiveram um maior aumento, variando de 690.441 hectares entre 1946 e 1964 para 7.440.398 hectares no intervalo de 1965 a 1981, correspondendo a um crescimento de mais de 10 vezes; os projetos particulares, que passaram de 699.521 para 3.072.315 hectares no mesmo período apresentaram um acréscimo de menos de cinco vezes em termos de extensão de área.

Por outro lado, é importante destacar o número de famílias assentadas. Nos projetos oficiais, se considerarmos os dois intervalos de tempo indicados, constata-se elevação de 4.945 para 27.166 (cerca de 450% de aumento). Os projetos particulares, por sua vez, apresentaram, no mesmo período de tempo da observação acima, acréscimo de quase 666 pontos percentuais no número de famílias assentadas.

Conclui-se que, a despeito da criação do Incra em 1975 – com objetivos explícitos de promover uma ampla colonização e assentamento de famílias, especialmente em áreas com baixa ocupação – o governo tem diminuído, a partir de 64, a sua participação tanto em termos de quantidade de projetos de colonização como em número de famílias assentadas. Esse movimento é exatamente o contrário verificado para as colonizações com iniciativa privada. Por outro lado, o menor aumento na extensão das áreas colonizadas por Empresas particulares, apesar do maior aumento no número de famílias assentadas comparativamente aos projetos do governo, pode estar ligado ao fato da necessidade de valorização dessas terras, por serem comercializadas.

De qualquer modo, seja por conta das instituições do Estado ou por meio de empresas privadas, a colonização das terras situadas em áreas de expansão de fronteiras tem beneficiado preferivelmente o grande capital, seja através de meros latifúndios improdutivos, como foi visto na Tabela 01, ou mesmo pela instalação de grandes conglomerados e empresas agropecuárias. A lógica, entretanto, é razoavelmente a mesma: beneficiar-se dos incentivos fiscais dados pelo Governo, participar da colonização privada, negociando no mercado de terras; investir pouco capital na propriedade (a pecuária é uma atividade que pode prescindir de grandes inversões de capital); receber apoio decisivo de órgãos do Governo como Getat e Gebam nos processos de regularização de terras envolvidas em grilagens e manter essas terras como reserva de valor.

Desse modo, as chamadas frentes especulativas, que se articulam com os incentivos fiscais da Amazônia legal e com a política de crédito subsidiada caracterizam-se pela existência de extensas áreas de terras improdutivas ou ocupadas por grandes grupos econômicos que se dedicam principalmente à pecuária. Merece destaque, neste último caso, a participação de grandes empresas e conglomerados tais como a Abramo-Eberle-Metalúrgica, a Abreu-Banco das Nações S.A., América do Sul, Andrade Guetierrez, Antunes-Caemi-Cia. Auxiliar de Empresas de Mineração, Bamerindus, Bardela S.A. Ind. Mecânicas e outras. A disponibilidade de terras públicas livres, ou passíveis de serem açambarcadas e a existência do mercado de terras, são as principais condições de desenvolvimento dessas frentes.

Do ponto de vista da estratégia do capital para sua reprodução ampliada, a ocupação das regiões de expansão de fronteiras pelas frentes de especulação, está articulada duplamente ao fenômeno das migrações internas, seja no ponto da expulsão (áreas de origem) ou do "destino" desse camponês.

Num primeiro momento, os lavradores são expulsos de suas áreas de origem, especialmente do Nordeste e das regiões mais capitalizadas do Sul e Sudeste. Constituem-se, dessa forma, intensos fluxos migratórios dirigidos tanto para os núcleos urbanos, agravando os já sérios problemas sociais (desemprego, falta de moradia, saúde e educação), como parar as áreas de fronteiras, orientados pelas propostas de colonização e assentamento.

O sonho de ter a sua própria terra aonde possa trabalhar com sua família e viver como dono de seu próprio espaço, de seu mundo ameaçado, move o agricultor por quilômetros e mais quilômetros, enfrentando os mais variados problemas com a terra estranha. É impossível pensar que somente a existência de forças e motivos econômicos movam esse camponês por tão longínquas regiões. Não resta dúvida de que as suas necessidades básicas são fundamentais para que se lance à procura de sua sobrevivência. Entretanto, razões interiores, que têm muito que ver com a sua visão-de-mundo, com os seus valores, com suas crenças e com o seu lúdico, influenciam sobremaneira a sua decisão por tão longa caminhada. O agricultor que parte e o posseiro de distantes regiões estão ligados pela certeza de que a terra é não só o seu meio de produção, mas a sua própria existência. Nesse caso, menos que a propriedade privada da terra é a propriedade de seu trabalho e de sua liberdade que estão em jogo.

O lavrador expulso e o posseiro são partes de uma mesma história. De um lado, nas áreas de expulsão, as dificuldades encontradas pelo camponês, cuja organização para o trabalho é familiar, são muitas. Os altos custos incorporados à sua produção em decorrência de sua crescente inserção no mercado, na medida que o seu produto deixa de ser para uso e passa a ser para a troca, ameaçam definitivamente a reprodução desses camponeses. Os juros e os elevados preços incorporados aos pacotes tecnológicos tendem a agravar o quadro. As alternativas encontradas pelo camponês para sua sobrevivência vão do assalariamento temporário, que caracteriza um modo de luta pela terra, ainda que não de forma aberta ou visível como no caso dos posseiros contra grileiros, até a própria venda de seu lote. Nesse último caso, ou passa ao assalariamento integral, engrossando as fileiras dos "sem-terra" e "bóias-frias" ou parte à procura de novas terras, tornando-se um posseiro ou colono nas regiões de expansão das fronteiras.

Vê-se, desse modo, que a expulsão do camponês não se dá, necessariamente, com a sua proletarização. Tem-se que, nesse caso, uma parte dos expropriados ocupa novos territórios e retoma a autonomia do seu trabalho em seu Projeto, subvertendo as próprias leis do capital.

No que se refere às áreas de "atração" ou orientadores da direção desses fluxos migratórios – fronteiras agrícolas do Norte e Centro-Oeste, por exemplo – os Projetos de Colonização são os principais protagonistas. Percebe-se, outrossim, a existência de um conjunto de mecanismos articulados entre o Estado – diretor do processo – e várias frações do capital dominante, dentro da lógica de acumulação que se opera.

A esse respeito, o migrante que acorre a essas regiões à espera da titulação de um lote de terra, experimenta toda uma série de reveses que o levariam a uma outra expropriação ou, como em muitos casos, à falta de condições de saúde devido às moléstias contraídas na região. O camponês desmata, prepara o solo e trabalha a terra para que esta acabe nas mãos dos grileiros ou servindo aos gigantescos projetos sob o comando dos conglomerados, das holding e das S.A. – é o fenômeno do "fechamento por dentro" das fronteiras agrícolas.

Isto tudo revela uma estratégia eficaz encontrada pela expansão do capital na agricultura brasileira através da incorporação de novas terras, seja para a especulação imobiliária ou para a exploração de reservas minerais e florestais.

O circuito se completa com a subordinação da força de trabalho dos camponeses expropriados a esses gigantescos projetos agropecuários como o Jari, Tucuruí, Carajás e outros. A mão-de-obra necessária para esses projetos é obtida sem que o capital gaste um centavo com a sua transferência.

Assim, "com as transformações econômicas havidas no Brasil, a burguesia já não necessita de uma legislação para forçar o trabalho no campo, mas mantém, no entanto, uma legislação fundiária que força a expulsão, que dificulta o acesso à propriedade da terra e que responde em grande parte pela figura, complicada historicamente, do posseiro, que é o personagem principal hoje das lutas no campo" (Martins, 1984: 65:66).

As implicações imediatas do aumento das tensões sociais, decorrentes da expansão capitalista de um lado e da persistência e até mesmo crescimento de formas não capitalistas de produção e baseadas no trabalho familiar como é o caso dos posseiros[2], tem sido a eclosão das lutas populares no campo.

No caso da resistência dos posseiros, não se trata de uma resistência armada propriamente dita. Não é uma guerra popular, mas uma resistência pela posse da terra e pelo reconhecimento desse direito. A luta indígena, por outro lado, tem sido mais organizada e significativa que a dos posseiros, haja vista que tem contado com o apoio, ainda que um pouco difuso, da sociedade civil – pessoas da cidade que se interessam por essas coisas expressas nos direitos fundamentais dos indivíduos.

Nas regiões de expansão das fronteiras agrícolas – caso do Norte e do Centro-Oeste, os conflitos no campo, envolvendo posseiros e camponeses, têm chegado a níveis realmente alarmantes. A Tabela 03, construída com base em dados de relatório da Contag, nos dá uma boa visão da extensão desse problema.

Os Estados apresentados na Tabela 03 representam, no conjunto dos Estados do Brasil, 35,61% dos municípios, 43,01% das áreas e 51,61% dos municípios, 43,01% das áreas e 51,97% das famílias envolvidas em conflitos em todo território. Esses números poderiam subir para 44,91%, 51,61% e 69,9% respectivamente, pelo simples acréscimo do Estado da Bahia na lista dos 8 Estados apresentados na Tabela 03. Vê-se, desse modo, a grande importância desses Estados – característicos dos confrontos com grileiros – na delimitação do problema da luta pela terra.

O Maranhão responde com 36% do número de Municípios, 48,1% das áreas em conflitos e 37,3% das famílias envolvidas, relativamente aos totais indicados na Tabela 03.

---

2 "A categoria que mais cresce hoje, inclusive em relação a proprietários de terra, é a dos posseiros (cresceu, entre 70 e 75, mais de 20%), enquanto as outras categorias, ou diminuíram de ritmo ou se mantiveram estáveis" (MARTINS, 1984: 69).

TABELA 03: CONFLITOS DE TERRAS EM ALGUNS ESTADOS DAS REGIÕES NORTE E CENTRO-OESTE, SEGUNDO O NÚMERO DE MUNICÍPIOS, NÚMERO DE ÁREAS DE CONFLITOS E NÚMERO DE FAMÍLIAS ENVOLVIDAS.

Estados	*Nº de municípios com conflitos*	*Nº de áreas de conflitos*	*Nº de famílias envolvidos*
Acre	6	21	714
Rondônia	5	6	248
Amazonas	8	28	400
Pará	12	45	14.464
Maranhão	47	191	18.359
Goiás	25	51	1.970
Mato Grosso	11	21	3.190
Mato Grosso do Sul	16	34	9.856
Totais	130	397	49.201

Fonte: Contag, 1985: 45-46.

O Pará, que nesse conjunto está na quarta colocação em termos de número de municípios com conflitos, representa a segunda posição, imediatamente abaixo do Maranhão, no que se refere ao número de famílias envolvidas – cerca de 29% do total. Este fato pode sugerir a concentração desses conflitos em determinadas áreas. Os municípios de São Domingos do Capim, Vizeu, Paragominas, Xinguara e Marabá, absorvem a grande maioria dos conflitos nesse Estado.

Apenas a título de exemplificação da extensão e da violência no município de Marabá, segundo um trabalho do Ibase (1985), vários depoimentos apontam para o fato de que, hoje, existem mais de 200 laudos cadavéricos que atestam morte violenta, sem que as vítimas tenham sido reclamadas por alguém. "A morte, nesta cidade, tem tabela de preços. A de um posseiro está por volta de dez milhões; um delegado sindical está cotado em torno dos vinte milhões (...) Há mais de duzentos pistoleiros dispostos a prestar seus serviços, parte deles organizados em agências especializadas. E parece não haver nada que ateste, da parte do Governo, uma preocupação especial com o fato de Marabá ter-se tornado uma reedição, no pior estilo, do faroeste sangrento apresentado nos enlatados americanos" (Ibase, 1985: 1). Enfim, nessa cidade, considerada hoje uma das mais violentas do País, os crimes e assassinatos crescem a taxas geométricas. De acordo com a Comissão Pastoral da Terra, entre 1980 e 1984 foram assassinados 54 posseiros e trabalhadores rurais, passando para 42 pessoas apenas nos cinco primeiros meses de 1985, sendo que desse número 16 foram posseiros e entre eles uma menina de quatorze anos.

Estes dados atestam, de qualquer modo, a crítica situação nessas áreas do País. Assim, muito do que se diz a respeito de que "o povo brasileiro é pacífico" não consegue resistir a uma simples apresentação de dados sobre os conflitos no campo. Não se deixa de lutar quando a questão é a sobrevivência – a luta pelos direitos, ao seu espaço, à sua terra e aos seus valores.

As lutas sociais no campo, em particular a dos posseiros, têm se tornado, de mais a mais, uma luta política, na medida que tem colocado em questão o próprio direito de propriedade, que é a viga de sustentação do modo de produção capitalista. Nesse sentido, especialmente a partir de 64, o Estado tem intervindo decisivamente tendendo a esvaziar o conteúdo político da luta pela terra.

A violenta repressão que se implantou no País com o golpe de 64, destruiu vários núcleos de camponeses que se organizavam politicamente.

Por outro lado, o modelo econômico que se estabeleceu, com as políticas de incentivos, desarticulava as próprias relações de poder na Amazônia.

Desse modo, as ações do Governo "não só impediram o nascimento político de um campesinato baseado na luta pela terra,... mas destruiu as formas tradicionais do poder local ou as comprometeu seriamente, tornando-as vazias e sem sentido. O 'enlouquecimento' dessas relações tradicionais de poder fica evidente nas dimensões tomadas pelo jaguncismo, pela violência privada, pela desmoralização do que resta das velhas estruturas de dominação" (Martins 1984: 57).

Na recriação do espaço de poder no campo, o Estado passou a dirigir ações que, se, de um lado, propiciaram o surgimento e instalação de novos personagens – os grandes grupos empresariais beneficiados com a política de incentivos –, de outro, apontava para a própria militarização da questão agrária.

A criação do Getat tem muito que ver com o problema da ocupação do "vazio político" no campo no período que sucedeu ao Golpe de 64.

É importante assinalar, nessa direção, a íntima ligação do Getat aos grupos econômicos na região. A despeito de se estabelecer como o órgão responsável pela regularização fundiária e resolução dos conflitos, com a titulação de lotes reivindicados pelos agricultores, o Getat, ao contrário, tendeu a beneficiar decisivamente os interesses do grande capital.

Vários são os depoimentos que revelam a extrema parcialidade do Getat nessa região. Vejamos alguns deles apresentados pelo boletim da Abra (Maio/junho de 1984):

"As terras colocadas sob a jurisdição Getat incluem a maioria dos cerca de 350 projetos agropecuários aprovados pela Sudam, desde sua criação, em 1965. Ali, os conflitos ocorrem em geral entre posseiros e os responsáveis de grandes empresas que investiram capitais em atividades agrárias na região, atraídas pelos incentivos da Sudam (*Veja* – 13-02-80)".

"Pecuaristas de Marabá pediram à Assembléia Legislativa do Pará que interceda junto ao Presidente Figueiredo para se evitar uma verdadeira guerra social, causada na região pelo Getat, cujos dirigentes estariam fazendo ameaças veladas de desapropriação (*O Estado de S. Paulo* – 13-6-81)".

"Posseiros do Bico do Papagaio vivem em constante tensão social, resultante de ameaças e violências praticadas por grileiros, diretamente ou através de pistoleiros, e da ação de policiais, apoiando fazendeiros, fazendo-se acompanhar por funcionários do Getat, aterrorizando pequenos agricultores e suas famílias, denunciou a Contag" (*Jornal do Brasil* – 5-9-81).

Em documento constante no Boletim da Abra (1983), verifica-se que "de janeiro a junho de 83 foram registrados 246 conflitos de terra no Brasil, sendo *125* (grifo nosso) na área de atuação do Getat (norte de Goiás, sul do Pará e do Maranhão). A informação é do ex-presidente da CPT, bispo de Acrepurus. Os 246 conflitos de terra envolveram, conforme o relatório, a expulsão do homem do campo, através da grilagem e do despejo, continua sendo a constante, tendo-se nesses casos, quase sempre o envolvimento de órgãos públicos – Getat (grifo nosso), Incra Funai e de políticos, juízes, etc... (*Folha de S. Paulo* – 7-8-83)".

Esses comentários já são suficientes para se ter uma idéia da violência nessas regiões, em que o trabalhador, o posseiro e o peão têm invariavelmente levado a pior. Nesse processo, intervêm tanto as empresas privadas com suas milícias particulares, como mesmo órgãos do Estado. São várias as formas de violência aí encontradas: a violência física do policial e do jagunço contra o posseiro; a violência da justiça com as sentenças de despejo acionadas por jagunços, grileiros e grandes empresas; a violência com a interferência direta do Poder Executivo, mediante ações militares e policiais.

Vendo-se de mais a mais diante de uma situação que, pela gravidade, ameaça a própria "ordem constituída" e com o objetivo de esvaziar as possíveis mobilizações de opinião pública que se façam solidárias a uma saída para o problema que não esteja de acordo com os interesses dominantes, o Estado tem procurado intensificar o ritmo das desapropriações nessas regiões. De acordo com dados da Abra (1984), na Região Norte, em 1971, havia apenas uma desapropriação e em 1981 esse número subia para 11; no Centro-Sul, de uma apropriação em 1971 passou-se para sete em 1981.

Entretanto, por exemplo, "apenas aparentemente, a incidência de desapropriação no Norte pode significar uma preocupação mais acentuada das políticas governamentais frente às situações de litígio. Se isso é certo, a grandeza dos procedimentos ainda está aquém do necessário. Assim é que, em contraposição ao total da área desapropriada, temos aproximadamente 36.659.420 hectares, onde registramos conflitos pela posse da terra nessa região, durante os anos de 1980-1981. Paralelamente a isso, e situando de forma mais precisa os limites de desapropriações realizadas, o Norte apresenta, em 1975, a partir dos dados oficiais, 25.004.800 hectares de terras ocupadas por latifúndios por dimensão e outras propriedades de mais de 100.000 hectares, todas passíveis de desapropriação por interesse social" (Abra, 1984: 43).

Assim, a posição do Estado, na realidade, limita os direitos civis das pessoas, de acesso à terra e à realização de suas próprias vidas. O Estado interpõe-se à conquista da cidadania no campo, na medida que anula conquistas importantes dos trabalhadores rurais que, por essas últimas quatro décadas, têm se libertado da dominação pessoal dos grandes fazendeiros.

c) *Os Sem-Terra*

A luta dos Sem-Terra é essencialmente a luta pela terra dos que foram dela expropriados e que não se encontram apenas em trabalho permanente ou temporário nas áreas agrícolas, mas também nas periferias das pequenas cidades do interior e dos grandes centros urbanos como Recife, Fortaleza, Rio de Janeiro e São Paulo. Dela faz parte, por exemplo, a luta dos "bóias-frias" nos Estados de São Paulo, Paraná, Mato Grosso, Goiás e Minas Gerais e a dos "clandestinos" nas áreas canavieiras do Nordeste e do Rio de Janeiro.

Os Sem-Terra são, principalmente, ex-camponeses. Tiveram geralmente um pequeno pedaço de terra junto com a propriedade dos outros meios de produção e utilizaram a força de trabalho familiar na produção dirigida mais para a subsistência do que às atividades mercantis.

Basicamente, os Sem-Terra encontram no trabalho temporário a forma mais acabada de exploração da sua força de trabalho. Como regra, recebem um salário insuficiente às necessidades de sua reprodução. Dessa superexploração faz parte a crescente utilização da mão-de-obra de mulheres e crianças nos trabalhos agropecuários. D'Incao (1979) revela que a população de "bóias-frias", além de possuir um grande contingente de mulheres, é formada por homens de idade superior a quarenta anos. O pessoal mais jovem dessa população desalojada de suas terras é absorvida pelas funções urbanas, onde há um maior rigor dos processos de seleção de pessoal. Dados do IBASE revelam que, em 1980, 66,4% dos que trabalham na agricultura receberam até um salário mínimo mensal, o que revela a reprodução, por níveis mínimos de vida, desse contingente de trabalhadores rurais.

Nos Estados de São Paulo, Paraná e Rio Grande do Sul, setores modernizados da agropecuária brasileira, as lutas dos Sem-Terra têm sido bastante intensas. Bastos et alii (1983) mostram que, no Estado de São Paulo, o número de conflitos no campo tem sido grande. Eles são mais numerosos (1) na região de ocupação recente, isto é, na região oeste; (2) no litoral, com as lutas decorrentes do processo de especulação imobiliária e da implantação de empresas estatais e (3) na região da grande São Paulo, com conflitos originários da expansão industrial. Na região de ocupação recente, revelam publicações da Abra, o movimento dos Sem-Terra nasceu, em 1980, da luta eficaz dos posseiros da Fazenda Primavera, no município de Andradina, cuja propriedade era de posse ilegítima do famoso e controvertido industrial J.J. Abdala, ex-proprietário do Cimento Perus. Em 1983, treze famílias de "bóias-frias" haviam conquistado terras naquela fazenda.

Fortemente apoiados pela Igreja, os Sem-Terra encontram-se em franca organização. Em 1984, na cidade de Curitiba, realizaram o seu I Congresso Nacional com a participação de 1.500 delegados, além de representantes da Comissão Pastoral da Terra (CPT) e da Central Única de Trabalhadores (CUT). Na tentativa de reagir à bipolarizações de lideranças, a Contag, mesmo convidada, não participou desse evento. Dentre as principais reivindicações desse Congresso, destacam-se: 1) fim da violência na luta pela terra; 2) desapropriação de todas as propriedades com mais de 500 hectares e 3) controle total dos trabalhadores sobre a reforma agrária no País, com poder de decisão sobre a divisão, cultivo e forma de titulação.

No estudo da ação dos Sem-Terra, na busca de apreensão do seu processo de interiorização não alienada das carências (necessidades), não se pode negligenciar a ação de parte considerável da Igreja Católica, principalmente daquela que se forma com a segunda Conferência do Episcopado Latino-Americano, realizada em Medellin, na Colômbia, em 1968, consolidando a "teologia da libertação" e fazendo uma opção decisiva pela população carente da América Latina. Essa Igreja pelos pobres tem um papel não desprezível nas lutas sociais, mormente no que concerne às atividades das chamadas comunidades eclesiais de base, definida como uma "escola permanente de fé". Essas comunidades, que conciliam fé com solidariedade humana, prática religiosa com prática política, vivência cristã com vivência social, são montadas "com reza e mutirão, com evangelho e realidade, com fé em Deus e luta do povo" (Fernandes 1984: 26).

No processo de reinterpretação cristã do mundo, que se verifica dentro das comunidades eclesiais de base, o trabalhador da terra sai renovado. A luta contra o usurpador não é um "pecado", mas um basta a quem objetivamente o obriga à marginalização e à degradação social e cultural. É uma luta que conta com a solidariedade dos pares e a "bênção" de Deus. Nessa visão renovadora da Igreja, a terra, em última instância, é de Deus, é do Senhor, e Ele a deixou para todos, para os que nela querem trabalhar. Esse é um aspecto sócio-cultural muito importante da atividade dessas comunidades eclesiais de base: ressocializar o homem do campo dentro de padrões que se constroem a partir dos seus sonhos e aspirações. Padrões que lhe propiciam uma identidade social própria, diferente da do grande proprietário. Esse mundo recodificado, reinterpretado à luz do evangelho e da vida concreta, tem uma dinâmica de redenção. O mundo do pecado para esses agentes ressocializados sofre uma redução. Lutar pela justiça, lutar pela terra, não provoca a ira divina, não o induz ao pecado. Há nos debates internos da comunidade um verdadeiro processo de purificação simbólica. O sagrado e secular entram em simbiose. Sagrada e pura é a vida do homem, é a dignidade humana, é a busca pela cidadania, pela afirmação de uma identidade social própria. Os debates, os cânticos, as leituras do evangelho, tudo pode ser entendido como purificação (reinterpretação) de símbolos. O embate do bem contra o mal, da pureza contra o pecado é reinterpretado a partir da perspectiva dos que sofrem. Se, como afirma Fernandes (1984), o "trem da comunidade" avança sobre os trilhos do evangelho e da vida, é preciso ter em conta que esse evangelho é o da redenção e essa vida é a dos pobres. Nesses encontros, as "palavras da vida foram vida antes de serem palavras", e vidas marcadas pela exclusão, pelo esquecimento, pelo trabalho alimentador do sonho alheio. Não é pecado lutar pela terra, lutar contra a fome, defender-se do ataque. A leitura do evangelho feita pela Igreja tradicional tinha um viés de classe dominante. A leitura do evangelho que se pratica na Igreja dos pobres ilumina a opacidade da repressão, da violência e da exploração que continua a existir entre os homens. Dá-lhe consciência da sua condição objetiva e força para a tarefa de superá-la. Ao possibilitar a visão da exploração e da violência, a leitura popular do evangelho – a sua discussão coletiva – engendra formas reais e objetivas de luta. Esse é um dos papéis inestimáveis da Igreja dos pobres na América Latina: apontar para uma "utopia" – a felicidade dos pobres – e favorecer à luta maior para a sua consecução.

Ao lado da Igreja, a ação dos trabalhadores assalariados rurais e dos camponeses têm se verificado também via sindicatos. O crescimento do número de sindicatos no meio rural tem sido surpreendente. Em 1968, o número de sindicatos de trabalhadores rurais era de 625, em 1972 de 1.154, em 1978 de 1.745 e em 1980 de 2.144. O que significa que, a partir de 1980, passa a existir no país um número maior de sindicatos de trabalhadores rurais do que de sindicatos de trabalhadores urbanos, cujo número, naquele ano, era de 2.069, embora, como revela Minc (1985: 66), "já em 1978 o número total de trabalhadores sindicalizados nas cidades era de quatro milhões e 270 mil, e o de sindicalizados rurais era de quatro milhões e 560 mil trabalhadores". Esse crescimento expressivo de sindicatos e sindicalizados fortalece, no plano nacional, a ação político-sindical da Contag (Confederação Nacional dos Trabalhadores da Agricultura), cujo último Congresso, o IV, foi realizado em maio de 1985, em Brasília.

Não é o apoio da Comissão Pastoral da Terra a esses trabalhadores o que explica a sua luta. Ao contrário, ela é alimentada pela resistência e o agravamento de necessidades específicas. Luta não só contra o aviltamento salarial, como também em busca do seu espaço rural, da terra de sua sobrevivência.

São as condições extremas de necessidades que transformam os Sem-Terra numa não desprezível força social. Rejeitados no campo eles não encontram acolhida nas cidades. Ficam a povoar as suas cercanias sem serem absorvidos pelo sistema produtivo e quando o são, vivem o drama de um trabalho temporário degradante e espoliativo. Assim, é dentro desse campo de ação que se efetiva o engajamento dos Sem-Terra, que se realiza a sua opção consciente. A direção da luta e a realidade para a sua ação são dadas pelas condições existentes. O Sem-Terra não atua como agente individual cerceado pela limitação do *eu*.

A sua opção de luta pela terra se situa na corrente dos acontecimentos como parcela de um processo mais amplo de transformação social onde os "de baixo" tentam impor a sua marca de solidariedade.

No momento mesmo da elaboração desse ensaio (16 de dezembro de 1985) ocorre a mais importante invasão dos Sem-Terra a fazendas no Estado do Paraná. Cerca de 834 famílias (399 segundo o Governo Estadual) invadem cinco áreas na região (três, segundo o Governo Estadual). Assim, de acordo com o Movimento Estadual dos Sem-Terra, 425 famílias invadiram a fazenda Perseverança, 49 a fazenda Santa Helena e 360 famílias se distribuem na invasão das fazendas Barro Dois e Mato do Banco, em Catanduvas. Quando as primeiras famílias formaram os acampamentos, em áreas do DER, o objetivo era o de pressionar o Governo Estadual para apressar a distribuição de terras. De dois acampamentos iniciais, o movimento chegou, no oeste e sudoeste, a 11 acampamentos, com mais de 3 mil e quinhentas famílias ou seja, cerca de quinze mil pessoas acampadas. O objetivo agora é invadir todo o Estado com o pessoal dos acampamentos.

No mesmo momento em que este fato ocorre no Paraná, os ocupantes da fazenda Annoni, em Sarandi, no Rio Grande do Sul, resolveram semear com soja a terra ocupada e em pendência na justiça. As notícias dão conta de que os colonos estão satisfeitos com a fertilidade do solo, ocioso por treze anos, e continuarão lavrando a terra dentro de um planejamento de roças coletivas. O acampamento que até o momento já dura a 50 dias conta com 8 mil pessoas, das quais 3 mil são crianças e mil são mulheres (400 grávidas). Marli de Castro, o líder dos Sem-Terra, garante que aqueles que não trabalharem na forma estabelecida pela comissão, isto é, com roças coletivas e em colaboração, serão expulsos do acampamento.

E o problema longe está para ser atenuado. Por exemplo, trezentas famílias do Vale do Jacuí, que serão atingidas pela construção da hidrelétrica de Dona Francisca, só sairão de suas terras depois que tiverem assegurada a posse de novas áreas. Com isso essas famílias querem impedir que se repita com elas o mesmo que aconteceu com os chamados "afogados" do Passo Real, cujas terras foram inundadas em 1972 e até o presente momento esperam pelo reassentamento.

Ainda no Rio Grande do Sul, em Sobradinho, num dos pontos mais férteis do Estado, 214 famílias serão proximamente desalojadas. Todos são pequenos proprietários e não desejam dinheiro por suas terras. O que eles exigem são novas áreas na região, além das indenizações pelas benfeitorias.

Enfim, se, de um lado, tem havido intensificação de conflitos e repressões envolvendo os Sem-Terra, de outro, o "acampamento" constitui-se, atualmente, uma das formas mais criativas e eficazes utilizadas por esses agentes na luta pela terra.

Para a produção do fenômeno dos Sem-Terra muito contribui o Estado, com os seus grandes projetos energéticos tais como a construção de barragens, bem como as empresas particulares, com expansão das áreas das grandes propriedades. Estado e iniciativa privada se articulam nesse processo que culmina na luta pela terra não só dos que não a possuem, mas também daqueles que estão na iminência de perdê-la.

d) *A figura do "morador" e a sua transformação*

A luta pela terra em áreas mais antigas de exploração, envolvendo a figura do tradicional "morador" (ver Sigaud 1979), é igualmente de muita importância no conjunto das lutas que se travam no campo em busca dos direitos e interesses dos trabalhadores.

A formação e organização das Ligas Camponesas, no fim dos anos 60, tiveram papel significante na resistência do camponês ao avanço das relações capitalistas no campo. E o morador foi um daqueles grupos de espoliados que ajudou a tornar as Ligas uma realidade concreta de luta.

Recentemente, há a necessidade de capitalização e investimento em novas áreas como as dos produtos "estratégicos" e/ou de exportação – casos da soja, trigo e cana-de-açúcar. De qualquer modo, esse processo tem provocado diversas modificações nas relações de produção no campo, tais como a expulsão de posseiros, a descaracterização da figura do "morador", a extinção dos contratos de parceria e a submissão do pequeno proprietário (Bastos, 1984: 10).

Tomando-se um desses personagens – o morador – é interessante observar essa categoria que se transforma e se recria de modo todo particular. As relações que o morador, historicamente, tem mantido com o dono do engenho ou da propriedade consubstanciam uma visão de mundo, uma construção simbólica em torno da terra que não podem ser confundidas com as representações de outros agentes – os posseiros, por exemplo. Enquanto estes últimos constroem seus valores e suas crenças em torno da propriedade de seu trabalho, da sua terra liberta de qualquer

"Senhor", o morador inscreve seus códigos na relação tutelada que mantém com o dono da terra. Desse modo, o conteúdo e o significado da luta pela terra, para o morador e para o posseiro, estão muito relacionadas a seus projetos específicos de vida, que foram se moldando segundo as condições históricas particulares de um e outro personagem.

As transformações operadas na agricultura brasileira nos últimos 40 anos não implicam a imediata destruição de antigas formas de produção. A produção camponesa reinterpreta esse novo quadro, criando formas de resistência e luta que tendem a contrariar a própria lógica dominante. O capitalismo, por seu turno, impõe determinados limites a essa reprodução camponesa, gerando, no embate, toda uma série de tensões e conflitos os mais variados.

A atuação das Ligas Camponesas até 1964 e, hoje, as organizações dos sindicatos de trabalhadores rurais são claros indicativos da politização cada vez maior das lutas sociais no campo. Em todos esses momentos, entretanto, os trabalhadores têm encontrado as duras respostas por parte do Estado – administrador do processo de acumulação no País.

A grande repressão ao movimento das Ligas Camponesas com o Golpe de Estado de 1964 impôs sérios reveses à organização do trabalhador rural. A prisão, o assassinato, as ameaças e perseguições e as destruições das instalações das Sedes das Ligas são alguns exemplos da grande violência capitaneada pelo Estado contra os camponeses.

Com a abertura política e o processo de redemocratização da sociedade brasileira, a organização sindical começa a retomar o pulso necessário à luta pela defesa de seus direitos. As greves gigantescas dos trabalhadores da Zona da Mata pela defesa do sítio – pedaço de 2 hectares de terra destinados à roça da família do cortador de cana –, por melhores condições de trabalho e salário e pelos direitos à previdência e assistência médica demonstram uma nova recomposição daquelas forças sociais. O morador, rompendo com as relações paternalistas mantidas pelo dono do engenho, redescobre a sua importância e se reconhece e aos seus pares, criando novos códigos e novas representações que configuram extrema potencialidade para a superação da sua condição de explorado [3]. Como morador, a existência de um "pacto" normatizava suas relações com o "Senhor", estabelecendo um jogo de mútuas expectativas quanto a direitos e deveres. Hoje, expulso do lote, realiza o mesmo trabalho segundo uma relação contratual, jurídica e assalariada. A sua luta pela terra é mediatizada, desse modo, pela luta por melhores salários e por uma lógica que anteriormente lhe era estranha. Nesse caso, a sua luta pela terra deve ser compreendida numa perspectiva mais ampla que aquela cujo lema é a terra pela terra.

---

3 Sigaud (1979) mostra com riqueza de detalhes todo este processo.

O antigo "morador é hoje o morador" da cidade. A sua luta ganha em complexidade, tendo, ainda, como fio condutor, a necessidade pela conquista dos seus direitos sociais. E, nesse caso, a terra é seu emprego, seu salário e também sua roça.

3. COMENTÁRIOS FINAIS

As últimas décadas, no Brasil, têm sido marcadas por grandes modificações na sociedade como um todo e em particular na agricultura. O chamado período da modernização do campo, que ocorre de forma mais sistemática a partir do início dos anos 60, caracterizou-se por intensiva capitalização e tecnificação da produção agropecuária.

A expansão das relações capitalistas na agricultura brasileira não se deu, entretanto, de forma pacífica e harmoniosa, estendendo os seus benefícios indistintamente a toda sociedade. Ao contrário, o processo ocorreu de modo excludente, com alta concentração da renda e da terra, ao lado de elevados níveis de expropriação do trabalhador rural. A formação de milhares de famílias sem terra; a tendência à proletarização no campo com aumentos significativos de trabalhadores temporários – 3.900.000 "bóias-frias" em 1967 e 6.800.000 em 1972 segundo dados do Incra –; as constantes migrações de grandes contingentes de trabalhadores pelo território nacional; o deslocamento de amplos segmentos sociais do campo para as cidades, ampliando o número de desempregados e subempregados nesses centros; a invasão de terras indígenas, provocando destruições de culturas inteiras são alguns aspectos relacionados à forma particular pela qual se deu a penetração do capital na agricultura brasileira.

Nesse caso, a incorporação de novas terras ao processo produtivo – 120.000.000 de hectares acrescidos à produção agropecuária do Brasil, entre 60 e 80 – não significa, de modo algum, que tenha havido maior distribuição entre os vários segmentos que dela dependiam para as suas necessidades econômicas e mesmo culturais. Na realidade, ganharam os latifúndios ditos improdutivos, as frentes especulativas e os grandes conglomerados e projetos agropecuários liderados pelo capital financeiro. Isto não significa, é verdade, que essas novas terras tenham sido vinculadas apenas a esses grandes grupos: alguns pequenos e médios produtores estão também incluídos naquele total, seja através de projetos de colonização[4] ou mesmo em áreas tradicionais, conforme indicam alguns estudos recentes. De qualquer modo, quando verificamos o número de famílias que não foram beneficiadas, constatamos a grande distância entre o existente e as necessidades não contempladas.

---

4 De acordo com Minc (1985: 41), quase 110 mil famílias de imigrantes chegaram a Rondônia entre março de 1973 e março de 1985, sendo instaladas 29 mil famílias nos diferentes projetos de colonização integrada (PIC) e projetos de assentamento dirigido (PAD) do Incra.

Para se ter uma idéia, segundo pesquisa do IBASE (s/d), existiam 8.000.000 de famílias sem terra em 1980. Este número representa 5 vezes o total de famílias com terra nesse mesmo ano. Utilizando-se de dados da Contag a diferença é ainda maior – 5,6 famílias sem terra para cada família de proprietários em 1980.

Diante desse quadro, têm crescido bastante os conflitos e as lutas pela terra. A violência no campo torna-se mesmo um dos mais graves problemas da atualidade em nosso País.

A resistência, as novas formas de luta, o "acampamento", a luta armada entre grileiros e posseiros, e entre índios, posseiros e fazendeiros, as sucessivas greves de trabalhadores rurais – caso dos cortadores de cana no Nordeste –, e os conflitos dos Sem-Terra em São Paulo e Estados do Sul configuram um trágico cenário de violências as mais variadas.

Conforme relatórios da Contag, existem 1.100 conflitos registrados nos últimos 5 anos, envolvendo cerca de 120.000 famílias. São 239 líderes sindicais assassinados no mesmo período. Em 1985 existem, em média, 7 assassinatos de trabalhadores rurais a cada mês. E esses números estão ainda subestimados, haja vista representarem apenas os casos que são denunciados à Contag.

Um trabalho recente desenvolvido por técnicos do Mirad/Incra aponta para 211 mortos em conflitos de terras somente em 1985. Desse total, 133 são trabalhadores rurais de um modo geral, incluindo os presidentes dos sindicatos e as suas lideranças (11 mortos); 11 índios; 5 proprietários ou fazendeiros; 20 capatazes e pistoleiros e assim por diante até mesmo incluindo 8 menores sem atividades discriminadas. Vê-se que os trabalhadores e índios têm sido, juntos, as principais vítimas dessa guerra.

Os 211 mortos em conflitos estão distribuídos da seguinte maneira: 124 na Região Norte, sendo o Pará o Estado que lidera a contagem com 83 assassinatos; 37 para os Estados do Nordeste, com a Bahia em 1º lugar – 17 mortos; 20 assassinatos para os Estados de Goiás, Mato Grosso e Mato Grosso do Sul; 18 para Minas Gerais, 9 para o Rio de Janeiro e 3 para o Estado do Paraná. Assim, a Região Norte – área típica de expansão de fronteiras – abarca 58% do total de mortes em conflitos de terras ocorridos no Brasil em 1985.

Acreditamos que esses dados revelam a extrema gravidade do problema que circunscreve a luta pela terra.

O Estado, entre um e outro decreto, vacila entre a necessária e esperada resolução da questão e os interesses dominantes a serem resguardados. É nesse sentido que se vê a tentativa do Estado de imprimir maior ritmo nas desapropriações por interesse social face o caráter emergencial da situação, embora ainda de forma tímida e bastante modesta se comparado com o número de conflitos existentes.

A Tabela 04, a seguir, procura ilustrar a evolução do número de conflitos e de desapropriações, agregados em três regiões, nos últimos 10 anos.

TABELA 04: EVOLUÇÃO DO NÚMERO DE CONFLITOS E DE DESAPROPRIAÇÕES EM 71, 76 E 81, PARA AS REGIÕES NORTE, NORDESTE E CENTRO-SUL.

Ano	*Nordeste*		*Norte*		*Centro-Sul*	
	Confl.	*Desapropriações*	*Confl.*	*Desapropriações*	*Confl.*	*Desapropriações*
1971	45	1	34	1	34	1
1976	20	1	85	5	23	2
1981	190	2	514	5	192	4
Total	255	4	633	11	249	7

Fonte: Abra março/abril 1984: 21.

A observação dos dados apontam para dois aspectos interessantes: 1º) as desapropriações têm se mantido praticamente estáveis entre os anos de 76 e 81, a despeito do vertiginoso crescimento dos conflitos, especialmente no Norte e Nordeste que, juntos, reúnem, nesses 10 anos, 78% dos conflitos existentes no País; 2º) a Região Centro-Oeste possui menos conflitos que a Região Nordeste, entre 71 e 81, embora tenha quase o dobro de desapropriações.

Ainda a esse respeito, é importante enfatizar que, apesar do aumento no número de desapropriações entre 82 e 83, estas têm sido insuficientes. São 47 decretos para desapropriação, abrangendo 15 Estados, em apenas 24 meses. A quantidade de normas desapropriatórias equivale a quase a metade de todos os decretos do executivo entre 64 e 81, período que surgiram 93 atos de expropriações. A área total atingida foi de 1.103.054.68 hectares, equivalendo a 39% do total de terras desapropriadas nos mesmos 18 anos que são da promulgação do Estatuto da Terra até 1981. Os Estados do Maranhão, Pará, Goiás, Mato Grosso e o território do Amapá somam 945.115.58 hectares de áreas desapropriadas, equivalendo a 86% da superfície em questão (Abra, 1984).

Isso, entretanto, não revela que a questão da luta pela terra tenda a se esvaziar. Além do mais, como já foi enfatizado, não é somente por desapropriações que se luta. O tratamento uniforme dado pelo Estado no enfrentamento da questão revela sérios equívocos.

Em primeiro lugar, há que se entender que não existe *uma única* luta no campo. Há a luta do posseiro, dos grupos indígenas, dos "bóias-frias", dos Sem-Terra, dos posseiros, moradores e assim por diante. Cada uma delas com sua dinâmica e especificidades. Em segundo lugar, as várias lutas não são apenas pela terra no seu sentido meramente econômico, mas são entendidas num quadro de referência mais amplo, que inclua as dimensões sócio-culturais desses grupos.

O significado que cada segmento social dá à terra e ao seu trabalho não pode ser, de modo algum, tratado apenas no seu sentido mais geral – o da expropriação, da proletarização e da subordinação ao capital. Isto não explica tudo. As representações simbólicas, os projetos, as crenças, expectativas e valores dos atores que lutam pela terra implicam a necessidade de se compreender esses processos no que eles têm de específico e próprio.

Cada uma dessas lutas têm a sua dinâmica e história particulares e que não se esgotam nas análises que sobrepõem as determinações e os grandes modelos a outros níveis de investigação e conhecimento. Não são apenas decretos de desapropriação que darão conta de resolver os mais variados problemas, inclusive aqueles relacionados à própria ameaça de destruição de culturas inteiras – caso das sociedades indígenas – embora sejam passos iniciais importantes.

A luta dos posseiros por sua terra não se confunde com a reivindicação burguesa de manutenção da propriedade privada da terra e da forma capitalista de produzir. Ao contrário, o posseiro busca, acima de tudo, a sua autonomia, a sua liberdade, a propriedade do seu trabalho. A sua produção se faz com base na divisão de trabalho entre os membros da família, e a sua lógica é, prioritariamente, a de produzir para o autoconsumo. É, portanto, uma luta anticapitalista, mas, principalmente, voltada para a defesa de seus valores, seus códigos, seus direitos e interesses – sua cidadania.

Os antigos moradores e posseiros reinterpretam sua condição de explorados e se lançam em organizações sindicais à luta pelas condições justas de trabalho e vida. Até que ponto pode-se dizer que as suas necessidades e as suas expectativas são as mesmas de outras categorias ou que tenham se mantido sem alterações em todo o processo de construção de seu projeto? Certamente que as suas lutas evoluem com o próprio processo particular do qual fazem parte as suas necessidades e aspirações, e se deslocam na medida em que são reinterpretados e recodificados seus símbolos.

Este o desafio que se abre para todos aqueles envolvidos com a discussão da questão agrária – a compreensão dos aspectos específicos de cada luta, que são definidos historicamente, num processo contínuo de recomposição do quadro de referência sócio-cultural e econômico dos vários agentes entre si. Somente assim, ouvindo e respeitando o espaço e o tempo dos vários atores, é que se pode discutir democraticamente a questão da cidadania do homem do campo, diante das necessidades de transformação da sociedade como um todo.

BIBLIOGRAFIA

ABRA. v. 13 nº 04 julho/agosto – Campinas, 1983.
ABRA. v. 13 nº 05 setembro/outubro – Campinas, 1983.
ABRA. v. 14 nº 02 março/abril – Campinas, 1984.
ABRA. v. 15 nº 02 março/abril – Campinas, 1984.

ALMEIDA, Alfredo Wagner Berno de. GETAT. *A Segurança Nacional e o Revigoramento do Poder Regional.* 1(2): 37-58 jul./dez., São Luís, 1980.

ALMEIDA, Alfredo Wagner Berno de & OLIVEIRA Fco., João Pachedo de. Demarcações: Uma Avaliação do GT – Interministerial in *Povos Indígenas no Brasil/CED* pp. 48-55, Brasília, 1985.

BASTOS, Elide Rugai. 1984. *As Ligas Camponesas.* Petrópolis: Vozes.

BASTOS, E.R.; Ferrante, V.L.B. & Chaia, V.L.M. "Os conflitos sociais no Estado de São Paulo". *Reforma Agrária,* Campinas, v. 13, nº 5, set/out. pp. 26-34, 1983.

CONTAG. Posição da Contag sobre o Programa Nacional de Política Fundiária 1982. Brasília.

D'INCAO, Maria Conceição: *O "Bóia-Fria": Acumulação e Miséria.* Petropólis: Vozes. 7ª edição, 1979.

DURHAM, Eunice Ribeiro. "Movimentos Sociais – A construção da cidadania". *Novos Estudos Cebrap,* nº 10, outubro, pp. 24-30, 1984.

EVERS, Tilman. "Identidade – a face oculta dos novos movimentos sociais". *Novos Estudos Cebrap,* vol. 2, nº 4, abril, pp. 11-23, 1984.

FERNANDES, Dom Luís. *Como se faz uma comunidade eclesial de base.* Petrópolis: 2ª edição, 1984.

HEISE, David R. *Causal Analysis.* New York: John Wiley & Sons, 1975.

IBASE. Marabá: *A luta pela terra, a luta pela vida.* Rio de Janeiro, 1985.

IBASE. s/d (a) – *A Fronteira Amazônica.* Rio de Janeiro.

IBASE. s/d (b) – *A Organização e a luta dos trabalhadores rurais.* Rio de Janeiro.

IBASE. s/d. *Alguns Dados do Cadastro de Imóveis Rurais do Incra, 1976 e do Censo Agropecuário de 1980.* Rio de Janeiro.

MARTINS, José de Souza. *Exposição e Violência: A questão política no campo.* São Paulo. HUCITEC, 1980.

MARTINS, José de Souza. *A Militarização da Questão Agrária no Brasil.* Petrópolis: Vozes, 1984.

MINC, Carlos. *A Reconquista da Terra.* Rio de Janeiro: Jorge Zahar, 1985.

MOREIRA, Ruy. *O Movimento Operário e a Questão Cidade-Campo no Brasil.* Petrópolis: Vozes, 1985.

SANDRONI, Paulo. *Questão Agrária e Campesinato.* São Paulo: Polis, 1980.

SANTOS FILHO, José dos Reis. "Notas sobre as lutas pela posse da Terra". *Reforma Agrária.* Campinas, v. 12, nº 3, maio/jun., pp. 55-66, 1982.

SAWYER, D. Ocupação e Desocupação da Fronteira Agrícola no Brasil: ensaio de interpretação estrutural e espacial. In: *Anais do Seminário "Expansão da Fronteira Agropecuária, Meio Ambiente na América Latina",* vol. I. Brasília, UnB. 1981.

SIGAUD, Lygia. *Os Clandestinos e os Direitos.* São Paulo: Duas Cidades, 1979.

WANDERLEY, Maria de Nazareth B. "O camponês: um trabalhador para o capital". *Cadernos de Difusão de Tecnologia,* vol. 2, nº 1, jan./abr., pp 13-78, 1985.

ESCOPO EDITORA

Combina?

SEGUINTE

Combina?

Também de Casey McQuiston:

Vermelho, branco e sangue azul
Última parada
Eu beijei Shara Wheeler

CASEY McQUISTON

Combina?

Tradução
GUILHERME MIRANDA

SEGUINTE

O selo Seguinte pertence à Editora Schwarcz S.A.

Grafia atualizada segundo o Acordo Ortográfico da Língua Portuguesa de 1990, que entrou em vigor no Brasil em 2009.

Os trechos de *O Silmarillion* citados neste livro foram retirados da tradução de Waldéa Barcellos (São Paulo: Martins Fontes, 2011).

TÍTULO ORIGINAL The Pairing

CAPA Ale Kalko

ILUSTRAÇÃO DE CAPA Winny Tapajós

MAPA Rhys Davies

PREPARAÇÃO Renato Ritto

REVISÃO Ingrid Romão e Luciane H. Gomide

Dados Internacionais de Catalogação na Publicação (CIP)
(Câmara Brasileira do Livro, SP, Brasil)

McQuiston, Casey
Combina? / Casey McQuiston; tradução Guilherme Miranda. — 1ª ed. — São Paulo: Seguinte, 2024.

Título original: The Pairing.
ISBN 978-85-5534-347-6

1. Ficção norte-americana I. Título.

24-205606 CDD-813

Índice para catálogo sistemático:
1. Ficção : Literatura norte-americana 813

Cibele Maria Dias – Bibliotecária – CRB-8/9427

Todos os direitos desta edição reservados à
EDITORA SCHWARCZ S.A.
Rua Bandeira Paulista, 702, cj. 32
04532-002 — São Paulo — SP
Telefone: (11) 3707-3500
www.seguinte.com.br
contato@seguinte.com.br

Ao prazer

Não é possível amar e partir.
Quem dera fosse.
O amor pode ser transmutado, ignorado, confundido,
mas nunca tirado de ninguém.
E. M. Forster, *Um quarto com vista*

Initiating slut mode.
Robyn, "Fembot"

A EXCURSÃO
REINO UNIDO
LONDRES
DOVER
PARIS
FRANÇA
BORDEAUX
SAINT-JEAN-DE-LUZ
SAN SEBASTIÁN
ESPANHA
BARCELONA
NICE
MÔNACO
CINQUE TERRE
PISA
FLORENÇA
CHIANTI
ITÁLIA
ROMA
NÁPOLES
PALERMO
MAR MEDITERRÂNEO

O início

(Versão de Theo)

Da primeira vez que beijo Kit, sinto gosto de jalapeño e damasco.

Estamos tão bêbados que criamos coragem. Uns caras do restaurante deram uma festa de Dia das Bruxas na casa alugada deles em Cathedral City, tem uma lixeira cheia de um ponche misterioso e temos vinte e dois anos, a idade em que servir ponche numa lixeira parece uma ideia genial, e não terrível. Pelo menos acrescentei alguns goles do licor de damasco da estante de bebidas para acalmar os nervos.

Passamos os últimos quatro meses desde que Kit se mudou para Palm Springs e depois para a minha casa discutindo fantasias de Dia das Bruxas. M&M's safados. Ralph Macchio e o vilão de *Karatê Kid*. Kit teve a ideia de se vestir de Sonny e Cher — ele como Cher, eu de Sonny. Encontrou o vestido de seda colado perfeito em consignação em Los Angeles e me fez até amarrá-lo num espartilho antes de pôr o vestido, porque ele é desses que leva muito a sério a coisa de se divertir. Nem mesmo o ponche de lixeira conseguiu tirar a sensação da textura da pele dele dos meus dedos.

Depois, quando sentamos para comer pizza na mesa de centro, Kit decide que está na hora de finalmente discutirmos o assunto.

Nunca falamos sobre isso desde que ele voltou para a Califórnia para fazer faculdade e entramos um na vida do outro de novo como se nunca nem tivéssemos saído, sincronizando perfeitamente o ritmo de nossos corações. *Theo-e-Kit, Theo-e-Kit, Theo-e-Kit.* Foi tão fácil encontrar esse ritmo que nem comentamos que ele tinha sumido ou o porquê.

Kit olha para mim por cima da borda recheada de jalapeños extras e pergunta:

— Por que você nunca quis ir para Oklahoma City?

Porque estamos falando de Oklahoma City, quase respondo. Mas o que importava nunca tinha sido o lugar; e sim a promessa. Quando tínhamos catorze anos, um ano depois que a mãe de Kit morreu, o pai dele decidiu mudar com a família inteira para Nova York. Eu e Kit abrimos um mapa e encontramos o ponto exato entre Rancho Mirage e Brooklyn. Oklahoma City. Prometemos que nos encontraríamos lá todo verão, mas eu sempre inventava desculpas para não ir, e nunca eram desculpas boas.

Seus olhos castanhos estão tão brilhantes sob a luz da lâmpada, emoldurados pela peruca idiota de Cher, que conto parte da verdade: quando ele foi embora, percebi que de repente tinha me apaixonado pelo meu melhor amigo. E aí ele estava oitocentos quilômetros longe demais para isso fazer qualquer diferença, contando para mim por telefone sobre seus primeiros encontros, e doía muito. Oklahoma City teria partido meu coração.

— Desculpa — digo. — Foi escroto da minha parte. Fui babaca com você.

— Ah — É tudo que ele diz.

— Mas já super superei tudo isso agora — digo, o que é mentira. Nunca estive mais longe de superar. Pensei que morar com Kit seria uma excelente terapia de exposição, que não existe uma pessoa no mundo que continuaria apaixonada pelo melhor amigo depois de vê-lo coçar a bunda numa calça de moletom. Mas foi o contrário: amo Kit ainda *mais* agora. — Então não precisa se preocupar. Não vai ser esquisito nem nada.

Kit coloca a fatia na mesa e observa meu bigode colado, meu cabelo trançado para trás para caber embaixo da peruca tigelinha. Ele morde o lábio para conter um sorriso, ajeita o cabelo de Cher atrás da orelha e diz:

— Eu também estava apaixonado por você.

— Você… o quê?

— Quer dizer, naquela época.

Aceno, tentando manter a voz calma.

— Ah, sim. Naquela época.

E aí ele dá risada, então dou risada também e coloco Sonny & Cher para tocar para disfarçar porque a minha risada sai muito esquisita. Dançamos pela sala com os lábios sujos de gordura ao som de "I Got You Babe" até minha mão roçar a cintura marcada de Kit.

Pego as pontas do cabelo brilhante sintético, tocando-o sem tocar em Kit de verdade. Ele ergue a mão e tira meu bigode.

— E se a gente tentasse? — pergunta, baixinho. — Só uma vez, para ver como seria?

E assim vou parar na cama do meu melhor amigo, beijando-o até ficarmos zonzos. Só para ver como seria.

Lá no fundo sei que isso vai me transformar de maneira permanente. Talvez seja errado, talvez seja uma ideia de merda deixar que ele faça isso sabendo o que sinto e que ele não corresponde, mas estamos falando do Kit. Ele adora fazer as pessoas se sentirem bem, e, quando enfia a cara entre minhas pernas, eu me sinto bem. Me sinto tão bem que chega a ser horrível.

Ele vai rir quando falarmos disso amanhã, e sei que todas as pessoas que eu levar para a cama daqui em diante vão disputar minha atenção com o fantasma dele.

De manhã, a cozinha cheira a canela, manteiga e fermento, e Kit está na pia, lavando a louça com o avental que comprei para ele quando viajamos de carro até o vale de Santa Maria para ver se o churrasco valia mesmo a pena. No avental está escrito: *ESTE CHURRASQUEIRO ROÇA A CALABRESA*.

A mesa está posta com dois pratos, vapor subindo e cobertura escorrendo da massa marrom-dourada. Kit faz tudo do zero todo fim de semana, e está em busca da receita perfeita de rolinho de canela há anos.

Prometi várias coisas internamente enquanto pegava no sono ao lado dele. Que ficaria de boa. Que era só curtição. Dois velhos amigos se pegando pelos velhos tempos, dando umazinha para compensar os adolescentes apaixonados que um dia foram.

Ele sorri para mim da pia, ainda ostentando o chupão que deixei em seu pescoço, e digo:

— Eu menti. Nunca superei.

Kit solta um longo suspiro. Fecha a torneira. E responde a coisa mais incrível que poderia responder:

— Eu também não.

quinto. [illegible] os lábios [illegible] o [illegible]

— [illegible] Kate

[illegible] brilhante [illegible]

[illegible] verdade? [illegible]

— [illegible] perguntei [illegible]

[illegible]

[illegible] Só [illegible]

[illegible] é que [illegible] por [illegible]

[illegible] talvez [illegible] uma [illegible] de [illegible]

[illegible] não [illegible]

[illegible] e quando [illegible]

[illegible] horrível.

Ele [illegible] que todas as pessoas [illegible]

[illegible]

[illegible] de [illegible]

[illegible] de [illegible] por de [illegible]

[illegible] de Santa [illegible]

[illegible]

A [illegible] dos [illegible] e [illegible]

[illegible] de [illegible]

[illegible]

[illegible] do [illegible]

[illegible] Deus [illegible]

[illegible] para [illegible]

[illegible] dolo [illegible] que [illegible]

[illegible] que deixe [illegible]

[illegible]

— Eu [illegible]

[illegible] respondeu [illegible]

[illegible] que poderia responder:

— [illegible]

O fim

(Versão de Theo)

Tem um dildo na esteira de bagagens.

O dildo não é *meu*. Não que eu não tenha trazido um, mas Kit nunca teria organizado nossa bagagem de um jeito tão descuidado a ponto de uma coisa dessas simplesmente cair da mala e sair rolando pela esteira de bagagens. Existem regras para isso.

Não tem mais ninguém observando o dildo rodar sem parar no Aeroporto de Londres Heathrow. Ele é roxo e meio pequeno, mas de uma grossura respeitável. Na quarta volta do objeto, finalmente dou um passo à frente e tiro minha bagagem da esteira, mas não me dirijo à saída.

Não sei onde Kit está.

Sete, oito, nove, dez vezes o dildo dá a volta até que um funcionário do aeroporto de cara séria põe umas luvas e o leva embora num saquinho plástico.

Olho a hora: faz trinta e cinco minutos que Kit saiu andando. Estou com raiva demais para chorar, mas tenho mais ou menos meia hora até desabar completa e espetacularmente. Vou mandar um e-mail para a companhia de turismo depois para explicar por que nunca chegamos, ver se consigo um reembolso. Agora, só quero ir para casa.

Da fila de emissão de passagens da British Airways, vejo um casal jovem nervoso se dirigir aos achados e perdidos para buscar o dildo extraviado. Estão naquele momento da paixão em que vale a pena se humilhar na retirada de bagagem. Saem juntos, a cara vermelha e com um risinho torto. Fofos para cacete.

Pergunto ao agente atrás do balcão:

— Que horas sai o próximo voo direto para Los Angeles?

QUATRO ANOS DEPOIS

LONDRES COMBINA COM:

Pimm's Cup e scone mergulhado no chá e devorado com uma pressa furiosa

Londres

— Nem se você me der duzentas libras e bater uma pra mim, Trevor. Você não vai beber. — Empurro as notas amarrotadas sobre o balcão, sorrindo com doçura. — Vai pra casa. Vai se tratar. Sua personalidade é péssima, e não de um jeito divertido.

Por fim, Trevor cede, se permitindo ser puxado para a saída do pub por outros dois torcedores do West Ham enquanto o povo comemora outro gol pela televisão que paira acima de nossa cabeça. Um dos torcedores do Spurs que ele estava atormentando ergue a cerveja em um gesto de gratidão. Abano a cabeça e jogo um pano sobre o ombro, baixando para terminar de remover o barril estourado.

— Sempre o Trevor — suspira um barman. — Puta mala sem alça. Bufo.

— Todo bar tem um.

O barman me dá uma piscadinha solidária, depois olha de novo.

— Espera aí. Quem é você?

— Sou… — Finalmente desengancho o barril e o puxo para fora com um grunhido. — … Theo.

— Quando te contrataram?

— Ah, ele só me deixou ir pra trás do balcão porque sei trocar o barril. — Aponto com o queixo para o gerente suado fazendo o possível e o impossível para dar conta dos pedidos. Não foi preciso muito para convencê-lo a aceitar ajuda de graça. — Eu não trabalho aqui. Nem morar aqui eu moro. Saí de um avião faz, tipo, umas duas horas. Ei! — Bato a toalha num torcedor do Spurs que está tentando subir na banqueta. — Pô, cara, seja um pouco mais inteligente.

O barman franze a testa com simpatia.

— Já esteve em Londres antes?

Sorrio.

— Não, mas vi muitos filmes.

Na verdade, quase nunca nem saí da Califórnia. Teve aquela vez alguns verões atrás quando Sloane estava gravando em Berlim e me convidou para morar de graça na suíte de hotel dela, mas... não, ainda não era minha hora. Não costumo confiar muito em mim em lugares ou circunstâncias estranhas. Passei meus vinte e oito anos quase inteiros no vale de Coachella porque ele tem montanhas e deserto e céus imensos e corvos do tamanho de cachorros e porque conheço todas as maneiras como posso fracassar lá.

Mas agora a minha hora chegou. Acho... *sei* que chegou. Todos os músculos do meu corpo foram ficando cada vez mais tensos por semanas a cada novo quadradinho do calendário que eu riscava, me preparando para agir, para descobrir do que sou capaz. *Adoro* saber do que sou capaz.

Além daquela manhã cataclísmica em Heathrow, esta é minha primeira vez no exterior, e deve ser por isso que fui parar atrás do balcão de um pub lotado durante uma partida de futebol acirrada. Saí do trem do aeroporto com Londres inteira a meus pés e, em vez de museus ou palácios ou a Abadia de Westminster, segui diretamente para o pub mais próximo e me acotovelei até chegar aonde me sinto à vontade. *Disso* sou capaz, de mediar brigas de bar, fechar válvulas, gritar ofensas amigáveis a caras chamados Trevor, aprender os hábitos de bebida locais, sentir o gosto de cervejas regionais. Estudo a fauna dos botecos como se estivesse narrando um documentário da vida selvagem. Tenho praticamente um doutorado em tomar uma com a galera.

A ideia toda desta viagem, quando eu e Kit a marcamos lá atrás, era exatamente esta: estudar. A gente ficava sonhando que abriria um restaurante um dia e, certa noite, depois do quinto episódio consecutivo de *Sem reservas*, Kit teve a ideia. Encontrou uma excursão guiada de comida e vinho pela Europa onde poderíamos experimentar os melhores e mais intensos sabores, as tradições mais célebres de repartir o pão, a imersão mais plena de todos os sentidos para inspirar nosso trabalho. *O Bourdain completo*, disse ele, o que me fez me apaixonar de novo naquele instante.

Economizamos por um ano para fazer a reserva e aí terminamos nosso relacionamento no voo, Kit vazou para Paris e nunca mais o vi. A reserva não era reembolsável. Voltei para casa com um coração partido, uma minigarrafa de um uísque catorze anos que tínhamos planejado beber na parada final em Palermo e um vale-viagem com prazo de quarenta e oito meses de validade. Prometi para mim que, no mês quarenta e sete, faria essa viagem sem mais ninguém; eu merecia. Vou chegar à praia e beber nosso uísque para marcar como progredi. Comemorar o fato de finalmente ter superado Kit.

E aqui estou eu, num pub a cinco minutos da Trafalgar Square, encaixando um barril novo, sendo incrivelmente valente e independente e sexy por vontade própria.

Eu consigo. Sou foda. Vou *aprender* e vou me *divertir*, e levar tudo isso de volta ao sommelier do trabalho e também pra cozinha de casa, onde vou criar minhas próprias receitas. Vou ser minha melhor versão, mais confiante e mais competente. Não vou enfiar todas as minhas coisas emboladas na mochila todo dia de manhã nem deixar meu celular cair na chaleira nem esquecer minha identidade em cima de um suporte de papel no banheiro do aeroporto (de novo). E não vou, nem pensar, desejar que estivesse fazendo isso tudo com Kit.

Eu já quase nem penso mais nele hoje em dia.

Empurro o barril com o pé para terminar de encaixá-lo, giro a válvula e baixo a torneira.

— Temos Guinness de novo!

Quando levanto, o gerente está observando, o rosto avermelhado e perplexo. Ele serve meio copo do barril novo e o passa para mim.

— Você trabalha num pub lá na sua terra? — pergunta.

Dou um gole.

— Tipo isso.

— Bom — continua ele —, fique à vontade para completar o turno. O jogo está quase acabando, mas Liverpool joga às três.

— Às... às três? — Sinto um frio na barriga. — Já são...?

Em cima de um assento privativo de couro surrado, um relógio no formato de um terrier escocês atesta que faltam dezesseis minutos para as três.

Dezesseis minutos para o ônibus da minha excursão partir rumo a Paris. Dezesseis minutos para eu perder minha última chance nessa viagem, e mais de um quilômetro de ruas de Londres desconhecidas e insondadas separando este pub do ponto de encontro.

Tiro o pano do ombro e faço o impensável: viro minha Guinness.

— Preciso… *ugh*. — Contenho um arroto que carrega o gosto da mais pura vingança irlandesa. — Preciso estar na Russell Square em quinze minutos.

O gerente e o barman trocam um olhar pesado.

— É melhor correr, então — solta o gerente.

Devolvo o copo vazio para ele e pego minha mochila.

— Cavalheiros. — Presto continência. — Foi uma honra.

E saio em disparada.

— — —

Alguém me puxa de volta para o meio-fio pouco antes de um táxi preto passar raspando por mim.

— Puta que pariu! — exclamo, com minha vida passando diante dos meus olhos, e basicamente só vejo piscinas, coqueteleiras e sexo casual. Nada mal. Nada impressionante, mas nada mal. Ergo os olhos para o meu salvador, uma torre loira vestida de flanela. — Esqueci para que lado deveria olhar. Prometo que estou prestes a sair do país e nenhum de vocês nunca mais vai me ver de novo.

O homem inclina a cabeça para o lado como se fosse um pedregulho curioso.

— Eu pareço inglês para você? — pergunta, com um sotaque que definitivamente não é inglês.

Mas também não é escocês nem irlandês, então pelo menos não devo tê-lo ofendido. Finlandês? Norueguês?

— Não, não parece.

A luz do semáforo muda e continuamos andando na mesma direção. Não estou vivendo um primeiro encontro de comédia romântica. Ou será que estou? Não curto muito barba. Tomara que não esteja.

— Você também está na excursão de comida e vinho? — o talvez norueguês arrisca.

Observo a mochila que ele leva nas costas largas. É uma mochila grande de trilha como a minha, embora a minha pareça duas vezes maior em mim. Tirando minha altura, minha genética não foi pensada para empurrar navios de guerra até a rebentação das praias nórdicas.

— Sim, estou! Ai, meu Deus, que bom que não vou chegar por último.

— Pois é. Dormi numa encosta ontem à noite. Não achei que fosse demorar tanto tempo para fazer a trilha de volta.

— Para Londres?

— É.

— Você… tá. — Tenho muitas perguntas, mas não tenho tempo. — Me chamo Theo.

Ele sorri.

— Stig.

São 15h04 quando chegamos à Russell Square, onde uma mulher mais velha com um corte prático no cabelo grisalho coloca uma última mala no bagageiro do que deve ser nosso ônibus.

— Precisa de ajuda com as malas, Orla? — uma voz melodiosa grita com um forte sotaque italiano.

Um rosto bonito e cor de bronze surge à porta do ônibus.

— Não preocupe essa cabecinha linda — responde a motorista, Orla.

O sotaque dela é irlandês.

— Não fica me requentando se não for comer — diz o homem, irreverente, antes de nos avistar. — Ah! Os dois que faltavam! *Meraviglioso*!

Quando ele desce, saltitante, os degraus, o cinza de Londres se abre num âmbar napolitano fumegante. Este deve ser Fabrizio, o homem citado como nosso guia no e-mail que a empresa de turismo enviou com todas as informações finais. Ele é absurdamente bonito, o cabelo escuro caindo sobre a nuca, a barba rala e áspera sobre o queixo definido se misturando artisticamente com os pelos da gola aberta da camiseta. Ele parece até inventado, tipo o cara que fez a Kate Winslet ter o primeiro orgasmo naquele filme sobre uma divorciada na Sicília.

Ele vira uma página da prancheta, olhando para mim.

— Você deve ser Stig Henriksson.

— Hm…

Ele ergue a cabeça bonita para trás e solta uma gargalhada.

— Brincadeira! Brincadeira! Ciao, Stig! — Ele se dirige a Stig e dá um beijo bem na sua maçã do rosto. — E isso quer dizer que você só pode ser Theodora!

E aí ele também me abraça, traçando a boca em minha bochecha.

— Theo. — Apoio a mão no braço dele e retribuo o beijo na bochecha, supondo que é a coisa certa a fazer.

Quando recua, ele está sorrindo.

— *Ciao bella*, Theodora. — Quase ninguém me chama de Theodora, mas gosto de como ele pronuncia a palavra. *Tay-o-dooora*, com o *R* virado do avesso e estendendo o segundo *O* de uma maneira lenta e suave que mais parece que está chamando ele pro bar. Eu não me importaria se *este* fosse um primeiro encontro de comédia romântica. — *Andiamo*!

Orla fecha o bagageiro.

— Muito cheia essa excursão — comenta Fabrizio com a gente, já a bordo. — Talvez tenha lugar lá no fundo? E tem um do meu lado!

Em pé ao lado do banco do motorista, consigo ver todas as fileiras de passageiros, meus companheiros pelas próximas três semanas. Olho para Stig — somos os únicos que vieram para essa viagem sozinhos.

Claro. Uma viagem como essa é pensada para ser feita em companhia. Flutuar junto com a outra pessoa pelo Sena, brindar com taças de champanhe, tirar fotos um do outro sob o vento de uma falésia à beira da praia, comer do mesmo prato e falar pelo resto da vida sobre aquele prato incomparável. É o tipo de memória para duas pessoas viverem, não uma.

Aceno com a cabeça e sigo pelo corredor, deixando o assento para Stig.

Passo por dois australianos que gritam de tanto rir, uma dupla de mulheres mais velhas com viseiras iguais falando japonês, alguns casais aposentados, duas meninas de regata, vários casais em lua de mel, uma mãe do interior dos Estados Unidos junto com o filho adulto de cara emburrada até, finalmente, achar um lugar. O último assento do corredor está vazio.

Não consigo ver direito a pessoa que está encolhida na janela, mas também não percebo nada de alarmante nela. Está com uma camiseta que parece macia e uma calça jeans desbotada, e o cabelo esconde o rosto. Talvez esteja dormindo. Ou fingindo, para que ninguém sente a seu lado, pelo menos. Deve estar querendo um companheiro de banco tanto quanto eu, ou seja, nem um pouquinho.

Inspiro fundo.

— Oi! — digo, usando minha voz mais simpática. — Este assento está ocupado?

A pessoa se mexe, tirando ondas soltas de cabelo castanho do rosto. O único alerta que tenho antes de ela se virar para mim é uma mancha de tinta na parte de cima da mão esquerda que vai do primeiro ao terceiro nozinho do dedo.

Conheço aquelas mãos. Vivem manchadas desse mesmo jeito, seja por nanquim, corante alimentício ou tinta aquarela.

Kit ergue os olhos, franze a sobrancelha elegante e diz:

— Theo?

— — —

Talvez aquele táxi tenha mesmo me atropelado.

Talvez tenha me esmagado numa faixa de pedestres numa rua com a faixa em zigue-zague e transeuntes vespertinos estejam reunidos ao meu redor dizendo uau que pena que uma pessoa gostosa dessas morreu atropelada bem na frente de uma Boots. Alguém do *The Sun* talvez tenha redigido uma manchete — BOA NOITE, FLOR DO DIA! "Theo Flowerday, o rebento mais velho e que menos deu certo do poderoso casal de diretores de Hollywood Ted e Gloria Flowerday, morre depois de pisar na rua, para a surpresa de ninguém." Talvez tudo desde então tenha sido um sonho febril moribundo e enfim cheguei ao inferno, onde vou precisar, forçosamente, dividir três semanas das paisagens e dos sabores mais sensuais e românticos da Europa com um estranho cujo períneo eu conseguia descrever de cabeça.

E todas essas coisas parecem ainda mais prováveis do que a realidade de que a pessoa sentada na última fileira de poltronas seja realmente Kit.

— Você… — Continuo olhando para a cara dele. E ele continua lá. De repente, meus ouvidos estão zumbindo. Paro de sentir as pernas. — Você não está aqui.

Ele ergue a mão como se tentasse confirmar que existe de verdade.

— Pior que eu acho que estou?

— *Por que* você está aqui?

— Tenho uma passagem.

— Eu também. Eles... me deram um vale, mas eu...

— Para mim também, eu...

— ... nunca tive a chance de usar...

— ... não queria que fosse desperdiçado, então...

Em algum canto do meu cérebro cheio de teias de aranha, devo ter percebido que tínhamos os mesmos vales com as mesmas datas de validade, mas nunca imaginei que de algum modo a gente fosse... fosse...

— Por favor, me fala que — digo, fechando os olhos — a gente não reservou essa porcaria de excursão na mesma data.

O ônibus de repente começa a andar com um solavanco e meus joelhos cedem — metade de mim cai no banco vazio, a outra metade no colo de Kit. Minha mochila vira e acerta Kit bem na cara.

No cabelo, atrás da minha orelha, com a voz grossa e abafada e achando um pouco de graça, Kit solta:

— Então quer dizer que você ainda tá com raiva de mim.

Solto um palavrão, me arrastando para o meu próprio banco. Os olhos de Kit estão franzidos e fechados, a mão cobrindo o nariz.

— Orla pé de chumbo. Você está...?

— Estou ótimo — diz Kit —, mas não entre em pânico quando eu mostrar.

— Mostrar o q... — Ele tira a mão da frente do rosto e revela um sangramento nasal absolutamente espetacular. — *Jesus!*

— Tá tudo bem! — Sangue escorre pela narina esquerda, já se acumulando no espaço do arco do cupido. — Não é tão ruim quanto parece.

— Tá parecendo ruim pra caralho, Kit!

— Meu nariz faz dessas agora. — Ele espirra umas bolhinhas vermelhas. — Vai parar já, já.

Agora. Agora, como se existisse um *antes*, no qual estávamos apaixonados e eu sabia o que o nariz dele fazia e deixava de fazer.

Quando uma pessoa é sua melhor amiga por dezesseis anos e depois vira sua namorada por dois, além de seu primeiro e único amor, não é fácil cortá-la da sua vida, mas eu consegui. Tudo que poderia ser apagado ou desativado foi: todos os números, bloqueados, todas as polaroides e camisetas de lembrancinha, guardadas em caixas de papelão num dos armários reserva de Sloane. Organizei minha vida para não saber nada sobre a dele, nem com que está trabalhando, o corte de cabelo do momento nem se chegou a terminar o curso de confeitaria em Paris. Tenho quase certeza que ele *ainda* mora em Paris, mas, até este exato momento, poderia ter entrado para a Marinha e perdido o braço num ataque de tubarões que eu não saberia.

Se *penso* sobre o Kit, nessa fantasia que eu não tenho, porque não penso nele tanto assim para ter uma fantasia tão específica, é em nós dois nos trombando na porta de um restaurante em Manhattan. Ele está num encontro, e eu estou lá a convite, para degustar a carta de vinhos, e seja quem for a pessoa artista atormentada saindo com ele leva uma pancada da porta quando ele me vê com meu terninho de alfaiataria e sabe que finalmente cheguei lá, que tenho uma carreira gratificante e uma fila gigantesca de amantes e que minha vida seguiu tanto que nunca mais vou precisar dele nem de ninguém. E, nessa fantasia, eu nem noto ele ali.

Na vida real, as pessoas em volta estão encarando a gente.

— Estou bem, Birgitte! — diz Kit com um leve aceno para os aposentados do outro lado do corredor.

Ele já fez amizade com uns idosos suecos.

Na minha cabeça, nunca seria desse jeito, como se eu ainda fosse a mesma catástrofe de sempre que ele não aguenta mais. Era para ele ver que sou *alguém* agora. Uma nova versão completamente diferente e valente, que assumiu o controle total da vida. Que manda na porra toda.

Desamarro a bandana do pescoço.

— Vem cá — digo, umedecendo o tecido com a água da garrafa que carrego na mochila.

— Estou bem, juro — insiste Kit. — Já está parando.

— Então deixa eu te limpar.

A expressão de Kit vacila, transmitindo algo entre uma esperança cuidadosa e um olhar nauseado e encurralado de um homem sendo atacado por um urso-cinzento.

— Tá.

Estendo a mão pela direita, mas ele vira o rosto para a esquerda. Levo a mão à esquerda, mas ele corrige a rota bem rápido, se virando para a direita. Nos desencontramos mais duas vezes até eu segurar o queixo dele e virá-lo para mim.

Nossos olhares se encontram, o que pega nós dois de surpresa.

Péssima ideia. Uma pessoa no controle total da própria vida nunca sairia por aí apertando o queixo bonitinho de homem nenhum, muito menos de um ex que te deu um pé na bunda.

— Não se mexe — digo, me recusando a desviar os olhos primeiro.

Kit pisca devagar, depois acena.

Seco o sangue, tendo a plena consciência, que aumenta a cada segundo, de que acabei cometendo um erro grave de cálculo. Da posição em que estou, não tenho escolha a não ser estudar o rosto dele e pensar em tudo o que mudou e no que não mudou dos vinte e quatro aos vinte e oito anos. No geral, ele parece o mesmo, só um pouco mais maduro e definido. Ainda tem as mesmas maçãs do rosto arquitetônicas e as mesmas sobrancelhas curiosas, a mesma boca suave, os mesmos olhos castanhos de cílios compridos com aquele bom e velho brilho escancarado que carrega desde que éramos crianças. A diferença mais notável é uma leve curva no nariz reto e escultural que eu lembrava, o que tenho quase certeza que não é culpa minha.

Ele olha para mim e me pergunto se está fazendo o mesmo. Mudei mais do que ele. Não uso mais maquiagem, tenho sobrancelhas mais desgrenhadas, mais sardas. Alguns anos atrás, parei de tentar fazer todos os traços díspares do meu rosto trabalharem juntos como eu pensava que deveriam e comecei a valorizar cada parte de forma mais individual. Minha boca larga e os cantos erguidos dela, os ângulos do meu maxilar e as maçãs do meu rosto, meu nariz ligeiramente grande demais. Adoro meu visual agora, mas não sei se Kit vai gostar. Não que eu me importe.

Solto a cabeça dele e coloco a mão embaixo da perna antes que faça alguma besteira.

— Hm, você estava certo — digo. — Parou mesmo. Foi bem rápido.

— Quebrei o nariz uns dois anos atrás — Kit me conta. — Agora pra ele sangrar é bem fácil, mas para rápido também.

Uma fagulha estranha de perda me vem à cabeça, a mesma de quando eu e Kit assistíamos a uma série juntos e eu descobria que ele tinha passado na minha frente sem avisar. Como se de algum modo eu devesse ter percebido isso antes.

Não pergunto. Estamos sentados a trinta centímetros um do outro, e estou segurando uma bandana cheia do sangue dele enquanto o ônibus passa pelas fileiras de reboco branco de Notting Hill Gate. Estou tentando me lembrar dos destinos da excursão pelos quais eu ansiava hoje cedo. Bordeaux, Barcelona e Roma, mas o cabelo de Kit fica caindo nos olhos dele.

— Seu cabelo está mais curto — diz Kit, numa voz neutra estranha.

— O seu está mais comprido.

— Estamos quase com o…

— O mesmo corte.

Kit solta um som entre um suspiro e uma risada e tenho que ranger os dentes para não gritar.

Essa era pra ser a *minha* viagem de retorno de autodescoberta no retorno de Saturno. E agora Kit vai estar em cada lembrança, fazendo as coisas nauseantes que o Kit faz. Encantando velhos suecos, criando uma ode a *sfogliatella*, fazendo carinho em folhagens, subindo colinas da Toscana sob a luz do crepúsculo, cheirando a… isso é lavanda? *Ainda?*

— Não tô acreditando nisso — diz Kit, abanando a cabeça como se eu fosse uma pessoa conhecida com quem ele cruzou no mercado, e não o grande amor que ele abandonou no aeroporto de um país estrangeiro. — Como você está?

— Bem. Eu tava muito, muito bem até mais ou menos, hã… — Olho para o relógio. — … Quinze minutos atrás.

Kit não se deixa abalar.

— Imagino mesmo. Que bom.

— E você? Parece… saudável.

— É, tô mais ou menos inteiro — diz Kit com um sorriso enigmático que me faz desejar que minha mochila tivesse batido nele com ainda mais força. — Eu estou…

A voz digna de narrador de romance de Fabrizio cantarola pelas caixas de som do ônibus:

— *Ciao a tutti ragazzi!* Como estão hoje? Bem? Isso aí, bem! Pra quem não sabe, meu nome é Fabrizio e vou ser o guia de vocês nas próximas três semanas, além de ter a felicidade de compartilhar com vocês os sabores da França, da Espanha e da Itália… e, claro, as paisagens, também!

E neste exato momento Kit faz algo inconcebível: tira um livro da mochila, abre em uma página marcada e começa a *ler*. Como se não estivéssemos no meio da nossa primeira conversa em quatro anos. Como se a única coisa importante que ele tivesse para fazer nessas duas horas de viagem de Londres a Dover fosse ler um livro. Acabei de ser empurrada porta adentro da mansão mal-assombrada dos meus pesadelos mais íntimos e Kit está lendo *Um quarto com vista*.

As páginas estão amareladas nas pontas, como se ele andasse ocupado demais com sua chique vida parisiense e tivesse deixado o livro aberto no parapeito de uma janela por alguns meses. Sou menos interessante para ele do que um livro que ele se esqueceu que tinha.

Fabrizio nos conta sobre a própria infância no restaurante dos pais em Nápoles, explicando que nos encontramos em Londres porque esta é uma excursão falada em língua inglesa, mas que o itinerário, de fato, só começa oficialmente na manhã do dia seguinte em Paris. Vamos fazer uma parada em Dover para apreciar os penhascos antes do pôr do sol e depois ficaremos dois dias na Cidade das Luzes.

Então ele começa a contar a história da noite mais memorável que teve em Londres, quando um barman empunhando uma garrafa de vinho o perseguiu até o lado de fora de um pub porque ele beijou a namorada do cara ("Minha garota favorita na Inglaterra, beijava bem demais, mas não dava pra gente continuar junto. Ela era alérgica a alho!"). O ônibus está comendo na palma da mão dele.

Mas eu quase nem escuto. Estou apertando os joelhos com as mãos, olhando fixamente para o banco à minha frente. Sem me perguntar em que cozinha Kit anda fazendo doces, sem sentir o peso do ar que ele desloca, sem querer que ele vire a página para me mostrar que não está só fingindo ler. Ele nunca foi de olhar para trás. Eu não deveria ficar surpresa.

Kit vira a página.

Se ele está bem, eu estou bem.

— — —

No filme, você nunca vê os penhascos em quatro cores.

O filme de 1944 com Irene Dunne é tudo que sei sobre Dover. Aquele da menina americana que se casa com um baronete inglês na Primeira Guerra Mundial. Não me lembro quando assisti — provavelmente quando Este era pequena, porque nossos pais achavam que qualquer coisa filmada antes de 1960 era um entretenimento apropriado para bebês. Perto do começo, Irene está no convés de um navio e, do mar, contempla, aos prantos, os penhascos de calcário de Dover.

Na vida real, tem muito mais ovelhas, e a grama no topo é verde demais até para o tecnicolor. A terra se curva, oscila e respira com o vento, e aí de repente para. A encosta inglesa ondulante chega a um ápice abrupto e imediato, e onde deveria haver mais colinas há apenas um penhasco reto de cem metros que mais parece dentes brancos e que dá para o mar azul lá embaixo.

Seria uma vista maravilhosa se Kit não estivesse nela. Um gostinho do que está por vir, imagino eu.

Estou andando sem pensar ao lado dos dois australianos. Todo mundo se dividiu em pares, até Stig e Fabrizio, embora Stig pareça estar arrependido da decisão. Parte do trabalho de Fabrizio é garantir que nenhum de nós se perca, então, para ficar mais fácil de nos achar, ele carrega uma vareta retrátil enfiada no rabo de um fantoche de pelúcia do Pinóquio. (O fantoche, ele explica, é porque *Pinóquio* é uma história italiana, e ele é italiano, e também "alguns italianos até que gostam de levar por trás — brincadeira! Brincadeira!".) E é desse jeito que Fabrizio e Stig guiam o grupo pela trilha, Stig com a passada de um alpinista em rédea curta e um fantoche sendo penetrado alegremente meio metro acima dele.

Pouco atrás deles está Kit, com a mesma bolsa de couro transversal que ele usa desde os catorze anos, depois o resto do grupo e, por fim, eu e os australianos.

— Para mim é Florença — digo, quando eles me perguntam qual é o destino que mais quero conhecer. — Eles têm os melhores vinhos. E a melhor coleção de bundas esculpidas em mármore.

— Ah, você nunca foi para a Espanha, né? — pergunta o loiro, cujo nome é Calum. — Não tem nada melhor que vermute espanhol, vai mudar sua vida.

— *Você* nunca foi para a Espanha! — comenta o ruivo, cujo nome também é Calum.

— Eu fui para Bilbao com *você* dois anos atrás — retruca Calum Loiro.

— Não foi, não!

— Fui, sim, você não lembra porque passou os três dias inteiros mamado. Fui *eu* que te encontrei quando você foi dormir com as vacas.

Enquanto eles discutem aos risos, aproveito a oportunidade para mandar mensagem para Sloane sem que Kit esteja a quinze centímetros da minha tela.

me fala, digito, por que caralhos o kit fairfield tá aqui.

Sinto um gosto estranho na boca. Não sei a última vez que digitei aquelas letras naquela ordem. Não suporto olhar para elas, então encaro o horizonte, e dá pra ver a França lá longe.

Kit sempre sonhou em voltar para a França, desde os oito anos, quando a família dele foi morar nos Estados Unidos. Ele nasceu perto de Lyon, filho de mãe francesa e pai americano, bilíngue desde que aprendeu a falar. No segundo em que ficasse entediado, a dupla cidadania estaria esperando por ele atrás de um vidro com os dizeres "quebre em caso de emergência". Eu deveria ter imaginado que isso aconteceria.

Lembro do dia em que o telefone da cozinha do Timo tocou. Fazia três dias que Kit tinha me largado em Heathrow, e eu vinha pegando um turno atrás do outro para evitar ficar naquele apartamento. Ouvi o gerente do turno chamar por Kit — eu tinha arranjado um trabalho de meio período para ele ajudar com as sobremesas e as massas aos fins de semana — e aí ouvi alguém responder para o chef da confeitaria que Kit tinha ligado para se demitir porque estava se mudando para Paris.

Foi assim que descobri. A vida inteira juntos e nem para ele mesmo me contar.

Entrei no frigorífico e gritei com um saco de batatas, depois bati o ponto mais cedo para encaixotar as coisas dele. Tirei as assadeiras da cozinha e as roupas do armário e as plantas dos batentes das janelas. Bloqueei o número dele e mandei mensagem para a sua irmã avisando que as coisas estavam prontas para alguém ir pegar, porque eu não pagaria para mandar nada para a França, ainda por cima tendo que arcar com a metade dele do aluguel.

Com o tempo, a raiva se transformou naquele tipo engraçado de rancor preguiçoso do qual a gente faz piada. Se um amigo me perguntava o que Kit andava fazendo, eu respondia *eu lá vou saber porra* e a gente dava risada. Mas ele não estava errado quando disse mais cedo que eu ainda estava com raiva. Eu ainda estou com raiva *sim*.

— Ei, Theo — chama o Calum Ruivo.

Volto a Dover em um piscar de olhos.

— Oi?

— Já te disseram que você é igualzinha àquela moça do filme dos Beatles que saiu no ano passado? Aquela que fez a namorada do George nos anos sessenta? Joan alguma coisa?

Caralho. Não queria ter que lidar com isso justo agora.

— Sloane. — Torci para que, deste lado do Atlântico, as pessoas demorassem mais para ligar os pontos. — Sloane Flowerday.

— Essa mesma! — responde o Calum Loiro. — Nossa, dava até pra você se passar por ela! Ou aquela outra, ela não tem uma irmã que também é atriz? Qual o nome dela?

— Este.

— Isso! Nossa, se elas tivessem uma irmã mais normal, poderia ser você. Tipo o terceiro irmão dos Hemsworth.

Trinco a mandíbula por mais de um motivo.

— Muita gente fala isso.

Viro as costas, estreitando os olhos para o sol enquanto os Calums discutem qual das minhas irmãs é mais gata.

— Ei, Theo?

Kit aparece na nossa frente, a brisa salgada agitando o cabelo dele ao redor do rosto, as mãos educadamente nos bolsos. Parece um herói de um daqueles livros românticos que ele lê a caminho de arrebatar uma pessoa num campo de violetas. Que preguiça.

— Posso conversar com você um segundo?

Ah, *agora* ele quer conversar.

Ele me leva para longe, passando por uma abertura na cerca de madeira da trilha que dá num pequeno afloramento. Daqui, consigo ver as ovelhas pastando perto do castelo e desejo mais do que tudo ser uma delas. Nenhuma preocupação no mundo, nenhum dia de luta em trabalhos autônomos nem nenhum parente famoso, nenhum reencontro tenso com um ex que fodeu tanto minha vida que tive que criar uma nova. Só comer mato.

Kit sobe em um pequeno pedregulho e cruza um tornozelo sobre o joelho. Fico esperando que ele diga alguma coisa, que comece a pedir desculpas pelo que aconteceu entre nós, que aja como se aquilo tivesse mesmo acontecido. Mas ele não abre a boca.

— Sobre o que você queria conversar? — pergunto finalmente.

— Ah. Eu não queria conversar. Só... escutei a conversa.

Ele escutou a conversa.

Ele não quer conversar. Só quis me salvar de estranhos me perguntando sobre minha família porque sabe melhor do que ninguém como aquilo me faz mal. E agora eu tenho que ficar aqui e receber a empatia irritante de merda dele.

— Quer que eu te agradeça?

— Quê? Não, só não queria que aqueles caras falassem nada esquisito sobre Este ou Sloane para você.

Dou de ombros.

— As pessoas vivem me falando coisas.

— Ah, eu aposto que vivem mesmo — responde Kit. — É só que eu me senti...

— Mal por mim, eu entendi, mas aí é que está. Você não faz mais parte da minha vida. Então não pode resolver intervir quando bem entender, como fez agora.

Kit coloca o dedo na boca.

— Beleza.

— Afinal — continuo, a raiva crescendo em meu peito —, se quisesse mesmo cuidar de mim, consigo pensar em alguns outros momentos em que você poderia ter se dignado a falar comigo nos últimos anos.

— Theo.

— Inclusive, se agora vai começar a falar comigo de novo, que tal — faço uma imitação da voz melodiosa de Kit até com um leve sotaque francês, que ele tinha perdido mas que agora Paris trouxe de volta com tudo — "Theo, desculpa por tudo, fiz uma puta cagada com você, foi bem escroto".

— Theo.

— "Eu nunca deveria ter te larga..." Você está rindo? Sério?

— Tem...

Alguma coisa fofa cutuca minha coxa.

— Isso — Kit diz.

Isso é uma ovelha branca e gorda que pelo visto escapou do rebanho do castelo. O sino pendurado no pescoço dela sugere que essa não é a primeira vez que foge.

— Ah — digo. Ela ergue os olhos pretos e lacrimejantes para mim e me cutuca de novo com o focinho. O sino chacoalha. — Oi.

— Eu estava tentando te avisar — Kit diz.

Faço um carinho na cabeça dela como se fosse um cachorro. Ela bale em aprovação.

— Como eu estava dizendo...

A ovelha dá uma cabeçada na minha perna, mais forte agora.

— Opa! Tá, tá. — Tento fazer carinho nela, mas ela se esquiva e me dá outra cabeçada. — É sério isso?

— Béé — responde ela.

— A questão é que... ai... você não pode voltar do nada e agir como se eu fosse a mesma pessoa de antes e você fosse a mesma pessoa de antes e como se tudo estivesse bem porque...

— Béé!

— ... porque não está.

Kit fica sério, mesmo com a ovelha mastigando a bainha do meu macacão.

— Eu não sou o mesmo — concorda ele. — E tenho certeza que você também não é. E eu até gostaria de ter conversado, mas, Theo, que parte de bloquear meu número deveria ter me feito pensar que você queria conversar comigo?

Baixo os olhos para a ovelha a tempo de vê-la tossir um tufo de grama nas minhas botas. Por pouco não perdi o ônibus, quase sofri um atropelamento, cometi lesão corporal, ouvi um homem chamar minha irmã de "nota dez", levei vômito de ovelha e agora estou aqui com meu ex, que acabou de usar um argumento sensato, o que é bem inconveniente.

— Desculpa — responde Kit. — Por tudo.

Kit nasceu com um rosto sincero. Ele passa verdade em tudo que diz e em tudo que faz.

Quando olho para ele, acredito que está mesmo arrependido. Não que isso seja o suficiente, mas pelo menos é verdade.

— E desculpa por ter me intrometido — completa ele. — Velhos hábitos.

Penso em Kit aos onze anos, tirando um ferrão de abelha do meu pé. Em Kit aos vinte e três, me acordando quando perdi a hora para o trabalho.

Ele abre a bolsinha que está carregando e a ovelha finalmente muda de foco, observando Kit com curiosidade enquanto ele coloca na mão alguns biscoitinhos cor de laranja de um saquinho de alumínio.

— Oi, coisa linda — diz ele com a voz suave. — Vamos deixar Theo em paz e comer um lanchinho?

Ela vai até lá e começa a comer da mão dele, feliz e dócil feito um carneirinho.

— Damasco seco — ele diz para mim.

Contra minha vontade, relaxo a mandíbula. Vou admitir que talvez eu precisasse de Kit longe de mim porque é difícil demais ficar com raiva dele estando com ele. Não dá pra juntar raiva e Kit no mesmo ambiente.

— Olha — digo. — Encontrar você aqui... não era bem a viagem que eu tinha em mente.

— Nem a minha — ele responde, ainda dando comida para a ovelha.

— Mas isso aqui é importante para mim, tá? Então vou continuar.

— Sim, claro que é. Você tem que continuar. — Ele acena, ainda terrivelmente sincero. — Eu fiquei pensando que se você não se sentir à vontade, eu poderia... descer em Paris? Ficar em casa?

Então ele *ainda* está morando em Paris.

E o pior de tudo é que está falando sério agora também. Percebo isso não só pela expressão dele, mas pela tensão em seus ombros, pela inclinação triste de seu queixo.

Ele realmente não é o mesmo. Alguma coisa se firmou, tipo o centro de um crème brûlée que era só creme de leite molenga na última vez que olhei. Ele parece... completo, de certa forma. O Kit que eu conhecia era inquieto e voraz. A pessoa na minha frente agora é estável, autossuficiente.

Esse novo Kit está me fazendo um favor. Ele acha que dá conta disso, mais do que eu.

Esse Pastorzinho de Merda quer sair por cima como o mais maduro.

— Não, que bobagem — digo. — Não precisa.

Ele estreita os olhos por um momento.

— Por que não?

— Porque nós dois pagamos pelo ingresso disso aqui. Além do quê, não conheço mais ninguém nesta excursão. Você conhece?

Kit faz que não.

— Bom, então, se acontecer alguma coisa, pelo menos vamos ter... — qual é a forma menos comprometedora de descrever o que somos um para o outro? — Alguém que saiba o tipo sanguíneo do outro, ou sei lá.

Kit pensa na ideia por um momento. A ovelha lambe a palma da mão dele.

— Está me dizendo que quer que sejamos amigos?

— O que *estou dizendo* é que não viajei meio mundo até aqui para ficar com esse sentimento ruim e esquisito por três semanas. Vim para beber champanhe e comer canelone até vomitar. Então, podemos tentar... conviver pacificamente.

Kit morde a boca, encovando a bochecha de um jeito lindo.

— Eu topo.

— E talvez a gente não tenha que conversar sobre águas passadas — digo. — Talvez a gente só siga em frente. E aí pronto.

Depois de um longo momento, Kit ergue a mão que não está coberta de saliva de ovelha e diz:

— Beleza. Desde que seja isso que você quer.

Pego a mão dele e aperto.

— AB positivo — diz Kit. Meu tipo sanguíneo.

— O negativo — retruco. O dele.

— Béé — fala a ovelha.

PARIS
COMBINA COM:

Ulysse Collin "Les Maillons" Blanc de Noirs Extra Brut servido por um garçom afobado, brioche *mousseline*

Paris

Aprendi um monte de coisas fazendo a prova de certificação da Court of Master Sommeliers três vezes. A mais importante delas: eu tenho um nariz naturalmente talentoso.

Quando estou suando na frente de jurados de cara fechada numa degustação às cegas, a leve distinção entre erva-doce e anis me acalma. Quando o Timo fecha à noite e enquanto o pessoal que lava a louça está jogando no lixo as sobras de um tortellini recheado à mão que custa quarenta e dois dólares, e o chef sommelier serve uma taça de vinho branco e me pede que o identifique, consigo distinguir o aroma de uma uva cultivada em solos de ardósia vermelha ou o frescor de uma costa arenosa.

Em parte, é prática — cheirar frutas e verduras, lamber pedras em caminhadas nas montanhas, um treinamento digno daquelas montagens do Rocky Balboa por todos os jardins botânicos do sul da Califórnia —, mas não dá pra treinar instinto. Não precisei aprender a combinar a nota de pimenta-branca do novo especial do chef com uma garrafa de Aglianico, ou a preparar um *gimlet* com o gosto da lembrança que uma noiva tem do perfume da própria mãe. É o meu nariz quem me diz. Quando a insegurança ou a pressão me atingem ou estou com medo de fazer cagada, sei que posso contar com isso.

Portanto, abro a janela do meu quarto individual em Paris, fecho os olhos e inspiro fundo. Notas: café de torra escura, pão fresco da cafeteria descendo a rua, aromas de um jardim com dedaleira e sabugueiro, enxofre da rocha ígnea dos paralelepípedos, escapamento de carro misturado com trepadeira e fumaça de cigarro.

Minha frequência cardíaca desacelera. Solto os punhos, alongo as mãos. Abro os olhos e vejo os tijolos rosados e os telhados com mansarda de ardósia de Montmartre, a cidade que se estende ao sopé da colina.

Vai dar tudo certo. Vai ser *divertido*. Vamos fazer um tour matinal por confeitarias, não pelo maldito Tribunal de Haia. Não importa que Kit tenha literalmente me largado para estudar confeitaria parisiense. Não importa que eu já tenha jogado para o universo uma vez que *não queria saber como Kit está, preferia imaginar que está sentado sozinho num quarto escuro para sempre* e em troca tenha recebido um verdadeiro reality show do Kit ao vivo e em cores bem na minha cara.

— Estou em Paris — digo, colocando uma calça jeans de lavagem clara e uma camisa de linho larga. — Estou em *Paris* — digo, olhando no espelho e agradecendo pela praticidade do shaggy hair curto. — *Eu* estou em Paris — digo ao sair, como se repetir várias vezes ajudasse a aplacar aquela sensação grande e estranha.

Estou aqui. Sem qualquer preocupação. Convivendo pacificamente. Com a melhor aparência que já tive, usando meu melhor perfume e capaz de comer um *chou à la crème* do meu tamanho.

Kit aparece enquanto estou esperando pelo elevador velho e barulhento.

Me surpreendo ao ver que uma criatura tão apegada ao conforto como Kit está hospedada em nosso hostelzinho em Montmartre, tendo seu próprio apartamento a poucos quilômetros daqui. Mas ele *sempre* foi viciado em levar tudo a sério. Deve estar todo animado pra se fingir de turista. Experimentar tudo como se fosse a primeira vez, se apaixonar de novo, bater uma punheta estética.

— Bom dia — ele diz com um sorriso discreto.

— Bom dia.

Noto sua camisa de linho larga e a calça azul-clara. Depois olho para as minhas roupas e tento não soltar um palavrão.

— Estamos usando… — ele começa.

— … a mesma roupa. Quer saber? Vou de escada.

— — —

— Marca seu nome *aí*, amore, para eu saber que não deixei ninguém para trás — Orla diz, empurrando uma prancheta para mim.

Faço uma rubrica ao lado de *Flowerday, Theodora*, vou pro meu lugar na última fileira e pego meu celular. Sloane mandou uma mensagem: Acabamos de receber as páginas novas e Lincoln tem o dobro de falas agora. Certeza que ele tá dando para o diretor. Como vai o Kit?

Ontem à noite, ela ligou entre uma tomada e outra e exigiu saber de tudo. O assunto Kit é delicado com minhas irmãs: elas conhecem o cara desde que se entendem por gente e, no fim, ele continua sendo, sabe, o Kit. Mesmo depois de tudo, sei que elas só pararam de falar com ele e os irmãos dele por lealdade a mim, e somos a única exceção à opinião de Sloane de que o amor é uma perda de tempo. Eu aposto que ela está até curtindo essa papagaiada.

ah, sabe, respondo. continua sendo o kit. Em seguida: por que você não dá pro diretor também?

Nem todos os problemas se resolvem dormindo com eles, Sloane responde.

não se continuar pensando neles desse jeito.

Vejo Kit se aproximando e passo para o assento da janela antes que ele tenha a chance de me oferecê-lo com aquele ar magnânimo dele.

— Eu ia falar para você ficar na janela — Kit diz ao sentar —, já que é sua primeira vez em Paris.

Me obrigo a sorrir.

— Como sabe que não vim pra Paris desde que nos vimos pela última vez?

— Não sei — Kit admite. — Você veio?

Cruzo os braços.

— Não. Mas poderia ter vindo.

Orla nos leva até nossa guia local pegando o caminho mais panorâmico. Passamos ao redor do círculo largo e desordenado do Arco do Triunfo e descemos pelos Champs-Élysées até os jardins que cercam o Louvre, depois passamos pelo Sena verde-prateado e damos a volta pela ilha que abriga a Notre-Dame. Hoje é uma manhã de agosto quase sem nuvens, e o sol brilha sobre o domo dourado do Les Invalides. Fabrizio nos explica como Napoleão dividiu Paris em arrondissements, esse mapa arrumadinho de calcário e ardósia. Tudo é pêssego, lilás e creme, exceto pelos jardins, que são exuberantemente verdes.

Quando chegamos ao parque do outro lado de Le Bon Marché,

uma mulher está esperando, parada na frente do carrossel com uma roupa toda preta, como alguém que preferiria estar em qualquer lugar que não ao lado de um parque de diversões infantil. O cabelo roxo está cortado em um bob ríspido na altura do queixo. Embora ela seja baixa, as botas a deixam alguns centímetros mais alta. Ela dá uma olhada para o fantoche de Fabrizio sobre a vara com uma repulsa resignada e aceita a contragosto que ele lhe dê um beijo de bochecha com bochecha, mas sem de fato encostar, então um dos pés pendurados de Pinóquio chuta a testa lisa e ríspida dela.

— Grupo, essa aqui é a Maxine! — diz Fabrizio. — Ela é chef de confeitaria aqui em Paris! É nossa guia pelo tour de confeitaria parisiense desde o ano passado. Conhece as melhores pâtisseries, faz sempre o melhor pedido pra gente. Maxine, pode se apresentar?

— Sou Maxine — diz Maxine, resoluta, e Kit contém o riso.

— Certo! — Fabrizio bate palmas. — *Andiamo!*

Maxine nos guia para fora do parque até uma lojinha na esquina com uma placa preta simples dizendo HUGO & VICTOR.

— Aqui — Maxine indica, com um inglês brusco — é onde começamos. Minha pâtisserie favorita de Paris.

A pâtisserie é tão pequena que só conseguimos caber lá dentro num esquema de rodízio, mas o cheiro é celestial. Tem uma seção só de chocolates artesanais em caixas simulando livros de capa dura do Victor Hugo. Outra é dedicada a marshmallows artesanais. Vitrines de vidro abrigam nuvens de pavlova cobertas por figos partidos, bolhas de cheesecake de yuzu e triângulos precisos de tortas — toranja, limão, maçã e caramelo, cumaru, maracujá. Maxine pede uma montanha de doces e, em meio às mesas da calçada lá fora, flutua entre o grupo, contando pra gente sobre tudo.

— Estes são chamados financiers — diz ela, apontando para um bolinho de amêndoa em formato de pão, explicando que alguns dizem que o nome vem da capacidade deles de manter o formato mesmo passando horas nos bolsos de corretores da bolsa. — E esse... será que você poderia... — Ela aponta.

E Kit, que está mais perto, pega o financier e troca por um doce em formato de tubo com uma crosta dourada e uma pitada de açúcar de confeiteiro na ponta. Meio que parece um pinto.

— *Merci* — responde ela. — *Este* é meu brioche favorito de Paris. Você faria as honras?

Ao pedido educado dela, Kit corta o brioche com cuidado, revelando bolhas de ar macias e redondas com um recheio de compota de framboesa.

— *Parfait, mon cher* — Maxine diz a ele, que sorri, contente por tê-la agradado. Puxa-saco. — O brioche que a gente costuma comprar na loja é um pão, né? Este aqui é um brioche *mousseline*. É tradicionalmente feito numa forma cilíndrica ou até numa lata, e leva duas vezes mais manteiga do que a maioria dos brioches. Um brioche de gente rica. Dá pra sentir o sabor de...

Alguém em outra mesa interrompe, gritando uma pergunta para Maxine. Kit murmura algo para ela em francês e, quando ela faz que sim, ele sai andando.

— Posso responder para você!

Os lábios bonitos de Maxine se curvam num sorriso enquanto ela descreve o processo da massa de brioche, e estreito os olhos para ela e Kit, descrente.

Kit tem esse lance — a gente chamava de "condição" — de sem querer fazer as pessoas se apaixonarem. Ele nunca *percebe* que está fazendo. Só calhou de nascer com o rosto de um jovem deus sofisticado e um jeito de encarar cada interação que tem com outros seres humanos com um interesse sincero e absoluto. Tentar um flerte casual com ele é tipo tentar falar sobre o tempo com o sol.

Juro que se minha primeira experiência em Paris for ver a Maxine babando pelo Kit bem na frente do meu brioche de pinto, eu acho que vou me jogar no Sena.

Seguimos em frente pelo Sexto e depois pelo Sétimo Arrondissement, visitando pâtisseries e boulangeries e *chocolateries*. Meus polegares quase não dão conta da velocidade com que faço anotações no celular. Numa chocolataria cercada por antigas máquinas de cigarro, Maxine distribui cones de papel de um chocolate cem por cento amargo cremoso. Numa pâtisserie elegante de um chef francês famoso, experimentamos bolos vitrificados no formato de mangas e avelãs e, meu favorito, um complexo bolo de azeite no formato de uma azeitona verde.

Tento me concentrar nos sabores, mas é difícil ignorar Kit percorrendo as ruas de Paris como se tivesse nascido nelas. Uma coisa é compartilhar a vida com alguém e de repente perceber que virou plateia, outra é ver esse alguém viver o sonho pelo qual ele abandonou você. Ele faz compras aqui. Pega pães e faz planos para o almoço. Enquanto o resto de nós fica olhando, embasbacado, para a Torre Eiffel, ele volta até uma das pâtisseries pelas quais passamos para conversar com o chef da cozinha como se fosse um velho amigo. Se em algum momento ele já pisou nestes paralelepípedos e lembrou da vida que tinha comigo, deve considerá-la excêntrica. Pequena, fofa, meio constrangedora.

Nossa penúltima parada é uma loja de macarons. Sentamos na praça ao redor da Fontaine Saint-Sulpice e trocamos macarons, experimentando sabores muito maiores do que suas embalagens delicadas: banana e açaí, lichia com framboesa e rosas, yuzu com wasabi e toranja cristalizada.

Estou olhando para a fonte, inventando nomes para os santos dentro dos nichos — Santa Edna, a Indignada, a santa padroeira dos que enfiam uma colher de chocolate no ex porque fizeram parte da história antiga e excêntrica dele —, quando alguém diz:

— Conheço você de *algum lugar*.

É uma das meninas de vinte e poucos anos que notei ao embarcar no ônibus pela primeira vez, a mais baixa, de cabelo preto brilhante. Estou deduzindo que ela e a amiga são algum tipo de influenciadoras de viagem.

— Acho que não — digo, torcendo para essa não ser a segunda vez consecutiva em que sou reconhecida por ser uma Flowerday.

— Não, acho que a gente se conhece sim — responde ela. — Era você que estava fazendo drinques no after do Coachella no Saguaro, não era? O bar que era, tipo, uma van grandona?

Estreito os olhos, em assombro. Trabalhei *mesmo* nessa festa. Influenciadores costumam adorar essas coisas de bar móvel independente num micro-ônibus Volkswagen. Fiquei torcendo para que algum deles me contratasse para outro serviço, mas ninguém pareceu lembrar de mim.

— Você estava lá?

— Ai, meu Deus, sim! — Ela vira para a amiga, uma loira praiana com um colete cropped de tricô e uma calça cargo. — Ko! Eu estava certa!

A loira para de mexer no celular para me observar, inexpressiva, por um segundo por cima dos óculos de sol finos.

— Você fez o melhor Bloody Mary que já tomei na vida — ela diz, com a voz completamente monótona. — Eu literalmente mataria uma pessoa por você.

— Essa aqui é a Dakota — a primeira menina diz. — Sou a Montana.

Eu já tô amando isso. Será que elas vêm em combo?

— Theo.

— Theo! Você é tão foda! — Montana diz. — Com que marca costuma fazer parceria? Foram eles que alugaram aquela van?

— Ah, sou só eu. O micro-ônibus é meu. Comprei de segunda mão e fiz umas modificações.

— Uau, arrasou. Cara, eu vou, tipo, em muita festa com muito open bar, e você tem literalmente muito talento. Aquela margarita de laranja-de-sangue, aquela com pimenta, sabe? Você deveria estar fazendo, tipo, o aniversário da Bella Hadid ou de alguém assim. Por que não está em Los Angeles?

— Caramba, valeu — digo, com sinceridade. — Mas na verdade é só um bico. Casamentos, festas, caterings nos fins de semana. Tenho um trabalho normal num restaurante em Palm Springs.

— Eu tava agorinha contando para a Dakota que…

Atrás de Montana, noto Kit conversando com Fabrizio. A voz dele se separa do burburinho e chega até meus ouvidos.

— … é minha opinião, pelo menos — ele diz.

— Você sabe tanto sobre confeitaria francesa — Fabrizio diz. — Como é possível?

— Sou confeiteiro num hotel no Primeiro Arrondissement. Na verdade, me formei na École Desjardins com Maxine.

— Ah! Então você já conhecia nossa Maxine!

— Eu conheço ela *muito* bem. Eu que sugeri que ela se candidatasse para ser guia local quando fiquei sabendo da vaga. Ela pode não demonstrar, mas adora fazer isso.

— Finalmente, posso agradecer a alguém por mandar Maxine para nós! Ela é uma deusa.

— Não é? — Consigo ouvir o sorriso na voz dele.

Era o tom que ele usava pra falar de mim.

Tudo de repente fica muito nítido. Eu nem precisava ter ficado com medo de que Maxine se apaixonasse por Kit. Porque os dois *já* estão apaixonados. Eles provavelmente se entreolharam enquanto olhavam para a mesma fatia de torta e aí Maxine percebeu que a própria vida estava prestes a virar ouro em pó e pétalas cristalizadas e agora tem fios de cabelo roxo grudados na cortina do chuveiro de Kit e…

— … daí, enfim, agora ele está em prisão domiciliar — Montana está dizendo.

Volto para a nossa conversa de repente.

— Desculpa, quem?

— O cara que fez o último aniversário da Bella Hadid. Então parece que abriu uma vaga, se você quiser posso perguntar para minha amiga que conhece a amiga dela.

— Isso seria… muito generoso! — digo, tentando escapar dessa. Eu não saberia explicar para a Montana que prefiro evitar o circuito das celebridades sem ter que mencionar o motivo. — Mas… o que vocês fazem? Conteúdo de viagem, né?

Enquanto caminhamos para nossa última parada, Montana me conta que é paga por algumas empresas para comer patas de caranguejo em Bali e dar uns beijos em instrutores de mergulho em águas internacionais. Ela é mega descolada e acha que a pessoa descolada aqui sou eu. Ergo um pouco o queixo, do mesmo jeito que fiz ontem quando ouvi que havia um barril que eu poderia trocar.

A luz vespertina escorre como caramelo pelo Boulevard Saint--Germain, rebrilhando as flores que transbordam dos dosséis de seda dos cafés. À frente do grupo, Kit e Maxine andam no mesmo ritmo debaixo de um sol de açúcar mascavo. Ele colhe uma flor e a coloca no bolso lateral da bolsa dela, um segredinho que Maxine só vai encontrar mais tarde. Bom, acho que conviver pacificamente com seu ex é isto: vê-lo seguir em frente com outra pessoa. Vê-lo encontrar um amor na cidade que era demais para você na época.

Posso não ter me apaixonado em Paris, mas tenho minha própria história. Consigo diferenciar um riesling austríaco e um riesling australiano só pelo cheiro. Comprei um micro-ônibus que não funcionava e transformei num bar. Faço o melhor Bloody Mary da Califórnia, e só perco para um cara de tornozeleira eletrônica.

Paris não vai pisar em mim, e Kit também não. De novo não.

— — —

Jantamos uma refeição tradicional de sete pratos numa brasserie num porão perto da Torre Eiffel, escondida de turistas. O lugar é todo em couro, veludo e madeira envelhecida, à luz de um candelabro empoeirado que reflete em pinturas a óleo e fotografias amareladas em molduras barrocas, o ar denso fervilhando de manteiga e manjerona. O tipo de lugar onde Tony Bourdain acamparia com uma garrafa de Burgundy e um maço de Marlboro vermelho. Pensei que nunca mais comeria de novo depois de todos aqueles doces, mas de repente estou morrendo de fome.

No fundo do restaurante, dois tampos longos foram agrupados formando duas mesas de quinze lugares para nós. Maxine veio com a gente por insistência de Fabrizio e, por algum capricho cruel dos deuses da confeitaria, ela senta do meu lado. Kit pega uma cadeira alguns lugares à frente, do outro lado, e se envolve imediatamente numa conversa com Calum Ruivo.

Quando seus pais são diretores-produtores e seu padrinho é Russell Crowe, é raro conhecer alguém que te intimide. Mas a Maxine — com aquele perfume de orquídea e musgo e aquela expressão de indiferença permanente — é intimidante. Ela está grudada em mim, mas mal parece me notar. Está analisando o próprio cabelo no reflexo da parte de trás de uma colher.

Por sorte, eu cresci com Sloane Flowerday. Minha irmã mais nova tinha doze anos da primeira vez que botou um roteirista pra correr de Los Angeles só de deixar comentários agressivos num roteiro. Eu sei lidar com uma dondoca coração de gelo que gasta uma fortuna na manicure.

— Oi — digo a Maxine. — Meu nome é Theo.

— É, eu sei — ela diz, finalmente virando para mim. Seu tom não me revela nada.

— Entendi. Ouvi que você e Kit estudaram na mesma escola de confeitaria.

— Foi.

— Que demais — digo. — Como se conheceram?

— Introdução a Dacquoise.

Ela não está me entregando nada. Me debruço na mesa com o rosto apoiado na mão.

— Dacquoise... aquele com as camadas de avelã e merengue de amêndoa, certo?

Maxine ergue o queixo. Do jeito que isto aqui está apertado, o rosto dela chega a poucos centímetros do meu. Ela é muito bonita num estilo meio Shirley Jackson, como se morasse dentro de um espelho assombrado. Se já não fosse do Kit, bem que eu tentaria manchar aquele batom malva perfeito, mas me contento com ela apenas indo com a minha cara.

— Então você estava prestando atenção.

— Você é uma ótima professora.

Ela me lança um olhar demorado, como se eu tivesse feito por merecer uma avaliação para valer. Então assente uma vez, como se estivesse satisfeita, e diz:

— Agora eu entendo.

Antes que eu consiga perguntar *o quê*, os garçons chegam com nosso primeiro prato, e as mesas explodem em "aahs" de uma surpresa prazerosa. Uma bandeja prateada surge diante de nós: escargots do tamanho de ameixas, transbordando de manteiga de salsa verde com alho. Outros dois garçons trazem o vinho que vai harmonizar e reconheço o rótulo: champanhe, Ulysse Collin, Les Maillons. Um assobio baixo escapa dos meus lábios.

— Que foi? — Maxine pergunta ao pegar um escargot com a pinça minúscula.

— Aquele ali é um vinho de entrada de trezentos e cinquenta dólares.

Não param de chegar pratos da cozinha, sempre seguidos por vinhos novos. Depois que tiramos os escargots de suas conchas e chuchamos na manteiga com persillade, vêm bandejas de pargo assado ao molho beurre blanc e limões-sicilianos chamuscados. Um Muscadet cor de palha é servido em minha taça, seguido por um Châteauneuf-du-Pape para acompanhar o coq au vin.

Na ponta da mesa, Kit é o príncipe do jantar. Ri quando Calum Ruivo faz sua melhor imitação dos olhos arregalados do pargo e insiste que os suecos experimentem as cenouras com calda de conhaque. Alterna entre francês e inglês com naturalidade para falar com a garçonete e chega pertinho dela com um sorriso no rosto quando ela cochicha a resposta em seu ouvido. Abre os botões da camisa. Fabrizio começa a se referir a ele carinhosamente como "*Professore*" e implora que ele explique a física de um domo de musse que experimentamos mais cedo. Ele tira um bloco de desenho do bolso para traçar um diagrama.

Viro minha taça e me volto para Maxine.

— Seu sotaque... é canadense?

— Montreal, originalmente. Cresci falando inglês e francês.

— Ah, igual ao Kit. A parte bilíngue, não a parte canadense.

— Pois é. — Ela gira a taça para misturar o vinho lá dentro. — Embora eu não sinta tanta falta do continente quanto Kit.

Disso eu duvido. Kit parece pouco se importar se o continente afundar.

— O que achou do vinho?

— Sou conhecida por gostar de ter um momentinho Châteauneuf-du-Pape — diz ela, de nariz em pé.

— Ah, eu também, ainda mais com um *gigot d'agneau*.

— Hmm. Tem alguma coisa nele que destaca as ervas de um ensopado, mas não consigo lembrar como os franceses chamam isso.

— Garrigue — digo. — O sabor que você obtém quando cultiva uvas na parte sul do vale do Rhône por causa de toda a sálvia, lavanda e alecrim que tem lá naquela região.

— Isso mesmo. — Ela olha para mim com cuidado, fazendo a gentileza de ignorar o champignon que quica em meu prato e vai parar embaixo da mesa. — Onde você aprendeu essas coisas?

Eu poderia me gabar, se quisesse. Dizer que passei os últimos dez anos numa carreira promissora de assistente de garçom a assistente de sommelier no Timo, o único restaurante com estrelas Michelin de Palm Springs. Mas percebo uma brasa nova de curiosidade nos olhos dela, e Maxine é o tipo de mulher que só pegaria na sua mão depois que você a estendesse para ela.

Então digo:

— Kit deve ter comentado sobre a minha família com você, né?

Ela baixa os olhos.

— Sim, fiquei sabendo.

Claro que ficou. Eu sou a Hemsworth que não ficou famosa.

— E você sabia que, quando eu tinha dezessete anos, quase acabei com a campanha para o Oscar de Melhor Filme do meu pai porque a polícia bateu numa festinha que eu tava dando em casa e acabei saindo no TMZ?

— Eu estava no Canadá na época — Maxine diz, com um tom neutro. — Mas amaria ouvir, parece uma boa história.

Sorrio.

Conto que Este e Sloane começaram a arranjar trabalhos constantes por volta da época em que comecei o ensino médio, o que significava que meus pais estavam ou nos sets de filmagem deles ou nos das minhas irmãs. Kit estava em Nova York, e ficava só eu numa casa com piscina e oito quartos e uma adega. Então, resolvi dar a minha própria festa de quinze anos.

Ninguém ligava muito para Theo Flowerday, mas geralmente todo mundo gosta de histórias de filhos de famosos dando festas em mansões sem a supervisão de adultos. Eu queria me sentir *especial*. Como se tivesse algo para oferecer. Por isso, me transformei na realeza das festas em casa da Escola Preparatória de Palm Valley, fazendo mágica com o cartão de crédito dos meus pais e uma identidade falsa. Meu maior truque? Eu sabia fazer *qualquer* drinque que pediam.

Não importava que eu passasse horas estudando livros de coquetelaria em vez de me preparar para as provas do ensino médio nem que, quando sentia falta da minha família, corresse até a adega e pesquisasse todos os varietais e denominações de onde quer que eles estivessem gravando. O que importava era que todo mundo tinha que estar nas minhas festas e minhas festas tinham que me incluir.

— É isso — completo. — E também trabalho num restaurante e cuido do vinho lá.

Maxine coloca a taça vazia sobre a toalha da mesa, escondendo a mancha que fiz com molho de carne.

— Eu também ficava muito sozinha nessa idade.

Enquanto comemos o próximo prato de salada e bebemos um Sancerre refrescante, Maxine explica casualmente que seus pais morreram quando ela tinha quinze anos e a deixaram com a irmã mais velha para criar os três irmãos mais novos numa mansão isolada nos arredores de Montreal.

Ela conta isso como se fosse uma história infantil de humor mórbido. Duas adolescentes cuidando de uma mansão, afugentando gansos do jardim para que não machucassem o irmão caçula, repelindo tias e tios excessivamente prestativos. Conta que aprendeu a preparar as receitas doces da família — tanto a japonesa como a franco-canadense — para os meninos e acabou sendo obrigada por eles a ir pra escola de confeitaria. Não digo para ela que sinto muito. Só faço perguntas, os gansos realmente despertaram minha curiosidade, e acho que com isso ganho certa simpatia dela.

Peço mais vinho, e continuamos conversando. Sobre as coisas que Maxine mais gosta de fazer (pães complicados), sobre minhas opiniões como marinheiro de primeira viagem em Paris (vinho ótimo, grande fã da indústria de comer croissants ao ar livre), sobre Fabrizio (sim, ele é sempre assim). O prato de queijos chega acompanhado de um Pomerol muito foda e é nesse vinho que finalmente cruzo a fronteira da embriaguez. Estou no meio de uma explicação, com a voz enrolada, sobre o relatório de vindima de Bordeaux quando Maxine diz:

— Preciso que você saiba que está falando de um jeito meio babaca.

Isso me faz rir tanto que quase sai vinho pelo meu nariz.

Enquanto estou secando o queixo, vejo Kit nos observando como se não soubesse o que estamos aprontando e soubesse ainda menos se estava mesmo a fim de descobrir.

Maxine ergue a taça para ele.

— Fiz amizade com Theo!

Kit responde:

— É disso que eu tinha medo!

Mas a cara que ele faz não é de desgosto. É algo bem mais rosadinho e complicado.

Abro um sorriso sincero para ele, o primeiro que ele tira de mim desde que embarcamos naquele avião quatro anos atrás. Ele leva a mão ao coração por um momento.

Essa seria a minha deixa para perguntar a Maxine sobre Kit. Como são os novos amigos dele, o que ele gosta de fazer na cidade, se ainda está em busca do rolinho de canela perfeito. Mas só me concentro em meu prato de queijos.

Estou terminando o Pont l'Évêque quando Maxine diz:

— Ai, Deus, ele está flertando com o garçom.

Do outro lado da mesa, Kit está conversando com o garçom que lhe serve água. O sorriso em seus lábios é delicado, intrigado, como se acabando de notar que o cara é um gato e não entendesse como não tinha percebido antes. Ele murmura algo e o garçom erra a taça e precisa buscar uma toalha às pressas.

— Não sei — digo. — É só o jeito de Kit.

— Faça-me o favor. — Maxine revira os olhos. Ela não parece estar com ciúme, mas carinhosamente exasperada. — Sabe o quanto você precisa flertar na cara dura para conseguir que encham seu copo de água em Paris?

Só que Kit nunca percebia o que estava fazendo. Ele era cara de pau em muitas coisas, mas nunca com a intenção de... o quê? *Seduzir?*

— Ele faz muito isso?

— Kit, você diz? — Maxine arqueia a sobrancelha. — O Deus do Sexo da École Desjardins?

Quase cuspo meu vinho de novo.

— O... O quê?

— Ah, é a coisa mais irritante nele. Ele pegava *todo mundo* que queria. Era como um rito de passagem em nosso ano viver uma noite gloriosa com Kit e depois ficar apaixonado por ele por uma semana. Conheço uns três caras diferentes que achavam que eram hétero até pegarem ele.

— Nossa, que... diferente.

Então o prato de sobremesa vem e começo a confrontar a ideia de Kit aparentemente distribuir orgasmos transformadores para toda sua turma na escola de confeitaria.

Dos pensamentos que não tenho sobre Kit, a memória de como ele é na cama é uma que guardo dentro de um cofre de aço reforçado. Sou uma criatura besta, sexy e tarada que vai abandonar qualquer razão se pensar demais sobre a gente transando, por isso não penso.

Não penso em nenhum centímetro de pele daquele corpo, em nenhum pedaço de sua língua rosa, nenhuma respiração quente e safada em meu pescoço.

Não é agora que vou começar a pensar. Se Kit se transformou em algum tipo de subcelebridade sexual, não é da minha conta.

O garçom retorna para secar a água derramada, mas Kit pega o pano e insiste em fazer isso por conta própria, o que só deixa o garçom ainda mais sem graça. O cara dá um passo para trás, trombando numa garçonete, e leva uma tortada de limão-siciliano na camisa antes de bater em retirada.

— Não precisa ficar tão caidinho assim, cara — diz Maxine em voz baixa. — Tenha um pouco de dignidade.

Eu me esforço para rir no momento certo.

— — —

Depois de Fabrizio beijar as bochechas de todos os garçons, nos reunimos na rua. Maxine se afasta, tira uma cigarreira prateada da bolsa e acende um.

— Theo.

Kit está esperando por mim, semi-iluminado pelo brilho laranja do poste.

O cabelo mais comprido combina com ele. As pontas se curvam na gola e beijam suas maçãs do rosto com uma graça lânguida só dele. Me pergunto se ele se irrita quando está fazendo doces, se precisa prendê-lo para que não caia no rosto.

Ele estende uma pequena sacola de papel que carregou a tarde toda.

— Pareceu ser seu favorito — diz ele. — Pensei que devesse levar um só para você, caso demore a voltar para Paris.

Dentro está um bolo de azeite brilhante embalado com capricho numa caixa amarrada com um laço.

— Acertei? — ele pergunta, e percebo que estou olhando para o fundo da sacola num silêncio espantado há cinco segundos.

— Sim, acertou. Como você sabia?

Ele desvia o olhar para uma floreira numa janela do outro lado da rua.

— Foi só um palpite.

Como se estivesse esperando pela deixa, Maxine aparece e cruza o braço no dele, e agora entendo. Ela deve tomar nota do que os participantes gostam durante o tour e deu a dica para ele. O que ganhei foi um presente de casal. Um mimo que funciona como acordo de paz. Um ramo de oliveira em forma de bolo de azeite.

— Obrigada — digo, decidindo não sentir que estão com pena de mim. — Fiquei sabendo que os Calums e os outros vão sair para tomar uma saideira, vocês vêm?

Maxine dá uma longa tragada e solta uma nuvem de fumaça que cheira a tabaco, lótus e maconha de alta qualidade. Ela fuma baseados com ervas enrolados à mão. Jesus, como essa mulher é chique. Eu mal lembro de botar meu vape pra carregar.

— Passei o dia inteirinho trabalhando, meu bem — ela diz. — Vou para a cama.

— Você vai a pé para casa? — Kit pergunta para ela. *Casa*, não *sua* casa.

— Está fazendo uma noite tão gostosa, não acha?

— Eu levo você — ele anuncia, como se eu fosse idiota. É óbvio que ele vai para casa com ela, para o apartamento dos dois, para dormirem *juntos*. A gente podia ser adulto e falar disso. — Talvez amanhã à noite, Theo?

— Claro — concordo. Abro meu sorriso mais sugestivo. — Boa caminhada para vocês!

Kit me lança um olhar estranho, mas eles dão meia-volta e vão embora.

— Theo! — grita Calum Loiro enquanto os observo desaparecerem de braços dados na primeira esquina. — Você vem com a gente?

— Não — decido na hora. — Vou ver a Torre.

Saio andando, cruzando a rua e atravessando o gramado verde largo ao pé da Torre Eiffel, passando por casais apaixonados e adolescentes com champanhe barato e homens vendendo bolas de borracha que brilham no escuro e pulam dez metros. São cinco para as onze, o que significa que faltam cinco minutos para as luzes da Torre se acenderem.

Que engraçado. Já tinha visto essa torre em tantas telas que imaginei que seria decepcionante na vida real. Mas nenhum daqueles planos amplos captam como ela é intrincada de perto, todos os floreios e arcos e caracóis e estrelas de ferro interseccionados. Não é tão ruim se encantar por algo familiar.

Sloane atende minha videochamada no segundo toque.

— Oh, olá — ela diz com uma voz arrastada de Katharine Hepburn. — Espero que tenha recebido meu último telegrama.

— Desculpa, estava tentando falar com a minha irmã, mas devo ter ligado sem querer para o *Titanic*.

— O diretor acha que eu deveria tentar um sotaque mais transatlântico. Estou treinando.

— Por Deus, acho que você conseguiu.

— Sim, receio que sim — ela concorda. — Como vai Paris?

— Bom, Kit e a namorada gata dele me deram um bolo de presente. E também bebi muito vinho e agora preciso fazer xixi num arbusto embaixo da Torre Eiffel.

Sloane para com o sotaque e suspira:

— Ai, Theo.

— Pois é — digo. Viro a câmera para mostrar minha vista para ela. — Mas, olha, está acesa.

— — —

Considero passar a manhã do dia seguinte no meu quarto por um momento.

Estou com alguns medos, com base em meu histórico. Tenho medo de me distrair no metrô e me roubarem e eu acabar me perdendo sem ter como encontrar o caminho de volta. Talvez todas as parisienses bonitas e femininas me encarem na rua, e não de um jeito sexy. Posso descobrir que eu tinha razão, quatro anos atrás, quando achei que não conseguiria dar conta de uma cidade como essa, que meu lugar é no vale em que cresci e que o mais próximo que devo chegar desse mundo vasto e curioso é pelo rótulo de uma garrafa.

Mas aí penso em todos os sabores e aromas que posso experimentar e calço as botas.

Caminho até a Sacré-Cœur para ver as conchas brancas reluzentes e sento nos degraus em que John Wick morreu, depois volto a subir para contemplar o Palais Garnier. Perambulo pelas antigas trilhas de pedra ao longo das margens do Sena, bisbilhotando cantos secretos e observando pessoas bebendo durante o dia em bares de vinho que ficam dentro de barcos. É tudo diferente aqui, e vejo pequenos detalhes que nunca pensei que pudessem variar tanto em outro país, mas estou achando mais fácil de me localizar na cidade do que imaginava, e nem passo vexame quando peço um café e um croissant.

Estou começando a desconfiar que um sorriso sedutor e um amor genuíno por comida e bebida podem me levar longe por aqui.

A excursão volta a se reunir para o almoço num cruzeiro turístico gourmet no Sena, e converso com Fabrizio por uma hora sobre filmes de bangue-bangue à italiana enquanto lambo caviar de uma colher. Eles nos servem um Irouleguy Blanc tão cuidadosamente esculpido que escrevo *malhado igual ao Patrick Swayze em 1989* em minhas anotações. Estou tão de bom humor que nem ligo quando meus olhos encontram os de Kit do outro lado do salão. Nem penso no bolo que me deu por pena ou no novo relacionamento dele. Na verdade, concluo que minha preocupação seria bem maior se Kit *não* estivesse namorando ninguém. Ele é tão bom nisso que seria um desperdício se ficasse solteiro para sempre; seria tipo se a Meryl Streep desistisse da carreira no cinema.

Eu, particularmente, não estou em relacionamento nenhum por escolha, não por falta de oportunidade. Oportunidades não faltam. No último frila que fiz num casamento, peguei uma madrinha *e* um padrinho, e a gente se deu tantas oportunidades que precisei até tomar um Gatorade no café da manhã.

À noite, temos ingressos para um jantar no Moulin Rouge, então coloco a roupa mais bonita que trouxe, um macacão de linho preto sem manga com um decotão em V no peito. Olho no espelho, feliz com as linhas fluidas e sutis dos meus peitos. Estou com uma aparência ótima, forte, andrógina. Como se fosse uma pessoa que não tem medo de desbravar essa cidade e nunca teve.

Mas minha sorte acaba debaixo de um candelabro cintilante. Dentro do teatro, o espaço se arqueia em andares exuberantes e acarpetados e com roupas de mesa de um branco imaculado e luminárias com quebra-luzes opulentos de seda sobre mesas infinitas. Somos divididos em grupos de seis e oito para ocupar os lugares, e quando Fabrizio nos entrega para o maître que vai nos servir percebo com quem estou sentada.

— Oi de novo — Kit diz.

Mordo a boca.

— Oi.

Ele está de banho tomado. Quer dizer, ele está sempre de banho tomado, sempre perfeitamente arrumadinho e exalando um cheiro extraordinariamente fresco. Está vestindo uma camisa de linho creme com uma gola cubana e toques delicados de flores bordadas, uma calça canelada marcando a cintura fina, parte do cabelo enrolado para trás em… pera, aquilo ali é uma *trança*? Jura que ele sentou no quarto e trançou o cabelo carinhosamente do jeito que costumava fazer com o da irmã?

Para piorar, o jantar vem com uma garrafa de champanhe para duas pessoas, o que significa que vamos ter que dividir.

Do outro lado da mesa, Calum Loiro encara a própria taça de champanhe.

— Como assim não tem absinto? Não vamos conhecer a fada verde?

— Acho que a Kylie Minogue estava ocupada hoje — responde Calum Ruivo.

Eu e Kit soltamos risadas simultâneas idênticas. Os dois Calums olham para nós com as sobrancelhas erguidas.

— Vocês pegaram a referência? — pergunta o Calum Ruivo. — A maioria dos americanos que conheço nem sabe quem é Kylie Minogue.

— Hereges — acrescenta o Calum Loiro.

— Somos… — Kit diz. — Quer dizer, *eu* sou muito fã de *Moulin Rouge: Amor em vermelho*. Era meu filme favorito quando eu era pequeno.

Eu estava tentando não pensar nisso, em Kit aos treze anos obcecado por uma tragédia mega exagerada e saturada sobre um amor proibido e uma morte por tuberculose. Kit sempre foi muito Kit.

— Uma vez — digo —, na oitava série, ele me obrigou a assistir esse filme quatro vezes numa noite só.

— Não *obriguei* — Kit provoca, e então se retrai como se não soubesse se pode fazer esse tipo de coisa. Ele suaviza a voz ao acrescentar: — Era você que queria aprender a letra completa de "Elephant Love Medley".

— E você já era bem grandinho quando me convenceu a cantar essa com você num karaoke de aniversário de outra pessoa.

— Caramba — Calum Ruivo diz. — Isso mata qualquer festa.

— Ah, *acabou* com aquela — digo.

— As críticas foram péssimas — Kit concorda, começando a sorrir.

— Mas a gente jogou o clima lá pra cima depois com...

— "Can't Stop Loving You" — dizemos ao mesmo tempo.

Nos olhamos e sinto minha boca abrir num sorriso. Nossa, como a gente já cantou essa música. Tantas noites em bares esfumaçados ou festinhas em casa, nós dois rindo em microfones estridentes sobre uma trilha instrumental. Faz anos que não consigo pensar nisso, mas, estranhamente, não dói mais tanto agora.

— Phil Collins — atesta Calum Loiro, com um aceno sábio. — Um cara ótimo.

— Um cara ótimo — concordo.

Quando as luzes se apagam e as cortinas se erguem sobre o palco luminoso em formato de coração, tenho que lembrar de não ficar sentimental. Não observo as reações de Kit pelo canto do olho. Escolho a dançarina mais bonita do palco e me concentro apenas nela. Isso ajuda.

Mas não me prepara para sentir a mão do Kit em meu ombro quando levantamos para a ovação final. Pego ele me encarando, dourado sob a luz do candelabro.

— Ainda quer compensar a noite passada? — ele pergunta, acima dos gritos da plateia.

— Como assim?

— Não consegui sair com você. Topa tomar uma? Meu bar favorito fica logo na esquina, se quiser conhecer.

Eu culpo a nostalgia, a minha manhã surpreendentemente bem-sucedida, minhas memórias desfocadas da voz de Ewan McGregor cantando enquanto Kit me gira debaixo de um globo de discoteca, quando me escuto dizer:

— Sim, por que não?

— — —

Saímos pelo moinho vermelho do Moulin Rouge, descemos o

largo Boulevard de Clichy e passamos por uma sequência de sex shop, bar de topless, sex shop e assim por diante. Mulheres apertam os próprios seios fartos em quadros sobre as fachadas de lojas cheias de manequins vestindo camisolas vermelhas de renda. Telas luminosas anunciam vibradores em todos os formatos e tamanhos imagináveis, e alguns que eu nunca teria nem pensado em imaginar.

— Espero que seja para lá que a gente tá indo — digo, apontando para um empório de três andares que ostenta o nome ameaçador de SEXODROME em letras vermelhas neon. Quando o nervosismo bate, eu faço piada. — Sempre quis conhecer o... — baixo a voz num registro gutural de locutor de *monster truck* — THE SEXODROME.

Incapaz de resistir a uma brincadeira, Kit responde:

— Você precisaria de um endereço residencial em Paris pra entrar no THE SEXODROME.

— Então o THE SEXODROME está canceladíssimo por práticas comerciais discriminatórias.

Ele ri e vira à esquerda num clube pintado de violeta chamado Pussy's, descendo por uma rua inclinada com apartamentos cobertos de hera e jardins privativos delimitados por cerquinhas. Quando chegamos a uma porta super vermelha ao lado de uma janela que promete cerveja por quatro euros, ele para.

— Chegamos.

O bar favorito de Kit é da largura do meu quarto no hostel.

— Será que a gente cabe aí dentro?

Kit só dá risada e entra.

Meu amor por botecos minúsculos é extenso e bem documentado, mas não estou vendo nada de especial neste aqui. A bancada é de um bar padrão, riscada, e tem prateleiras curvadas de bebida, com as banquetas desgastadas de sempre. Talvez Kit tenha criado um apego sentimental por medidores de absinto. O som é tão alto que não dá pra gente se ouvir direito, então ele tem que chegar bem perto e falar bem no meu ouvido.

— Vou pegar uma bebida para você. — A respiração dele acerta meu pescoço e se enrosca no meu cabelo. — O de sempre?

Eu quero sim meu whiskey ginger de sempre, mas não quero que ele pense que me conhece como me conhecia antes.

— Na verdade, vou querer um boulevardier — digo. Kit recua, franzindo a testa. — Tem mesa lá no fundo?

— Ah, sim, deve ter. Depois das portas no fim do corredor.

Passo pelo balcão e sigo por um corredorzinho cheio, com um guarda-roupa antigo ao fundo de portas com entalhes de folhas ornamentais. Não podem ser essas as portas a que Kit se referia, mas são as únicas aqui. Sob o risco de parecer que estou assaltando a chapelaria, seguro as duas maçanetas e puxo.

Uau.

Os fundos do guarda-roupa foram arrancados, revelando um salão escondido e decorado igual a uma suíte de hotel onde Oscar Wilde tomaria ópio. Violetas e palmeiras se abrem no papel de parede descascado atrás de arandelas em tons de vermelho. Dois homens bebem conhaque em poltronas cobertas por paninhos. Ao lado deles, um grupo de mulheres fofoca em cima de mesas de cabeceira com pilhas de almofadas, taças coupé cintilando sobre um baú de viagem surrado. Um casal brinda com champanhe numa banheira antiga. No centro de tudo, há uma cama antiga gigante.

É exatamente o tipo de lugar que eu adoro, o tipo de lugar que Kit *sabe* que eu adoro. Sou fã de bares escondidos. Adoro um segredo brilhante.

Os únicos lugares vagos ficam num canto da cama e, quando sento, minha bunda afunda no colchão macio. Kit me encontra enquanto me contorço para fora do abismo, acotovelando almofadas para levantar.

— Ah, você achou lugar na cama — comenta ele, colocando as bebidas numa banqueta próxima. — Nunca consegui sentar aqui antes.

— Mas cuidado que ela não é muito firme…

Tarde demais. Kit senta e o colchão afunda, jogando-o para cima de mim.

Tirando nossa colisão no ônibus e nosso aperto de mão de acordo de paz, eu e Kit ainda não nos tocamos. Agora, ele está em cima de mim. O corpo inteiro dele cobre o meu de uma vez, o calor que irradia e o cheiro de lavanda que exala me cercam. Os joelhos dele batem nos meus, seu quadril empurra o meu ainda mais para dentro da cama, e o único jeito de ele sair é virando e apoiando a mão do meu outro lado, cercando meu corpo com os braços. Ele está tão próximo que quase consigo ver as linhas das flores em sua camisa.

— Ah — ele geme, os olhos escuros e desfocados. — Oi. Desculpa.

Ele exala uma breve lufada de ar que balança o cabelo ao redor do rosto. Uma parte maligna do meu cérebro me diz para ajeitá-lo atrás da orelha dele.

— Gostei do bar — digo, com naturalidade.

— Imaginei que fosse gostar.

— Quase tão bacana quanto o Sexodrome.

— Na verdade, a pronúncia é THE SEXODROME.

— Ah, jura? É assim que se fala na língua local?

— Não, língua local é o que você ganha quando entra lá.

Minha risada sai mais parecendo um latido rouco, e Kit finalmente se ajeita para longe de mim. Por via das dúvidas, pego um travesseiro e o enfio entre nós. Pegamos os drinques ao mesmo tempo.

— Corpse Reviver? — pergunto, observando o líquido desaparecer entre seus lábios.

Ele engole.

— Necromancer.

— Então, a mesma coisa, só que com mais absinto — concluo, contente pelo drinque *dele* não ter mudado tanto.

O boulevardier que pedi desliza por minha língua, perfeitamente amargo.

Kit me observa por sobre a taça, os cílios baixos, meio sorrindo, meio sério. É uma cara que fazia quando estava criando uma receita a partir de um único ingrediente, como se estivesse repassando o mesmo ingrediente pela mente sem parar e o imaginando como parte de um todo. Ele está me enxergando numa cena da própria vida em Paris e decidindo se complemento os sabores.

Sinto uma necessidade urgente de não deixar que ele chegue a nenhuma conclusão. Então, digo a primeira coisa inconveniente que me vem à cabeça.

— Então, como foi que você quebrou o nariz?

Ele pisca.

— Não entendi?

— Seu nariz. Você disse que quebrou uns dois anos atrás. Como?

— Ah. — Ele baixa a taça. — Num táxi aquático em Veneza.

As duas partes da resposta me causam emoções conflitantes: primeiro por ele ter ido pra Itália antes de mim, e depois por já ter usado um táxi aquático, o que é objetivamente engraçado. É fácil escolher em qual focar.

— Deixa eu adivinhar — digo. — O barco passou embaixo de uma janela e você foi atingido por uma peça de parmesão caindo.

Kit ri.

— Bem que eu queria que tivesse sido isso.

— Então foi disputa de território com um gondoleiro.

— Não.

— O quê, então?

— Eu dava uns pegas num piloto de táxi aquático quando estava fazendo um estágio de algumas semanas num restaurante. Ele se distraiu enquanto pilotava e superestimou a altura de uma ponte.

— Ai, meu Deus. Por favor, me diz que vocês se distraíram *porque* estavam dando uns pegas.

Os olhos de Kit brilham.

— Era meu aniversário.

— Incrível. Uau. Que bom que perguntei.

— E você? Já quebrou algum osso?

— Não, mas olha isso.

Estendo a mão direita, a palma erguida, mostrando o sulco fino de uma cicatriz que vai do polegar ao punho.

— Acidente de longboard. Me distraí quando escutei um caminhão de sorvete e bati numa sarjeta. Tive que levar ponto e tudo.

— Longboard? Pensei que você tivesse parado de andar de skate quando a gente tinha dezesseis anos.

— Até eu me livrar da Soobie — digo.

Minha antiga Subaru de quatro portas, que Deus a tenha.

— Não! — Kit perde o fôlego, chateado de verdade. — Você se livrou da Soobie? Quando?

— Alguns anos atrás. Troquei por um micro-ônibus da Volkswagen.

— Tá, *isso* eu consigo imaginar — Kit diz. Viro a mão e os olhos dele pousam na tatuagem em meu antebraço. — Essa também é nova.

— Ah, é. — Nenhum de nós tinha tatuagens quando terminamos,

mas as minhas já fazem tão parte de mim a esta altura que até esqueço que não nasceram comigo. A do meu braço direito é uma faca de cozinha, que vai do cotovelo ao punho. — Fiz no ano retrasado. É...

— A faca de *Halloween*, né? — Kit adivinha, com o tom impassível que só uma pessoa que foi obrigada a suportar o filme comigo todo mês de outubro teria. Ele é o primeiro a acertar logo de cara.

— Todo mundo imagina que seja uma faca de chef porque trabalho num restaurante. Tipo, e se eu só gostar de *cinema*, sabe? — Aponto para o punho esquerdo dele, onde um fouet foi tatuado em linhas pretas finas. — Essa aí é a sua primeira?

— Terceira, na verdade. Combinamos de fazer em galera na escola de confeitaria quando terminamos o curso.

— Fofo. Também tenho três. — Puxo a manga para mostrar o saguaro em meu bíceps. — Essa foi minha primeira, no meu aniversário de vinte e quatro anos.

Nós dois sabemos que meu aniversário de vinte e quatro anos foi um mês depois que terminamos, então ele deve conseguir adivinhar como essa aí aconteceu. Noite alta, apartamento vazio, estúdio de tatuagem vinte e quatro horas com uma folha de flashes de cactos na janela.

Kit olha para mim com algo que me parece compaixão e depois arregaça a manga do braço oposto.

— A minha primeira foi quase no mesmo lugar.

Na parte externa do braço ele tem uma tatuagem de mão feminina segurando três violetas. Ele não precisa explicar, e eu não preciso que ele explique. Kit é o filho do meio de três. A mãe dele se chamava Violette.

— Ah, Kit — digo. Tenho que me segurar para não estender a mão e tocar nela. — Adorei.

— Acho que ela ia gostar — diz ele, com uma satisfação serena. Então puxa a manga para baixo de novo. — Onde é a sua terceira?

— Ah, hm. — Mudança abrupta. — Eu teria que tirar a calça para te mostrar.

— Ah.

— Pois é — digo. Um pensamento se solidifica por trás dos olhos dele. — A tatuagem não é na minha bunda.

— Eu não achei que fosse na sua bunda.

— Não mesmo?

— Tá, talvez eu tenha pensado que a tatuagem pudesse ser na sua bunda.

Reviro os olhos.

— Até parece, eu tatuei minha *coxa*. Onde é a *sua* outra?

— Embaixo da camisa.

Embaixo da camisa. Onde fica o corpo dele, claro.

— Ah, sim. — Dou mais um gole. Não penso no corpo dele. — A gente parece que tá naquela cena de *Tubarão* em que eles comparam cicatrizes.

— Nesse caso eu seria o Quint ou o Hooper?

— Não seja ridículo, eu claramente sou o cara doido por tubarões. Você é o pesquisador mauricinho.

— Bom — Kit diz, erguendo a taça —, um brinde à sua perna.

— Um brinde à *sua* perna — cito em resposta.

Isso, Kit e eu sentados numa cama, brindando com taças, que é conviver pacificamente com o ex?

Demorei tanto tempo para parar de querê-lo de volta na minha vida. A sensação, quando consegui, pareceu tão importante, conquistada com tanto esforço, que não sei como protegê-la deste momento. Mas também não conheço mais ninguém no mundo capaz de ter esses últimos dez minutos de conversa comigo.

— Ei — digo.

— Ei — Kit responde.

— *Bonsoir*, crianças — diz uma terceira voz, e vemos Maxine vestida de seda preta e segurando um chambord martíni.

— Maxine! — Kit diz, levantando tão rápido para cumprimentá-la que quase caio pro lado de novo. Ele dá um beijo em cada bochecha dela, depois vira para mim com um sorriso largo. — Contei para Maxine aonde estávamos vindo e ela quis vir dar oi.

— Que demais — digo, tentando imprimir sinceridade. — Oi, Maxine.

Maxine beija minha bochecha e senta entre nós. Kit murmura algo para ela em francês e entendo algumas palavras que conheço por crescer perto da família dele — *obrigado* e *a melhor*. Ela faz um gesto imperscrutável com a mão e cruza o tornozelo com o dele.

Gosto de Maxine. Gosto mesmo. Mas estou me perguntando se o objetivo de toda essa saída era me lembrar de que Kit está com outra pessoa agora.

— A pessoa cuidando do bar é gata — declara Maxine, com naturalidade. — Vocês viram como a pessoa cuidando do bar é gata?

— Foi o Kit que pegou nossas bebidas — digo.

— Gata mesmo — ele confirma. — Muito.

Algo se aperta em meu peito, uma memória que azedou.

Quando eu e Kit estávamos juntos, nosso passatempo favorito de bi para bi era apontar pessoas gatas um para o outro. Era bobo e divertido, mas carregava certo significado para mim. Era como se tivéssemos uma proximidade maior, como se todos os meus sentimentos e desejos incompreensíveis e ocultos ficassem totalmente claros do ponto de vista específico dele.

Talvez o problema seja que ele pode ter a mesma experiência com Maxine, uma pessoa que é mulher em todos os sentidos em que eu não sou. Kit gosta de meninos e sempre gostou dos meus traços masculinos, mas, de vez em quando, uma preocupação se insinuava. Quando ele me beijava — a pessoa que ele conhecia tão bem, de peito reto e unhas roídas — pensava em alguém de curvas suntuosas e cabelo sedoso, que tamborila tudo com a ponta de unhas que passaram horas na manicure, numa pessoa que deixa uma marca de batom no mesmo ponto exato da taça a cada gole? Alguém que possa ser a garota dele? Alguém como Maxine?

Baixo os olhos para minha taça, coberta de manchas sujas de dedos engordurados.

— Quero ver essa pessoa que tá cuidando do bar com meus próprios olhos — anuncio, de repente precisando arejar a cabeça.

Quando chego no salão da frente, a pessoa atrás do bar é mesmo muito gata. Maxilar forte, sobrancelhas melancólicas, ar andrógino. Está usando uma camisa abotoada até a metade e uma calça cinza xadrez, e seu cabelo passa a impressão de ser um corte masculino clássico que já cresceu demais. Trabalha com uma eficiência descolada que não tenho como não admirar, uma vez que sei bem como é lidar com uma casa cheia a essa hora da noite. Tomara que eu também fique assim fazendo isso.

— Whiskey ginger — quase grito quando a pessoa se aproxima, grata por servirem tantos turistas que entendem inglês.

Deixo meus olhos vagarem, procurando por uma distração. Até que a porta se abre e ela entra: a dançarina do Moulin Rouge.

O cabelo dela está solto, e percebo que trocou o figurino por um vestido de algodão, mas ainda assim é ela. Seu rosto ostenta um rosa fresco recém-lavado, uma mancha vermelha ainda nos lábios. Viro de lado para abrir espaço na frente do bar e ela vem direto até mim.

— Oi — digo, antes de lembrar em que país estou. — *Parlez-vous anglais?*

Ela me olha de cima a baixo, então sorri e diz:

— O suficiente. — O que responde mais de uma pergunta.

— Sou Theo.

Ela pega minha mão e dá um beijo em minha bochecha.

— Estelle.

Pago uma bebida para Estelle — ela quer pedir um vinho branco e toca meu braço quando sugiro que sei qual é o melhor do bar — e conversamos. Conto que assisti a apresentação dela hoje e a elogio, e ela me explica que mora do outro lado da cidade, mas gosta de vir aqui depois do trabalho. Quando digo que a sorte é toda minha, ela encaixa um dedo no passador do meu cinto.

Quando termino meu drinque e a pessoa gata cuidando do bar serve uma segunda taça para Estelle, considero passar pelo guarda-roupa com ela e apresentá-la a Kit e Maxine. Poderia ser um encontro duplo. Ela e Kit poderiam falar sobre arte. Eu poderia passar a mão na cintura dela enquanto Kit dá um beijo no pescoço de Maxine e aí eu poderia ver Kit e Maxine irem embora para casa juntos de novo.

Em vez disso, empurro o cabelo de Estelle para trás da orelha e pergunto se ela quer ir para algum lugar.

Ela ri enquanto subimos a ladeira para o hostel. Seguro a mão dela no alto, sobre sua cabeça, para girá-la numa pirueta, observando o vestido dela voar ao redor de suas coxas, depois a puxo para um beijo. Ela tem gosto de cigarro e Muscadet e cheira a laquê e spray fixador.

Pego o celular para avisar Kit que não vou mais voltar, mas daí lembro que o número dele ainda está bloqueado.

Meu polegar paira sobre as letras azuis Desbloquear esse número.

Não tem mais muito motivo pra manter ele bloqueado, tem?

fui embora com uma pessoa que conheci no bar. boa noite! E aperto enviar.

No meu quarto, minha camisa cai no chão e o sutiã *balconette* de Estelle cai na mesa de cabeceira. Digo que ela é bonita, porque é, e digo que ela não precisa mentir em resposta. Gosto de como ela se acomoda nos travesseiros, de como tudo que faz é gracioso. Gosto de como o cabelo dela cai sobre os olhos.

Depois de terminarmos, levo Estelle até o táxi e dou um beijo de boa noite nela.

Sexo normalmente me ajuda a dormir, mas hoje demoro mais uma hora. Consigo ouvir meu próprio coração, e há uma cadência no batimento dele, um ritmo de um-dois-três-quatro que se repete sem parar.

Soa perturbadoramente como *Theo-e-Kit*.

— — —

— Dormiu bem?

Levo um susto e quase derrubo meu croissant. A última pessoa que eu esperava ver no corredor do hostel hoje de manhã é Kit, mas aqui está ele, armando uma emboscada na minha porta. Tecnicamente, só está saindo do próprio quarto com uma cara de quem dormiu mal, mas sinto como se fosse de fato uma emboscada.

— O que você tá fazendo aqui?

— É o meu quarto? Que saco, Theo, a gente já falou disso. Estamos na mesma excursão.

Reviro os olhos. Alguém acordou de mau humor.

— Não, o que eu estou querendo dizer é: por que você não está em casa com Maxine?

— Por que eu estaria na casa da Maxine?

— Porque ela é sua namorada.

— *Quê?* — ele diz tão alto que uma camareira de passagem faz psiu. — Você achou que... — ele baixa a voz. — Theo. Eu não namoro a Maxine.

Eles...

Não. Mas e ontem à noite? E aquela flor que ele colocou na bolsa dela? Por que ele está falando comigo com essa cara sincera? Como pode estar com essa cara sincera num momento como esse?

— Mas... vocês moram juntos.

— Não, ela está cuidando das minhas plantas enquanto faço essa viagem.

— Você foi para casa com ela depois do jantar.

— Eu acompanhei ela até a casa dela porque estava *tarde*. Não vejo ela desse jeito, Theo, ela é minha melhor amiga.

— Eu também era.

As palavras saem antes que eu me dê conta do que estou dizendo, e nós dois nos crispamos. Kit faz cara de quem preferia ter levado um soco na cara.

Antes que eu consiga me recuperar, uma pessoa desgrenhada, de camisa aberta e calça cinza aparece no batente da porta de Kit. Observo, sem reação, a pessoa dar um tchauzinho animado para Kit em francês e, em seguida, um tapa na bunda dele. Então sai na direção do elevador.

Fico olhando para Kit. Ele, por sua vez, encara o teto.

— Pera, essa pessoa aí era...

— A que tava cuidando do bar ontem, sim. Foi o que eu te falei. Não tem nada rolando entre mim e a Maxine. — Ele vira para a escada. — Preciso de um café.

Ele me deixa ali, no corredor vazio, com meu croissant e a constatação de que tenho bancado o papel de maior pau no cu da face da Terra.

Se Maxine não é namorada dele, quer dizer que... que ele me deu um bolo por pura gentileza, e me chamou para sair porque queria mesmo me mostrar seu bar favorito, e Maxine realmente queria me ver de novo, o que significa que agi feito uma pessoa absolutamente mal-educada e cuzona sem motivo nenhum quando os larguei lá plantados no bar. Eu deveria estar mostrando para Kit que cresci sem ele, mas não! Fiquei com ciúme da primeira pessoa para quem ele sorriu e achei que ela devia estar dormindo com ele. Maxine só deve dormir com membros menores da realeza.

Eu não era assim quando estávamos juntos. Foram tantos anos desejando esse homem e pensando que nunca o teria, vendo ele ficar com outras pessoas e ouvindo sobre cada pessoa com quem ele transava, tendo todos os sentimentos conflitantes que se pode ter por alguém e ainda assim conseguindo manter uma amizade com ele.

Talvez conviver pacificamente com o ex não seja pra mim. Talvez nossa relação só funcionasse quando éramos amigos.

Mas acho que posso tentar. Somos adultos. Posso deixar minha raiva de lado e tentar manter uma amizade com ele.

BORDEAUX COMBINA COM:

Pomerol de catorze meses e meia dúzia de canelés, no mínimo

Bordeaux

Larguei a faculdade depois de dois meses, ainda no primeiro semestre.

Fazer faculdade com Kit era para ser divertido, e a parte de ter Kit na minha vida era *sim* divertida. A Universidade da Califórnia em Santa Bárbara tinha um bom programa de história da arte que o agradava, o time de natação deles me recrutou e eu sentia falta de Kit. Me esforcei bastante para tentar superá-lo, mas sentia falta dele como o chá sente do mel, sem graça sem ele.

Tê-lo de volta em minha vida foi mais fácil do que eu pensava. Eu tinha previsto o soco no estômago que nosso primeiro reencontro seria, como Nova York o tinha deixado mais alto e mais seguro e ainda mais radiante, mas ele ainda era o mesmo Kit. Tão parte de mim quanto o meu próprio corpo.

As aulas eram chatas, e eu vivia me esquecendo das provas, mas conseguia suportar tudo aquilo até que bem desde que continuasse nadando. A piscina era o único lugar em que eu me sentia excelente. Eu mandava tão bem que meus treinadores chegavam a falar em *recorde universitário* e *eliminatórias olímpicas*. Até que detonei meu ombro na competição restrita e os médicos me colocaram permanentemente no banco, então não vi mais motivo pra continuar. Não contei para ninguém que estava indo embora; só esvaziei meu dormitório e me mudei, na encolha, de volta para a casa dos meus pais no vale. Foi o mais próximo que eu e Kit tivemos de uma briga adulta de verdade, quando ele descobriu que eu tinha tomado aquela decisão sem ele.

(Era de se esperar que ele tivesse aprendido a lição e me falasse sobre o apartamento de Paris depois disso, teria evitado nosso término. Mas olha só no que deu.)

Isso tudo para dizer: essa coisa de ensino superior não era para mim. Já o ensino *enólogo*, por outro lado... aí eu arrasei.

Tudo começou quando fiz uma amizade intensa com o chef sommelier do Timo, um homem desconcertante de sessenta e poucos anos com uma coleção de aventais de couro e uma obsessão psicossexual por Chablis. Eu era gerente de um bar na época, mas importunei o cara até que ele me desse uma chance no comando do mapa das adegas e me convidasse para cuspir em baldes nas degustações às cegas depois do expediente. Depois vieram os cartões de memorização e os audiolivros de enciclopédias de vinhos e quase pegar fogo de tanto praticar decantação, o que me fez descobrir que sou excelente aprendendo coisas quando realmente me interesso por elas.

Portanto, sei o significado de estar aqui no planalto de Pomerol, à margem direita do estuário da Gironda. Sei sobre os bolsões de argila azul rara que existem por aqui e que, quando minhas botas pisam ruidosamente sobre a marga quebradiça, um milhão de uvas merlots bebês bebem da terra densa lá embaixo, amadurecendo em tons de azul-marinho e adquirindo uma doçura tão opulenta que nunca vão perder o sabor recém-nascido. Seguimos Fabrizio por uma estrada coberta pela copa de árvores, passando pelo pedaço mais magnificamente foda do sudoeste da França, campos se estendendo em verde e verde-dourado e cobre, fileiras ordenadas de vinhas pra um lado e margens de árvores antigas pro outro. O céu inteiro parece querer entrar quando abro a boca. Sinto as notas: argila, ameixas, o mar.

Percebo que Kit ergue o pescoço, admirando o sol através das folhas lá no alto. Está vestindo peças de linho desbotado. Sua boca é suave e feliz e está entreaberta de encanto.

Um frisson de *sim-não-sim* me atravessa.

Kit sempre encarou o mundo com uma vontade pura e sincera de se maravilhar. Uma pedra maneira, um cachorro num parque, uma música num shopping, os campos ondulantes de um château do século XVIII. Meu primeiro instinto, a primeira coisa que aprendi antes mesmo de conseguir localizar a França num mapa, foi amá-la como Kit a ama.

Aí veio o suplício angustiante de todo o resto.

Mas passado tudo isso, o segundo "sim" me atinge: vou tentar fazer amizade com ele.

Chego perto e pergunto:

— Que árvore é essa?

O queixo dele cai ao me ver, o que é sinceramente engraçado. Parece um bebê idiota numa pintura renascentista.

— Acho… acho que é um bordo-da-noruega.

— Sério?

— Foi o que eu concluí. Primeiro pensei que fosse um bordo--campestre, mas as folhas têm pontas.

Uma habilidade que ele aprendeu numa infância correndo pelo interior da França e pela estufa da mãe. Sempre que eu via uma folha interessante ou um cacto num formato engraçado, mandava uma foto para Kit e a planta era identificada em dez minutos ou menos. Precisei me acostumar, de novo, a não saber os nomes das árvores.

É bom saber o nome dessa.

Nenhum de nós diz mais nada, mas também não nos afastamos.

A trilha termina num château imenso com uma fachada de calcário e telhados escuros de mansarda, elegante mas despretensioso. Em algum lugar de Los Angeles deve ter um produtor de locação chorando por ter filmado um romance histórico francês melancólico sem conhecer isso aqui. Muros de pedra de três metros o separam dos jardins e, numa abertura, está um homem de cabelo branco com camisa de chambray e calça oliva. Seu chapéu de palha consegue ser vistoso mesmo parecendo que o homem se sentou nele algumas vezes.

— *Amici* — solta Fabrizio —, esse é Gérard! A família dele é dona dessa mansão há gerações. Hoje, aprenderemos como o vinho é feito em Bordeaux!

Gérard, cujo sotaque lembra o som de um violinista tocando uma suíte bêbado de conhaque, vai nos guiando pela entrada arqueada do château. Damos uma olhada lá dentro — espreguiçadeiras antigas e papel de parede cor de damasco e *pera, é o Gérard nu naquela pintura a óleo ali?* — e entramos num pátio cercado pelas alas longas e estreitas da casa. Aqui, cerca de uma dezena de bancadas estão dispostas sobre a terra batida, com potes de farinha e massa sobre cada uma delas.

Tem outro homem esperando a gente por ali. Pela maneira como Gérard chega todo serelepe perto dele (e pelo que vi da pintura, embora seja difícil reconhecer o cara de calça), aquele homem deve ser seu companheiro.

— Antes do nosso tour, temos uma *petite* surpresa para vocês — diz Gérard. — Baguetes! Meu marido vai ensinar vocês a fazer baguetes, e aí depois vamos visitar as uvas e experimentar os vinhos. *Et à la fin*, almoçamos todos no jardim, e vocês vão comer as baguetes que fizeram aqui. — Ele se inclina para a frente e finge um sussurro: — E, se não conseguirem fazer a baguete, vão ter que ir embora da França. Tá na lei.

Ele dá uma piscadinha obscena e nos deixa com seu marido, que está vestido com uma miscelânea de tons terrosos esvoaçantes.

— *Bonjour*! — diz o Marido Baguete.

— *Bonjour*! — todo mundo responde.

O Marido Baguete demonstra como moldar a massa, que já está pronta, em três baguetes pequenas, explicando que ela terá que descansar e depois será assada para nós durante nosso tour. Formamos duplas em cada mesa numerada. Talvez, se eu tivesse sentado com Fabrizio naquele primeiro dia, estivesse dividindo a mesa com ele no lugar do Stig, mas conforme as duplas vão se formando, eu e Kit somos os que sobram por último.

— Ah, juntos? — Marido Baguete nos pergunta com fofura.

— Não — Kit diz com uma prontidão que quase chega a ser ofensiva.

Marido Baguete tem um brilhinho nos olhos quando diz:

— Ainda não, quem sabe? — E nos leva até a última mesa como se fôssemos dois pré-adolescentes secretamente apaixonadinhos um pelo outro. A pior parte é que já *fomos* esses adolescentes, muito tempo atrás. Ele está uns dezoito anos atrasado.

Cobrimos nossa bancada de farinha em silêncio, e reviro o cérebro em vão procurando alguma coisa pra dizer. Todos os outros ao nosso redor estão rindo e conversando, jogando farinha uns nos outros ou tentando lembrar das instruções, enquanto eu e Kit nos esforçamos enfaticamente para não dividirmos nenhum momento fofo.

O problema é que sempre fomos tudo ou nada um para o outro. Não sei como é começar a significar *alguma coisa* para ele.

Também não faço ideia de como caralhos esse monte de glúten se movimenta pelo espaço tridimensional até virar uma baguete. Eu e a massa entramos numa briga. Levo uma ponta dela até o centro, depois a selo com a base da mão, viro a massa e faço de novo e, então... eu deveria dobrá-la? Como? Socorro, Marido Baguete.

Olho para o lado tentando colar do Kit e descubro, sem disfarçar o pavor, que ele já está finalizando a última baguete. Ele move as mãos como se estivesse fazendo mágica, com precisão, rapidez e demonstrando segurança.

Kit sempre foi um padeiro talentoso, mas ficou incrivelmente bom nisso. É como se a massa *quisesse* ser tocada por ele. Cede sobre a base de sua mão, volta a crescer afetuosamente em sua palma, relaxa de novo sob a mais leve pressão aplicada por ele. Os músculos de seus antebraços se flexionam com o propósito simples e constante de continuar fazendo exatamente o que eles foram feitos para fazer, e é aí que percebo o *quanto* eles se desenvolveram, como se afunilam até chegarem àqueles punhos, também bastante elegantes, sujos com uma camada de farinha, o pequeno fouet tatuado logo abaixo do calombo do osso...

— Theo — Kit diz —, você está trabalhando demais o glúten.

Olho para minha massa. Metade dela se achatou sob meu punho.

— Opa.

— Tudo bem — ele continua —, ainda dá para consertar, você só precisa...

Quando aproxima as mãos das minhas, ele hesita, alguns centímetros acima. Um grão de farinha desce flutuando da palma dele e pousa na minha pele com o peso de um dos sofás antigos de Gérard.

— Você tem que fazer tipo, hm, tipo assim.

A mão esquerda dele faz um movimento circular esquisito, e eu pego a dica, imitando com a minha direita. Meu monte disforme de massa começa a voltar ao formato de uma bola maleável.

— Isso, desse jeito aí mesmo — diz ele. Quando ergo os olhos, ele me encara e abre um sorrisinho encorajador. — Não para.

— Aposto que você diz isso para todos — digo, o que sei que é uma maneira de supercompensação, mas Kit autoriza a brincadeira com uma risada radiante.

— Continua.

Baixo os olhos para a massa, para nossas mãos. Ele me guia sabiamente a cada passo sem nunca tocar em mim, os dedos tão perto da minha pele que consigo sentir seu calor. E isso ajuda. Quando ele se move, eu me movo. Ele dá instruções simples e pacientes, que eu sigo.

O polegar dele quase roça o meu, e classifico a pontada que sinto no peito como refluxo ácido.

Juntos, enrolamos três baguetes assimétricas.

— Não ficaram perfeitas — comento — mas não estão ruins.

— Estão melhores que as dos Calums — Kit sussurra. Na mesa ao lado, o nariz de Calum Ruivo está sujo de farinha, e Calum Loiro tomou a decisão corajosa de comer um pedaço de massa crua.

— Por que a baguete de *todo mundo* parece um pênis?

Kit coloca as mãos no quadril.

— Às vezes, fazer pão reflete o que está em seu coração.

— — —

Gérard retorna acompanhado de uma terrier cinza desgrenhada e por fim entramos nas vinhas. Quando me dei conta de que faríamos o tour pelo vinhedo na primeira semana de agosto, esta foi a parte pela qual mais ansiei: Bordeaux em *veraison*, o momento em que as vinhas estão mais coloridas e vivas do que nunca.

Visitamos as uvas merlot primeiro, as principais do vinho epônimo de Pomerol, e Gérard permite que a gente as experimente direto da vinha, embora ainda faltem semanas para elas se desenvolverem até chegarem àqueles sabores mais intensos das compotas de cereja e morango e, como o ano vem sendo quente, de frutas pretas exuberantes. Em seguida, são as uvas Cabernet Franc numa profusão de lavanda e fúcsia e o verde suculento de um limão aberto. Aprendemos sobre verões quentes e secos, além de estações de colheita amenas, sobre a argila que dá vida e o toque salgado do Atlântico, como tudo isso se junta para produzir uvas com muita personalidade. É assim que Gérard fala sobre suas uvas — como se fossem filhas que ele vem tentando criar para serem adultas de temperamento forte que tenham assunto para conversar em festas. Todo dia de manhã, ele toca Édith Piaf para elas.

Ao meu lado, Kit está sorrindo. Se existe outra pessoa no mundo que imagino se perdendo neste vinhedo e ensinando as plantas a amarem canções francesas sentimentais, essa pessoa seria Kit. Aquele sentimento de *sim-não-sim* aparece de novo, parecido com aquela uva ainda verde que explode, azeda, em minha língua.

— Ah, aqui está um dos funcionários do nosso vinhedo! — Gérard diz. — Florian!

Um par de galochas atravessa uma fileira de vinhas e um moço novinho entra na trilha.

Meu Deus, e que novinho. Queixo quadrado e barba rala, de olhos castanhos gentis e cachos escuros caindo sobre a testa dourada coberta de suor. Ele carrega um engradado de uvas sobre o ombro musculoso que marca a camisa branca suja. Suspensórios pendem do quadril, como se tivessem sido jogados para o lado para permitir que ele tivesse total amplitude para executar um levantamento terra cinematográfico.

— *Salut!* — cumprimenta Florian, secando o rosto com a mão enluvada. A bochecha dele está suja de terra. — Bem-vindos!

Por puro reflexo, viro para Kit. E ele faz o mesmo, e nossos olhares se encontram naquela expressão de concordância tácita com as sobrancelhas erguidas que a gente costumava compartilhar nesses momentos: *Que cara gato!* Na mesma hora já viramos para a frente de novo.

Florian, convidado por Gérard a nos acompanhar, conta que seus pais se conheceram trabalhando neste vinhedo e o deixavam correr de um lado para o outro no meio das vinhas quando era pequeno. Agora ele tem o próprio apartamento em Bordeaux, mas pega a estrada com prazer até aqui cinco vezes na semana para pendurar as vinhas com ternura em suas treliças.

Kit cochicha em meu ouvido:

— Acho que não fomos os únicos que percebemos essa parada do Florian.

Dakota e Montana trocam sussurros conspiratórios, e pelo menos três noivas diferentes estão visivelmente considerando largar os novos maridos. Um dos Calums pergunta se ele conhece algum bar bom em Bordeaux. Até a velhinha sueca começa a limpar a bochecha dele com a echarpe.

— Acha que ele participa sempre do tour? — pergunto a Kit. — Que, quando eles sabem que vêm turistas, pedem para o Florian vir para oferecer uma experiência imersiva na coisa do fazendeiro gostoso?

— Acho que plantaram um monte de livros franceses de romance no jardim e o que brotou foi ele.

Nas alas do château, Gérard nos guia pelas adegas envelhecidas da sala de tonéis até chegarmos numa sala de degustação estreita e de paredes de pedra. Lá, um a um, Gérard nos serve uma taça do Pomerol, que é o carro-chefe deles.

Dou uma farejadinha no meu, giro a taça e cheiro de novo, mais devagar dessa vez. Caramba, este é intenso. Cereja-negra, pimenta esmagada, carvalho e mais alguma coisa. Tem um toque mais fraco, mais para o fundo do nariz. O que é? Seria...

— Sela desgastada — penso em voz alta, e Gérard para, a garrafa suspensa sobre a taça de Kit. Atrás dele, Florian se empertiga.

— Sim, também sinto esse cheiro nessa vindima — Gérard concorda. — Bom nariz!

Mordo o lábio, tentando não demonstrar que estou me sentindo, mas isso foi melhor que se Gérard me convidasse para morar aqui no château e trabalhar num cargo em tempo integral de pessoa que doma os suspensórios de Florian. Quando ergo o vinho para examinar a cor, vejo Kit através da taça, distorcido pelo efeito do vidro curvado e franzindo a testa para o vinho dele.

— Você sentiu isso tudo?

Ele parece vagamente magoado, como se o próprio nariz o tivesse traído por não oferecer a experiência sensorial mais rica possível. Em vez de responder, dou um gole, e ele me observa passar o vinho pelo palato, revirá-lo na boca, deixar que pese sobre a língua. Os olhos dele acompanham minha garganta quando engulo.

— Hm. É, com certeza as notas de entrada são de cereja-preta. — Lambo a parte de trás dos dentes. — Mas é seco. E sinto um pouco de compota de ameixa.

Kit diz baixinho, num murmúrio:

— *C'est quoi, ce bordel?*

O vinho seguinte é um Pomerol mais jovem, um vinho de verão redondo e frutado que Gérard promete que vai harmonizar perfeitamente com o almoço. Dessa vez, Florian é quem serve.

— Oi — Florian diz enquanto enche minha taça, a voz dele assim de perto parecendo quente e terrosa.

— Muita gentileza sua — digo, sorrindo para ele.

E aí acontece tão rápido que fica difícil saber se aconteceu mesmo. Florian termina de me servir e logo em seguida pestaneja no que poderia ser interpretado como um flerte à moda antiga. Então passa para Kit, rindo de algo em francês que ele diz e por fim *pisca para ele também.* Antes mesmo que eu tenha tempo de me indignar, somos levados para almoçar.

Toalhas e mantas estão estendidas sobre a grama banhada pelo sol, cada uma com uma tábua numerada e nossas baguetes tortas em cima. Outros dois funcionários da fazenda surgem com pratos de frios, queijos e frutas. Eu e Kit fomos colocados numa toalha tão pequena que só me resta supor que o Marido Baguete foi o responsável.

Sentamos mantendo alguns centímetros cuidadosos de distância e enchemos nossa tábua de potinhos de geleia de figo com sementes, pãezinhos de laranja recheados de melão, fatias de presunto de Bayonne e pedações de queijo macio e fedorento. O Marido Baguete está de volta e dá risada da cachorra, que corre em círculos animados e fareja o presunto de todo mundo.

Kit tira um potinho de mel turvo da bolsa e não consigo resistir ao impulso de revirar os olhos.

— Jura que você trouxe seu mel especial de casa?

— O restaurante em que faço doces compra mel de uma fazenda de lavanda. Não consigo comer nenhum outro mel depois desse.

— Ah, claro, não podemos deixar que você coma um melzinho vagabundo qualquer.

À medida que o almoço vai passando, Florian enche a taça de todo mundo. Quando ele se ajoelha ao nosso lado, sinto um pouco do seu cheiro na brisa do meio-dia. Terra, suor e um toque de tomilho.

— Gostou do vinho? — ele me pergunta.

— Ah, é maravilhoso — respondo, com sinceridade. Então penso nele piscando para Kit. Olho no fundo dos olhos dele e faço uma voz grave para falar: — Estruturado. Encorpado, inclusive. Dá para ver que você dá um duro danado.

Florian demora um segundo a mais enquanto coloca vinho na minha taça. Quando ele sai, Kit está me encarando.

Corto um pedaço de pão e o cubro com um pouco de queijo.

— Que foi?

— Você sabe o que foi. Estava flertando com Florian.

— E daí? — Dou de ombros. O rosto de Kit é imperscrutável. — Ficou com ciúme?

— Não — responde Kit no mesmo instante. — Quer dizer... sim, porque ele estava flertando *comigo* na degustação. Pensei que eu e ele tivéssemos algo especial.

— Foi mal, agora ele é meu. Olha só essa taça. — Aponto com ar extravagante para minha taça meio cheia. — Talvez, se eu mostrar um pouco mais de perna, ele me dê a garrafa inteira.

Kit olha para minha perna, pisca devagar e vira sua taça.

— *Pardon*, Florian!

Então diz alguma coisa que deve ser a versão em francês de *Bota no meu?* As sobrancelhas erguidas de Florian me dizem que Kit encontrou um jeito de fazer essa frase soar bem sugestiva em francês também.

Florian ergue a garrafa sobre a taça de Kit, que, dessa vez, relaxa o ombro e inclina a cabeça para o lado. Então abre um sorriso lânguido para Florian, deixando a luz do sol dourar seu queixo e seu pescoço.

Ah. Esse aí eu ainda não tinha conhecido. O Deus do Sexo da École Desjardins.

Quando Florian sai, a taça de vinho de Kit está mais cheia que a minha. Ele volta aquele sorriso para mim, os olhos brilhando com graça e algo a mais que não consigo identificar.

— Bom. — Dou um gole um pouco maior do que o necessário. — Vamos ver quem vence a próxima rodada.

— Nesse meio-tempo — Kit diz, passando um pedaço de baguete encharcada de mel para mim —, experimenta isso aqui.

Aceito em nome da amizade, duvidando que o mel metido à besta dele possa ser tão bom quanto ele diz. Kit é o tipo de pessoa que sempre tenta encontrar o melhor possível de qualquer coisa — a maior contagem de fios, o pêssego mais maduro —, mas às vezes ele se perde no personagem. Por isso, minhas expectativas são baixas quando levo o pão à língua, ainda mais baixas porque minha boca está coberta pelos açúcares do vinho.

Mas aí sinto uma explosão de sabores.

— *Caramba.*

— Não é? — Kit comenta, definitivamente radiante.

— É bom pra porra. A lavanda com as notas florais do vinho, a violeta e a peônia.

Kit se afunda nos cotovelos, grato, e me observa com pálpebras pesadas.

— Quando você ficou tão boa em degustar vinho?

Ao contrário do que fiz com Maxine, não vejo problema em me gabar para Kit.

— Sou assistente de sommelier no Timo agora.

Ele arregala olhos.

— Ah, é? Desde quando?

— Extraoficialmente há, tipo, uns três anos? Mas não recebi a promoção oficial e deixei de ser gerente do bar no ano passado. — Hesito, depois decido dizer logo de uma vez. — Depois que fiz a prova de certificação.

— Você… — ele senta. — Theo, você passou na prova de sommelier?

— Passei — respondo. Tecnicamente é mentira, mas só uma mentirinha. Minha prova está marcada para o dia seguinte à minha chegada em casa, e sei que já aprendi o bastante para passar. Duvido que vá reprovar uma quarta vez. E eu é que não vou dar para trás agora, não com Kit tão maravilhado assim comigo.

— Essa prova é absurdamente difícil, não é? O sommelier do restaurante em que eu trabalho disse que vomitou da primeira vez.

— Não é tão ruim assim — digo, como se não tivesse servido a mesa no sentido anti-horário em vez de horário na primeira vez em que reprovei, ou esquecido a décima terceira região vinícola alemã na segunda. (A gente se vê no inferno, Saale-Unstrut.) — Venho fazendo outras coisas, mas sommelier é meu trabalho principal agora. Bato o ponto toda noite.

Faço sinal para Florian encher minha taça e pergunto quantos engradados de uva ele consegue carregar de uma vez só. Kit se pergunta, em voz alta, quão longe Florian conseguiria carregar *ele*. Quando comparamos as taças, estão exatamente no mesmo nível: dois terços cheias.

E as coisas continuam assim pelo resto do almoço, entre Kit, Florian e eu. Chuchamos a geleia de figo e o mel e as gotas de melão nos pães, pedimos mais vinho até perdermos a conta, fazemos Florian rir e corar, ficamos com a boca roxa. Sorrio para Kit. Kit sorri para mim.

E toda vez que brindamos com nossas taças, toda vez que a borda da taça dele quase toca a borda da minha, tento não pensar: *isso é o mais próximo que vamos chegar de nos beijar de novo.*

— — —

Passamos a tarde no Musée des Beaux-Arts na cidade de Bordeaux, onde flutuo de sala em sala, sem me importar em ler a maioria das plaquinhas ao lado das obras.

Não que eu não goste de arte. *Amo* arte. Mas arte importante desse jeito é sobre o que meus pais conversam na mesa do almoço, então depois de um tempo você acaba cansando. Enquanto meu pai dirigia obras históricas contemplativas e minha mãe adaptava *O amante de Lady Chatterley*, eu assistia a todas as sequências de *Sexta-Feira 13*. Meu filme favorito da franquia é aquele em que Jason é congelado criogenicamente por 445 anos e vai parar no espaço. O dia em que falei isso para o meu pai deve figurar no topo da lista das dez piores decepções paternas da vida dele.

Eu gosto mesmo é de arte despretensiosa, muito saturada, e totalmente comprometida com o que se está fazendo, mesmo que seja ruim. *Especialmente* quando é ruim. Gosto de filmes B e slashers, de filmes de ação dos anos oitenta e qualquer coisa com uma trilha sonora synth-pop e um roteiro escrito à base de cocaína. Não quero analisar as intenções de quem quer que a tenha criado. A sutileza é para quando tomo vinho; quero sentir o que a arte quer que eu sinta e me afundar nela. Kit ficou chateado quando me recusei a ler *O senhor dos anéis* quando éramos crianças, mas os filmes já transmitiam todos os sentimentos de que eu precisava.

Para mim, basta olhar para uma pintura e pensar: *Gostei.* Ou: *Isso me deixa triste.* Ou: *Isso me faz pensar em mim.* Ou: *Esse cachorro é esquisito pra caralho.*

Quando entro na próxima sala, a primeira coisa que noto é a pintura enorme de uma mulher ajoelhada sobre pedras em ruínas. Ela está usando um casaco azul-escuro com uma faixa dourada sobre um vestido branco esvoaçante. Com uma expressão abatida mas vingativa. E os peitos quase de fora.

A segunda coisa que noto é Kit, fascinado enquanto a encara, uma caneta-tinteiro e um caderninho de desenho nas mãos.

Eu costumava flagrar Kit assim quando o visitava no trabalho, na época em que morávamos juntos depois que ele terminou a graduação. Kit não achava o trabalho que tinha conseguido como recepcionista no Museu de Arte de Palm Springs estimulante, então fazia pausas extralongas para desenhar as exposições.

Por que eu achava isso tão encantador? Ele só estava fazendo pose, não estava? Culto e profundo demais para ficar sentado atrás do balcão no celular como qualquer outro recepcionista.

Eu me imagino perguntando a ele sobre essa pintura. O olhar trágico que ele me lançaria por eu não conhecer o pintor, por não ter os olhos voltados para os grandes movimentos artísticos. Então imagino Kit explicando a pintura para mim como se eu fosse uma criança pequena, fazendo referências que só alguém com um diploma em história da arte entenderia. Isso é o que a versão de Kit que criei na minha cabeça faria, o Kit que é um ex com quem não converso mais. O Kit pretensioso e erudito, sempre intelectual demais para mim.

Uma mecha do cabelo dele cai nos olhos e ele a leva para trás com a borracha do lápis.

Esse movimento, a borracha deslizando por sua sobrancelha. Eu tinha esquecido, mas agora lembro. Kit, o ex, nunca faria isso na minha cabeça. Mas o Kit da vida real fazia, e este Kit na minha frente também faz.

Pelo que sei, há duas maneiras de superar alguém: deixar que a raiva que você já sente te domine ou inventar alguma coisa pela qual sentir raiva. Às vezes, sempre teve alguma coisa errada, e a única coisa a fazer é parar de acreditar que foi bom amar aquela pessoa. Mas às vezes a pessoa foi boa para você. Às vezes, você começa a procurar alguma coisa para botar fogo e descobre que folhas verdes não pegam fogo, que o jardim foi bem regado demais. Às vezes, é necessário remendar a verdade até que ela se torne algo de que você não vai sentir falta.

E, às vezes, quando já se passou muito tempo, fica difícil lembrar qual dessas coisas você fez.

— — —

Mais tarde, na escada do museu, Fabrizio dá uma lista de recomendações locais: La Cité du Vin, a antiga cripta embaixo da Basilique

Saint-Seurin, os cavalos de bronze do Monument aux Girondins. Alguns de nós concluem que o distrito medieval de Saint-Pierre é o que parece mais interessante.

— Você se incomoda se eu também for? — Kit me pergunta.

Ainda naquela sensação pós-bebedeira, meus ombros estão tão relaxados que me parece bobo que ele precise pedir permissão para mim. Reviro os olhos e faço sinal para ele ficar do meu lado. Isso que está rolando é gostoso, como se o piquenique tivesse libertado alguma coisa. Florian nos deu um presente: a garantia recíproca de que só estamos interessados em transar com outras pessoas.

Passamos pela Cathédrale Saint-André e entramos numa rua larga com linha de bonde, onde Kit pergunta:

— Como vai Sloane?

É estranho ouvir o nome dela vindo da boca dele, mas é claro que ele perguntaria. Sloane é a pessoa mais importante da minha vida, e ele a conhece desde que minha irmã tinha cinco anos, dois anos inteirinhos a mais do que o resto do mundo a conhece.

— Está bem. Ocupada, mas do jeito que ela gosta. Tenho certeza que você, sabe... tem visto a Sloane por aí.

— É, tenho mesmo — Kit responde, e me pergunto, não pela primeira vez, quantas vezes ele viu o rosto das minhas irmãs nas telas e pensou em mim. — Ela estava incrível naquele lá que fez com o Colin Farrell no ano passado. Quanto tempo será que ela demorou para conseguir fazer um sotaque irlandês tão bom?

— Tipo, uma *semana*. Juro, ela nem parece humana. Acabou de começar a treinar um sotaque novo, um negócio mais da alta sociedade nova-yorkina da virada do século.

— E esse aí vai ser para qual filme?

— Ah, você curtiria. É uma adaptação de *A época da inocência*, só que, tipo, muito estranho. Uma coisa bem A24. O roteiro é doido. O agente dela disse que vai ser a primeira indicação dela ao Oscar.

— Que incrível! — Kit diz com sinceridade. — Ela vai representar May ou a condessa?

— Winona Ryder. — Não li o livro, mas vi o filme do Scorsese de 1993. — Na verdade, ela queria ser a Michelle Pfeiffer, mas o diretor disse que ela tem uma imagem fofa demais.

— A Sloane? A mesma que pediu que o monólogo de teste de elenco dela para um filme fosse o da Glenn Close em *Atração fatal*? Quando ela tinha, o quê, dez anos? Essa mesma Sloane?

— Acho que é a tal da maldição da estrela mirim — suspiro. — E Cora? Como ela vai?

Kit ri baixinho e abro um sorriso. Então quer dizer que a Cora ainda é a mesma Cora.

— Ano passado ela roubou o cartão de crédito do nosso pai e passou setecentos dólares na Dave & Buster's — ele conta. — Este ano, sindicalizou a equipe da Dutch Bros.

— Uau, isso é bem legal!

— Ela nem *trabalha* lá.

Conversamos sobre minha irmã caçula, Este, que acabou de finalizar uma temporada de cinco episódios de uma série de grande orçamento da HBO, e o irmão mais velho dele, Ollie, que agora trabalha no marketing de uma editora em Nova York.

Perto de um cruzamento, a estrada se bifurca na diagonal, como se o que quer que haja por aqui seja velho demais para respeitar as divisões de propriedade. Começa parecido com um beco secreto que se abre até ficar bem largo, paralelepípedos escuros dando lugar aos grandes blocos lisos e rosados da Place du Palais.

Turistas entram por portas antigas arqueadas com sacolas de compras de papel e caixas de doce amarradas por fitas. Cafés transbordam sobre sacadas tingidas de fumaça. Um entregador passa em alta velocidade entre mim e Kit numa bicicleta amarelo-manteiga, pães frescos balançando em seu cesto. É como uma vilinha escondida, esquecida pelo tempo e murada por fileiras de prédios lavanda e pêssego que brilham sob o sol de fim de tarde. Na borda da praça fica um portão medieval imenso coberto por um número realmente fantástico de torres pontiagudas. Passamos embaixo dele e seguimos por outra rua de conto de fadas na direção de uma das igrejas históricas que Fabrizio mencionou, a Église Saint-Pierre.

Estamos quase lá quando olho para trás na direção de uma rua lateral e noto as letras sobre a entrada: A CANTINA COMPTOIR CORSE. Corse de Córsega, a ilha.

— Kit — digo, parando. Ele para também, embora o resto do

grupo esteja nos deixando para trás. — Preciso experimentar uma coisa. É para o trabalho.

Kit apenas acena e me segue. Só depois que chegamos ao fundo do pub barulhento, sentamos nos dois últimos bancos de couro na frente do balcão, traduzimos o cardápio e fazemos um pedido que ele finalmente pergunta:

— Você disse que era para o trabalho, mas não pediu vinho nenhum.

Cruzo os tornozelos embaixo do balcão. Minha bota roça na barra da calça dele.

— Lembra que eu disse que troquei a Soobie por um micro-ônibus Volkswagen?

Conto para ele sobre meu micro-ônibus, esvaziado e reconstruído à mão para virar um bar que posso dirigir pelo vale, digo que crio coquetéis personalizados para casamentos e despedidas de solteira e influenciadores que vêm para o Coachella. Depois conto sobre o frila que peguei num casamento monstruoso no mês que vem: vão ser 350 convidados, oito receitas personalizadas e uma noiva que me manda cinco e-mails por dia esperando respostas imediatas a perguntas como *Eu já mencionei que um dos drinques deve ser servido naquelas canecas tíki personalizadas que parecem meu schnauzer de estimação?* e *Será que você poderia criar um drinque que tenha o gosto da viagem que fizemos para Córsega, quando nos apaixonamos?*

Deixo de fora um detalhe importante: a grana que vou levar nessa mal dá para cobrir os gastos que estou tendo e que, antes de fechar negócio com a Noiva Schnauzer, estava prestes a fechar as portas.

— *Enfim* — completo —, preciso descobrir quais são os sabores corsos para criar um coquetel que reflita "a complexidade do nosso amor", o que, sabe... o cara é gestor de fundos de cobertura e chama Glenn, mas claro.

— Theo, isso é... uau. — Kit olha fixamente o Instagram do meu micro-ônibus no meu celular.

Um mosaico de fotos incríveis de coquetel e minhas mãos servindo drinques pela janela de serviço que instalei. Os olhos dele estão arregalados e cintilantes quando se voltam para mim, e uma onda de ternura me perpassa. A única coisa maior do que a capacidade de Kit de se fascinar é a sensação de estar no centro desse sentimento.

— Foi você que construiu?

É claro que construir o micro-ônibus foi mais difícil do que estou fazendo parecer. Quase um ano de suor e xingamentos, assistindo a horas de tutoriais na internet. Passei a conhecer os vendedores da loja de materiais de construção da cidade pelo nome. Arranquei e substituí os pisos, instalei um motor novo, raspei a ferrugem e repintei, montei tanques e canos e pias, colei papel de parede e lixei os tampos das bancadas e resgatei geladeiras do trabalho.

Tem gente que pinta o cabelo quando passa por um término. Eu comprei um micro-ônibus.

Kit não precisa saber que comprei o micro-ônibus depois do término, que processei o término com uma pistola de pregos enquanto ele lambia creme inglês da barriga de algum colega do curso de confeitaria. Ou que eu talvez nunca tivesse criado coragem para correr esse risco se ele não tivesse dito o que disse naquele avião.

— Assim, o fato de eu ter saído com um carpinteiro por um tempo ajudou. — Vejo a comida chegando e tiro os cotovelos de cima do balcão. — Mas e você? Como é esse esquema de confeitaria?

Sobre um prato de chocos ao molho de tomate que leva vinho tinto e alho seguido de uma cheesecake finalizada com raspas de laranja (*fiadone*, acrescento a minhas anotações), Kit descreve o próprio trabalho num restaurante gourmet dentro de um hotel parisiense cinco estrelas. Madrugar, pesar miligramas precisos de ingredientes, dispor fitas de chocolate branco com uma pinça longa como um neurocirurgião.

— Sinceramente, a pior parte é a pinça — Kit diz. — Sou muito melhor com as mãos. Quando enfio os dedos lá dentro, consigo sentir a pressão, sabe? Dá para perceber só pelo toque se alguma coisa vai ceder ou se está bem macia ou… ah, toma aqui. — Ele me passa um guardanapo para o gole de bebida que escorre da minha boca.

Quando acabo de tomar nota — *ácido, tomate, cítrico, névoa de ilha, talvez um spritz?* —, pulamos a igreja e seguimos direto para a Place du Parlement, que fica no coração do distrito. Paramos diante da fonte sob sacadinhas de ferro fundido, onde Kit aponta para os rostos de pedra esculpidos, que ficam em vigília nos cantos de cada prédio.

— São chamados mascarões — ele diz —, não confunda com macarons — e essa piada me enche de mais uma onda de afeto.

Não consigo acreditar em como estou melhor do que ontem à noite. Faz mesmo só vinte e quatro horas desde que eu estava no Moulin Rouge, tentando impedir que a nostalgia brotasse? Será que o tempo passa de forma diferente na França?

França. Estou na *França*. Quatro anos depois e estamos juntos em Bordeaux afinal de contas.

— Cara — digo. — A gente está mesmo aqui. Olha só pra gente.

— Olha só pra *você*. Uma sommelier e dona de bar.

— E você chef de confeitaria gourmet — respondo, sentindo meu sorriso crescer. — É doido como quatro anos fazem tanta diferença.

— Pois é. Muita coisa mudou. — Ele retribui meu sorriso. Algumas crianças passam disputando corrida ao redor da fonte. — Certas coisas não, mas... ainda assim, muita coisa.

— Acho que foi até bom a gente ter terminado, porque aí viramos essas pessoas descoladas pra cacete.

O sorriso de Kit se mantém fixo, mas algo muda em seus olhos.

— Pois é.

Merda. A gente vinha interpretando tão bem o papel de velhos amigos que nunca se viram pelados, mas agora é como se eu tivesse jogado nossas nudes nos paralelepípedos.

Olho ao redor em busca de algo para quebrar o silêncio, um machado de incêndio de emergência.

Numa mesa do lado de fora de um bar, na beira da praça, está sentado um cara com um cabelo escuro e cacheado. Apesar da camisa e da calça bege, bem diferentes da parafernália de fazendeiro, ele parece muito...

— Aquele ali é o Florian?

Kit segue meu olhar e seu queixo cai de surpresa.

— Acho... acho que é sim.

— Ele está com...?

Um dos outros dois homens à mesa solta uma gargalhada que pertence inconfundivelmente a Calum Loiro.

— De todas as pessoas que queriam levar Florian pra beber — Kit diz —, eu nunca apostaria que quem conseguiria seriam os Calums.

— Ah, eu apostaria. Aqueles dois são encrenca. O ruivo me disse que não pode entrar na Bélgica nunca mais por motivos legais.

Bem nesse momento Dakota e Montana aparecem na varanda com taças iguais de champanhe rosé. Florian acena, e os Calums começam a juntar mesas para que todos possam se sentar.

— Ah — Kit comenta —, isso aí vai ser interessante.

— É tipo assistir *The Bachelor* — digo, com a atenção totalmente absorta naquela cena. — Qual daquelas meninas você acha que quer mais usar a suíte fantasia?

— E como você sabe que não vai ser um dos Calums?

— Aqueles dois são héteros pra caralho.

— Ninguém é hétero numa viagem pela Europa.

— Parece que você está falando por experiência própria — comento, imaginando Kit flertando com turistas nos bares de Montmartre.

— Eu tenho um precedente. Quando a gente passa pela imigração aqui, carimbam "bissexual" no passaporte de todo mundo.

— Pô, então é pra isso que serve aquele carimbo? Eu podia ter pulado a fila.

Kit ri, passando a mão na testa em um gesto do tipo *ai, Theo* que faz os nervos das pontas dos meus dedos vibrarem.

— A verdadeira pergunta é: quem ali tem mais chances de sucesso?

— A de cabelo escuro, Montana, é mais atrevida, o que dá uma vantagem para ela, mas a Dakota é imprevisível.

— A loira? — Kit pergunta. — Ela parece entediada.

— Tem homem que curte esse lance. Vamos fazer um bolão?

— Acho que... — Antes que Kit possa revelar o que acha, Fabrizio aparece na varanda com uma garrafa de vinho e uma cesta de fritas. — Opa, pera aí. Isso muda tudo.

Observamos Fabrizio sentar ao lado de Florian e passar o braço ao redor do dorso da cadeira dele. O italiano entra na conversa com um sorriso lascivo, coloca uma batata frita na boca e, depois, mergulha outra no molho e dá na boca de Florian.

Kit perde o fôlego.

— Ai, meu Deus.

— Caralho, é assim que se faz.

— O Fabrizio chegando com tudo.

Nós dois morremos de rir, a minha risada atravessada de alívio. Aquela tensão passou, e o clima tranquilo do almoço flui como água da fonte. Desde que a gente consiga voltar para esse ponto relaxado, vamos ficar bem. Precisamos só de um estoque infinito de Florians.

O que me dá uma ideia.

— Sabe quem mais pode ter chance? — pergunto para Kit.

— Quem?

— Um de nós. — Kit ainda está rindo, como se achasse que estou brincando. — É sério! Ele estava flertando com nós dois. A gente já tem uma vantagem.

Kit balança a cabeça.

— Não sei.

— Ai, para, vou provar.

— Theo, não…

Ele segura minha manga. Ergo as sobrancelhas para ele, que solta, para e depois a alisa de volta no lugar.

— Por que não?

— Eu… eu só acho que… — O rosto bronzeado dele assumiu um leve tom de malva. — Se vai ser um de nós, por que não eu?

Ah. Reconheço essa tática. Na época em que éramos amigos, às vezes a gente competia pelas mesmas pessoas. Ossos do ofício (bissexuais).

— Está me *desafiando*, Fairfield?

— Talvez — Kit diz. — Mas, enfim, se Fabrizio conseguir pegar Florian, talvez o verdadeiro desafio seja Fabrizio. Por relação transitiva.

— Mas Fabrizio está mais disponível. Ele está sempre com a gente — retruco. — Com Florian, a janela de oportunidade é mais limitada. Uma Janela de Oportunidade Para Transar com Florian.

— Sim, mas digamos que um de nós consiga aproveitar a Janela de Oportunidade Para Transar com Florian. O outro pode simplesmente fazer o mesmo com outra pessoa na cidade seguinte. Não seria uma vitória assim tão significativa.

— O que você está sugerindo? Um torneio de chaves?

— Não estou sugerindo nada — ele diz, embora não pareça desinteressado —, mas, se *estivesse*, acho que seria melhor levar em conta a quantidade de moradores locais seduzidos no maior número de cidades individuais.

Hm. Que ideia *boa*.

Toco o queixo com dois dedos, pensando. Isso começou como uma brincadeira, mas agora estou pensando nos possíveis benefícios de uma rivalidade amistosa e com tesão. Gosto do nosso atual status. Se transar com outras pessoas for manter as coisas com Kit mais estáveis para eu curtir minha viagem *e* nós dois termos uma válvula de escape para qualquer resquício de atrito sexual nesse meio-tempo, por que não?

— Então a competição vai ser baseada no número de corpos — reflito.

— Não precisa falar como se estivéssemos matando as pessoas, mas sim, basicamente.

— Nós dois já *temos* um cada, de Paris… — quanto mais penso nisso, mais me animo. Inclusive, quanto mais olho para Kit, mais quero transar com alguém.

— Calma — Kit diz. — Você está falando sério? Quer mesmo competir?

— Acho que vai ser divertido. Eu topo. Você está falando sério?

Quando encaro Kit, consigo praticamente ver os receptores de prazer de seu cérebro crepitando. Ele é incapaz de dizer não para uma proposta dessas, um hedonista como ele.

— Vamos definir o termo *pegar*. Isso inclui dar uns beijos, uns amassos de roupa ou…?

— Acho que pelo menos uma das pessoas envolvidas tem que gozar — digo.

— Ah. — Kit pisca por um momento. — Aí fica fácil então.

— Ah, é?

— Por quê, para você não é?

— Não, para mim é fácil.

— Eu particularmente gozo o tempo todo.

— Eu também — digo. — É por isso que a gente competiria. Não é como se eu precisasse tirar leite de pedra. Pra transar.

Kit coloca a mão no queixo.

— Estou orgulhoso de você por não ter feito nenhuma piadinha com leite.

— Disponha, sou muito forte. Mas e aí, o que me diz? Topa uma apostinha sexual entre amigos?

Por um longo momento, Kit não diz absolutamente nada. Fica só olhando para mim, vasculhando meu rosto tão atentamente que sinto seu olhar quase como um toque.

Então, como fez naquele penhasco em Dover, ele estende a mão.

— Beleza. Eu topo.

Sorrio.

— Então está topado.

Quando pego a mão dele, está manchada de tinta do caderno de desenho. Sinto a pele dele quente contra a palma da minha mão.

— Só mais uma coisinha — diz Kit. O polegar dele aperta o dorso da minha mão. — Aquela ali é a Glenn Close, estrela de *Atração fatal*?

Viro para olhar e Kit sai correndo na direção do bar.

SAINT-JEAN-DE-LUZ COMBINA COM:

Izarra verde (puro, depois do jantar),
gâteau basque feito com cerejas frescas

Saint-Jean-de-Luz

— Ah, finalmente! — cantarola Fabrizio quando embarco no ônibus na manhã seguinte. — Nossa pequena *conquistadore*!

Orla empurra a prancheta na minha direção.

— Vai logo, a gente não tem o dia todo.

— Seja gentil com minha Theodora — continua Fabrizio. — Não é culpa dela. Está apaixonada!

— Não estou…

— Sempre fico feliz quando meus passageiros experimentam a culinária local por conta própria — Fabrizio diz, com uma piscadela enorme. — E quando vira amor! Orla, lembra da menina alemã de uns dois anos atrás que tentou convencer a gente a deixá-la em Barcelona com o marinheiro? Ah, eles estão casados agora!

Sigo o corredor, aceitando uma salva de palmas dos Calums e olhares invejosos, mas não hostis, de Dakota e Montana. No meu banco, Kit está encostado na janela usando um conjuntinho de camisa estampada de felpa e short curto.

Coloco a mochila em cima, pego o objeto pequeno mais próximo do bolso externo e jogo nele.

— Ai — Kit diz quando um pote de pomada bate em seu braço. Ele tira os fones de ouvido. — Bom dia.

— Bom dia!

Estou com o maior sorriso de satisfação no rosto enquanto afundo ao lado dele e Orla nos tira de Bordeaux.

— E aí? — O tom de Kit é leve e indecifrável. — Como foi com Florian?

— Ele foi… — Faço uma pausa para criar suspense. — Surpreendente.

— Em que sentido?

Como eu vou explicar? Kit e eu podemos até ter estabelecido os termos de uma competição sexual ontem, mas não definimos as regras para falar de sexo um com o outro. Agora, porém, a gente é amigo e, da última vez que a gente foi amigo, contava tudo um para o outro.

O que aconteceu com Florian foi que voltamos pro apartamento dele para tomar mais uma garrafa do château. Depois ele me levou para o quarto, mostrou o que havia dentro da gaveta de cima da cômoda e me perguntou se eu toparia usar nele.

— A surpresa é que ele estava muito bem preparado — digo, pensando na cinta de couro macio que ele afivelou em meu quadril, no frasco de óleo que espalhou em meus dedos. — Quer dizer, deu pra ver que ele tinha joelhos para o que queria fazer, mas não pensei que fosse ter toda aquela versatilidade.

Os olhos de Kit vão ficando cada vez mais arregalados.

— Quer dizer que ele deixou você…

Se alguém entenderia o que deixei implícito, este alguém é Kit.

— Tá brincando? Era *exatamente* o que ele queria. — Uma partezinha estranha de mim quase desejava que Kit pudesse ter visto o jeito que a minha mão encaixava perfeitamente entre as duas covinhas da lombar de Florian. Kit é o único que entenderia de verdade como minha técnica evoluiu. — Bom, vamos dizer apenas que eu não esperava vê-lo tão de quatro por mim.

A expressão maravilhada de cobiça no rosto de Kit dá lugar a uma careta.

— Trocadilho infame agora não.

— Ele curtiu — continuo, as sobrancelhas erguidas. — Embora seja meio *pau no cu*.

— Deviam te proibir de fazer sexo depois dessa. Você deveria entrar pra um monastério.

— A pontuação está dois a um — digo, ignorando o desdém dele com bom humor. — Estou ganhando.

— Espero que esteja se divertindo — solta Kit, tirando o livro que está lendo da bolsa. — Não vai durar.

Vai demorar duas horas para chegarmos em nossa próxima parada, Saint-Jean-de-Luz, uma comuna de pescadores na parte sudoeste da

França perto da fronteira espanhola, então decido me atualizar e dar uma olhada nas notificações mais urgentes.

A primeira, uma conversa toda por e-mail da minha família. A segunda, uma mensagem do gerente do bar do Timo. A terceira, um e-mail do sommelier. A quarta, um e-mail da Noiva Schnauzer. A quinta, uma mensagem de Sloane. Fecho os olhos, respiro fundo e dou um mata-leão na parte de mim que quer ignorar todas elas.

Resolvo a crise do gerente do bar primeiro, embora eu tenha especificado a todos que não me incomodassem enquanto eu estivesse — e usei exatamente estas palavras — enchendo o cu de brie. Não deveria ser tão difícil para o cara que ficou no meu antigo cargo ler minhas anotações, mas acho que vários post-its aleatórios no escritório lá dos fundos não chega a ser uma coisa tão intuitiva para ele como era para mim. Aproveito para deixar um lembrete de que nosso fornecedor local de bíter tem que ganhar um tiramisu grátis uma vez por mês ou vai parar de nos dar desconto e que tem dois assistentes de bar que não podem ser colocados no mesmo turno porque um comeu a namorada do outro.

Na conversa por e-mail da minha família, vejo que meu pai mandou uma atualização prolixa das filmagens em Tóquio, minha mãe está caçando locações no Texas Panhandle, Sloane está pensando em deixar uma cabeça de cavalo na cama de seu par romântico e Este fretou um helicóptero para as Maldivas para jantar com o filho de um embaixador. Mando um relato curto sobre Paris e Bordeaux sem mencionar Kit.

Depois abro o e-mail do sommelier me perguntando se me registrei para a degustação do portfólio de um distribuidor no mês que vem. Eventos comerciais são importantes para sommeliers sérios, mas odeio ter que fazer networking, odeio que esperem que eu me vista de forma feminina e odeio, mais do que tudo, ter que ouvir homens de blazer e calça jeans escura masturbando a merda de ego uns dos outros enquanto falam de borgonha. E não posso abrir mão de um fim de semana de vendas no bar micro-ônibus para puxar sacos em Scottsdale. Respondo para ele que não vou conseguir, já escutando o sermão: *se você realmente quiser dar certo nessa profissão etc. etc.*

O e-mail da Noiva Schnauzer é o próximo, e ela quer incorporar pelo menos três, mas não mais do que cinco, ervas das amostras da floricultura ao cardápio. Minha paciência já está no fim, então envio algumas sugestões de coquetéis e bloqueio o celular. Sloane pode esperar até minha cabeça não estar mais tão quente.

Encosto a tela fria na bochecha e solto o ar devagar, deixando que meu corpo relaxe enquanto observo os campos franceses que passam pela janela, as árvores finas e engraçadas com pompons de folhas brotando do alto como dentes-de-leão.

Às vezes é constrangedor que essa seja a minha ideia de alta performance, que tenha passado os últimos anos ralando para conseguir ter vinte minutos de função executiva e um medo de que minha vida desabe se eu respirar errado. Mas, na maioria dos dias, tenho orgulho do quanto progredi. Até os meus vinte e cinco anos foi tudo uma série de cagadas de pequeno a médio porte e então eu decidi tomar jeito.

E só tomei jeito porque precisava, porque não gostava de mim nem da minha vida. Mas também porque, toda vez que perdia as chaves ou me esquecia de alguma promessa, sentia falta de Kit.

Morar com Kit era como morar num ninho de duendes. Toda noite, eu encontrava o carregador do meu celular de volta na minha mesa de cabeceira ao lado da minha garrafa d'água, cheia e exatamente na temperatura que eu gostava. As datas apareciam circuladas sozinhas no calendário. Flores frescas surgiam sempre que as antigas murchavam. E, mesmo que eu tirasse as coisas da lava-louças de qualquer jeito, quando olhava no fundo da gaveta, as colheres de medida estavam sempre lá, limpas.

Eu amava, mas também me ressentia com o fato de ele conseguir ser bom nas partes da vida em que eu era horrível e, depois que ele foi embora, deixei que o rancor vencesse. Meu amor virou uma furadeira elétrica e construí uma vida pensando no que conseguiria manter em ordem sem contar com mais ninguém, porque não dá para sentir falta de uma coisa se não precisar mais dela.

Só que de vez em quando, depois de um turno de oito horas e de fazer um frila que me ocupava durante a noite toda, eu chegava em casa um caco, dava de cara com uma pilha de louças e pensava: *Kit cuidaria melhor de mim*. E, por um segundo, era como se ele estivesse lá. Guardando os potes de cereal, esperando acordado com um livro, tirando a tensão dos meus ombros com beijinhos, resolvendo meus problemas.

— Theo?

O Kit real, do presente, está me observando sem um dos fones, o livro aberto no colo.

— Você está bem?

Balanço a cabeça.

— Tô! Tô sim, só pensando. O que, hm, o que você está ouvindo?

— Ah... — Kit olha de canto de olho para o celular. — Você vai rir.

— Vou não.

Ele está com aquela expressão suave no rosto, como ficava quando estava observando o topo do Pico San Jacinto lá no vale.

— Antes da viagem, tive a ideia de fazer uma lista de compositores que escreveram músicas em cada uma das paradas do ônibus. Porque eu... — ele faz uma pausa, procurando as palavras. Isso é novo. Ele costumava falar frases longas e esbaforidas até conseguir explicar o que estava pensando, mas agora filtra os próprios pensamentos. — Aonde quer que eu vá, quero experimentar o lugar por inteiro. Até onde for possível. Quero tocar, sentir o gosto, beber o que é produzido ali, comer a comida dali, escalar o que der, nadar. Dá para ouvir os ruídos de um lugar andando pela rua ou se sentando perto do mar ou abrindo a janela, mas acho que, se quiser *escutar mesmo*, é isto aqui. É tipo quando dá pra sentir o gosto da cozinha em que o pão que você está comendo foi assado. Ou...

— Ou como o vinho acaba pegando o gosto do barril.

Ele sorri.

— Isso. É isso, exatamente. Por isso, estou escutando Ravel.

Sem dizer mais nada, Kit me entrega um fone. Coloco no ouvido, e ele volta a música do começo.

— — —

Nunca tinha assistido nenhum filme ambientado em Saint-Jean-de-Luz, mas já tinha visto castelos de areia, casas de boneca e pêssegos brancos maduros, então é quase a mesma coisa. Os prédios se abraçam ao redor das ruas estreitas, alguns feitos de pedra rosa e outros entrecortados de madeira vermelha e janelas também vermelhas. A luz matinal preguiçosa escorre dos telhados cor-de-rosa e laranja até o calçadão, que se curva ao redor de uma praia imensa em formato de lua crescente que Fabrizio diz se chamar La Grande Plage. Na distância azul turva, a cordilheira dos Pireneus se ergue na direção do céu infinito.

Começamos o dia no mercado central do povoado. Se estivesse falando vinhês, diria que Les Halles tem um olfato robusto e variado, com alta intensidade de aromas do mar — água do mar, concha de abalone, pedras úmidas, algas marinhas, peixes gordurosos. Notas de porco em salmoura e linguiça defumada, pão de fermentação natural e casca queimada, cravo fresco com gerânio e ave-do-paraíso, sálvia silvestre. Outra nota efêmera desliza entre essas, algo suculento e ácido, tipo capim-limão ou verbena.

É essa que me pega.

Desvio de caixas de queijo e assadeiras de brioches soltando fumaça, passo por uma senhora pedindo cordeiro para um açougueiro de bigode e ando até uma barraca de frutas vibrantes. Ela me lembra a minha frutaria favorita perto de casa, só que aqui tem um tipo de pera de que nunca nem *ouvi falar*, o que é raro quando se passa tempo degustando vinho com o tipo de gente que compete para ver quem cita a frutinha vermelha mais obscura. Essas frutas podem me *ensinar* algo. Pego um damasco e levo a casca ao nariz.

— *Bonjour!*

Com um susto, ergo os olhos da anotação que estou fazendo no celular (*orangé de Provence: intenso, doce, ácido*) e dou de cara com uma vendedora de avental.

Ela é uma graça, do mesmo jeito que Saint-Jean-de-Luz: leve e sensual. O rosto marrom numa expressão suave e relaxada. O cabelo escuro está amarrado num coque informal na nuca, e as pontas soltas têm aquela textura fresca de quando o cabelo seca ao sol com água do mar. Ela segura uma pera de manchas vermelhas e verdes e uma faca pequena, uma fatia espetada na ponta. Tem um ar meio de mulher casada. Não comigo, talvez, mas definitivamente com alguém.

— Quer? — diz a Casada da Fruta.

— *Oui* — respondo, com entusiasmo. — Nossa, sim, por favor.

A polpa da pera, rosada como uma pétala de flor, derrete na minha língua que nem manteiga com uma pitada de canela, e a mulher me observa lamber o sumo do polegar. Se meu francês fosse melhor, essa é a parte em que eu perguntaria: *É agora que a gente se pega?*

Ela aponta para uma plaquinha em cima do cesto de peras.

DOYENNÉ DU COMICE.

Contratar uma mulher bonita para dar fruta na boca dos fregueses é um modelo de negócios excelente porque, quando dou por mim, estou pagando por um quilo de cereja enquanto a Casada da Fruta me dá tchauzinho.

— Preparando a número três, já? — pergunta Kit, que aparentemente presenciou a situação toda.

— Acho que acabei de levar um golpe.

— Compreensível — Kit avalia com um aceno. — Ela é linda.

— O que você comprou?

— *Fromage de brebis* — ele diz, erguendo um pedaço de queijo de cabra embalado. — O cara da barraca também era gato, mas não posso mais dormir com vendedores de queijo. Estou tentando não me enfiar em nenhuma caixinha. — Abro a boca, mas Kit ergue a mão. — Não começa.

— Ué, então não usa palavras tipo "enfiar".

Ele solta aquela risada que quer dizer *ai, Theo*. Eu tinha esquecido de como o som dessa risada é gostoso.

— Eu vi uma vendedora de peixe gostosa — ele diz.

— Aah, me mostra.

Damos a volta pelo mercado, admirando folhados brilhantes e pratos de pimentões recheados, acotovelando um ao outro. Kit está rindo. Eu estou rindo, o ar entre nós está fresco e leve. Parece que a gente é amigo. Minha ideia da competição sexual está ajudando a quebrar o gelo. Concluo que sou, sim, genial.

No fundo do salão, a peixaria é pungente e cintilante como uma concha de ostra e movimentada como a Grand Plage. Caixas de gelo estão cheias de camarões cintilantes, vieiras em conchas vermelho vivo, cortes de atum rubi-escuro, peixinhos rosa-prateados esguios, peixes chatos e peixes com listras. Fregueses fazem fila de três em três e apontam para lulas.

Atrás do balcão, uma morena de nariz forte e macacão coloca peixes na bancada, enrolando, pesando e respondendo aos pedidos com uma voz clara e simpática. Um homem faz uma pergunta para ela, que pontua a resposta com uma batida do cutelo na tábua de corte.

— Ela — Kit diz desnecessariamente.

Quando a fila se dispersa, a peixeira limpa as mãos e se vira para nós, se dirigindo a Kit em francês. Entendo o suficiente para saber que Kit responde que eu não falo a língua deles.

— Ah. — A peixeira passa sem dificuldade para o inglês, confiante, mas com um leve sotaque difícil de localizar. — Desculpa, não achei que você fosse dos Estados Unidos!

— Agradeço — digo, com sinceridade. — Você é muito boa nisso.

— Sou peixeira desde os doze anos. É bom ser boa mesmo. — Ela sorri, exibindo um espaço entre os dois dentes da frente. — Ele disse que vocês estão numa excursão gastronômica e de vinho? O que vieram comer em Saint-Jean-de-Luz?

— O almoço vai ser no restaurante de um hotel em frente a Grande Plage — digo. — Você conhece? Tem uma estrela Michelin.

— Ah, o Le Brouillarta. — Ela faz uma careta relutante de aprovação, e fico com a impressão de que só teria se contentado se tivéssemos dito que viemos comer um peixe recém-pescado assado por uma avó local. — E aonde vocês vão depois daqui?

Listamos os próximos destinos para ela. Vamos passar pela costa até a fronteira espanhola para chegarmos a San Sebastián, daí atravessamos a Espanha até Barcelona, voltamos subindo até a costa sul da França e para o leste até chegarmos a Nice e Mônaco. Depois disso, é só Itália: Cinque Terre e Pisa na costa noroeste, entrando no continente para chegar a Florença, seguindo a sul pela Toscana até uma vila em Chianti e depois Roma, mais ao sul na direção de Nápoles, e uma balsa para a parada final em Palermo. Quando acabamos, ela solta um palavrão em francês tão cabeludo que arranca uma gargalhada surpresa de Kit.

— Filhos da puta sortudos! — ela diz, dando um tapinha na barriga por cima do macacão. — Minha mãe nasceu em Barcelona. Vou falar aonde vocês devem ir. — E descreve em detalhes, com total confiança, a experiência precisa e obrigatória que precisamos ter em Barcelona. O único bar para tomar vermute, a única *tapería* para comer *patatas bravas*. — Daí também, se gostam de doce… pera, vocês gostam de doce?

— Eu gosto — responde Kit.

— Ele é confeiteiro em Paris — acrescento.

Kit me encara, os olhos brilhantes e curiosos.

— E Theo é sommelier.

Finalmente, conseguimos impressionar a peixeira. Ela se debruça sobre uma caixa de anchovas peroladas, nos examinando com um interesse renovado, antes de concluir:

— Gostei de vocês.

Não sou fácil de desestabilizar, mas algo no olhar cinza intenso dela faz minha cara arder. O cotovelo de Kit cutuca o meu.

— Tão poucos turistas respeitam a comida e a bebida como deveriam! — continua ela. — Ah, vocês precisam conhecer o porto de onde compramos nosso peixe. Posso mostrar para vocês depois que o mercado fechar, se quiserem. Meu nome é Paloma, aliás.

E é assim que saímos de Les Halles com um quilo de cereja, um pedaço de *fromage* e instruções para encontrarmos uma peixeira gostosa chamada Paloma ao pôr do sol.

— — —

— Digo com sinceridade. Adoro um cardápio que é só uma lista de substantivos.

Eu e Kit estamos sentados juntos em Le Brouillarta, aproveitando a brisa do mar que entra pela janela aberta enquanto estudo o cardápio. Bolo de lagosta. Bergamota, hortelã, pepino e frutas cítricas. Foie gras. Enguia defumada, cantarelas.

— Não dá pra saber o que *vai vir*. Olha só essa descrição de atum: alho-poró, abeto, alecrim! O que é isso, um prato? Uma horta comunitária? Uma vela aromática? Será que palavras aqui significam alguma coisa? Mal posso esperar para descobrir.

O sorriso que se abre na boca de Kit faz algo se acender em mim.

— Você disse que o vinho de ontem cheirava a sela desgastada, não foi? — ele pergunta.

— Olha, na verdade tinha mais cheiro daquelas calças de couro que não têm a parte da bunda, sabe? Mas não quis perder os bons modos. Por quê?

— Esclarecedor, só isso. — Ele não me inveja por isso. Somos iguais quando o assunto é comida.

Sempre tivemos a mesma necessidade de saber onde estávamos nos metendo. Kit até assume riscos e se joga de cabeça, desde que esteja confiante de que consegue controlar onde vai parar. Eu normalmente prefiro manter os pés no chão. Mas o que está no prato — o que está na taça, o que derrete no palato, o que combina bem na panela —, é aí que nós dois gostamos de ser surpreendidos.

Tudo começou com Del Taco.

Tínhamos dez anos, e eu tinha certeza que uma educação cultural em fast-foods americanos ajudaria Kit a se adaptar. Aconteceu no outono em que minhas irmãs pegaram o primeiro trabalho juntas, então eu jantava com Kit todo dia. Uma vez, à tarde, quando a mãe dele perguntou o que queríamos, eu disse: "Dona Violette, será que a gente podia pedir burrito?".

Francamente, Del Taco não é nem *bom*. Mas eu fiquei assistindo Kit, do outro lado do banco de trás, dar aquela primeira mordida e entrar em outra dimensão. Precisou só de uma mordida medíocre de frijoles refritos para ele se viciar em descobertas culinárias. De repente tinha ânsia de saber que outras coisas malucas e impressionantes existiam no mundo. Fomos descobrindo cada formato de batata frita existente em cada uma das principais redes de fast-food até a mãe de Kit nos dizer que estávamos fritando nossas papilas gustativas com sódio estadunidense e colocar uma panela de coq au vin na nossa frente. Aí foi a minha vez de me impressionar.

Enquanto minhas irmãs encenavam um drama de divórcio com Willem Dafoe, eu estava na casa de Kit descobrindo a culinária francesa. A mãe de Kit era uma fada da horta, uma bruxa da cozinha, e só cozinhava receitas especiais de alguma tataravó. Foi ela que me apresentou os cinco molhos básicos da culinária francesa, deixou que eu caramelizasse cebola em seu fogão e fazia o que ainda considero o ideal platônico de boeuf bourguignon.

E foi assim que eu e Kit nos tornamos glutões curiosos juntos. Cinquenta por cento de nossa amizade consistia em sentar à mesa soltando "aahs!", dando garfadas e olhando um para o outro. Quando esgotamos todas as experiências culinárias do vale de Coachella, viajamos por todo o estado atrás de barracas de beira de estrada e festivais de chili e peixarias de praia. Assumíamos qualquer risco, desde que fosse de comer ou beber.

Tínhamos vinte e um quando começamos a sonhar em abrir um restaurante nosso, um bistrô pequeno com um cardápio sazonal simples e coquetéis novos toda semana. Chamaria Fairflower. E, a partir de então, tudo o que experimentávamos tinha um sabor robusto e eufórico de possibilidade.

Sinto falta desse sabor às vezes. Não o encontro desde aquela época.

— Você lembra daquele restaurante de gente metida de Los Angeles? — pergunto a Kit. — Aquele do seu aniversário?

Sei que o melhor agora é evitar mencionar nosso relacionamento, mas isso é de antes, quando eu ainda tinha o que pensava ser um amor não correspondido. Foi no aniversário de vinte e dois anos de Kit, e ele quis experimentar um restaurante sobre o qual tinha lido. Caramba, nós dois tínhamos altas expectativas, mas não foi tudo isso.

Fico olhando para ele, esperando por aquela sombra que vi quando mencionei o término ontem, mas ele só sorri.

— Ai, meu Deus. Aquele lugar de gastronomia molecular.

— Aquilo *sim* era um cardápio só de substantivos.

— Estava mais para um poema.

— E todas as porções eram, tipo, microscópicas.

— A *espuma de polvo*.

— Quem foi que pensou em espuma de polvo? — repito o que disse quando cheguei à nossa mesa naquela noite.

— Polvos não foram feitos para virar espuma! — ele repete o que me respondeu na época.

— A conta deu trezentos dólares e mesmo assim a gente ainda estava com tanta fome que acabamos indo depois…

— Comer batata frita com chili no Original Tommy's.

— *Isso*. — Lembro da gente vestindo nossas melhores roupas e comendo batata frita com chili no capô do meu carro.

Hollywood, luz neon, Olivia Newton John nas caixas de som do estacionamento e um segredo grande e assustador apertando meu peito.

Termino de beber meu copinho de água em temperatura ambiente, ainda sorrindo. Kit empurra o dele para mim, e eu bebo também.

— — —

Depois do almoço, temos um tempinho para aproveitar a praia. Kit vira para mim e pergunta:

— O que você quer fazer?

Estou com raiva de mim por ter esquecido minhas roupas de banho no hostel, mas me recuso a deixar que isso me impeça de aproveitar um lugar como este. Faço sombra sobre os olhos e percorro o horizonte azul até a formação rochosa ao redor da baía.

— Quero dar uma olhada naquelas rochas.

Kit acena.

— Então vamos dar uma olhada naquelas rochas.

Ele pede instruções para um entregador, e saímos da praia para subir a colina por uma estrada estreita e sinuosa escondida entre as árvores. Subimos, subimos e subimos mais um pouco até chegarmos a uma capelinha branca no topo. Daqui, consigo ver tudo o que há pra ver desde os joelhos verdes das montanhas até o horizonte e, por sobre uma cerca de madeira bamboleante, a grama dá lugar a estriações de um rochedo cinza que desce em cascata na direção da água.

— Bom — digo. — Exatamente o que pensei. Rochas.

Kit ri e balança a cabeça.

— Poxa.

Ele ignora o portão trancado e a placa que proíbe visitantes de entrarem na área e passa por um espaço entre os postes da cerca, descendo a colina.

— O que você está fazendo? — grito.

Ele se vira, sorrindo a passos leves.

— Você queria dar uma olhada nas rochas. Estou levando você até as rochas.

Essa sempre foi a diferença entre nós. Eu olho para uma montanha e penso: *Que vista bonita*. Kit olha para uma montanha e pensa: *Será que consigo escalar?*

Suspiro, passo pela cerca e vou atrás.

Eu o alcanço à beira-mar, onde as rochas se aplainam numa saliência açoitada pelas ondas, névoa brilhando sobre nosso rosto. Kit ergue os óculos escuros até o cabelo e planta as mãos no quadril, satisfeito com o próprio trabalho.

Ele encontrou uma enseada particular pra gente.

Um quebra-mar comprido e estreito de concreto se projeta da costa, a superfície úmida e escura de tanto segurar a maré. Andamos até avistar a Grande Plage ao redor das rochas e aí sentamos na ponta. Coloco meu saco de cerejas do mercado entre nós, e Kit desembrulha seu queijo. Com a ajuda do meu canivete e do pote de mel para viagem dele, dividimos as duas coisas. As cerejas têm uma acidez fantástica com uma doçura que me lembra ameixas e são melhores do que qualquer cereja que eu já tenha experimentado antes. Um beijo para a Casada da Fruta.

Não falamos sobre nada disso. É uma coisa que só acontece, como qualquer um dos milhares de refeições que fizemos. Voltamos para a nossa primeira forma de comunicação.

— Aquele livro que você está lendo — pergunto a Kit. — É sobre o quê?

Ele engole um pedaço de queijo.

— Sobre uma inglesa chamada Lucy que se apaixona por um homem que conhece numa viagem para Florença, mas é claro que todo mundo reage de uma forma meio eduardiana demais, então ela fica noiva de outro homem, que é um partido melhor, mas um chatão.

— Cara, odeio quando as meninas ficam meio eduardianas. — Finjo suspirar, e Kit dá risada. — É bom?

Ele se apoia com as mãos para trás e contempla a pergunta.

— Gosto de ler E. M. Forster porque é sempre uma leitura gay, mesmo quando é sobre um homem e uma mulher. Sabe quando, tipo, às vezes você lê ou assiste ou escuta alguma coisa que tem um... retrogosto homossexual? Não que os personagens estejam fazendo ou dizendo qualquer coisa explicitamente gay, mas você sente na voz, ou em como as flores são descritas ou na descrição de um personagem olhando para uma pintura, ou na maneira como eles veem o mundo e reagem a ele. Tipo quando o Legolas e o Gimli entram em Minas Tirith e começam a criticar a paisagem do nada.

Reviro a ideia em minha cabeça.

— Acho que é isso que eu amo nos filmes de ação mais antigos... eles são inerentemente homoeróticos.

Ele solta uma risada curta pelo nariz.

— Mal posso esperar para saber o que você quer dizer com isso.

— Pelo amor de Deus, Kit. Quantas vezes você assistiu a *Caçadores de emoção* comigo? E quantas vezes a gente viu *Velocidade máxima*? São dois dos melhores filmes de ação do começo dos anos noventa e, no fundo, os dois são sobre o Keanu Reeves tendo uma conexão intensa e profunda com o outro protagonista, uma química doida que funciona tão bem que é basicamente sexo. A única diferença é que um é com a Sandra Bullock e o outro é com o Patrick Swayze.

Kit leva os dedos aos lábios, como se estivesse pensando muito agora.

— Nunca olhei por esse ângulo.

— Ou *Matador de aluguel*! Ou *Top Gun*! — continuo, me empolgando. — Todos os melhores filmes de ação dos anos oitenta, aqueles hipermasculinos, cheios de gente apertando a bunda das mulheres e corpos besuntados de óleo, não funcionariam sem aquele ar subjacente de que o pau de todo mundo ali tá duro o tempo todo. Isso *sim* é gay pra caralho! Eles dão a volta e ficam gay! E esse é o ingrediente secreto. Hoje em dia todo mundo tem tanto medo de fazer sem querer um filme com subtexto gay que o pinto de mais *ninguém* fica duro, e é por isso que não temos nenhum herói icônico nos filmes de ação produzidos nos últimos vinte anos. — Cuspo um caroço de cereja e acrescento: — Tirando o John Wick.

Os cantos da boca dele se curvam para baixo num sorriso invertido de admiração.

— Gostei de como você fechou o círculo com o Keanu Reeves.

— E não é?

— Você não deixou nenhuma ponta solta.

— Ele não recebe o devido crédito pelo que já fez por nossa comunidade — digo. — A saga *Matrix?* É sobre gênero.

— Hm — ele concorda, achando graça. — Você está dando ótimos argumentos.

De todas as coisas que senti falta em ter Kit como meu melhor amigo, essa deve ser a maior. Esse eterno *tá, mas* das nossas conversas, cada pensamento dando continuidade ao anterior, cada detalhe inconsequente de nossa vida derrubando o próximo dominó, em sequência. Ainda mais quando entramos nesse assunto, nessa grande salada mista de sexo e gênero.

Saímos do armário um para o outro com quatro anos de diferença — primeiro foi o Kit, para minha absoluta falta de surpresa. Com base em como ele enxergava o mundo, eu sempre desconfiei que ele ou fosse do vale ou estivesse envolvido em algum tipo de romance espiritual com a essência cósmica da terra impossível de descrever em palavras humanas. Eu deveria ter imaginado que também era bissexual; nós nos entendíamos bem demais para não sermos iguais. Mas eu tinha só catorze anos na época, e antes dos dezoito não tinha maturidade suficiente para descobrir essas coisas a meu respeito.

Ele ficou tão feliz quando contei, e me deu um abraço tão apertado, que minha raspadinha explodiu na gente. Precisamos pular a cerca do predinho atrás da 7-Eleven para nos enxaguar na piscina. Foi como se nosso mundo tivesse se ampliado, como se finalmente pudéssemos conversar sobre as cores que ninguém mais conseguia ver.

Ainda não saí do armário para Kit pela segunda vez. Há uns anos atrás eu ainda não dava conta de saber o que sei agora sobre mim. Fico olhando ele chupar a polpa de um caroço de cereja com os dentes. Será que chegou o momento? A primeira vez que estamos aqui, juntos como amigos de novo?

— Ei.

Kit se vira, os olhos da cor de um uísque de qualidade sob o sol.

— As cerejas — digo. — Pensa rápido.

Um antigo jogo nosso, que inventamos quando começamos a fantasiar sobre Fairflower. Ele demora um segundo para reconhecer a brincadeira, os olhos de uísque cintilando como se eu tivesse colocado um cubo de gelo lá dentro.

— Ah — ele murmura. — Tá, deixa eu pensar.

Faço um barulho de buzina de programa de auditório.

— Errado, não pode pensar!

— Tá, tá! Então eu faço um éclair. Recheio de cereja e mascarpone com cobertura de geleia de marmelo e cereja. E um glacê espelhado, só para deixar tudo mais sexy.

— Legal. — Puxo os joelhos junto ao peito. — Então eu pego o marmelo e faço um xarope de gengibre e marmelo pra colocar num Old Fashioned, com bíter de Angostura, uísque Four Roses e casca de laranja.

— Tá, então eu pego o bíter e coloco num bolo de chocolate amargo. Por cima, ganache de chocolate com pimenta-caiena e canela.

— Eu misturo a pimenta-caiena com sal e *gochugaru* e coloco na borda de uma margarita de caqui.

— Faço compota de caqui e avelã moída para colocar no recheio de um rolinho de canela e cubro tudo com cobertura de caqui e cream cheese quando tiver acabado de sair do forno.

— Caraaalho. — Encosto a testa nos joelhos. — Agora eu quero comer isso aí.

— Eu também. Ganhei?

— Acho que sim. Não sei como sair por cima.

— Ah, você não costuma... — ele interrompe a frase com uma tossida.

— Ficar por cima, eu sei. E você ainda me criticando pelas *minhas* piadinhas sexuais.

— Não é culpa minha — suspira Kit. Então ergue a cabeça, deixando a brisa do mar soprar o cabelo dele para trás do rosto corado. — É gostoso demais aqui. Daí eu não funciono direito.

— É mesmo. — Contemplo a água, achando que consigo ver uma estrela-do-mar envolta por algas trazida do fundo pelas ondas, os pontinhos trêmulos dos Calums em pranchas de surfe emprestadas, um grupo de golfinhos, alguém nadando de volta para casa para o jantar. — Como será que é morar aqui?

Kit pensa nisso por um segundo.

— Acho que eu ia gostar de morar numa casinha à beira-mar. Ainda mais aqui na Côte d'Argent, onde dá para ter experiência de montanha e de mar, e uma flora bem legal, também. Quase me lembra Santa Bárbara.

Eu não queria perguntar. Não queria ouvi-lo mentir para proteger meus sentimentos, mas foi ele quem trouxe o assunto.

— Você alguma vez sentiu falta da Califórnia?

— Ah, senti — ele diz, os olhos fechados sob o sol. — Sinto o tempo todo.

Não sei o que dizer, então não digo nada. Ficamos sentados num silêncio confortável por um tempo, só nós, as cerejas e o oceano.

— Queria ter trazido alguma roupa de banho — Kit diz, mais para si do que para mim.

Penso na conversa que tivemos sobre viver as experiências que os lugares têm para oferecer — nadar, ele disse. Parece até que estou ouvindo a música de Ravel que ele colocou pra tocar, os trinados da flauta e as cordas subindo e descendo feito espuma do mar. Se ele pode me proporcionar isso, posso oferecer algo em troca. É pra isso que servem os amigos, né?

Levanto e olho para as pedras, de costas para ele.

— Vem.

Ele deixa escapar um riso borbulhante e surpreso.

— Quê?

— Levanta e vira de costas. Olha para o horizonte.

Por cima do barulho das ondas, escuto um ruído de papel, o farfalhar do couro, um zíper. Kit, guardando nossas coisas em segurança antes de fazer qualquer que seja a coisa ridícula que tenho em mente. Que bom que só as pedras conseguem me ver sorrir.

— Pronto — ele diz. — E agora?

— No três, tiramos a roupa.

Não consigo ver o rosto dele, mas sei a exata velocidade em que suas sobrancelhas acabaram de se erguer.

— Como é que é?

— Eu não olho para você, você não olha para mim. Tiramos a roupa e pulamos o mais rápido possível.

Uma pausa. As ondas sobem de novo.

— Mas eu tiro toda a roupa?

— Ah, acho que toda a roupa que você quiser.

— *Você* vai tirar toda a roupa?

— Vou ficar só de roupa íntima.

Mais uma pausa.

— Roupa íntima — ele repete, o tom neutro. — Beleza.

— Pronto?

— Espero que sim.

— Um, dois, três!

Arranco a camisa, baixo o short e pulo.

A água é fria, mas não o gelo chocante que esperava depois de uma vida nadando no Pacífico. Gira ao meu redor em espirais leves e fortes, e afundo pelo tempo que aguento, deixando que a água envolva meu corpo e me empurre para cima. Bato os pés para chegar à superfície bem no momento em que Kit mergulha.

— Você esperou! — grito quando ele emerge.

— Não esperei nada! — Ele tira o cabelo molhado da testa. — Só não sabia se você estava falando sério.

— Por quê? Acha que não consigo ter espontaneidade? Pois fique sabendo que agora eu tenho *muita* espontaneidade. Sabe essa coisa que todo mundo diz de fazer uma coisa que te assusta por dia?

— Você faz isso?

— Bom, estou chegando lá. Acabei de começar a primeira semana.

— Entendi. O que assustou você essa semana?

Isto, algo em mim responde automaticamente. *Você.*

— Testículos de boi — digo. — Vou comer na Espanha.

Mergulho e dou uma volta rápida, cinco metros para lá e para cá, só para aparecer atrás de Kit e dar um susto nele.

— Beleza, então! — Ele se vira, nadando para trás. — Você venceu, tem mesmo muita espontaneidade. Desculpa ter duvidado.

Dou risada, engolindo em seco as palavras com uma lufada escaldante de ar.

— É bom ver você nadando — ele diz.

Kit estava na prova de natação em que detonei meu ombro, e estava anos depois quando odiei a ideia de reaprender a nadar. Estava antes também, em tantos verões com cheiro de cloro. Perdeu os últimos anos de exercícios na barra fixa todo dia de manhã para fortalecer os músculos e os mergulhos exploratórios em Corona del Mar, mas sabe o que significa para mim estar de volta à água.

— Sim. É gostoso.

Vagamos pela água pelo que parecem séculos, nossos ombros nus subindo e descendo a cada onda, apenas conversando. Sinto que estou tostando no sol e marinando em salmoura feito um tomate num pote. A vida é boba, aleatória e magnífica, e estou vivenciando tudo ao máximo. Me joguei de cabeça. Estou em Saint-Jean-de-Luz, uma piscina natural cor-de-rosa e delirante de acidentes felizes e, apesar de tudo, estou contente por ser Kit quem está aqui comigo. Não consigo pensar em nada mais feliz ou acidental do que isso.

Quando uma onda especialmente grande se aproxima, Kit dá meia-volta para pegá-la de frente, e vejo a linha fina e reta de texto preto em cima de seu ombro esquerdo, passando horizontalmente entre a base do pescoço e a articulação do ombro.

— Ah, olha — digo —, então essa é a sua terceira tatuagem.

Kit vira o rosto para trás para olhar.

— Ah, sim, eu esqueci que ela fica aí atrás.

— O que diz?

— É só uma frase de um livro.

— Que livro?

— *O Silmarillion*.

— Ah, sim, óbvio — respondo. Foi a família de Kit que me apresentou à ficção de gênero e às feiras medievais depois de uma infância inteira consumindo apenas Arte Séria. Os pais de Kit diziam que tinham roubado ele de Valfenda porque ele tinha esse ar de criança élfica etérea. Tolkien sempre foi o favorito dele. — Nerd. Posso ler?

Ele se vira, e chego mais perto, agradecendo por nadar bem o bastante para não tocar na pele dele sem querer.

As palavras dizem: *surpasse tous les joyaux*.

— Em francês — digo, com certa decepção.

Ele fica em silêncio enquanto o mar bate em seu peito.

— Li o livro primeiro em francês — diz finalmente. — Significa "supera todas as pedras preciosas".

— Hm. Legal. — Faz séculos que li *O Silmarillion* por Kit, mas a frase é familiar. Sinto um certo fascínio pelo traçado, pela escrita delicada e leve como uma pluma. Quem quer que tenha feito essa tatuagem deve ter tido a mão bem leve, quase sem penetrar sua pele, mas o preto ainda assim está forte e impecável. — Amei a fonte.

Sem pensar, traço o dedo sobre a tinta. Pele molhada encontra pele molhada. Kit sente um calafrio.

A memória sensorial me atinge feito uma onda invasora. Vejo nossas pernas magricelas, que cresceram rápido demais, batendo os pés juntos contra a maré. Vejo um Kit adolescente saindo da piscina dos meus pais. Lembro de um pneu furado sob a chuva torrencial no acostamento da Pacific Coast Highway, e dele tirando a camiseta molhada no banco de trás. Lembro de sentir minhas costas pressionadas contra o peito dele numa banheira pequena demais e de quando olhei para o rosto dele, molhado por mim do nariz ao queixo.

Eita porra.

Kit bate os pés para longe como se conseguisse sentir o dilúvio de pensamentos safados indesejados que me atinge. Por Deus. Por que a minha resposta para o medo da espontaneidade não é controlar meus impulsos? Por que eu preciso *tocar* nas coisas?

— Desculpa, eu devia ter… — Começo, mas então ele se vira. — Ai, meu Deus, Kit, seu nariz.

Está sangrando, desta vez dos dois lados. Ele seca com o dorso da mão e examina o vermelho que permeia a água do mar.

— Ah. É mesmo. Imaginei que isso pudesse acontecer.

— Parece… grave. Vai parar, né?

— É para parar — ele diz, arriscando um sorriso constrangido —, mas talvez pare mais rápido se eu sair da água?

— Tá — concordo. Ele olha para mim como se estivesse esperando alguma coisa. — Ah, é mesmo. Vou fechar os olhos, só me avisa quando estiver vestido.

Escuto as braçadas dele e os sons que faz enquanto sobe no quebra-mar. Algo encharcado acerta o concreto: a cueca com que ele nadou.

— Estou vestido!

Quando abro os olhos, ele está de costas para mim ajeitando o short sobre o quadril. Me esforço para não sentir nenhuma emoção nem fazer qualquer observação sobre a silhueta dele contra os sopés distantes em aquarela nem sobre o fato de que ele não está usando nada por baixo do short de felpa. O corpo de Kit sempre foi gracioso e esguio, mas a bunda dele é, como dizem os poetas, voluptuosa. Os poetas, não eu — não fui eu que escolhi esse adjetivo. Volto nadando e me visto, sem olhar para ele nem de canto de olho.

— Foi mal ter acabado com o clima — Kit diz, a cabeça inclinada.

— Imagine, não tinha clima nenhum. — Visto a camisa e fico me sentindo um pouco delirante. — Só, sabe, um climinha amigável. Uma amizade à flor da pele.

— Sim, esse é o meu filme favorito do Wong Kar-Wai. *Amizade à flor da pele.*

— O Tony Leung tá gostoso pra caralho nesse aí.

— Ele *é* gostoso. — Kit se vira na mesma hora que eu, franzindo o nariz e fungando. Ainda não vestiu a camisa. Olho para qualquer lugar menos para ele. — Acho que parou.

— Beleza. Então o que a gente faz agora?

Kit pensa nisso por um segundo.

— Quer comprar umas coisas para quando encontrarmos Paloma?

— Que tipo de coisas?

— Pensei em doces — ele diz —, para o caso de ela querer passar mais tempo depois.

Ele coloca os braços dentro das mangas da camisa e estreito os olhos, finalmente pensando com clareza.

— Você está querendo levar ela pra cama.

— Nada, eu só *acho* — argumenta ele — que é possível que ela queira dormir com um de nós, e o doce certo pode ser um facilitador pra mim.

— Ou a garrafa certa de vinho.

— É — ele diz, com ar evasivo, abrindo um meio-sorriso —, talvez.

— Então vamos. — Calço minhas Birks novamente, sorrindo em resposta. — E que vença a melhor vadia.

— — —

Espero do lado de fora da padaria, com uma garrafa de tinto de tampa de rosca no colo e fico olhando pela janela enquanto Kit encanta todas as pessoas atrás do balcão. Ele sai corado, dando tchauzinho para as vendedoras, que mandam beijos. Ele é mesmo um tipo de maravilha do mundo moderno.

— Comprou o quê?

Ele abre uma caixa de papel branco e revela duas dezenas de bolachinhas finas e pálidas com rachaduras enrugadas em torno das bordas. Quando pego uma, é surpreendentemente leve e tem gosto de amêndoas.

— *Mouchous* — ele diz. — São macarons bascos. Mais borrachudos que os parisienses, né?

— Hm. E melhores, acho.

— O segredo é a farinha de batata. — Ele fecha a caixa. — E você?

Ergo a garrafa.

— Um Plavina croata que é uma graça. Deve ser gostosinho e praiano, meio suculento.

Kit suspira.

— Não é justo. Vai fazer aquilo lá que você faz e aí já era.

— Aquilo lá o quê? — pergunto.

— Esse seu lance de sommelier, quando você baixa a voz e diz que as uvas têm gosto de flor de sabugueiro porque o vento soprou na direção sudeste na Provença em julho, e aí todo mundo automaticamente quer transar com você.

Ergo as sobrancelhas.

— Todo mundo?

— Theo! — uma voz cristalina chama lá do alto. — Kit!

Erguemos os olhos e encontramos Paloma debruçada na janela do apartamento em cima da padaria.

— Eu já estava de saída para encontrar vocês no porto — ela diz —, mas aí olhei pela janela e vi vocês! Ah, e tô vendo que foram nadar, muito bem!

A janela acima da de Paloma se abre e dela sai a cabeça de um velho barbudo. Ele olha para nós, depois grita algo para Paloma numa língua que parece ao mesmo tempo espanhol e francês e nem uma, nem outra.

— O que ele está dizendo? — sussurro para Kit.

— Acho que está falando basco.

— A família da sua mãe não é basca?

— Sim, por parte da mãe dela, mas ela não falava a língua.

— Esse é o meu tio-avô Mikel — diz Paloma para nós. — Quer saber se algum de vocês é para casar.

— Hm…

Um rosto muito menor, mas igualmente curioso, aparece em outra janela, uma menina de cerca de doze anos com uma flauta numa mão e um biscoito na outra.

— Por que o papa Mikel tá gritando? — a menina berra para Paloma. — Quem tá aí?

— Só uns amigos!

A prima de Paloma estreita os olhos para nós.

— Eu não lembro deles, não parecem nenhum dos seus amigos!

— Estão de passagem! Conheci no mercado! Para de ser enxerida ou vou contar para sua mãe.

— Contar para mim o quê? — pergunta uma mulher de meia-idade na janela ao lado da do tio-avô Mikel.

— A Léa não está praticando flauta!

— *Palomaaa!*

— Léa!

— Já desço — diz Paloma para nós, fechando a janela.

O único que continua olhando é o tio-avô Mikel, acendendo um cigarro.

— Caralho, como eu amo essa cidade — digo para Kit, que abana a cabeça, perdendo o fôlego de tanto rir.

Paloma sai para a rua pela porta ao lado da padaria usando um macacão de manga curta idêntico ao de hoje cedo, só que sem as tripas de peixe.

— Desculpa pela minha família — ela diz. — Moramos neste prédio há setenta e cinco anos, então é muito interessante quando aparece alguém novo.

— Acho que você não vai ficar impressionada com isso aqui, então — comenta Kit, mostrando a caixa da padaria para ela.

— Nada, são os meus favoritos! — Paloma diz, tocando o braço dele. — E a gente precisa aproveitar esses doces enquanto ainda pode.

— Por quê, vai acontecer alguma coisa com a loja? — pergunto.

— Por enquanto não, mas a dona tem mil anos e não tem filho nenhum para passar para a frente. Acho que vou morrer quando ela finalmente parar de fazer doces.

Paloma nos leva para longe da confeitaria malfadada e não demora para chegarmos ao porto, o ar cheio de sal e alga e o cheiro vertiginoso de peixe. Vagamos feito boias atrás dela por entre barcos de pesca vermelhos e verdes, parando para fazer piada com um pescador e ajudar um marinheiro a puxar um saco de gelo para fora do píer. Parece um sonho.

Eu deveria estar dando tudo de mim por ela, mas a presença de Kit — o cheiro de água do mar sobre a pele dele, a mancha tênue de suco de cereja em seus lábios — está atrapalhando meu processo.

Paloma tem família por todo o sul da França e o norte da Espanha, todos casados com o mar. Os pais dela se conheceram neste mesmo porto enquanto a mãe trabalhava no barco de pesca da família e o pai pescava para a barraca dele no mercado. Ela diz que nasceu cheirando a anchovas.

— Falo cinco línguas ao todo. Francês e espanhol sempre foram as que domino melhor. Meu basco é ok. Meu catalão é horrível. Inglês aprendi na escola e depois morei em Sydney por um tempo.

— Sydney, na Austrália? — Kit pergunta.

— Sim, estudei culinária lá. Achava que seria a chef de um restaurante famoso, mas odiei. Todo dia eu sentia vontade de voltar para casa, até que voltei. Gosto mais daqui. Ninguém me diz o que fazer.

Finalmente, quando o sol começa a se pôr, Paloma pergunta:

— Vocês têm planos para agora? Vou encontrar uns amigos na Plage de Ciboure, se quiserem vir.

Eu e Kit fazemos contato visual.

O jantar da excursão é opcional hoje, digo com os olhos. *Vamos faltar?*

Vamos.

— A gente adoraria — digo.

Paloma fica radiante.

— *Quelle chance!*

Numa praia pequena e isolada em relação à Grande Plage, com formações rochosas e uma vista de um forte antigo na água mais à frente, os amigos de Paloma formam um círculo na areia. Não somos os únicos que trouxeram uma oferenda em forma de comida ou bebida — no centro do círculo, uma toalha está estendida com pratos de azeite e queijos macios, presunto e salsichões em embrulhos de papel pardo, pães, bolos redondos marrom-dourados com as crostas queimadas, jarros de limonada e uma miscelânea de garrafas pela metade.

Paloma apresenta seus amigos rapidamente, um após o outro, cada um erguendo a própria taça do alto de almofadas desfiadas, ou toalhas de praia, ou espreguiçadeiras. Tem um bartender, um instrutor de surfe, um açougueiro, o queijeiro do mercado, alguns funcionários do hotel à beira-mar, uma cozinheira, uma livreira e um jardineiro.

— Ah — Paloma diz —, e aquela é Juliette!

Uma mulher vem da direção da água, o cabelo escuro caindo úmido e solto ao redor dos ombros. A saída de praia dela está escurecida em algumas partes, como se a tivesse colocado por cima do maiô úmido. Está carregando uma sacola de crochê cheia de laranjas.

É a Casada da Fruta. O nome dela é Juliette.

Viro para Kit, mas ele e Paloma já estão conversando em francês com o queijeiro. Talvez eu devesse instituir algum tipo de nivelamento nessa nossa competição, tipo meia hora de vantagem se só um de nós falar a língua nativa do alvo. Kit deveria ter que ficar sentado em silêncio e me deixar tentar primeiro com alguém que fala francês, ou pelo menos ter alguma outra desvantagem. Tipo, sei lá, usar um chapéu feio.

Mas estou diante de um buffet das personalidades mais sexualmente atraentes da indústria hoteleira de Saint-Jean-de-Luz, e Paloma não é o único prato. Vou até o bartender, planto meus pés ali e estendo meu Plavina.

— *Salut!* — cumprimento. — Sua taça está vazia. Quer vinho?

Por um delicioso golpe de sorte, ele é croata, então fala algumas línguas e fica encantado ao ver um vinho de seu país. Chama um dos caras do hotel e o jardineiro, e sirvo uma rodada de tinto rubi. O bartender, por sua vez, me oferece um gole de um vinho branco local envelhecido em tanques subaquáticos atrás do quebra-mar. Naturalmente, tenho quinhentas perguntas sobre o assunto. Não demora para eu fazer parte do grupo de enófilos que falam inglês.

Lanternas de acampamento iluminam o círculo enquanto experimento um pouco de tudo e faço uma pergunta após a outra, já colhendo os efeitos da bebida e bem alegre, passeando pelos sabores. O açougueiro me conta sobre os dezenove meses de envelhecimento para criar o Jambon du Kintoa, que tem um leve gosto de castanhas-portuguesas porque os porcos são criados livres nas encostas verdes dos Pireneus e comem tudo que encontram pela frente. A cozinheira me passa um pedaço de queijo que tem um gosto quase de caramelo. Até Kit dá uma volta lenta pela areia para me contar a história do *gâteau basque*, que tem aquela crosta amanteigada e aquele recheio ácido de cereja-negra.

Kit vem mais de uma vez, aliás. Gravitamos para lados opostos da barreira linguística, mas ele parece interessado exclusivamente nos queijos e vinhos que ficam mais perto de mim. No começo, desconfio de sabotagem competitiva, mas depois percebo que ele está tentando checar se está tudo certo comigo. Quer ver se estou bem num lugar desconhecido. Isso traz o conforto de antes, de quando nossos olhares se encontravam de cada canto de uma festa e sabíamos que, o que quer que acontecesse, levaríamos o outro de volta para casa.

Na quinta visita que ele faz, depois que alguém já colocou uma caixinha de som para tocar Kylie Minogue e todos nos levantamos para dançar na areia, Kit e a Casada da Fruta vêm até mim ao mesmo tempo.

— Oi, Kit — digo. E então, com muito mais interesse: — Oi, Juliette. Foi um prazer conhecer você no mercado.

Juliette sorri, sempre parecendo uma mulher casada com aquele cabelo solto e a alça do vestido caindo do ombro. Não estou olhando para Kit, mas consigo vê-lo finalmente juntar as peças; ele não tinha percebido quem ela é. Minha mão encontra a coxa dele e cravo uma unha aparada em sua pele como um alerta para que não estrague minhas chances aqui. Juliette continua sorrindo. Sinto a cabeça meio zonza e solto a perna dele.

Ela tira uma laranja de dentro da prega da saia e oferece para mim, dizendo algo em francês.

— Ah, *merci* — respondo, pegando a laranja. — Eu… desculpa, *je ne parle pas français*.

— Ah. — Uma ruga se forma entre suas sobrancelhas bonitas. — Não inglês.

Então diz alguma outra coisa em francês e Kit chega mais perto.

— Ela estava guardando essa aí pra você — Kit traduz. — Está feliz por ter conseguido te ver de novo.

— Ah! *Moi aussi!* — Me viro para ela. — Pode dizer que adorei as cerejas?

Kit diz, obedientemente.

— Ela disse… hm… Ela achou que você fosse gostar porque são bonitas, como você.

— Ah, é? Pois diga que eu compraria qualquer coisa dela.

Ele diz e, quando ela responde, ele traduz:

— Você deveria voltar lá no mercado amanhã, então.

— Vou embora amanhã, mas tenho a noite toda.

Kit traduz, e Juliette responde, mas ele não tira os olhos de mim durante a conversa toda. É quase como se estivesse dizendo aquilo ele mesmo quando traduz:

— O que você estava pensando em fazer, que demora a noite toda?

Olho no fundo dos olhos dele e respondo:

— Uma coisa na qual sou espetacular.

Por um segundo, o rosto de Kit fica completamente imóvel. Então ele solta uma risada que é puro ar.

— Quer saber, acho que vocês não precisam mais de mim aqui — ele diz, erguendo as mãos.

Eu e Juliette rimos, o que não requer tradução alguma. Quando todos começam a sentar na areia, acabo me deitando de lado sobre uma toalha de estampa floral com a cabeça no colo de Juliette. Kit cai do outro lado do círculo com Paloma, falando baixo sob a luz da lanterna e dividindo os últimos *mouchous*.

Parece tão natural estar aqui, como se estivéssemos entre amigos próximos. Agora consigo nos imaginar aqui para sempre. Theo-e-Kit lado a lado em Saint-Jean-de-Luz. Uma conexão hifenizada perfeita. Poderíamos ter apartamentos vizinhos na rua de Paloma e almoçar queijo e frutas do mercado. Eu sairia pra nadar na baía todo dia de manhã e Kit sairia para as montanhas todo fim de semana para desenhar plantas. Poderíamos ser melhores amigos de novo, passar o resto da vida juntos.

Percebo que nunca me senti tão à vontade antes, fora do vale. Nem sabia que isso era possível.

Sinto o celular vibrar na pochete: mais um e-mail da Noiva Schnauzer. Ignoro e abro as mensagens, respondendo à que Sloane mandou hoje cedo.

sabe todas aquelas vezes que você disse que eu precisava sair do vale?

Digito. talvez você estivesse certa...

Quando ergo os olhos, vejo Kit envolver o rosto de Paloma com a mão.

É um toque delicado e exploratório, os dedos dele se enroscando no cabelo da nuca dela. O polegar dele roça o queixo dela. Ela fica parada por um momento e, em seguida, cobre a mão dele com a dela.

Ele desvia o olhar do rosto dela para o meu.

É breve, mas noto. A pergunta em seus olhos. A necessidade genuína. É uma troca justa pelo que rolou com Juliette. Ele quer que eu veja.

Se inclina para a frente e a beija.

E eu afundo.

Naquele momento de suspensão logo depois do mergulho, consigo nos ver em todos os lugares. Cem mil memórias de cem mil toques me rodeiam feito cardumes de peixinhos iridescentes. Os lábios de Kit sobre meu nariz. Kit segurando meu rosto no corredor de sabão em pó. Me dando uma fatia de bolo num dia ruim, o avental manchado com creme de manteiga, e dou um beijo de agradecimento na ponta de cada dedo dele. Pratos passados, cobertas roubadas, a marca de um polegar molhado de suco de morango em meu queixo. Minha mão prendendo o ombro dele contra a parede, a boca lívida, molhada e voraz. A maneira como ele me beijou à mesa da cozinha na primeira manhã em que abrimos o coração um para o outro.

Meu fôlego acaba. Bato as pernas para voltar à superfície.

Aqui em cima, ele ainda está beijando Paloma, e minha cabeça ainda está no colo de Juliette, e somos amigos de novo. Só amigos, quase nem isso.

Sento e puxo a boca de Juliette contra a minha.

É fácil beijá-la. Tão suave, doce e descomplicado. Ela coloca a mão no lado do meu pescoço e retribui o beijo, e deslizo a língua para dentro de sua boca, sentindo o gosto de néctar e pão amanteigado. Não há nada escondido aqui, apenas pura curiosidade e desejo, nenhuma memória sensorial que inunde meu corpo nem fantasmas apertando minha garganta, e é bom, não é? Será que era isso que Kit estava sentindo? Será que ele está me observando do mesmo jeito que eu observei ele?

Abro os olhos para conferir, mas o lugar em que eles estavam agora está vazio. Quando passo os olhos pela praia, não há nem sinal de Kit, nem de Paloma, em lugar nenhum.

Interrompo o beijo e tento me lembrar de como se fala em francês *Pra onde é que eles foram, porra?*

— *Où*... — Merda, eu só sei flexionar o verbo no tempo presente. — *Où est*... — Calma aí, estou usando o singular. — *Où sont Kit et Paloma?*

Juliette dá uma procurada superficial pelo grupo e encolhe os ombros, a alça do vestido caindo mais do ombro.

— *Je ne sais pas* — responde ela, me dando outro beijo.

Eu retribuo por quatro segundos, cinco.

— Desculpa, é só que... acha que ela levou ele pra casa?

Juliette persegue minha boca.

— *Je ne sais pas.*

Fecho os olhos, tentando me concentrar na sensação da respiração dela em minha pele, mas...

— Será que ela gosta dele? Tipo, gosta de verdade?

Ela recua dessa vez, se inclinando para trás com um suspiro. Observa meu rosto com uma expressão que é suave e quase triste, quase gentil, mas com um toque de amargor. A linha entre suas sobrancelhas ressurge.

Ela chama o bartender, que vem engatinhando para dar um beijo na bochecha dela e escuta enquanto ela fala alguma coisa para ele em francês. Ele olha para mim com aquela mesma expressão e diz:

— Ela quer que você saiba que não precisa fazer isso se ama outra pessoa.

As palavras me atingem como se eu tivesse torcido o tornozelo.

— Quê? Eu... — Alterno o olhar entre eles, uma risada subindo pelo meu peito. — Ah, nada disso, é que... não, não é o que vocês estão pensando. Kit é meu amigo.

Juliette e o bartender compartilham um olhar.

— Ela disse que você é uma pessoa muito bonita, mas ela não gosta de ser a segunda opção.

Tento argumentar, mas não adianta. O que quer que Juliette tenha visto entre mim e Kit, o que quer que tenha se quebrado dentro do meu cérebro quando o vi beijar Paloma, o que quer que tenha se libertado quando minha pele tocou a dele na água... Juliette concluiu que é amor. Não adianta eu insistir que não.

Ela beija minha mão e me abre um sorriso de compaixão, e o bartender me passa uma garrafa.

SAN SEBASTIÁN COMBINA COM:

Txakoli servido com a garrafa bem acima da taça, tortilha espanhola

San Sebastián

Para resumir: estou com raiva de Kit.

Agora sem resumir: estamos pulando de bar de *pintxo* em bar de *pintxo* pela gloriosa e ensolarada San Sebastián, e tudo aqui é suntuoso, salgado, encharcado de óleo e empilhado em cima dos pedaços mais deliciosos de pão com casca, e Kit parece feliz, mas eu estou em fúria.

Li o trecho de San Sebastián de *Volta ao mundo* cinco vezes, então sei exatamente o que Bourdain disse sobre este lugar. Escreveu que talvez seja o melhor destino culinário da Europa e que se imaginava levando uma vida perfeita aqui. Dá para entender: tenho essa mesma sensação em cada esquina da cidade, a cada azulejo coberto de areia e cada pedra verde de musgo, a cada tijolo em cada arco gótico, no cheiro de açafrão e alho e *guindilla* em cada bar lotado de *pintxos*.

Chegamos no último dia da *Semana Grande*, o festival de fim de verão da cidade, e as ruas estão cheias de *vida* para um caralho. Artistas de rua equilibram jarros de leite com fantoches nas mãos, cozinheiros em barracas tacam bolas de massa em suas frigideiras, mascotes cabeçudas perseguem crianças gritando pelas praças. O caos é incandescente e avassalador, além de parte visceral deste lugar, como se estivéssemos nos afogando em cava.

Mesmo assim, estou com raiva de Kit.

Não quero sentir raiva. Quero me sentir como ontem. Quero estar presente aqui, na pequena península da Cidade Velha de San Sebastián, num bar à meia-luz com joelhos de porco pendurados no teto, chupando vôngoles amanteigados e desfrutando da companhia de meu amigo Kit.

— Ai, meu Deus, Theo — diz Kit, enquanto passa para mim um

espeto de azeitonas em conserva, pimentões e anchovas numa fatia de baguete. — Você tem que experimentar isso.

Fabrizio aparece do nosso lado com um bom humor espetacularmente maior que o normal. Estou surpresa por ele ainda não ter tirado a camisa.

— La Gilda! Excelente escolha! Este é o primeiro *pintxo* basco da história. Vocês conhecem aquele filme, *Gilda*?

— Aquele com a Rita Hayworth? — pergunto.

— Isso! Batizaram esse prato em homenagem a ela porque tem o gosto dela naquele filme. Verde, salgado e picante.

Acabamos dividindo uma mesa pequena com o casal de idosos suecos com quem Kit fez amizade no primeiro dia. Saem pratos e mais pratos de *pintxos* da cozinha — fatias de tortilha espanhola, croquetes de cogumelo, fígado de ganso aveludado e anchovas salpicadas de ervas em pães cobertos por ovos de pato —, tantos que Fabrizio até se levanta para ajudar os garçons. Kit está sentado de lado na cadeira e ri de tudo, seu corpo relaxado com aquele contentamento inconfundível de quem transou há pouco tempo.

É tão *fácil* para ele. Me trocar por uma vida novinha em folha, beijar peixeiras gostosas e ser um empata foda quando vai embora da praia e me deixa com meus próprios sentimentos mal resolvidos. Mesmo quando estávamos juntos, eu conseguia ver as vinhas de potencial saindo dele em espiral, tentando alcançar treliças mais altas em campos maiores. Ele conseguiu alcançar tudo o que sempre sonhou, e eu estou onde sempre estive, um passo atrás.

Seria um alívio tão grande criar um problema para ele, mesmo que pequeno.

Fabrizio serve um prato de croquetes e elogia a blusa de Birgitte, que, quando ele sai, comenta:

— *Den där* Fabrizio, ele é tipo um quadro que temos no Nationalmuseum em Estocolmo.

— Qual? — Kit pergunta.

— Acho que sei qual — diz o marido dela de óculos, Lars. Com aquela malandragem divertida própria de quem usa um fedora num lugar fechado, Lars abre uma imagem em seu celular e mostra para a esposa.

— *Ja!* É ele!

Ela nos mostra um quadro pintado com tesão extremo e intitulado *A juventude de Baco* que exibe um grupo de pessoas bêbadas, núbeis e peladas numa festa na floresta, algumas dançando, outras se aquecendo para uma orgia.

— Ah, sim, parece mesmo — Kit diz. Ele dá zoom na figura central, um homem musculoso e bronzeado com uma criança balançando um tamborim nos ombros e um pedaço de pele de leopardo mal cobrindo o pau. — Especialmente o, hm… as…

Ele aponta para os vincos dos músculos abdominais perto do quadril do personagem e dá um gole de vinho, confiando que vou escolher a expressão adequada. Sulcos ilíacos? Entradinhas? Cinto de Apolo?

— Valeta de porra — digo.

Kit engasga.

— Valetadepörra? — Birgitte pergunta. — O que significa essa palavra, valetadepörra?

Dou um tapa entre os ombros de Kit, sorrindo com inocência.

— Kit, será que você poderia explicar?

— Eu… — Kit me lança um olhar meio fulminante, meio terrivelmente encantado. Meu sorriso aumenta. — É, hm, uma gíria estadunidense para os músculos inferiores da barriga.

— Ah! — Lars exclama. — Chamamos isso de *bäckenspåret*! Então, nos Estados Unidos, quando for falar disso, chamo de valetadepörra?

— Não, não, não — Kit diz, angustiado —, é uma gíria *vulgar*.

— Ah, é mesmo? — Birgitte pergunta. Ela se aproxima com um brilho nos olhos. — O que quer dizer?

Kit olha para mim em busca de ajuda. Abro o aplicativo de tradução do meu celular e aperto o botão do microfone até ouvir o bipe digital.

— *Valeta de porra* — enuncio, alto o bastante para as mesas ao lado escutarem — Hm, sem resultados.

— Ah, vai, vocês não vão conseguir nos constranger — retruca Lars. — Expliquem, por favor!

Kit respira fundo.

— Bom, durante o sexo, quando uma pessoa com pênis tem um orgasmo em cima da barriga do parceiro e…

— Ahhh, entendi — Lars interrompe, radiante de alegria. Então fala alguma coisa para a esposa em sueco, que acena, entendendo.

— Valeta *e* porra! São duas palavras separadas!

Por mais que eu tenha me esforçado pelo contrário, isso parece ter conquistado o carinho permanente de Lars e Birgitte. Eles nos fazem tantas perguntas que estou quase esperando receber um cartão de Natal da Suécia nas festas de fim de ano.

— E vocês — Lars diz, apontando de mim para Kit —, vocês são...

— Amigos — respondo.

— Velhos amigos — Kit elabora.

— Que bom! E como se conheceram?

Eu e Kit trocamos um olhar, um esperando o outro.

— Estudamos na mesma escola desde pequenos — digo.

Kit pensa nessa resposta por um momento, empurrando uma azeitona pelo prato. Ele não vai me livrar dessa assim tão fácil, não depois da valeta de porra.

— Quer dizer, isso foi *onde* nos conhecemos — atesta ele —, não *como*.

Lembro do dia em que Kit apareceu. Foi na segunda série, um filhotinho magrelo de fada tentando explicar para um monte de crianças da Califórnia chamadas Josh e Taylor como pronunciar seu nome — seu nome de verdade, francês, não aquele pelo qual ele atende. Ele era *diferente*. Tinha olhos grandes e sonhadores e um leve sotaque que a gente nunca tinha ouvido, passava o recreio inteiro lendo livros nas árvores.

Eu também era diferente, tomboy ao extremo, sempre usando short cargo e insistindo para me deixarem entrar nas brincadeiras dos meninos. Um dia, encontrei Kit numa escada, encurralado por dois dos meninos que se recusavam a brincar comigo e tentando não chorar. Talvez, se ele já estivesse chorando, eu teria simplesmente chamado um professor, mas ele estava mordendo o lábio, segurando as lágrimas. Aqueles babaquinhas não mereciam essa satisfação.

Quando me chamaram na diretoria naquela tarde por brigar, ele estava lá, esperando pela mãe. Ela o chamou por um nome diferente daquele na lista de chamada, um apelido de família. Kit. Perguntei se podia chamá-lo assim também e, quando ele disse que sim, pedi para que me chamasse de Theo.

Os suecos adoram essa história.

Eles nos retribuem com a história de como se conheceram numa estação de esqui nos Alpes, onde estavam celebrando seus respectivos divórcios. Depois de três noites falando sobre arte na frente da lareira da estação, perceberam que já se conheciam de uma trilha que haviam feito na Croácia aos vinte e poucos anos. Eles se casaram poucos meses depois e faz quinze anos que são inseparáveis.

— Eu era um idiota na primeira vez em que nos conhecemos — Lars diz. — Orgulhoso, grosseiro, pegando uma mulher atrás da outra.

— E eu era casada! — Birgitte acrescenta. — Era o momento errado. Mas ele era o homem certo.

Lars pega a mão dela.

— Mesmo assim, me pergunto como teria sido a vida se tivesse pedido para ela fugir comigo naquele dia no Jezero Kozjak. — Ele olha fixamente para nós. — Aprendam isso de um velho. Cuidem bem de um amor bondoso quando o encontrarem.

Kit olha para mim com suavidade no olhar, como se ainda pudéssemos ser aquelas crianças na Califórnia.

Uma vez o Somm me contou como começou a amar vinho. *Todo mundo tem* aquela *garrafa*, ele disse. A dele era um tinto que ficou na janela da cozinha da mãe por vinte e sete anos, até que um dia ele pesquisou a vindima no rótulo clareado pelo sol e descobriu que poderia valer quarenta mil dólares, se tivesse sido bem armazenado. Em vez disso, virou decoração de janela, uma coisa preciosa que estragou porque ninguém pensou em cuidar bem dela.

Apesar de tudo, quero, sim, cuidar bem disso. Nunca houve outra pessoa que pudesse ocupar o lugar de Kit, e sei que nunca vai haver. Vou viver com esse buraco, evitando olhar, sempre sentindo a corrente de ar que entra por ele. Mas ontem foi tudo tão caloroso.

Quero estar disponível para a nossa amizade — não porque isso vai tornar a viagem mais fácil, mas porque eu *quero*. Só que desse jeito não dá. Se me propuser, de fato, a incentivar essa amizade, preciso dizer algumas coisas.

— — —

O pico verde de Monte Igueldo se eleva sobre San Sebastián, e tem um parquinho de diversões lá em cima. É na multidão lotada de turistas da *Semana Grande* que rola meu primeiro momento de gratidão pelo localizador do nosso grupo, o fantoche de Pinóquio com a vara enfiada no rabo. Posso ter certeza de que quando chegar o momento de nos reagruparmos daqui a uma hora, vai ser só erguer os olhos.

Antes que Kit seja levado embora, puxo a alça de sua bolsa transversal. Aponto para uma placa que anuncia um brinquedo de barco infantil com vistas inesquecíveis.

— Quer ser meu cocapitão?

— Quero — responde ele, sorrindo. — É, vai ser legal.

Na frente da fila, um operador de brinquedo adolescente nos guia até um minibarco e nos empurra pelo canal longo e sinuoso. Água esverdeada nos carrega para a frente, sozinhos um com o outro, Kit no banco da frente, eu no de trás.

Na primeira grande curva, as árvores que cercam o canal dão lugar a céu aberto, e a vista se estende como uma tela panorâmica. É tão espetacular como prometido: água cintilando por quilômetros até o horizonte do Atlântico, a baía de La Concha em seu formato inconfundível de concha do mar, os pequenos triângulos brancos de veleiros, ilhotas verdes salientes, montanhas exuberantes cercando a cidade e desaparecendo em sombras cinza-azuladas distantes.

O barco faz mais uma curva e flutua para dentro de uma angra rochosa e, então, como se nos despertasse de um sonho, nosso barco bate em outro à nossa frente.

O rio está engarrafado até onde a vista alcança, cada barco cheio de turistas confusos e crianças mal-humoradas. Outro barco colide com o nosso, e, quando me viro para olhar, lá está Stig, acenando constrangido.

— Ei, amigão — digo.

— *Hallå* — Stig responde.

O barco dele está afundado perigosamente na água.

— Acho que estamos presos — Kit diz.

Esperamos sentados em silêncio exceto pela corrente da água e pela conversa de turistas portugueses no barco à frente. Stig cantarola consigo mesmo. Estudo o interior da caverna.

Parece ter sido decorado para agradar crianças em algum momento do fim dos anos noventa, mas de uma forma que não faz o menor sentido. Nos recessos da caverna, alguém pendurou recortes em madeira compensada de personagens da Disney — Peter Pan, Quasimodo, Hércules flexionando o bíceps, todos visivelmente sem marca registrada. Entre eles, há algumas sereias com os peitos de fora, uma cegonha empalhada e um crocodilo de gesso com brilhantes olhos vermelhos.

— Que decoração interessante — comento, observando um manequim vestido de pirata e um esqueleto meio bizarro que não tem nada a ver com o lugar.

— Fica entre uma coisa meio Disney e o túnel do terror do Willy Wonka do Gene Wilder — Kit comenta.

— "Há um mundo bem melhor", aquela atração da Disney, só que depois de uma dose de ayahuasca.

Kit dá risada e eu penso: *foda-se*. Não existe lugar certo para se ter essa conversa. Pode muito bem acontecer numa dimensão de mamilos amaldiçoados de sereia.

Respiro fundo e digo:

— Kit.

Ele se vira no assento para olhar para mim como se estivesse esperando mais uma piada. Consigo ver o momento em que percebe minha expressão séria e o quarto de segundo depois, quando calcula como é raro eu ficar com a cara séria em relação a qualquer coisa.

— Ah. — Ele ajeita um pouco do cabelo atrás da orelha. — Então a gente vai...?

Vai.

— Sei que eu disse que não queria conversar sobre o que aconteceu. E, sinceramente, não vejo por que entrar no que foi dito no avião ou na história de Paris, porque é óbvio que não mudei de ideia, e é óbvio que você também não. — Pauso. Ele não me contradiz. — Mas preciso falar sobre o que aconteceu depois para a gente poder voltar a ser amigo.

Kit absorve o que acabei de falar.

— Tudo bem — ele diz, acenando com ar pensativo. — Você falou "depois". Tá falando do quê? De Heathrow?

Meu rosto arde. Já sinto uma irritação por reflexo.

— É, Kit — digo, fazendo um esforço para manter a voz civilizada —, por incrível que pareça, eu gostaria de saber por que você me largou no meio de um aeroporto internacional feito um cachorro que caiu da mudança.

Uma pausa.

— Theo, você subiu num avião de volta pros Estados Unidos sem mim.

— Não teria sido sem você se você tivesse aparecido.

— O que você quer dizer com...? — Kit coloca a mão na testa e baixa o rosto, como se estivesse pensando muito. — Pera aí. O que você acha que aconteceu naquele dia?

— O que eu *acho*? Eu sei o que aconteceu.

— Também achei que sabia — diz ele, devagar —, mas agora não tenho mais tanta certeza.

Inspiro fundo de novo e recito a sequência de acontecimentos, embora preferisse fazer praticamente qualquer outra coisa no mundo neste momento.

— A gente brigou — respondo. — Falou um monte de coisa que não dá para retirar. Quando passamos pelo controle de imigração, eu nem queria mais fazer a excursão, e você disse que também não. Eu disse que queria voltar para casa, e você disse que também queria. Aí você falou que precisava de espaço para pensar e saiu andando.

— E aí eu voltei.

Minha boca abre automaticamente, mas o que quer que eu estivesse prestes a dizer desaparece no ar úmido da caverna.

Por quatro anos, minha vida foi guiada pelo simples fato de que ele foi embora. Ele virou as costas e nunca mais voltou. Era essa a minha resposta curta quando alguém perguntava, a verdade simples.

— Você voltou?

— Voltei, e você tinha ido embora.

— Mas foi porque... — Abano a cabeça. — Foi porque eu já tinha comprado nossas passagens de volta e precisava despachar nossa mala.

Kit me encara como eu o encarei agora há pouco.

— *Nossas* passagens? — repete ele. — Você comprou uma passagem pra mim?

— Claro que comprei, Kit. Fiz nosso check-in e te mandei sua passagem por mensagem, daí depois fiquei esperando no portão até a última chamada, mas você nunca apareceu.

Kit fecha os olhos e diz:

— Theo, você me mandou a *sua* passagem.

— Quê? Não, não mandei. — Lembro claramente como meus dedos tremiam enquanto eu fazia o check-in da nossa reserva conjunta, abria nossos cartões de embarque e mandava uma captura de tela do dele.

— Mandou, sim.

— Não, não mandei, eu tenho certeza, eu lembro.

Kit pega o celular e abre as mensagens. Ao contrário de mim, ele não deletou nosso histórico de conversa, então consegue subir da mensagem mais recente que mandei para ele outro dia em Paris até a última, de quatro anos atrás. Vejo de relance uma mensagem não entregue para mim, mas ele passa a tela tão rápido que não dá para ler. Enfim ele clica numa imagem anexada. O cartão de embarque que mandei para ele, tirado diretamente do aplicativo da British Airways.

No alto, onde deveria estar o nome de Kit, está o meu.

Eu a encaro. Leio três vezes para acreditar. De todas as merdas acidentais idiotas e inoportunas que o meu cérebro de bebê já fez, essa é a última que pensei que poderia ter feito, e talvez a mais importante em todo o decorrer da minha vida adulta. Uma náusea leve me atinge.

— Tá, beleza, é óbvio que isso foi um erro — insisto, devolvendo o celular para ele. — Você deveria ter deduzido.

— O que eu deduzi — responde Kit, com a voz tensa — foi que você parecia não querer mais namorar comigo, então saí pra chorar num banheiro superúmido de aeroporto e, quando voltei, você já tinha passado pela segurança, e tudo que encontrei foi uma mensagem que, para mim, era um recado claro de que eu tinha sido deixado para trás. — Ele leva a mão à têmpora, como se estressado de lembrar tudo isso. — Pensei que fosse o seu jeito de terminar comigo.

— Eu não... não acredito que você... — Abano a cabeça. — Kit, você acha mesmo que eu faria uma coisa dessas?

— Para ser sincero, acho.

Eu…

Penso em todas as mentiras que contei para evitar me encontrar com ele em Oklahoma City. A cara que ele fez quando contei que tinha largado Santa Bárbara. O barulho de porcelana quebrada que as canecas de café dele produziram quando as joguei dentro de uma caixa. Como quis ir embora bem rápido daquele bar em Paris.

— Bom, não foi isso — digo, olhando para a cegonha taxidermizada por cima do ombro de Kit para fugir dos olhos dele. — Por que você não me mandou mensagem perguntando? A gente tinha concordado em voltar para casa.

— Não achei que a gente tivesse concordado.

— Pois eu achei. Pensei… — durante todo esse tempo, na verdade tive certeza. — Pensei que você estivesse com a sua passagem e tivesse simplesmente decidido não entrar no avião. Pensei que tivesse me abandonado.

— Pensei que *você* tivesse *me* abandonado.

Conto até três mentalmente e tento me recompor.

— Beleza, tá — digo —, mas e o resto? Por que precisei descobrir que você estava se mudando para Paris da boca de um gerente de turno do Timo?

Kit franze a testa, aturdido por descobrir toda uma nova linha narrativa confusa.

— Foi assim que você soube?

— Eu estava no trabalho quando você ligou para pedir demissão.

— Não, eu liguei na hora do almoço numa terça-feira. Liguei especificamente nesse horário porque você nunca trabalhava nos almoços de terça.

— Peguei um turno duplo.

— Merda. — Ele suspira. — Eu não sabia. Quer dizer, imaginei que ficaria sabendo de alguma forma…

— Sim, óbvio.

— Theo, eu queria te contar — diz ele, com a voz meio suave, mas bastante angustiada. — Queria mesmo. Quando você foi embora, eu não sabia o que fazer. Toda vez que eu pensava em ter que ver você e me despedir, ter que… ir até o nosso apartamento e desemaranhar nossas vidas… eu não conseguia. Peguei um trem para Paris e fui até o apartamento. Devo ter escrito e jogado fora umas cem cartas até acertar uma.

Ele olha em meus olhos com uma sinceridade que é quase frenética, como se fosse morrer se eu não acreditasse nele.

— E aí — continua —, no dia em que eu ia mandar, Cora ligou para me dizer que você tinha encaixotado minhas coisas. E, quando tentei mandar mensagem para você, descobri que estava bloqueado e pensei: é isso. Theo terminou comigo. Eu tinha demorado tempo demais e perdido minha chance de fazer você mudar de ideia. E, depois do que você disse no avião, pensei que precisava respeitar sua vontade. Eu precisava deixar você seguir com as próprias pernas. Precisava aceitar isso. Então, foi o que fiz.

Ele para, deixando que eu receba essa informação e faça o que quiser com ela, como se eu tivesse alguma noção de onde encaixar essa peça que nunca sequer pensei que estivesse faltando. Essa complicação maldita e inesperada. De que sobrevivi à perda dele com uma raiva à qual eu nem tinha direito.

Tudo isso, essa minha narrativa em que Kit interpreta o papel de traidor... não faz sentido se os dois tiverem se fodido.

Quando recupero a voz, pergunto:

— E o aluguel?

— O que é que tem?

— A gente dividia o aluguel. Precisei arranjar a sua metade quando você foi embora.

Ele passa a mão pelo rosto.

— Sloane disse que ajudaria.

Uma memória me vem à mente: Sloane me levando pra jantar depois do término e sugerindo gentilmente, durante a sobremesa, que poderia ajudar com as contas até meu contrato vencer. Eu deveria ter imaginado.

— *Você* pediu para Sloane me bancar?

Ele ergue as mãos antes que eu possa continuar. Ao que parece, essa é a única coisa pela qual ele não vai me permitir sentir raiva.

— Sim, eu mandei uma mensagem para a sua irmã — ele diz, com firmeza —, que também era minha amiga e que ama você e é literalmente multimilionária, perguntando se ela estaria disposta a ajudar você com grana.

— Não acredito…

— Theo — ele interrompe. — Se eu tivesse mandado dinheiro, você teria aceitado?

Pela primeira vez, imagino como eu teria me sentido se Kit tivesse me feito uma transferência depois de partir meu coração.

— Não.

— Então pronto. Pensei que com Sloane fosse mais provável que você aceitasse, mas estou vendo que não.

Não falo nada. Devagar, os barcos começam a flutuar para a frente, um a um. Alguém deve ter desobstruído o rio.

— Certo — digo por fim. Os olhos de Kit estão fixos na sereia de compensado, as sobrancelhas num arco triste. Ele ergue o rosto para ouvir. Aperto os joelhos com as duas mãos. — Certo, então o que aconteceu foi que eu larguei você, mas só porque pensei que você tinha me largado. E aí você me largou, mas só porque pensou que eu tinha te largado.

Reverberações de luz se refletem na água e no rosto de Kit, iluminando a curva suave de seu sorriso.

— *C'est à peu près ça.* — Essa eu sei; ele sempre dizia isso quando a gente era criança. Pelo visto voltou a falar agora que mora em Paris. *É mais ou menos isso.*

Tudo que consigo fazer é rir.

— Que sequência imbecil de merdas.

Ele também ri e, por fim, começamos a flutuar em frente.

— Então, somos amigos? — Kit pergunta. Ele não tá nem bravo comigo. Não tá bravo comigo por nada disso.

Nosso barco sai flutuando da caverna e entra na faixa de luz do sol. Respiro fundo e tento fazer minha resposta sair resoluta, mas a verdade é que as coisas parecem menos resolvidas agora do que nunca.

— É — digo. — É, acho que somos.

— — —

Mais tarde, trombamos com Fabrizio na praia.

Ele já tinha tomado umas e estava com uma crosta de sal e areia subindo pelos joelhos, o peito nu coberto de suor como a parte de fora de uma taça de spritz. Quando me dá um beijo no rosto, a pele dele cheira a laranja *chinotto*. Nós dois ficamos muito felizes em vê-lo. Nosso aperitivo humano.

— Você conhece um lugar bom para assistir aos fogos hoje à noite? — Kit pergunta.

Fabrizio abre um sorriso largo e me puxa para um lado, e Kit para o outro.

— Fiquem comigo, *amori miei*. Vou mostrar para vocês.

Uma multidão densa e lenta nos carrega para fora da praia como moscas em mel, passando por uma praça cercada por barracas de jogos até um bar de esquina que é uma mera portinha. Kit e Fabrizio devastam o balcão de *pintxo* e eu peço um vinho que nunca tinha tomado, um Txakoli basco que o bartender serve bem acima de sua cabeça, acertando o centro certinho do copo sem nem olhar. À nossa mesa, do lado de fora do estabelecimento, conto para Kit e Fabrizio como o bartender serviu, que servir de uma altura elevada acentua as bolhinhas delicadas do vinho. Kit chega tão perto para ouvir que quase derruba minha taça no colo de Fabrizio.

Comemos um banquete, damos risada e o sol se põe. Kit se reclina em sua cadeira para ouvir Fabrizio, a mão enfiada no cabelo para não levá-la ao rosto. Minha boca saliva com a acidez do vinho e as três porções de La Gilda amargas.

Quando estamos todos satisfeitos, Fabrizio nos leva a um dos melhores hotéis da praia, um com coruchéus e arcos e enfeites na fachada, onde ele conhece uma concierge que vai nos deixar subir até o terraço. Espero até o primeiro fogo de artifício explodir por sobre a baía, até os olhos de Kit estarem fixos no céu, para me permitir olhar para ele como eu vinha desejando desde Monte Igueldo.

Quando olho, vejo Kit. Não uma memória que pode ser distorcida, encolhida ou recortada em flocos de neve de papel, mas uma pessoa inteira, viva. Vejo luzes cintilando sobre um rosto que eu via todo dia de manhã ao acordar e ombros em que dormi quando a exaustão dos estirões de crescimento me dominava. Aqui, agora, debaixo de uma chuva de faíscas, ele parece exatamente a pessoa que teria sentido falta de mim, que nunca teria partido.

E a verdade é que nunca parei de amar essa pessoa. Só parei de acreditar que ela existia.

— — —

Ergo a taça, faço o sinal da cruz e grito:

— Um brinde a nadar com mulheres de pernas tortas!

Fabrizio sorri de bom humor enquanto eu e Kit viramos nossas sidras.

— Brindes estadunidenses, tão estranhos.

— É de *Tubarão* — Kit diz quando põe a taça vazia na mesa. Bolhas de afronta entram na minha sidra: nunca entendi como um príncipe elfo igual ao Kit consegue encharcar tanto o caneco. — O filme favorito de Theo.

— Ah! Um dos meus filmes favoritos dos Estados Unidos também! — Fabrizio diz. — Vocês viram a versão italiana?

Coloco minha taça na mesa e contenho um arroto.

— *L'ultimo squalo*, de 1981. Porra, um clássico.

Desembestamos numa crítica apaixonada dos melhores momentos do filme, desde as sequências estendidas de windsurfe até a cena em que o prefeito tenta capturar o tubarão com um bife pendurado em um helicóptero. Kit quase chora de tanto rir.

Estamos numa balada que é tão perto da praia que quase consigo ouvir a rebentação sobre o baixo pulsante, reunidos ao redor de uma das mesinhas minúsculas perto da pista de dança. Fabrizio nos trouxe aqui para dançar, mas, em vez disso, estamos sentados debaixo das luzes piscantes, descobrindo como ele aprendeu inglês enquanto estudava história italiana em Roma.

— Tinha dezenove anos na época e estava na casa do meu *zio* Giorgio, sabe? Era inverno, e eu estava com… como chama… quando as nuvens te deixam triste?

— Depressão sazonal — Kit responde.

— Depressão sazonal! Então, vivia dentro de casa, e a única coisa que *zio* Giorgio tinha para assistir eram videocassetes de uma série antiga dos Estados Unidos. *Havaí: 5.0.* Então, foi assim que aprendi inglês, com o detetive McGarrett. "*Book'em!*"

Ele arranja outra rodada da sidra basca turva e nos conta sobre sua busca pelo eterno verão, aprendeu português e um pouco de maori para ser guia no Brasil e na Nova Zelândia quando for inverno no hemisfério norte. Conta que quase virou jogador de futebol profissional, mas que a agenda de treinamentos o entediou demais, e que sempre sonhou em ganhar a vida viajando enquanto os irmãos trabalhavam no restaurante da família.

— Consigo me identificar com essa parte — digo. — Minha família meio que tem um negócio, mas eu nunca quis participar.

— É, eu sei — Fabrizio responde.

— Sabe?

— Seu pai é aquele diretor, não é? — pergunta Fabrizio. — Vi muitos filmes dele. Ele é muito bom.

— Você sabia esse tempo todo?

— Claro — retruca Fabrizio, sempre acenando a mão como se nada fosse. — Não é um sobrenome comum, Flowerday.

Deixo escapar uma risada, e Kit sorri, os dentes brilhando.

— Mas preciso perguntar — Fabrizio comenta, chegando perto para não ter que gritar, as maçãs do rosto iluminadas. Nossa, ele é tão bonito que chega a ser irresponsável. — Vocês dois se conhecem, mas não chegaram juntos em Londres. Por quê?

As bebidas que tomei estão fazendo efeito. Kit olha para mim e digo a primeira coisa que me vem à cabeça.

— A gente namorava. — Parece cômico e inexplicavelmente redutivo falar do nosso relacionamento assim, mas já faz pelo menos duas sidras que uma explicação melhor não é mais possível. Ainda estou olhando para Kit, não para Fabrizio. O olhar dele está turvo nos cantinhos. Talvez as bebidas estejam fazendo efeito para ele também. — Na verdade, fazia anos que a gente não se via.

— E vocês não planejaram isso?

Kit responde:

— Uma completa surpresa.

— *Che bello!* — Fabrizio cantarola, relaxando para trás em sua banqueta. — Minha excursão fez vocês se reencontrarem! Como está sendo a experiência? Como estão se sentindo?

— Tem seus altos e baixos — digo —, mas é bom ter meu amigo de volta.

Kit encosta o nó do dedo nos lábios e não diz nada.

— Em todos os meus anos organizando essa excursão — Fabrizio diz, com a mão no peito —, já vi muitas formas de amor. De família, amigos, recém-casados. Amores novos, recentes demais para tantos dias juntos... esses corações sempre se partem antes de Toscana. Casais juntos há cinquenta anos. Até alguns que encontram o amor da sua vida na minha excursão. Mas nunca tinha visto duas pessoas que já foram apaixonadas fazendo as pazes. É uma coisa maravilhosa. Fico muito feliz que estejam aqui.

Olho para Kit, cuja expressão ainda é complicada demais para interpretar.

— Acho que estamos felizes por estarmos aqui também.

— É — Kit concorda. Então sorri. — Estamos.

— Me contem, o que mais surpreende vocês um no outro agora? O que mais impressiona?

Rapidamente, dou um gole demorado de sidra para que Kit tenha que responder primeiro. Sinto o olhar dele percorrendo a linha do meu maxilar, meu lábio inferior molhado.

— Eu diria... — Kit começa, se dirigindo não a Fabrizio, mas a mim. — Sua autoconfiança. A maneira como você se porta. Você parece... ter assumido o controle da própria vida.

Meu coração faz algo horrível entre minhas costelas, mas sinto os ombros mais largos quando ouço isso, as mãos mais firmes. Kit mantém o olhar no meu. Eu retribuo.

— Hm — digo —, eu estava para dizer o mesmo sobre você.

O joelho de alguém cutuca o meu. Não sei ao certo de quem.

— *Meraviglioso!* — exclama Fabrizio, batendo tão alto na mesa que nós dois nos sobressaltamos. — Mais bebidas, então?

Ele já foi embora antes que possamos responder, desaparecendo pela muralha de corpos dançando entre nossa mesa e o bar.

— Jesus — digo, tentando recuperar o equilíbrio. — Odeio quando ele vai embora, mas adoro a vista dele de costas.

Kit ri.

— Ele é mesmo uma figura, não é?

— É. De quem você acha que ele gosta mais, de você ou de mim?

— Por quê, está pensando em colocá-lo no cardápio de novo?

— Ah, gatinho, ele nunca saiu. Acho que a gente teria uns momentos ótimos juntos.

Kit ergue as sobrancelhas.

— Que foi? — pergunto. — Por que você parece tão cético?

Ele dá de ombros.

— Só não sei se vocês são compatíveis.

— Não estou falando que quero casar com ele.

— Eu também não.

Coloco os restos da minha sidra na mesa com um *tum* um tanto pegajoso.

— Está querendo dizer que não somos sexualmente compatíveis? E tá achando que é o quê, o Encantador de Fodas?

— Conheço o tipo dele, e não sei se você gostaria da ideia — Kit responde, a ponta do dedo médio deslizando ao redor da borda da taça. — Só isso.

— Que ideia? Ele ia querer que eu enfiasse os dedos do pé na boca dele ou alguma coisa assim?

— Ele ia querer *fazer amor.* Acender umas cem velas, deitar num tapete marroquino, passar óleo de massagem por horas para só então começar. Não acho que você teria paciência.

— Você ficaria surpreso com a minha paciência ultimamente — digo. A ponta do dedo de Kit sai da borda da taça e vai descendo pela lateral. — Mas e se você estiver errado, hein? E se ele estiver a fim, sabe, de uma pegada mais forte?

— Então eu pegaria ele de jeito.

— Você não é do tipo que pega de jeito.

— Não é verdade.

— Quem você já pegou de jeito?

Kit olha no fundo dos meus olhos.

— Você.

Um garçom passa com uma bandeja de shots. Uma mulher na mesa ao lado dá uma gargalhada, súbita e alta. Algo ácido e quente se revira dentro de mim e começa a se acumular.

— Tipo, três vezes. E olhe lá. Porque eu pedi expressamente.

— Talvez eu tenha praticado.

Cadê Fabrizio com aquela bebida?

— Então é isso que você faria se ele quisesse uma pegada mais forte? — pergunto. — Dar uns tapinhas e depois fazer croissants de manhã para ele saber que não foi por mal?

— Você gostou daqueles croissants — Kit responde, um sorrisinho se formando. — E se ele quiser que você seja mais sensual? Vai entregar o Especial Flowerday pra ele? Uma playlist legal e uma mão dentro da cueca lá pela faixa três?

— Eu esperaria até a faixa doze.

— Nossa, você ficou *mesmo* paciente. Começou a meditar?

— Só aprendi que não ter pressa pode ser gratificante — digo. — O nome disso é versatilidade.

— Versatilidade — Kit repete, chegando mais perto. — Sei.

— Inclusive, se quiser algumas dicas, me avisa. — Viro para ele. — Eu teria o maior prazer em ajudar.

— Se um dia eu precisar de conselhos sobre como usar cuspe como lubrificante, sei para quem perguntar.

— Daí eu peço sua ajuda na próxima vez que quiser, sei lá, comer um poeta.

— Nada, poetas são fáceis — Kit responde, o hálito quente em minha bochecha, todo maçãs e especiarias. — Eles só querem ser jogados pra cima e pra baixo.

— Falando assim, parece que você tem jogado muitos poetas pra cima e pra baixo, Kit.

— Eu disse que venho praticando.

— Ainda acho isso difícil de acreditar.

— Tenho testemunhas.

— E eu tenho minhas dúvidas.

— Me dá uma hora que eu te provo.

— Uma hora seria pouco tempo.

O contato visual é devastador, então passo a olhar para os lábios dele, que se abrem, revelando a língua rosa sobre os dentes brancos e, por um momento sufocante, a única coisa que existe na Espanha é aquela boca, a promessa aveludada, a sensação que eu teria ao entrar nela.

E então me atinge, com força suficiente para me derrubar, a percepção: sinto desejo por ele. Ainda sinto desejo por ele.

Chuto minha banqueta para trás e me levanto ao mesmo tempo que Kit.

— Deve ter alguém nesta balada que queira transar comigo — digo.

Kit desvia os olhos, perturbado.

— Tenho certeza que sim.

Nos separamos, sem nos importar em lutar contra a multidão que bloqueia Fabrizio. Em vez disso, encontro uma pessoa recostada na parede dos fundos com uma cerveja. Flerto com elu num espanhol macarrônico e, ao primeiro sinal de interesse, pergunto se quer ir para outro lugar. Quando responde que sim, viro para declarar vitória, quase achando que Kit vai estar lá.

Ele não está longe, mas não está esperando por mim. Está saindo da balada com um grupo de locais gostosos de gêneros variados, o braço sobre o ombro de uma mulher, sendo levado noite afora. É só eu deixar ele sozinho por dez minutos que ele de repente é convidado para algum tipo de suruba espanhola poliamorosa.

Ele encontra meu olhar e sorri, os dedos enroscados no cabelo de uma estranha.

— Vai contar como um ponto só! — grito, mas ele já foi embora.

BARCELONA COMBINA COM:

Vermute espanhol com gelo e guarnição de laranja e *turrón de yema tostada*

Barcelona

Passo o *bombone* de um lado para o outro sobre a língua.

O chocolate é amargo e intenso, quase apimentado. O calor úmido da minha boca o derrete até restarem só o caramelo e o creme com toque cítrico no centro. Me concentro em como o doce cobre a parte plana da minha língua, aquele corpo, aquele sabor de nozes.

Uma gota de suor escorre por minhas costas até chegar no rego, acabando com o restinho da minha concentração.

Estamos no batente arqueado de uma *chocolatería* em La Rambla, o calçadão amplo, cheio e cercado de árvores que liga o centro de Barcelona ao mar Mediterrâneo. Os prédios aqui são um misto estranho de novos e antigos, pedaços incongruentes de uma cidade longeva tentando acompanhar sua população. Uma igreja do século XVI na frente de uma loja que vende waffles em formato de pinto, um McDonald's encaixado entre santos. Um cachorro se deita, ofegante, no beco próximo, aproveitando a sombra do mercadão La Boqueria. Velhas em barracas vendem flores frescas e copos de frutas fatiadas, rapazes passam em alta velocidade em scooters elétricas e o sol arde em cada paralelepípedo e tijolo.

Mágica e vibrante, Barcelona nos recebeu com uma onda de calor. Está fazendo trinta e seis graus, o que não quer dizer muito para mim, mas fez Kit soltar um "pelo amor de Deus" quando viu no celular. Estou coberta por uma camada de suor desde que saí do hostel.

— Barcelona — diz nossa guia de chocolates local, uma catalã magra com o cabelo pintado de laranja-avermelhado — é a cidade que trouxe o chocolate para a Europa.

Esta é a primeira parada em nosso passeio vespertino por chocolatarias: uma confeitaria construída na estrutura de uma loja histórica de massas, um mosaico de vidro cor de jade e dourado brilhando em sua fachada. Dentro, gavetas de gabinetes de madeira e prateleiras de vidro repletas de chocolates cobrem a parede dos fundos, e a vitrine longa abriga cheesecakes do tamanho da palma da minha mão. Nossa guia distribuiu caixas de *bombones* para experimentarmos, e peguei um chocolate em forma de joia recheado de crema catalana.

Enquanto nossa guia explica como a crema catalana difere do crème brûlée, levo a mão ao bolso para pegar o celular e... não encontro nada.

— Merda — sussurro. Tivemos uma hora de sesta entre a chegada e este tour, e pensei que estivesse sendo responsável ao colocar meu celular para carregar. — *Merda*.

Kit me cutuca, a sobrancelha erguida.

— Esqueci o celular no hostel. — Passo a mão na testa suada, e só piora, porque minha mão também está suada. — Eu ia fazer anotações... Fabrizio disse que o tour tem dez paradas, nunca que eu vou me lembrar de tudo.

Não deveria ser uma surpresa, não depois das últimas doze horas. A pessoa que peguei no bar não conseguiu me fazer gozar e aí eu precisei passar seis horas num ônibus ao lado de Kit, recém-saído de alguma orgia à beira-mar. Eu talvez tenha criado uma situação insustentável. Meu sangue não está passando tempo suficiente perto do meu cérebro.

Kit tira o caderno de desenho e a caneta-tinteiro do bolso.

— Eu anoto pra você.

Encaro.

— Quer que eu... dite?

— Sim, queria mesmo experimentar o seu processo de sommelier. Me diz o que escrever. Esse negócio tem o gosto do espírito de um garanhão selvagem e essas coisas.

Sei que ele me deixaria pegar a caneta e fazer isso eu mesma. Mas esse é o tipo de coisa que Kit gosta de fazer pelos amigos. Fica com um sorrisinho satisfeito quando resolve o problema de alguém, e quero observar seus lábios se curvarem.

Os lábios dele. Ontem à noite, na balada. Maçã e especiaria. *Sinto desejo por ele*.

— Não esquece de anotar o recheio — digo, decidindo afogar a lembrança em chocolate. — E tem notas de pimenta-do-reino, pode anotar isso também?

O tour nos leva por La Rambla e entra no Bairro Gótico, a parte mais antiga da cidade, onde girassóis em mosaico e floreios de pedra irrompem das lojas entre mostradores de suvenir. As ruas são tão estreitas que as sacadas dos apartamentos de cada lado devem ficar a pouquíssimos metros umas das outras, bandeiras e varais e gavinhas de plantas verdes penduradas em suas grades de ferro fazendo parecer que estamos numa vila suspensa, uma pequena faixa de céu azul visível apenas quando se olha diretamente para cima.

Entramos numa loja elegante, especializada em *turrón* — o torrone de amêndoa espanhol — onde experimentamos um *turrón* macio coberto por gema de ovo queimada, marzipã cremoso e fatias de abóbora cristalizada. Mordemos churros mergulhados em chocolate e mastigamos pedaços de laranja sanguínea cobertos de chocolate, com casca e tudo. Na *chocolatería* mais antiga da cidade, um *chocolatero* distribui *bombones* de cava feitos com o moedor de duzentos anos de idade que eles ainda usam naquela loja. São tão incríveis que só consigo encarar num êxtase mudo enquanto Kit usa seu charme para nos conseguir mais dois.

Quando chegamos às ruínas da muralha romana da cidade, metade do grupo já está bem alegrinha de tanto calor e açúcar. Stig fica olhando, boquiaberto, enquanto Montana dá um pedaço de chocolate na boca de Dakota com os dedos. Um dos Calums está cantando músicas de amor espanholas. Birgitte e Lars talvez precisem de um quarto, pra tirar um cochilo ou dar uma rapidinha, não sei.

Kit se mantém perto para eu poder descrever sabores e texturas em seu ouvido, a caneta deslizando sobre a página, sua presença tão sufocante quanto a umidade. Tudo ali é avassalador. O ar denso, a intensidade derretendo em minha língua, o calor que irradia dos corpos ao nosso redor, fios de cabelo úmido nas têmporas de Kit quando ele os levanta com a mão. Minhas palavras começam a ficar preguiçosas e enroladas, e Kit leva os lábios ao meu ouvido me pedindo para repetir, o que só me dá mais tontura. Meu corpo quer se afundar na voz dele como num sonho febril.

O tour pelos pontos turísticos do chocolate nos conduz diretamente a um passeio de tapas perto da água, guiado por Fabrizio, cujos olhos já estão escuros e vidrados depois da primeira rodada de bebidas. Em algum ponto de uma calçada decorada por desenhos de flor de amêndoa, eu me pego, de leve, na órbita de Montana, observando enquanto ela observa Dakota e os Calums mais à frente.

— Sabe o que é engraçado? — ela reflete. — Às vezes, a gente olha para um cara e fica tipo: *Ah, sim, tem isso aí*. E aí às vezes olha para uma mulher e fica tipo: *Aah, sim, mas também tem isso aqui*.

Aceno, entendendo mais ou menos o que ela está querendo dizer. Para mim, é mais como se eu gostasse de gêneros diferentes em partes diferentes de mim. Como se me virasse para olhar para a luz de uma direção diferente a cada vez.

Kit me ilumina por inteiro. Hoje, estou refletindo toda essa luz. Tanta que estou quase cozinhando.

Vagamos de salões dos fundos a porões em um estupor. *Patatas bravas* crocantes com salsa marrom-avermelhada, iscas de cação frito, morcelas, manchego com geleia de figo, pilhas de paella, um milhão de variedades de presunto. Calum Loiro me passa meu primeiro copo de vermute espanhol, marrom-escuro sob o gelo, parecendo mais um copo de coca-cola. O sabor é quase intenso e fragrante demais para descrever a Kit, um misto inebriado de manjerona, coentro, sálvia e mais umas cem outras coisas. Peço outro logo em seguida.

Penso vagamente no guia que Paloma nos sugeriu para Barcelona, mas não lembro de nada agora. Lembro apenas do polegar de Kit sobre a articulação da mandíbula dela. Eu a imagino puxando Kit para dentro do quarto naquela noite depois da praia, sentindo o gosto de sal deixado por nosso nado, tapando a boca dele para não acordar a família dela. Quase consigo ouvir o gemido abafado dele como se eu estivesse ouvindo do quarto ao lado e…

Puta que pariu.

Não estou ouvindo nada. A porta está trancada. *O caminho está fechado*, penso eu, tão delirante que um dos tolkienismos de Kit me pega.

E é *mesmo* um delírio. Aquele desfocar suave da realidade de quem está cheio demais de delícias. Não sou o único ser humano a estar perdendo a cabeça por aqui — a atmosfera dentro do restaurante centenário chamado El Sortidor, nossa última parada, é visivelmente erótica. O crepúsculo entra através das janelas de vitral, destacando os melhores traços de todo mundo. Os Calums sempre tiveram essa beleza máscula? Pera, eu já tinha notado que Montana usa um vestido de verão? Fabrizio poderia ser Apolo enquanto demonstra a técnica de *pan con tomate*, esfregando alho e tomate recém-cortado sobre pão com azeite. Observo os dedos de Kit se moverem, sempre tão bons em seguir instruções, aplicando pressão até o tomate não ser nada além de suco e polpa.

Enquanto olho fixamente para um pedaço de batata para recuperar um pouco de sanidade, Kit apoia o rosto na curva do meu pescoço.

— Você acha — ele diz, com a voz baixa — que os Calums já chegaram a explorar o corpo um do outro?

Isso também é insuportavelmente excitante, mesmo se considerarmos apenas piada. No canto da mesa, os Calums estão absortos numa conversa tão intensa que falam quase diretamente dentro da boca um do outro.

Dou risada e engulo em seco o ar úmido, virando para Kit. Ele está usando a mesma camisa com flores bordadas da nossa segunda noite em Paris, e isso me faz pensar nele apoiado sobre mim na cama nos fundos daquele bar. Ainda consigo sentir o hálito dele resfriando o suor da minha nuca.

Mantenho a voz calma ao responder:

— Uma hora ou outra, até as melhores amizades acabam chegando lá.

— — —

Não tenho a menor capacidade de arranjar alguém para pegar hoje à noite. Estou com a barriga cheia demais, e o dia foi longo demais. Estou tendo uma overdose de Barcelona. É tipo estar cansado demais para dormir. Com tesão demais para transar.

Em vez disso, volto para o quarto e desbloqueio o celular, dando de cara com catorze e-mails e seis chamadas perdidas da Noiva Schnauzer. As canecas *tíki* que ela comprou caíram de uma barcaça durante o transporte.

Deslizo o dedo pela tela enquanto lavo o cabelo, o braço esticado para fora do chuveiro para manter o celular seco. Minha suíte de solteiro é tão estreita que, de dentro do banheiro, estou respingando na mesa de cabeceira. Tateio dentro do meu cérebro ensopado em busca de algo coerente para dizer.

Chega uma mensagem de Kit.

o ar-condicionado do seu quarto tá funcionando?

Franzo a testa. sim pq

hm. segunda pergunta: seu espanhol é bom?

— O que tá rolando? — pergunto, quando Kit atende.

— Meu ar-condicionado não está funcionando — Kit responde. Ouço ele subir na cama, sopros de ar e roupas de cama farfalhando.

— Eita porra.

— Não que eu esteja chocado — ele diz. — Sinceramente, estou até surpreso que tenham ar-condicionado aqui.

— Está muito ruim?

— Bom, o quarto tem menos de seis metros quadrados e passou as últimas oito horas voltado para o sol; eu diria que, assim… não está ideal. — Mais barulhos, como se ele estivesse cutucando o ar-condicionado. — Abri uma janela aqui, mas não está adiantando muita coisa.

— O que você vai fazer?

— Talvez ver se eles têm outro quarto? É por isso que perguntei sobre seu espanhol.

Meu espanhol é muito melhor do que meu francês graças aos anos de ensino médio e uma vida no sul da Califórnia, mas mesmo assim não consigo ajudar. Mais cedo, ouvi o recepcionista dizer a um casal de mochileiros que estavam lotados hoje.

A única outra opção é uma ideia tão ruim que eu não deveria nem considerar. Antes de Kit mandar mensagem, eu estava planejando deitar meu corpo recém-lavado em cima do lençol fresco e tocar uma até a névoa de tesão se dissipar. Não sei como vou sobreviver sem conseguir me aliviar de algum jeito. Mas estou com pena dele.

— Quer cair aqui? — ofereço, antes que tenha tempo de me dissuadir.

— Aqui… ah. — O farfalhar do outro lado para. — Tá falando sério? Tem certeza?

Não.

— Tenho, ué, foda-se.

— Isso seria… obrigado, Theo. Chego aí em cinco minutos.

Ele desliga e fico ali, numa confusão estática, no meu quarto que mais parece uma caixa de fósforo, olhando para o vidro preto da tela do meu celular.

— Beleza. Beleza. Está tudo certo.

Jogo o celular na cama e dou uma geral, vestindo a calça de moletom e a primeira camiseta que encontro, secando o cabelo com a toalha, guardando protetores labiais e pomada no nécessaire, enfiando roupas na mochila para Kit pensar que parei de largar minhas roupas em qualquer lugar. Quando ele bate à porta, meu quarto parece até o de uma pessoa adulta de verdade.

Abro e encontro Kit de camiseta amarrotada e calça jogger confortável de moletom. O cabelo dele está meio úmido. Ele cheira a lavanda e ao mesmo sabonete que deixava em nosso chuveiro.

— Oi — ele diz, com um sorriso constrangido.

— Oi.

— Obrigado de novo. Espero que não seja muito esquisito.

— Não, claro que não — digo, embora eu sinta um pouco como se minha cabeça estivesse flutuando longe dos meus ombros. Dou um passo para o lado para deixar ele entrar. — A gente é amigo, né?

— Sim, é.

— Então, não é nada de mais. — Encolho os ombros. — Vai ser tipo uma festa do pijama. A gente já fez isso um milhão de vezes.

— Pois é. — Ele não olha para mim, ocupado tirando os sapatos. — Isso mesmo.

O quarto de repente parece pequeno demais, quente demais pelo vapor remanescente do chuveiro. Vou até a janela e a abro.

— Não sei se está muito melhor do que o seu quarto.

— Confia em mim, tá sim. — Ele para perto do banheiro, segurando o kit de barbear. — Você se importa se eu…?

— Imagina, fica à vontade.

— Ótimo, obrigado. — Ele dá um passo na direção da pia, para, depois vira de volta. — Ah, esqueci de te dar isso hoje. — Ele leva a mão ao bolso da calça e me dá seu caderninho fino de desenho. — Pode ficar.

— Não precisa… posso só copiar as páginas ou tirar fotos.

— Theo, eu trouxe uns doze cadernos desses. Não tem problema.

Passo os dedos pelas listras azuis da capa de papel pardo, as letras elegantes que formam a palavra CALEPINO. Imagino Kit escolhendo este caderno numa papelaria em Paris, enfiando um monte na mochila, o rosto radiante de expectativa. As primeiras páginas são desenhos soltos de postes e cachorros de rua, depois as anotações daquela primeira *chocolatería*. E…

— Kit. O que é isso?

Viro mais uma página… o resto delas é igual. A cada parada, ele transcreveu minhas anotações numa letra caprichada e, na página oposta, fez uma ilustração simples.

— É, eu, ah, pensei que poderia ajudar se você tivesse referências visuais? — Ele se inclina para fora do banheiro com a escova de dente na boca, o lábio inferior cheio de espuma. — Afinal, você sempre odiou livros sem desenhos, né?

— Vai se *foder*. — Volto a passar as páginas: uma fatia de laranja coberta com chocolate, as bordas ásperas do churro. Ele até fez uma seção transversal no meu primeiro *bombone* para mostrar as camadas de recheio de caramelo e creme. — Kit, isso é… muito legal.

— Que bom que gostou.

Queria poder ver a cara que está fazendo, mas ele está cuspindo pasta de dente na pia.

É estranho e estranhamente relaxante estar ao lado da cama e olhar os desenhos de Kit enquanto ele faz sua rotina de cuidados com a pele. Escuto os estalos delicados de tampas de frascos e água espirrando, sons que ouvia todas as noites. Eu poderia fechar os olhos e imaginar que estou no nosso antigo apartamento. Consigo até sentir o cheiro das plantas dele. O peso de sua cabeça em meu peito.

Chego à última página e paro. Lá, uma mão desconhecida escreveu uma série de dígitos, borrados como se com pressa.

— De quem é esse número?

Ouço a torneira fechando e Kit solta aquele *ah* breve de alguém que foi pego no flagra.

— Deve ser, hm — ele diz, aparecendo no batente —, o número daquele *chocolatero* que nos deu chocolates a mais. Eu ia arrancar essa folha.

Ah. Claro. Quase esqueci que estava lidando com o Deus do Sexo da École Desjardins.

— Kit Fairfield, seu cachorro. — Arranco a página e entrego para ele, exibindo todos os dentes quando sorrio. — Você vai salvar o número dele? Chamar o cara para sair amanhã?

Kit dobra a página e guarda em seu kit de barbear, sem olhar para ela.

— Não sei. Acha que eu deveria?

— Bom, qual é a pontuação?

Ele senta na cama, bem na beirada. Nunca foi tão cauteloso com uma cama minha antes. Mesmo quando éramos só amigos, se derramava sobre a cama toda. Quero empurrar Kit para ele ficar deitado, pelo bem da consistência. Em vez disso, sento ao lado dele.

— Um para cada em Paris — ele contabiliza. — Daí tem o Florian, então são dois para você. E Juliette para você em Saint-Jean-de-Luz.

Deixo que ele acredite que isso é verdade.

— E Paloma para você.

— Uhum. E contando ontem à noite... nossa, aquilo foi só ontem à noite?

— Pois é.

— Dá quatro para você, três para mim. Então acho que, se eu quiser te alcançar, deveria mandar mensagem para ele.

Levanto e tiro um travesseiro da cama.

— Claro, por que não?

— É, por que não. — A voz dele é distraída, observando enquanto eu abro o guarda-roupa minúsculo para pegar um cobertor extra. — O que está fazendo?

— Vou dormir no chão.

Os olhos de Kit se arregalam de horror.

— Não, nada disso.

— Qual é, Kit. Mal cabe um na cama.

— Mas o quarto é seu, Theo, deixa que eu durmo no chão.

— Teve alguém que passou o acampamento inteiro em Joshua Tree resmungando que o chão era duro, e esse alguém não fui eu. Só me avisa se encontrar uma ervilha aí embaixo, tá? — Jogo a coberta aos meus pés.

— Theo Flowerday — Kit diz, sério como um túmulo —, se você ousar deitar nesse carpete nojento, vou voltar para o meu quarto.

Ele está com aquela cara sincera. Suspiro.

— Tá, beleza. Mas também não quero que você durma no chão. E aí?

A gente olha para a cama. E de novo, tem uma solução impensável, aí tem eu, e tem o Kit, e ainda não sei se consigo fazer o que é preciso.

— Será que a gente... — começo. O que não é uma pergunta. Se eu não perguntar em voz alta, não vou ser responsável pelo que acontecer na sequência.

— A gente é amigo. — O que também não é uma resposta.

— Beleza, então — digo. — Mas...

— Mas o quê?

— Lembra que, se eu suar demais durante à noite, fico com um mau humor daqueles de manhã?

— Sim, lembro direitinho.

— Então — digo —, eu ia dormir só de roupa de baixo hoje.

Kit acena várias vezes com a cabeça em rápida sucessão.

— Ah, sim, tipo... claro que não tem problema. A gente é amigo. O quarto é seu, você precisa ficar à vontade.

— Beleza — digo, assentindo também. Somos só dois amigos numa interação absolutamente normal, assentindo sem parar. — E você também, claro, se quiser.

— Pois é, sim... vai ficar meio quente, com os dois na cama.

— Beleza. Então, eu vou...

— Isso, eu também.

Viro e tiro a calça de moletom, tentando não ouvir o rangido do colchão quando ele se ajeita, o sussurro de suas roupas saindo. Continuo de regata, mas, da cintura para baixo, estou usando apenas um shortinho.

Sinto um acordo tácito se definindo entre nós. Desta vez não vai ser como no quebra-mar em Saint-Jean-de-Luz. Desta vez, vamos olhar.

Em noventa e nove por cento dos dias, amo meu corpo. Gosto das minhas pernas compridas e coxas fortes, das faixas de músculos nas minhas costas e nos meus ombros, da insinuação do que poderia ser um tanquinho, se eu me esforçasse. Sei como fico usando só roupa íntima, e gosto de ver as pessoas verem isso pela primeira vez. Kit já me viu com bem menos roupa do que isso.

Mesmo assim, quando viro para ele, meu coração está batendo forte.

A camiseta e a calça dele estão bem dobradinhas em cima da mesa de cabeceira. Ele está sentado no mesmo lugar, na beira do colchão, usando apenas uma cueca boxer muito pequena. A luz do abajur ilumina os pontos mais altos de seus ombros e de seu peitoral, a parte de cima de suas coxas abertas, as covinhas de seus joelhos. Sombras se acumulam nas curvas dos ossos de seu quadril. Cada pedacinho dele. Daquele corpo elegante e gracioso que eu conhecia.

Ele está olhando para o meu corpo do jeito que só Kit consegue olhar para as coisas, como se pudesse devorar o mundo com os olhos. O que tenho com ele vai além do desejo. Ele me ensinou a desejar. Isso seria o ponto fraco de qualquer um.

Passa pela minha cabeça que, se eu quiser transar com Kit — se eu *acabar transando* com Kit —, não quer dizer que eu o ame. Sexo não precisa envolver amor. As duas coisas nem precisam estar no mesmo ambiente.

— Ei — Kit comenta —, achei sua terceira tatuagem.

Pisco algumas vezes.

— Ah! — Minha mão vai automaticamente para o lado esquerdo do corpo. Parte dela está escondida pelo shortinho, mas minha terceira e maior tatuagem vai do quadril até o alto da coxa. — Pois é. Ficou foda, né?

Ele a examina sob a luz baixa.

— É uma cobra?

— Uma cascavel. — Chego mais perto para ele conseguir ver os detalhes da cascavel-diamante-ocidental envolta numa taça coupé. — E olha só, o coquetel dela tem uma fatiazinha de laranja de guarnição. — Quando ergo os olhos, Kit está segurando um sorriso. — Que foi?

— Nada. É só que... você disse que não era uma tatuagem na bunda.

— Ué... mas não é!

— Meio que é, sim.

— É uma tatuagem na coxa! Fica na minha… minha… minha anca!

A risada que ele solta é tão deliciosa que quero engoli-la por inteiro.

— Sua anca? Agora você é um pônei?

Talvez seja o calor, ou toda aquela pele à mostra, ou a risada dele ou os traços de sua caneta e as manchas de nanquim em seus dedos, mas, neste momento, quero descobrir o que ele vai fazer. Se está tão perto do limite quanto eu. Se vai dar para trás.

Pego a mão dele e a coloco bem em cima da pele tatuada.

— Isso parece minha bunda para você?

A risada dele diminui.

— Não. Não, acho que não.

Ele não tira a mão, mas também não a mexe. Ela só fica ali, a palma rente e quente sobre minha pele, a ponta de seu polegar quase roçando o elástico do meu shortinho. Os olhos dele continuam nos meus. Eu o imagino me puxando para o seu colo e entreabrindo os lábios, penso em seus dedos e em azeite e na polpa úmida e vermelha de um tomate cortado. Saliva se acumula em minha boca.

Ele não faz nada.

Empurro o ombro dele com força suficiente para fingir que foi tudo uma piada.

— Vai para lá — digo. — E fica do seu lado.

Ele solta um som gutural e rola na direção da parede enquanto deito na cama.

— Esse é o plano — ele murmura.

Apago a luz e entro embaixo do lençol, deixando uma perna cair para fora do colchão para me ancorar o mais longe possível dele. Atrás de mim, Kit se ajeita. Queria que meu corpo não reconhecesse o tom exato do colchão se afundando sob o peso dele.

— Boa noite, Kit — digo, em vez de gritar no travesseiro.

Um longo momento se passa antes de Kit dizer:

— Boa noite, Theo.

— — —

Estou no deserto.

Estamos na traseira do meu carro, com os bancos dobrados, o porta-malas aberto, nossas botas enfileiradas na terra perto do pneu traseiro. Esses dias no meio do verão do vale são muito longos, mas Kit queria esperar pela Via Láctea. Uma vez ele disse que era como se uma faca de manteiga gigante tivesse espalhado a galáxia pelo céu, turbilhões de estrelas esmagadas como geleia de amora.

Ele ergue a cabeça para trás e solta um gemido. Vejo estrelas no brilho do suor de seu pescoço.

As pernas dele estão ao meu redor. Estou apertando sua cintura e tocando uma para ele, meu quadril na parte interna de sua coxa, a boca dele já aberta quando me curvo para beijá-la. Ele é tão lindo assim, se desfazendo inteiro. O corpo dele segue o meu como um discípulo.

Às vezes, quando estou em cima de Kit, quando o estou fazendo suspirar e tremer e implorar — quando estou comendo ele desse jeito —, me sinto mais presente no meu próprio corpo do que nunca. Como se todas as peças se encaixassem. Eu me pergunto se alguém mais na galáxia de geleia de amora já sentiu um amor tão grande por outra pessoa que fez a própria alma parecer fixada ao corpo.

Então, num piscar de olhos, não estou mais no deserto.

Estou com Kit, mas estamos dentro de um restaurante com janelas de vitral. Estou em cima de uma mesa de madeira, no centro de um banquete, meu corpo cercado por pratos transbordantes de chocolate derretido e tomates maduros e frutas embebidas em xarope de especiarias. Kit está sentado numa cadeira entre minhas pernas entreabertas devorando um damasco, o néctar reluzindo em seus lábios e seu queixo.

Ele joga o caroço fora e coloca a boca em mim, e eu…

Acordo com um grito na rua.

Puta que pariu.

Eu estou… onde estou mesmo? Espanha. Barcelona. Num hostel perto de La Rambla. Numa cama de solteiro, ao lado de Kit.

Só que não estou mais ao lado de Kit. Estou nos braços dele, meu rosto em seu peito, meu braço ao redor da cintura dele, o braço dele ao redor dos meus ombros. E desconfio que, pela maneira como as coxas dele estão enfiadas entre as minhas, eu estava me esfregando nele enquanto dormia.

Caralho. *Caralho.*

A luz do sol cai sobre minhas pálpebras, mas estou com medo demais para abri-las. É isso que dá dormir com tesão — e comentar sobre nossos acampamentos, o que era basicamente uma desculpa para transar em locais novos e criativos. Foi só eu tirar uma de nossas memórias da cripta que de repente estou tendo sonhos eróticos.

Kit está respirando profunda e lentamente, então pelo menos ainda está dormindo. Se eu conseguir não o acordar, ele nunca vai precisar saber.

Com cuidado, aos pouquinhos, centímetro por centímetro, vou me soltando e viro para o outro lado da cama.

Bem quando penso que consegui, Kit solta um resmungo inconformado e se vira de lado, me puxando de volta.

Quando eu e Kit estávamos juntos, o corpo dele se tornou tão íntimo para mim que parei de sentir como se fosse separado do meu. Cada centímetro era tão naturalmente familiar quanto passar a mão na água. Agora, consigo sentir todas as mudanças sutis: os cabelos mais compridos dele roçando minha pele em lugares novos, a marca de uma cicatriz nova em seu joelho. Todas aquelas horas sovando pão e jogando sacos de farinha para cima e para baixo — e poetas também, ao que parece — adicionaram uma nova camada de músculo esguio em seu peito e seus ombros.

Ele roça o quadril em mim. Meu coração acelera quando me dou conta: ele está duro.

Ele não está, penso, duro por *minha causa*. É uma resposta física, tipo um calafrio, ou um espirro. Mas, se *estivesse* duro por minha causa, se acordasse agora e me apertasse e cravasse os dentes em meu pescoço, sei que eu não o impediria. Eu adoraria. Mandaria essa caminha rangente direto pro céu da Ikea.

Preciso dar o fora daqui.

Tento me contorcer para me desvencilhar dele, mas, cada centímetro que consigo, o corpo dele recupera por instinto. Está fazendo barulhos inconscientes de frustração, gemidos que não ajudam em nada a fortalecer meu ar resoluto. Toda vez que o sinto duro e latejando através de nossas camadas finas de tecido, preciso me concentrar em como ele vai morrer de vergonha se souber o que estava fazendo. Estou salvando tanto a dignidade dele quanto a minha aqui.

Pelo menos estou tentando, quando rolamos da beira do colchão e caímos no chão.

Kit acorda assustado, com um grito que pode ser tanto um misto de inglês e francês ou um monte de vogais espantadas. Ele aperta os braços por um momento ao meu redor e depois fica absolutamente parado.

— Theo?

— Oi.

— Ah. Ai, *não*. Ai, Deus, eu…?

— Não, não aconteceu nada, tá tudo bem — digo, quando Kit me solta e se arrasta para trás.

Ele está com cara de que preferia ter nascido uma lesma, o que obviamente é o que se espera depois de dormir de conchinha com alguém. Acho que eu talvez comece a rir.

— Não foi nada de mais. É tipo memória muscular, e acho que fui eu que comecei.

— Desculpa — ele diz, arrasado. — Foi sem querer.

— Tudo bem! — Estou rindo agora, soluços histéricos e irreprimíveis.

— Por que você tá rindo? Estou constrangido! Isso é constrangedor!

— Desculpa! — digo, sem fôlego. — Desculpa, é só que… estou feliz que não fui eu.

— *Theo*.

— Com quem você estava sonhando? Com o *chocolatero*?

— Eu… — Kit começa, mas é interrompido pelo toque estridente do alarme de seu celular.

Pego o aparelho da mesa de cabeceira e jogo para ele, secando uma lágrima enquanto ele o desliga.

— Acho que a gente já acordou — ele diz.

— Acho que sim.

— A gente pode, por favor, fingir que isso nunca aconteceu?

Olho para ele de olhos arregalados e encolhido de cueca contra a parede, o cabelo amassado e caindo em seu rosto lindo. Quero puxar o cabelo dele para trás. Quero continuar rindo para sempre. Quero fingir que nada aconteceu, mas só porque ele quer.

— Sim — digo. — Claro, Kit. Claro.

Ele olha bem pra mim com um ar consternado.

— Tá falando sério?

— Kit. Poxa. É só a gente.

Por fim, ele abre um sorriso fraco.

— É só a gente.

Ele se veste para subir para seu andar, já falando sobre a Sagrada Família, que leu um livro inteiro sobre o templo, mas que fotos não fazem jus. Depois que ele sai, olho pela janela. Meu reflexo é cheio de cor, meus olhos dilatados como se eu tivesse bebido demais. Lá embaixo, na rua, duas pessoas estão se beijando.

— — —

Não existem palavras para descrever a Sagrada Família.

Talvez, se desse para sintetizar tudo que uma pessoa pode ver e saber e vivenciar, cada rosto, cada sentimento, se fosse possível chegar ao limite do quanto uma coisa pode existir, seria essa igreja de mais de cento e cinquenta metros de altura. Milhões de detalhes em pedra povoam sua fachada. Figuras e folhagens e símbolos e dobras de tecido meticulosas. E sabe-se lá como, lá dentro, tem mais.

Cada centímetro tem uma geometria complexa e deliberada, nenhuma linha reta ou superfície sem adorno. Renques de colunas se elevam em espiral, se transformando de quadrados em octógonos a hexadecágonos e, então, em círculos, se repartindo numa cobertura saturada de estrelas. Vitrais imensos projetam um arco-íris de luz pelas naves, vermelhos e laranja flamejantes de um lado e azuis e verdes inundantes do outro, túneis de cor tão profundos que daria para nadar neles. Cada elemento é um detalhe em cima de outro e de mais outro, curvas estranhas e bordas irregulares e cantos encavalados que parecem impossíveis.

Somos guiados por caixinhas transmissoras penduradas em cordões, a voz de Fabrizio filtrada por fones metálicos, doce como sempre. Mas estou prestando atenção nos murmúrios ecoantes de centenas de vozes em centenas de línguas diferentes, os passos de sandálias no mármore.

Kit fica para trás, e me permito acompanhar seu ritmo. Os fones de ouvido dele estão soltos ao redor do pescoço. A expressão é de um fascínio puro, boquiaberto e cintilante.

Penso no museu em Bordeaux, no quadro da mulher sobre os escombros. Como eu tinha certeza de que ele responderia se eu perguntasse sobre a pintura.

— Ei — digo, baixinho, enquanto o grupo segue em frente sem nós. — Me conta o que você leu sobre este lugar.

Kit sorri.

Com a voz baixa e suave, ele me conta tudo. Que as colunas e as abóbadas ramificadas foram feitas para evocar a sensação de passar por uma floresta, o desenho duplamente torcido inspirado em galhos de espirradeira. Ele fala sobre Gaudí, o artista e arquiteto que dedicou quarenta e três anos para construir esta igreja, o único amor da sua vida e seu grande projeto inacabado, como ele morou na igreja e está enterrado na cripta para estar com ela para sempre.

Não existe pretensão em sua voz, nem arrogância, apenas alegria genuína e generosidade. Felicidade em explorar um mundo novo e compartilhá-lo comigo. Desvio o olhar para ele não me ver piscando as lágrimas que se acumulam subitamente em meus olhos. Saí daquela sala em Bordeaux justamente para evitar isto: o fato terrível, inegável e destruidor de quão bondoso ele é.

Quando tudo mais já desmoronou — os piores ângulos, as versões mais maldosas dos acontecimentos, as mentiras que me contei —, o que resta é apenas Kit. Apenas o grande amor inacabado da minha vida, e um piso sob o qual ainda estou jazendo.

— — —

— Você não pode usar um prato inteiro como se fosse um ingrediente! — Kit exclama, quase entornando o vermute. — Isso é trapaça!

— Nem se eu comprar já pronto e incorporar?

— Vai contra o espírito do exercício. Pensa rápido é para *materiais in natura*.

— Então você não pode usar chocolate. Teria que ir até a oficina e girar a manivela do moedor de grãos, bebê.

O sorriso de Kit se abre ainda mais, as bochechas corando. Ele sempre adorava quando eu implicava com ele de propósito para fins de entretenimento.

— Você sabe que não é a mesma…

— Você bate sua própria manteiga também? Tem um batedorzinho de manteiga parisiense chique? Tem um suporte nele para cigarrinhos parisienses chiques sem filtro?

— Tá! — Kit cede, erguendo as mãos. — Tá, pode usar o crema catalana para fazer ponche de leite! Então eu pego só a casca de laranja dele…

— Affffff.

— … e misturo com ricota para rechear cannoli e… — Ele vê a cara que faço. — Que foi?

— Você fez a sua própria ricota, Kit?

Ele parece a ponto de sair gritando, em parte frustrado, em parte se divertindo, mas Theo-e-Kit por inteiro.

— Sim, Theo, fui de bicicleta até a fazenda de ovelhas da vila e fiz um amorzinho gostoso com a esposa do pastor a noite toda para ela me deixar ordenhar as ovelhas, e aí carreguei o balde para casa e fiz a ricota.

— Então vou pegar as lágrimas salgadas do pastor de ovelhas cuja esposa o trocou pelo arrombado da vila…

Kit solta um "ah" teatral de indignação.

— *Arrombado?*

— … e usar para fazer um negroni salgado, com um toque de tangerina.

— Marmelada de tangelo com campari — Kit responde instantaneamente. — Cobrindo um bolo inglês clássico de tangelo e cinco especiarias.

— Então eu pego as cinco especiarias chinesas e infundo em rum, depois uso o rum para fazer um Cable Car.

Kit coloca sua taça na mesa, ainda sorrindo.

— Cable Car. Foi… foi o que bebemos naquela vez em que pegamos o carro para San Francisco no seu aniversário, não foi?

— Foi, naquele boteco em North Beach — respondo. — Só dava pra pagar em dinheiro vivo e a gente estava sem nada.

— E eu fingi te pedir em casamento pros nossos drinques saírem como cortesia.

Tínhamos apenas vinte e três anos na época e vivíamos fazendo piada sobre casar, como se fosse muito óbvio que não valesse a pena levar isso a sério. Eu ri quando ele riu. Mas depois ele me disse que casaria comigo naquela noite se eu quisesse. Que teria casado comigo na noite em que nos beijamos pela primeira vez.

— Eu definitivamente não vou conseguir te superar nessa, então — Kit diz. — Ele ergue o queixo para mim, e quero apertar ele. — Você venceu. Vou beber o absinto.

— *Discúlpeme, señor!* — Chamo o bartender. — *Una absenta, por favor!*

Estamos no Bar Marsella, o mais antigo de Barcelona, que dizem ter sido frequentado por Picasso e Hemingway. A noite úmida adere às paredes com painéis de madeira e descasca a tinta marrom, condensando armários de garrafas antigas e espelhos pendurados atrás de mesas bambas. Um candelabro no teto cintila, empoeirado, enquanto a sola das minhas sandálias grudam no piso de mosaico. O bartender serve uma taça de absinto verde-claro, uma garrafa de água gelada e um cubo de açúcar envolto em papel, e Kit começa a derreter o açúcar na taça com maestria.

No bar, um homem mais velho está sentado sozinho com um copo de cerveja clara e o tipo de livro que se compra em aeroporto. O short cáqui e a polo deixam na cara que se trata de um turista estadunidense. Quando vejo a capa, quase não acredito.

— Olha ali — digo. — Três cadeiras para lá. Aquele livro é do Craig, não é?

Kit avista a capa de brochura brilhante. *A casa no lago*, um romance de John Garrison.

— É sim. Aquele em que a esposa morre.

— Não são todos assim?

— Sim, mas nesse aí ela volta como um fantasma, o que ele só fez duas outras vezes.

Dou risada.

— *Aliás*, como seu pai está?

— Ele tá bem. Mudou para um sobradinho em Village. Ainda

trabalha como ghost-writer, obviamente. O último dele entrou para a lista por quarenta e sete semanas. *O anacoreta de Vênus.*

— Ai, meu Deus, era dele?

— O autor mais prolífico de quem ninguém nunca ouviu falar — Kit diz, olhando para o absinto, enquanto a nuvem de açúcar dissipa devagar. — Na verdade, não falo com ele faz uns... seis meses?

Não digo nada. Não preciso dizer. Nós dois sabemos como isso é uma coisa inesperada vindo dele. Giro minha sangria e espero.

— Lembra daquele livro em que ele estava trabalhando quando minha mãe morreu?

Penso naquele verão horroroso antes da oitava série, quando eu deitava na cama de Kit cinco noites por semana lendo *O Silmarillion* para ele em voz alta para que ele conseguisse pegar no sono. Ollie tinha acabado de tirar a carteira de motorista, então fazia as compras e Kit assava um bolo por semana de qualquer que fosse o sabor que Cora pedisse. E, todo dia, o pai dele ficava no escritório, preso num manuscrito que não podia atrasar.

— Era para ser o primeiro livro assinado com o próprio nome dele, né? Mas o editor odiou, não foi isso?

— É, essa era a história — Kit diz, com um sorriso triste. — Então, lembra que o Ollie agora trabalha para a editora do meu pai? Um ano atrás, ele almoçou com o editor do meu pai e perguntou o que ele realmente tinha achado do livro, e o editor respondeu que não fazia ideia do que ele estava falando. E aí o Ollie perguntou para o meu pai e descobriu que o manuscrito nunca existiu.

Franzo a testa.

— Como assim?

— Ele não escreveu. Não escreveu nada naquele verão. Só fingiu que estava escrevendo.

Penso em Kit, treze anos de idade, trançando o cabelo de Cora para ela.

— Puta merda — digo.

Ele continua, com aquele sorriso pequeno e triste:

— Depois disso, comecei a pensar em tudo. Sempre confiei que havia algum propósito nas escolhas que ele fazia por nós. Mudar para o outro lado do mundo porque estava entediado, mudar de país quando não queria mais morar na casa antiga. Ele sempre foi tão *impressionante* para mim, aquele gênio romântico que poderia nos levar pra qualquer lugar. Cada segundo da atenção dele era reluzente e importante.

Ele dá um gole de absinto, fazendo careta com o ardor.

— Mas tudo sempre se resumiu ao que ele queria — Kit conclui. — E ele não esteve presente naquele verão porque não quis.

Solto um palavrão sincero.

— Então você não fala com ele desde que Ollie te contou sobre o manuscrito?

— Na verdade, tentei conversar quando ele esteve em Paris alguns meses atrás. Sobre isso tudo. Ele meio que deu a entender que era bobagem, soltou um monte de palavras pra dizer que me ama, o que nunca esteve em questão. Depois disso, precisei dar um gelo nele para, sei lá. Processar. Entender que tipo de relação quero ter com ele como adulto.

— Puta que pariu — digo, depois de uma pausa longa. Minha vontade é moer o pai de Kit na porrada agora. — Kit, isso é… deve ser muita coisa pra processar. Que merda, sinto muito.

— Obrigado — Kit diz, abrindo um pequeno sorriso carinhoso. Seu olhar se volta para a porta atrás de mim e, de repente, ele solta um palavrão em francês.

— Que foi?

— Meio que… esqueci que tinha convidado Santiago para me encontrar hoje.

— Quem?

— O…

— *¡Hola!* — diz uma voz suave, e reconheço o *chocolatero* bem quando ele aproxima o rosto do de Kit, dando um beijo.

Kit olha para mim com os olhos arregalados e arrependidos.

Não tem motivo para decepção aqui. Fui eu que disse para ele chamar o cara. Abro meu sorriso mais descontraído.

— Desculpa — Kit murmura —, eu…

— Não tem por que se desculpar — digo. O *chocolatero* vira para mim, um homem negro, bonito, de roupas simples em linho bege e dourado. Também dou um beijo nele. — *¡Hola, Santiago, qué bueno verte!*

— Você deve se lembrar da minha amiga Theo — Kit diz, e depois de todo o meu empenho nesse sentido, não era para doer tanto ele me chamar assim.

— *¡Sí!* — Santiago diz com simpatia. — E essa aqui é a minha vizinha, Caterina.

Uma mulher surge ao lado dele, alta, graciosa e sorridente. Ela joga o cabelo para trás com a mão manchada de tinta.

— Caterina — digo. Olho de rabo de olho para Kit e o noto me observando. — Posso pagar uma bebida pra você?

— — —

Caterina é pintora. Cheira a flores de amêndoa e terebintina e acabou de terminar com uma holandesa que comanda passeios de barco ao pôr do sol partindo do porto principal. Ela mora num predinho estreito no Bairro Gótico, tão antigo que a porta tem uma aldrava de bronze no formato de uma mão segurando um caqui. No alto da escada, enquanto ela destranca o apartamento, eu a beijo atrás dos brincos prateados.

O apartamento dela tem de tudo. Flores secas penduradas no candelabro, fatias de frutas cítricas em todas as janelas. Pinturas pela metade apoiadas em poltronas de couro e mesas de canto lotadas de livros. Está tão quente aqui dentro quanto lá fora, então ela traz um jarro de água gelada e nos serve dois copos.

Quando coloca um em minha mão e me guia para uma mesa da cozinha, penso: *Não estou nem pensando em Kit agora.*

Não estou contemplando ele e Santiago à nossa frente na calçada do lado de fora do Bar Marsella, nem estou vendo como ele olhou para mim quando Santiago o puxou para dentro do predinho à frente do de Caterina. Não estou nem pensando em como ele olhou para mim ontem à noite na beira da cama, ou no calor da mão dele quanto tocou minha tatuagem.

Há tanta coisa para se gostar em Caterina. Gosto de como ela flutua pelo apartamento, esvaziando o resto do jarro em suas plantas. Gosto das manchas de tinta em suas mãos.

Ela pergunta:

— Como vai ser?

Abro bem as pernas, os pés plantados um de cada lado da cadeira. Todo o meu desejo insatisfeito vem à tona, carregado de suor sobre minha pele. Nossa, vai ser bom finalmente botar tudo isso para fora.

— Tira tudo que tem embaixo desse vestido e vem aqui.

Caterina faz o que mando, senta em meu colo e me beija. Retribuo o beijo, intensamente, a língua dela deslizando para dentro da minha boca, as mãos envolvendo meu queixo. Guio o quadril dela com as mãos até sentir que está molhadinha e sedenta em minha coxa sem eu nem ter tocado nela, o que é sexy pra cacete.

Tudo o que fazemos é sexy pra caralho, na verdade. Súbito e urgente, o calor entre nossos corpos se torna quase sufocante. Minha camiseta começa a grudar nas costas. Suor se acumula na curva do meu pescoço. Eu me afasto para recuperar o fôlego.

— Tudo bem? — Caterina pergunta, secando minha testa com o dorso do punho. — Precisa tomar um ar?

— Desculpa, sim. — A oscilação em minha voz me surpreende. — Será que a gente pode abrir uma janela?

— Tenho coisa melhor.

Ela vai até uma janela alta com vista para a rua e abre as cortinas finas, revelando um par de portas francesas estreitas.

— Vem olhar.

Quando chego perto, estamos numa das sacadas góticas que admirei ontem. Mal tem espaço pra gente com todas as flores e plantas que se acumulam ao longo das grades. Todos os prédios da rua têm sacadinhas iguais à dela, uma tão perto da outra que daria até para passar um cigarro para a pessoa ao lado. Quase dá para tocar as cortinas que esvoaçam pela porta da sacada em frente.

É quando puxo o corpo de Caterina junto ao meu que escuto. Uma voz próxima, mas um pouco abafada, tão familiar que chega a ser chocante. Um gemido suave, vulnerável.

— Hm, o… o Santiago mora nesse apartamento aqui na frente do seu?

— O quê? — Caterina desliza a mão por dentro da minha camiseta. — Ah, sim. Por quê?

Outro som, uma segunda voz dizendo algo baixo demais para

decifrar. A voz de Kit é áspera quando responde, mas, desta vez, consigo distinguir "sim" e "por favor".

Puta que pariu.

Caterina ri, o nariz batendo em meu ombro.

— Santiago vive fazendo isso — ela diz. — *Estoy acostumbrada a eso*. Te incomoda?

Existe um milhão de motivos para isso me incomodar, mas, neste momento, tudo que consigo sentir é uma necessidade vibrante, e tudo que consigo ver é o olhar de pena que Juliette me lançou naquela praia.

— Não — digo, e beijo Caterina.

Não perco mais tempo. Eu a encosto na sacada folhosa e enfio a mão por baixo do vestido para tocar o calor úmido entre suas coxas. Ela se esfrega na minha mão.

Um grito corta a noite e sinto satisfação por estar provocando aquilo até me tocar que não é Caterina, mas Kit. Ele é a única voz que ouço agora detrás das cortinas esvoaçantes, e consigo imaginar o que está acontecendo. Kit, deitado, se perdendo dentro da boca de Santiago.

— Puta que pariu — murmuro alto desta vez, sentindo que estou perdendo a sanidade. Fico de joelhos.

Vai rolar. Chupar uma mulher atraente sempre surte efeito em mim. Ver o prazer raiar no rosto dela, sentir os joelhos dela começarem a tremer, afundar mais e mais em seu gosto. Subo o vestido de Caterina, enquanto enfio a mão dentro da minha calça.

Concentro todo o meu esforço nos movimentos que faço nela com a boca, em meus próprios dedos, o sangue quente num turbilhão em meus ouvidos, os gemidos e suspiros que ela solta, o movimento de seu quadril. Dou tudo de mim até ela gozar, as mãos apertando meu cabelo, e recomeço.

Quero… na verdade, *preciso* muito gozar. Precisava há dias, *especialmente* depois de ontem à noite, mas… *não consigo.* Não consigo chegar nem perto. Não consigo perseguir aquele horizonte atordoante e enlouquecedor, o toque de alguém que não está aqui.

Escuto Kit gemer entre dentes de novo e sei, *sei* o que significa quando ele faz essa porra desse som.

Já fiz Kit gemer de todas as formas possíveis e imagináveis. Sei o tom baixo e imperioso que ele usa quando quer assumir o controle, o registro médio, arrastado e obsceno que usa quando está se sentindo indulgente, os palavrões esbaforidos que solta quando é levado ao limite de sua paciência. Quando a voz dele está áspera e arrasada como agora, significa que ele quer *ser penetrado*.

Chega a ser emocionante como ele fica lindo assim. Submisso e com os olhos vidrados, a cabeça jogada para trás. Se abrindo, se oferecendo para ser dominado e devorado, provocado e torcido até estar implorando, ofegando, quase chorando pela recompensa.

Um calafrio me percorre, então fecho os olhos e visualizo o rosto de Kit, seu olhar quando ele beijou Paloma na praia, como queria que eu ficasse olhando.

Me permito ouvir. Abro a caixa-forte.

Lá está ele. Lá estamos nós. A luz se derrama sobre nossa pele. Minha mão busca a dele e tudo se desdobra de uma vez.

No próximo movimento que faço com a língua, escuto três gemidos simultâneos: o de Caterina com o joelho apoiado em meu ombro, o de Kit do outro lado do beco sendo mamado por outro homem e o de Kit debruçado na bancada da nossa antiga cozinha com meu cuspe escorrendo pelas coxas.

Minha mão acelera para alcançar o ritmo da minha boca, o ritmo da respiração de Kit. Para ficar no mesmo ritmo da batida do meu coração numa noite de verão sobre uma toalha de praia em Santa Bárbara quando sentei nele. Do tilintar dos cintos de segurança enquanto ele me comia no banco de trás do meu carro. Do bumbo que ecoava nas caixas de som enquanto ele enfiava a mão dentro da minha calça jeans no meio de uma multidão. Da pulsação de Caterina em minha língua, da pulsação de Kit contra mim. Enfio dois dedos nela, sinto os dele entrando em mim e enfio os meus dentro dele.

Quando Kit goza, eu escuto e visualizo ele em nossa cama, os punhos imobilizados, as lágrimas brilhantes em seus olhos. Apoio a testa na barriga de Caterina — no ombro de Kit — e gozo, deixando escapar um grito rouco.

No silêncio que recai depois, reflito sobre qual parte da memória me levou ao clímax. Não foi a forma como Kit implorou pra mim naquela noite, nem como ele não conseguia andar direito na manhã seguinte.

Foi o intervalo, quando ele me disse o quanto me amava.

E é exatamente disso que eu tinha mais medo.

— — —

Não durmo na cama de Caterina.

A caminhada de volta ao hostel não é muito longa, mas, quando passo pelos coruchéus da Cathedral La Seu, estou correndo. Corro todo o caminho até La Rambla, passando pelo círculo imenso da Plaça de Catalunya e por todas aquelas estátuas peitudas, subindo os degraus da escada até o quarto onde acordei nos braços de Kit.

Quando a porta se fecha atrás de mim, pego o celular.

acho que estou me apaixonando de novo por kit

Sloane responde em menos de um minuto.

Isso seria tão ruim assim?

NICE
COMBINA COM:

Pastis e água gelada num copo de highball, *pain au chocolat*

Nice

Isso seria tão ruim assim?

Nas planícies mais altas de Provença, na paisagem rural montanhosa sobre Nice, lavanda cresce que nem desgraça. Quilômetros de coisa roxa, anos de coisa roxa. Coisa roxa até dar no saco. Toda vez que respiro, sinto cheiro de lavanda, portanto, toda vez que respiro, sinto o cheiro de Kit.

Sault é um desvio panorâmico no caminho para Nice, onde vamos passar duas noites antes de fazermos o trecho da Itália. Todos parecem ter a ressaca curada pelo ar fresco da montanha, exceto Calum Ruivo, que está vomitando atrás de um curral de cabras. Até Orla desceu do ônibus para explorar os campos de lavanda.

Eu me curvo para tocar os pés, alongando as costas e os posteriores da coxa. Meus joelhos doem após quatro horas encolhidos junto ao peito para não esbarrar em Kit sem querer. Se ele sabe que o ouvi ontem à noite ou se me ouviu, está impassível. Cochilou o caminho todo enquanto cruzávamos a Espanha e voltávamos para a França, com uma aparência tão pitoresca que chegava a ser indolente, metido naquela calça jeans macia e numa camiseta cor de areia, os cílios estendidos serenamente sobre as bochechas.

Enquanto isso, mal consigo *olhar* para ele. A névoa daquela guerra de tesão se dissipou, mas ainda estou nas trincheiras. Estou lá embaixo, quase morrendo. Estou com pé de trincheira no peito.

Kit está andando com Orla agora, sabe-se lá como usando o chapéu de safári dela. Abre bem os braços, as palmas erguidas para o sol, e Orla ri.

Isso seria tão ruim assim?

O lance de amar Kit é que é objetivamente a melhor coisa que poderia acontecer com alguém. Não é à toa que acontece com tanta gente por acidente. Amar Kit é como ser o morango numa taça de champanhe. Apenas flutuando eternamente em bolhas espumantes, traçando círculos vertiginosos, se embebendo em complexidade e sendo sexy por associação.

Estar com Kit era diferente. Posso admitir agora: a única coisa melhor do que amar Kit era ser a pessoa que ele ama.

A vida com Kit era um sonho bom. Era simplesmente... inevitável. Fazia sentido. Eu conheci esse homem tão jovem e o amava fazia tanto tempo que tudo que aprendi sobre amor havia sido com ele, a ponto de eu não saber dizer onde ele terminava e onde começava o amor. Olhávamos um para o outro com um assombro constante, como se, por mais que nos beijássemos, não pudéssemos acreditar que aquilo estava mesmo acontecendo. E ele me fazia feliz ou, pelo menos, o mais feliz que eu conseguia ser naquela época. Era bom. Éramos bons.

Desde Kit, tive um monte de rolos temporários, mas nem digo que não precisei de algo real nesse meio-tempo. É que não quis. A ideia de começar do zero — o tormento de reconstruir algo que eu já tinha passado a vida toda construindo com outra pessoa — é exaustiva. É quase um maldito triatlo olímpico, só que exige uma vulnerabilidade que chega a ser constrangedora e, no fim, eu poderia nem gostar tanto da pessoa quanto gostava de Kit. Seria um alívio nunca ter que fazer isso de novo.

Também seria um alívio recuperar as partes de mim que viviam dentro dele. E ter um lugar para depositar tudo que é dele e vive em mim. São tantas as coisas que não deu para encaixotar, pedaços de nós que não tínhamos mais como acessar porque nunca teríamos como devolver. Eu ia gostar de estar com ele sem precisar me desfazer de nenhuma parte de mim.

E essa minha versão completa — Theo sem Kit —, eu gosto dela. Tem as melhores piadas, uma coragem gigantesca, as maiores ideias. Eu demoraria semanas para elaborar as receitas em que pensei rápido com Kit. Talvez eu nunca nem *tivesse chegado* até aqui, se não fosse pelo Kit. Nunca teria marcado esta viagem por conta própria e, se tivesse conseguido o reembolso, não sei se teria tentado de novo. Poderia nunca nem ter sentido o mundo se abrir para mim.

Isso seria tão ruim assim?

Logisticamente falando, seria idiota voltar a me apaixonar por Kit. Para começo de conversa, moramos a 9 mil quilômetros de distância. Ele ama o emprego e nunca o abandonaria, e eu nunca me imaginei, pra valer, fazendo nada além do que faço lá perto de casa. E, mesmo se morássemos na mesma rua, não faria diferença, a menos que Kit ainda tivesse sentimentos por mim. E tenho todos os motivos para acreditar que não tem.

Ele disse em San Sebastián: *Pensei que deveria deixar você ir. Então, foi o que fiz.*

Talvez algo mais do que amizade ainda brilhe entre nós — uma fricção, a tensão que rola entre duas pessoas que sabem que são a melhor transa uma da outra —, mas sei a diferença entre tesão e amor. Não sei qual dos dois ele sente quando chega perto de mim ou o que vê quando olha para mim. Já passou muito tempo, e não sou mais a menina com quem ele queria se casar.

— Theo!

Dou meia-volta. Kit está a poucos metros agora. Está ridículo aqui num mar de lavanda, um ramo entre o polegar e o indicador. Levanto.

— Você tava pensando em fazer alguma coisa agora à tarde? — ele me pergunta.

— Eu... hm, os Calums me convidaram para subir a Colina do Castelo com eles. — Olho na direção do curral de cabras. Calum Ruivo agora está deitado de costas, meio embaixo de um arbusto. Calum Loiro o cutuca com um graveto. — Mas tô achando que não vai rolar.

— Uma amiga da escola de confeitaria abriu uma boulangerie em Nice alguns meses atrás. Pensei em dar uma passada lá. Quer vir junto?

— Quero, sim — digo, afinal não há por que dizer não. — É, acho que vai ser legal.

Ele me olha de cima a baixo, como se estivesse aproveitando a primeira oportunidade que tem de me ver por inteiro agora de manhã. Minha calça cargo marrom-clara acinturada, a poeira nas botas, a gola aberta da camisa. Ele ergue a mão e coloca o ramo de lavanda atrás da minha orelha, o polegar roçando em minha pele.

— Você está um charme hoje.

Meu coração bate forte.

Eu poderia perguntar. Se existe uma moral da história no final de toda aquela fábula horrorosa que vivemos, é essa. Não aqui, não agora, mas talvez durante uma de nossas noites a sós num bar à meia-luz, eu poderia colocar a mão sobre a dele e perguntar se ele conseguiria me amar de novo. E, se ele disser que não, ao menos eu teria uma resposta.

Mas, se disser que sim…

Se ele disser que conseguiria se apaixonar de novo, eu diria que já me apaixonei.

— — —

Num cruzamento em Nice, uma moça está curvada sobre um batente embaixo de uma placa que diz BOULANGERIE em letras douradas. Ela está olhando para o fundo de uma xícara de chá como se a qualquer momento fosse começar a chorar dentro dela. Uma mancha gigante vermelho-rosa cobre seu avental e sua camisa e endurece seu cabelo loiro. Ela está péssima.

— Apolline? — Kit cumprimenta.

Ela olha para cima e vê Kit, os olhos exaustos se arregalando de surpresa.

— *Kit? Qu'est-ce que tu fais là?*

Ele responde, depois aponta para mim e diz, em inglês:

— Essa é Theo, a gente veio para ver a padaria, mas… você está bem? O que rolou?

Ela baixa os olhos para a mancha horrenda em seu peito e suspira.

— Framboesa.

Apolline, cujo sotaque sugere que tenha passado alguns anos na Inglaterra, está tendo um dia de merda. Todos os funcionários dela estão de atestado por intoxicação alimentar, que pegaram numa festa na noite anterior, então ela está cuidando do caixa e da cozinha sozinha desde cedo. Mal tinha assado metade dos pães do dia antes de abrir, e quase tudo está esgotado. Ela também esbarrou num pote de cinco litros de recheio de framboesa na prateleira superior do frigorífico e tentou segurá-lo com a cara, mas não deu certo.

— Abrimos para a tarde daqui a trinta minutos, e precisamos do dinheiro. — Ela olha para o relógio. — *Je ne sais pas quoi faire.*

Kit olha para mim. Faço que sim.

— Deixa a gente ajudar — ele oferece.

Lá dentro, limpo os restos do turno da manhã enquanto Kit e Apolline traçam estratégias em um francês rápido. Quando param de repetir sem parar as palavras *feuilleté* e *pâte à choux*, Kit a manda para casa trocar de roupa, enquanto ele vem para a cozinha.

— Beleza. — Kit empurra para o lado uma pilha de tigelas que parecem ter sido enchidas em pânico. — Vamos fazer oito coisas ao mesmo tempo. Apolline vai ficar no caixa, então preciso de você aqui.

Os olhos dele brilham com aquela determinação ardente de quando está numa missão. Tinha esquecido como é emocionante receber esse olhar. Sorrio para ele, e ele sorri em resposta, ferino e disposto.

— O que a gente faz primeiro?

Ele puxa um pote de massa, a superfície curva balançando.

— Preciso enrolar isso aqui — ele diz, virando a massa na bancada — daí depois cortar e montar... croissants, *pains au chocolat*, *pains aux raisins*, todos esses queridos. Enquanto tudo isso estiver descansando, faço o *pâte à choux*. Você dá conta dos glacês?

Encolho os ombros.

— Dou conta de quase qualquer coisa líquida se tiver receita.

— Perfeito. Vou confeitar as *chouquettes* e as bombas de chocolate, e você prepara os glacês. Daí a gente faz os pães nos intervalos de uma coisa e outra, e os recheios já estão prontos. — Ele está sovando a massa agora, apertando-a em um retângulo grande. — Deve ter umas lascas de manteiga no frigorífico, será que você poderia...?

Já estou abrindo a porta antes que ele termine.

— Que prateleira?

— A da esquerda, a segunda de cima para baixo.

— Achei. — Trago a manteiga, e ele tira uma fatia, que está separada das demais por papel-manteiga. Enrola a massa em volta dela, pega um rolo de abrir massa e o bate com tanta força que os pratos do outro lado da cozinha chacoalham.

— Desculpa! — ele diz em resposta ao meu grito de surpresa, batendo o rolo com um fervor que acho perturbadoramente sexy. — Depois fica mais fácil de enrolar! Tem um fichário de receita no armário em cima daquela bancada ali, será que você poderia ir até a seção das bombas pra fazer os glacês de chocolate escuro e de chocolate branco? Acho que os de pistache já estão prontos no…

— Estoque seco, estou vendo — digo, feliz pela distração. — Pode deixar comigo.

Pego o fichário e folheio as instruções, borbulhando de adrenalina. Depois de traduzir as frases que não sei, separo os ingredientes como faço quando preparo drinques de um jeito que consiga ver todos eles ao mesmo tempo.

— Belo mise en place — Kit elogia, olhando de soslaio.

Joga a cabeça para trás para tirar o cabelo dos olhos.

— Valeu. Tudo bem aí?

— Tudo, é só que… não tenho nada para prender o cabelo.

Solto um elástico de algumas luvas de copos para viagem e levo até ele, que olha para as mãos cobertas de manteiga e depois para mim.

— Você poderia?

Se eu poderia… se eu poderia passar as mãos no cabelo cheio e macio de Kit enquanto ele está ocupado manuseando uma massa com a agilidade calma de um profissional?

— Claro — digo com firmeza.

Subo os dedos pelas têmporas e junto os fios da frente num nó desarrumado, prendendo tudo. Eu poderia jurar que ele se arrepia com o toque, quase se entregando para mim. Quando dou uma puxada para confirmar se está firme, as mãos dele vacilam sobre o rolo. *Ah.*

— Ainda gosta disso, hein? — comento, com o tom leve, despreocupado.

— Não *provoca.* — Ele está tentando ser firme, mas sua voz fraqueja na segunda sílaba.

Minha mão ainda está em seu cabelo, e tenho o impulso irresistível de dar um beijo no alto da sua cabeça.

Em vez disso, chego perto da orelha dele e sussurro:

— A gente tá igualzinho ao *Ratatouille.*

— Puta que pariu, Theo.

Ele me acotovela para eu sair de perto, meio rindo e meio resmungando, enquanto grito a caminho da minha estação:

— Que foi! Estamos na França! — Mas guardo esse momento

dentro do avental, a respiração que ele prendeu antes de saber que eu estava brincando.

Kit passa a massa recheada de manteiga pelo cilindro quatro vezes, dobrando e virando, me deixando espiar as camadas finíssimas de laminação antes de cortar no formato. Ele enrola triângulos de massa até virarem croissants e enfia pedaços de chocolate e passas dentro deles com as mãos ágeis. Oito assadeiras de folhados vão para o forno, enquanto ele vai tranquilamente para o fogão ao meu lado para fazer massa choux. Tomo conta das panelas como se minha vida dependesse disso.

Apolline volta quando estou tirando os recheios das bombas da câmara frigorífica e Kit está confeitando as últimas porções de massa choux. Ela nos agradece com um beijo em cada bochecha, depois sai para reabrir a loja com os últimos folhados ainda na vitrine. Noto o fouet tatuado em seu tornozelo, igual àquele no punho de Kit e que provavelmente Maxine tem em algum lugar também. Me forço a lembrar do que aconteceu da última vez em que fiquei com ciúme de uma colega de Kit antes que eu perca a concentração.

— Está ficando bom — Kit diz, observando enquanto abro uma massa de baguete. — Muito melhor do que da última vez.

Me sinto útil e radiante por dentro. Voo de estação em estação, da câmara frigorífica ao estoque seco, até a frente da padaria com *chouquettes* e massas choux, e até os fundos para dizer a Kit o que falta. Passo tanto tempo sem ninguém trabalhando comigo na adega e no micro-ônibus que esqueci como mando bem na loucura organizada dos bastidores de um restaurante.

A padaria enche de moradores locais pegando uns lanchinhos da tarde e turistas enchendo caixas para levar para os próprios hotéis à beira-mar, e fazemos dar certo.

O fato de Kit ser extremamente bom nisso ajuda. Ele está tão profundamente à vontade que parece o Patrick Swayze em *Matador de aluguel* quando enfim consegue lutar tai chi. O treinamento da escola de confeitaria torna a técnica dele perfeita e as medições precisas, mas todo o resto vem dele mesmo. A virada de punho, o tom claro e decidido da sua voz quando pensa alto, um simples movimento do quadril, ou dos ombros, e já sei exatamente como seguir em harmonia.

Estendo a mão e Kit deposita um saco de confeiteiro; inclina o queixo e passo as luvas de forno. Se eu pudesse olhar de cima, veria dois corpos, dois aventais com as mesmas manchas estelares de farinha e canela, uma série de passos coreografados.

Nossos amigos diziam que dava para ver que crescemos juntos porque tínhamos os mesmos gestos e tiques, como se fôssemos duas partes do mesmo sistema nervoso. Além do sexo, acho que só senti isso nesta cozinha.

Me faz pensar em nosso antigo sonho. Fairflower. O restaurante que Kit achava que deveríamos abrir e que eu via como um sonho impossível. Se Kit tivesse me convencido, seria desse jeito? Será que ainda seria uma possibilidade, se eu perguntasse e ele dissesse que sim? Talvez ainda pudéssemos abrir nosso pequeno negócio em algum lugar, qualquer lugar. Criar cardápios novos todo fim de semana, voltar de bicicleta do mercado para casa com cestas de fruta, virar a noite acordados experimentando receitas. Virar a noite acordados fazendo várias coisas.

Kit ergue os olhos para mim por cima de uma assadeira fumegante de croissants, uma mecha de cabelo rebelde caindo sobre a testa. Quando sorri, vejo o sorriso satisfeito de um trabalho bem-feito, e reconheço o sorriso que ele dava com a cara entre minhas pernas.

— Só mais uma hora! — Apolline avisa.

A correria final vem num turbilhão de camadas de folhados e pérolas de açúcar, bombas de chocolate encaixotadas assim que terminam de ser polvilhadas de pistache. Às sete horas, quando Apolline vira a placa na janela da frente, estamos os três de camisa suada, mas conseguimos.

— *Mes sauveurs!* — Apolline grita, abraçando Kit para dar um beijo feroz em cada uma de suas bochechas.

Faz o mesmo comigo, e percebo que gosto dela, seus olhos flamejantes e a cor vívida em suas bochechas redondas e o cheiro de framboesa que continua nela. Também percebo que não tenho nenhum desejo de tentar dormir com ela.

Nos reunimos ao redor da bancada central e fazemos um banquete com os folhados restantes, e essa é a primeira vez que realmente tenho uma chance de experimentar as receitas de Apolline. São incríveis, perfeitamente amanteigadas, surpreendentes e complexas. Não acredito que eu e Kit fizemos isso.

— Tem alguma coisa para beber? — pergunto a Apolline.

— No armário perto da bancada, pega o que você quiser.

Saio da cozinha para buscar uma Perrier para mim e pego outra para Apolline e uma limonada gaseificada para Kit. Com as mãos cheias, preciso empurrar a porta da cozinha com o ombro, então não vejo a princípio. É só quando viro que me dou conta do que está acontecendo.

Kit está com a lombar apoiada na bancada. Apolline está grudada nele do peito ao quadril, a mão enfiada no cabelo dele. Eles estão se beijando.

Deixo cair uma das garrafas, pegando-a com o pé antes que espatife no chão. Ela bate com estardalhaço num dos fornos.

Kit e Apolline se separam de supetão.

— Desculpa! — digo, a voz mais alta que o natural. Tusso e compenso demais, usando um tom mais grave que o normal também. — Desculpa, eu... não quis interromper.

— Theo... — Kit começa.

— Está na cara que vocês têm muito papo para pôr em dia — digo. Porra, é isso que viemos fazer aqui? Kit tem um passado com ela? *Era um rito de passagem em nosso ano*... — Vou... já vou indo.

— Theo, não precisa...

— Não, não, tranquilo! Muito prazer em conhecer você, Apolline.

Largo as garrafas e saio correndo da cozinha, da boulangerie e da rua de Apolline.

— — —

Falta meia hora para a Colina do Castelo fechar quando chego, então subo dois degraus de cada vez. Por algum motivo, me parece certo me distanciar o máximo possível, num sentido topográfico mesmo, do que aconteceu hoje à tarde.

Eu não tinha nem considerado que Apolline pudesse ser uma das namoradinhas de Kit da época da escola de confeitaria ou que é por isso que ele queria tanto ajudá-la. Fiquei fantasiando sobre uma vida com ele na cozinha dela enquanto ele assava croissants para ela. Kit provavelmente ficou pensando nas vezes em que eles se pegaram na escola de confeitaria enquanto eu contemplava arrastá-lo para os fundos de um bar e perguntar se ele algum dia conseguiria me amar de novo. Isso é… patético.

Contemplo a torrente espumante do Riviera e me sinto a pessoa mais imbecil do sul da França. Portanto, faço o que costumo fazer quando me sinto assim: ligo para Sloane.

Ela me atende no set de filmagem, sentada numa cadeira de diretor com páginas de roteiro no colo, cheia de bobes no cabelo. Estreito os olhos para a tela: não me parece peruca.

— Olá, viajante do mundo — ela cumprimenta, mordendo um pedaço de cenoura. — Andou se reconciliando com algum antigo amor nos últimos tempos?

— Obrigaram você a pintar o cabelo?

— Ah, isso? — Ela aponta para o cabelo castanho-escuro, que estava no mesmo tom de loiro-alaranjado que o meu na última vez que a vi. — Fiz em legítima defesa. Perco menos tempo fazendo o cabelo e a maquiagem com Lincoln.

— Ficou bonito.

— Não, ficou não, vou raspar a cabeça quando isto aqui acabar. Por que você está com uma cara de que mijaram nos seus pinot gris?

Suspiro.

— Então, aquela mensagem que mandei ontem sobre o Kit…

Uma notificação aparece no alto da minha tela e me interrompe. É um e-mail da Noiva Schnauzer.

Sinto o pânico me atravessar entre as costelas. Eu não respondi a ela naquela noite em Barcelona, respondi? E no dia seguinte estava sem a menor condição, pensando demais no Kit para conseguir dar atenção pra isso e aí hoje teve toda essa coisa na boulangerie e…

O assunto do e-mail é "RESCISÃO DE CONTRATO <3", com um monte de emojis de brilho.

— Caralho! — resmungo, abrindo o e-mail. — Caralho, porra, cu, acabei de receber um e-mail ruim pra cacete.

— O quê? De quem?

Passo os olhos pelos registros que tenho no meu celular da Noiva Schnauzer, de todas as vezes que perdi uma ligação ou demorei tempo demais para responder um e-mail, finalizando com meus dois dias de silêncio depois da crise que ela teve por conta do problema com o frete marítimo. Meu coração acelera a cada tópico que vejo até chegar na última linha, em que ela me deseja sorte no futuro e exige sua caução de volta.

— Acabei de perder minha maior cliente da temporada, e... já estourei meu cartão de crédito pedindo todas as coisas para esse trampo, e nem fodendo que vou conseguir cobrir os custos agora. Caralho, eu sou tão... — Idiota, imbecil, inútil do caralho, desastre completo, fracasso patético. Cerro o punho e massageio a testa. — *Porra!*

— Ah — Sloane diz. — Nossa, que chato.

Baixo o punho e encaro o rosto dela na tela.

— É bem mais do que chato.

— Não, é mesmo — Sloane diz, parecendo mais sincera agora. Parecendo ter mais pena de mim. — E se a gente voltasse a discutir a opção nuclear?

— Não vou pegar dinheiro emprestado com você.

— Por que não? Eu tenho um mega talento pra ser agiota.

— Não tem graça.

— Tem sim — Sloane discorda, mordendo outra cenoura —, mas, como já te falei um milhão de vezes, não seria um empréstimo. Eu poderia ser sua investidora. Seria acionista do seu negócio. Posso mandar o advogado redigir alguma coisa e transferir os cinquenta mil amanhã.

Jesus.

— Cinquenta mil?

— Tudo bem, cem? Duzentos? De quanto você precisa?

— Eu não quero dinheiro nenhum, Sloane — insisto. — O lance todo do micro-ônibus era... é... quer dizer, é porque amo fazer aquilo. É um escape criativo, e as pessoas acham sensacional, mas é também...

— Para provar que consegue fazer tudo sem ajuda de ninguém — Sloane completa. — Eu sei. Isso não é segredo nenhum, Theo.

— Então você sabe por que não posso aceitar o dinheiro.

— Entendo por que você recusa o dinheiro da minha mãe e do meu pai, mas não entendo por que recusa o meu.

— Dá no mesmo.

Essa é definitivamente a pior coisa para dizer a Sloane em qualquer contexto, mas não estou no meu melhor momento.

— Mas não dá mesmo, Theo — Sloane retruca, ácida. — O dinheiro é *meu*. Você acha mesmo que… o poder deles me ajudou em alguma coisa?

Encolho os ombros.

— Assim, também não te atrapalhou, né.

— Deixa eu te lembrar que sou uma atriz *foda*. — A cara dela está muito séria, assim como fica quando estamos brigando de verdade, quando realmente consegui magoá-la. Uma pontada de culpa e autoaversão me atravessa. — Eu estudei. Fiz Shakespeare. Fiz workshops, porra, e sou muito cara e todos os diretores querem trabalhar comigo…

— Eu sei, eu sei, não foi isso que eu quis dizer…

— … e você sabe do que eu não preciso? Não preciso sair por aí mostrando os peitos se eu não quiser. Nunca precisei ser a Menina Chorando Número Dois só para ter meu nome numa mesa. Não preciso aturar merda nenhuma. E isso é porque sou talentosa pra caralho e *também* porque soube usar nosso privilégio, então você poderia ser menos esnobe quanto a isso.

— Não estou sendo esnobe — digo, soando horrível até para meus próprios ouvidos. — Eu sei que tenho meus privilégios. Mas não quero ser essa pessoa. Não quero ficar igual ao merda do Chet Hanks. Não quero ser só mais um desses herdeiros babacas que têm uma família famosa que arranja trabalhos constrangedores para eles em festivais de merda em Ibiza.

— Bom, é melhor do que viver sem um centavo de propósito para se sentir moralmente superior.

As palavras dela me atingem como um soco.

— Puta que pariu, Sloane, aí você pegou pesado pra caralho.

Sloane suspira. Os bobes em seu cabelo sacodem.

— Escuta, Theo, eu te amo. Mas você só dificulta a própria vida. Tem esse… esse ressentimento contra o nepotismo e fica dificultando as coisas ao máximo só para provar que não é quem você é. Mas você faz parte da família Flowerday. Tem privilégios pelos quais outras pessoas fariam de tudo. Só que também é nariz em pé demais para usá-los.

Odeio isso. Odeio não ter nem como responder.

— A oferta está de pé — ela diz. — Me avisa se mudar de ideia.

E desliga, me deixando sem mais ninguém na Colina do Castelo, me sentindo pior do que antes de ligar. E olha que eu já estava na merda.

Você só dificulta a própria vida.

Kit disse as exatas mesmas palavras para mim na briga que terminou nosso relacionamento. Parece até que consigo ouvir as turbinas do avião roncando, a embalagem de biscoito sendo amassada. Consigo ver a expressão dele quando pronunciou essas palavras, aquela pena gentil do caralho.

Às vezes eu me preocupo porque você só dificulta a própria vida.

É por isso que eu tinha que me manter longe: assim que olhei no fundo dos grandes olhos castanhos brilhantes de Kit, esqueci que tinha todo o direito de sentir raiva.

As consequências do nosso término podem até não ter sido culpa dele, mas isso não muda o fato de que o término foi sim. Kit fez o que fez e disse o que disse naquele avião porque pensou que poderia decidir como minha vida deveria ser.

É o que todo mundo pensa, né? Todo mundo achava que eu deveria seguir o negócio da família até acabar na frente de uma câmera. Todo mundo acha que precisa me salvar de mim, como se eu não soubesse que sou um zero à esquerda. Eu sei. Eu *sei*. Acordo todo dia na cidadezinha em que cresci, arregaço as mangas e suo a camisa para me dar bem em algumas coisas porque sei que estragaria qualquer coisa maior do que isso. Eu teria muito mais coragem se fosse alguém em quem eu pudesse confiar.

Mas de que adianta tentar não ser um zero à esquerda, se de qualquer jeito todos já pensam que sou? Se for para arruinar minha vida, há maneiras muito mais agradáveis de fazer isso.

Desço a Colina do Castelo e entro em bares, um após o outro, até encontrar um cara que se pareça o suficiente com Kit. Depois de algumas rodadas, eu o puxo para o banheiro e enfio as mãos em seu cabelo. Dou risada até deixar de ser da boca para fora.

Não vou pedir a ajuda de ninguém. E nem fodendo vou implorar pelo amor de Kit.

MÔNACO
COMBINA COM:

Champanhe roubado, um pêssego bem maduro

Mônaco

Sou o membro errado da família Flowerday para estar em Mônaco, mas, hoje, vou escolher ser o certo.

Tudo neste lugar, desde o palácio de mármore até os carros de luxo, são a cara da Este. Aquele ar de Grace Kelly, o brilho rosado de quem já nasceu em berço de ouro. Minha irmã caçula nadaria no Monte Carlo e riria tomando Dom Pérignon até alguém convidá-la para voltar à suíte VIP. Ela pegaria o arquiduque de qualquer principado inventado ao notar o boné de beisebol de caxemira da Loro Piana que ele estaria usando e acabaria almoçando em algum iate, o sol brilhando sobre aquele cabelo loiro-avermelhado dos Flowerday.

Mas foda-se. Eu consigo ser assim uma vez na vida.

Dormi mal pra caralho e acordei me sentindo como se tivesse andado de longboard depois de um longo dia de inventário: delirante, a pele coberta de suor, tudo acontecendo rápido demais, a cabeça nadando em línguas que não sei falar. No ônibus, cubro a cabeça com o chapéu para Kit não tentar falar comigo durante os trinta minutos de viagem entre Nice e Mônaco e, agora, estou à mesa de nosso brunch de quatro pratos regado a champanhe, fingindo não escutar Kit explicar a sobremesa para Dakota e Montana.

Observo o creme escorrer para fora do mil-folhas de morango sob meu garfo e penso que ele se parece comigo, como se mal restasse espaço para mim em meu próprio corpo. Sou só um esguicho no prato da vida. Se não sou nada, posso ser qualquer coisa. Posso ser o desastre que vivo tentando não ser. Posso ser só mais um dos nepo babies renegados em Mônaco.

Quando Kit lança um olhar para mim do outro lado da mesa, abro um sorriso enorme. Viro o champanhe num gole só e deixo o álcool tomar conta.

Depois do almoço, Kit aparece com um saco de salgados fritos e me segue até o porto. Está com uma sunguinha mostarda minúscula e uma camisa de seda azul-bebê incrível que tem uma padronagem de ondas azuis e amarelas e uma mulher nua montada num golfinho nos bolsos. O cabelo dele está solto, soprado pela brisa da água, e minha vontade agora alterna entre colocar as pernas em volta dele ou empurrá-lo de um píer.

— Camisa legal — digo. — Parece um desses caras que pagam boquete no Caesars Palace.

— Obrigado — ele responde, ajustando os óculos escuros. — Estava guardando para usar em Mônaco.

Minha camisa, por outro lado, é uma qualquer de linho, larga, multiúso, com um conjunto de lycra por baixo. Em parte por preguiça, em parte por necessidade de que Kit olhe meu corpo.

Não é porque me apaixonei de novo que o perdoei, e não é porque não o perdoei que parei de querer que ele me deseje. Pode ser até mais delicioso se ele me desejar agora. Sinto duas inclinações, de forças iguais, para rejeitá-lo ou transar com ele num ato autodestrutivo, e hoje essa imprevisibilidade tem um gostinho bom. Um gosto intenso de possibilidade.

Subo no parapeito de um píer e mordo um dos salgados em forma de meia-lua. Dentro da crosta folhada, tem um recheio de acelga e ricota.

— Comida típica — Kit diz. — Barbagiuan.

— Acho que toda cultura tem seu próprio bolinho.

Kit mastiga e engole, observando enquanto balanço sobre o parapeito.

— Ei, você está bem?

— Muito bem. — Abro bem os braços que nem Kit fez nos campos de lavanda, como se as pontas dos meus dedos pudessem tocar os Alpes. — Mônaco é bonita pra cacete, né?

— É, sim — ele diz, sem olhar para as montanhas. — Escuta, sobre o que você viu ontem…

— Ah, pois é, a gente precisa atualizar os números. Com Santiago e Apolline, você está em cinco agora, né?

— Então…

— E aí tenho Caterina e o cara de ontem à noite.

Kit amassa o saco de papel.

— Ontem à noite?

— Não perguntei nem o nome dele. Então está seis a cinco.

— Seis a quatro.

— Seis a… — Baixo os braços, contando de novo. — Não, é cinco.

Kit suspira e joga o último pedaço de barbagiuan na água. Os peixes sobem, formando bolhas enquanto comem.

— Não rolou nada com Apolline. Ela se… sei lá, se empolgou e me beijou, mas foi só isso. Depois que você saiu, eu a ajudei a fechar e jantei sozinho. O que você viu não significou nada.

A expressão dele não é diferente da cara que ele me fez naquela caverna em San Sebastián, mas não sei por que ele se importaria tanto em me convencer de algo agora. Ele definitivamente não se importou em nenhuma das outras vezes em que o vi com outra pessoa.

A menos que eu tivesse razão sobre que tipo de amigos eles eram.

— Então, essa foi a primeira vez que vocês se beijaram?

O segundo de hesitação que ele leva para responder confirma antes dele. Não consigo não rir.

— Teve… sim, a gente se pegou uns anos atrás, mas foi só uma vez, e eu não estava…

Desço do parapeito.

— Kit, eu não ligo.

— Não?

— Claro que não. Só que, sabe, se vocês dois já tivessem se pegado antes, ela estaria desclassificada da competição de qualquer jeito, que fique bem claro. Mas, ué, por que eu me importaria? Parece que estou me importando?

— … não?

— Exatamente. Enfim, o que quer fazer hoje? Não dá para ir para Monte Carlo nessa sua sunguinha de vagabunda.

Ele baixa os olhos, para a sunga que termina logo abaixo da curva de sua coxa.

— Não é de vagabunda. É europeia.

— Para você, é a mesma coisa.

Não consigo ver o olhar que ele me lança quando ergue o queixo, mas suas bochechas coram de leve. *Você curte essa parada?*, é o que penso.

— Beleza, então o que *você* quer fazer comigo usando essa sunguinha de vagabunda?

Ah, ele curte.

— Quero… — digo, saboreando essas duas sílabas. Eu poderia ser qualquer coisa. Poderia ser atraente. Poderia ser um membro da família Flowerday que toma MD em barcos com pilotos de Fórmula 1. — Quero ficar num iate.

— Num iate? — Kit repete, confuso. — Tá. Deve custar só uns duzentos e cinquenta mil para alugar.

— Não quero pagar — digo, apontando para todos os homens ricos andando por ali em seus barcos chiques. — Olha só pra esses caras. É como se estivesse rolando uma audição pro papel de Tom Wambsgans. Consigo convencer qualquer um deles a nos deixar entrar.

Passo os olhos pelo ancoradouro em busca do que chamaria a atenção de Este. Ela não perderia tempo com qualquer iatezinho pequeno que coubesse numa vaga. Então foco no monstro de quarenta e cinco metros na ponta do píer.

— Aquele — digo, descendo do parapeito.

— Theo, o que você está fazendo? — Kit pergunta, as sobrancelhas erguidas sobre os óculos escuros, mas já estou andando para trás, para longe dele.

— Acabei de falar.

— Não, quero dizer… o que você está *fazendo*?

— Estou correndo riscos! Está feliz?

Ao lado do plano inclinado que dá para o megaiate, um homem fala um francês animado com um garçom que passa, uma garrafa de vinho em cada mão. Consigo ver que o iate é dele pelo peso de sua camisa de linho puro e seu relógio Cartier, mas o que realmente me convence é o rótulo do vinho: Pétrus, a única vinícola do planalto de Pomerol situada inteiramente sobre um depósito de argila azul. Todo sommelier que conheço mataria a própria mãe para tomar um gole que fosse desse vinho, e ele está balançando as garrafas por aí como se fosse um Franzia.

— Qual é a safra?

O homem se vira ao som da minha voz. A luz do sol reflete numa corrente de ouro fina sobre os pelos cor de areia de seu peito.

Tenho uma grata surpresa ao perceber que ele é incrivelmente atraente, com uma beleza meio Cary Grant ou Marlon Brando, aquele ar dos tempos áureos de Hollywood e uma vibe meio bi. Queixo quadrado, lábios fartos, cabelo loiro-cinza, olhos do mesmo azul da baía. Os cantos enrugados de seus olhos e a barba rala grisalha me fazem pensar que ele está na casa dos quarenta.

— Dois mil e cinco — ele responde, uma curva curiosa no sorriso. — A gente se conhece?

— Sou Theo. Theo Flowerday, de Ted e Gloria Flowerday. Você conhece os meus pais? Onze Oscars ao todo? Se já passou por Cannes, tenho certeza que os viu em algum lugar.

Para o caso de nada disso ser o suficiente, aponto para Kit, que fez a gentileza de empinar a bunda para apertar a tira das sandálias.

— Ele está comigo.

— — —

Émile tem um sotaque absolutamente impossível de identificar. É parte grego, parte alemão-suíço, parte Ivy League dos Estados Unidos, e uma quarta coisa secreta, um tom suntuoso que me transmite gravatas de seda e vinho de sobremesa. Ele nos lembra de tirar os sapatos antes de subir na teca, depois nos apresenta o iate enorme num tour, parando na cozinha do chefe para experimentarmos um raminho de capim-limão para os canapés e para recebermos uma taça de champanhe cada. Depois nos guia até o convés principal, onde a festa está a todo vapor.

Modelos relaxam em espreguiçadeiras, tomando vodca com gelo e passando óleo de coco na pele. Pilotos do Grand Prix apostam euros numa partida de pôquer. Algumas pessoas nadam na piscina do convés enquanto outras pulam da popa do barco na água. Garçons trazem bandejas de aperitivos e taças de champanhe rosa. Música pulsa nas caixas de som, nuvens de vapor e fumaça de charuto sobem de bocas risonhas e todo mundo ali é extremamente gostoso.

— Fiquem à vontade — Émile nos diz, a mão roçando na cintura de Kit. Algo entre possessividade e excitação vibra em minhas veias.

Quando ele sai, Kit se vira para mim, incrédulo.

— Você conseguiu botar a gente pra dentro de um iate. E agora?

Tomo meu champanhe e pego outro de um garçom que passa.

— Desabotoa a camisa — digo, já tirando a minha e jogando na cadeira mais próxima.

— Por quê?

— Quero ver se alguém topa tomar um shot do seu umbigo.

— Ah, claro — Kit diz com a voz sensata, obedecendo.

Bebemos, dançamos e nadamos, e descubro, para minha leve irritação e para meu enorme prazer, que ser um membro renegado da família Flowerday até que é divertido. A filha do embaixador belga me ensina a comer pilhas de caviar do dorso da mão. Kit se encaixa à festa no iate como um peixe dentro d'água, vagando por ali em sua sunguinha amarela, flertando sem a menor vergonha com qualquer coisa que se mexa. Ele é de outro mundo. Quero dar uma mordida nele.

Em algum momento, Émile volta à festa e parece gravitar ao redor de Kit, ou de mim toda vez que alguém desvia a atenção dele. Kit também percebe isso, me lançando um olhar expressivo quando Émile coloca a mão na minha perna durante um jogo de cartas. A essa altura, já tomei pelo menos uma garrafa de champanhe e dei umas bolas no beque chique de não sei quem, então me permito curtir a sensação de Kit ver outras pessoas com tesão em mim. Também curto observar pessoas com tesão em Kit.

Quando estávamos juntos, tínhamos fama de levar marmita para casa de vez em quando. Não era um *relacionamento aberto*, mas às vezes curtíamos assistir de fora o outro sentir prazer, ou gostávamos de competir para ver quem conseguia fazer a terceira pessoa gozar primeiro ou… enfim, a gente curtia muita coisa.

Estou meio que começando a pensar que poderíamos gostar de ficar com Émile, uma desconfiança confirmada pelo tom da voz de Kit cochichando em meu ouvido:

— Acabamos de ser convidados para o convés privativo.

Lanço um olhar para ele, tentando interpretar a energia, mas no fim percebo que estou mesmo é encarando os mamilos dele.

— Acha que devemos ir? — pergunto.

— Depende. Ele definitivamente está tentando fazer um ménage com a gente.

— Assim... Não seria nosso primeiro.

— Naquela época era diferente — Kit retruca, com um olhar que diz muito.

A gente também transava, só eu e você, naquela época.

— Não estou me preocupando com isso — digo, com a voz leve. — Você está?

Kit joga uma mecha de cabelo para trás.

— Ah, você me conhece. Problemas com o pai. Vontade de experimentar de tudo na vida. Está falando a minha língua.

— Até onde você está disposto a ir?

Ele olha para mim por um longo momento. E fica olhando.

— Até onde você quiser — ele responde. — Se for só eu, você vai ficar assistindo?

Eu me imagino numa banheira de hidromassagem enquanto Kit e Émile se pegam numa espreguiçadeira, os dedos competentes de Kit abrindo o cinto de Émile. Um calor lambe lentamente a base da minha espinha.

— Desde que você faça o mesmo — digo.

Sinto algo rolando, algo perigoso. Eu me pergunto se Kit também sente.

— E se ele quiser nós dois? — Kit pergunta.

Bom... nesse caso, acho que vou transar com Kit hoje.

— A gente usa a regra do dedão — digo, fazendo referência ao sistema que usávamos quando transávamos em algum lugar silencioso demais ou barulhento demais para perguntas verbais. Dedão no queixo significava sinal verde; dedão na orelha, vermelho. Kit concorda.

— Beleza. E como a gente vai contabilizar isso no placar?

— Ah, se for uma suruba em que nós dois estejamos envolvidos, acho que é empate — digo. — PEMDAS.

— Tá, então não conta ponto — Kit diz, fazendo a gentileza de permitir esse argumento. — Mas, se for só um de nós, tem que ter um bônus. Pontos duplos.

— Combinado.

— — —

No convés privativo, Émile estoura um champanhe de dois mil euros, e descobrimos que ele é uma companhia extremamente agradável. É interessante de um modo que apenas um homem muito rico consegue ser, cheio de histórias de paisagens impossíveis e retiros em iurtes e menus degustação de cinco dígitos em ilhas privativas acessíveis apenas por barco. Por muito tempo, ficamos apenas conversando — sobre arte e vinho e viagem, sobre Malibu, sobre o rancho de cavalos nas Dolomitas que ele construiu com as próprias mãos.

Para mim, ele vai ficando mais gostoso a cada segundo que passa. Convivi com muita gente rica, e são poucos os que se orgulham, como Émile, de fazer coisas com as próprias mãos. Ele sabe filetar um peixe, selar um bife, montar a cavalo e preparar um old fashioned excelente. Noto o olhar de Kit e me parece que ele também está enfeitiçado. Em certo sentido, Émile quase me faz pensar num Kit mais velho, um colecionador das melhores coisas e das experiências mais ricas.

Pensando bem, também vejo nele uma versão mais velha de mim.

— De que adianta ter tudo — Émile pergunta, lançando um olhar cheio de desejo para nós dois —, se não estiver aberto a *tudo*?

Agora sim. O que nos trouxe aqui de verdade.

Foi fácil planar pelos preâmbulos da coisa, testar até onde cada um estava disposto a ir, flertar. Não é a primeira vez de ninguém, e estamos todos relaxados e confiantes. Até que Émile diz que somos um casal lindo. E Kit responde:

— Não somos um casal.

Lanço um olhar fulminante para ele, que se recupera rapidamente.

— Quer dizer, não somos um casal *exclusivo*.

— Fico feliz em saber isso — Émile diz. — Estava curioso para saber se vocês me deixariam assistir.

De todos os cenários que discutimos, não considerei a possibilidade de Émile querer simplesmente nos assistir juntos. Olho de soslaio para Kit, querendo saber se ele vai dar para trás, mas ele parece calmo, então decido relaxar também. Levo a mão à travessa de frutas na mesa entre o sofá-cama de almofadas em que eu e Kit estamos sentados e a poltrona de couro de Émile.

— O que você gostaria de ver? — Kit pergunta.

A uva que estou segurando quase escapa dos meus dedos.

Émile gira o gelo dentro do drinque. Então volta o olhar para mim.

— Ele sabe te dar prazer?

Que pergunta mais besta.

Olho para Kit quando respondo, desafiando-o a manter a compostura.

— Sabe.

— Você me mostraria? — Émile pergunta a Kit.

Os olhos de Kit examinam meu rosto. Ele jogou essa bola pra mim, deixando que eu decida o que vai acontecer a partir de agora. Se o jogo é para ver quem é mais corajoso, não vou perder. Mas também não vou implorar.

— Prefiro que ele ensine você — digo a Émile.

Émile levanta e tira a camisa, revelando músculos esculpidos e bronzeados, incluindo o que poderia ser descrito inegavelmente como valetas de porra. Ele joga o linho elegante na poltrona e se vira para mim com a mão estendida, as unhas feitas de maneira impecável, mas as palmas grossas acompanhando os músculos de homem trabalhador.

Acompanho a reação de Kit enquanto deixo Émile me levantar. Ele se inclina para a frente e chupa a borda da taça de champanhe.

Quando Émile encosta os lábios nos meus, sinto o gosto de móveis de couro feitos sob medida e frutas embebidas em xarope. Ele beija com uma firmeza de quem já transou com mais gente do que conheci na vida inteira e com aquela cautela de um amante que ainda se importa em proporcionar uma boa experiência. Sinto que não vejo a hora de ele beijar Kit para trocarmos impressões.

Kit assiste a tudo.

Ele abre as pernas a pedido de Émile e tenho que conter meu reflexo de elogiar como ele obedece sem nem pensar. Na posição em que está agora, a sunguinha amarela não esconde nada, e consigo ver exatamente como ele está curtindo a experiência. Meus olhos perpassam sua barriga retesada, os planos graciosos de seu peito e as curvas suaves de seus bíceps e ombros e vai até sua boca, aberta de expectativa, e seus olhos escuros, fixos em meu rosto.

Toco meu queixo com o dedão. Kit faz o mesmo. Luz verde.

— Delícia — Émile diz, sem notar essa nossa pequena conversa.

Ele me deita entre as pernas arregaçadas de Kit, em cima do sofá-cama, minhas costas contra o peito dele, minhas pernas se abrindo contra as pernas de Kit, aquecidas pelo sol. Enquanto meus sentidos estão sobrecarregados por *toda essa informação*, ele se aproxima e beija Kit.

Está acontecendo a centímetros do meu rosto, tão perto que consigo sentir a vibração do gemido de Kit em meu peito e ver a língua rosada dele entrar na boca de Émile. Agradeço mentalmente pelo champanhe, por esse nosso despeito imprudente e pela torrente de água salgada que ouço, porque assistir a isso não dói tanto quanto poderia ter doído ontem. Me dá tesão.

Eles se separam e Émile volta até a travessa de frutas, todas macias de tão amadurecidas pelo sol. Baixo os olhos para minhas pernas abertas entre as de Kit, me perguntando o que vamos fazer agora e desejando o que quer que seja. O coração de Kit está batendo forte atrás de mim, mas suas mãos repousam no sofá, sem me tocar. O que aconteceu com o Kit que era incapaz de tirar as mãos de mim, que não conseguia passar três dias sem me chupar? Que tipo de Deus do Sexo tem tanto autocontrole? O que tenho que fazer para ele *encostar* em mim, caralho?

Arriscando, deito a cabeça em seu ombro, inclinando meu rosto na direção do dele. Observo suas pupilas se dilatarem, seus cílios vibrarem enquanto o olhar dele desce na direção da minha boca, do meu pescoço. Mesmo assim, as mãos dele ficam onde estão.

Émile se ajoelha entre nossas pernas abertas, o ouro ao redor de seu pescoço e os pedaços mais salgados de sua barba refletindo o sol enquanto ele vai se aproximando de joelhos. Segura um pêssego pela metade, a polpa úmida e dourada, uma abertura descarnada no centro onde ficava o caroço, e pede para Kit usá-lo. Para mostrar a ele do que eu gosto.

Puta que pariu.

Kit pega a fruta, examinando seus contornos, segurando a casca aveludada com as palmas das mãos. Começo a me perguntar se ele está enrolando, se acabou se esquecendo de como gosto que me toquem. Mas então ele acaricia com o dedão o centro vermelho e oval do pêssego num círculo largo, obsceno, apertando a fruta com mais força quando chega à pele mais escura lá no alto. Juro por todos os deuses que sinto o toque entre minhas pernas.

Sufoco um gemido.

Coloco a mão na perna de Kit para deixar claro que isso me dá tesão — um tesão do caralho — e, quando ele assente, sei que é mais para mim do que para Émile. Me sinto quase num sonho quando ele leva o pêssego à língua.

Eu e Émile assistimos, com uma atenção arrebatadora, enquanto Kit passa a língua pelo centro pálido do pêssego. A hesitação dele desaparece instantaneamente, sem o menor pingo de vergonha de lamber e chupar, um entusiasmo familiar, voraz. Sumo escorre por seu queixo. Mal consigo acreditar no que estou vendo, que estou podendo assistir a um show tão bonito proporcionado por ele.

Com a mão na lateral do meu pescoço, Émile se inclina para a frente e segue o exemplo de Kit até que a boca dos dois se encontre. Então eles se beijam, néctar e saliva escorrendo sobre meu ombro e meu peito. Kit fica *gemendo*, soltando pequenas lamúrias desesperadas, e está duro atrás de mim enquanto a língua de Émile fode sua boca; fico imaginando como seria colocar outra coisa na boca dele, imaginando Kit traçando um rastro de beijos pegajosos de néctar que vai da boca de Émile até a minha.

Então Émile está me beijando com a mesma boca que beijou Kit, suco de pêssego em sua barba rala e áspera, o gosto de Kit em seus lábios. Sei que Kit está olhando, então empurro meu corpo contra sua ereção, que conheço tão bem, e é tarde demais para parar. Minha mente está muito fodida, estou sob o efeito de muita bebida e sentindo um tesão catastrófico demais para ter vergonha. Tudo parece estar acontecendo através de uma névoa iridescente de irrealidade, e minha mão se move como que por instinto, deslizando por entre minhas pernas. Finalmente, *finalmente*, Kit toca em mim de propósito, os dedos dele roçando meu queixo, e respondo automaticamente, fechando os olhos, me entregando ao toque e...

De todas as coisas idiotas que poderiam acontecer, é uma maldita buzina de nevoeiro que interrompe as coisas antes que eu consiga descer a mão entre minhas pernas. O iate voltou pro porto. Mais convidados estão subindo a bordo. Eu sento e a mão de Kit desaparece do meu rosto.

— Ah — Émile diz, recuando relutantemente. Levanta, se espreguiçando de maneira atlética como se tivesse acabado de chegar de uma corridinha, e não tentado iniciar um ménage. — O anfitrião tem deveres a cumprir. Volto logo.

Ele beija minha mão.

— Quando eu voltar, espero que tenham começado sem mim.

E então vai embora como se fosse um deus da luxúria, todo vestido de linho, e ficamos súbita e inescapavelmente sozinhos. E de repente o efeito da bebida já não me afeta mais como dois minutos atrás.

Aquilo foi…

Nós estávamos…

Kit é o primeiro a recuar, mas recuo ainda mais intensamente.

— Theo — ele começa, ofegante e com os olhos escuros.

Uma coisa que você precisa saber sobre Kit é que o verdadeiro nome dele não é Kit. Os pais dele começaram a chamá-lo de Kit porque ele era rápido e astuto feito um filhote de raposa, e era mais fácil para seu irmão mais velho conseguir pronunciar, então pegou. Mas o nome dele de verdade é Aurélien. Que significa feito de ouro. Perfeito pra ele.

Quem é feito de ouro não comete deslizes bobos. Quem é feito de ouro não fica se remoendo por um amor perdido. Quem é feito de ouro não estava prestes a bater punheta na frente de alguém com quem teve um relacionamento e que ainda deseja só porque comeu caviar demais e precisava dar vazão a suas frustrações. Quem é de ouro é gentil, confiável, atencioso e tão indestrutível que nem isso poderia chegar perto de persuadi-lo a tocar em mim. Cacete, isso é tão injusto.

— Sabe o que seria engraçado? — pergunto.

Kit quase nem reage. Noto, com certa satisfação, que ele ainda está duro.

— O quê?

— Se eu fizesse isso.

Roubo uma garrafa de Dom Pérignon do balde de gelo na mesa e saio correndo.

Desço até o convés principal, passando pela festa para pegar meus sapatos e nossas camisas e, só porque me dá na telha, uns porta-copos que me parecem caros e, pouco depois, estou correndo pela prancha de desembarque e pulando no píer, as sandálias marretando furiosamente as tábuas. Kit está poucos segundos atrás de mim, tentando me alcançar, e sinto vontade de soltar uma gargalhada histérica bem alta. Sinto que estou voando. Também quero ser uma pessoa feita de ouro.

Corremos pelas ruas de Mônaco, nossas camisas esvoaçando e uma garrafa de champanhe na minha mão, e começamos a rir. Trombamos em paredes de becos, bêbados pela adrenalina, e estouro o champanhe. Bolhas escorrem por meus braços e pingam em meus pés até eu encaixar os lábios no gargalo e pegá-las com a boca. Passo a garrafa para Kit e canto a plenos pulmões:

— *Farewell and adieu all you fair Spanish ladies!*

Quase derrubamos a garrafa, tateando o ar entre nós até colidirmos um contra o outro para pegá-la. Minha sandália quase escapa, mas consigo pará-la na metade do pé, e Kit me segura antes que eu caia, apoiando meu corpo suavemente contra a parede mais próxima.

Sob a exuberância rosa de um pôr do sol de Mônaco, Kit está deslumbrante como sempre. Os movimentos agora são vagarosos, o riso ainda em nossos lábios, mas começando a dar lugar a respirações suaves e melodiosas. Minhas costas estão nos tijolos e as mãos de Kit estão em meus ombros.

Mordo o lábio e olho para ele, aqueles olhos escuros e aquela boca expressiva, todos os ângulos daquela face inesquecível. Eu amo ele. Não quero amar, mas amo.

Ele toca meu rosto do mesmo jeito que tocou antes, a ponta dos dedos roçando suaves em minha bochecha.

E então me beija.

O começo

(Versão de Kit)

Logo a nordeste de Lyon, com vista para o Ain, ficava uma vila medieval chamada Pérouges, cercada por muralhas de pedras douradas como mel. E, dentro daquelas muralhas, havia uma casa.

Era uma casa relativamente pequena e modesta, com floreiras que transbordavam de vinhas verdes sobre a fachada de pedras arredondadas como pigmentos de aquarela entornados. O jardim também era colorido por um verde exuberante impossível, e as colinas fora das muralhas da vila eram verdes e cor de âmbar, com todo aquele preto meio azulado, feito um hematoma na terra molhada. Não sei como, mas as flores nunca murchavam nem escureciam quando eu encostava o dedo em suas pétalas, embora me avisassem sempre que eu não deveria tocá-las quando estivessem em flor. Quando abria as janelas todo dia de manhã, o ar tinha gosto de íris e sálvia.

(Um dia, o amor da minha vida diria que isso explicava tudo o que se tinha para explicar em mim. *Dá até pra tirar o menino do vilarejo de faz de conta, mas não dá pra tirar o vilarejo de faz de conta do menino.*)

Quando chegamos à Califórnia, nada era verde. Era tudo pó e areia, tudo rocha. Marrom e ardósia pálida, cascalhada e acidentada, parecendo mais com os planetas alienígenas sobre os quais meu pai escrevia histórias. As únicas coisas familiares ali eram as que tínhamos trazido de casa, as cumbucas e grandes colheres de pau, os fouets que demandavam a força das mãos, as bandejas de cerâmica onduladas que guardavam os ovos na prateleira mais alta da despensa. Quando eu ficava com saudades de casa, minha *maman* abria o livro de receitas de doces franceses e ficávamos lá, na frente do balcão da cozinha nova, preparando alguma coisa. Mesmo assim, eu sentia falta das cores.

Então apareceu Theodora.

Na primeira vez que a vi, ela era a coisa mais luminosa da sala de aula. O único ponto de saturação plena que eu tinha visto desde que fomos para o deserto. Um loiro-acobreado, um rubor rosa e sardas de canela, seus lábios de um vermelho furioso mordidos pelas pontas irregulares de dentes recém-crescidos. Os olhos dela pareciam com as colinas do Ródano, verde-azulados nas bordas e cor de mel no centro. Eu só acharia a palavra certa em inglês para descrevê-la na primavera, quando *mamam* nos levou para o vale Antílope para ver as explosões de flores silvestres sobre as colinas. Era a maior coisa que eu já tinha visto, maior do que o oceano pela janela de um avião ou que o fundo do meu próprio coração. Tão profundo e largo, tanta coisa acontecendo ao mesmo tempo. Tínhamos oito anos, e Theodora estava sorrindo.

Aprendi os nomes de todas as coisas que cresciam ali e que eu nunca teria visto lá na minha terra. Tremoço, amsinckia, grama-de-olhos-azuis, papoula-da-califórnia, Theo. Superfloração.

O amor fincou raízes em mim antes mesmo de eu saber o nome desse sentimento. Theo era uma superfloração. As pétalas ficaram.

O fim

(Versão de Kit)

— Kit — diz Thierry —, sabia que os papagaios sentem gosto na parte de cima do bico?

Meu tio está reclinado em sua poltrona favorita, lendo um guia do comportamento de pássaros alto o bastante para que eu ouça da cozinha. Não me importo. É gostoso, depois de tanto tempo, ouvir o sotaque lionês dele entremeado pelos baques suaves de manteiga gelada em farinha peneirada.

Acendo a luz do forno e pergunto:

— É mesmo?

— Diz aqui que a maioria das trezentas papilas gustativas do papagaio ficam localizadas no céu da boca. — Ele fecha o livro e o abraça, voltando o rosto para o sol sob as janelas cobertas de trepadeira. — Que criatura mais estranha e maravilhosa, não acha?

Do lado da família da minha mãe, do pai do pai do pai dela, herdamos duas coisas: um amor por todos os seres vivos belos e um *pied-à-terre* em Saint-Germain-des-Prés. É graças a este que Thierry consegue bancar um apartamento em estilo Haussmann no Sexto Arrondissement com um salário de ceramista de meio período, e aquele é o motivo para ele encher os parapeitos de todas as janelas de plantas folhosas.

Algumas das minhas memórias de infância favoritas aconteceram neste apartamento: me esparramar nos pisos ziguezagueados enquanto Thierry contava para *maman* sobre qualquer mulher por quem ele tinha se apaixonado naquele mês, acordar com os sinos de Saint-Sulpice, escrever cartões-postais para Theo. Eu não voltava ali desde a época do ensino médio, mas, quando recebi a carta da École Desjardins, decidi comprar uma passagem.

— Só trezentas papilas gustativas? Parece um pouco trágico, comparadas às nossas dez mil.

— Mesmo assim, eles conseguem sentir o gosto de muitas comidas. Têm até suas preferências! Constança diz que o cinzento gosta de manga. Que é o Benny, eu acho. Ou... não, a cinzenta é Anni-Frid. — Ele faz uma anotação na mesa de canto, determinado a se lembrar de qual dos pássaros de Constança foi batizado em homenagem a qual membro do ABBA.

Constança, a mais nova namorada de Thierry, mora em Portugal e odeia namorar à distância, portanto Thierry está se mudando do *pied-à-terre* para uma casa de dois quartos em Lisboa com uma coleção de aves. Admiro muito a devoção dele em acreditar que toda mulher com quem se relaciona é sua alma gêmea. Esse vai ser o terceiro país para o qual ele se muda por amor, depois da Bélgica por Lydia e do Japão por Suzu. Mas essa é a primeira vez que ele tem tanta certeza que até começou a pensar em vender o apartamento.

— Lisboa é gloriosa nesta época do ano — Thierry comenta. — Eu nem vou sentir falta de Paris.

— Acho que essa é a primeira mentira que você contou hoje.

— Não é. Eu menti também quando disse que não tinha comprado sorvete no mercado hoje cedo. Só não queria dividir.

— Não tem problema — digo. Tiro a torta do forno e a deixo descansar sobre um pano de prato, depois a levo para a sala. É uma *galette de Pérouges*, feita com a receita da minha tia-avó. — Fiz sobremesa para nós dois.

Thierry olha para a torta, depois para mim.

— E qual o motivo da torta?

— Não posso só fazer uma gentileza para o meu tio favorito?

— Você tem os olhos da sua mãe. E eu sempre conseguia ver quando ela queria alguma coisa.

— Bom — digo, levando a mão ao bolso —, sei que você está pensando em vender o apartamento porque não tem ninguém em Paris para quem passar para a frente. Mas e se tivesse?

Entrego o papel para ele e fico observando a reação. Nas primeiras linhas de texto, fica radiante.

— Tá falando sério? Está vindo morar em Paris?

Faço que sim.

— Ah, Kit querido. — Ele pulou para me abraçar, me girando como fazia quando eu era muito menor. — Ah, mas é claro, é claro que é seu. E Theo? Diga que Theo vem também.

Sorrio.

— Ainda não contei para ela. Mas tenho um plano.

CINQUE TERRE COMBINA COM:

Sciacchetrà e focaccia da Ligúria com manjericão fresco

Cinque Terre

Nos primeiros seis meses depois que Theo terminou comigo, vivi à base de sexo, croissants e uma coletânea de poemas do Rilke da estante de Thierry.

Eu me sentava à noite e traçava círculos ao redor das linhas que mais me faziam pensar em Theo, copiava as melhores até elas formarem um verso novo. *Sonho nos olhos, a testa como se estivesse em contato com algo distante.* E: *Não era verão, não era sol — todo aquele calor de você, a ternura radiante desmedida?* E: *Sozinho: o que devo fazer com a boca?*

Bom. Sexo e croissants, no fim é isso.

Foi Maxine quem, no fim de uma noitada longa que poderia ter sido um primeiro encontro se ela não tivesse enxergado a verdade em mim, começou a vasculhar meu caderno em busca de uma receita e encontrou a página em que anotei Rilke. Ela me perguntou: "Há quanto tempo você ama essa pessoa?". E eu disse: "Quase a vida toda". E ela soltou um "*Putain de merde*" e abriu sua cigarreira.

Aquela foi a noite em que viramos amigos, e foi a noite em que contei para ela sobre a excursão. No primeiro dia de todos os verões subsequentes, ela me perguntava se aquele era o ano em que eu resgataria meu vale e, todo ano, eu dizia que não conseguia porque estava esperando. Estava nutrindo a esperança de que um dia, de alguma forma, Theo voltaria.

Não é como se eu tivesse amado a mesma memória fria esse tempo todo. Uma vez Rilke escreveu: *Mesmo sua ausência é calorosa com você*. Estou apaixonado pelo calor residual de Theo, a marca que ela deixou e em torno da qual eu cresci. Todas aquelas pétalas vivas que nunca caíram.

Esta é minha vida na cozinha e no café e na *épicerie* todo dia de manhã, passando o dedão em cascas de laranja, noites olhando para cantos vazios do apartamento onde poderia caber um armário de bebidas ou um par de botas, manhãs acordando do lado esquerdo da cama. Deixo espaço para Theo ser algo que ainda me acontece.

Mas quatro anos é *mesmo* muito tempo e, este ano, quando Maxine pergunta sobre a passagem, digo que vou fazer a viagem como uma excursão de despedida. Vou levar minha carta não enviada até uma praia em Palermo e jogá-la ao mar, depois voltar a Paris e passar o resto da vida amando alguém que nunca mais vou ver de novo.

Mas aí Theo sai de um sonho e entra num ônibus em Londres, mais ardente e mais forte e gritantemente sexy do que nunca. Ela não suporta ficar do meu lado, mas quer tentar, então eu aceito porque vou continuar aceitando o que quer que ela me ofereça. Ela me chama de amigo no mesmo fôlego com o qual propõe transar com outras pessoas, e aceito essa outra coisa também porque parece uma boa distração. Porque, enquanto estivermos contabilizando, teremos algo sobre o que conversar, e senti falta do som da voz dela.

E ela fica olhando para mim enquanto toco outra pessoa, e aí estamos dormindo na mesma cama, e estou pensando nela toda vez em que penetro o corpo de outra pessoa, e ela está suspirando na palma da minha mão no convés de um iate. Não tenho mais espaço em mim para abrigar isso tudo. Precisa transbordar. Por isso, eu a beijo.

Eu beijo Theo porque estou apaixonado por ela. Sempre estive. Sempre vou estar.

— — —

Theo está muito diferente, ainda estou me acostumando.

Na última vez em que a vi, o cabelo dela estava um pouco abaixo dos ombros e descia pelas costas. Ela usava esmalte até lascar e pintava por cima, passava sombra nas pálpebras antes do trabalho para ganhar gorjetas melhores, usava saias nos finais de semana. Às vezes, eu percebia que ela corrigia a postura, como se pudesse suavizar a largura natural dos próprios ombros, tornar-se delicada.

Agora, ela anda com o peito aberto como se conhecesse mil maneiras de usar o próprio corpo e não tivesse medo de nenhuma delas.

O rosto está ligeiramente mais duro e anguloso, mas ainda mantém a simpatia natural e forte que faz estranhos contarem seus segredos a ela, e nunca há nada nele além de sardas. Ela usa botas utilitárias e macacões cargo e chapéus buckets feios, e o cabelo dela está tão curto que seu pescoço e queixo estão sempre visíveis.

Um mês atrás, eu teria jurado que nunca desejaria ninguém mais do que a Theo que eu conhecia. Então vi essa nova Theo e, de repente, desejar não descrevia bem o sentimento. Estava mais para *necessitar*.

Estamos em Monterosso al Mare, a vila mais ao norte das cinco agrupadas ao longo da curva da costa norte da Itália, Cinque Terre. Aqui, palazzos descem por falésias escarpadas até o mar Mediterrâneo. Fazendas terraceadas cercam montes verdes, cultivando azeitonas e limões-sicilianos e manjericão, e fileiras de guarda-sóis listrados lotam as praias pedregosas lá embaixo. O clima é mais selvagem e quente aqui do que na Côte d'Azur, mas o sal no ar é o mesmo, e as praias de veraneio são quase as mesmas, e por isso estou pensando — triste, sem conseguir escapar disso — sobre Mônaco. Sobre ontem, sobre necessidade.

Estou pensando em Theo entre minhas pernas abertas, nada além de suor seco e água salgada entre nossa pele. Sobre como ela se acomodou ali com naturalidade, disposta a tudo, enquanto eu precisei de todas as minhas forças para manter a voz firme e as mãos no lugar. O peso do olhar dela sobre minha boca, a pressão da mão dela em minha coxa, o cabelo molhado dela em meu ombro, toda a necessidade histérica que despejei em Émile para que Theo não a sentisse. Eu estava completamente disposto a fazer tudo que ela quisesse, mas com muito medo de que, no momento em que eu a tocasse, ela soubesse que aquilo significava muito mais para mim.

Eu me pergunto, enquanto a observo rasgar folhas de manjericão sem dó nem piedade, se aquela foi a última vez que vamos estar tão próximos.

Theo está de botas hoje — suas Blundstones surradas — e veste um short de trilha e a mesma camisa de linho de ontem, ainda cheirando a sal do mar e champanhe caro. Talvez ela as tenha escolhido para esta excursão matinal numa fazenda de manjericão porque um bom viticultor tem que estar sempre preparado. Ou talvez seja porque eu a beijei e ela vai me chutar para fora de um palazzo.

Seguro uma folha e a aperto até as fibras cederem, mas aquela marca nova e úmida me faz lembrar do brilho no lábio inferior de Theo num beco escuro. Da boca de Theo na minha cinco segundos antes de eu recuar e começar a pedir desculpas. Da risada fria que ela forçou quando jurei que estava bêbado e me empolguei com o calor do momento, que não tinha significado nada para mim.

Voltamos para o hotel em silêncio e ela não falou comigo desde então. Nem no ônibus até aqui, nem durante nosso tour pela fazenda, nem quando fomos deixados livres para colher nosso próprio manjericão, nem quando o fazendeiro velhinho e adorável nos ensinou a preparar pesto. Neste momento, ela está concentrada em esmagar as folhas com uma fúria justificada e ardente. A mesa range sob seu pilão e seu socador, frascos de azeite sacudindo nervosamente.

— Tudo bem aí, Theo? — Stig pergunta.

— Tudo excelente — Theo responde, radiante, o que significa que está brava e, quando está brava, quebra coisas.

Minhas mãos fazem movimentos grosseiros com o pilão, o gosto do arrependimento forte demais em minha boca para acertar os sabores. Levou bastante tempo para eu conseguir entender como tinha deixado Theo tão furiosa a ponto de me largar naquela época, mas desta vez é simples. Eu deveria ser amigo dela, mas a beijei. Todos os flertes e as piadinhas sujas, a nudez platônica e os quase ménages — dei um significado para tudo isso com o qual ela nunca concordou. Eu mesmo me chutaria para fora de um palazzo se pudesse.

Quando experimentamos o pesto finalizado de cada um, o de Theo é vibrante, complexo e perfeitamente equilibrado, com a cremosidade exata que deveria ter porque ela foi adicionando o azeite aos poucos ao final, em vez de jogar tudo de uma vez como metade de nós fez. Theo nunca encontrou uma habilidade simples e útil que não conseguisse dominar por pura força de vontade e instinto. *Pau para toda obra, bom para porra nenhuma*, foi o que ela disse uma vez. Nunca gostei de ninguém mais do que dela.

Mergulho um canto do pão em minha tigela e descubro que não tem gosto de nada. É a coisa mais deplorável e anêmica que já fiz desde a escola de confeitaria.

— Você não esmagou o manjericão direito — Theo observa, mordendo o lábio. Traça um dedo ao redor da borda da minha tigela, depois chupa o azeite e as ervas da ponta do dedo. — Está com um gosto fraco. Vai precisar fazer as coisas com mais intenção, cara.

Não tenho resposta para isso. Ela está certa, mas, mesmo se não estivesse, eu mereço sofrer bullying hoje.

Quando apertei a mão dela naquele penhasco em Dover, fiquei me perguntando se conseguiria dar a ela um motivo para aceitar fazer parte da minha vida de novo. Essa pessoa nova, que tem calos de carpinteiro na junta de cada dedo e também na palma da mão, que não precisa de muita bagagem e atravessa oceanos sozinha, a versão mais robusta e larga de Theo de cabelo curto — o que ela veria em mim?

Ela viu amizade, e tive sorte por isso. Eu não deveria ter pedido mais.

— — —

No trem que vai nos levar pela costa até as outras quatro vilas de Cinque Terre, Theo está sentada a minha frente, do outro lado da mesinha cinza, em silêncio. Coloca os fones, sua tatuagem de faca aparecendo sinistramente enquanto ela cruza os braços. Olho para ela e sinto saudades dela duas vezes, uma como namorada e uma como a amiga que eu tinha ontem.

Uma vez, Rilke escreveu: *Doçura sussurrante, que outrora nos percorria, agora está sentada em silêncio ao nosso lado com o cabelo desgrenhado.*

Durante todo o dia, vejo tudo dobrado. A vila seguinte, Vernazza, é cheia de degraus de pedra desgastada e turistas a caminho da praia. É o que vejo, mas também vejo San Sebastián. Vejo Theo ao meu lado na areia, nós dois ainda surpresos com a revelação de que, no fim, não tínhamos sido abandonados, o sol se pondo atrás dos ombros dela e eu desejando tanto ter pegado aquele voo seguinte em vez de chafurdado num apartamento vazio por uma semana escrevendo cartas dramáticas.

Mais para o interior, nas colinas de Corniglia, bebemos Vernaccia feito com uvas brancas locais. Fabrizio nos conta que Michelangelo escreveu, certa vez, que Vernaccia "beija, lambe, morde, bate e pica", ao que Theo responde: "Caramba, ela está solteira?". Penso em Bordeaux e numa barriga cheia de vinho, em parar diante de uma fonte e me atrever a ter esperança, na dor de ouvir Theo dizendo que nos perdermos foi uma coisa boa. Depois penso nas mãos de Theo no quadril daquele fazendeiro e me pergunto se a desilusão amorosa não poderia ao menos me dar um beijo antes de foder comigo desse jeito.

A vila costeira maior e mais movimentada de Riomaggiore me faz pensar em Barcelona, com suas igrejas góticas e barracas de rua vendendo lula calamar em cones de papel. Eu me lembro daquela segunda noite quente, implorando para Santiago me foder até Theo sair da minha cabeça por tempo o suficiente para eu recuperar o fôlego. De como eu a escutei do outro lado do beco e levantei a voz, sabendo que ela não devia estar escutando, mas fingindo que estava. Que esse pensamento me fez gozar tão forte que capotei e precisei pagar um café da manhã de desculpas para Santiago.

Quando o trem nos deixa em Manarola, estou meia-bomba, agoniado. Vagamos pelas estradas de terra até os vinhedos da encosta terraceada e subimos para jantar numa trattoria cor-de-rosa com uma vista espetacular. Fico achando que Theo vai procurar outra mesa e me largar, mas ela não está me *evitando* — está me ignorando agressivamente, o que pelo menos não é novidade para mim. Ela se senta na cadeira ao meu lado no terraço, na frente dos Calums.

Os Calums passaram o dia estranhamente quietos, e apenas a cumprimentam com a cabeça. Não passo muito tempo com homens tradicionalmente masculinos a menos que, pra ser bem franco, eles estejam me comendo, mas gosto dos Calums. Eles emanam certo ar inofensivo, aquela benevolência sincera e musculosa do Channing Tatum ou de uma vaca. Theo adora eles, claro, porque tenho certeza de que Theo, numa vida passada, foi um desses pais que foi membro de uma fraternidade na época da faculdade.

Garçons servem garrafas de vinho branco gelado e um cortejo de antepastos de frutos do mar: anchovas filetadas em salmoura de limão--siciliano e azeite, lula refogada na própria tinta, polvo com ervas. Então começam a chegar pratos de macarrão artesanal ao molho de tinta de sépia e cobertos de mexilhões e mariscos, e depois um *írio* de barriga gorda que brilha como se tivesse acabado de ser tirado do anzol.

É uma refeição incrível, e estamos em cima dela, mal conversando.

Finalmente, Theo aponta o garfo para os Calums e diz:

— O que tá rolando entre vocês dois? Ficaram bêbados e acabaram transando ou qualquer coisa assim?

O rosto de Calum Ruivo se enrubesce e Calum Loiro fica subitamente fascinado por um camarão. Meu interesse é despertado.

— Ai, meu Deus — Theo sussurra, chegando mais perto —, vocês *transaram*.

— A gente não transou — Calum Loiro responde, voltado para seu camarão.

— É — Calum Ruivo concorda —, porque você estava ocupado demais usando seu pau para me apunhalar pelas costas, cara.

Ergo as sobrancelhas.

— Desculpa, fiquei confuso, vocês transaram ou não?

— Eu não apunhalei você pelas costas! — Calum Loiro retruca, virando para o outro Calum. — Eu só aproveitei uma oportunidade!

— Calma aí. — Theo ergue as mãos. — O que rolou?

Nenhum dos dois diz nada, de cara fechada. Finalmente, Calum Ruivo fala:

— Ontem à noite, em Mônaco, saímos com duas gatinhas e estávamos tentando… bom, sabe.

— Fazer o bom e velho tchaca tchaca na butchaca — Calum Loiro completa.

— Mas aí Calum levou as *duas* para casa enquanto eu estava no banheiro. E nem me *perguntou* primeiro.

— Foi ideia delas!

— Eu gostava dela!

— Você não conseguia nem decidir de qual gostava mais.

— As duas eram lindas!

— Você teria feito a mesma coisa se não tivesse ficado bêbado pra caralho — retruca Calum Loiro. — Já falei, você é fraco para champanhe.

— Posso dizer uma coisa? — intervenho, antes que Calum Ruivo exploda. — Pela minha experiência, sexo grupal com um amigo próximo às vezes é meio… — Visivelmente evito olhar para Theo, mas consigo sentir os olhos dela em mim. — Complicado, do ponto de vista emocional.

Calum Ruivo franze a testa.

— O que você quer dizer?

— Calum — digo —, é possível que, no fundo, você não esteja chateado pelas meninas, mas porque Calum fez um ménage e não convidou você?

Os dois Calums ficam em silêncio de novo. Theo fica em silêncio também, os braços cruzados, girando o vinho na taça.

— É por isso? — Calum Loiro pergunta para Calum Ruivo.

Ruivo cruza os braços.

— A gente combinou que, se um dia fizesse um ménage, seria junto.

— Mas isso quando a gente tinha quinze anos, Calum! Não era sério!

— Para mim era!

Theo cobre a boca com o punho. Os Calums trocam um longo momento de contato visual íntimo. Eu troco um longo momento de contato visual íntimo com o robalo na mesa, refletindo sobre a semana que tive.

— Não sabia que isso era assim tão importante para você — Loiro diz, delicadamente. — Juro, pensei que você não fosse ligar.

— Mas eu liguei.

— Foi mal, cara. É só que eu… me empolguei no calor do momento, acho. Não estava pensando direito.

— Em defesa de Calum — Theo intervém, se inclinando para a frente. Parece que a expressão "me empolguei no calor do momento" foi um gatilho para ela. — Acho que todos tomamos decisões questionáveis em Mônaco.

Ela olha diretamente para mim. Trinco os dentes.

— Tinha alguma coisa no ar, não tinha? — Calum Loiro diz.

— Com certeza — Theo concorda. — Sei lá, tipo, o Kit me *beijou*. Vocês acreditam?

Sinto meu coração afundar no peito.

— Não! — Calum Ruivo grita, radiante. — Safadinho!

Calum Loiro começa a rir, e me obrigo a entrar na onda e aceitar a alfinetada, mas meus seios nasais começam a arder, o que só pode significar uma coisa. Theo está analisando meu rosto com atenção por sobre a taça.

— É, muito engraçado, o que eu tinha na cabeça? — digo, empurrando a cadeira para trás. — Com licença.

Saio do terraço o mais rápido e discretamente possível, rezando para não acontecer nada até eu sumir da vista deles. Atravesso o salão, desço a escada, vou em direção à rua — e só paro quando chego ao cascalho, onde ninguém além de um velho sentado à beira da estrada em uma cadeira de cozinha vai ver se meu nariz começar a sangrar.

Na maioria das vezes, acho romântico e até relativamente sexy que, desde aquele táxi aquático em Veneza, meu nariz às vezes sangre quando sinto uma emoção especialmente intensa. É como se eu fosse a vítima de uma maldição numa tragédia grega ou a Satine em *Moulin Rouge*. Mas Theo não é idiota e, se isso continuar acontecendo, vou me entregar ainda mais do que já me entreguei.

Ergo a cabeça e me apoio numa mureta do jardim, esperando a sensação passar. Dá certo: quando passo o polegar em cima do lábio superior alguns minutos depois, está seco.

Solto um suspiro e considero ligar para Maxine ou até para Paloma, só para contar para alguém o que não posso contar para Theo.

Teve um momento, um mês depois que eu e Theo fomos morar em nosso apartamento em Palm Springs, em que as coisas começaram a mudar. Quando eu tirava os olhos da minha leitura matinal, flagrava Theo me encarando com um tipo particular de ternura nos olhos e, pela primeira vez em muito tempo, fiquei me perguntando se ela me amava como eu a amava. Se era assim que sempre tinha olhado para mim quando achava que eu não estava percebendo.

Apesar de todo o arrependimento, senti essa gota de esperança ontem à noite também. Durou apenas um segundo, uma expiração silenciosa saindo por seu nariz e, depois, um movimento suave de sua boca, como se ela pudesse ter me puxado com mais intensidade se eu já não estivesse cambaleando para longe. Mas eu seria um idiota de me apegar a isso depois de como ela falou à mesa agora, como se aquilo tudo tivesse sido uma *piada* para ela, como se...

A porta atrás de mim abre.

— Kit!

Theo vem correndo até a rua, o cabelo desgrenhado e âmbar esvoaçando ao vento forte do anoitecer.

As botas dela batem nas pedras e meu primeiro pensamento é *que bom*. Theo deveria andar sempre a passos pesados. Deveria deixar pegadas fundas aonde quer que fosse para que todos soubessem que ela passou por lá, feito um acontecimento histórico. Arqueólogos deveriam colocar fitas ao redor das pegadas dela e estudá-las com escovinhas.

Ela chega perto e pergunta:

— O que está fazendo aqui fora?

— Nada — respondo. — Eu só... precisava de ar.

— Nossa mesa é ao ar livre — Theo argumenta.

— Um ar diferente.

— *Por quê?*

Todos os dias durante esta viagem, eu quis falar com ela. E, todos os dias, me convenci de que era melhor não. Mas estou próximo demais dela, e tudo tem sido tão bonito, e já engoli palavras demais. Já devorei meu coração. Se ela continuar insistindo, tenho medo de que eu não dure.

— Theo, sei que fiz merda ontem à noite, e você tem todo o direito de ficar com raiva — digo, fechando os olhos —, mas precisava mesmo disso? Na frente dos Calums?

— Pensei que você não se importasse, já que disse que não significou nada para você.

E me escuto dizer:

— Significou.

Uma vez Rilke escreveu: *Quem nunca se sentou, trêmulo, diante da cortina do próprio coração?*

— Significou — digo de novo. — Desculpa por ter feito aquilo, queria não ter feito, porque estou adorando ser seu amigo de novo, mas estou perdendo a cabeça de tanto esconder isso de você, e aí no iate, quando pensei que a gente podia... quando a gente quase chegou a... foi *demais* para mim, Theo. E, de repente, eu não consegui mais continuar fingindo que não queria beijar você desde o momento em que te vi dentro daquele ônibus em Londres. — Respiro fundo. — Mas nunca mais vou fazer isso se você não quiser.

Theo me encara, os lábios entreabertos, o peito subindo e descendo. As árvores acima de nós balançando sob o vento.

— Eu *sabia* — ela diz, por fim. Eu estava preparado para muitas coisas, mas não para o triunfo furioso em sua voz. — Você também sente.

Meu coração bate forte. Ela não pode estar dizendo…

— Theo, o que você sente?

— Essa… essa… coisa entre a gente. Esse *problema*.

Ah.

Theo continua, começando a andar de um lado para o outro.

— A gente já transou, no passado — ela diz — e aí agora não estamos mais transando, mas ficamos falando de sexo o tempo todo e pensando sobre sexo e pensando sobre o outro fazendo sexo com outras pessoas, então eu pensei que isso fosse ajudar, mas está fazendo o contrário. Não transar um com o outro está deixando os dois idiotas. E acho que a gente precisa fazer algo a respeito. Tipo, tirar isso do caminho.

Coloco as mãos sobre os ombros de Theo, impedindo-a de continuar andando. Uma nuvem de poeira se assenta ao redor de suas botas. O rosto dela está a centímetros do meu, os olhos brilhantes.

— O que está querendo dizer? — pergunto. — Que a gente deveria transar?

— Não, ficaria parecendo que a gente vai reatar, e a gente não vai reatar — Theo diz, sem rodeios. — Isso está fora de cogitação. Né?

— Eu… — tiro as mãos dela. — Entendo que se a gente transasse, ficaria parecendo que a gente vai reatar.

— Pois é — Theo diz, assentindo com força. — Mas a gente precisa fazer alguma coisa porque… — ela inspira fundo e me imobiliza sob seu olhar firme. — Porque quero muito transar com você. Então, quer transar comigo?

— Theo. Mais do que você pode imaginar.

— Ótimo — Theo diz. As bochechas coradas, a respiração entrecortada como se estivesse prestes a sair correndo. Amo essa mulher. — Então, acho que… acho que é melhor a gente transar, só que, tipo… sem transar de verdade.

— Total — digo imediatamente. — Ou… sei lá o que você está querendo dizer, mas sim. Só me fala como.

— Tipo que nem eles fizeram em *Uma linda mulher.* Sem beijo na boca. — Ela pensa. — Mas também sem contato de pele com pele da cintura para baixo.

Concordo, sentindo o sangue correr até a ponta dos meus dedos. Até outros lugares. Eu consigo. Eu *quero*. Se isso é tudo que posso ter dela, vou aceitar com o maior prazer. E, se isso é tudo que ela quer de mim, é fácil oferecer.

— Mais alguma coisa?

— Acho que a gente não deveria transar no quarto de nenhum de nós dois — ela acrescenta. — Acho que... acho que seria um caminho sem volta.

— É mesmo — digo, por mais que eu fosse amar se a gente pegasse esse caminho. — A gente pode fazer o outro gozar?

— Não só pode como deve.

— Então beleza. Com certeza, sim. Quando?

Theo considera a pergunta por um total de um segundo.

— Agora?

— — —

Não temos um plano; escolhemos uma direção e voltamos a caminhar pelas trilhas do vinhedo. Fico com uma intenção vaga de encontrar uma clareira reservada ou uma alcova rochosa ou até uma brecha de tamanho razoável entre as videiras, mas é então que aparece. Um galpão de caseiro coberto por um carpete de hera como se estivesse abandonado já há um tempo.

Trocamos um olhar. A maçaneta da porta está completamente enferrujada. Acho que só precisaria de um bom empurrão.

— Serve? — pergunto para Theo.

— Serve — Theo declara, me empurrando porta adentro.

Está quase escuro. Uma faixa de sol poente que entra pela janela alta e estreita revela prateleiras bambas de vasos de planta, sacos de cascalho e uma bancada entulhada. Cheira a adubo e granito úmido, e bato imediatamente meu cotovelo em duas prateleiras diferentes.

— Ai, caralho — Theo xinga, empurrando algo ruidoso e metálico para fora do caminho.

Empurro para um lado um monte de arame de treliça e Theo

derruba um ancinho, e aí faz silêncio. Todos os obstáculos ficaram para trás. Estamos sozinhos, num bolsão de privacidade, nada entre nós além do ar.

Enquanto meus olhos se ajustam, distingo as linhas do rosto de Theo. A expressão dela é de foco total, a mandíbula se mexendo como se estivesse passando a língua pela ponta dos dentes.

Meu Deus, como senti falta dela.

— Não sei nem por onde começar — confesso.

— Por qualquer lugar.

E então pulamos um em cima do outro.

No começo, parece mais uma briga do que qualquer outra coisa. Duas pessoas que conhecem o corpo uma da outra melhor do que qualquer um jamais poderia conhecer, com anos para pensar em todos os pontos fracos. Ela empurra toda a força do corpo contra o meu, e faço o mesmo, chutando terra e cascalho pelo piso de lajes enquanto procuramos apoio. Ela se encaixa na minha perna e afundo o rosto na curva de seu pescoço, segurando-a. Pensei que seria mais difícil fazer isso sem nos beijarmos, mas usamos as mãos nos lugares onde nossas bocas iriam — a ponta dos dedos dela no canto da minha boca, meu polegar no seu lábio inferior. Soltamos palavrões, e gememos, e nos encaixamos como sempre fizemos.

Quando sonhava em tê-la de novo em meus braços, eu me imaginava não tendo pressa, despindo-a centímetro por centímetro, um beijo para cada noite que passamos separados. Que ideia merda. Eu deveria ter nos imaginado vorazes e delirantes de tanto consumir tudo mas na seca um do outro, sem nenhum autocontrole para nos bebermos de golinhos. Quero arrancar aquele pano da mesa e me banquetear. Quero que ela abra bem a boca, feito um animal, e arranque um pedaço de mim. Tudo que venho contendo desde Londres era apenas um aperitivo.

Toco os lábios dela e penso em como ela segurou o vinho na boca em Bordeaux e identificou o sabor de cerejas. Deixo um chupão em seu pescoço como eu queria ter feito debaixo daquelas luzes na pista de dança em San Sebastián, passo a língua pela clavícula dela como queria ter feito quando vi o decote que estava vestindo em Paris. Os dedos que roçaram minha pele na água perto de Saint-Jean-

-de-Luz, a voz áspera da sacada vizinha em Barcelona, as mãos hábeis daquela cozinha em Nice — eu me permito ter tudo aquilo, por ora.

Com um empurrão violento, Theo esvazia a bancada e me empurra para cima dela. Tesouras e espátulas caem com estrépito no chão. Um balde bate na parede com clangor. Meus joelhos cedem e, então, ela está sentando em mim. Aperta meu pescoço, fincando o polegar na pele vulnerável embaixo do meu queixo, respirando entre dentes. Minhas mãos arranham suas costas, puxando a camisa dela e a tirando.

Os dentes dela quase roçam meu lábio inferior, e eu lembro disso, daquela pausa antes do beijo, de como ela gostava de me fazer esperar até eu implorar ou eu mesmo beijá-la. É o que desejo mais do que tudo: um beijo bom, com vontade, o tipo de beijo que Theo merece. Em vez disso, inclino o quadril para cima para mostrar o que ela provocou.

A boca de Theo desliza para o lado, quase no meu ouvido, enquanto ela sente como estou devastadoramente duro e solta um palavrão.

— Isso aí é por minha causa?

— *Sim* — digo, e ela roça o corpo no meu, me entregando, ao mesmo tempo, o alívio da fricção e a agonia de não ser o suficiente. Minha voz soa sombria e fraca, como manteiga queimada no fundo do forno, mas não consigo conter a fumaça lá dentro com ela escancarando a porta desse jeito. Estou pronto pra dar o que ela quiser. Para deixar as paredes da cozinha pretas. — É assim que você... você me deixa. Sempre.

— Em Barcelona, naquele dia de manhã... — Ela prende a respiração, as unhas curtas riscando meu pescoço. Deslizo a mão para baixo da camisa dela e pego seu quadril. — Você estava de pau duro por minha causa também?

— Sim — digo de novo. Estamos nos mexendo ao mesmo tempo agora, ou é ela quem está se mexendo na direção em que minha mão a guia, ou talvez sejam as duas coisas. Talvez nunca tenhamos sido mais do que esse único ser contínuo e ofegante. — Eu estava sonhando com você.

— Me conta. Me conta o que fiz com você.

— A gente... a gente estava no bar, em Paris. Na cama. Mas eu estava embaixo de você, e... — E ela estava me beijando, dizendo que me amava. — ... você estava tocando uma pra mim. Me tinha na palma da mão.

Theo empurra o quadril para a frente.

— Posso te contar um segredo?

— Pode.

— Também sonhei com você naquela noite.

Contenho um gemido.

— Como? Onde?

— Sonhei que a gente estava naquele último restaurante em que fomos e que você me chupava em cima da mesa.

— *Caralho.*

Estamos nos movendo mais rápido, apertando nossos corpos um contra o outro com mais força. Theo beija meu pescoço uma vez e depois de novo, e um gemido escapa da minha boca toda vez. A virilha dela é tão *quente*, quente e dócil, mas forte, o zíper duro contra o tecido macio do meu short.

— Não consigo... venho pensando muito nisso — Theo diz. — Em você. Em você dentro de mim. Eu dentro de você. Você também pensa?

— O tempo todo — digo, sem nem pensar —, o tempo todo, Theo, é como se, porra, minha cabeça... minha cabeça só pensasse nisso, eu te quero pra caralho.

— *Ah*, puta que pariu... — E então um som desesperado de quem está à beira do precipício, entre um gemido e uma lamúria. Sinto a mão dela entre nós, a ponta de seus dedos entrando pelo cós do próprio short. — Posso...?

Eu já quase gozo bem ali, só pela maneira como ela está me pedindo. Mordo o lábio com tanta força que sinto aquele doce sabor metálico.

— Sim, por favor, pode se tocar.

A mão dela desce e sinto o movimento dos nós dos seus dedos contra mim quando a mão dela encontra o lugar, escuto seu suspiro de alívio e o suspiro que vem depois, de pura e renovada necessidade. Percebo que ela não vai durar muito tempo. Lembro de como ela desabrocha, onde ficam suas pétalas.

— Caralho, obrigada — ela diz, o quadril e os dedos se movendo, tão molhada que consigo *ouvir*. — Você também pode se tocar.

— Não preciso — admito, chegando mais perto do clímax, bem perto, perto até demais, só pelos sons e pela descoberta incrível do quanto ela também desejava isso. Do quanto ela me desejava. Caralho, ela *me desejava* esse tempo todo, e eu podendo tê-la desse jeito. — Só... continua o que está fazendo.

— Me diz de novo — ela ofega. — Diz.

— Eu te quero, Theo, eu te quero, eu te quero, por favor, por favor, eu...

... te amo.

Por alguma misericórdia divina, Theo chega ao clímax antes de eu pronunciar aquelas palavras. Vou logo em seguida, e ela envolve os braços no meu pescoço até o orgasmo terminar de me atravessar. Solta gemidinhos satisfeitos em meu cabelo. Não consigo acreditar. Theo já me fez gozar sem precisar tocar em mim antes, mas não assim — em *minutos*, sem nem um beijo na boca.

Ela beija meu queixo, pouco abaixo da minha boca, e começa a rir.

— Como se diz *meu Deus* em francês mesmo?

Minha voz embarga ao responder:

— *Mon Dieu.*

— *Mon Dieu*, Kit, quando foi a última vez que você leitou *dans your pantalons*?

Solto um grunhido e tento empurrá-la, mas ela resiste, apertando meu pescoço com mais firmeza, e me pego relutante a convencê-la do contrário.

— Não tem absolutamente nenhum motivo para o seu francês continuar tão horrível — digo.

Quando Theo se afasta, um dos primeiros raios de luar ilumina seu rosto e seus olhos. Ela é tão linda assim, rindo e satisfeita. Acaricio seu queixo com a beira do polegar e tento me convencer de que isso foi o bastante para mim também. Se isso é tudo que teremos de nós, é o bastante pra mim. Consigo aprender a tocar nela sem dizer tudo o que sinto.

(Uma vez Rilke escreveu: *Como impedir minha alma de tocar a sua?*)

PISA
COMBINA COM:

Garrafa inclinada de licor de avelã de lembrancinha da Torre de Pisa e *torta di ceci*

Pisa

— Você disse que já deu uma olhada no radiador?

— Sim, já olhei.

— E no bloco do motor?

— Não é minha primeira vez, meu bem — Orla diz. Ela estreita os olhos sob o chapéu de safári, os cordões batendo ao vento toscano. — Parece que tá tudo bem com a junta do cabeçote também, então não queimou.

Theo coloca as mãos no quadril e franze a testa, muito séria.

Estávamos há meia hora de Manarola quando o ônibus começou a fazer um barulho bizarro de lata sendo chutada. Fabrizio usou as caixas de som para informar a todos que não era motivo para preocupação, para não nos inquietarmos com toda aquela fumaça, mas, só por curiosidade, alguém entendia alguma coisa de motores Volkswagen? E agora Theo está com Orla à beira de uma estrada italiana, encarando o motor do ônibus enquanto caminhões passam em alta velocidade.

Eu e Fabrizio estamos na escada, sem fazer nada além de olhar e transpirar em nossas camisas.

— Sabe, não fica muito longe daqui o lugar onde Gênova derrotou Pisa na Batalha de Meloria e iniciou o declínio da República de Pisa — Fabrizio conta, com a voz de quem está sucumbindo a uma insolação. — Talvez Pisa não queira visitantes da costa norte. Talvez tenham nos mandado *un piccolo fantasma*.

— *Un piccolo fantasma* — repito. — Um fantasminha?

— *Sì, bene* — Fabrizio confirma, acariciando minha bochecha com carinho.

Estou travando minha própria Batalha de Meloria, entre meu desejo de ajudar Theo contra a lembrança dela cavalgando em mim de um jeito bem erótico dentro de um barracão ontem à noite. A coisa menos útil que eu poderia estar fazendo neste momento é pensar se aquilo poderia voltar a acontecer. Mas ela está segurando uma chave inglesa e usando uma calça jeans desbotada, então meu império marítimo está vindo abaixo.

— Mas você sentiu aquele cheiro também, não sentiu? — Theo pergunta a Orla. — A fumaça era doce. Certeza que é líquido de arrefecimento. — Ela coça o queixo, pensativa, deixando ali uma mancha de graxa do motor. — Você tem um medidor de compressão de cilindro?

O que quer que isso signifique, Orla tem. Theo o monta, Orla sobe para ligar o motor e, depois de um minuto batendo e fazendo careta para algum tipo de medidor, Theo grita:

— É isso! Os parafusos do cabeçote estão soltos!

Aparentemente, é fácil resolver, porque Orla fica toda animada enquanto tira sua caixa de ferramentas. Observo, trêmulo e iridescente, enquanto Theo a revira com a confiança incerimoniosa de uma mecânica autodidata. Há quanto tempo ela sabe fazer isso?

— Kit! — ela chama. — Me dá uma mão aqui?

— Sua vez, meu bem — Orla indica, batendo na minha mão para passar a bola da vez para mim. Então senta ao lado de Fabrizio e me dá uma piscadinha indiscreta, e me arrependo de ter me aberto com ela sobre o que sinto por Theo quando estávamos passeando pelos campos de lavanda em Sault.

Theo sorri quando me aproximo, brilhando com suor e corando vigorosamente sob as sardas. Tento não lembrar do peso dela em meu colo.

— Está com seu caderno?

Então ela me diz que precisamos apertar todos os doze parafusos do cabeçote no cilindro, o que tenho certeza de que deve significar alguma coisa. Isso precisa ser feito numa ordem muito específica, que Theo memorizou por ter o mesmo problema com seu próprio micro-ônibus Volkswagen, mas não consegue explicar sem desenhar. Vamos revezar apertando os parafusos e lendo a sequência em voz alta, para confirmar se ela não pulou nenhuma etapa.

— Ah, e toda essa graxa vai deixar as coisas por aqui meio... lubrificadas — Theo diz, olhando para minha camisa de linho. — Talvez seja bom, sabe...

Para completar a frase, ela tira a própria camisa e a prende no bolso de trás da calça, para não manchar. Cada centímetro forte de seu corpo de nadadora só tem como cobertura, agora, uma camisetinha justa.

— Ah, claro — digo, perdendo a cabeça.

Tiro a camisa e a jogo para Orla, que a balança no alto feito uma faixa numa partida de futebol. Fabrizio aplaude. Sei bem que *tanto* eu *quanto* Theo ficamos bem sem camisa, e fico contente ao sentir o olhar de Theo pousar em meus ombros.

— Adoro essas paisagens toscanas, e você, Fabs? — Orla diz para Fabrizio.

— *Sì* — Fabrizio responde, lançando um olhar para a gente de um encanto sonolento.

Com o apoio de Fabrizio e Orla — parte torcida sincera e parte cantadas sugestivas —, consertamos o motor. Theo explica o torquímetro para mim e guia minhas mãos por sobre a ferramenta, mostrando a quantidade precisa de força a ser aplicada. É difícil, e é escaldante, e a pele de Theo está tão perto da minha, e esse lado novo, resoluto e dominante dela está me deixando zonzo, mas também parece natural, de certo modo. Depois da noite de ontem, eu estava com medo de que ela pudesse se afastar, mas há uma leveza aqui. Ela confia em mim para ajudá-la. Confio nela para me deixar ajudar.

Quando acabamos e Orla liga o motor, o ônibus comemora. Theo bate os pés e me dá um tapa vitorioso no peito. Se tudo fosse diferente, eu a beijaria.

Em vez disso, coloco a mão sobre a dela e a ergo gentilmente, apertando uma vez antes de soltar.

Seguimos para Pisa.

— — —

O glacê de manteiga francês tem uma cor muito específica. Os glacês de manteiga italiano e suíço têm aquele brilho característico de merengue de clara de ovo, mas o primeiro passo para fazer o glacê de manteiga francês não é bater as claras de ovo. É bater a gema até ficar homogênea e depois incorporar xarope de açúcar para fazer *pâte à bombe* antes de adicionar a manteiga. Ao fim, a aparência do glacê deve ser mais intensa do que a de seus irmãos, um tom de branco-dourado, indicando que o processo teve um grau a mais de dificuldade.

Eu descreveria a cor da Torre de Pisa sob a luz da tarde como o glacê de manteiga francês. Em fotos, parece estar sozinha, mas na vida real fica numa praça verde com uma catedral, um batistério e um cemitério no mesmo estilo. Formam um belo conjunto. Fabrizio diz que chamam isso aqui de Piazza dei Miracoli — a Praça dos Milagres.

Antes de o grupo se dividir, Fabrizio nos faz formar uma fila para cada um tirar sua clássica foto da Torre Inclinada. Fico para trás com Theo para assistir. Lars posa como se estivesse segurando o campanário em um cone de gelato; os dois Calums fingem transar com ela.

— Não quer tirar uma? — pergunto a Theo.

— Não.

Para alguém que tem tanta certeza de que é uma gostosa, Theo nunca gostou de sair em fotos. Mas vejo como está observando e me toco de que, de todas as paisagens que visitamos, ela não tirou foto de si mesma nenhuma vez.

— Fazer coisas de turista não é brega, sabia?

Theo baixa os óculos escuros.

— Eu poderia te dizer a mesma coisa.

— Ah, você acha que eu não consigo ser brega? Porque eu consigo.

— Será que não vão revogar seu passaporte francês?

— Vamos ter que descobrir.

Pulo em cima de um dos pilares de pedra que impedem os visitantes de pisar na grama e faço todas as poses clichês e constrangedoras de turistas: segurando a torre, dando um chute nela, me apoiando de costas, até Theo parar de tirar fotos e começar a me implorar para parar, chorando de tanto rir de vergonha alheia. Mas funciona. Quando digo que agora é a vez dela, ela ri, suspira e diz:

— Tá.

Alinho o enquadramento: Theo com as mãos manchadas de graxa na frente de uma torre velha de oitocentos e cinquenta anos, ambas altas, maravilhosas e radiantes.

— Ah, nossa — ela diz, quando mostro a foto para ela. — Até que gostei bastante dessa aqui.

— Mesmo?

Ela toca minha mão ao devolver o celular.

— Mesmo.

Theo sempre foi assim com fotos, desde que tínhamos onze anos, quando ela ainda ia às estreias dos projetos das irmãs. Foi naquela estreia gigante, a do filme com Willem Dafoe em que tanto Sloane como Este atuaram, que Theo usou um terno azul com uma estampa de flores. Flores para Flowerday, segundo ela.

Nunca passou pela minha cabeça que isso seria um problema para alguém. Também não passava pela de Theo, e muito menos pela dos pais dela, que nunca se importaram nas vezes em que Theo pediu roupas e cortes de cabelo usados por meninos. Era só o jeito dela, sempre foi. Mas, por algum motivo, aquilo foi um problema para os repórteres do tapete vermelho, que escreveram artigos espantados sobre como era emocionante e progressista que duas pessoas famosas deixassem a filha usar um terno para um evento, e que ícone referência em questões de gênero Theo era. Transformaram em todo um lance. *Diversidade! Criança sai por aí usando roupas.*

Tabloides não chegavam na casa de Theo, mas, quando se vem de uma família famosa, uma hora ou outra acaba pesquisando o próprio nome no computador da família do seu melhor amigo. Tínhamos treze anos. Ela parou de posar para fotos depois disso e ficou anos sem cortar o cabelo.

Sempre achei que Theo ficava bem com qualquer roupa que escolhesse. Eu gostava tanto quando ela usava uns vestidos que pareciam mais uma camisola e brilho labial… mas também curtia as camisetas e cuecas boxer dela. Não me importava qual dos dois estilos Theo preferisse. Mas às vezes, quando ela chegava perto do espelho para passar batom ou afastava a blusa do peito, eu via seus olhos irem para outro lugar, como se não estivesse exatamente dentro do próprio corpo.

Na foto que tirei dela com a torre, vejo uma pessoa que preenche cada pedacinho de seu corpo. Vejo isso pela postura relaxada de seus ombros sob a camisa, pelo jeito como suas pernas estão levemente abertas, pela projeção de seu queixo, por seu cabelo curto caindo sobre a testa em ondas masculinas e rebeldes.

— Adoro seu cabelo nessa altura — digo, enquanto seguimos na direção da catedral. — Combina muito com você.

— Também acho — ela responde, preparando o ingresso para o guarda. Sua expressão é suave, pensativa. — É como se eu finalmente tivesse a aparência que sempre quis ter, sabe?

Entramos na catedral, entre colunas coríntias imensas encimadas por folhas de acanto e arcos romanescos com faixas de mármore preto e branco alternadas. Sobre a nave central fica um teto dourado, cada caixotão decorado com flores e rostos de anjos. Nos separamos no cruzamento entre a nave e o transepto, onde o domo ilustra a Virgem Maria em direção ao céu num turbilhão de nuvens douradas.

Quando me mudei para Paris, meu pai me falou para resguardar meu fascínio. Disse que o perigo de viver num lugar dos sonhos é que ele pode se tornar banal. As palavras exatas que usou foram: *Metade da novidade está no esplendor*, o tipo de coisa que antes me fazia pensar que ele era um gênio e agora me faz imaginar Theo simulando uma punheta. Mesmo assim, em algum momento durante as longas horas de trabalho fazendo a mesma *gelée* por três meses seguidos, perdi o apetite por admirar a vista no caminho para casa. Parei de notar toda a beleza que antes me maravilhava quando lia livros sobre ela.

Eu era cheio de fascínio quando estudava arte. Essa qualidade me fez escolher artistas renascentistas como foco de estudo, o que me permitiu escrever páginas obsessivas sobre a atenção que dispensavam à emoção e aos corpos humanos, uma parte de mim ficando tão encantada pelo barroco que Theo começou a me obrigar a colocar um dólar num pote toda vez que eu mencionava Bernini — e isso me abandonou não muito depois de Theo, mas bem mais discretamente. Só fui perceber que estou sentindo isso de novo em Bordeaux, quando saí do ônibus no château e senti o fascínio retornar como um velho amigo. A cada parada desde então, fui desabrochando, me abrindo para esse sentimento de novo.

Aqui, na abside da catedral, lembro de como era ter dezoito anos e me apaixonar pelo que lia no catálogo do curso de história da arte. Olho para as pinturas a óleo imensas e recito pigmentos da paleta renascentista — azurita e cinabre, verdete e guta. Lembro de quando aprendi o nome de todos eles, como me imaginava sendo um queijeiro em pleno século XVI e vendo a tinta emanar luz pela primeira vez. Não sei se é a Itália ou Theo que está trazendo tudo isso de volta, mas sou grato às duas.

Encontro Theo perto de um esquife dourado, lendo algo no celular.

— Estou pesquisando sobre este cara aqui — Theo comenta, apontando o queixo para o caixão. — É São Ranieri, santo padroeiro de Pisa. Acho que a gente podia ser amigo. Diz aqui: "Era um músico itinerante que tocava a noite toda e dormia o dia inteiro".

Sorrio, adorando como a mente dela funciona, e chego mais perto para ler a tela.

— "A vida dele girava em torno de comida, bebida e festas." Acho que já dormi com esse italiano em algum momento.

Ela rola a tela mais para baixo.

— Ah, mas depois ele entrou para um mosteiro e abriu mão de todas as suas posses. Mas, olha, um dos milagres dele foi multiplicar pão. Você adoraria fazer isso.

— Dependendo do pão. Vamos para o cemitério depois.

Seguimos andando até o longo campo-santo que se estende por todo o lado norte da praça. Sigo Theo pelos arcos e milhares de metros de afrescos, ainda pensando em meu queijeiro imaginário e naquelas tintas impossíveis e luminosas misturadas a óleo que ele nunca teria visto antes. É provável que olhassem para ele como Theo olha para mim agora.

Ao lado do cemitério fica o batistério redondo, seu teto abobadado parte de ladrilhos de terracota, parte de camadas de chumbo marrons e cinza. Li certa vez que o exterior foi finalizado quase dois séculos depois de ter sido começado, e isso dá para ver pela maneira como a estrutura evolui quase literalmente em termos de complexidade, começando por simples colunas bizantinas e terminando com arcos góticos pontiagudos ornamentados até o topo. O interior dele é quase todo de mármore cinza-branco liso, exceto pela fonte no centro do piso e pelo púlpito esculpido sobre ela. O resto é aberto, cercado por duas fileiras de arcos imensos que sustentam um teto alto e curvado.

— Kit, olha isso — Theo diz, apontando para uma placa que explica a matemática envolvida no teto do batistério. — O que você acha que quiseram dizer ali com "acusticamente perfeito"?

Antes que eu possa tentar adivinhar, uma guarda de crachá sai da sua estação e declara:

— *Silenzio.*

Os olhos de Theo se arregalam enquanto o murmúrio dos visitantes dá lugar ao silêncio. Detrás de uma das arcadas altas, vemos a guarda caminhar até a fonte, diretamente embaixo do ponto mais alto do teto. E então ela começa a cantar.

A princípio, segura uma nota longa e clara, um *ah* aberto que se estende até o teto cavernoso e se expande para o preencher. Então canta uma segunda nota, mais grave dessa vez, mas a primeira ainda paira no ar, ressoando entre as paredes de mármore como se ainda a estivesse segurando. Ela canta uma terceira nota, mais aguda. Os ecos se sobrepõem uns aos outros, tão altos e intensos que é como se um coro de fantasmas na lógia estivesse criando uma harmonia vocal com ela. Mas é o próprio som da voz dela que continua ecoando e ecoando, sem parar, criando uma harmonia consigo mesmo.

Uma expressão de admiração fascinada surge no rosto de Theo e, nela, vejo camada após camada, a versão antiga seguida pela versão intermediária e seguida pela versão atual, a Theo que conheci quando criança e a Theo que pude chamar de minha e a Theo que se apropriou do próprio corpo. Estão todas aqui, pairando no ar, criando uma harmonia entre si. Talvez sempre tenham estado. Talvez ultimamente ela seja tão familiar e tão nova para mim, em doses iguais, porque eu tinha ouvido a nota inicial, mas não o acorde completo. Conheci Theo antes de seus arcos terem pontas, antes de a tinta de seu acabamento ter sido inventada.

Que portento, que milagre: de alguma forma, ecos de Theo.

— — —

Temos ingressos para visitar o topo da torre, mas o calor nos deixou sonolentos demais para subir a escada. Compramos gelato de uma das sorveterias ao redor da praça e admiramos a torre da escada da catedral mais embaixo.

Theo ergue a cabeça para ver tudo, até o topo do campanário, todos os arcos romanescos repetidos formando um padrão de meias-

-luas parecido com fileiras de salgados deste ângulo. Ela coloca uma colherada de gelato de cereja-amarena na boca e solta um *hm*.

— Eu me sinto melhor do que imaginava em relação a ontem à noite — ela diz, com naturalidade.

Repouso a colher no meu copo de fior di latte. Não achava que conversaríamos sobre isso. Curvo a boca, esperando demonstrar apenas um interesse leve, e não um alívio óbvio e profundo.

— O que você estava esperando?

— Não sei. Achei que eu ficaria com mais raiva? — Ela solta uma risada. — De mim, por ter feito aquilo, ou de você, por me ter feito querer. Mas me sinto... bem. Com certo alívio, até. Acho que estou feliz por a gente ter feito.

— Que bom. Que bom, mesmo, porque eu... — Eu deveria me conter. Não deveria pedir mais. Mas acho que talvez eu morra se aquela tiver sido a última vez que ela tocou em mim. — Eu adoraria continuar fazendo.

Uma pausa. Theo espeta a colher na massa de gelato.

— Beleza.

— Beleza?

— Beleza, ué, foda-se, por que não? — O olhar dela deriva ao longe, onde colinas douradas encontram um grande céu azul, um tom perigoso e embriagado na voz que faz meu coração bater forte. — Tipo... nada nesta vida importa muito, só o que a gente tem vontade e o que é gostoso. Sabe? Experimentar de tudo, transar do jeito que a gente tem vontade, nada importa muito além disso. Entende o que quero dizer?

— Claro — digo. — Eu sou francês. Foi a gente que inventou essa ideia aí.

— Exatamente — Theo concorda. Então vira para mim. — Mas preciso te contar uma coisa, se for para a gente continuar se pegando.

Me preparo para ouvir que tudo isso não passou de uma pegadinha, que ela vai querer impor uma condição.

— Sou todo ouvidos.

— Então — Theo começa —, não sei você, mas depois que a gente terminou eu meio que não tinha mais certeza de quem eu era.

Penso em meu primeiro ano depois de Theo, chafurdando em poesia e folhados, despejando todo o meu amor em qualquer pessoa que encontrasse e acordando, depois, ainda cheio de amor, me perguntando se o problema sempre tinha sido eu.

— Sei como é.

Theo assente.

— Então, voltei lá pro início da minha vida. Tipo, pra estaca zero. E comecei a repassar tudo e entender onde as coisas se encaixavam. E um dos principais pontos que descobri é que... — Uma pausa, uma ruga de reflexão entre as sobrancelhas. — Acho que gênero sempre foi mais complicado para mim do que eu queria admitir.

Ah. *Ah.*

— Não me vejo necessariamente como uma coisa específica, estática — Theo continua —, mas, se eu tiver que escolher, a não binariedade talvez seja o que melhor me define, mais ou menos. Só sei que sou muitas coisas, mas nenhuma delas é mulher. Faz sentido?

Pra ser sincero, fazer sentido não deveria importar. Eu aceitaria qualquer coisa de Theo, mesmo se não estivesse de acordo com as leis deste mundo ou de qualquer outro. Mas, e o que é mais importante, faz sentido *sim*. Percebo que não se trata de uma revelação, está mais para uma explicação de algo que eu nunca tinha conseguido colocar em palavras sobre Theo, parecido com o dia em que aprendi o que era uma superfloração.

— Talvez nada do que você tenha me dito até hoje tenha feito tanto sentido quanto isso — digo. Theo ri como se eu estivesse brincando, mas mantenho o contato visual. — Estou falando sério. É claro que você é assim. É o que você tem sido desde sempre.

— Você acha?

— Theo, você é... você tem alguma noção do quanto é gigante?

— Sim, eu tenho quase um e oitenta.

— Não estraga o momento, eu estou sendo sincero — provoco, batendo o punho no ombro de Theo. — Você é uma pessoa... expansiva. Preenche todo o espaço. É você que aumenta o mundo para que consiga caber dentro dele. Então, não, eu não estou surpreso por você não se encaixar numa ideia única de gênero.

— Isso é... uma puta gentileza sua — Theo responde, a voz suave, mas firme, os joelhos erguidos à altura do queixo. — Mas... pois é, eu não conto para todo mundo com quem fico, mas, se for para isso virar uma coisa regular, acho que é importante que você saiba. Além do mais, eu venho querendo te contar.

Uma coisa regular.

— Fico feliz que tenha me contado — digo, com sinceridade. Então expresso a preocupação que vem martelando no fundo da minha mente há um minuto. — Posso perguntar… se estou usando os pronomes errados?

— Argh. — Theo suspira, a testa nos joelhos. — Não exatamente? Acho que ainda estou meio que indo aos pouquinhos. Já faz uns três anos que sou *elu* para todos os meus amigos, mas ainda não aposentei o *ela* por completo, porque às vezes não dá para evitar. Não quero ter que explicar isso para os meus pais e prefiro morrer a ver alguma manchete idiota sobre *A irmã de Sloane Flowerday, Rainha Não Binária!* Não quero ter que ficar corrigindo qualquer estranho que me chame de moça ou *mademoiselle* ou *señorita.* E, no trabalho, seria só… tipo, impraticável. Então, se eu mantiver o *ela* como uma opção por enquanto, essas coisas não vão me atingir tanto. Consigo enxergar de uma forma, na minha cabeça, que não me machuca. Como oferecer um Nebbiolo muito maravilhoso, complexo e aderente para uma mesa mas aceitar que o cliente prefere pedir o tinto da casa porque é familiar e ele não precisa pensar. *Tecnicamente* não está errado, mas…

— Você queria que eles tivessem tentado.

— Só acho que teria sido uma experiência mais rica — Theo diz, sorrindo um pouco. — Mas, enfim, as pessoas que me conhecem melhor dizem: “Essu é Theo, elu é minhe amigue”. E gostaria que você fosse incluído nessa.

Minhas mãos vagam, como que por reflexo, em direção ao meu peito, sobre o coração.

— Essu é Theo, elu é minhe amigue — experimento. — É, fica muito melhor assim. Encorpado.

Elu começa a fazer careta, mas não consegue esconder o riso.

— Está avaliando a textura que os pronomes têm no paladar?

— É, ué, claro — digo, rindo também. — É uma safra muito boa. Tem um retrogosto forte. Notas de fantasia de Indiana Jones no Halloween da quinta série.

— Pelo menos as pessoas sabiam quem eu era. Todo mundo achou que você era o Abraham Lincoln de vestido.

— Como eu poderia saber que ninguém reconheceria Gustav Klimt? Eu tinha onze anos!

— Onde sua mãe achou uma bata druida infantil?

— Ela mesma costurou — digo, ainda rindo. — Nossa, às vezes eu fico achando que ela me apoiava até *demais*.

— Ela teria adorado nossos Sonny & Cher.

— Sim — concordo, com a voz mais suave. — Aquela foi uma noite boa.

Um grupo de excursão sai da torre e passa por nós em um silvo de saias leves e bermudas. Ficamos observando num silêncio confortável, ouvindo o guia deles recitar a história do campanário em mandarim até serem absorvidos pelo resto dos turistas que atravessam a praça.

— Meio que adoro que nós dois estávamos de drag na primeira vez que a gente dormiu junto — Theo diz, voltando a nossa conversa. — Sexo é melhor quando a pessoa com que você está entende você de verdade e entende como olhar para você.

Penso nisso por um instante.

— Se vale de alguma coisa... — Procuro o jeito certo de expressar o que estou pensando. — Sabe como a gente se sente atraído por homens de uma forma diferente de como se sente atraído por mulheres? Tem um sabor diferente ou vem de um lugar diferente.

Theo faz que sim; já conversamos muitas vezes sobre isso.

— Sei.

— Sentir... atração por você — digo, para não falar outra coisa — sempre veio de um lugar completamente diferente. Ou talvez de todos os lugares ao mesmo tempo. Mas nunca foi exclusivamente uma coisa ou outra.

— Gostei disso — elu responde.

O sol destaca o dourado nos olhos de Theo. Sinto que o momento fica mais tranquilo.

— Então... — digo. — Uma coisa regular?

Theo sorri. Estende a mão e, por um momento, entrelaça nossos dedos sujos de graxa, depois se levanta de um salto. Está quase na hora de encontrar Fabrizio.

— Isso — Theo diz. — Mas fui eu que fiz todo o trabalho da última vez.

— Ah, o *trabalho*?

— Agora é sua vez de tomar uma atitude. — Elu dá dois passos para trás, ainda sorrindo, balançando sobre os calcanhares. — Vou ficar esperando.

FLORENÇA COMBINA COM:

Campari spritz, *cornetti alla marmellata di albicocche*

Florença

Não deve haver nenhum tributo à Renascença tão verdadeiro, válido e digno quanto morrer de tesão nas ruas de Florença.

Filippo Lippi era um monge carmelita quando se apaixonou pela freira que posava para suas pinturas de Madonna. Botticelli desejava tão ardentemente sua musa, Simonetta, que a pintou como Vênus dez anos depois da morte dela. Donatello muito provavelmente abriu o próprio *doppietto* para Brunelleschi. Da Vinci queria fazer um sexo violento com Michelangelo, que, por sua vez, era tão obcecado pelo jovem Tommaso Cavalieri que se esculpiu em submissão entre as pernas nuas do lorde e chamou a peça de *Vitória*. Raphael praticamente morreu de exaustão de tanto pintar e foder.

E eu... eu estou sobre as pedras pretas na frente de uma *caffetteria*, observando Theo comer um folhado.

Theo está usando aquela calça cargo marrom-clara, que deixa elu parecendo que passou o dia todo operando uma máquina de impressão a vapor. A camisa marca os pontos mais largos dos ombros e se estreita na cintura. Quando elu morde o canto de um *cornetto*, franze a testa, e sua expressão vai da investigação ao prazer.

Estamos viajando com um terceiro elemento agora: a compreensão mútua de que vamos fazer sexo de novo. Que posso escolher quando e como. Sinto cada momento melado feito xarope de tanta intenção e expectativa, atingindo em cheio meu palato, o gosto de hora H.

Mas tenho um plano. Fiquei acordado até tarde na cama do hostel florentino traçando o momento certo, escolhendo o lugar ideal, e só vamos chegar lá daqui a duas horas, então é preciso esperar. Theo merece isso.

Me obrigo a olhar fixamente para os copos de café de papel que

Theo colocou em minhas mãos. Ambos são escuros, mas um é preto e o outro tem um tom mais claro. Theo termina de enfiar euros em sua pochete e pega o café mais escuro de mim, flocos de *cornetto* caindo pelo ar quente da manhã.

Enquanto atravessamos um beco estreito na direção do Duomo, pergunto:

— Você toma café preto agora?

— Desde que comecei a tomar café com meu sommelier todo dia — Theo diz. — É assim que ele toma. Tenho uma teoria de que é a fonte de todo o poder dele.

— O sommelier… ainda é o mesmo? Aquele com o rabo de cavalo e a tatuagem de um rato fumando charuto, e…

— Que tá sempre de macacão de couro, é.

— O chef confeiteiro também não mudou? — pergunto.

Eu gostava do antigo.

— Mudou, contrataram um novo, mas que não é tão bom. Você ainda pede a mesma coisa, né? Pequeno creme, grande açúcar?

Sorrio. É uma piada antiga, algo que murmurei certa vez quando estava cansado demais para pensar em inglês, o tipo de coisa que pega.

— Pequeno creme, grande açúcar — confirmo. A boca de Theo forma um sorrisinho satisfeito. Elu dá outra mordida no *cornetto*, revelando uma geleia laranja no centro amanteigado. — O recheio é de quê?

— *Albicocca* — diz elu num sotaque italiano de Super Mario com a boca cheia. Engole e traduz: — Damasco.

— Toma café preto *e* fala italiano? Uau, a bourdainificação de Theo Flowerday — digo, fingindo que isso não me excita.

Eu treparia com Anthony Bourdain em todas as fases da vida dele e nós dois sabemos disso.

— Sim, igual ao Tony, eu aprendi a falar todas as comidas e os xingamentos trabalhando com alta gastronomia. *Vaffanculo*! — Um adolescente italiano que está passando se vira de repente. — Não você! *Scusa*!

Entramos em outra rua estreita, prédios com as mesmas paredes marrom-douradas e janelas verdes que a anterior e as anteriores a ela. Turistas, táxis e homens em cima de scooters lotam a rua e as calçadas altas de paralelepípedo, mas o que domina a vista é a estrutura imensa que se assoma mais à frente na abertura de uma rua, o lado da catedral tão larga e alta que ofusca o mundo à sua volta. Uma fresta do domo tijolado se entrevê como uma lua crescente vermelha.

Theo ergue o folhado que está comendo, comparando o formato de lua crescente dele ao do domo.

— Qual é a diferença entre isso aqui e um croissant?

— Na massa do *cornetto* vão ovos — digo. — Já a massa do croissant é pura manteiga. É por isso que os croissants têm mais camadas, e a textura do *cornetto* lembra mais…

— A de um brioche.

— Isso — digo, sorrindo. Maxine disse mesmo que elu é *un.e bon.ne étudiant.e.* — Posso experimentar? Ouvi dizer que damascos são mais doces na Itália.

Theo me passa o *cornetto*, e experimento, deixando que a compota se espalhe por todas as partes da minha língua.

— São *mesmo* mais doces — digo. Theo olha para mim com divertimento. — Quê?

Elu pega os óculos de sol no bolso da camisa e os coloca.

— Lembra que eu te contei que sonhei com você fazendo uma coisa?

O sonho em que chupei Theo em uma mesa de restaurante em Barcelona? Mais fácil eu esquecer como se faz uma baguete.

— Lembro.

— Então, no meu sonho, você também comia um damasco.

Theo sorri e sai correndo na direção da praça.

Quando me recomponho o suficiente para ir atrás, elu está parade na frente da catedral com a cabeça erguida. O sorriso virou uma risada silenciosa e incrédula, normalmente reservada apenas a sequências de ação particularmente boas da franquia Velozes & Furiosos.

— Essa deve ser a coisa mais legal que já vi na vida — elu diz.

Quando se passa quatro anos estudando arte e arquitetura renascentista com um foco especial no sul da Europa, não dá pra evitar nutrir um amor romântico pelo Duomo di Firenze — Cattedrale di Santa Maria del Fiore, a Catedral de Florença, o Duomo. Eu sonhava em estar aqui. Sabia, racionalmente, que ela seria quase três vezes mais alta que a Notre-Dame e uma vez e meia mais larga. Li sobre todos os detalhes elaborados, da arquitetura que Brunelleschi inventou para tornar o domo fisicamente possível até as centenas de milhares de painéis de mármore verdes, rosa e brancos intricados, colocados à mão para adornar o exterior. Mas mesmo assim, fico chocado.

Me faz pensar num bolo. Pasta americana para os detalhes do rendilhado das janelas, renda de açúcar para a folhagem sobre os portais, camadas precisas de *biscuit joconde* de baunilha, framboesa e pistache para as camadas policrômicas do mármore. Da mesma forma que na Torre de Pisa, só consigo entender o Duomo em termos de sobremesa.

— Não consigo nem acreditar que foram pessoas que fizeram isso — expiro. — Não acredito que estou tendo o privilégio de ver isso.

Theo se vira para mim.

— Você não... pensei que já tivesse vindo para a Itália.

— Só Veneza.

— Ah. Então, o resto dos lugares na excursão vão ser novos para nós dois?

Esqueci que elu não sabe.

— Todos foram novos para mim, tirando Paris, e fui para Nice quando tinha cinco anos uma vez — digo. — A gente combinou de visitar esses lugares juntos. Parecia errado ir sem você.

Theo morde o lábio, os olhos escondidos atrás dos óculos escuros. Penso na dureza súbita de seu tom de voz em Paris, quando elu disse que poderia ter viajado sem mim. Eu acreditei nelu na época, mas agora... *je ne sais pas*.

Por fim, Theo diz:

— Quer ver uma coisa interessante?

— Difícil imaginar alguma coisa mais interessante do que o que estou vendo agora.

— E se forem quatro pessoas dividindo um cone de gelato?

— Quê?

Sigo seu olhar até uma barraca de gelato onde os Calums, Dakota e Montana estão passando entre si um único cone de stracciatella meio derretido.

— Aah. — Franzo a testa em aprovação quando Calum Ruivo passa a língua pelo cone depois o estende para Montana experimentar. — É o espírito italiano.

— Eu só faria algo assim se estivesse transando com a pessoa — Theo diz. — As duas meninas de quem eles estavam falando, aquelas que fizeram um ménage com Calum Loiro... acha que ele estava se referindo a Dakota e Montana?

Dakota lambe uma gota escorrida de chocolate da mão de Calum Loiro e preciso me segurar para não aplaudir. Quengas no topo.

— Se for, bom para eles. Parece que fizeram as pazes.

— Vai ver contabilizaram os pontos de cada um — Theo sugere. — Talvez a gente não tenha sido os únicos a aprontar em Cinque Terre.

Achamos Fabrizio em nosso ponto de encontro na praça, disputando com outro guia num italiano veemente o melhor lugar na frente da catedral. Ele termina com fogo nos olhos e um gesto discreto de *vai se foder* com a mão embaixo do queixo, mas consegue o lugar que queria, o que o deixa instantaneamente de bom humor.

— *Buongiorno, amici!* — grita, batendo palmas. — Vamos começar nossa caminhada por Firenze? *Sì?* Acho que hoje, como temos muitos apaixonados em nosso grupo — juro que os olhos dele pousam nos meus de forma zombeteira —, vou levar vocês por um tour especial pela *paixão* da história florentina. Os casos secretos, as traições, os grandes amores, os escândalos. O que acham? Sim? *Andiamo!*

Começamos pela catedral, a voz de Fabrizio suave enquanto explica todos os painéis e detalhes projetados, as faixas contrastantes de mármore vermelho de Siena, verde de Prato, branco de Carrara. Aponta para cima, onde um canteiro rancoroso pendurou secretamente uma cabeça de touro com os chifres apontados para a alfaiataria do marido de sua amante. Depois, nos guia até o Palazzo Pazzi, um palácio rústico que foi lar da poderosa família Pazzi, que conspirou para matar os ainda mais poderosos príncipes Médici a punhaladas no altar do Duomo no meio da missa do domingo de Páscoa. Em seu exterior fica uma pequena porta que bate mais ou menos na altura do peito, uma janela do vinho que restou dos tempos da praga, uma curiosidade que Theo acha tão divertida que fica para trás para tirar uma foto boa para o sommelier.

A próxima parada é... uau.

Os velhos becos são tão fechados e sinuosos que a Piazza della Signoria parece se abrir do mais absoluto nada. Ela se estende num lago de pedra preta, grupos de turistas rodeando-a feito cardumes de peixes. Diretamente acima, água sai de uma fonte de mármore branco majestosa, decorada por estátuas de bronze de faunos e sátiros, uma escultura imensa e poderosa de um homem nu saído de uma carruagem em forma de concha em seu centro.

— A *Fonte de Netuno*! — Fabrizio anuncia com um floreio.

Já contemplei as nádegas de um monte de esculturas nuas, mas juro que essa é uma representação extraordinariamente sexy de Netuno. Talvez seja o tesão ambiente, mas a bunda redonda e musculosa desse Netuno é...

— Voluptuosa — Theo ofega, sem ar, depois de correr para nos alcançar. — Que bunda mais voluptuosa.

Eu me viro e vejo Theo corade de exaustão, a camisa ficando marcada de suor. *Buongiorno*, tesão ambiente.

— *Sì*, muito sexy! — Fabrizio diz. — Tão sexy que o escultor depois denuncia este Netuno e suas outras esculturas nuas por induzir as pessoas ao pecado.

— Isso é verdade? — pergunto.

— Mais ou menos — Fabrizio diz com uma piscadela.

Diante de uma estátua de bronze de um homem no dorso de um cavalo, Fabrizio nos diz que o grão-duque Cosimo I de' Médici ficou tão enfurecido quando seu mordomo vazou os planos que tinha de se casar com a própria amante que o apunhalou no peito com uma lança decorativa no meio do Palazzo Pitti. Estudamos as esculturas na Loggia dei Lanzi: as icônicas *Sabinas* de Giambologna, a carne da imagem parecendo terrivelmente macia e realista; um Perseu de bronze com a cabeça cortada de Medusa tão difícil de fundir que o ourives atirou desesperadamente as cadeiras e panelas da própria cozinha na fornalha como combustível. Aprendemos sobre o filho safadinho de Cosimo, Francesco, no pátio do Palazzo Vecchio, pintado em afresco com as paisagens austríacas onde se casou com Joanna, arquiduquesa da Áustria (uma pintura para fazer companhia a ela enquanto o marido comia a amante que havia instalado num palácio vizinho).

Depois da Galeria Uffizi, atravessamos o Arno pela Ponte Vecchio, onde homens da Renascença se comiam furtivamente em quartos nos fundos de açougues. Visitamos o palácio de Bianca Cappello, a amante que Francesco amava tanto que teria mandado matar a própria noiva austríaca, para então seu irmão (segundo dizem) envenenar os dois. Depois, no interior do Palazzo Pitti, onde a maior parte do acervo de arte da família Médici ainda está exposta, vemos quadros de Lippi e Raphael, e Fabrizio nos conta de que forma o desejo insaciável arruinou esses dois.

É tudo tão intenso, tão caloroso, tão saboroso que, quando o tour termina, nos Jardins de Boboli, eu me sinto empanturrado de Florença. Estou suando, mal conseguindo me conter. Theo está rosa e brilhando de calor. Estamos quase no lugar que planejei para nós. *Este*, finalmente, é o momento.

— Bom — Theo diz. Fabrizio nos diz que a programação da tarde já acabou, nos deixando ao lado de um lago arborizado com uma estátua nua do deus do mar no centro. — Voltamos pro começo. Pro Netuno gostosão.

Não consigo esperar mais.

— Posso te mostrar uma coisa?

— — —

Levo Theo por túneis sinuosos de azinheira até um lugar escondido à sombra do palácio, no canto norte do jardim. É silencioso e vazio, tão fora de mão que nenhum dos outros turistas se esforça para encontrar.

— Puta merda — Theo diz quando chegamos, tirando os óculos de sol. — O que é isso?

— A Buontalenti Grotto.

É uma obra arquitetônica estranha e fantástica, a fachada constituída em parte por pilares de mármore e em parte por estalactites floridas de concreto. Se fosse possível que uma vila fosse completamente engolida por alga marinha encantada, ou que a Terra ganhasse vida e retomasse seu sedimento, imagino que este seria o resultado.

— Li sobre isso uma vez — digo. — Francesco Médici encomendou essa.

— Não creio, o namorado safadinho de Bianca Cappello? — Theo pergunta. — O nepo baby original?

— O safadinho em pessoa — digo, rindo. — Vem.

Puxo Theo pelo portão destrancado para dentro da primeira câmara, onde as paredes são esculpidas como uma caverna natural, coral esponjoso, estalagmites e ramos floridos borbulhando em direção ao teto abobadado. Afrescos de natureza afluem da claraboia aberta em um segundo cômodo mais fundo com uma estátua de Páris e Helena nos braços um do outro.

— Será que Francesco chegou a trazer Bianca aqui às escondidas para dar uns pegas? — Theo pergunta.

— Ah, quase certeza.

A terceira sala, mais ao fundo da gruta, é redonda, com pintura de pássaros voando entre vinhas, rosas e íris. A peça central dela é uma fonte de mármore de Vênus se banhando esculpida por Giambologna. Como todas as mulheres que ele representava, essa Vênus foi esculpida em puro êxtase, as curvas de seu corpo fluidas e sensuais. Se Francesco e Bianca treparam em algum desses cômodos, foi aqui.

Theo circula a sala, examinando as folhas nas paredes.

— Sabe — elu diz — tenho a impressão de que os florentinos transavam pra caralho.

Sigo na direção oposta, passando por Theo perto de um dos nichos de mosaico.

— É disso que mais gosto na arte renascentista — digo. — É tudo sobre sexo.

— Mesmo quando é sobre Jesus?

— *Especialmente* quando é sobre Jesus. Quer desculpa melhor para pendurar quadros de homens pelados por todo o seu palazzo? Acho que a Renascença surgiu em Florença *por causa* do sexo. Todos aqui transavam ou estavam querendo transar ou, então, estavam tentando não transar para poder virar frei, e esse sentimento impregnou em tudo. É o ambiente perfeito para um despertar artístico. O sexo está em todas as coisas bonitas que já existiram, e todas as coisas bonitas podem se tornar sexo.

Theo ri.

— Você já se perguntou se talvez não leve sexo a sério demais?

— Sinceramente, não, nunca me perguntei se estou errado em aceitar o milagre da humanidade tenra em meu coração — digo, e minha piada tem um fundinho de verdade.

— Olha o pau no cu do Kierkegaard aqui — Theo responde.

Damos a volta um pelo outro, chegando mais perto da fonte a cada nova volta.

— O que é sexo para você, então? — pergunto.

— É... físico — Theo diz, os olhos traçando os seios de Vênus. — É sobre estar presente no próprio corpo, além de força, resistência, instinto e, bom, é meio que sobre vencer.

— Você não está falando de esportes? — comento, achando graça.

— Tá, beleza, é mais do que isso. É tipo...comer uma refeição gostosa. Prazer a curto prazo. É divertido e excitante, uma das melhores formas de perder uma horinha, talvez você experimente algo novo e descubra se gosta, e aí um dia vai olhar para trás e lembrar de como foi gostoso. Mas não precisa ser mais profundo do que isso.

Passamos de novo um pelo outro, cara a cara por um momento.

— É isso mesmo que você pensa?

Suor brilha na concavidade de seu pescoço, e desejo tanto Theo que colheria esse suor e deixaria que elu me visse chupá-lo dos dedos. Lamberia que nem cachorro.

— Bom... — Theo diz, se movendo e engolindo em seco. — Talvez seja mais como preparar uma refeição gostosa. Curiosidade, criatividade.

— Paciência.

— Às vezes.

— Toda vez.

Estamos quase na Vênus, o espaço entre nós acabando.

— Às vezes é só manteiga e uma frigideira quente — Theo diz, a voz sussurrada. — Ou um... um pêssego e uma faca bem afiada.

Elu me encara na frente do pedestal da fonte, dando as costas para a deusa do amor.

— Não sei não — digo. — A faca de que me serve se a madureza do pêssego eu não observe?

— Isso aí que você falou é um poema?

— Sim. Sobre impaciência.

— Eu te disse...

— Você me disse que me mostraria — digo. Sem tirar os olhos de Theo, seguro os punhos delu ao lado do corpo. — Então me mostra.

Meu aperto é tão leve que Theo poderia se soltar se quisesse. Espero elu demonstrar que quer — que se entregue, que entreabra os lábios. Então, me afasto um pouco.

Elu observa, a testa franzida em confusão, enquanto ergo um de seus punhos à boca e, deliberadamente, sem pressa, deposito um beijo suave do lado de dentro. Por um momento, elu fica imóvel, os olhos se arregalando. Então começa a rir e parte para cima, tentando tocar minha bochecha com a ponta dos dedos, estendendo a outra mão. Mas não deixo que me toque.

Não quero me apressar. Quero tomar cuidado, tocar nelu como elu merece ser tocade.

Levo as mãos de Theo para as costas delu, até a beira da fonte. Assim, segurando as palmas delu contra o mármore, envolvo seu corpo. Mais um centímetro e nossos peitos ficariam rentes, nossos quadris alinhados, então me esforço para nada disso acontecer quando beijo seu pescoço. Elu inspira de forma súbita e solta mais uma risada.

Continua rindo enquanto traço beijos por seu pescoço e seu queixo, sua bochecha e sua têmpora. Sinto a pele delu quente e salgada sob meus lábios, matizada por aquele aroma essencial característico de Theo de laranja-azeda e especiaria. Não demora para elu parar de rir.

— Vai *logo*. — O corpo delu se tensiona para a frente, mas me retraio, mesmo quando elu tenta pisar em meu pé.

— Paciência — lembro a elu.

Theo resmunga, mas não tenta pisar no meu pé de novo.

Passo para o outro lado de seu pescoço e o trato da mesma forma, e os resmungos e bufos de frustração começam a se dissolver em suspiros. Beijo, provoco e passo a língua até o corpo delu ficar mole, até eu me dar conta de que elu parou de fazer qualquer barulho.

Quando recuo para olhar para elu, há uma tensão em sua testa e nos cantos de sua boca. Conheço bem essa expressão, porque eu mesmo a faço quando não quero demonstrar o que sinto. É a cara de quem está sendo dominado por um sentimento, com medo de que ele estoure antes do que deveria.

Meus olhos falam por mim. *O que está escondendo de mim?*

Os delu respondem: *Por favor, não pergunta.*

Parte de mim quer continuar insistindo até Theo ceder. Mas uma parte muito maior quer ser gentil. Eu gostaria que elu tivesse pena de mim.

— Mesmas regras? — pergunto, em voz alta desta vez.

Theo assente.

— Sim. Mesmas regras.

— Me fala se começar a ficar exagerado.

Puxo o punho delu para virar seu corpo e colocar suas mãos na fonte de novo, de costas para mim, o rosto voltado para a Vênus para que eu não o veja. Por fim, encosto meu corpo ao seu, peito com costas, quadril com bunda, pernas entrançadas. Enfio o nariz embaixo da gola de sua camisa e mordo seu pescoço até elu gemer, jogar os quadris para trás e abrir ainda mais as pernas. Minhas mãos traçam seus antebraços, os músculos se flexionando enquanto elu aperta o mármore com as mãos, então passo para seu pescoço, para a pele macia e firme ali.

Com a mão em seu cinto, pergunto de novo:

— Mesmas regras?

— Mesmas regras, porra — Theo retruca, se esforçando heroicamente para manter o quadril parado.

Chegando, por fim, ao limite da minha própria paciência, tiro o cinto delu e aperto a frente de sua calça até a palma da minha mão encontrar a ondulação quente e macia entre suas pernas.

O primeiro contato atinge a nós dois com força. Theo solta um grunhido baixo e sufocado de desespero. Já estive na boca de outras pessoas esta semana, passei a língua entre as nádegas de um estranho, mas, mesmo assim, enfiar a mão dentro da calça de Theo — mesmo muito de leve, mal encostando — parece ser mais intenso do que tudo isso, mais íntimo.

Elu está usando o mesmo tipo de cueca boxer que tinha usado em Barcelona, fino o bastante para sentir o que fica dentro, largo o bastante para permitir movimento. Exploro mais, traçando o dedo médio por sobre a costura no centro, sugerindo uma abertura. Theo responde com um choramingo desesperado, os cadarços de suas botas riscando o chão de pedra enquanto elu estica o corpo todo.

Minha outra mão vaga até o pescoço delu, mas sem apertar, apenas segurando com os dedos relaxados e abertos, sentindo o movimento de sua respiração. Levo seu queixo para o lado, roço os dentes suavemente contra a articulação de sua mandíbula e, então, mais embaixo, em sua pulsação. A palpitação delu está mais rápida agora, e eu poderia me dissolver em gratidão por estar tão perto por tempo o suficiente para conseguir medir e comparar.

— Já fui paciente o bastante? — elu implora.

Assinto em seu cabelo, sorrindo com o tom irascível de sua voz, e, finalmente, dou o que elu pede.

Meus dedos encontram o destino que vinham buscando, inchado e óbvio mesmo através da barreira de tecido úmido, confirmado pelo grito curto e chocado de Theo. É fácil ajustar o punho e encontrar o ângulo certo, como me localizar em meu apartamento com as luzes apagadas, sem precisar ver para saber onde estão as coisas em minha própria casa.

Masturbo Theo como me lembro que elu gosta, forte, firme e incessante, e elu se entrega a cada movimento, fazendo barulho demais enquanto vai chegando ao clímax. Minha mão passa do pescoço para a boca; e elu me morde.

Quando Theo goza, é com um movimento abrupto do quadril e um grunhido furioso. Eu seguro seu corpo, até elu cuspir minha mão com uma risada leve e ofegante.

— Porra — elu expira. — Não sabia que eu conseguia gozar só assim.

— Viu? — digo, beijando a orelha delu. — Paciência.

— Vai se *foder*. — Elu tira a mão da fonte e se vira para mim, o rosto corado e saciado, estampando um sorriso entreaberto. — Quer que eu…?

Elu baixa os olhos. Estou meia-bomba, não por falta de vontade, mas não posso ter o que mais quero. Não aqui, não agora.

— Estou bem — digo. — Essa foi só para você.

Uma emoção complica a expressão delu, enrugando o canto de seus olhos. Mas desta vez Theo relaxa antes que eu consiga interpretar.

— Beleza, então — elu diz. — O almoço é por minha conta. Está com fome?

Com elu, sempre estou.

— — —

— Focaccia — Theo diz, no dia seguinte.

— *Schiacciata.*

— Focaccia?

— Isso é *schiacciata.*

— Pra mim não faz a menor diferença.

Aponto por sobre a cabeça dos outros doze turistas espremidos na All'Antico Vinaio com a gente para a pilha de *schiacciatas* marrom-douradas e achatadas em cima da vitrine de recheios de sanduíche.

— Não está vendo que o pão é mais fino do que o que comemos em Cinque Terre?

— Não — Theo responde. — Explica de novo.

Os olhos delu brilham sob a luz do meio-dia que entra pela fachada da sanduicheria, e sei que elu vê diferença, sim. Só quer saber quantas vezes vou repetir. Nada estimula tanto Theo quanto uma prova de resistência.

— Então, embora *pareçam* semelhantes, a focaccia e a *schiacciata* têm texturas completamente diferentes. A focaccia é mais macia e leve, quase esponjosa. A *schiacciata* é sovada por mais tempo e fica descansando por menos, então é mais achatada e borrachuda.

— Hmm. — Theo bate o dedo no queixo, visivelmente contendo uma risada. — Não sei se acredito em você.

Um padeiro idoso sai dos fundos e empilha mais uma dezena de retângulos com as crostas torradas de *schiacciata* na bancada de preparação. Está suando e rindo, coberto de farinha até os cotovelos, e sorrio. Conheço bem esse tipo de padeiro. O tipo que se dá bem numa cozinha simples comandada por outra pessoa, contente em misturar e sovar e assar a mesma receita de sempre todo dia. São sempre os padeiros mais felizes. Eu o invejo.

— Próximo!

Peço mortadela e stracciatella com *crema di pistachio.* Theo pede salame toscano com alcachofra e beringela temperada. A fila se estende até o beco ao lado do Palazzo Vecchio, passando por uma máquina de venda automática cheia de camisinhas e anéis penianos, e indo quase até os degraus da Galeria Uffizi, mas, quando vejo meu sanduíche, finalmente entendo por que Theo insistiu na espera. É quase do tamanho da minha cabeça.

Nos separamos à tarde; eu vou para a Galeria Uffizi, para ver os Botticelli, Theo para o tour guiado de Fabrizio do *David* de Michelangelo. Fico para trás, perto de uma estátua de Lorenzo, o Magnífico, para terminar meu sanduíche, deixando o pessoal da excursão seguir na frente. Gosto de verdade dos suecos, mas passei a vida toda esperando para ver as pinturas desse museu, e quero fazer isso sozinho. Quero fazer disso um evento. Maxine diz que sou "preciosista demais", mas simplesmente amo um momento perfeito.

Quando as nuvens estão perfeitas, o retrogosto de pistache se assenta em minha língua e uma brisa quente sopra do Arno, deixo que a multidão me conduza escada acima e museu adentro.

Arte é o motivo por que estou vivo. Não no sentido figurativo, embora deva ser verdade também, mas no sentido literal, biológico.

Meu pai tinha trinta e um anos quando decidiu estudar em Paris. Conheceu meu tio Thierry por colegas da faculdade enquanto se debruçava na poesia romântica francesa com um visto estudantil e foi numa das festas artísticas nebulosas de Thierry no *pied-à-terre* que ele notou as pinturas em aquarela na cozinha. Ficou fascinado por elas. No fim das contas, a artista viria a ser ninguém menos que minha mãe, e Thierry estava planejando uma viagem a Pérouges caso meu pai quisesse acompanhá-los.

Meus pais juravam que tinha sido amor à primeira vista. Minha mãe era dez anos mais nova, morando e pintando no quarto do andar de cima dos meus avós a três casas daquela onde eu viria a crescer. Eles passaram a noite toda andando pela vila, apenas conversando. Ao nascer do sol, se beijaram e, antes de o sol se pôr, ele já tinha pedido ao antigo colega de apartamento em Ohio que vendesse as coisas dele porque não voltaria mais.

Quando eu era pequeno, ficava sentado com minha mãe enquanto ela pintava flores no jardim — ou, depois que nos mudamos, na estufa. Ela me contava sobre seus artistas franceses favoritos, tirava livros das prateleiras e me mostrava o que eles haviam pintado. Manet, Monet, Van Gogh. Cézanne era quem ela mais amava. Penso nela sempre que vejo um marmelo num quadro.

Depois que ela se foi, eu me sentava no lugar em que ela se sentava no jardim e pintava aquarelas para que seu cavalete não ficasse vazio. Pintava sumos de cereja e amora em massas de torta como ela havia me mostrado quando aprendemos a assar juntos. Em minha adolescência, em Nova York, eu passava horas vagando por museus, à procura de marmelos. E, quando tive a opção de ir para qualquer lugar para estudar qualquer coisa, escolhi história da arte para ficar perto dela e Santa Bárbara para ficar perto de Theo.

Terminei minha graduação cheio de curiosidade e inspiração e descobri que meu diploma só servia para trabalhar em museus, fazendo as mesmas coisas todos os dias e olhando para a mesma meia dúzia de obras. Eu queria continuar a descobrir, a criar coisas. Foi isso que me levou de volta à confeitaria e, agora, posso criar coisas todos os dias. Passo todos os dias na mesma bancada numa das melhores cozinhas de Paris, repetindo os passos das receitas que outra pessoa escreveu sem absolutamente qualquer desvio. E sou ótimo nisso, o que ouvi dizer que deveria ser gratificante.

Tudo isso para dizer que mal posso esperar para ver o que a Uffizi tem a me oferecer.

Vago por longos corredores decorados por caixotões e repletos de flores e querubins pintados à mão, me esforçando para saborear tudo. Os painéis dourados, a *Madonna* de Lippi, a duquesa e o duque do díptico de Urbino. Passo reto pelas salas com as pinturas de Botticelli, decidindo guardá-las para o final. Então vêm a *Anunciação* de Da Vinci, os mapas em afresco na plataforma no terraço do andar de cima, o *Doni Tondo* de Michelangelo e a *Vênus de Urbino*. Quando me dou por satisfeito, volto, passo por retratos a óleo de duques e duquesas cercando os corredores e entro nas salas de Botticelli.

Ao chegar, aprecio cada pintura individualmente, sem pressa. Eu até trouxe meu caderno, mas não há como capturar a maneira com que cada obra é etérea, a iluminação de cada uma, como o pincel de Botticelli conseguia capturar cada pétala de flor com uma precisão científica e ainda assim imbuir tudo com a graça diáfana de um sonho. Vinte minutos se passam enquanto contemplo *Primavera*, espantado pelas ondas finas das Graças, as flores saindo da boca da ninfa para se tornarem as mesmas que adornam o vestido da deusa, o rosto altivo, sereno e levemente sorridente da própria Flora.

Meu celular vibra com uma mensagem de Theo: uma foto granulada em zoom do pau e das bolas de *David*.

Delícia, respondo. Retribuo com uma foto da *Calúnia de Apeles*, uma pintura dramática de gente bonita metida em mantos esvoaçantes brigando em uma sala do trono ornamentada. É assim que imagino Númenor. Theo responde: nerd e <3 e então manda uma foto da bunda de *David*.

Finalmente, quando a multidão se dispersa, eu me aproximo, reverente, de *O nascimento de Vênus*.

Quando meu primeiro e tão aguardado olhar percorre o cabelo de Vênus soprado pelo vento, aquele tom acobreado icônico, me dou conta de que já vi aquela cor antes. Três vezes, na verdade, em Sloane, Este e Theo.

Vênus tem o ruivo-loiro dos Flowerday.

Parece estranho ver uma coisa que me lembra Theo numa representação do divino feminino. Nunca vi nenhuma mulher em Theo (neste ponto, elu diria: *na verdade, tecnicamente*, e mencionaria algumas das vezes em que levamos uma marmita pra casa), mas já vi outra coisa. Uma qualidade eterna e inefável presente nesta pintura. Vejo Theo na maneira como Vênus joga o peso do corpo para um lado e projeta o quadril para fora numa postura contraposta, o queixo e o maxilar de Theo no rosto de Vênus, o sorriso sutil de Theo no formato da boca de Vênus, a vitalidade risonha de Theo no cabelo de Vênus voando.

Entretanto, quanto mais eu a encaro, mais começo a ver partes de mim também. O olhar dela, a fluidez de seu corpo, a maneira como os dedos pousam sobre o próprio seio. Se Theo estivesse aqui, me reconheceria da mesma forma como eu reconheço elu? Ficaria se perguntando, exatamente como estou fazendo, como é possível que tenhamos nos encontrado aqui, num Botticelli, saindo da espuma do mar?

Fico imaginando Theo a algumas ruas daqui, embaixo do *David*, aquele monumento à beleza masculina, nos encontrando nele da mesma forma que nos encontrei em Vênus. Comparando as coxas delu às coxas dele, meus lábios aos lábios dele, os joelhos delu, seus ombros, minha cintura, nossas clavículas. Espero que Theo olhe para aquele maravilhoso mármore esculpido e veja os lugares onde o corpo delu abriga tanto do divino masculino quanto o de *David*. Espero que isso faça com que elu se sinta reconhecide.

Fico ali, na presença de Vênus, até dois minutos antes do aperitivo, relutante em tirar os olhos. Ela me enche de sonhos nos quais eu e Theo estamos numa praia coberta de pétalas, enche minha boca do gosto de sal marinho e água de rosas e flores cítricas. Então tenho uma ideia para um novo doce: uma madeleine bem leve e moldada em formato de concha, infundida em água de rosas e levemente salgada, um toque de um *crémeux* de limão-siciliano e coberta por prímula cristalizada. Anoto, embora não saiba para que eu usaria isso.

— — —

Na França, tomamos um *apéro* antes do jantar. Na minha família, era kir num copo de suco com um toque de Lillet Blanc. Creme de cassis, vinho branco, uma pitada de casca de laranja e mel. *Maman* sempre dizia que um *apéritif* deve ser doce para a refeição descer suave, embora eu desconfiasse que ela só gostava mesmo do sabor de Lillet.

Na Itália, o aperitivo normalmente é amargo. Vermute, Campari, Aperol. A filosofia é de que as ervas amargas chocam o paladar para transformá-lo numa tela em branco para quaisquer que sejam os sabores que venham na sequência. Pelo menos é isso que Fabrizio nos diz na frente de um café perto de Duomo, onde nos encontramos para tomar Campari spritzes em mesas frágeis de café que bamboleiam sobre as pedras da praça.

O sol de fim de tarde ilumina Theo por trás enquanto elu se recosta em sua cadeira. Observo elu rindo de Dakota, que descobre que um spritz é a única forma de conseguir um copo cheio de gelo na Itália e pede outros três seguidos. Theo faz anotações sobre sabores, passa os dedos no cabelo, se reclina em sua postura típica com as pernas abertas, pega uma bandana e a amarra ao redor do pescoço. Quando me mudei para os EUA, pensava que Theo talvez pudesse virar um daqueles caubóis dos livros estadunidenses que meu pai comprava para mim.

Caubóis, flores. David, Vênus, Theo.

Não sei como não desconfiei antes. Eu definitivamente pressentia muito antes de Theo explicar isso para mim usando palavras. Como elu poderia não ter sido sempre tudo que eu queria que fosse? Tudo pelo que me atraio, todos os aspectos do masculino e do feminino de que mais gosto. Não sei se amo Theo porque sou queer ou se sou queer porque amo Theo, mas sei que não existe nada nesse mundo que eu precise que elu não tenha para dar. Se sou um homem em uma busca constante pelo prazer, Theo é o orgasmo. O auge de tudo.

Fico me perguntando: se Theo nunca tivesse ficado só, será que teria chegado a se descobrir algum dia? Ou será que a segurança e a rotina teriam obrigado elu a se apequenar? Será que sempre haveria um limite ao quanto elu conheceria de si, ao quanto delu eu conheceria?

Que tragédia teria sido um amor confortável, redutor.

Sempre concordei com os franceses que uma refeição deveria começar pela doçura, mas estou começando a me questionar se na verdade quem acertou não foram os italianos — se, às vezes, a descoberta não exige algo amargo primeiro.

— — —

— *Theeee-oh, Theeee-oh, Theeee-oh!*

Foram os Calums que começaram o coro, mas a mesa inteira entrou na brincadeira, batendo os punhos até os pratos chacoalharem. Theo fica em pé, corade, mas claramente contente pela atenção.

— Tá, manda ver.

Fabrizio nos passa três taças vazias e Theo nos dá as costas enquanto sirvo um vinho diferente em cada uma delas. Quando acabo, elu volta a se sentar e todos se inclinam para assistir.

Theo pega a primeira taça e gira o vinho.

— Aí sim. Cor rubi-escura, vai clareando para uma borda granada. Reflete bem a luz. Já estou achando que Sangiovese é a uva principal aqui e, tipo, dã, toscana. — Elu leva a taça ao nariz. — Uau. Beleza, de cara, muitas frutas escuras. Cereja-preta com certeza. Amora, talvez romã. Pera aí. — Elu leva a taça aos lábios e fecha os olhos para degustar. — Hm. Tem muita coisa acontecendo aqui. Encorpado e intenso, e aquelas frutas estão preservadas. Sinto um toque de balsâmico, um toque de orégano, um toque de couro. Muitos taninos, mas suaves, como se tivessem tido muito tempo para pensar. Retrogosto prolongado. Parece tipo pegar uma freira gostosa. Deve ser Brunello, Riserva. Com cerca de dez anos. Ligeiramente cristalizado, na verdade, o que significa que é uma safra morna, e 2014 foi um ano mais frio, então talvez 2015.

— Dois mil e dezesseis — leio a garrafa, de queixo caído. — Mas sim, você acertou.

Montana contém um gritinho encantado e a mesa comemora. Calum Ruivo leva os dedos à boca e assobia. Theo faz uma pequena reverência boba.

Elu experimenta os outros dois e identifica corretamente um Chianti Clássico e um Carmignano, sob aplausos generosos todas as vezes. Um balão ridículo de orgulho se enche dentro de mim. Passei tanto tempo querendo que Theo se entregasse a algo do jeito que eu sabia que elu tinha capacidade de fazer, e aqui está elu, sendo excelente.

Uma vez eu li uma frase em *Mrs. Dalloway* que me tocou pela maneira como descrevia bem o lugar de Theo em minha vida. Clarissa vê Sally em seu vestido rosa de jantar e, depois de listar todos os outros visitantes e as atividades da casa, pensa: *Tudo não passava de pano de fundo para Sally*. Para mim, Theo está em primeiro plano pra sempre. Coloco elu no centro de qualquer ambiente. É gratificante quando o ambiente concorda.

A Trattoria Sostanza é toda nossa hoje à noite, reservada para um jantar italiano sem fim. Mal cabe o grupo todo de nossa excursão nela, mas isso faz parte da experiência. Garrafas de vinho e água passam de mão em mão, pratos de azeite e ervas de mesa em mesa, cestas de pães distribuídas igual à coleta na missa de domingo. Estou com as costas pressionadas contra as de Stig como se fôssemos dois viajantes do norte espremidos na mesma carruagem em um Grand Tour. Fabrizio está debruçado sobre a mesa ao lado, gritando para ser ouvido enquanto explica os pratos de uma refeição italiana.

— Essa é a graça, na Itália você não precisa escolher entre macarrão ou carne! Você come macarrão de *primi* e carne de *secondi*!

De *primi*, comemos tortellini feito à mão e cozido em manteiga a fogo brando e macarrão cortado de maneira rústica num molho de carne perfeitamente simples; daí então vem o *secondi*, que é o momento em que realmente nos banqueteamos. Fabrizio explica as sutilezas da culinária toscana que permitem que um prato típico como a bistecca alla fiorentina tenha um sabor tão complexo: como as brasas de carvão devem ser atiçadas até a temperatura exata, quentes o bastante para formar uma crosta perfumada quando a carne for deixada perto delas por alguns minutos, mas não tão quentes a ponto de cozinhar o centro vermelho-rubi marmorizado dela. Enquanto isso, uma frigideira de frango empanado e frito num centímetro de pura manteiga dourada não exige explicação alguma — é apenas delicioso para cacete.

Mas, enquanto nossos pratos são retirados para o *dolci*, penso que o prato que mais me surpreendeu é o *tortino di carciofi* — ovos misturados numa frigideira ao redor de um monte de alcachofras fritas para formar uma omelete fofa e perfeitamente redonda.

— Fabrizio — digo —, você conhece a história de Caravaggio e das alcachofras?

Ele não sabe, então conto que Caravaggio, um bissexual novinho, esquentadinho e desordeiro e um dos pintores italianos mais magistrais da história, foi jantar um dia com amigos numa osteria em Roma. O garçom trouxe a ele um prato de alcachofras, algumas cozidas em azeite e algumas em manteiga, e, quando Caravaggio perguntou qual era qual, o garçom disse para ele cheirar e descobrir.

— Aí o Caravaggio pegou e...

Uma mão desliza sobre meu colo e meus pensamentos se interrompem de repente.

Ao meu lado, Theo dá um gole inocente no próprio vinho, como se sua outra mão não estivesse enfiada no meu short embaixo da toalha de mesa.

— Continua — Fabrizio diz —, o que o Caravaggio fez?

— É, Kit — Theo incentiva, sorrindo. A *mão* delu sobe mais. — Continua.

Lanço um olhar suplicante a Theo, sabotado pela maneira como minhas pernas se abrem por reflexo embaixo da mesa.

— Aí o Caravaggio ficou furioso, pegou as alcachofras e aaa... — A palavra evapora quando Theo me apalpa por inteiro. Disfarço com uma tosse, levo a mão à taça. — E jogou o prato inteiro na cara do garçom.

— Não! — Fabrizio perde o ar.

— Acertou ele bem no bigode.

— No bigode não — Theo protesta.

— *Non i baffi!* — Fabrizio concorda. — Mas e aí?

— E aí que... — Theo dá um apertão breve demais, a ponto de me deixar maluco, e tira a mão, me deixando só no tesão. Esqueço como a história acaba. — Aí ele pulou, roubou uma espada do cara da mesa ao lado e tentou atacar o garçom, e é *aí* que foi preso.

Fabrizio, encantado, me agradece por uma história nova para ele usar em Roma. Assim que é absorvido por outra conversa, cochicho na orelha de Theo:

— O que você tá fazendo?

Theo abre um sorriso angelical.

— Te avisando dos meus planos para hoje à noite.

— Ah. — Aceno. — Bom saber.

Depois disso, fico achando que vamos sair às escondidas quando o jantar terminar, mas cada um de nós recebe o braço de um Calum diferente pendurado sobre os ombros e, antes que possamos protestar, somos levados para as ruas de Florença. Stig também está com a gente, além de Fabrizio, Montana, Dakota e algumas das pessoas mais jovens do grupo da excursão. Vamos parar num barzinho escuro com mosaicos de vidro cintilante e bancos de couro vermelho e um peixe-espada na parede. Fabrizio manda Theo fazer o pedido para o grupo e o bartender nos abre duas garrafas de Brunello jovem.

Depois de tantos dias juntos, a conversa flui com naturalidade. Theo e Stig trocam impressões sobre fazer mochilão pelas montanhas Rochosas em comparação com a Jotunheim. Fabrizio e os Calums discutem suas praias neozelandesas favoritas. Apoio os cotovelos no balcão e imploro para Dakota e Montana me contarem mais sobre a viagem de trabalho que fizeram a Tóquio, onde tomaram ácido com um príncipe marroquino. Theo insiste em comprar mais duas garrafas para o grupo, desta vez um Morellino di Scansano mais suave e frutado.

Lá pela terceira rodada, Stig e Fabrizio estão gritando sobre a última Copa do Mundo, e Dakota e Montana estão chegando perto da orelha uma da outra, numa ponta do balcão, sussurrando atrás das próprias mãos. Na outra ponta, os Calums, sem enganar ninguém, fingem estudar o menu de drinques em vez de estarem escutando a conversa. Observo Theo aceitar uma taça de um bartender gato que fica olhando para elu com interesse, mas Theo já está girando o corpo na minha direção, batendo os joelhos nos meus.

— Tenho uma dúvida — digo.

Theo ergue as sobrancelhas enquanto bebe. *Diga.*

— Nossa competição ainda está rolando?

Elu engole.

— Sim, ué, por quê? Tá a fim de desistir antes de perder?

— Não, só queria saber como você vai fazer pra manter sua liderança se está ficando comigo.

Um momento se passa. Fabrizio continua falando mal da seleção portuguesa. Dakota parte para cima dos Calums.

— Então, aliás — Theo diz. — Tenho que confessar uma coisa. Meus números talvez estejam... um pouco inflados.

— Em que sentido?

— Eu não fiquei com a moça da barraca de frutas em Saint-Jean-de-Luz.

— Mas... — Ainda consigo ver a intenção nos olhos delu quando me disse como poderia fazer Juliette gozar, consigo sentir aquele revirar quente em minhas entranhas. — Vi vocês se beijando.

— É, a gente se beijou, mas aí... meio que me distraí. Não queria contar pra você porque estava com um pouco de ciúme de você e Paloma. Então não está seis a quatro, está cinco a quatro.

Faço que não.

— Cinco a três.

É a vez de Theo franzir a testa.

— Quê?

— Também não dormi com Paloma.

Theo bate a taça com força.

— Como assim? Você foi embora com ela!

Mas é verdade. Assim que ela parou de me beijar, me deu um

tapinha na bochecha como se eu fosse um cachorro perdido e disse: “Acho que prefiro ser sua amiga”. E me convidou para a casa dela por pura pena, e aí fiquei sentado na cozinha e contei sobre meu trabalho e perguntei como ela sabia que não queria fazer o que faço.

— Pois é — digo. — A gente fez crepes e conversou sobre a escola de culinária. Só isso.

Eu talvez também tenha confidenciado para ela, meio chorando, o quanto ainda amo Theo enquanto o tio-avô Mikel me fazia uma xícara de chá.

— Você… mas você disse que…

— Tecnicamente, eu nunca disse que dormi com ela — aponto. — Só não contradisse você.

— Então, só para deixar as coisas claras — diz Theo, colocando as mãos planas sobre o balcão —, nenhum de nós dois transou em Saint-Jean-de-Luz.

— Não, nenhum.

— Caramba. — Elu se recosta, rindo com incredulidade. — Nossa, isso é mega constrangedor pros dois.

— Mas será que é mesmo? — pergunto, sorrindo. — Talvez a única coisa melhor do que sexo seja ter amigos na Côte d’Argent.

— Que sentimento mais nobre, vindo do Deus do Sexo da École Desjardins.

O… quoi?

— Vindo de quem?

— Ah, não seja tímido. — Elu revira os olhos. — A Maxine já me contou tudo.

Ah, não. Isso poderia significar qualquer coisa.

— O que, exatamente, a Maxine contou pra você?

Theo dá de ombros.

— Basicamente que você mamou e comeu a escola de confeitaria inteira e que todo mundo se apaixonou por você.

— Se *apaixonou* por mim? — repito, em choque. — Theo, será que você… será que chegou a cogitar que minha melhor amiga estava exagerando para me fazer parecer melhor pre minhe ex?

— Ahn… — Theo pisca. — Achei que ela fosse sua namorada, naquela época.

— Ai, Deus. Ai, Theo, não. — Passo a mão no rosto. Não consigo continuar nessa. — Quer a verdade sincera?

Theo hesita por apenas um segundo.

— Sim.

— É verdade que na escola de pâtisserie eu fiz... muito sexo — digo. Theo suga os lábios e eles formam uma linha, como se eu estivesse me exibindo. — E tenho certeza de que algumas pessoas nutriam sentimentos por mim porque eu... fiquei meio à flor da pele por um tempo. Meio que distribuindo amor para todos os lados, tentando, sei lá, tirar aquilo de dentro de mim. Porque você foi embora tão rápido e de forma tão súbita que eu não tinha como fechar a torneira.

O olhar de Theo vai do meu rosto para o guardanapo enrolado em seu drinque, a boca se suavizando.

— E embora essa até possa ser uma maneira excelente de levar uma pessoa para a cama, é uma forma terrível de fazer com que ela fique — continuo. — Eu estava um caco. Ninguém conseguia me aturar por mais de uma semana. Precisei aprender a escolher melhor as pessoas para não ter que dormir sozinho no apartamento que era para ser nosso. Só isso. Maxine é uma santa, mas também é protetora demais. Ela diria qualquer coisa pra você para melhorar minha imagem.

Uma pausa, exceto pelo barulho do bar ao nosso redor. Theo parece estar analisando essa informação. Passo o polegar pela base da taça que estou segurando na esperança de que elu não me ache patético demais.

Por fim, com a voz quase baixa demais para se ouvir, Theo pergunta:

— Então, foi difícil para você? Quando eu...?

Não deveria ser um choque descobrir que Theo pensava que a saída delu da minha vida tinha sido fácil para mim. Desde que a gente se conhece, o grande erro de Theo é supor que as pessoas não sentem falta delu. É difícil para elu acreditar que tem muito a oferecer, que as pessoas querem elu por perto e que pensam nelu com carinho mesmo à distância. Theo acha que ninguém se importa se elu for embora. Isso já nos afetou antes, algumas várias outras vezes — quando me mudei para Nova York, quando elu desistiu da faculdade, quando tínhamos uma conversa tensa e elu me evitava por dias.

Sob pressão, elu desaparecia, e tinha tão pouco amor-próprio que ficava surprese quando isso me machucava.

Em minha memória, vejo ume pequene Theo do lado de fora da minha casa no vale, deixade pelo motorista da família com uma mala recheada.

Mas Theo adulte continua:

— Meio que achei que você não tivesse mais pensado em mim depois que chegou em Paris. Pensei que tivesse encontrado coisas melhores com que se preocupar, e que eu era, sabe... coisa do passado.

Crescemos tanto desde que nos conhecemos, mas tem coisa que não muda.

— Theo, você nunca teria como ser coisa do passado — digo. — Pensei em você todos os dias. Queria passar o resto da vida com você, mas você desapareceu. E tudo pareceu tão... simples. Como se você nem tivesse hesitado ao tomar essa decisão. E isso acabou comigo.

Depois de uma pausa, Theo diz:

— Se vale de alguma coisa, acabou comigo também.

Por mais que me doa pensar no sofrimento de Theo, vale sim de alguma coisa. Ajuda, em certo sentido estranho e triste, saber que elu estava tão na merda quanto eu. Que eu estava sozinho nesse sentimento não porque elu não o estivesse sentindo, mas porque nunca me contou.

— Posso perguntar por que você fez isso, então? Sei o motivo de termos terminado, e sei que você achava que eu tinha terminado com você, mas ainda não entendo por que você nem me ligou quando chegou em casa.

Fico esperando que elu vá teimar, que vá responder com *Você também não me ligou*, mas tudo o que Theo faz é apoiar os dedos na haste da taça e refletir.

— Acho que sempre achei que você fosse me esquecer fácil — elu diz. — E parecia que finalmente tinha me esquecido. Senti humilhação, senti raiva... tanta *raiva*... e parte de mim só precisava vencer. Cortar relações com você foi como se eu estivesse *fazendo* alguma coisa, como se... como se estivesse assumindo o controle do que estava acontecendo comigo. Mas sabe, Kit, também não foi fácil para mim. Impossível, nunca seria.

Tento absorver isso, desejando que existissem palavras que fizessem Theo entender que elu não é alguém que qualquer pessoa conseguiria esquecer. Eu me contento em fazê-le sorrir.

— Quer dizer então que, tipo — digo, com a versão mais estadunidense do meu sotaque, apoiando o corpo no balcão. — Foi ruim assim?

Theo sorri.

— Cara, foi — elu responde, rindo como se estivesse falando de um acidente de longboard. — Naqueles primeiros seis meses, os únicos momentos em que eu não pensava em você era quando estava trabalhando no micro-ônibus, então fiquei, tipo, sabe, com bolhas em lugares que nem imaginava que dava pra ter bolhas. Meu estômago ficou zoado, minha barriga doía o tempo todo, eu dormia mal pra porra. Foi uma merda do cacete.

Aceno, sério.

— Sei como é.

— E, mesmo depois que o pior passou, eu não conseguia ligar pra você. Fiz tanto esforço pra me convencer de que você tinha ficado bem que no final acabei acreditando nisso, que eu era um atraso na sua vida.

Estendo a mão sobre o balcão até nossos mindinhos se encontrarem.

— Você nunca foi um atraso na minha vida. Espero que saiba disso agora.

— Estou tentando acreditar nisso de verdade — elu diz com um dar de ombros rápido. — Mas isso aqui ajuda. E ajuda ver você bem e saber que isso não precisa influenciar no quanto gosto ou deixo de gostar de mim.

Sinto uma pontada no peito.

— Também gosto de você — digo.

— Valeu! Gosto de *você*! — Theo declara, sorrindo. — Olha só pra gente, sentado aqui na Itália falando sobre nossa vida, e nem me incomoda que você esteja feliz e bem-sucedido em Paris! Estou feliz por você estar feliz. Isso sim é evolução!

— Pois é — digo. *Feliz e bem-sucedido*... eu sou, né? — Também estou feliz por você.

Ficamos assim, bebendo, conversando e gostando um do outro.

O resto do grupo vai embora e novos rostos os substituem. Assistimos com uma atenção arrebatada Dakota sair com um Calum em cada braço e, depois, com uma confusão encantada Montana puxar Stig atrás deles por uma de suas mãos enormes.

A gente deveria ir também, se ao menos conseguíssemos encontrar o fim da nossa conversa.

— Merda — Theo diz enquanto revira os bolsos para pagar por mais um negroni. — Meus euros acabaram.

Tenho certeza de que ainda tenho umas moedas no fundo da bolsa... só que não tenho. Não encontro nada.

— Vamos encerrar?

— A gente... poderia encerrar — Theo diz, brincando com um anel de ouro simples em seu indicador. Elu tira e o estende na palma da mão. — Ou sempre podemos tentar o Golpe de São Francisco.

O brilho malandro que vejo em seus olhos clareia minha memória: eu e Theo, tão apaixonados que nem precisávamos tentar vender um falso pedido de casamento. Qualquer um conseguiria ver que estávamos juntos pra vida toda.

— Você não vai — digo, em parte porque tenho medo que elu faça isso, em parte sabendo que essa é a melhor maneira de garantir que elu faça.

— Vou sim.

— Duvido.

Theo se levanta, batendo uma colher em um copo para chamar a atenção de todos. Quando já tem várias pessoas olhando, elu se ajoelha no chão do bar e ergue os olhos para mim, parecendo qualquer pessoa linda e jovem que estivesse passando por ali e tivesse vindo me tirar da vida no interior.

— Kit Fairfield — Theo diz, mostrando o anel que está segurando para mim —, você é a pessoa mais bonita deste bar. E é tão cheiroso o tempo todo. E gosto de você e senti muita sua falta. Você me daria a honra de passar o resto da vida comigo?

Eu daria absolutamente qualquer coisa para elu estar falando sério.

Abro um sorriso leve e respondo:

— Meu amor, pensei que nunca fosse pedir.

Quando a multidão começa a comemorar, eu me levanto e ajudo

Theo a se levantar. Elu coloca o anel em minha mão esquerda, e cabe. Ainda está quente da pele delu. Estamos rindo juntos, nos deixando levar pelo momento, apertando as mãos um do outro enquanto o bartender estoura uma garrafa de champanhe e alguém começa:

— *Bacio, bacio, bacio!*

— Querem que a gente se beije! — Theo grita.

— Então, seja convincente — eu digo.

Nesse momento, Theo me pega nos braços e me joga para baixo. Por um momento zonzo, tudo que vejo é o rosto delu, perto e perturbado por sentimentos, e tento dizer com os olhos para elu só me beijar logo de uma vez. Me beija, me assombra, me pega sem pensar.

Elu coloca a mão discretamente entre nossas bocas e beija o dorso dos próprios dedos. Os fregueses aplaudem; o bartender toca um sino. Sabemos fingir de maneira convincente.

— — —

No caminho até o hostel, entramos cambaleantes num beco, minhas costas contra a parede de reboco amarelo e a boca de Theo em meu pescoço. Estamos relaxados e zonzos de horas bebendo sem parar, cansados e pegando no corpo um do outro com aquele desejo de quem retorna para uma caneca abandonada de café. Antes estava quente e forte, mas agora o açúcar se assentou no fundo.

Abro os olhos para ver janelas verde-escuras à nossa frente, um gato deitado no parapeito atrás de Theo. É um daqueles pequenos detalhes que me fazem lembrar de que esses lugares são reais e pertencem a pessoas que raramente vamos encontrar quando estivermos só de passagem, que Florença vai nos esquecer mesmo se nos lembrarmos dela pelo resto da vida. Acho isso terrivelmente romântico, a evanescência da coisa.

Eu me esfrego sem pressa no aperto quente das coxas delu. Theo beija meu pescoço, meu maxilar. Estamos indo devagar, tão devagar que é difícil saber quando paramos de tentar transar e começamos a simplesmente nos abraçar.

Meus braços envolvem a cintura de Theo com força. A mão de Theo aninha minha nuca, os dedos delu apertando meu cabelo. Faz tanto tempo que ninguém me segura assim. Faz tanto tempo que não tenho Theo. Eu poderia chorar de alívio.

Ficamos assim, sem falar e sem nos soltar, até o gato na janela gritar para nós, e Theo me soltar, rindo. Faz uma piada com a voz trêmula e alta demais e sai cambaleante.

Mas senti a respiração delu hesitar em minha pele, e vejo o brilho estranho em seus olhos quando elu passa pela luz difusa da vitrine da loja de conveniência. Quando devolvo o anel, elu o coloca no bolso sem nem olhar. Sorri como se não fosse nada. Não sei se acredito muito nisso.

[illegible] [illegible]

[illegible]

[illegible]

[illegible]

CHIANTI COMBINA COM:

Chianti Riserva depois de um longo passeio de bicicleta, *pesche di Prato*

Chianti

Seguimos para o sul. Orla nos guia através das montanhas a caminho do Sena, passando pelas casas-torres de San Gimignano e pelos palazzos murados de Montepulciano, através de pastos de vaca e olivais e campos de trigo quadriculados. Ao longe, os morros acobreados e verdes se dobram uns sobre os outros parecendo roupas de cama amassadas numa cama larga como o céu. A estrada asfaltada termina numa saída para o leste na direção de estradas de cascalho ruidosas que nos chacoalham em nossos bancos até o ônibus estacionar na frente de um portão de pedra coberto de vegetação.

Theo, que pegou no sono no meio de uma frase antes de sairmos, acorda assustade em meu ombro e recomeça de onde parou.

— Meio que uma… — Um bocejo enorme, olhos esfregados. — … uma coisa de círculos e quadrados. Ou, melhor, quadrados e retângulos. Todo Chianti Clássico é feito em Chianti, mas nem todo Chianti feito em Chianti é um Chianti Clássico.

— Claro — digo, ajeitando um fio rebelde do cabelo delu —, vivo dizendo isso.

Theo fecha a cara sonolenta.

— A gente já chegou?

— Chegou.

O lugar em que chegamos é a Villa Mirabella, uma vila toscana de séculos escondida nos arredores de Greve, em Chianti. Antes de pegar no sono, Theo estava explicando como esses dois detalhes são importantes — estava falando alguma coisa sobre contrabando e subzonas e a porcentagem de uvas Sangiovese, e que só é permitido, legalmente, que um grupo pequeno de nove comunas fabrique Chianti Clássico. Sei lá. Theo é uma pessoa brilhante e cheia de pensamentos interessantes, mas eu estava mesmo olhando para a boca delu.

— *Ciao a tutti ragazzi*, olá a todos! — Fabrizio nos chama. Então explica que nossas divisões de quarto vão ser as mesmas de sempre, ou seja, quartos compartilhados para os pares que tenham feito reservas conjuntas, de solteiro para viajantes solo, e que um jantar preparado com ingredientes frescos da fazenda vizinha será servido às nove, ou no horário em que a cozinheira estiver a fim. — O resto do dia é livre. Nadar, andar de bicicleta, comer, beber, fazer amor, a escolha é de vocês.

Começamos a sair do ônibus e descer pela calçada da frente e chegamos num terraço de cascalho cercado por sebes e sombreado por murtas, figueiras, limoeiros, macieiras, olmos, choupos-brancos, agrupamentos de arbustos de hortênsia com flores cor-de-rosa. Cadeiras com listras amarelas e mesas de bistrô estão dispostas lindamente debaixo de guarda-sóis amarelo-limão. Tudo culmina na vila em si, quatro andares de altura e duas vezes mais larga, a fachada de reboco branco devorada por hera e glicínia que se dependuram.

Uma mulher mais velha usando um vestido do mesmo tom de amarelo que o dos guarda-sóis nos espera diante do batente, portando um cesto de roupas de cama limpas e a autoridade de alguém no comando. Par por par, ela distribui chaves antigas enquanto Fabrizio lê nomes na prancheta, até eu e Theo sermos os dois últimos.

Depois de muitos cochichos em italiano, a *signora* se retira para dentro da casa e Fabrizio nos puxa de lado.

— *Amici* — ele diz — a *signora* Lucia me disse que houve um erro. Quando mandamos os nomes do grupo da excursão, deu... como se diz... um bug? Porque a reserva original de vocês é juntos, vocês têm o mesmo número de reserva. É muito raro que hóspedes reservem juntos e, depois, cancelem juntos e, depois, usem a reserva para a mesma excursão, mas não juntos... entendem como isso fica confuso para o homenzinho que trabalha lá no nosso escritório? E deixa eu falar pra vocês, tem um cara novo e não acho ele muito bom. Personalidade terrível. Estamos tentando mandar esse homenzinho para o escritório da Alemanha. — Fabrizio perde o fio da meada, o ar sinistro, provavelmente imaginando o homem terrível do escritório num traje alemão tradicional desconfortável. — Mas: o problema. Lucia colocou vocês no mesmo quarto.

— Ah.

Olho de canto de olho para Theo.

— Isso é...

— Perguntei se tem mais quartos, mas estão consertando a terceira *villeta*. Até falei da situação de vocês, mas...

— Tudo bem — Theo diz com firmeza. Fabrizio e eu hesitamos. — A gente não se importa.

— Não? — Fabrizio franze a testa.

Ele olha para mim, depois para Theo, depois para mim de novo.

— Ah, *entendi*. — Um sorriso toma conta de seu rosto. — *Meraviglioso*, então, essa aqui é de vocês! É o último quarto no andar de cima. *Grazie mille!*

Ele nos entrega uma chave de latão com uma borla de seda verde e sai com uma piscadinha, cantarolando consigo mesmo.

— Ele tem certeza que a gente tá transando — digo.

O sorriso de Theo é malicioso.

— Por que não teria?

Quase todos deixaram as portas abertas, então conversas e risos abafados em inglês, holandês e japonês chegam às escadas rangentes enquanto subimos. A cada patamar, vislumbro, nos quartos, sofás azuis adornados com arabescos de flores brancas em tapetes vintages, pilhas de livros antigos em parapeitos de janelas e mesas de canto arranhadas e pintadas com botões de rosas cor-de-rosa. Fica parecendo que um baronete e sua família levaram os cavalos para visitar a vila ao lado e estão para chegar a qualquer minuto com fofocas novas sobre os preços do trigo.

No último andar, nosso quarto é bem iluminado e aconchegante, com uma cama estofada vermelha com as mesmas flores das cortinas ao redor das janelas abertas. O teto é de um quadriculado rústico de vigas de madeira e azulejos de terracota, e flores frescas repousam num vaso perto do guarda-roupa pintado à mão. Largo minha bolsa ao lado da de Theo no tapete felpudo.

— Que foda — Theo comenta. — Parece que a gente entrou num maldito filme do Guadagnino.

Embaixo das janelas, atrás da vila, uma escada de tijolos e trilhas de terra ligam terraços e jardins floridos para fazer do terreno um pequeno vilarejo tortuoso. O resto dos prédios, todas *villettas* feitas de argila, estão com as portas abertas para permitir que os hóspedes entrem ou para deixar os aromas de azeitonas prensadas e porco cozido saírem. Inspiro fundo e juro que consigo até ouvir uma trilha de piano romântica no ar.

— Tem razão — digo, saindo da janela. — É surreal.

Eu me viro para encontrar Theo ao pé da cama, tirando a camisa por sobre a cabeça com o mesmo movimento fluido que vi na estrada perto de Pisa. Mas, desta vez, não está usando nada por baixo.

Tendo passado a infância correndo pelado pelo interior da França e minha vida adulta estudando nus artísticos ou morando em Paris, nudez não me intimida. No entanto, eu me tornei um cavalheiro eduardiano por Theo, e apenas por Theo. Cada centímetro que me é revelado uma vez mais de pele faz meus dedos se flexionarem e meu coração palpitar no estômago, um vislumbre de ombro, umbigo ou axila com pelos cor de pêssego. Quando Theo colocou minha mão em seu quadril naquele quarto em Barcelona, precisei recitar os passos de massa choux na minha cabeça para não perder tudo. E, agora, isso, o peito delu subitamente nu sob a luz de uma manhã toscana.

Desvio os olhos para o caso de eu não dever estar olhando, mas elu joga a camisa para o lado e fica ali, imóvel, de frente para mim, casualmente sem camisa. Então, eu olho.

Vejo a mesma caixa torácica, com a mesma marca de nascença do tamanho de um polegar no canto superior esquerdo, o mesmo grupo de sardas descendo pela escápula. Os mesmos mamilos rosados. Sem nenhuma cicatriz nova, até onde consigo ver, mas noto que elu vem treinando o músculo para o peito assumir uma forma ainda mais sutil e masculina do que antes. O corpo de Theo é forte, esguio e proposital e belamente ambíguo, parecido com o *Baco* de Caravaggio.

— O quê… — engulo em seco. — O que está fazendo?

— Estou me trocando. Não viu a placa lá embaixo? Piscina? — Theo diz com sotaque italiano enquanto se agacha para tirar a roupa de banho da bolsa. — Tem uma piscina.

Fico contemplando Theo tirar o short logo em seguida. Tudo o que resta é a roupa íntima, os polegares delu encaixados sob o elástico.

Isso é tão diferente de como elu se despiu em Barcelona, tão descaradamente blasé, que percebo que Theo está se *exibindo*.

— Que foi? — elu pergunta. — Achou que eu queria...?

— *Não.*

— Porque usar o quarto pra isso seria contra as regras.

— Vou jogar na sua cara à noite que você disse isso — provoco, conseguindo me recuperar a ponto de tirar minha própria camisa. Theo odeia quando as meninas ficam todas eduardianas. — Vou com você.

— Legal, vai ser gostoso ficar de boa hoje — Theo diz com naturalidade. Elu tira a roupa íntima. — Meus pés estão tão cansados.

— Os meus também. — Meu short cai no chão. — E estou meio que catatônico por ter visto tantos Botticellis.

— Ah, nem contei sobre o tour de *David* de Fabrizio. — Theo se empertiga, completamente sem roupa. Não escondo a maneira como meus olhos percorrem o corpo delu, dos tornozelos aos bíceps ao lugar que toquei na fonte de Vênus. Elu ainda está sorrindo, ainda conversando. — Sabia que originalmente era para estar no topo do Duomo?

— Sim — respondo, assentindo. — E Da Vinci queria enfiar nos fundos da Loggia dei Lanzi, onde ninguém veria.

— Ele queria tanto comer o Michelangelo que chega a dar vergonha — Theo responde.

Tiro minha cueca, intensamente consciente do peso óbvio entre minhas pernas. Não tenho vergonha do desejo ardente que sinto por Theo. Mostraria muito mais, se elu pedisse.

Theo olha. Theo fica olhando.

— Andou fazendo agachamentos?

— Carregando sacos de farinha do fundo do estoque seco.

— Hmm.

Mas aí alguém bate à porta e o feitiço se quebra. Theo ri e diz "opa", escondendo-se atrás de um guarda-roupa, e coloco a sunga para aceitar uma entrega de uma funcionária simpática.

— Vinho de cortesia — aviso, examinando a garrafa de tinto que me foi dada. Theo sai de maiô enquanto viro o cartão com um monograma amarrado ao gargalo da garrafa para encontrar um bilhete escrito à mão. — Ah, é... da sua irmã? Ela deve ter ligado com antecedência. Que fofo da parte dela.

O cartão diz:

Theo,
Talvez eu tenha exagerado um pouco. Desculpa. Te amo.
— Sloane
P.S. A oferta ainda está de pé.

— Deixa eu ver — Theo diz, pegando a garrafa e o cartão. O rosto delu endurece um pouco ao ler, a boca ficando um pouco mordaz. — Ah, legal. Realmente, deve ser bem difícil imaginar outro lugar para achar um vinho igual a esse por aqui.

Elu abre o guarda-roupa e enfia a garrafa lá dentro. Quando se vira para mim, está sorrindo.

— Pronto?

Agora, isso… *isso* pareceu algo que eu não deveria ter visto.

— Deixa só eu pegar meu livro.

— — —

É claro que Theo é a primeira pessoa na piscina.

Depois da última *villetta* e de uma muralha de árvores, o terreno se desdobra num campo ondulado com uma piscina larga e vistas panorâmicas dos morros ao redor. Espreguiçadeiras com listras cor de limão se estendem sob guarda-sóis na grama, e me afundo em uma com a camisa aberta ao sol e o livro aberto no último lugar em que parei. O ar está quente e com perfume de glicínia e, além dos pássaros e das tesouradas do jardineiro, escuto as braçadas firmes e plácidas das voltas de Theo na piscina.

Logo vão chegando mais pessoas à piscina, e um homem de linho amarelo traz bandejas de antepastos e baldes de vinho resfriado. Casais em lua de mel saem para as colinas pilotando bicicletas emprestadas com cestos de vime. Uma cozinheira se debruça para fora de uma janela verde, chamando uma funcionária. A *signora* Lucia flutua de um lado para o outro, regando plantas com uma diligência amorosa que me lembra minha *maman*, o que é mais doce do que amargo em um lugar como esse.

— Posso me sentar com você? — diz Calum Ruivo, surgindo com uma toalha branca felpuda sobre o ombro.

— Claro.

Ele me estende uma taça de vinho âmbar fresco e fica com a outra.

— Como é que dizem por aqui? *Salute*?

— *Salute* — repito, achando graça.

— Dia de sombra para esse ruivinho aqui — ele diz, ajeitando-se na espreguiçadeira ao meu lado embaixo do guarda-sol. Pensei que estivesse corado de tanto beber ontem à noite, mas agora vejo que está exibindo uma bela queimadura florentina. Tira da bolsa a tiracolo um tablet e um diário de campo surrado. — Melhor assim. Muito trabalho para colocar em dia.

Ergo os óculos de sol para espiar as páginas do diário, cheias de anotações marcadas por data e hora, além de tabelas de dados traçadas à mão.

— O que você faz, Calum?

— Eu? Sou biólogo de vida selvagem.

— É mesmo? — Eu o imaginava mais como um bombeiro sexy ou um arremessador de peso olímpico. — Com que tipo de animais você trabalha?

— Mais tubarões-brancos, mesmo, no último ano, mais ou menos, mas me interesso por todos os predadores marinhos indo-pacíficos. Minha pesquisa é sobre o reconhecimento social quimiotático do polvo-de-anéis-azuis.

Não consigo imaginar uma resposta mais maravilhosamente surpreendente vinda de um homem que eu ouvi arrotando o alfabeto francês na semana passada.

— Espera, então você é doutor?

Ele sorri.

— Não deixa Calum ouvir você dizer isso, ele vai ficar puto. Ele é um doutor *de verdade*, na opinião dele.

Na piscina, Calum Loiro está plantando bananeiras, só as pernas e os pés de fora da água. Ele tem uma tatuagem na panturrilha de um camarão usando um chapéu de caubói.

— Aquele homem?

— Medicina de emergência — Calum Ruivo responde, com uma risada carinhosa, como se revelar isso fosse uma de suas atividades favoritas. — Você deveria conversar com ele sobre isso. Ele adora contar histórias de terror.

Água espirra nos meus pés e olho por sobre o livro. Theo está à beira da piscina, os cotovelos apoiados perto de uma bandeja suada de queijos e frutas.

— Vê se não molha os crostinis.

Theo corta um cacho de uvas e coloca uma na boca igual a um imperador romano.

— Não vai entrar mesmo?

Ergo o livro.

— Estou no último capítulo. Lucy vai admitir que está apaixonada por George.

— Ah, entendi — elu ajeita óculos invisíveis —, bom, se Lucy vai admitir que está apaixonada por George.

Elu sai batendo as pernas, as uvas erguidas sobre a cabeça, e sorrio.

Quando estávamos em Paris, fiquei olhando enquanto Theo andava pelo Boulevard Saint-Germain e imaginando se aquela cena seria o que eu estaria vendo se tivéssemos feito a excursão da forma como havíamos planejado. Comparei a imagem que estava vendo de Theo com a que viveu em minha cabeça todos esses anos, a de Theo em uma vida paralela que veio comigo para a França.

Mas aqui, em Chianti, consigo ver apenas o que está acontecendo, e não o que poderia ter acontecido. Nós, em dois arcos, curvados um para o outro. Theo dentro da água, eu contente em ficar sentado à beira da piscina com um livro e uma vista.

Pela primeira vez, sinto que as coisas estão melhores assim.

Continuo lendo, acompanhando Lucy e George reatarem, confessarem seu amor e voltarem a Florença para se casar. Quando chego à última página, a emoção formiga doce em meus seios nasais feito bolhas de prosecco. Uma gota de água cai sobre a página que estou lendo e fico pensando que cheguei a derramar uma lágrima de verdade até ouvir a voz de Theo sobre mim.

— Já acabou?

Elu está em pé ao lado da minha cadeira, fios de água escorrendo pelo corpo. Não notei que elu tinha saído, mas agora não tenho como parar de notar.

— Vem — elu diz, terminando meu vinho. — Quero ver o que tem para almoçar.

— Quase acabando. — Uma leve oscilação na voz. — Me dá só mais um minuto?

Elu baixa minha taça vazia para me olhar direito.

— Você está *chorando*?

— É uma história bonita!

— Ah, não, ele está chorando! — Theo cantarola, antes de subir na espreguiçadeira, chacoalhando cabelo molhado sobre as páginas do meu livro, pingando com más intenções. A pele molhada delu desliza pela minha, fria onde a minha é quente. Ergo o livro sobre a cabeça e o acomodo sobre o corpo de Theo com a mão em sua lombar. Elu acaba com o corpo meio curvado sobre o meu colo, os joelhos encaixados ao redor das minhas coxas, rindo.

— Não estou com vergonha — digo.

— Eu sei.

— Estou permitindo que a arte toque minha alma.

— Tudo bem — Theo responde, fazendo um gesto de punheta intelectual, ainda sorrindo.

— Estou sendo transportado. Estou vivenciando.

— Continua. — Theo puxa meu livro para baixo. — Vivencia.

Theo está tirando sarro, mas decido responder com sinceridade. Aliso a página com a mão livre e retomo a passagem final, a que Theo manchou com água de piscina.

— "A juventude os envolveu" — leio, em voz baixa. — "A canção de Fáeton anunciou paixão correspondida, amor conquistado. Mas eles estavam conscientes de um amor mais misterioso do que esse. A canção terminou à distância; eles ouviram o rio, carregando as neves do inverno para o Mediterrâneo."

Por um momento, Theo fica em silêncio. Depois se levanta, pega uma garrafa de um balde de gelo por perto e volta a encher minha taça antes de entregá-la para mim.

— Tá, isso até que foi bem bonito. — Os olhos delu estão um pouco suaves, distantes. — Quer vir almoçar comigo?

Seguimos a trilha de cascalho de volta à sala de jantar da vila onde um longo bufê antigo com vinhas e botões de rosa desenhados está coberto de montanhas de comida: prosciutto marmorizado, mozzarella em rodas de beringela, feijões enormes cozidos no alho, figos e caquis colhidos do pomar e fatiados de maneira que suas polpas brilham sob a luz do sol que entra pelas janelas abertas. Enchemos nossos pratos e os carregamos para o maior dos terraços externos.

Enquanto comemos, noto Fabrizio nos observando duas mesas à frente, claramente reparando a tranquilidade treinada com que Theo serve panzanella em meu prato. Comento isso com Theo, que no mesmo instante fica com aquele brilho malicioso no olhar. Depois de ter certeza de que Fabrizio continua olhando, coloca a mão em meu colo.

Desta vez, não tem toalha de mesa para esconder nada. Só nós dois em nossas cadeiras listradas diante do pano de fundo verde do jardim, a palma de Theo na parte interna da minha coxa num lugar em que qualquer um poderia ver. A ponta do dedo médio delu roça o elástico da minha sunga.

Parte de mim quer mover o toque mais para cima, mas penso no que aconteceu hoje cedo, quando elu escondeu a garrafa de vinho no guarda-roupa, como corou quando leu o cartão de Sloane. Fico me perguntando o que está tentando esconder por trás disso.

Gentilmente, pego sua mão e dou um beijo no centro da palma. Entrelaço os meus dedos nos delu, pousando nossas mãos na mesa entre nós.

Theo não tira a mão da minha e não ri. Perscruta meus olhos por um longo momento, como se estivesse me desafiando a agir como se também estivesse atuando. Quando não ajo, elu volta a colocar os óculos de sol e a comer usando só uma mão, como se nada tivesse mudado, mas corando sob as sardas.

Depois do almoço, pegamos bicicletas emprestadas e pedalamos até as colinas; elas passam por nós num borrão bronze-esverdeado enquanto tiramos os pés dos pedais e descemos a ladeira. Aqui, o sol está tão maravilhosamente redondo no céu quanto estava em Florença, mas não queima. É absorvido pelas colinas feito azeite em pão grosso e bem fermentado, e nos esparramos sobre elas como figuinhos felizes.

Está quase na hora do aperitivo quando voltamos. Levamos nosso *amaro* para trás da vila, até o bosque onde um jardineiro cuida de azeitonas muito verdes. Ele colhe duas diretamente do pé para experimentarmos e dá uma risada travessa quando nos engasgamos com o amargor. Theo brinca que esse é o aperitivo mais autenticamente italiano até agora.

O jantar é servido numa mesa longa entre o bosque e a vila, coberto por treliças arqueadas de hera e luzes piscantes. Vamos passando travessas pesadas de ragu de javali e nhoques macios com verduras e tomates fervidos. A comida aqui é forte e calorosa, como se tivesse sido pensada para preparar o corpo para colher plantações, em vez de relaxar com garrafas de um bom vinho sob um céu crepuscular.

Theo se senta à minha frente, bronzeade e fustigade pelo vento, usando aquela roupa de linho preto linda que estava vestindo na segunda noite que passamos em Paris. Luzinhas sarapintam sua pele por entre as folhas. Quero tanto tocar nelu. Eu me imagino usando a ponta do dedo para traçar o caminho que vai do centro de seu peito até o decote em v.

Deixo que elu flagre meu olhar. Viro o resto do meu vinho entre os lábios e exibo os contornos do meu maxilar, a maneira como minha garganta se mexe quando engulo. Elu morde o lábio.

Não demora para a magia doce e inebriada da vila nos arrebatar de um momento para o outro, e nos retiramos para uma sala de estar escura e aconchegante. A *signora* Lucia traz cestos de *cantucci* crocantes de amêndoa e Fabrizio serve um *vin santo* licoroso em tacinhas de cristal para mergulharmos os biscoitos antes de comer, à moda toscana.

Parece que também faz parte da moda toscana nos deitarmos em sofás antigos e contar histórias compridas em voz alta, porque é assim que passamos o resto da noite. Peço a Calum Loiro que conte as melhores histórias de medicina de emergência, sabendo que vou odiar a resposta na mesma medida que Theo vai amar. A que ele decide compartilhar é sobre sua primeira emergência, muito antes de começar a estudar.

Ele e Calum tinham treze anos, melhores amigos que nunca saíam para surfar um sem o outro, e foi precisamente por esse motivo que conseguiu agir tão rápido quando Ruivo mergulhou numa nuvem vermelha. Um tubarão-branco, dos grandes, tinha arrancado um pedaço de seu ombro, e ele teria se esvaído em sangue se Loiro não o tivesse puxado para cima de sua prancha, levando-o de volta à costa, e apertado uma toalha sobre o ferimento até o socorro chegar. Eu e Theo ouvimos com as mãos sobre a boca.

— Um brinde àquele tubarão maldito — Loiro anuncia, erguendo seu *vin santo* —, o motivo pelo qual faço o que faço.

— Digo o mesmo — Ruivo concorda, erguendo a própria taça. — Uma criatura incrível. Não dá para culpar o coitado, né?

— Um brinde a isso — Theo diz. — Ei, o que vocês acham do filme *Tubarão*?

Um tempo depois, os Calums saem para seus quartos em horários estranhamente parecidos com os de Montana e Dakota, e Theo me puxa preguiçosamente para seu lado, soltando um suspiro demorado quando encosto minha cabeça no ombro delu. Escuto Theo contar aos suecos uma história sobre uma garrafa de vinho que a mãe do sommelier do restaurante deixou numa janela e, então, quando Lars pergunta como uma garrafa poderia custar tanto dinheiro, Theo pega seu celular e liga para o sommelier no viva-voz.

— Oi, sumida — diz a voz grave do sommelier no terceiro toque.

— Ei! — Theo responde, chegando mais perto. — Escuta, estou aqui em Chianti com um casal de suecos e estava contando para eles sobre o Romanée-Conti da sua mãe. Eles não acreditam que valia quarenta e dois mil. Pode me defender aqui?

— Teria valido, sim.

Lars abana a cabeça, sorrindo, incrédulo.

— Inacreditável.

— Valeu! — Theo diz. — Isso…

— Mas Theo — o sommelier interrompe —, acho que está esquecendo o final da história.

— Estou?

— Nós o abrimos, eu e meu irmão, e tomamos — ele continua — e foi o melhor vinho que já tomei na vida.

As sobrancelhas de Theo se curvam de leve, como se essa informação fosse uma ofensa, de certa forma.

— Eu tinha mesmo esquecido essa parte.

— Ei, por que você não me respondeu sobre aquele evento do distribuidor de Scottsdale? — o sommelier pergunta. — Você está estudando em Chianti? Está fazendo degustações? Não esquece de que foram as sub-regiões de Chianti que pegaram você na prova escrita...

— Eu sei, eu sei — Theo responde, os olhos arregalados de repente —, mas agora eu já decorei...

— É melhor ter decorado mesmo, se quiser passar desta vez.

Theo ergue o celular e encerra a ligação.

Os outros mal parecem ter notado, e Theo ri como se não fosse nada, mas não olha para mim. Vira a taça, murmura alguma coisa sobre cansaço e sai.

— — —

Só vi Theo chorar três vezes: quando caiu de uma árvore e quebrou o braço aos nove anos, na primeira vez que me viu depois que minha mãe morreu e no dia em que me mudei para Nova York. Não que Theo não sinta emoções fortes. Apenas as contém à força.

Aperta os olhos e franze o nariz, como se gastar energia com algo tão inútil fosse irritá-lu, e aí seu rosto relaxa e elu segue em frente.

Neste momento, está fazendo essa mesma cara.

Encontro Theo no andar de cima revirando a mochila para encontrar seu nécessaire. Está na frente da penteadeira do banheiro agora, tirando a roupa.

— Theo, tem... você está bem?

— Sim — elu grunhe, tirando o linho amarrotado e vestindo uma camiseta. — É só que de repente me bateu um cansaço.

— A gente pode conversar sobre isso, se quiser. Pode me contar.

Elu tenta abrir o nécessaire, mas o zíper está emperrado.

— Não — responde, com rispidez.

Com um puxão furioso, o nécessaire abre, e cai tudo no chão. Elu solta um palavrão e se ajoelha, catando frascos e tubos.

— Theo — digo, abaixando ao seu lado. Elu bate em minhas mãos para afastá-las. — Theo!

Por fim, elu fica imóvel. Senta sobre os calcanhares e ergue os olhos para o teto de terracota, apertando o protetor labial e a pasta de dente, o rosto num vermelho vívido e manchado.

— Eu sou… eu fiz merda.

— Tá. O que aconteceu?

— Não é nada que tenha acontecido. Acho que… acho que é mais uma coisa que eu sou. Eu sou um fracasso.

— Não, não é — digo, sem fazer ideia de onde isso está vindo. Relaxo os dedos delu com delicadeza, um por um.

— Sou, sim. Sou um fracasso e não consigo deixar de ser, por mais que cresça e por mais que me esforce, e olha que me esforço *pra cacete*… — A voz delu fica embargada. Theo sufoca as lágrimas. — Não consigo mudar isso. Faz parte de quem eu sou, o que quer dizer que vou continuar fracassando para sempre.

— Não é verdade. Você…

— Eu reprovei no exame de sommelier três vezes.

Isso finalmente desvia minha atenção do protetor labial que elu está segurando. Eu me recosto, observando um músculo se cerrar no maxilar de Theo.

— Venho mentindo para você. — A voz delu soa monótona, amargurada. — Não pretendia mentir, só *dar a entender*, mas você ficou tão impressionado quando achou que eu tinha passado, e vou refazer a prova quando chegar em casa, de qualquer forma, então pensei que, sabe, se ele me perguntasse daqui a um mês, seria verdade. Mas, sinceramente, é provável que eu encontre alguma forma nova de fazer cagada, então é melhor abrir logo o jogo.

— Entendi. — Pisco devagar, processando a informação. — Só… só isso?

Theo fecha a cara, como se essa fosse a coisa errada a dizer.

— O bar micro-ônibus está na merda também.

Ah, não.

— Na merda como?

— Chafurdado na merda. Sem dinheiro nenhum. No *negativo*. — Elu começa a pegar as coisas e enfiar no nécessaire. — Tenho um monte de ideias, torro meu orçamento todo em quincã em conserva artesanal e açafrão-da-pérsia importado para um maldito drinque, perco o controle dos e-mails do cliente e vai tudo pra merda. Perdi um frila grande que faria num casamento porque me distraí com *você*. — Os olhos delu faíscam; não sei dizer se é uma confissão ou uma acusação.

— E agora eu... não sei como não acabou ainda. Aquele frila me salvaria. Vou ter que vender o micro-ônibus para quitar meus cartões de crédito. Então, menti sobre isso também. Eu não sou nada do que disse a você. Pronto.

Elu termina de fechar o zíper do nécessaire, levanta e o joga na mesa de cabeceira. Depois se senta na beira da cama e puxa os joelhos junto ao peito como se estivesse furiose consigo mesme.

Suspiro e aperto a parte de cima do nariz.

— Por que... por que você mentiria para mim sobre tudo isso?

— Porque queria que você pensasse que estou com a vida nos eixos! — Theo responde, com a voz desolada. — Queria que pensasse que cresci. Queria que me visse pela primeira em quatro anos e ficasse impressionado.

— Isso teria acontecido de um jeito ou de outro.

Theo revira os olhos com muita ênfase.

— Não importa. Eu não queria que você sentisse pena de mim, e ainda não quero, então só... por favor, não me olha assim.

— Assim como?

— Como se achasse que sou melhor que isso — Theo diz. — Foi assim que Sloane olhou para mim também.

— Sloane? Ela... é por isso que ela mandou o vinho?

— Tentei conversar com ela sobre isso e ela meio que me atacou pelo meu, sabe. Meu complexo de nepo baby.

Franzo a testa.

— Seu...?

— Ela tentou me dar dinheiro. Chamou de *investimento*, como se não fosse caridade. E, quando eu recusei, começou a falar que dificulto minha vida de propósito só para provar que estou certe.

— Ah. E quando foi isso?

— Em Nice. Depois que deixei você lá com a Apolline.

As peças dos últimos dias começam a fazer sentido.

— Então, quando fomos para Mônaco, você estava...?

— Em pleno ciclo autodestrutivo, sim.

Levanto do chão e me sento na extremidade da cama. É isso que tudo o que a gente tem feito significa para Theo? Autodestruição?

Não sei que diferença faria se fosse. Importa se Theo está transando comigo para se autodestruir se eu mesmo estou me autodestruindo transando com Theo?

Passo os dedos pelo meu cabelo e me concentro.

— Como está se sentindo?

Theo responde depois de uma longa pausa, a voz baixa mas firme.

— Não posso construir uma vida fazendo parte da família Flowerday. Quero construir uma vida sendo Theo.

— É só não usar o seu sobrenome — digo. — Ou as conexões ou os favores... você nunca precisou de nada disso para ser incrível. — Escolho minhas próximas palavras com cuidado. — Mas, Theo... talvez você deva considerar aceitar o dinheiro.

Theo me lança um olhar fixo e severo.

— Você aceitaria, né?

— Aceitaria. E aí daria um sentido pra ele.

— Aí é que está o problema — Theo insiste. — Não vou fazer nada incrível com ele. Eu pegaria o dinheiro de Sloane e o torraria, e aí isso seria uma marca eterna entre a gente. Não posso correr esse risco. Ela é minha melhor amiga, e não posso... não posso...

A frase inacabada paira no ar entre nós: *não posso perder outro melhor amigo.*

— Não dá pra saber o que aconteceria, Theo.

— O histórico diz o contrário — Quero fazer todas essas coisas por conta própria, mas aí... eu só não consigo. Foi idiota pensar que conseguiria.

— Então usa o dinheiro para contratar uma pessoa para ajudar você.

— E desperdiçar o tempo de outra pessoa também? Já basta desperdiçar o meu.

Coloco a cabeça entre as mãos, chegando perto do limite da minha paciência.

— Nossa, Theo, às vezes você...

Elu se volta contra mim, os olhos úmidos.

— O quê, frustro você? Olha só que coisa, temos essa porra em comum. Você não acha que eu *adoraria* ser diferente, caralho?

— *Você não precisa!* — As palavras saem como azeitona amarga de uma prensa, esmagada além dos limites da minha pele. — *Je te jure,*

Theo, nunca conheci nenhuma pessoa com mais a oferecer ao mundo e menos autoconfiança. Você é uma pessoa brilhante, e magnética, e forte, e impressionante e... e *cheia de vitalidade*, e não consigo continuar ouvindo você falar de alguém que amo assim, então, por favor, pelo amor de Deus, *para*.

Theo fica em silêncio, os olhos arregalados, os lábios entreabertos de surpresa. Meu coração sobe pela garganta. Percebo tarde demais o que fiz: acabei de me declarar. Continuo antes que elu também perceba.

— Você está fazendo tudo ao contrário — digo. — É o resto que precisa ser resolvido, não você. Será que dá pra me escutar, por favor? Você foi competente a ponto de chegar até aqui. Vai ser competente para dar um jeito nisso tudo. E é competente para conseguir o que quiser, mas precisa acreditar.

Theo não responde. No quarto escuro, ficamos sentados em silêncio em pontas opostas da cama, travando uma luta com nosso próprio coração.

Devagar, o corpo de Theo começa a relaxar. Deita-se de costas com a cara voltada para o teto e estende um braço na minha direção, a palma da mão aberta. Também vou me deitando de costas, ajeitando os ombros até nossas cabeças estarem inclinadas uma na direção da outra. Coloco a mão sobre a sua, e os dedos delu se entrelaçam aos meus.

— Não sei nem por onde começar — elu diz.

Respondo:

— Começa de qualquer lugar.

Ficamos deitados de costas com as pernas e os braços estendidos como se estivéssemos em mar aberto. Theo respira lentamente, inspira e expira, até uma risada baixa e triste sair por sob seu fôlego.

Aos poucos, vamos chegando mais perto. O tornozelo de Theo cobre o meu. Meus dedos deslizam até a ponta delicada de seu pulso. Quando viro a cabeça, encontro seu rosto já voltado para mim, os olhos carregados de desejo e de alguma outra coisa enorme que não parece nada autodestrutiva. Parece ter raízes, como se fosse uma coisa viva e que estivesse crescendo.

— Quero mudar as regras — Theo diz.

— As regras?

— Nossas regras.

— *Ah.*

— Acho que — Theo diz — deveríamos poder usar nossos quartos.

Acho meu sorriso impossível de resistir.

— Eu disse que jogaria na sua cara…

— Não seja escroto — Theo responde, com um afeto puro que aperta meu coração. — Sim ou não?

Fácil.

— Sim.

Nossas roupas caem no chão enquanto rolamos pela cama, pegando e roçando e lambendo pele. Theo empurra meus ombros sobre o colchão e sobe em cima de mim. Morde meu pescoço, deixa uma marca em meu ombro, esfrega a frente toda de seu corpo contra o meu como se nenhuma proximidade fosse o bastante. Ofego e gemo quando elu apalpa minha cueca, e elu range os dentes ao ouvir esse som.

— Eu estava com saudade — elu diz, igualzinho a como falou na última noite em Florença.

— Eu também — expiro.

Elu recua para se ajoelhar entre minhas pernas.

— Sabe do que também tive saudade? — elu diz.

Então encaixa as mãos atrás dos meus joelhos e me coloca numa posição que me faz perder o fôlego. É uma das nossas posições favoritas de antigamente: minhas pernas bem abertas, elu no meio, esfregando seu volume duro no meio de minha bunda. De um jeito que era bom pros dois. Às vezes, quando tínhamos tempo e nos preparávamos com antecedência, Theo metia em mim com um cintaralho grosso e lubrificado até eu sentir as fivelas da cinta nas minhas pernas. Às vezes, também elu me colocava para dentro e estocava num ritmo tão controlado e implacável que era impossível saber quem estava comendo quem.

Mas nenhuma dessas coisas está no menu hoje. Não importa que eu consiga sentir como a roupa íntima delu está molhada contra minha cueca ou que eu aceitaria tranquilamente o que quer que elu decidisse me oferecer. Sexo pode abarcar mil coisas diferentes além de penetração, e nossas regras permitem muitas delas.

Como se estivesse ouvindo meus pensamentos, Theo diz, com um distanciamento tenso e controlado:

— Quero propor mais um adendo.

— Estou aberto — respondo, igualmente tenso.

— Gostaria de pôr seu pau pra fora.

Algo parecido com um eclipse solar acontece dentro do meu cérebro. Olho diretamente para o sol e fico cego por um momento.

— Mas — elu continua — não vou tocar nele.

— Não...?

— Não, você é que vai. E eu vou dizer como.

— Achei... achei que isso já fosse permitido, tecnicamente.

— Para de ser tão pau no cu.

Sorrio, erguendo o queixo.

— Como se você não gostasse.

Sinto Theo apertar ainda mais a mão, mas sua expressão faz o contrário.

— Então isso é um sim?

— Sim. Porra... sim, mas vou precisar de lubrificante.

No mesmo momento exato, levamos a mão a nossos nécessaires. Paramos ao mesmo tempo e desatamos a rir.

— Qual é o seu? — Theo pergunta. — Alguma merda de óleo de coco orgânico não refinado?

Tateio dentro do nécessaire até achar o formato familiar da embalagem, jogando-a sobre a cama enquanto Theo joga o delu.

— Óleo de coco pode dar candidíase — digo. — Eu sou um amante cuidadoso.

Theo olha para o meu frasco de lubrificante de viagem de quinze mililitros.

— Tem pouco aí.

— Eu trouxe refil.

— Hm. — Elu acena, pensative, como se eu não estivesse dobrado feito um pretzel embaixo delu. — Sustentável.

Leio o rótulo do frasco azul-safira muito maior de Theo, me sentindo zonzo.

— À base de babosa? E você *me* chamando de burguês safado?

— Cala a boca — Theo diz, e calo.

Fiel a sua palavra, elu não toca em mim. Levanto o quadril depois de uma erguida instrutiva de suas sobrancelhas, e elu ajeita minha cueca para baixo até envolver a polpa da minha bunda, deixando-me pesado, duro e exposto à luz do abajur cor de mel e à brisa leve que traz uma conversa distante regada a vinho pelas janelas abertas. Elu olha fundo para mim, para o brilho úmido de expectativa já babado.

— Ainda fica tão bonito quando tá assim, todo animado — Theo murmura, como se não fosse para eu ouvir. Respondo mesmo assim, soltando um choramingo baixo no fundo da garganta para que o tome para si.

Theo ergue os olhos neste momento, passando a me encarar, e tira a mão.

— Mãos no travesseiro. Não se mexe até eu falar.

Mais uma vez, obedeço. Theo se ajeita, abrindo os joelhos, depois tira um objeto pequeno e grosso de dentro do nécessaire e o desliza para dentro da própria roupa íntima. Uma pausa — elu crava os dentes nos lábios num momento de concentração tão adorável que perco tudo — e então um zumbido baixo começa a ser emitido de seu pequeno vibrador.

Um breve *hm* escapa. Theo joga o quadril para a frente, usando meu corpo para concentrar a pressão onde precisa e, através da única camada de tecido que nos separa, a vibração ressoa dentro de mim, para dentro do músculo que elu antes traçava com os dedos.

— Ca-aralho — expiro.

Por um momento, me contento em apenas observar, atenuado pela beleza do corpo delu roçando em minha bunda, dando e recebendo prazer. Mas isso é quase como um *apéro*, um aperitivo chique de *huîtres gratinées*, intenso demais e substancial demais para preparar o paladar sem roubar a vez da refeição principal. Afino a voz e me esfrego no ar em vão, desolado por não estar sendo tocado.

— *Por favor* — digo. — Me manda fazer alguma coisa.

Theo beija a dobra de meu joelho e diz, generosamente:

— Passa lubrificante.

Minhas mãos pegam o frasco mais próximo, o de Theo, e solto um gemido com o choque do lubrificante frio na pele quente e sensível. Theo responde com um movimento do quadril, então faço o som de novo enquanto aplico o lubrificante por toda a extensão do meu pau.

— E agora, Theo?

Consigo sentir a expressão suplicante em meu rosto, como fiquei vulnerável ao desvelar prontamente meu pescoço e revirar os olhos para elu, e meu coração se enche com o pensamento de que estou seguindo suas ordens. Quero que elu se lembre de como consegue ser competente em algo quando decide ser, como consegue assumir o controle, fazer as coisas até o fim.

— Vai devagar. — Elu mantém a voz baixa e firme ao mesmo tempo em que acelera o movimento com o quadril, os músculos da barriga se flexionando. — Vai se tocando de leve para mim. Beleza?

— Sim. Tá, beleza.

Theo me dá ordens calmas e breves, e minha mão e meu corpo escutam. Elu me guia a cada mudança de pressão e velocidade, cada virada de punho e deslizar úmido da palma da minha mão. Empurra minhas pernas para cima até minhas coxas arderem, me relaxa até eu estar abençoado e preguiçosamente rendido, *Sei que você consegue, lindo, você aguenta mais*, me guia até a beira do precipício e aí me faz parar e assistir ao seu orgasmo. Depois recomeça.

Eu estaria gritando de frustração se não estivesse feliz pra caralho em assistir a tudo isso. Tão aliviado, tão orgulhoso. É *isso* que Theo consegue fazer. O controle, a força deliberada que vem de sua intenção e de seu desejo, estar habitando plenamente o próprio corpo, a puta *capacidade* de me foder melhor do que qualquer pessoa, o *poder* que isso confere a elu, a imensidão deslumbrante disso. Theo é uma catástrofe tanto quanto um terremoto, um ato dos deuses. É o ruir de um império e, ao mesmo tempo, o simples e imediato estilhaçar de um copo no chão para trazer boa sorte. É tudo, e é Theo. Theo singular, Theo perene, Theo, a superfloração.

Por fim, em algum momento desse vale, no desnível dos montes e em meio a videiras maduras e vermelhas, Theo beija meu rosto e fala, com uma voz que ouvi mil vezes no escuro do meu quarto vazio quando gozava sozinho:

— Vai, goza para mim, Kit, mostra pra mim. — E isso é tão fácil de dar a elu, porque a única coisa que quero mais do que gozar é que Theo esteja olhando para mim.

Quando chego ao clímax, por fim — finalmente, caralho —, gozo com um soluço entrecortado, minha mão emaranhada no cabelo de Theo, gozo escorrendo pela minha pele. Assistindo, Theo abre a boca quando um segundo orgasmo parece pegá-le totalmente de surpresa. Um som baixo e espantado escapa de seus lábios.

Por um longo tempo, fico apenas encarando seus olhos. Theo está com um ar maravilhado, e sinto o mesmo medo magnífico de hoje de manhã, como se estivesse vendo uma parte delu que não deveria. Quase desvio os olhos. Mas Theo me abraça e não solta, nem depois de pegar no sono.

Então eu me permito pensar que talvez, ao menos uma vez, quando ouvi a voz delu em meu ouvido no Sexto Arrondissement, Theo estivesse do outro lado do mundo ouvindo a minha.

— — —

O sol da manhã cobre o teto de madeira e terracota, conferindo a tudo uma cor pura e pálida de trigo e damasco. A vila está em silêncio, e o cheiro de pão assando vem da cozinha. O café da manhã não deve nem ter sido servido ainda.

Ergo a cabeça para olhar para Theo sob essa luz enquanto posso: o formato de sua boca, a ondulação de sua clavícula, a sombra leve projetada por seu nariz que se acumula, com sardas escurecidas, em suas bochechas. Faz tanto tempo que não acordo sossegado ao lado de Theo, e toda uma vida esperando para acordar com *essu* Theo.

Quando estou satisfeito, saio debaixo dos lençóis.

Em Paris, as horas de silêncio em que me visto são minhas horas favoritas do dia. Cuido das plantas, faço a lista de compras, conserto meias com agulha e linha ou penduro a roupa lavada para secar perto da janela. É o momento em que me sinto mais cheio de possibilidades, como se pudesse resolver qualquer coisa. Então, hoje de manhã, levo meu caderno de desenho aos jardins e contemplo como poderia ajudar Theo.

É só quando me sento encostado a uma fonte que percebo que tem outra pessoa andando pela propriedade: *signora* Lucia, cortando os arranjos de flores do dia com cuidado. Fico olhando em silêncio enquanto uma brisa sopra o vestido que está usando, cercada por cosmos e zínias, dálias e rosas. Ela me vê e sorri, acenando com a mão enluvada.

Ela me lembra mesmo a minha mãe.

Maman amava Theo como se tivesse saído de sua barriga, e Theo a amava como uma segunda mãe. Fora Ollie e Cora, não tem mais ninguém na Terra que saiba a forma, o sabor e o peso exato que tem perdê-la. Essa foi uma das dores mais fortes de perder Theo: perder essa parte vestigial da minha mãe também, o depósito de amor que ela havia deixado no coração delu. Tem sido bom poder falar sobre ela sem explicar nada.

A *signora* Lucia carrega as flores na direção da vila enquanto eu desenho e penso em Theo. Deve ser por volta das sete agora. Colheres de servir ressoam em travessas ao longe, conversas baixas ganhando vida nos terraços. Alguns hóspedes saíram para tomar café e comer frutas, mas muitos estão dormindo até tarde para compensar o horário em que foram dormir. Imagino que Theo vá fazer o mesmo.

Mas, minutos depois, elu vem descendo para o jardim de botas e calça jeans leve e uma camisa mal abotoada.

— Eu sabia que você estaria aqui — elu chama, fazendo a voz esnobe que usou na piscina para tirar sarro de mim por minha leitura —, fazendo seus exercícios matinais de taxonomia.

Sorrio.

— De que outro jeito eu cairia nas graças do vigário? Nunca aprendi pianoforte.

— Chupando ele — Theo sugere. — Ei, quer dar uma volta de bicicleta antes de irmos? Parece que tem uma trilha que passa por um castelo antigo. Vinte minutos de ida, vinte de volta. Deve ser tranquilo.

— A gente não vai embarcar em breve?

— Só daqui a uma hora e meia. E coloquei nossas malas no ônibus, então a gente não precisa mais subir. A gente vai rapidinho.

Passo o peso de um pé para o outro, deliberando. Meu celular está na mochila, então não vou conseguir controlar o horário. Vou ter que depender de Theo. Posso ver a esperança nos olhos delu, um brilho sutil e ensolarado.

— Beleza — digo. — Fica em qual direção?

ROMA
COMBINA COM:

Cardinale com gelo e gelato derretendo

Roma

Por sorte, a *signora* Lucia sabe dirigir um carro de câmbio manual.

Estamos na estrada em algum lugar entre Chianti e Roma, três no banco da caminhonete que Lucia costuma usar para buscar caixas de vinho de vinícolas da vizinhança.

Tudo que poderia ter dado errado em nosso passeio de bicicleta deu. Theo se perdeu, o pneu da minha bicicleta estourou, uma cabra nos perseguiu para fora da pista. Durante a primeira hora, foi uma desventura pastoral encantadora, até nossa briga de mentirinha virar uma briga de verdade e, quando Theo mencionou que o ônibus partia às nove, parei, encarei e disse que o cronograma dizia oito. Estávamos atrasados para um ônibus que já tinha saído e ninguém veio nos procurar porque Theo já tinha feito o favor de dar check em nossos nomes na lista quando embarcou nossas malas.

Quando conseguimos comunicar o que havia acontecido e pedir para um recepcionista ligar para a empresa da excursão — Theo nunca chegou a salvar o número de Fabrizio —, o ônibus já estava a uma hora de distância. Se voltasse, o grupo inteiro perderia o tour de Vespa pelos monumentos romanos marcado para hoje à tarde. Foi então que a *signora* Lucia chegou, pegou o fone e disse a Fabrizio que cuidaria disso.

E agora aqui estamos nós, a meio caminho de Roma, em uma caminhonete de fazenda meio enferrujada e com a fantasma italiana da minha mãe, que parece saber apenas duas palavras em inglês, as que correspondem a *olá* e *vaca*.

Eu e Theo estamos sentados de braços cruzados, tensos e distantes. Debaixo do barulho do motor e de uma fita cassete contendo os maiores sucessos de Patty Pravo, quase consigo ouvir Theo rangendo os dentes. Fixo o olhar nos retratos em miniatura de Maria e Jesus pendurados no espelho retrovisor e tento me lembrar de como foi gostoso acordar hoje cedo.

— Vaca — *signora* Lucia diz, com a voz entediada, apontando pelo para-brisa empoeirado para um rebanho pastando num campo. Ela apontou para todos os pastos de vacas pelos quais passamos no que parecia ser um passeio turístico agrícola meio indiferente. Eu e Theo respondemos com *hmm*.

Passamos por mais dois pastos antes de Theo finalmente descolar o maxilar e dizer, olhando para a frente:

— Por que não fala de uma vez o que está pensando para a gente acabar logo com isso?

Lá vamos nós.

— Não tem nada para falar — digo. — Eu deveria ter olhado a hora antes de sairmos. Deveria ter conferido se você havia contado para alguém aonde estávamos indo.

— Em outras palavras, você deveria ter imaginado que eu faria merda.

— Eu não teria colocado a gente nessa situação, não.

Theo responde com um aceno rígido e rápido.

— Certo, afinal você nunca comete erros.

— Eu sabia a hora certa.

— Claro — elu diz. — A culpa é toda minha, então.

— Por que você está com raiva de *mim*?

— Porque estou conseguindo ouvir a superioridade nesse seu tom de merda, Kit — Theo responde, finalmente se virando para mim. — Como se você estivesse achando que sou uma criança idiota.

Eu não acho isso, mas já tivemos essa conversa mil vezes antes, e não vai fazer diferença se eu disser que não acho. Ontem à noite deveria ter sido prova o suficiente, mas talvez o problema seja esse. Talvez elu não estivesse acreditando de verdade no que eu estava dizendo nem ontem à noite. Talvez eu só tenha colocado mais massa por cima dessa torta que rachou depois de hoje.

— Tem uma coisa que eu queria dizer, na verdade — arrisco. — Não acho que isso seja sobre o ônibus. Acho que você está um pouco à flor da pele por causa de ontem.

— Ah, legal, então seu papel aqui, *além* de me salvar de mim, é me explicar como eu me sinto — Theo diz, as bochechas ardendo, vermelhas. — Realmente, essa viagem está sendo uma volta ao passado. Nossa, eu ter sobrevivido todo esse tempo sem você é um milagre, mesmo, né?

— Não coloca palavras na minha boca — digo, com a voz firme. — Eu não acho isso.

— Parece bastante com o que você me disse naquele dia.

— Vaca — diz *signora* Lucia, apontando, e nós dois fazemos *hmm*.

— Naquele dia? — pergunto a Theo. — Que dia?

Elu não diz nada, e a resposta me atropela como se eu mesmo estivesse rolando estrada abaixo. Caindo de cabeça, esparramado no asfalto, quinze palavrões em francês diferentes colidindo em minha cabeça.

— Ah, você está falando do avião — digo. — Está querendo falar disso *agora*?

— Não, só achei engraçado — Theo diz, a voz tensa. Quando tira um fio de cabelo da frente dos olhos, a mão delu treme. — Porque, tipo, eu não estou colocando palavras na sua boca.

— Eu não me lembro de ter dito nada nem parecido — digo, um nó se formando em minha garganta.

O que me lembro é: meus ouvidos zumbindo enquanto Theo me chacoalhava para me acordar. O envelope na mão — elu tinha mexido em minha bolsa procurando algum lanche e encontrou aquilo. O ronco surdo dos motores enquanto passávamos por cima do oceano, o gosto amargo do sono na boca. Lembro de Theo estendendo as páginas e perguntando o que caralhos eram aqueles papéis, dobrados três vezes com cuidado. Minha carta de admissão e os documentos do nosso apartamento.

Tínhamos conversado muitas vezes sobre Paris. Eu sempre contava histórias sobre o *pied-à-terre* em Saint-Germain-des-Prés. Essa era a primeira vez que Theo cruzava o Atlântico, mas, quando ficávamos acordados até tarde assistindo a *Sem reservas* ou comprávamos Camembert da queijaria ao lado do Ralph's, jurávamos que Theo viria comigo para uma visita e eu lhe mostraria todos os lugares aonde Thierry e *maman* me levavam quando eu era pequeno, e comeríamos e nos beijaríamos e tomaríamos kir com um toque de

Lillet Blanc. E não seria engraçado, dizíamos, se a gente nunca mais fosse embora? Se ficássemos para sempre, começássemos toda uma vida nova, abríssemos o Fairflower em alguma esquina florida?

Theo sabia que eu tinha me inscrito em escolas de culinária em vários lugares, incluindo Paris. Portanto, quando passei na École Desjardins alguns meses depois de termos agendado a excursão, tive uma ideia: eu pediria para Thierry passar o *pied-à-terre* para o meu nome quando ele se mudasse. Na excursão, Theo veria Paris pela primeira vez, eu seria o responsável por apresentar todas as coisas pelas quais elu se apaixonaria e por fim faria uma surpresa. Tinha mudado o destino de nossas passagens de volta, saindo de Palermo, em segredo para uma escala de dois dias em Paris, e levaria Theo para o *pied-à-terre* e entregaria a elu nosso sonho num envelope. Uma casa florida em Paris, uma vida nova, tudo já preparado. Theo não tinha que se preocupar com nada, não tinha que resolver nenhum detalhe difícil e entediante. Tudo que precisava fazer era vir.

Ri e encolhi os ombros, *Lá se foi a grande surpresa romântica*, e a cor se esvaiu do rosto de Theo, que disse: *Pensei que fosse piada isso de se inscrever em Paris*. Foi então que tudo veio abaixo.

As primeiras perguntas foram todas sobre *como*, perguntas que eu não esperava ouvir porque pensei que nós dois saberíamos as respostas. Como eu faria para pagar pelos estudos de confeitaria em Paris? Pegaria dinheiro emprestado com o meu pai. Como faríamos para levar todas as nossas coisas para o outro lado do oceano? O *pied-à-terre* já estava todo mobiliado. O que eu esperava que Theo fosse fazer enquanto eu estivesse na escola? Elu poderia fazer uma imersão nos vinhos franceses que vinha curtindo nos últimos tempos, aprender tudo de que precisávamos para que Fairflower virasse realidade algum dia. Como Theo faria isso se elu nem falava francês? Eu ensinaria. Como seria do ponto de vista legal? Essa era a mais fácil: *Tenho dupla cidadania, é só a gente se casar.*

E Theo disse: *Não vai me dizer que é desse jeito merda que você está me pedindo em casamento.*

— Você ficou maluco? — Theo pergunta. — Como pôde planejar toda uma vida para mim sem nem me perguntar se era isso que eu queria?

Pressiono a testa, tentando conter toda a frustração e tristeza ali. Theo me fez a mesma pergunta quatro anos atrás, e minha resposta estragou tudo. Mas não mudou.

— Você não era feliz, Theo — respondo. — E eu tinha medo de que, se continuasse fazendo as mesmas coisas, nunca fosse.

O que você acha que te dá a porcaria do direito, Theo respondeu naquele dia, *de tomar esse tipo de decisão por mim?*

Achei de verdade que Theo adoraria a ideia de não pagar mais aluguel, não trabalhar mais em turnos duplos nem ouvir xingamentos na cozinha, não ficar mais alternando entre os únicos cinco restaurantes de que realmente gostávamos, não ter mais nenhum ex para evitar, não ter mais nenhuma pontuação de crédito para corrigir nem ter medo de não conseguir seguro quando fizesse vinte e seis anos. Uma vida sem limites na cidade mais linda do mundo, onde ninguém precisava saber seu sobrenome. E nós, juntos. Qualquer coisa era possível se estivéssemos juntos.

Theo *não* era feliz. Não desde que elu precisou parar com a natação e largou a faculdade. O trabalho no Timo arrancava seu couro sem dó nem piedade, elu sofria para conquistar cada cargo, de assistente de garçom a *barback*, depois a bartender, depois a gerente de bar, com suor, bolhas e noites longas que só pioravam seu ombro. Theo estava o tempo todo cansade. Desenvolvia interesses novos e os esgotava numa semana. E, às vezes, havia uma desconexão estranha e frágil em seu olhar, como se existisse alguma coisa dentro delu que não estivesse recebendo a atenção necessária, uma coisa tão essencial que poderia deixar em Theo um vazio eterno se morresse ou fosse negligenciada.

E a questão era que Theo nunca disse que eu estava errado nesse sentido. Mas abraçou uma convicção enérgica e obstinada de que tinha direito de ser infeliz.

Eu disse: *Não posso continuar vendo você desistir de si mesma.* Disse: *Posso ajudar.* Disse: *Às vezes eu me preocupo porque você só dificulta a própria vida.* Ao que Theo respondeu: *Você está percebendo que não para de falar da minha vida na primeira pessoa?*

— Eu podia não gostar — Theo diz, agora —, mas era a minha vida.

Depois, Theo me fez outras perguntas: fazia quanto tempo que eu estava planejando isso? Será que cheguei a me perguntar, em algum momento, se pedir a elu para abandonar a própria vida, mudar para outro continente, num país cuja língua elu não falava, e viver no *pied-à-terre* da minha família era mesmo romântico ou só controlador? Eu cheguei a sequer lembrar que Theo odeia surpresas? Mas aí pensei: *Será que eu sabia que Theo odeia surpresas?*

Lembrei a Theo de Fairflower, de todos os menus em que tínhamos pensado, todos os nossos sonhos, e Theo disse que, na visão delu, nunca tinha passado disso: um sonho. Uma coisa gostosa de imaginar, nada mais. Não era o que eu tinha entendido, e Theo não se surpreendeu por isso. Disse que eu sempre acho que sei mais do que todo mundo e nunca deixo espaço para elu corrigir os próprios erros, que vivo num mundo de fantasia e só escuto o que quero escutar. Disso eu também não sabia.

E ficamos dando voltas e mais voltas nessa história por horas naquelas poltronas estreitas de avião durante todo o serviço do jantar e encarando bandejas de plástico de lasanha morna, soltando tudo que estava guardado. Já tínhamos brigado uma vez ou outra na infância, mas ali estávamos descobrindo como é ter uma briga de adultos em um relacionamento. Não soubemos a hora de parar. Eu falei de todas as vezes em que tinha mordido a língua e deixado que elu fizesse as piores escolhas, e elu me disse que teria vergonha de deixar que seus pais bancassem a vida delu do jeito que eu tinha deixado os meus fazerem. Disse que eu só me importava com minhas próprias ideias de propósito e sucesso, e eu disse que pelo menos não tinha medo de me esforçar para conquistá-los. Eu tinha certeza de que conseguia enxergar o caminho direto que levaria Theo até a felicidade, mas elu se recusava a segui-lo.

Às vezes me pergunto se essa briga teria levado ao término se tivesse sido em casa. Se tivéssemos tido a oportunidade de arejar a cabeça, tirado uma noite para nos acalmar e nos encontrado na cozinha na manhã seguinte, talvez tivéssemos continuado juntos. Mas foi num avião a caminho de Londres, sem nada pra fazer além de implodir. As últimas duas horas rumo a Heathrow foram em silêncio, e eu não conseguia pensar em nada sincero que pudesse convencer Theo a não me deixar. Não fiquei surpreso quando me pareceu que elu tinha me largado.

— Você não sabia o que queria fazer — digo agora. — E achei que talvez eu pudesse ajudar você a descobrir e fiquei com medo do que poderia acontecer se eu não ajudasse.

— Você queria ir para Paris. Escolheu a vida que queria, a vida que tem agora e que, aliás, me parece que prova que eu nem precisava estar lá. Eu estaria só pegando carona.

Sinto vontade de colocar a cabeça entre as mãos.

— Theo — digo, soando cansado até para mim mesmo —, não sei como dizer isso de outra forma. Você *era* minha vida. Você sempre foi o objetivo de tudo o que fiz.

— Bom, não era para eu ser — Theo retruca. — Ninguém deveria ser o objetivo de ninguém, Kit, porque é assim que uma pessoa vira só uma coisa. Foi assim que você se esqueceu de me perguntar se eu *queria* ir para Paris.

Respiro fundo e digo:

— Eu sei.

A cassete de Patty Pravo chega ao fim, dando lugar à estática do rádio da caminhonete. A *signora* Lucia desliga o rádio.

Está silêncio dentro da caminhonete quando Theo diz:

— Como assim?

— Eu sei. Você tem razão. Então, por favor, será que a gente... será que a gente precisa mesmo continuar repetindo a briga toda? Já foi doloroso antes de eu saber que estava errado, então não consigo *mesmo* aguentar passar por isso de novo agora.

— Você... acha que tenho razão?

É estranho perceber que nunca falei isso para elu. É um fardo tão grande para mim que me esqueci de que nem todos conseguem ver que o estou carregando.

— Theo, essa história de Paris é o maior arrependimento da minha vida.

Theo olha para mim, os olhos tão concentrados em vasculhar os meus que não consigo encontrar mais nada neles. Então diz:

— Fala mais — o que é uma resposta tão Theo para um momento de vulnerabilidade silenciosa tão grande que preciso me esforçar para não abrir um sorriso.

— Você tinha razão — digo. — Quando encasqueto em realizar

um sonho, fico tão obcecado que não consigo enxergar nada além. Eu não enxerguei você. Estava tratando sua vida como um problema a ser resolvido, planejando tudo com base na versão de você que eu tinha na cabeça e que concordaria com tudo o que eu achava melhor para você, e eu tinha tanta certeza de que estava certo que me esqueci de que nunca nem cheguei a conhecer aquela pessoa. A maior merda é essa. Nunca amei a versão de Theo que teria entrado nessa comigo. A única pessoa que amo é você.

E mais uma vez, esqueço de usar o passado quando declaro meu amor. Fico me perguntando se Theo vai notar agora.

— Pois é, foi… — Theo responde, o olhar distante. Por um momento, fico achando que o comentário é sobre a última frase, mas aí Theo diz, com uma breve risada triste: — Foi *mesmo* a maior merda.

Também rio, não consigo evitar. Sai como um suspiro.

— Se eu não tiver dito ainda — digo —, me perdoa. Eu não deveria ter feito nada sem você.

Theo não diz nada, mas um silêncio tranquilo recai sobre nós. Elu acena e volta os olhos para o para-brisa, que vai revelando, aos poucos, os arredores distantes de Roma. Bares atarracados à beira da estrada, predinhos de argamassa, ciprestes pontudos. Observo tudo passar, uma sensação estranha dentro do peito que me lembra o momento em que uma panela borbulhante de açúcar se transforma em caramelo. Parecido com alívio, com um ponto de virada.

Depois de meia hora, Theo coloca a mão sobre a minha, e em mais meia hora, quando chegamos à cidade, finalmente abre a boca.

— Eu deveria ter conferido o horário do ônibus hoje cedo — elu diz. — Foi mal.

O ônibus acabou ficando tão distante na minha mente que isso me tira uma risada gutural de surpresa.

— Eu também poderia ter olhado — digo.

Theo aperta minha mão.

— E, para dizer a verdade — Theo diz, quando a caminhonete passa por entre casas arborizadas cor-de-rosa e amarelas em Flaminio —, tem *sim* dias em que a minha vontade é sumir com todos os meus problemas e recomeçar.

— Acho que todo mundo tem essa vontade, às vezes.

— De vez em quando ainda quero — Theo diz. — Mas, se eu começar a vida do zero, quero que ela seja minha.

— Eu sei.

A *signora* Lucia nos leva até um ponto de ônibus na beira de uma praça do outro lado do mercado, onde o grupo da excursão deve estar almoçando. Agradecemos com "*Grazie mille, grazie mille*" vezes e mais vezes até ela nos dar tchau e sairmos correndo.

Quando éramos pequenos, Theo ficava com muita raiva quando disputávamos corrida. Nós dois éramos rápidos, e Theo sempre teve a força e a ousadia a seu favor, mas eu tinha passadas mais longas e reflexos melhores. Elu estava sempre um passo atrás.

Agora, enquanto corremos pela praça, eu me mantenho para trás. Theo avança num ritmo estrondoso, como se na verdade estivesse desembainhando uma espada, em vez de só tirando o celular da pochete, o sol romano quente refletindo em seu cabelo como os louros no cabelo de um gladiador. A beleza delu é deslumbrante desse ângulo novo.

Theo olha por sobre o ombro para me encontrar um passo atrás e algo brota em seu rosto. Elu se vira antes que eu consiga identificar o que é.

— — —

Fabrizio nos abraça com um alívio ofegante na frente do Antico Forno Roscioli enquanto o grupo termina o almoço. Os abençoados Calums guardaram para nós alguns pedaços de pizza crocante cheios de colheradas de pesto e meia crostata, com os quais nos lambuzamos comendo em mordidas grandes que engolimos com a ajuda da Peroni morna de Stig. Foi por pouco, mas conseguimos chegar.

De seis em seis, somos divididos em grupos, passados para um motorista sorridente com um capacete brilhante pendurado nos dedos e guiados para longe do mercado para encontrar nossas frotas de Vespa. Eu e Theo estamos entre os últimos a serem designados, mas nenhum motorista aparece. Em vez disso, Fabrizio nos abre um sorriso vigoroso e diz:

— *Amici*, vocês vêm comigo!

Ao virar a esquina, somos aguardados por um grupo de motoristas e uma fila de Vespas vintages que formam um arco-íris de cores pastéis, parecendo que saíram de uma caixa de macarrons parisienses. Um homem bonito de meia-idade usando luvas sem dedos grita um cumprimento encantado para Fabrizio e dá um grande beijo em seu rosto dourado. Estou começando a desconfiar que existe uma pessoa apaixonada por Fabrizio em cada cidade desta excursão.

— Este aqui é Angelo! — Fabrizio diz. — Quando cheguei a Roma, foi com ele que consegui meu primeiro emprego como motorista neste tour de Vespa quando tinha apenas dezoito anos. Aprendi tudo que sei com ele. — Ele se vira para Angelo. — E eu era seu motorista predileto, não era?

— *Sì* — Angelo responde. — Todas as meninas queriam fazer o tour quando viam você. Muito bom para os negócios.

— E agora — Fabrizio diz —, quando minhas excursões visitam Roma, trago todos para você. E, como um agradinho, você me deixa dirigir como nos velhos tempos, *sì*?

Cada passageiro faz par com um motorista — um casal em lua de mel com dois senhores robustos idênticos a Lars, Stig com uma moça minúscula que usa muitos piercings no nariz e precisa ficar em pé no banco para colocar o capacete na cabeça dele, Dakota com Angelo. Conto as scooters e percebo que está faltando uma. A única que resta para mim e Theo é uma vespa amarelo-canário com um sidecar da mesma cor.

— Fabrizio, não — Theo diz ao se dar conta do que está prestes a acontecer.

— Fabrizio, *sì*! — Fabrizio responde, estendendo um capacete para cada um de nós. — Um de vocês vai no sidecar e um de vocês vai atrás de mim. Daquele jeitinho ali!

Ele aponta para Dakota montada na Vespa atrás de Angelo, as coxas encostadas nas dele e os braços ao redor da barriga. Um de nós vai ficar agarrado em Fabrizio enquanto o outro se agacha no sidecar feito uma ilustração de cachorro usando óculos de proteção num livro infantil.

Theo coloca o capacete na cabeça e se vira para mim.

— Vamos tirar na sorte?

— A gente podia revezar? Trocar nas paradas? — sugiro. Arrumo o cabelo para trás e coloco o capacete, e Theo começa a rir no mesmo instante. Franzo a testa. — Que foi?

— Olha só pra você! — Theo pega o celular para tirar uma foto e me mostra a tela, minha cara de confusão e os tufos de cabelo saindo por debaixo do capacete. — Nossa, tá perfeito.

— Eu fiquei chique — respondo. — Fiquei parecendo esses motoqueiros da costa Amalfitana.

— Na verdade, ficou parecendo que dispararam você de um canhão num circo para gente gay.

— Melhor ainda.

— Eu sei — Theo diz, como se surprese com a própria sinceridade.

Dou uma piscadinha e aperto a fivela do capacete no queixo, apontando na direção de Fabrizio, que já está sentado atrás do guidão.

— Vai primeiro. Esquenta Fabrizio para eu sentar depois.

E, prestando uma continência de só dois dedos, Theo monta na moto.

O sidecar não é tão apertado quanto parece e, depois que consigo colocar as pernas, é quase confortável. Theo, que continua achando que essa é a coisa mais hilária que já me aconteceu, tira uma dezena de outras fotos até Fabrizio acelerar e sair com a Vespa.

Os outros motoristas entram em formação enquanto entramos numa das ruas principais de Roma, Corso Vittorio, pelo que consegui ler numa placa que passou bem rápido. Prédios sobem ao nosso redor em blocos imponentes de marfim e creme, eminentes e cercados por balaústres de pedra, sustentados por colunas iônicas com volutas curvas no alto. O céu é de um azul escaldante, e as estradas se curvam para oeste, na direção da torrente verde do Tibre. O motor ronca e Fabrizio canta ao vento enquanto anda pelo trânsito romano e, do meu sidecar, olho para Theo.

Theo é cria do deserto e ganha vida com o sol e o calor. O sorriso delu vai ficando mais e mais largo conforme a manhã vai desaparecendo pelo retrovisor de Fabrizio. Theo entrelaça os dedos ao redor da cintura de Fabrizio e ergue o rosto sob o vento, contemplando Roma com uma admiração sincera.

Acho que, depois de tudo, agora que dissemos o que precisava ser dito, podemos sair dessa bem.

Cruzamos uma ponte arqueada rumo ao tambor cilíndrico de Castel Sant'Angelo, em cima do qual diz a lenda que o Arcanjo Miguel desembainhou sua espada para marcar o fim da grande praga de Roma. Carros buzinando competem conosco para ver quem chega primeiro à fachada de travertino do Palácio da Justiça e quem volta primeiro a Tibre, passando pelos formigueiros sinuosos de ruas estreitas de paralelepípedo na direção do Panteão.

Quando chegamos ao templo, Fabrizio se volta para Theo e grita mais alto que o motor.

— Quando acabarmos, voltem aqui, desçam essa rua e peguem a primeira à esquerda, depois a primeira à direita que dá para o beco, e vão encontrar o hostel entre as osterias, lá na ponta. Orla deixa as malas de vocês nos seus quartos no último andar.

— Uhum — Theo responde.

Elu está observando as colunas antigas do Panteão com fascínio, sem prestar atenção em nada.

— *Grazie!* — grito, contente em evitar que nada atrapalhe o momento de Theo.

Vou me lembrar disso por nós dois.

Entramos num beco com uma torneira antiga jorrando água cristalina. Li sobre elas — *nasoni*, torneira públicas abastecidas, em parte, pelos aquedutos romanos originais —, mas quase não consegui acreditar que existiam até agora. Pegamos água com as mãos em forma de concha e alternamos, segurando os bicos com os dedos, para fazer com que jorrem para cima igual a um bebedouro. Fabrizio vira a cabeça toda de lado e coloca a boca embaixo do fio, e flagro o olhar de Theo quando sigo o exemplo dele, tomando água fresca com a boca aberta até escorrer por meu queixo.

Depois, é minha vez de andar com Fabrizio. Enlaço os braços ao redor de sua cintura firme, aperto as coxas contra as dele, nossos shorts tão curtos que o suor dos dois corpos se mistura. Ele elogia a maciez da minha pele quando dá a partida e agradeço com meu sorriso mais sedutor. Theo observa com um desejo curioso e descarado do sidecar embaixo. Duas coisas que resistem à passagem do tempo: antiguidades romanas e o prazer que Theo sente ao me ver com um homem entre as pernas.

A excursão continua enquanto passamos por um borrão de pedras e heras, as ruínas da praça onde Júlio César foi assassinado, o parque gramado do Circo Máximo, outrora pisoteado por cascos de corrida e rodas de biga, templos a Hércules e Portuno tão bem preservados que um camponês romano poderia bem passar vendendo uma vaca no Fórum Boário. Terminamos no Arco de Constantino, que pouco mudou comparado a como era quando imperadores vitoriosos desfilavam setecentos anos atrás, ainda orgulhoso e imponente ao fundo do grandioso Coliseu.

Damos a volta pelo Coliseu a pé, nossos sapatos sobre as mesmas pedras que um dia foram pisadas por milhares de sandálias antigas. Fabrizio já está perdendo a voz enquanto recita uma história após a outra, reconstitui batalha após batalha. Depois voltamos a sair, passando pelas arcadas, e visitamos as ruínas da fonte onde os gladiadores lavavam seus ferimentos, nos dirigindo ao alto do monte Palatino e sua vista panorâmica do Fórum Romano.

Em uma excursão longa, os dias parecem gigantes, estendendo-se de maneira impossível para além da duração normal. Tantas coisas acontecem em tão poucas horas, uma após a outra, até parecer inimaginável que o dia tivesse começado num lugar completamente diferente. Como se cada lugar fosse único e o mais importante até chegarmos ao próximo lugar único e importante, essa fonte, e aquele bebedouro, e essa vidraça cintilante, cada uma delas marcada em nossa memória para sempre a partir de um acontecimento instantâneo, mas cada uma delas substituída imediatamente pela seguinte. Tudo perpetuamente fugaz, o corpo esgotado e o cérebro extasiado. É assim que o dia continua.

Fabrizio nos libera para explorarmos o Fórum Romano. Eu e Theo vagamos pela mesma rua onde senadores conspiraram e comerciantes venderam mercadorias e mulheres praticaram a profissão mais antiga do mundo, todos trabalhando ou rezando ou jogando ou espalhando boatos, e atravessamos o que ainda resta dos arcos triunfais.

Eu me imagino com Theo no mundo deles. Eu seria padeiro, assando pães de massa lêveda sob cinzas ardentes, folhas de oliveira no cabelo e farinha na túnica. Theo seria a pessoa que conduz bigas, com seu ar malandro, e que compra pão de mim todo dia de manhã, deixando as virgens vestais sem graça. Trocaríamos olhares, mas nunca nos tocaríamos exceto quando estivéssemos a sós, prensando o outro contra a parede em cantinhos secretos em templos, e, quando Theo enrolasse uma faixa de couro no peito para correr de biga, meu nome estaria gravado dentro das fivelas.

— É tão doido como dois mil anos atrás eles sentiam as mesmas coisas que nós — Theo reflete. — Só queriam ser amados, comer comida boa, fazer arte e transar.

— A condição humana — concordo.

Paramos na frente do templo mais impressionante, um com dez colunas grossas ainda sustentando o friso sobre o pórtico. Uma placa revela que, originalmente, foi construído como um templo dedicado à imperatriz Faustina, a Velha. O marido dela, Antonino, ficou com o coração tão desolado por sua morte que ordenou que a deificassem e esculpissem sua imagem em estátuas de ouro, gravassem-na em moedas e a consagrassem neste templo. Ele queria que o império todo a venerasse como ele próprio a venerava, e assim se espalhou a seita de Faustina.

— É meio romântico amar tanto sua esposa a ponto de criar uma seita — digo.

— Sei não — Theo comenta, uma curva irônica nos lábios. — Será que alguém chegou a perguntar pra Faustina se ela *queria* ser uma deusa?

Começo a rir, perfeitamente disposto a aceitar a alfinetada se isso significar que já podemos fazer piada do assunto.

— Tem razão — digo. — Muito presunçoso da parte de Antonino.

Ao sair do fórum, percebemos que nenhum de nós comeu o suficiente no almoço, e ainda faltam quatro horas para a reserva do jantar do grupo. Com fome e calor demais, entramos na primeira pizzaria que encontramos, em parte porque achamos o garçom gostoso e em parte pelo grande volume de vapor que vemos saindo de lá de dentro. Tudo, desde cadeiras a talheres, está ligeiramente úmido, cintilando com gotículas minúsculas de água fresca. Quando o garçom gato leva nossos menus embora, dois retângulos secos marcam o lugar em que estavam, em cima da toalha de mesa de papel pardo.

— Será que não é vapor demais? — Theo pergunta. — Parece que eu estou no Rainforest Café.

— Não, eu tô gostando — digo, observando uma gota escorrer pelo pescoço delu. — Estou me sentindo um pepino no mercado.

Eu bebo um limoncello spritz, Theo toma uma taça de Orvieto gelado e nós dois dividimos uma pizza. Quando acabamos, subimos a ladeira até a Fontana di Trevi, que está absolutamente inundada de turistas derrubando gotas de gelato derretido e dividindo *supplì* fritos crocantes, recheados de queijo e tomate. Encontramos um lugar perto da beira da fonte e nos sentamos juntos.

— E lá está, a nossa espera, o nosso amante, o Netuno Gostosão — digo, admirando a fonte. — A gente sempre acaba nele.

— Acho que talvez isso não tenha tanto a ver com a gente, e sim com o fato de que ele é um tema frequente para esculturas de fonte.

— Não, tem um lance rolando entre a gente.

— Hmm. Espera aí. — Theo observa a fonte mais de perto. — Eu conheço este lugar. Ele aparece no clássico das comédias românticas...

— *A princesa e o plebeu* — digo, ao mesmo tempo que Theo conclui:

— *Lizzie McGuire: Um sonho popstar* — e damos risada.

Olho para Theo, sardas à mostra, o cabelo desgrenhado pelo capacete e frisado pela névoa, ao meu lado em Roma, afinal. Minhe condutore de bigas. Theo construiu a própria vida, que trouxe elu até aqui, e tenho a sorte de poder assistir a tudo isso.

Penso em Faustina no fórum, Theo no avião. Quero fazer as coisas de uma forma melhor desta vez. Quero saber o que Theo quer. E, o que quer que queira, quero proporcionar a elu.

Então, desta vez, pergunto:

— Theo — digo. — O que você quer?

É uma pergunta aberta. Pode significar seja lá o que Theo queira que signifique.

Elu considera responder por muito tempo, assistindo à água cair dentro da bacia da fonte.

— Venho pensando nisso — elu diz. — Me pergunta de novo amanhã.

— — —

À noite, jantamos numa osteria em uma ruazinha lateral, uma empresa familiar, que só uma pessoa que realmente a conhece saberia encontrar. Não é nada especial aos olhos — simples e marrom em meio a todos os becos cobertos de trepadeira e estátuas heroicas —, mas a *sensação* é especial. As paredes são cobertas por uma profusão de retratos em preto e branco de bisavós, pôsteres de pizza pintados à mão, fotos granuladas de netinhos todos melados de molho e retratos autografados de cantores italianos. Toalhas de vinil axadrezadas em vermelho e branco cobrem todas as mesas, e pratos descombinados transbordam de massas em dezenas de formatos e cores.

Depois, eu e Theo finalmente vamos para nossos quartos. Para nossas duas noites em Roma, estamos hospedados num predinho residencial antigo transformado em hotel, nossos quartos no alto de cinco lances de escada de mármore tão íngremes que subimos o último ofegando e tiramos um tempinho para nos recuperar segurando os joelhos. Num patamar amplo e empoeirado, iluminado por cordões de luzes, Theo destranca a porta do próprio quarto e encontra nossas malas depositadas lá dentro.

Levo a mão à minha, mas Theo pega minha chave e diz:

— Você devia ficar aqui.

No quarto de Theo, revezamos em lavar o suor seco com banhos frios. Mesmo assim, ainda está quente demais para considerar vestir roupas e, desde ontem na vila — Deus, como pode ter sido apenas ontem? —, não há motivo para termos vergonha. Deixamos as toalhas molhadas no banheiro e nos deitamos pelados com as costas em cima do edredom, com cuidado para não nos tocarmos e dividirmos calor corporal. Nossas cabeças deixam auréolas úmidas nas fronhas.

Não estou olhando para Theo com nenhuma intenção real. Mas existe o fato simples e extraordinário do corpo delu ao meu lado: o afunilamento de seus antebraços do cotovelo ao punho, os sulcos de suas canelas e a nodosidade forte do osso de seus tornozelos, os pelos cor de gengibre que cobrem cada perna e se adensam entre elas. O peito delu é quase tão liso quanto o meu quando Theo se deita assim, ondas sutis num tom mais cor-de-rosa em cada mamilo. O que me pega não é apenas a beleza de seu corpo, mas a presença casual dele, a maneira como me é permitido me deitar ao lado daquele corpo num quarto em silêncio.

— Kit — Theo diz.

— Theo — digo.

— Você está de pau duro.

Fecho os olhos.

— Eu sei.

Theo abre os pés, apertando o lençol em dois pontos suaves sob os calcanhares. Uma de suas mãos, aquelas mãos fortes e adoráveis, desce por sua barriga até o ponto entre suas pernas. Então Theo a ergue sob a luz do abajur e me mostra a umidade cintilando sobre a ponta dos dedos.

É uma admissão e uma pergunta. Respondo as duas baixando a mão e metendo em minha própria palma.

E é assim que, deitados em uma cama em Roma, doze horas depois de acertarmos as contas, nós nos masturbamos juntos.

Teve outra vez que fizemos isso, quando tínhamos dezenove anos e estávamos chapados e consumidos de desejo. Uma noite até tarde em meu quarto, uma conversa infinita que chegou às pessoas com quem estávamos transando em vez de um com o outro. Por anos, fingimos não nos lembrar de como tínhamos ficado deitados sob a mesma coberta com as mãos dentro da calça, o farfalhar do algodão e o sussurro de pele, mas eu não conseguia me esquecer da sensação de descobrir o som do orgasmo de Theo.

Não pode ser possível que nossa história se repita com tanta exatidão a ponto de estarmos os dois deitados aqui se amando e mais uma vez sem dizer nada, mas fico pensando. Observo a mão de Theo se mover, solto um gemido com meu próprio toque e fico pensando.

— Kit — Theo diz e, por um momento denso, acho que está, na verdade, dizendo meu nome ao sentir prazer, até elu repetir: — Kit.

— Oi?

— Quero mudar as regras de novo.

— Tá — digo prontamente —, tá, tudo bem.

— Sem beijos, sem penetração — Theo diz —, mas qualquer outra coisa vale.

Minha mão congela.

— Qualquer coisa?

— Qualquer coisa.

— Tem certeza?

Theo se inclina na minha direção e traça a boca no canto da minha. Não é um beijo, mas chega tão perto de ser que sinto um calafrio.

— Por favor — Theo diz.

Nunca neguei nada que Theo tenha pedido com jeitinho.

No espaço de um segundo, pulo do colchão e me viro, usando o impulso para deitar Theo de costas e me encaixar entre suas coxas. Theo solta um grito que é quase uma gargalhada, as pernas já se erguendo.

— Caralho, você sempre conseguiu fazer isso?

Eu me mexo para a frente, já apoiando os ombros sob a curva firme de sua bunda.

— Eu descobri umas técnicas novas.

Theo abre um sorriso exuberante.

— Meu melhor aluno da escola de confeitaria.

— Seu — ecoo, um aperto no peito.

Caio de boca em Theo até ouvir sua respiração ofegante, até seu quadril se empinar e se elevar da cama, até suas mãos estarem afundadas em meu cabelo, apertando, puxando e esmagando meu rosto com tanta força que os contornos da minha visão se obscurecem deliciosamente.

Theo goza alto e, assim que recupera o fôlego, me puxa para cima pela raiz do meu cabelo e me joga de costas na cama, me encurralando até eu estar sentado com as costas na cabeceira. Lubrificante aparece de algum lugar — da mesa de cabeceira, talvez, não me importo — e Theo está passando na palma da sua mão e então… e então…

Theo me envolve em sua mão.

A textura da mão de Theo está diferente do que lembro — tem mais calos, mais cicatrizes —, mas o formato, a pressão de cada dedo e a inclinação de seu punho, a maneira como sua palma me acomoda, é tudo tão devastadoramente familiar que quase gozo ao primeiro toque. Lágrimas ardem nos cantos dos meus olhos e não sinto a menor vergonha por isso. Através da névoa, vejo o rosto de Theo, sua determinação firme enquanto espalha lubrificante em meu pau e entre as próprias coxas.

Então Theo sobe no meu colo, alinha o quadril sobre o meu e, por um segundo delirante, penso que vai abandonar as regras e me foder à moda antiga, e estou mais do que pronto para deixar.

Mas elu vira o corpo e senta de lado no meu colo. Prendendo meu pau entre as pernas, nossas peles escorregadias e macias.

Uma série de palavrões escapa da minha boca tão rapidamente que já nem sei mais qual língua estou falando. Línguas, talvez. Latim antigo. Estou tão completa e subitamente envolvido que mal consigo pensar, mal controlo como minhas mãos seguram Theo para que seu corpo fique exatamente onde está, sentade de lado, com o ombro em meu peito e as coxas apertadas com firmeza. Theo ajeita o quadril numa amostra de provocação e solto outro palavrão ao entender o que elu está oferecendo.

— Gostou, foi? — Theo diz, olhando no fundo dos meus olhos, vendo sabe Deus o que em mim.

— Amei — suspiro. *Amo você.*

Elu apoia as mãos atrás de si na cama para levantar uma fração do próprio peso do meu colo, deixando espaço para eu me mexer.

— Então me mostra que gostou.

Tudo — o quarto, o calor, o dia, o anseio em meu peito —, *tudo* se desfaz quando meto no espaço apertado e lubrificado entre suas coxas.

Na ausência de pensamento, meu corpo sugere: *glissando*. Um termo quase esquecido de composições clássicas. O deslizar contínuo de uma altura de som a outra, grave a agudo, baixo e depois alto. Uma evocação da magia, da emoção ou da graça composta em odes ao mar no verão. É *isso* o que está acontecendo entre nossos corpos.

É tão bom que não consigo imaginar precisar de mais nada até Theo se virar e eu sentir um calor novo e úmido encostando em mim, a forma familiar de seu sexo ainda molhado pela minha boca. Elu projeta o quadril, encontrando a fricção de que precisa, perigosamente perto de me deixar deslizar para dentro. Quando goza de novo, seu olhar pousa em meu rosto de maneira confortável, parecendo mais uma ordem, e gozo também. Estou irrecuperável.

Tão arruinado que só percebo mais tarde, num momento em que passo pelo sono no meio da noite, que quase quebramos as duas únicas regras que ainda temos.

— — —

Na manhã seguinte, acordo com a cabeça de Theo no meu travesseiro e três novas mensagens de Maxine no meu celular.

guillaume estava com uma cara abatida no café hoje cedo. acho que ele está com saudade de você. pelo menos de certas partes de você.

E: você me deve atualizações sobre o assunto theo. o que rolou depois de mônaco?? se estiver sofrendo por amor de novo, vou matar nós três.

E: jantar segunda à noite?

Desligo o alarme antes que acorde Theo e releio as mensagens de Maxine enquanto escovo os dentes, tentando entender a qual segunda ela pode estar se referindo. Até que me dou conta: ela está falando da *próxima* segunda. Ou seja, daqui a menos de sete dias. Ou seja, a excursão está quase no fim.

Por duas semanas e meia, tenho vivido nessa bolha fora da realidade, onde passo todos os dias comendo e bebendo e tocando e contemplando arte, zonzo de tantas línguas e de tão pouco tempo para dormir. Onde Theo está do meu lado, e somos amigos de novo, e dividimos um travesseiro e acordamos com o gosto um do outro na língua. Quase me esqueci de que minha vida em Paris está rolando sem mim e, agora, está tão perto que aquele jantar com Maxine no bistrô ao qual sempre vamos é algo que pode virar realidade em uma questão de dias.

Cuspo e enxaguo, mas a espuma de um leve pânico continua em minha boca. Conto o tempo que resta. Mais um dia e uma noite em Roma, daí Nápoles amanhã e depois uma conclusão de dois dias em Palermo. Faltam quatro dias e quatro noites para eu voltar para a França e Theo pegar um avião com destino à Califórnia. Sem nada para impedi-le de bloquear meu número de novo, se quiser. Tenho quase certeza de que isso não vai acontecer, não depois de tudo isso... mas e se acontecer?

Onde eu estava achando que isso ia dar, afinal?

Da cama vem o farfalhar de cobertas e um resmungo baixo de quem se espreguiça.

— Kit? — diz a voz de Theo, rouca de sono. — Você está aí?

— No banheiro.

Outro resmungo e o ranger de molas de colchão, e Theo entra no banheiro minúsculo vestindo uma camiseta ao contrário. O cabelo delu está desgrenhado, os olhos semicerrados, um fio de baba seca no queixo. Não sei como conseguiria sobreviver a perdê-le de novo.

— Pensei que tivesse ido embora, igual ontem.

— Na vila? Te incomodou que acordei cedo?

Elu faz que sim, levando a mão ao nécessaire. Coloco a mão delu no zíper antes que derrube o desodorante dentro da pia.

— Queria acordar junto com você — Theo diz, o que me deixa sem palavras por um momento. Elu apoia a testa em meu ombro, deixando que eu sustente seu peso.

Tento dizer para meu coração se acalmar, que Theo está sendo assim doce porque está meio dormindo, mas isso me pega mesmo assim.

Nossas mochilas estão encostadas na parede ao lado da cama, a minha arrumada e de zíper fechado, a de Theo virada em cima de um monte de roupas semidobradas espalhadas pelo carpete. Deixo escapar uma risada e começo a arrumar as camisas de Theo em uma pilha mais ordenada quando minha mão toca em algo sólido dentro de uma bola de meias.

Parte de um rótulo desponta, um que eu reconheceria em qualquer lugar. A garrafinha de uísque que dei para Theo em nosso primeiro aniversário de namoro, destilado no ano em que nos conhecemos. Aquela que tomaríamos no fim de nossa excursão juntos quatro anos atrás.

Theo a guardou. Pensei que já teria bebido a esta altura, ou jogado fora, mas, todo esse tempo, elu a guardou. E, quando estava escolhendo quais coisas colocar dentro da mala, arranjou espaço para esta daqui. Fez a escolha de trazer isso para cá sem nem saber que me veria.

— Aonde vamos hoje de manhã? — Theo pergunta do banheiro.

Volto a cobrir a garrafa com as meias e me afasto da bolsa de Theo antes que elu coloque a cabeça para dentro do quarto.

Minha voz está admiravelmente normal quando respondo:

— Galleria Borghese.

Uma hora e meia depois, Orla nos deixa nas Escadarias da Praça da Espanha. Fabrizio nos guia escada acima até a enorme extensão verde dos jardins da Villa Borghese, que já foram um vinhedo, até o cardeal Borghese os transformar num lugar para festas particulares no século XVII, porque um cardeal gay do mal tem todo o direito, mesmo. A coleção de obras de arte dele — algumas obtidas abusando dos fundos do papa, outras abusando da influência do papa —, ainda enche a vila no centro dos jardins. Agora, é um museu público.

Fabrizio nos guia através de um tour introdutório às obras mais famosas, depois deixa que exploremos por conta própria. Quando pergunto a Theo por onde começar, elu diz: "Me mostra seu Bernini favorito", então nos guio a *Apolo e Dafne* e, quando pergunto o que quer ver na sequência, Theo me diz para continuar sem elu.

É fácil imaginar este lugar como o destino mais popular das festinhas artísticas viadas do século XVII. O interior é o suprassumo do exagero, desde o trompe l'oeil do afresco que cobre o teto do salão aos milhares de floreios dourados na Sala dos Imperadores.

Abro meu caderno de desenho e vasculho detalhes para levar para casa: a carinha boba do unicórnio nos braços da *Jovem mulher*, de Raphael, os olhos da mulher toda enfeitada de *Amor sacro e amor profano*, de Ticiano, as pinceladas carinhosas que Caravaggio usou para o rosto de seu amante Mario como o *Rapaz com cesto de frutas*. Mas, toda vez que passo pela sala com *Apolo e Dafne*, Theo continua lá, sem sair do lugar.

Vagueio até o átrio de entrada, a escultura de mármore brilhante de uma mulher com os peitos de fora reclinada em uma cama de lençóis flutuantes, uma maçã na mão. Lembro de ter estudado essa. É *Venus Victrix*, e guarda uma semelhança escandalosa com Pauline Bonaparte, esculpida quando seu irmão, Napoleão, a casou com um Borghese. Ela é uma mulher interessante — uma das grandes bastiãs do que significa ser safada e francesa e, por isso, eu a admiro —, mas ainda estou pensando em Theo. Na noite passada.

Em minha cabeça, retraço nossos passos desde que nos tocamos em Cinque Terre. O nervosismo no tom da voz de Theo em Pisa, quando concordou em continuar se pegando, como se estivesse se jogando de um precipício perigoso. A emoção desconhecida a que estava resistindo na gruta em Florença e a maneira como apertou meu cabelo no beco. Aquela manhã depois de Chianti, aquele sorriso impetuoso e invulnerável e seu corpo nu sob a luz do sol, como elu tentou se proteger com sexo e piadas e então desabou em mim quando não conseguiu mais. A maneira como me puxou para seu quarto e sua cama ontem à noite. A garrafa que vi em sua bolsa.

A verdade é que não quero considerar seriamente o que tudo isso pode significar. Até agora, estive mais do que disposto a acreditar que Theo nunca iria me aceitar de volta porque, enquanto eu não tivesse material para alimentar minhas esperanças, não teria nada a perder. Theo não tem como me abandonar de novo se eu não pensar que elu vá ficar.

Mas estou começando a achar que existe uma possibilidade. Que existe, sim, uma chance de Theo ainda conseguir me amar.

Theo talvez me ame. Theo talvez *me ame*.

A excursão está quase no fim e, se houver uma chance de Theo sentir o mesmo que eu, não posso deixar que elu vá para casa sem me contar.

Se Theo me amar, então... então, pra mim, é isso. Quero tudo. Quero estar com Theo pelo resto da vida, seja lá que vida for essa, como quer que elu queira. Eu faria do jeito certo desta vez, daria um jeito de Theo não precisar abrir mão de nada para encaixarmos nossas vidas uma na outra. Nunca pediria para elu me seguir para lugar nenhum outra vez. Não espero que Theo abandone a Califórnia, e definitivamente não esperaria que se mudasse para Paris. Como eu poderia esperar, depois de tudo? Sabendo que nada disso me fez feliz?

Sabendo que...

Encaro Pauline e repito esse pensamento, testando o peso que ele tem. *Nada disso me fez feliz.*

Queria poder perguntar a opinião de Pauline. Será que Paris me fez feliz? Será que voltar para Roma *a* fez feliz?

É claro que não. Ela estava feliz na França, aplicando ruge nos mamilos e fazendo amor com homens que não eram seus honrados maridos, sendo pega com a saia erguida atrás de biombos. Ela posou nua para que essa obra fosse feita, a estátua encomendada para anunciá-la como esposa da sociedade romana, só pela emoção deliciosa que isso provocava, e o marido dela decidiu esconder a obra em uma caixa no sótão.

Não acho que minha vida em Paris tenha me tirado o fascínio, mas às vezes sinto que ele está armazenado numa caixa no sótão. Eu poderia tirá-lo de lá. Poderia mandá-lo para algum outro lugar, algum lugar onde Theo quisesse estar. Elu poderia me ajudar a arrombar a tampa. Elu é tão melhor com ferramentas.

Hoje à noite, digo a mim mesmo, respirando fundo. Hoje à noite, depois do jantar, vou chamar Theo para beber e vou declarar meus sentimentos. Vou perguntar se elu sente o mesmo. E, se sentir, vou dizer que vou aonde quer que elu vá.

— — —

— Theo — digo. — Tenho uma pergunta importante para você.

Já é noite, e estamos em Trastevere com a barriga cheia de macarrão, em uma mesinha de café num beco minúsculo, avaliando a carta de vinhos embaixo de uma cortina de hera. Na verdade, quem está avaliando a carta de vinhos é Theo, porque eu estou lendo os nomes de denominações italianas desconhecidas em voz alta só para ouvir Theo corrigir minha pronúncia.

Theo ergue o olhar do menu, as sobrancelhas paralisadas em uma ruga estudiosa.

— Pode fazer.

— Se você fosse uma uva de vinho — digo —, que uva você seria?

Theo relaxa com uma gargalhada.

— Sério? É essa sua pergunta.

— Você vive dizendo que cada uva tem suas próprias características e personalidade — digo —, então qual é mais você?

Theo pensa um pouco.

— Acho que eu seria uma branca da Califórnia.

— Bom, você é mesmo uma pessoa branca da Califórnia.

— Que piada mais original, vinda do branco do sul da França.

— *Merci beaucoup*.

— E *le* vai tomar no cu — Theo responde, alegremente. — Talvez eu fosse uma Viognier.

— Sinto dizer, mas isso aí parece francês.

— E é francesa mesmo, orginalmente, mas também é cultivada na Califórnia. Encorpada, de textura intensa. Pode parecer estranho, mas o vinho feito dela é meio licoroso. E acho que combina comigo. Mais robusto, que gosta de ficar lá sentado, curtindo, por bastante tempo.

— É, combina com você, mesmo. Tem gosto de quê?

— Quase que só de pêssego, mas também tem notas de tangerina e madressilva, e muitos outros florais. O que acho que combina comigo.

Pondero por um momento.

— Sabe, acho que eu imaginava que você seria um tinto, mas esse é perfeito para você também.

— Ah, Kit. *Você* é um tinto.

— *Eu* sou um tinto? Por quê?

— Ué, como assim por quê? Intenso, bondoso, imortalizado em um milhão de pinturas renascentistas, feito para ser entornado por entre as bandas da bunda durante um bacanal. Você é um tinto.

— Parece mesmo comigo — digo, concordando, pensativo. — Mas um tinto de corpo leve.

— Eu diria que um tinto de corpo médio, mas mais para leve. Delicadinho.

— Claro.

— Francês. Do entorno do Ródano. Se você fosse uma uva, seria a Gamay.

— Já ouvi falar dessa. Como ela é?

— Ah, em primeiro lugar, é versátil.

— Como todo mundo sabe.

— Tem notas de romã e framboesa. Terrosa. E de muitas flores também. Peônia, íris. — Com um olhar expressivo, Theo acrescenta: — Violetas, na verdade.

— Você leva muito jeito pra isso. Sabe disso, né?

— É estranho. Acho que eu talvez tenha quase… medo de levar jeito demais para isso?

— O que quer dizer com isso?

— Andei pensando numa coisa — Theo me diz. — Hoje, na Borghese, fiquei, tipo, e se eu escolhesse uma coisa nesta galeria e passasse o tempo todo com ela? Em vez de passar correndo pelo museu inteiro para receber cem doses de cinco segundos de dopamina, e se eu me prendesse a uma e deixasse que ela fosse a única que vou vivenciar?

— E como foi a sensação?

— Foi… desconfortável. Entediante. Mas aí comecei a ver coisas que não tinha notado antes, como os detalhes das folhas e as tiras das sandálias. E fiquei pensando em quanto tempo deve ter demorado para esculpir e desenvolver a habilidade para esculpir algo assim, daí pesquisei sobre o Bernini.

— *Você* pesquisou sobre o Bernini — repito, incrédulo. — Depois de ter *me* obrigado a ter um pote do Bernini.

— Pois é! Mas pesquisei, e ele começou a esculpir quando tinha oito anos. Oito! Ele também desenhava um pouco e chegou a fazer umas coisas em arquitetura, mas foi à escultura que ele dedicou a vida toda, até os oitenta e um anos. Daí pensei em Gaudí com a Sagrada Familia. E comecei a pensar nessa coisa de se jogar numa parada por inteiro, daí nas minhas irmãs, e nos meus pais, e que eles sempre tiveram isso, e nunca questionaram e sempre foram bem-sucedidos nisso. E fiquei, tipo, que parada será que é a minha?

Uma pessoa traz nosso vinho, um tinto que Theo escolheu. Ela apresenta a garrafa para Theo e deixa que elu experimente. Theo aprova, então ela serve.

— Continua falando — retomo, quando a pessoa responsável por nossa mesa já foi. — Sobre a sua parada.

— É mesmo, então, primeiro era ser ê filhe mais velhe e, assim, está na cara que falhei de maneira espetacular nisso.

Ergo as sobrancelhas.

— Falhou?

— Ai, sério — Theo responde com um revirar de olhos. — Sloane é tudo que um filho mais velho deveria ser. Corajosa, confiável…

— Uma pessoa que protege, lidera, dá exemplos? — sugiro. — Lembro claramente de você ser todas essas coisas para pelo menos uma pessoa. Para mim.

— Talvez — Theo diz, corando de leve. — Ou... é, acho que eu era mesmo. Mas mesmo assim. Eu... fracassei em ser a criança primogênita dos Flowerday. Não precisaram de mim. Eu não tinha os dons da família para oferecer. É isso que estou querendo dizer.

— Tá — digo, ainda descontente com essa descrição, mas curioso para ver aonde Theo está querendo chegar. — Entendi o que você quis dizer.

— Então, por algum tempo, minha parada foram as festas em casa, e todos sabemos no que isso deu, aí depois foi a natação, e era para essa ser minha parada mais importante, mas aí peguei pesado demais e fodi com meu corpo e perdi isso também. Depois, acho que fiquei com medo, então comecei a colocar um pouco de mim em muitas coisas em vez de tudo de mim numa coisa só. Tipo, se eu estiver sempre começando alguma coisa, posso ficar sempre naquele estágio inicial em que aquilo me empolga e é tudo novo e cheio de possibilidades, e aí, se eu nunca terminar nada, nunca chego na parte em que estrago tudo.

Em todos os anos em que desejei que Theo se dedicasse a ser feliz, nunca pensei em levar em conta esse tipo de felicidade, mas faz sentido.

— Tá, tudo bem, mas e aí — digo —, qual a conclusão disso tudo?

Theo dá um gole e pensa a respeito.

— Me faz uma pergunta diferente — Theo diz. — Me pergunta o que você me perguntou ontem.

Eu me recosto na cadeira.

— Theo. O que você quer?

— Acho que o que quero mais do que tudo — Theo diz — é... paz.

— Paz — repito, devagar.

— Acho que nunca me permiti ter paz. Eu pensava que ficar em um único lugar a vida toda me traria paz, mas talvez eu só vá experimentá-la quando escolher uma coisa que queira fazer e dedicar tudo de mim a ela e ver onde vai dar. Mesmo se eu estragar tudo de maneira irreparável, mesmo que passe vergonha e desonre minha família e tenha que sumir no mundo dentro de um barco de pesquisa de tubarão do Calum. Pelo menos, finalmente vou saber como é.

Quero segurar a mão de Theo e dizer o quanto esperei que elu decidisse isso por conta própria. Que acreditasse nisso. Em vez disso, eu me contento em me imaginar largando minha vida em Paris, correndo atrás de todos os sonhos que Theo escolher perseguir. Eu me imagino equilibrando o orçamento do bar micro-ônibus de Theo, ou beijando o cabelo de Theo enquanto elu estuda para a prova de master sommelier, ou ficando no lugar do novo chef de confeitaria no Timo de quem Theo não gosta. Eu poderia ser feliz lá, desde que Theo me quisesse ao seu lado.

Pergunto:

— Quer saber o que acho?

— Quero.

— Acho que você merece paz. E que é capaz de fazer o que quer que decida fazer. — Dou um gole e acrescento: — E que devia ter me deixado falar mais sobre Bernini.

Theo ri.

— Acho que sim.

— E, só pra constar — continuo —, o que quer que você decida, não precisa fazer isso sozinhe.

Theo absorve isso, depois se inclina para mais perto.

— Faz um tempo que venho querendo te perguntar uma coisa — Theo diz. — Pensei que tivesse ido para a escola de confeitaria para abrir seu próprio estabelecimento. Sua ideia era estudar gestão culinária também, não era? Por que está trabalhando na cozinha de outra pessoa?

A pergunta me pega de surpresa; preciso parar um momento para pensar numa resposta.

— Mudei de ideia — digo.

— Por quê?

— Conheci outros *pâtissiers* em Paris — explico da maneira mais simples que consigo. — Entendi como são essas coisas, tentar começar um negócio do zero numa cidade como aquela, e percebi que você tinha razão. Fairflower era uma fantasia.

A expressão de Theo se suaviza, algo estranhamente triste passando por seus olhos.

— Mas uma fantasia boa, né? — Theo pergunta. — Você ainda pensa nela?

— Claro.

— Eu também — Theo diz. — Às vezes, fico pensando se…

Theo perde a voz, seu olhar voltado para um ponto atrás de mim.

— Ah, uau.

— Quê?

— Aquele cara ali — Theo diz. — Por um segundo, pensei que fosse seu pai.

Olho para trás, passando os olhos pelas mesas na área externa do bar ao lado até avistar o homem a quem Theo deve estar se referindo: um cara de sessenta e poucos com uma barba desgrenhada e uma vaga semelhança com Victor Garber, escrevendo num caderno com uma caneta-tinteiro que aparenta ser cara.

— Ah, hm. Parece mesmo com ele, né?

— Seria a cara do Craig vir passar um verão sabático em Roma do nada e não contar para ninguém.

— Ah, sim. Ele vai ser contratado como escritor na Basílica de São Pedro e só vamos descobrir quando ele aparecer numa foto com o papa.

Theo ri e, quando leva a taça de volta aos lábios, acontece uma coisa terrível comigo.

O padrão do meu pai. Decidir que quer algo por um capricho romântico, apegar-se à fantasia, correr atrás de algo sem se preocupar em como isso vai afetar as pessoas que ele ama ou se elas sequer querem a mesma coisa. Foi isso que fiz com Theo naquela história toda de Paris.

Será que estou prestes a fazer isso de novo?

Eu disse que agiria de uma forma melhor desta vez, mas aqui estou eu, prestes a apresentar mais um sonho que eu mesmo projetei, tentando me convencer de que trocar minha vida pela de Theo é um plano melhor do que o contrário. Como se a minha ideia de romance significasse necessariamente abandonar tudo e desaparecer em outra pessoa. Theo nunca me pediu isso, nem naquela época, nem agora.

— Kit? — Theo chama. — Você ouviu o que eu disse?

Pisco para voltar ao presente.

— Desculpa, quê?

— Perguntei se quer que eu escolha outra garrafa ou se quer voltar para o quarto.

Vejo a promessa em seus olhos, e não há nada que eu adoraria mais do que saber o que Theo imaginou fazer hoje para superar o que fizemos na noite passada, mas não posso. Já declarei meu amor por acidente duas vezes, e quase me declarei de novo ontem na cama. Estou a uma taça de me declarar aqui mesmo, nesta mesa. Se eu tocar no corpo delu hoje, não vou conseguir me conter.

A excursão só tem mais uns dias, mas que ainda assim são dias. Se eu oferecer algo que Theo não vá querer, elu vai ter que aturar minha companhia há milhares de quilômetros de casa com um passaporte estadunidense. O que me dá esse direito? Eu ainda achar que sei mais do que todo mundo? O fato de eu ter me cansado de Paris, exatamente do jeito que meu pai disse que aconteceria, e querer um novo sonho para me salvar do tédio? Minha obsessão ridícula e incurável pelo amor?

Digo a única coisa que consigo pensar para desviar do assunto.

— Você lembra qual era nossa pontuação?

Por um momento, Theo não faz ideia do que quero dizer. Então, os pontos se ligam, e elu baixa a carta de vinhos.

— Cinco a três — Theo diz. — Por quê?

— Só... só queria saber se ainda estávamos contando.

— Estava pensando em recuperar o tempo perdido enquanto ainda estamos aqui fora?

— Não — digo —, estou cansado demais. Preciso de uma boa noite de sono.

Theo acena e, felizmente, não menciona mais o quarto

Preciso dar um passo para trás. Preciso me trancar em meu quarto hoje à noite e torcer para ter recuperado o autocontrole quando chegarmos a Nápoles.

NÁPOLES COMBINA COM:

Porção generosa de limoncello, cannoli

Nápoles

Fabrizio tem certo sabor, certa maturação bacanal, que ainda não consegui identificar. Tenho certeza de que, se eu perguntasse a Theo, elu conseguiria de imediato, porque as mesmas notas estão no vinho que estamos tomando.

— Corpo? — Theo me pergunta.

— Robusto — digo, sentindo o peso dele na língua, a intensidade de sabores.

— Doçura?

— Pouca. Meio que… uma fruta escura no começo. Talvez cassis? Mas é mais… salgado?

— Muito bom, salgado como?

— Hm — Penso um pouco.

— Não existe resposta errada — Theo diz —, a primeira coisa que vier à cabeça.

— Fumaça? Ou… terra? Pimenta-do-reino?

— Muito bom, muito bom real. Continua, fala do que vem depois dos primeiros sabores que você sentiu. O que tem no fundo?

— Lembra um pouco… carne, talvez? Couro?

Theo bate palmas, contente.

— Lembra *mesmo*. E você sente esse negócio que parece que está cobrindo o lado de dentro da sua boca, mais na parte da frente? Meio que grudando ali?

— Sinto — digo. — Isso significa que o vinho tem muitos taninos, né?

— Exato — Theo diz. — Então, este vinho aqui se chama Aglianico del Taburno. É feito com uvas Aglianico, que são cultivadas alguns quilômetros mais pro interior daqui, um lugar em que o clima é quente durante uma parte significativa do ano, o que permite que uma uva de maturação tardia como essa consiga se desenvolver, por isso tem sabores mais intensos de frutas escuras causados pelo longo período de crescimento, além do mais, uvas em climas mais quentes *também* têm cascas mais grossas, o que significa que soltam mais taninos no vinho, porque os taninos estão na casca e nas sementes, então se você gosta de vinhos mais tânicos ou salgados ou vinhos com sabores de frutas escuras, pode ser que goste de vinhos de climas quentes, e... estou com a impressão de que você não tá mais me escutando.

Abano a cabeça, percebendo que me esqueci completamente da minha taça. É difícil me lembrar de qualquer coisa quando estou observando Theo vibrar desse jeito. Mal consigo me lembrar de que não devo colocar a mão em sua cintura.

— Não, faz todo o sentido — respondo. — Uvas de climas quentes. Notas de carne, couro, maduras, robustas, mas estranhamente...

— Suave.

— Suave. Meio que lembra...

Bem nesse momento, Fabrizio aparece no canto da mesa, a camisa entreaberta esvoaçando sob o sol do fim de tarde, a voz lânguida de riso feito chocolate derretido, um sopro quente de brisa ondulando as curvas de seu peito.

— ... Fabrizio.

— Bom — Theo diz —, os dois são daqui.

Finalmente chegamos à cidade natal de Fabrizio, Nápoles, aninhada ao longo da costa no calcanhar da bota da Itália, e Fabrizio está à vontade em seu ambiente. É como se estivesse fazendo amor com vontade com seu ambiente. Transborda de elogios e beijos e petiscos históricos, invocando continuamente embrulhos de papel de comida de rua e recitando estrofes relevantes de poemas napolitanos. Ele ama esta cidade e suas ruas envelhecidas com uma intensidade irresistível. Quanto mais mergulhamos na presença dele, mais amo Nápoles. E, quanto mais amo Nápoles, mais Fabrizio me parece o filho predileto dela.

Nápoles existe de maneira ininterrupta há quase trinta séculos, e existe *muito*. Lojas e trattorias enchem as ruas antigas ao redor do Centro Storico, enfeitadas com varais de bandeirinhas e luzes e roupas secando, hera e cabos de antenas parabólicas cobrindo fachadas rochosas. Cada centímetro da cidade tem algo para admirar, riscos de grafite em reboco amarelo ou lintéis com folhas escupidas ou tijolos antigos revelados embaixo do reboco descascado. Fachadas de lojas transbordam com mesas de marionetes e bonecos, tamborins pintados à mão, flores de papel e óculos de sol baratos. Fermento e azeite permeiam o ar, trazidos por um milhão de sons ao mesmo tempo — scooters roncando, brigas, risadas, velhos tossindo fumaça de charuto, um acordeão na rua ao lado. É um festival áspero e glorioso de sobrecarga sensorial.

Já fizemos visitas guiadas por três igrejas impressionantes e fomos levados à Via dei Tribunali, onde Fabrizio nos ensinou as exigências legais rigorosas da pizza napolitana: que a massa só deve ser esticada à mão, que existe a temperatura certa para fermentá-la, que o sentido certo para espalhar o molho rústico de tomate é o horário e que o queijo só pode ser fornecido por produtores locais aprovados. Levamos garfos e facas a margheritas com marinara vermelho-sangue e manjericão com o centro pastoso, e esperamos em balcões de rua por pizzas embrulhadas em papel, conhecidas como *portafoglio*.

O que nos leva a onde estamos, o terraço de um bar de vinhos, todos bêbados pelos excessos. A exuberância de Nápoles nos arrebatou. Até Orla está mole em sua banqueta.

O dia hoje não é especial só por causa de Fabrizio; também é o último dia de Orla. Amanhã, vamos pegar a balsa para Palermo e Orla vai voltar com o ônibus para o terminal em Londres. Estamos todos devastados em nos despedir dela e, para agradecer por nos transportar, nós a convencemos a passar o dia conosco.

— O que você costuma fazer quando estamos fora? — Dakota pergunta, servindo mais vinho na taça de Orla.

Ela dá de ombros.

— Faço trilha. Vou pro spa. Ligo para minha esposa. Leio romances pornográficos.

— Acho que te amo, Orla — Theo diz. Orla ergue a taça e dá uma piscadinha.

No meio disso tudo, mal tive tempo de ficar a sós com Theo por mais do que alguns segundos, mas agora que elu está ao meu lado, falando sobre amar e me dizendo como usar a boca, voltei para aquele precipício.

Eu poderia tocar nelu. Quero tocar nelu. Colocar a mão em seu pescoço, encostar o joelho em sua coxa. Theo até *gostaria*. Mas tudo que eu não deveria dizer está logo abaixo da superfície, e vai escapar se ficarmos perto demais.

Eu me afasto alguns centímetros de Theo, encaixando a mão embaixo da minha coxa antes que perca o controle. O movimento não passa despercebido por elu.

— Ei — Theo diz, baixinho. — Tá tudo bem aí? Está com uma cara de quem está com medo de ter esquecido alguma coisa.

Sim, meu coração na Califórnia e meu pau num predinho de cinco andares em Roma.

— Só... fiquei pensando que ainda não comemos nenhum doce napolitano. — Viro o que ainda resta em minha taça e chamo: — Fabrizio!

Fabrizio vira seu rosto bonito na minha direção.

— *Sì, professore?*

— Onde posso experimentar *sfogliatelle*?

E, assim, Fabrizio me leva para longe de Theo na direção de uma *pasticceria* no quarteirão de baixo, onde posso me ocupar das camadas finas do doce e descarregar parte da minha frustração sexual nele. É sempre tão fácil flertar com Fabrizio. Ele leva numa boa e retribui de forma ainda melhor, pisca e ergue a sobrancelha e passa o polegar no meu queixo. Gosto tanto dele. Quase ajuda.

— — —

Para o jantar, Fabrizio nos leva a uma pequena osteria no Quarteirão Espanhol com paredes cobertas por azulejos em maiólica. Uma mulher mais velha sai da cozinha para nos cumprimentar com um vestido vermelho de gola branca, o cabelo escuro ondulado em um corte curto rente ao rosto e os olhos penetrantes sob as sobrancelhas fortes e inconstantes. Ela é gloriosa, e comanda o salão com o ar impetuoso e imperturbável de uma mulher que deve ter sido de uma beleza alucinante na juventude. Fabrizio deixa que ela dê dois beijos em cada uma de suas bochechas e a apresenta para nós como sua mãe.

— Demorei muitos verões para convencer a companhia de turismo — Fabrizio nos conta —, mas, hoje, jantamos em *il ristorante di famiglia*!

O menu é um tour simples pelos pratos napolitanos básicos: pappardelle em um ragu napolitano de oito horas, *pasta ala genovese*, braciola, lula assada, polvo cozido em vinho branco. Para o antepasto, a mãe de Fabrizio traz um prato após o outro de *involtini* de beringela e palitos de *mozzarella* frita. Devoramos mais macarrão do que qualquer humano deveria comer e seguimos os trabalhos com pedaços de carne suína e bovina cozida no ragu. É, singela e despretensiosamente falando, a melhor refeição que tive na Itália.

Talvez seja a atmosfera de uma *cucina* napolitana tradicional. Talvez seja o pai de Fabrizio suando sob a barba pesada na cozinha, mexendo tachos enormes de ensopado, comunicando-se apenas aos gritos pela janela da cozinha com aquela voz de um homem que deve conseguir ofertas incríveis no açougue do bairro. Talvez seja a mãe de Fabrizio, que coreografa suas entradas e saídas para entregar mais parmegiana a alguém ou apertar as bochechas de Fabrizio ou interrogar alguma outra pessoa sobre por que não limpou o prato. Ou talvez seja só porque Theo parece estar feliz aqui, quase chorando de rir das fotos de um Fabrizio adolescente e dos irmãos dele nas paredes.

Bem quando a mãe de Fabrizio está começando a importunar o filho pelo comprimento de seu cabelo, meu celular solta uma vibração longa no bolso.

Deve ser Cora, esquecendo de que estou na Itália e ligando para conversar sobre o que anda lendo, ou Maxine com uma pergunta sobre alguma receita que é mais fácil de explicar pelo telefone. Mas o nome de nenhuma delas aparece no identificador de chamadas.

Eu me levanto da mesa e saio pela porta da frente.

— Paloma? — atendo.

— *Bonsoir, mon petit américain* — diz a voz cristalina de Paloma pela linha. — *Ça va?* Onde você está?

— Estou bem. Estou em Nápoles.

— Ah, Nápoles — Paloma suspira. — Linda cidade. Peixe excelente. Está comendo bem?

— Muito bem — digo, massageando o peito onde consigo sentir a ameaça da azia iminente. — Talvez até demais.

— E eu não esperava menos que isso — Paloma diz. — E sua Theo?

Encosto os ombros na parede de tijolos do restaurante e apoio a cabeça para trás.

— Minha Theo está brilhante como sempre.

— Já confessou seu amor?

Cubro o fone com a mão, como se Theo pudesse ouvir de alguma forma lá de dentro.

— Paloma, não que não seja um prazer falar com você, mas você me ligou por algum motivo?

— Sim, liguei — Paloma diz. — Lembra a pâtisserie embaixo da minha casa? Aquela dos macarons e da velha?

— Lembro.

— Toda quinta-feira, levo um jantar para ela com peixe fresco, então ela gosta de mim e me conta seus segredos. Normalmente é algo sobre o vizinho do outro lado da rua, François, que ela acha muito bonito, mas hoje era sobre a pâtisserie. Ela quer fechar no ano que vem.

— Ah, não — digo, ainda sem entender por que Paloma achou que precisava me ligar para dar essa notícia.

— E — ela continua — ela quer vender o estabelecimento. Quer encontrar um jovem *pâtissier* que faça algo legal com o lugar e fique por aqui por muito tempo, do mesmo jeito que ela ficou. Ela perguntou se eu conhecia alguém e pensei em você de cara.

— Ah — digo. — Ah, nossa.

— E? O que acha?

Acho que parece um sonho. O tipo de sonho maravilhoso com fios de açúcar que nunca é tão fácil quanto parece ser na minha cabeça. O tipo de sonho que eu estava perseguindo quando perdi Theo, o tipo que minha cozinha em Paris arrancou de mim.

— É muita gentileza sua, Paloma — digo —, mas eu tenho um emprego, lembra?

— Sim, um emprego que você odeia.

— Não *odeio*.

— Mas também não gosta.

— Não quer dizer que eu possa simplesmente largar.

— Por que não?

— Porque dediquei todo esse tempo a ele — digo. — É por ele que me esforcei tanto.

É por ele que perdi Theo.

Paloma ri do outro lado da linha, um resmungo curto e sarcástico.

— *Crois-moi* — ela diz —, *ça ne veut rien dire, si cela ne te rend pas heureux*.

Isso não quer dizer nada se não te faz feliz.

Eu me pego sem resposta para isso.

A porta do restaurante se abre, e as pessoas saem em um emaranhado de risos e conversas embriagadas, todos corados pela alegria inebriante de uma refeição boa e simples, preparada por alguém que ama o que está cozinhando. Consigo ouvir os pais de Fabrizio lá dentro fazendo piadas com os cozinheiros e obrigando os últimos fregueses a levarem caixas de sobras. Parece uma vida boa. Uma vida bagunçada e abundante, possível porque a compartilham um com o outro.

— Pensa no assunto — Paloma diz.

Theo me encontra ao sair, com as sobrancelhas curiosas e os lábios de Aglianico, e me despeço às pressas de Paloma e desligo.

— Quem era? — Theo pergunta.

— Só Cora. — Guardo o celular no bolso. — Aonde todos estão indo?

— Lugares diferentes — Theo diz —, mas espera até ouvir para onde arranjei que a gente fosse convidado.

— Onde? — pergunto. A princípio, Theo apenas ergue as sobrancelhas e baixa as pálpebras daquele seu jeito que sugere algo ou muito bom ou ligeiramente ilegal, o que, no geral, também é bom. — *Onde*, Theo?

— Fabrizio quer saber — elu diz — se gostaríamos de visitar o apartamento dele.

Espero que me diga que é piada, mas não parece que vai.

— Está me tirando?

— Tô falando sério — Theo diz. — Ele mora a dez minutos daqui.

Disse que está ansioso para dormir na própria cama hoje e perguntou se queremos dividir uma garrafa de vinho.

— Nós dois?

— *Nós dois.*

Fico ali encarando. Apesar de todos os nossos flertes e da conversa sobre fazer amor tântrico com Fabrizio, nunca cheguei a pensar que nosso guia turístico nos proporia alguma coisa. Mas aí fico pensando no toque quente dele no lado do meu rosto, em como nos escolheu especialmente para andar com ele em Roma, em como ficou olhando enquanto a gente trabalhava no motor do ônibus.

— Então… então é isso? — pergunto. — Você acha que ele quer…?

— Eu senti uma vibe de que sim. Pelo menos um de nós. Talvez os dois. Parece que ele vê a gente como um pacote.

— Ai, meu Deus, talvez seja porque a gente fez ele pensar que estamos juntos?

— Não acho que *não* seja por causa disso.

— Bom. — Levo os dedos à boca. — A gente… a gente quer?

— Assim… — Theo diz. — É o Fabrizio.

— É o Fabrizio.

— Como não querer? Só se você… só se tiver um motivo pelo qual não deveríamos querer.

— Não, seria… seria sexy, se fôssemos os dois.

— E se for só um de nós?

A imagem passa pela minha cabeça. Theo viste da cabeceira da cama, as mãos largas sobre o quadril enquanto respira ofegante com a cara no travesseiro. Ou Theo com o corpo reclinado numa poltrona, descobrindo que treinei para evitar meu reflexo de vômito. Calor se revira em minhas entranhas.

— Então… — digo. — Quem vencer, ganha tudo?

Theo leva um segundo para entender e, então, seu rosto fica rosado de indignação.

— Como assim, depois que acabei com você em quase todas as cidades? Não mesmo. Se ele quiser só você, pode contar ele por dois, porque… sabe.

— É o Fabrizio.

Theo concorda, mordendo o lábio.

— É o Fabrizio. Mas, se forem os dois, regras de Mônaco. Um anula o outro. Combinado?

— Combinado.

— — —

— Não é tão difícil — Theo diz. — Escolhe logo de uma vez.

— É difícil, sim. — Passo os olhos pelas fileiras de caixas de cores diferentes através do vidro. — Não sei o que metade dessas palavras significa.

— Não temos tempo para isso!

— Então *me ajuda*, Theo — digo, sentindo que estou ficando um tanto zonzo. — É você que sabe um pouco de italiano.

— Sim, e por incrível que pareça, trabalhar para um restaurante não me ensinou a palavra para camisinha.

Estamos em um beco a alguns quarteirões do prédio de Fabrizio, iluminados pelo brilho de uma máquina de vendas da Durex. Nosso hotel fica do outro lado do Centro Storico, e não dá tempo de correr até lá para pegar algumas das nossas próprias provisões. Em vez disso, estou examinando caixas que dizem coisas como PERFORMA e PLEASUREMAX e, misteriosamente, JEANS, tentando decifrar qual vai trazer o menor elemento surpresa para o sexo a três com a pessoa que amo e nosso guia turístico sexy. Já atrasamos dez minutos do horário em que chegaríamos, e os turistas alemães atrás de nós estão ficando impacientes.

— Tenho quase certeza de que as camisinhas são aquelas em que tá escrito PROFILLATTICI — Theo diz.

— Sim, tipo profiláticos, isso eu imaginei, mas e o resto das palavras? Quais são as normais, sem nenhum sabor, nem formigamento, nem nada? E qual é o lubrificante, Theo? *Qual é o lubrificante?*

— Os que estão embaixo!

Theo aponta para a última fileira da máquina, que está cheia de tubos de plástico em cores vivas de líquidos com imagens de frutas. Estão todos rotulados como LUBRIFICANTE.

— Essas coisas que parecem aquelas balas líquidas azedinhas que a gente comprava na 7-Eleven quando tinha dez anos? Não vou usar isso.

Theo se agacha para examinar.

— Acho que essa máquina não vende lubrificante artesanal e produzido de forma ética para um cu parisiense delicado, Kit.

— Por que você acha que vai ser para *mim*?

Theo olha para mim com uma cara perfeitamente inexpressiva de quem me conhece e muda de assunto.

— Você acha que Fabrizio não tem camisinha na casa dele?

— Não podemos aparecer de mãos abanando, é falta de consideração — digo. — E se ele não tiver? Vai saber a última vez em que esteve em casa.

— Tá, tá. — Theo pega o celular. — Essa caixa diz "Settebello Classico", o que significa... — Digita, digita. — "Sete belezas clássico"? Quê?

— Só... só pega o lubrificante natural. — Suspiro. — O que tem folhas no tubo.

— E se for sabor de pesto ou alguma coisa assim?

— Acho que é um risco que estou disposto a correr — digo, enquanto Theo aperta os botões.

Chegamos à conclusão que as camisinhas Jeans têm esse nome porque são projetadas para caber de maneira discreta num bolso, então compro uma caixa e enfio duas no bolso da camisa, passando as outras quatro para os alemães para agradecer pela paciência. Depois seguimos pela rota que Fabrizio descreveu para Theo, passando pelos arredores do Quarteirão Espanhol e subindo a ladeira para uma região onde os prédios lembram os palazzos coloridos empilhados de Cinque Terre. Fabrizio mora perto do Castel Sant'Elmo, no terceiro andar de uma vila vermelho-rosada e estreita, com janelas amarelas e sacadas de ferro branco.

— Então — Theo diz, a mão pairando sobre a campainha. — A gente vai mesmo fazer isso?

Algo se enruga em seu rosto — não hesitação, mas uma preocupação gentil, talvez. Uma possibilidade de saída para o caso de eu precisar, e fico com medo de pesar demais o clima do que quer que Theo pense que eu vá pesar.

— Vai — digo, passando por elu para apertar a campainha.

O caminho todo escada acima, enquanto observo as botas de Theo pisarem em cada degrau, digo a mim mesmo que essa não é uma má ideia, como fiz com Émile em Mônaco. Vai ser sexy, e leve, e gostoso, do jeito que sexo deveria ser, e vou me esforçar para todos se sentirem bem. Igual nas vezes em que transamos com uma terceira pessoa quando estávamos juntos — apenas sem a mão reconfortante de Theo na minha, nem a certeza calma de que vamos voltar para casa um para o outro depois disso, nem o amor.

Theo bate, e Fabrizio... não é quem atende.

— Olá! — diz a que talvez seja a mulher mais linda do continente. — Bem-vindos!

Ficamos os dois embasbacados em cima do capacho e contemplando essa aparição inesperada de Vênus, com um cabelo curto escuro de franja reta e lábios pintados de roxo ameixa, um vestidinho fino caindo até o meio da coxa. Ela abre mais a porta, revelando Fabrizio com uma camiseta limpa e uma calça de moletom, radiante.

— Meus amigos! Vocês chegaram! *Benvenuti*, entrem!

Preciso cutucar o ombro de Theo para fazer com que elu se mova.

— *Amore, questo è Kit, e quello è Theo* — Fabrizio diz à mulher antes de se voltar para nós. — Amigos, essa é Valentina, minha esposa!

— Sua... — limpo a garganta. — Sua esposa!

Os olhos de Theo se arregalam tanto quanto os meus. Uma conversa inteira se passa entre nós na extensão de meio segundo.

Eu não sabia que ele era casado! Você sabia que ele era casado?

Porra, claro que eu não sabia que ele era casado, Kit, senão não teria imaginado que ele estava nos convidando para transar!

Ele chegou a mencionar que tinha uma esposa?

Acho que não? Isso é estranho? É estranho, né?

Ela é muito gata.

Ela é gata pra caralho.

— *Ciao, piacere!* — Theo diz, chegando perto para dar um beijo no ar em Valentina e me dando uma cotovelada discreta na costela.

— Muito prazer em conhecer vocês! — Valentina diz em inglês, com um leve sotaque. — Fabrizio falou com muito carinho de vocês!

Aceito um beijo de bochecha também, olhando ao redor em busca de algo para dizer. O apartamento é pequeno e aconchegante, cheio de tons pastel suaves e móveis de vime bem usados e sinos de vento pendurados. Velas estão acesas na mesa de centro baixa e, pelas portas abertas da sacada, consigo ver o monte Vesúvio ao pôr do sol no horizonte.

— Este lugar é incrível — digo a Valentina. — Obrigado por nos receberem.

Valentina sorri, tirando o cabelo da frente dos olhos. Considero a possibilidade de termos nos metido num swing, o que é provável que eu topasse depois de bastante vinho, até que Fabrizio grita:

— Orla! Nossos amigos chegaram!

Os olhos de Theo estão do tamanho e do formato de um *arancini*.

— *Orla?*

— Sim, não comentei? Sempre chamamos Orla para beber no último dia dela de excursão. É por isso que convidei vocês!

— Você... não comentou, não, mas... oi, Orla!

Orla sai pela porta segurando uma garrafa de vinho. Ela está sem sapatos, e suas meias têm estampa de pequenos coalas. Eu deveria ter reconhecido as botas de trilha dela perto da porta.

— Boa noite, queridos! Valentina, meu bem, onde você disse que ficava o saca-rolhas?

Valentina sai para mostrar para ela e Fabrizio diz:

— Venham, sentem aqui, temos espaço na cozinha para todos.

Eu e Theo trocamos outro olhar.

Tá tudo bem?

Tá tudo bem.

— Já vamos sentar! — digo, tirando os sapatos.

— Não do jeito que a gente imaginou que sentaria — Theo murmura —, mas sim.

E é assim que nos vemos ao redor da mesa de Fabrizio e Valentina numa pequena cozinha adorável com vistas para o mar e bancadas amarelas e prateleiras de chaleiras antigas recheadas de conchas do mar. Orla abre o vinho, Fabrizio serve e Valentina dispõe pratos de azeitonas marinadas e pão crocante na mesa. Sobre o forninho está uma foto enquadrada dos dois rindo com roupas de banho minúsculas, com água cristalina até as coxas perfeitas numa praia de areia branca. *Mon Dieu.* Ele realmente foi casado esse tempo todo.

— Então, Valentina — Theo diz, já recuperando seu charme numa força bruta de vontade —, o que Fabrizio te contou sobre nós?

— Ah, soube que você é especialista em vinho — Valentina diz —, então espero que goste desse. Peguei da adega do restaurante dos pais dele, mas nem sempre sei se a mãe dele tem bom gosto.

Fabrizio contém um gesto teatral e dispara um sermão em italiano; Valentina o ignora.

— É perfeito — Theo diz, achando graça.

— E fiquei sabendo que você é um *pâtissier* em Paris, muito impressionante — ela continua, sorrindo para mim. — E que vocês têm uma história de amor antiga e voltaram a se apaixonar na excursão de Fabrizio!

Meu rosto, antes quente pela noite fresca e pelos elogios de Valentina, gela.

— Ah, nós não... — Theo começa.

— Somo apenas amigos — digo, antes que tenha que sofrer com o resto da frase de Theo. — A gente terminou faz uns anos, isso é verdade, e a excursão fez a gente se reencontrar, sim.

Eu me viro para encontrar os olhos de Theo alertas e penetrantes.

— Certo — elu diz. — Mas... como amigos.

— Ah, entendi — Fabrizio diz, com a voz desapontada. — *Colpa mia.*

Fixo a atenção nas azeitonas à minha frente, evitando cuidadosamente o olhar de pena de Orla.

— Bom, mesmo assim — Orla diz —, vocês são amigos de novo, e isso é lindo. Algumas das minhas melhores amigas pelo mundo são ex-namoradas. Tenho uma em Copenhagen que empresta o apartamento para mim e para minha esposa quando estamos a fim de arenque.

— Ah, ouvi dizer que Copenhagen é uma graça — Valentina diz. — Será que a gente não pode ir junto da próxima vez?

— Fabs, você ainda não levou essa menina na excursão escandinava?

— Peço para a empresa nunca me mandar para a excursão escandinava — Fabrizio diz. — Frio demais. Pouco sol.

— Ah, toma tento, é aí que você deixa sua mulher esquentar você. Valentina, meu bem, eu te levo.

Theo ri, e eu também, e está tudo certo.

Conversamos por uma hora enquanto o sol se põe. Orla e Fabrizio contam histórias das coisas mais malucas que já aconteceram em suas excursões, e eu e Theo contamos sobre as pessoas mais estranhas que já encontramos em nossos empregos. Valentina nos conta que estava trabalhando em Roma como professora de inglês quando conheceu um guia de Vespa que queria aprender inglês para viajar o mundo, que eles se beijaram pela primeira vez na ponte mais antiga de Roma porque ele queria entrar com ela para a história. Orla nos conta que conheceu a esposa em Derry e esperou quinze anos para se declarar. É simples e caloroso, o tipo de coisa humana mágica que acontece em trânsito quando semelhante encontra semelhante.

— Minha mãe me falava para segurar a garrafa desse jeito — Fabrizio ergue o vinho pela parte de baixo, a palma na base com o braço totalmente estendido — e que quando eu fosse grande pra conseguir segurar assim e ainda tocar nos lábios, já seria grande para beber.

— E com que idade isso aconteceu? — Theo pergunta.

— Onze! — E desatamos a rir de novo.

Tudo está indo bem até eu me virar para encher a taça de Theo e uma camisinha cair do bolso da minha camisa em cima das azeitonas.

— *Ai, Deus* — Theo sussurra.

Tento interceptar antes que alguém note, mas a embalagem de papel-alumínio agora está coberta de azeite e escapa por entre meus dedos. Ela aterrissa com um pequeno *ploft* úmido dentro da taça de Fabrizio.

A mesa fica em silêncio.

— Desculpa mesmo por isso — digo. — Nossa, mas que… que falha de design, né? Se tem uma coisa que deveria ser fácil de pegar quando se está coberto de óleo…

Fabrizio bate palmas, encantado.

— Então vocês *estão* juntos de novo!

— Quê? — Theo exclama.

— Sim, claro, quando duas pessoas que se amam se reencontram, o sexo é o melhor da vida. Tudo que você quer é fazer amor, dia e noite. — Ele pega a mão de Valentina, iluminado pelo romance de um poeta, e planta um beijo na parte interna do punho dela. — Quando volto para casa depois de uma excursão, eu e Valentina…

— Fabs, querido — Orla diz. — Acho que eles não querem saber disso.

— Não estamos… — Theo diz.

— Não é para isso a camisinha — digo.

Fabrizio congela enquanto ergue o braço de Valentina.

— É para alguma outra coisa, então?

E foi um dia tão longo, com tanta coisa para processar, que não consigo pensar em nenhuma outra desculpa.

Um brilho aparece nos olhos de Fabrizio.

— *Ahhh*. Achavam que eu tinha convidado vocês aqui para… ah, eu esqueço a palavra pra isso na língua de vocês. — Ele se vira para a esposa. — Sexo com três pessoas?

Valentina responde com doçura:

— Ménage, *amore*.

— Menageamore.

— Não, *amore*. *Ménage*.

— Ah, isso. Ménage.

Eu e Theo nos encaramos.

Contamos para ele?

Porra, claro que não.

— A gente… — começo.

— A gente não…

— Eu não diria que nós…

— Quer dizer, eu talvez tenha ficado com a impressão de que…

— A gente só… a gente… — Estou perdendo o fio da meada. — Pode ser que nós…

Theo olha de canto de olho para mim, os olhos arregalados.

— Acho que *talvez* a gente…

— Nós… — Foda-se. — *É*. Foi isso, a gente pensou que você queria transar com nós dois.

Depois de um segundo, Theo acrescenta:

— Com todo o respeito.

Orla se recosta e dá um gole generoso de vinho.

— E mil desculpas por termos presumido — digo. — E a você também, Valentina.

— Ah, não precisa se desculpar — Valentina diz. — Isso acontece, às vezes, quando ele tenta fazer amizade. — Ela pega o rosto de Fabrizio entre as mãos e o balança de um lado para o outro. — Olha para esse homem aqui, quem é que poderia resistir a você?

— Vivo dizendo que ele precisa parar de flertar tanto com os passageiros — Orla diz —, mas acho que ele não sabe parar.

— É que eu tenho tanto amor pra dar — Fabrizio diz, com fervor — e também sou tão bonito. É um fardo.

— Vocês não acreditariam em quanta gente termina esta excursão pensando que poderia ter dormido com Fabrizio se tivesse tido a oportunidade — Orla continua. — Acho que dava até pra vender umas camisetas. *Quase transei com Fabs: A excursão europeia.*

— Eu ofereço experiências inesquecíveis para os clientes!

Orla solta uma risadinha e diz:

— Meu bem, não tem problema gostar da atenção. Você usaria aliança se não gostasse.

— É, para falar a verdade, eu não fazia ideia de que você era casado — Theo intervém. — Desculpa de novo, Valentina.

— Nada, essa ideia foi minha, na verdade — Valentina diz, soltando o marido. — Uma vez, não muito tempo depois que nos casamos, ele esqueceu a aliança em casa e voltou da excursão com o dobro de gorjetas, então agora falo para ele deixá-la comigo. As pessoas dão mais gorjetas quando pensam que ele está disponível.

— Especialmente os americanos — Orla acrescenta.

— Ai, meu Deus. — Afundo o rosto entre as mãos. — *Eu* agi igual a americanos.

— *Professore*, não! — Fabrizio diz. — Com vocês, não é só pelas gorjetas.

Quando ergo a cabeça, Fabrizio está olhando para mim e Theo com a mais pura e franca sinceridade.

— Em toda excursão eu gosto das pessoas, mas, em algumas, encontro pessoas que acho que poderiam ser minhas amigas — Fabrizio diz. — E quero trazer para casa e apresentar para minha esposa porque torço para, depois da viagem, podermos continuar em contato, se quiserem. Espero que a gente mantenha contato depois de Palermo.

Tem alguma coisa muito admirável na franqueza dele. *Gosto de vocês. Fiquem na minha vida.* É perfeitamente simples quando ele coloca as coisas desse jeito.

Eu me viro para Theo e vejo o sorriso no rosto delu.

— A gente adoraria manter contato — Theo diz.

— *Che bella!* — Fabrizio diz, erguendo a taça. — Então, um brinde a isso! À amizade!

Valentina acrescenta:

— E ao amor!

— — —

— Tenho uma pergunta para você — Fabrizio me diz, depois que terminamos o vinho.

Estamos sozinhos na cozinha. Theo saiu para a sacada com Orla e Valentina, os risos que soltam sendo soprados, às vezes, como brisa marinha pela porta entreaberta. Toda a salmoura da azeitona nos fez querer algo doce, então me ofereci para fazer sobremesa com o que quer que eles tivessem na despensa e, agora, Fabrizio está fazendo às vezes de sous chef enquanto improviso um *gâteau au yaourt* — um bolo de iogurte francês, o primeiro doce que aprendi a fazer.

Estou com as duas mãos enfiadas em uma tigelona, porcelana branca e azul-celeste herdada da lua de mel dos pais de Fabrizio em Seina. Um monstro marinho deliciosamente estranho está gravado na base. Fabrizio diz que era para ser um golfinho, o símbolo de um dos dezessete *contrade* de Siena, mas tem escamas e sobrancelhas. Benza Deus pela zoologia medieval.

Enquanto massageio as raspas de limão-siciliano no açúcar com a ponta dos dedos, percebo que não parei nenhum momento para pensar no próximo passo. Estou fazendo a receita de cor, dando meus melhores palpites e fantasiando em finalizar com a marmelada de damasco caseira de Valentina, em vez do glacê de limão-siciliano tradicional. Esse deve ser o momento de maior prazer que estou sentindo ao fazer um doce desde minha primeira semana de emprego.

— Que pergunta? — pergunto a Fabrizio.

— Você está apaixonado pela Theo, né?

Quase derrubo a tigela.

— *Fabrizio.*

— Ah, não dá para ouvir — Fabrizio me tranquiliza com um aceno do fouet. Eu o deixei encarregado dos ingredientes secos. — Barulho demais da rua.

Suspiro.

— Está tão na cara assim?

— Para ser sincero, sim. Mas soube por Orla.

— *Orla*. — É isso que mereço por supor que todas as mulheres de chapéu de safári são de confiança.

— Você deve imaginar que conversamos sobre tudo. A excursão é a mesma toda vez, mas as pessoas são diferentes. Os passageiros são nosso entretenimento.

Satisfeito com a quantidade de açúcar, levo a mão ao potinho de vidro de iogurte que Valentina tirou da geladeira e o adiciono.

— Bom, espero que tenhamos dado um belo show — digo, com sinceridade.

— Acho que, neste momento, está mais para uma tragédia. Mas me conta, por que vocês não estão juntos? Por que não confessa seus sentimentos? — Ele observa meu rosto, depois baixa o fouet em desespero. — *Por que, professore?*

— Porque não sei se mereço.

Quebro os ovos e adiciono baunilha e, enquanto bato tudo junto, conto a Fabrizio a versão mais simplificada da nossa história. Nossa vida junta, erros em Paris, o término, meu pai, a forma como eu nunca consegui me esquecer de Theo, o que quase fiz ontem à noite em Roma antes de me segurar. Quando acabo, peço para Fabrizio polvilhar a farinha, o fermento e o sal em minha tigela enquanto continuo batendo.

— Entendo — Fabrizio diz. — Você ama Theo. Não quer um amor egoísta para Theo, que tira o poder de escolha.

— Isso.

— Por isso, está tirando o poder de escolha de Theo de estar com você.

— Eu… — Minha mão hesita no fouet. — Não, não é isso que…

— É exatamente isso, do meu ponto de vista.

— Eu… só quero fazer a coisa certa por Theo.

— *Sì*, e só você sabe qual é a coisa certa? — Ele está na despensa, procurando pelo último ingrediente, um óleo de sabor neutro. O tom que usa comigo é *en passant*, como se soltasse lições reveladoras desse jeito casual para todos os seus convidados. — Ah, minhas previsões estavam corretas. Só tem azeite de oliva. Tudo bem?

— Hm… claro — digo, mal dando ouvidos.

Ele coloca o azeite ao lado da tigela da mãe e observa minha expressão, depois estende a mão com um afeto tranquilo para acariciar minha bochecha.

— Quando conheci Valentina — ele diz —, tinha outro homem que a amava. Era filho de um homem rico, com um bom emprego perto de casa, e a mãe dela gostava muito dele e nada de mim, então pensei que ela seria mais feliz com ele. Então, quando ela me conta que ele a ama, ela diz para mim: "Fabrizio, o que eu respondo?". No que eu falo: "Quero que você seja feliz". E, quando ele pede para ela se casar com ele, ela me diz: "Fabrizio, o que eu respondo?". E falo de novo: "Quero que você seja feliz". Aí, na noite antes do casamento dela, ela aparece na minha porta e diz: "Fabrizio, o que *é que eu vou fazer*?". No que eu falo de novo: "Quero que você seja feliz". E ela me diz: "Fabrizio, *idiota*, tudo que quero da vida é ser feliz com você".

O forno apita, preaquecido.

— O que quero dizer é: se declaro meu sentimento antes, o pai de Valentina não precisa explicar para o padre por que a filha não vai para o casamento — Fabrizio diz com um sorriso largo. — Eu não tinha que proteger Valentina do meu coração. Tinha só que deixar que ela visse meu coração e decidisse se queria ficar com ele.

Ele vira o azeite na tigela e tira o fouet da minha mão, substituindo-o por uma colher de pau bem usada. Eu deveria começar a mexer a massa para dar ponto. Mas estou paralisado, dominado pela verdade simples. Talvez a questão não seja se mereço contar para Theo. Talvez seja que elu merece saber.

Da sacada, o som das risadas aumenta. A porta se abre.

— Vou te dizer só mais uma coisa — Fabrizio acrescenta, baixando a voz. — O jeito que Valentina olhou para mim na noite antes do casamento... é como Theo olha para você.

— — —

Perto da meia-noite, cheios de vinho, azeitonas e bolo, eu e Theo pedimos um táxi de volta ao hostel. Não leva nem dois quarteirões para começarmos a nos dissolver em uma gargalhada incrédula que seguramos por tempo demais.

— Não acredito no que acabou de acontecer — Theo diz, secando os olhos.

— Acho que agora a amizade virou eterna? Com Fabrizio? Sabe-se lá como?

— Que foda. — Theo passa a mão no rosto. — Nossa, essa coisa de competição foi tão... besta. A gente está sendo besta, né?

— Está longe de ser meu melhor trabalho — digo. — Sexualmente, sim, mas intelectualmente não.

— É tão besta — Theo conclui. — E imaturo. Somos *adultos*.

— Pelo que me dizem, parece que sim.

Theo abana a cabeça.

— Mas, quando vi você em Londres, foi como se eu voltasse a ter a insegurança dos meus vinte e um anos.

Desde que Theo caiu em cima de mim naquele primeiro dia, eu fico me perguntando o que elu sentiu ao me ver. Não queria que tivesse sido isso, mas já fico feliz em saber que elu nunca me odiou. A consideração que tinha por mim ainda chegava ao ponto de se importar com o que eu pensava delu.

— Quando vi você, pensei que estava sonhando — confesso. — Não conseguia acreditar na minha sorte.

Theo franze a testa como se não entendesse.

— Sorte?

— Pensei que nunca mais teria uma chance de consertar as coisas — digo. Com medo de me dar crédito demais, acrescento: — E não sei nem se cheguei a consertar, mas...

— Acho que chegou — Theo me interrompe com um pequeno sorriso. — Quer dizer, é um processo, sei lá. Mas não tenho mais raiva de você. Não foi culpa de ninguém.

— Que bom — digo, um calor crescendo em meu peito. Queria que Theo pudesse mergulhar os dedos dentro de mim e deixar que elu o sentisse. Eu me conformo em confessar outra coisa, me abrindo um pouco. — Sobre o negócio da competição... quando você sugeriu, eu concordei porque era uma desculpa para continuar falando com você. Era tudo que eu realmente queria. Embora eu tenha gostado do sexo.

— Eu... não tinha entendido isso ainda quando começamos, mas acho que queria provar que tinha superado você — Theo responde. — Para você, e para mim também. E talvez minha outra intenção fosse te deixar com ciúme.

— Por quê?

— Por causa dessa sensação que tenho de que preciso vencer o término, o que percebi que não faz sentido. Não abre espaço para eu me importar com você como pessoa. Não quero não me importar. Quero que você seja feliz.

Observo as luzes do semáforo mudarem no reflexo dos olhos de Theo e penso na história de Fabrizio. *Tudo que quero da vida é ser feliz com você.*

— Estou feliz agora — digo.

Theo acena.

— Fico feliz que você esteja feliz.

Sinto no fundo do peito: Fabrizio está certo. Preciso dizer. Theo precisa saber que tem uma escolha.

Amo Theo. Preciso me declarar. Vou me declarar em Palermo.

— Então, vamos cancelar? — pergunto. — A competição?

— Sim. — Theo concorda. — Deixa isso para lá.

— Certo. — Desço a mão sobre o rosto como se tirasse uma máscara invisível e a jogasse para longe. — Feito.

Theo franze as sobrancelhas ao reconhecer.

— Era aquele negócio que eles fazem em *A outra face*?

Sorrio. Sabia que elu curtiria.

— Era aquele negócio que eles fazem em *A outra face*.

— Nossa — Theo suspira, sorrindo, jogando a cabeça no encosto. — Um clássico.

— E como nós dois sabemos, eu consigo *mesmo* comer um pêssego por horas.

— Falando nisso, que fique registrado que eu estava na liderança e teria ganhado.

— *Acabou*, Theo.

— Só. Dizendo.

PALERMO (DIA UM) COMBINA COM:

Amaro amargo, *sfinci di San Giuseppe*

Palermo

Na primeira vez em que quase declaro meu amor a Theo em Palermo, estamos no Mercato di Ballarò.

— *Quanto* — Theo diz, enunciando. — Não *quando*, isso seria "quando". *Quanto* é que significa "quanto custa".

— *Quanto* — repito.

— Isso — Theo diz. — É a única palavra que você precisa saber.

"*Quanto?*", perguntamos a uma senhora com a pele escamosa que grelha *stigghiola* sob uma nuvem densa de fumaça, e ela nos vende espetos de tripa de cordeiro por dois euros. *Quanto* para os *panelle* (bolinhos fritos de grão-de-bico) e *quanto* para os *pani ca'meusa* (sanduíches de baço de cordeiro). E assim por diante através da feira livre barulhenta e sem fim, para carrinhos bambos e tonéis cobertos por tecidos xadrez, entre caixas pungentes de peixes recém-pescados e barracas de hortifrútis tão superlotadas que folhas de alcachofra caem em cascata no chão. Experimentamos tudo que dá. Em algum lugar lá no alto, o Pinóquio balança em cima da multidão como nossa pequena e alegre Estrela do Norte.

— Sinto tanta pressão para escolher o melhor arancino — digo, olhando para mais um carrinho que os vende. — É que, tipo, só temos uma chance de comer nosso primeiro arancino na Sicília.

— Acho que todas as bolas de arroz fritas são presentes preciosos de Deus — Theo diz. — Aah, mas aquelas são *muito* grandes, puta merda… *Ciao! Quanto?*

Uma vez, quando fomos morar juntos, matei meu pé de tomilho por acidente. Tinha caramelizado cebolas e figos e feito massa folhada do zero para uma galete perfeita e, quando fui colher alguns raminhos para o toque final, derrubei a planta pela janela. Enquanto eu sofria pela perda do meu tomilho explodido na calçada, Theo o substituiu por uma colherada de pimenta-de-alepo em flocos sem nenhuma consideração por minha visão. Improvisou por puro instinto e deixou até melhor.

Amo ingredientes porque eles carregam memórias. Histórias, fatos, personalidades. Um pêssego guarda a memória de todos os dedos que já o tocaram. Uma fava de baunilha é curada por meses. Às vezes, quando dou uma primeira mordida, tento identificar cada ingrediente individual, encontrar o jardineiro que podou a árvore que produziu as azeitonas para o azeite que cobre essa panela específica nessa cozinha específica supervisionada por esse cozinheiro específico, que veio trabalhar pensando na frigideira da mãe em sua terra natal.

Theo também se importa com tudo isso, mas o paladar delu é movido primeiramente pelo instinto. Elu entende os ingredientes como velhos amigos que não precisam trazer nada quando chegam para te visitar. Theo sabe quando usar seu conhecimento e quando precisa me lembrar de pensar menos e simplesmente abrir a boca. Me questiona, me surpreende, me desafia. Sentir gosto é minha fonte de renda; e Theo me torna melhor nisso.

Theo compra um arancino do tamanho de uma toranja e o parte ao meio, admirando-se ao revelar um centro de arroz amarelo condimentado e ragu escuro. Quando a comida toca sua língua, Theo fecha os olhos e sacode os ombros de prazer.

Quase digo neste momento. Fica tão claro em minha mente. *Estou apaixonado por você.*

O homem mergulhando polvos inteiros em uma panelona imensa de água fervente grita, do alto de seus pulmões: "*Polpo, polpo!*". E o momento passa.

— — —

Na segunda vez, quase escapa em uma risada.

Estamos na escada do Teatro Massimo, a casa de ópera perto do centro da cidade, fazendo a digestão entre um passeio e outro pela feira. Theo conta os degraus, encontra um lugar e depois deita o corpo comprido.

— O que está fazendo?

— *O poderoso chefão III* — Theo diz, como se fosse óbvio. Elu fala com a cara voltada para o céu, a cabeça quase pousada na pedra. — É aqui que Mary morre no final.

— Como eu poderia esquecer. — Subo e baixo os olhos para Theo. Os óculos de sol delu escorregaram para a testa, e suas sardas estão gloriosamente expostas. — Sabe, não achei que Sofia Coppola foi *tão* ruim assim.

— Isso é porque você tem coração mole e gostou de *As virgens suicidas.*

Estendo a mão para elu, que me lança aquele olhar que já conheço, os olhos estreitados, a boca tensa nos cantos como se dissesse: *Se eu disser uma palavra, vou matar nós dois de tanto rir.* Esse olhar fez nossos professores da escola pararem de distribuir lugares pela ordem alfabética para nos manter separados.

Theo pega minha mão e, em vez de deixar que eu ê puxe para cima, elu me puxa para baixo ao seu lado.

Ultimamente, quando as pessoas me conhecem neste estágio da vida, pensam que sou uma pessoa séria. Veem um bacharel de artes tomando espresso numa cozinha parisiense e imaginam um gourmand que lê Nietzsche. Mal sabem eles o quanto minha risada pode ser alta, nem como me comprometo com uma piada até o fim, nem as obscenidades que eu e Theo aprendemos em élfico para usar na feira medieval quando tínhamos treze anos. É uma pena, porque gosto disso em mim. Minhas partes favoritas de mim mesmo são aquelas que Theo traz à tona, que cresceram para combinar com as delu.

Quase sai enquanto estamos rindo juntos na escada. As pedras refletem o sol do mesmo jeito que refletimos um ao outro, e penso: *Eu te amo.*

Theo diz:

— Aquele cara ali está se engasgando com uma linguiça?

Respondo:

— Quê?

Dito e feito, tem um turista na calçada se engasgando com um pedaço de carne de rua. Nós nos empertigamos enquanto Calum Loiro entra em ação, empregando uma manobra de Heimlich hábil à perfeição. A multidão reunida comemora, e o turista dá um abraço agradecido em Calum. Ele é um herói. O momento não é mais nosso; é de Calum.

— Caramba — Theo diz, quando Calum é envolvido por seis braços: de Dakota, Montana e Ruivo. — Alguém vai dar para ele hoje.

— — —

Na terceira vez, as palavras se grudam em meus molares feito casca de laranja cristalizada.

Escondida no mosteiro atrás da Chiesa di Santa Caterina fica uma *dolcería* minúscula que vende doces feitos com as receitas de freiras. Aprendi em Veneza que a maioria dos doces famosos da Itália se originaram em cozinhas de monastérios, elaborados por monges e freiras sem quaisquer outras graças concedidas além de açúcar e farinha. Essas freiras fazem o cannoli preferido de Fabrizio em Palermo.

Na praça entre a igreja e o *monastero*, todos ainda vibram pelo heroísmo de Calum. Theo está ajudando Montana a arrumar a alça quebrada de um vestido com alfinetes e fica alternando o olhar entre Montana, os Calums e Dakota num movimento cíclico, observando tudo.

Nossos olhos se encontram.

Estou coletando informações valiosas, vai buscar cannoli e te conto o que eu descobrir.

Dentro da *dolcería*, cada doce sugere a simplicidade de uma cozinha com poucos ingredientes e a obsessão de uma freira completamente enclausurada. Pasta de amêndoa moldada na forma de conchas e recheada com creme e geleia de damasco ou esculpida e pintada para formar figos e peras e pêssegos realistas e acetinados. Alguns bolos extravagantes são cobertos por ondas confeitadas de cobertura branca e pilhas de frutas açucaradas — uma placa declara que são OS TRIONFO DI GOLA — O TRIUNFO DA GULA. Nossa, se eu pudesse escolher o título da minha autobiografia…

Peço cannoli para dois, o de Theo com pedaços extras de pistache e laranja cristalizada. Lá fora, sob a fonte de San Domenico, Theo não consegue acreditar no tamanho deles.

— Jesus, parece um burrito. — Elu pega seu cannoli sem ter que perguntar qual é qual, depois nota o prato em minha outra mão. — O que é isso?

— Pedi mais uma coisa para você — digo, mostrando um pequeno bolo arredondado com cobertura branca e encimado por uma cereja cristalizada.

Theo inclina a cabeça.

— A ideia disso aí era parecer... — Elu ergue os olhos para o santo da fonte antes de sussurrar — ... uma teta?

— Sim, chama Seios de Santa Ágata — digo. — Quando eu bati o olho, soube que você precisava ver também.

— Nossa, e como — Theo diz, aceitando-o com felicidade. — Ah, e por falar nisso...

Elu relata a situação do polígono sexual de Calums-Dakota-Montana, que é que cada lado já foi consumado tirando Calum-e-Calum, mas a exibição inesperada das habilidades de Loiro de salvar vidas pode ter despertado uma chama nostálgica em Ruivo. Montana e Dakota estão fazendo o possível para estimular isso, porque Montana gosta de ir até o fim com as coisas. Escuto isso com a boca cheia de mascarpone denso e açucarado e me pego torcendo ainda mais pelos Calums. Parece um desperdício não transar nunca com a pessoa que salvou você da boca de um tubarão.

Por sobre o ombro de Theo, Calum Ruivo tira um pouco de mascarpone do queixo de Loiro com o polegar. Fico me perguntando se ele passou a vida do mesmo jeito que eu, encontrando pequenas formas de cuidar da pessoa que nos salvou quando éramos menores. Espero que ele se sinta tão feliz com isso quanto eu.

— Cannoli incrível, aliás — Theo diz, mordendo um pedaço da laranja. — Você é ótimo escolhendo o que eu vou comer por mim.

Meus olhos encontram os de Theo. Elu deve ver a suavidade em meu rosto, como é doce o sabor de ouvir que cuido bem delu. Rosa cora suas bochechas. Essa é a parte que elu sempre esteve menos a fim de ver, como cuidar delu é algo que *quero* fazer e algo que elu pode se permitir ter.

Theo não desvia o rosto agora. Ergue o queixo e encontra meu olhar. O momento cai sobre nós como uma rede no mar.

Vou dizer assim que encontrar as palavras certas. *Estou apaixonado por você. Amo cada parte de amar você, mesmo as partes que você acha que não merece. Você é o amor da minha vida.*

Começo a dizer:

— Eu…

O celular de Theo toca. É Sloane, que voltou a falar com elu faz pouco tempo, então Theo precisa atender.

— Claro — digo. — Claro.

— — —

Na quarta vez em que quase declaro meu amor a Theo, estamos embaixo de uma abóbada de estrelas.

A Martorana tem quase mil anos de idade, e parece um lugar suspenso no tempo. É um registro físico da história da ilha, com sua fachada de barroco espanhol e seu campanário romanesco enxertado sobre o domo bizantino original e se dividindo em nichos islâmicos. Dentro da basílica, mosaicos gregos dourados cintilam do chão aos tetos abobadados.

Eu me lembro da noite em que Theo nos levou de carro até o deserto e me abraçou embaixo da faixa de amora da Via Láctea. Me beijou com a intensidade do céu, cada ponto de contato tão forte e quente quanto uma estrela. Me mostrou a galáxia, depois me fez senti-la. Esse é um dos dons naturais de Theo, a maneira como a beleza se move através delu como num vitral. Ela ê ilumina, e elu a transforma em resposta.

Elu ocupa esta igreja luminosa e ergue os olhos para o teto da nave, que se arqueia para cima num céu de azulejos azul-escuros e estrelas douradas flamejantes. Mais uma galáxia para Theo.

O que quero dizer é: *Você sabe que tem a capacidade de refratar a luz?* Mas *eu te amo* pode significar quase isso, se eu disser do jeito certo, sussurrado em reverência sob um céu em mosaico.

Dou um passo na direção delu.

Um sino toca; a igreja está fechando por hoje.

— — —

Na quinta vez, acabamos de comer uma das refeições mais interessantes de nossas vidas.

O primeiro restaurante de Palermo com uma estrela Michelin fica dentro das arcadas de pedra do que antes costumava ser o ateliê de escultura do renascentista Antonello Gagini. De certo modo, continua sendo a oficina de um artista. Moleja de vitela coberto por um glacê de laranja-sangue e acompanhado por erva-doce confitada, anêmona-do-mar com ricota salgada e molho Choron: se isso não é arte, o que é?

Ao longo do jantar, Theo faz um uso rápido e rasteiro da carta de vinhos para cair nas graças do sommelier, anotando observações e ideias num guardanapo enquanto trava uma conversa com os suecos. Elu está em sua melhor forma, puro caos e intenção, um toque bruto e um resultado suave. Isso me fez lembrar que o Timo ainda não tinha sua estrela Michelin quando fui embora da Califórnia. Theo os ajudou a conquistar.

Me lembro do que Theo disse em Roma, que ainda sonha com Fairflower. Posso até não acreditar nisso sozinho, mas… para nós dois? Termos um futuro doce no qual Theo pode fazer o que faz de melhor e eu também, e descobrimos que, em todos os anos que passamos separados, aprendemos o que precisávamos para realmente sermos capazes de termos um restaurante?

Talvez não tivesse funcionado naquela época, mas talvez funcione agora. Não sei onde nem quando. Mas talvez, quando Theo acreditar em alguma coisa e dedicar todas as forças a ela, tudo possa acontecer.

Estamos num beco ao lado do restaurante, e Theo e o bartender estão tendo uma conversa casual na pausa para o cigarro dele enquanto eu os observo da calçada. Theo é tão… Theo é *descolade.* Eu me orgulho tanto delu, de ter o privilégio de ser importante para uma pessoa como elu. Quero estar ao lado delu para sempre. Quero construir algo com elu. Algo novo, algo que só conseguiríamos fazer agora. Quero inventar algo com elu e confiar isso a elu.

Elu volta com um saco de papel, que estende na minha direção.

— Pareceu que esse aqui foi seu favorito.

Dentro está uma pequena porção para viagem de panna cotta de açafrão que comemos de *dolci*. Sei o que isso quis dizer quando fiz por Theo em Paris, torcendo para demonstrar que estava arrependido por tê-le magoado, que ainda me importava e queria fazer as pazes.

Ergo os olhos para encontrar o rosto lindo e resistente de Theo, que está passando o polegar pelos nós dos mesmos dedos que já machucou por mim quando éramos crianças. Eu conheço Theo. Conheço essa pessoa melhor do que qualquer coisa, melhor do que Bernini ou a Terra Média ou a importância da manteiga de qualidade. E elu me conhece, e ainda está me encarando.

Acho que este é o momento, finalmente. Aqui, na tão aguardada Palermo, no fim do dia, de barriga cheia. Estava definido que seria aqui.

Pego a mão delu, entrelaço os dedos nos seus com delicadeza.

— Theo.

Elu não escuta. Outra pessoa pronuncia seu nome ao mesmo tempo que eu, duas vezes mais alto, chamando-nos para beber. Theo me lança um olhar, e sei que quer ir. Sente curiosidade pelo que pode acontecer, medo demais de ficar de fora do que quer que seja.

Desentrelaço nossas mãos.

— Vamos.

— — —

Passamos de bar em bar, de terraço a balcão grudento e depois à pista de dança, através da névoa densa da noite siciliana. Tomamos shots de *amaro* amargo e pedimos negronis com prosecco. Fico esperando por mais uma abertura, por mais um momento tranquilo com Theo, mas tem muita coisa acontecendo. Coisas explodem constantemente ao nosso redor, bebidas derramadas, beijos roubados e chamas acendendo nas pontas de cigarros.

Perdemos nossos amigos num bar escuro lotado com música ao vivo, uma mulher tocando um contrabaixo e um homem no saxofone, a plateia densa, cada vez mais animada e cheia de aromas. Theo está segurando um drinque com espinhas de peixe, reclamando que minha tolerância a álcool não faz nenhum sentido, que eu deveria estar mais bêbado. Mal conseguimos nos escutar, então balançamos em silêncio, movidos pelos corpos ao nosso redor, flutuando numa maré incandescente.

A banda começa uma música nova, e reconheço os primeiros acordes. Mesmo com a letra em italiano, eu a reconheceria em qualquer lugar.

— Espera, é… — Theo grita. — É sério que estão tocando…

— "Can't Stop Loving You" — confirmo.

Phill Colins, num boteco em Palermo. Estamos sozinhos na plateia, encarando um ao outro com os olhos arregalados, balançando de maneira impossível ao som de uma música que cantamos juntos uma centena de vezes sem nunca saber que seria a história de nossas vidas. Nada poderia me convencer de que isso não é algum tipo de sinal.

Theo chega perto do meu ouvido e diz:

— Será que você poderia…?

Não consigo discernir o fim da frase.

— Quê?

Elu tenta de novo.

— Você poderia, por favor…?

— Não consigo te ouvir!

A música muda, descendo para o fim da primeira estrofe, mais quieta agora: *I could say that's the way it goes, and I could pretend and you won't know…*

Desta vez, escuto a voz de Theo quando elu olha em meus olhos e diz:

— Me beija.

Elu está com a cara de que talvez vá ter o coração partido, como se estivesse pedindo misericórdia por uma causa perdida, quando estende as mãos para envolver meu rosto.

— Eu só quero um beijo, e aí nunca mais te peço de novo — Theo diz. — Vou superar a gente um dia, juro, e podemos ser amigos, mas eu… eu só preciso de um beijo melhor para guardar de lembrança.

A multidão nos empurra um na direção do outro e sinto como se o lugar em que eu estivesse fosse outro, como se estivesse em todos os lugares, como se todos os corações do salão estivessem em sincronia com a batida do meu.

— Lembrança do quê, Theo?

E elu responde:

— De como é amar você.

A banda entra no refrão. A bebida de Theo cai no chão quando puxo seu corpo junto ao meu.

— Não acredito que foi você quem disse primeiro — digo, mais alto do que a música.

Os lábios delu se entreabrem.

— Você está… você…?

— Nunca parei — digo, finalmente. — Theo, *nunca parei*.

Quando elu sorri, é um horizonte dourado, morros verdes ondulantes, um país de possibilidades infinitas, o alívio da última curva antes de chegar em casa. Puxo a cintura delu e beijo seus lábios com todo o meu ser, com tudo que fizemos um do outro, minha boca em sua boca como se as tivéssemos esculpido com nossas próprias mãos para este momento em específico, e Theo segura meu rosto entre as palmas de suas mãos e retribui o beijo, intenso e firme.

Entendo, por fim, no calor de sua boca. Elu me ama. Eu ê amo. Sempre foi simples assim.

— — —

Faltavam duas regras. Sem beijo, sem penetração.

Começamos por nos beijar.

Nós nos beijamos na rua movimentada na frente do bar, um entre dezenas de casais se jogando contra paredes de pedra áspera sob cordões de luzes quentes, a língua de Theo em minha boca e minhas mãos em seu cabelo. Nós nos beijamos no caminho que fazemos de volta ao hostel, meu lábio preso entre os dentes de Theo. Nós nos beijamos na escada que sobe para nossos quartos e depois de novo no corredor estreito e úmido, ofegando de boca aberta, nossas mãos passando pelo corpo inteiro um do outro. Nós nos beijamos como se estivéssemos inventando esse conceito, como se tudo que fizemos juntos desde que chegamos à Itália fosse casto e *isto aqui* fosse sexo.

Jogo Theo contra a porta do meu quarto e lambo o interior de sua boca, engolindo o gemido que elu solta como se fosse *vin santo*: pesado, doce e persistente.

— Já que a gente tá nessa de sinceridade — digo, sem ar, afastando o corpo por tempo o suficiente para pegar a chave do quarto —, quero que você *me coma.*

— Eu estava prestes a dizer o mesmo para você — Theo ofega.

Então entramos no quarto, nos atracando pela parede, arrancando as roupas um do outro. Paro meio segundo para agradecer à Itália por nos inspirar a abotoar menos as camisas, porque conseguimos tirá-las em questão de segundos, arrancadas por sobre a cabeça para que encostemos peito com peito, pele com pele, lábios deslizando, úmidos e inflamados em mais um acesso de beijos furiosos. Milagrosamente, consigo abrir o short de Theo sem olhar, e Theo puxa os barbantes do meu short, e aí estamos quase pelados.

Por um momento, nossos olhos se encontram e ficamos imóveis sob a luz noturna âmbar de Palermo que entra pela janela, capturados pela intensidade da atenção um do outro.

E é aí que Theo sorri e é a coisa mais bonita que vi na excursão inteira.

— É tão estranho quando seu rosto fica sério assim — elu diz.

— O seu também.

— Tipo, quem somos nós?

Rio e digo, só porque posso:

— Eu te amo.

— Eu te amo — Theo responde. Elu me ama.

Elu leva a mão ao short no chão e tira algo brilhante e dourado do bolso — penso que é uma daquelas benditas camisinhas Jeans da noite passada, mas, em vez disso, elu me estende um único euro.

— Vamos tirar na sorte?

Quando estávamos juntos, era assim que decidíamos quem comeria quem quando os dois queriam a mesma coisa. Cara para Theo, coroa para mim.

Jogo a moeda pro outro lado do quarto.

— Eu quero tudo.

Os olhos de Theo ficam mais intensos.

— Tudo?

— Tudo.

Theo me puxa pela curva do maxilar e grava minha boca com um beijo, empurrando meu corpo na direção da cama.

Consigo ver a mente delu trabalhando por trás das pupilas dilatadas, criando estratégia, traçando planos para mim. Eu já estava duro, mas o olhar que elu me lança me faz *arder*.

— De quatro.

Um calafrio quente me atravessa e obedeço. Theo sobe na cama atrás de mim, me deixa pelado e começa a trabalhar com a boca de imediato.

Há muito tempo acredito que ser chupado por Theo Flowerday é o suficiente para fazer uma pessoa entender por que os escritores eróticos, ao longo da história, chamavam um orgasmo de crise. A dedicação, a habilidade, a resistência, o entusiasmo desinibido, o controle de respiração de uma pessoa que já nadou competitivamente — sou deleitado por isso, lambido e provocado e tocado por sua língua até estar gemendo e me afundando em meus cotovelos, abrindo mais as pernas e rebolando o quadril.

— Muito bem — Theo diz, o hálito como um choque frio em minha pele úmida. Mais um gemido me escapa. — Você está indo muito bem. Quer mais?

— Por favor — digo, a voz já arrasada. Mal começamos.

Guio Theo até o lubrificante em minha bolsa e observo por cima do ombro enquanto elu lubrifica os dedos com a confiança rápida de um especialista. Não consigo deixar de pensar, lá no fundo da minha cabeça, que Theo deve ter transado muito desde a última vez que transou comigo e, conhecendo Theo, elu deve ter encontrado um milhão de formas novas de mandar bem. Elu já era a melhor foda que tive e, agora, deve estar ainda melhor.

Talvez hoje eu acabe igual ao Raphael nesta cama de hostel. Theo pode acabar me matando.

Elu me abre com uma determinação suave e calculada. Não deixo ninguém me penetrar assim desde que saí de casa, mas Theo é paciente, como prometido. Beija minha lombar e vai entrando até que a sensação da minha pele esticando se torna mais prazerosa do que dolorosa, e aí atinjo um estágio depois do prazer, uma plenitude de tirar o fôlego, como se uma parte perdida de mim tivesse retornado, por fim. E então a ponta dos dedos delu roça o feixe de nervos dentro de mim.

— *Pura que pariu* — digo, sem ar, minhas costas arqueando com o choque da sensação. Theo sorri em minha pele.

— Bem onde paramos.

— Continua. Por favor.

Theo mete de novo, roçando o mesmo ponto, e um som dilacerado me escapa. Meus ombros finalmente cedem. Puxo uma almofada para baixo de mim, apoiando o queixo em meu ombro, desesperado para assistir enquanto Theo se equilibra sobre os joelhos e alinha o quadril atrás de mim. Os dedos delu estão tão afundados que a palma de sua mão aperta minha bunda e, quando nossos olhos se encontram, elu estende a mão esquerda lubrificada e — Jesus, *cacete* — coloca a mão em volta de mim.

— Vou foder você assim — Theo me diz, a voz áspera, mas determinada — e aí, quando você estiver perto de gozar, quero que você me fale. Daí a gente troca e você me come até nós dois gozarmos. Combinado?

— Combinado — consigo dizer. — Caralho, porra, sim, parece perfeito. É o que eu quero.

— Até lá — Theo diz —, quero que você seja um bom menino e aguente firme.

— Sim — digo, mais excitado do que devo ter me sentido em toda vida. — Sim.

Theo apoia a pelve contra a parte de trás da própria mão e me fode como disse que faria, usando o movimento contínuo e incessante do quadril para guiar os dedos para dentro e para fora do meu corpo, a ponta dos dedos deslizando sobre aquele ponto sensível dentro de mim. A outra mão delu acompanha o ritmo, de modo que toda vez que Theo mete em mim, seu quadril me empurra para dentro do círculo apertado de seu punho. Eu estava certo: elu nunca me fodeu assim, nunca me imobilizou entre dois pontos de prazer e me segurou ali com toda a força. Theo está mais forte, mais segure, e me sinto bem *pra caralho* embaixo delu.

— Nossa — Theo geme. — Você é tão vagabundo às vezes.

Meu peito se aperta, um som frágil e grato se soltando.

— Gostou? — Theo pergunta. — Você gosta quando eu te chamo assim?

— Sim, sim, eu amo… pra cacete. É gostoso. Parece um… elogio.

— É pra ser mesmo — Theo diz, com a voz grave e gentil. — Você é tão gostoso. Tão fofo. Um vagabundinho tão perfeito para mim.

Deixo a boca aberta para que Theo consiga arrancar todos os sons de mim enquanto me fode, uma das minhas mãos apoiadas na cabeceira da cama para que elu consiga entrar melhor. É tão gostoso assim, tão bom quando sinto isso com Theo, tão bom estar em casa, em mãos habilidosas. O pensamento complexo evapora em um firmamento cintilante no céu e, bem embaixo, mordo a fronha e quero apenas coisas muito simples, ser abraçado e fodido e ouvir que sou bonito, ser bom para a pessoa que amo.

— Theo — balbucio, mal conseguindo me segurar. — Theo, estou… estou quase.

— É?

A última coisa que meu corpo quer é que Theo pare de me masturbar, mas encontro a força de vontade para estender o braço entre as pernas e tirar a mão delu, guiando-a para a umidade que estou escorrendo continuamente nos lençóis.

— É.

De repente, as mãos e o corpo de Theo param de encostar em mim.

As minhas partes que tinham ficado maleáveis e derretidas esfriam no mesmo instante, feito rocha vulcânica. Duro de necessidade, de intensão, de um desejo fulminante de soltar tudo que ficou trancado dentro de mim por muito mais tempo do que estivemos nesta cama. Eu me recomponho, querendo usar minha força. Agora quero ser quem proporciona. Quero ouvir Theo implorar por mim como implorei por elu, quero…

Algo leve acerta a lateral do meu rosto.

Baixo os olhos para a cama. É uma camisinha. O papel-alumínio diz: JEANS.

— Pensei… pensei que a gente não tinha guardado nenhuma dessas.

Viro e encontro Theo sem roupa em cima dos lençóis, apoiando--se sobre os cotovelos com um joelho dobrado, as bochechas sardentas vermelhas de exaustão e uma linha de suor sobre a sobrancelha. Elu está sorrindo, contente com a performance até agora e com o timing perfeito.

— Fabrizio me deu uma antes de sairmos — elu diz. — Vem, quero olhar pra você.

Em um segundo, meus pés estão plantados no chão e estou puxando-ê para o pé da cama pelos cotovelos enquanto elu solta uma gritinho risonho de surpresa.

— É isso que você estava chamando de pegar de jeito naquele dia?

— É — respondo, parando entre suas pernas, puxando seu quadril até a beira da cama. — Vem cá.

— *Zut alors*, eu tô me sentindo um saco de farinha... ai, *caralho*.

Interrompo a fala delu com um toque, o polegar traçando um círculo brusco e pegajoso do jeito que Theo gosta, do jeito que fiz com aquele pêssego em Mônaco. Contenho um palavrão quando sinto como elu está molhade, embora essa seja a primeira vez que toco em Theo hoje. Toda essa maciez líquida só porque elu curtiu me foder. Antes que consiga me conter, já estou ajoelhado, metade fome, metade súplica.

— O que você está fazendo? — elu questiona, olhando para mim. — Era para você me foder.

— Deixa eu experimentar primeiro — digo. — Por favor.

E Deus sabe que Theo nunca me negou uma refeição.

Encho a boca com aquela sua doçura ácida, inata e vital, passeio por ali com os lábios e saboreio. Minha língua mergulha brevemente, com indulgência — Theo geme — e decido que isso basta para satisfazer o desejo urgente.

— Obrigado — digo, adorando a ruga de irritação que se forma entre suas sobrancelhas quando me levanto. Aperto seu quadril, sem tocar exatamente onde elu quer. — Queria que eu tivesse continuado?

— Você gosta de provocar, hein, caralho — elu choraminga. Meu coração canta. — Faz *alguma coisa*, por favor.

— Vou fazer, se você se comportar igual a... — Hesito. — Do que vou te chamar?

Theo pisca, aturdide, como se eu tivesse pedido para elu responder uma charada bem no meio do sexo.

— Hm... de boa garota não.

— Não, óbvio. Menino?

— Às vezes — Theo diz. O olhar delu desce para o ponto onde nossos corpos quase se encontram, mordendo o lábio ao nos ver. Numa voz baixa e rouca, responde: — Posso ser passive, pra você, se quiser.

Meu corpo responde por mim, pulando de prazer visivelmente.

— É? — suspiro. — Quer que eu seja seu ativo?

Theo ergue os olhos arregalados, algo selvagem e novo neles. Então elu assente rápida e intensamente.

Aperto a embalagem da camisinha em seu lábio inferior.

— Então seja ume passive bem boazinhe pra mim.

Sem mais instruções, Theo abre a embalagem com os dentes.

Quando estou pronto, guio as mãos delu até a parte de trás das próprias coxas, erguendo os joelhos na direção do peito, e Theo também entende isso bem rápido. Um rubor vulnerável transborda como vinho por sua garganta, mas elu não desvia o olhar. Encara o meu e se abre para mim.

— Isso — digo, puxando a cintura delu, a voz tremendo. — Caralho, eu venero você.

A facilidade da primeira estocada tira um gemido surpreso de nós dois, como se o corpo delu tivesse guardado o meu espaço por todo esse tempo. Com um movimento do quadril, meto até o talo, e estamos juntos, fluidos e envolvidos e *reconhecidos*.

— Me fode — Theo implora. Então eu fodo.

É furioso e desesperado e intenso, os sons de nossos corpos enchendo o quarto pequeno na penumbra. Theo me recebe de maneira linda. Mantém a cabeça erguida o máximo de tempo que consegue para assistir, os músculos da barriga tremendo pelo esforço, o lábio preso entre os dentes, o cabelo balançando sobre a testa. Quando se afunda na cama, cai para trás numa entrega deliciosa. Estou quase sem controle sobre o meu corpo, mas me sinto ocupando o delu inteiramente, consciente de cada um de meus nervos, cada toque ondulante, tirando o máximo proveito de tudo.

Sempre amei como nossos corpos eram semelhantes, como tínhamos quase a mesma altura e o mesmo tamanho, como se fôssemos tão ligados que crescemos para refletir um ao outro. Eu adorava como era fácil me tocar e fingir que estava tocando Theo, como tínhamos o mesmo apetite insaciável. E, nesta cama, em nossos corpos, sou dominado pela compreensão de que nunca paramos de refletir um ao outro. Nos tornamos o par ideal, dois amantes com igual capacidade e igual desejo de comer e ser comido.

Pulo em cima da cama, abrindo as pernas de Theo enquanto esmago nossas bocas uma na outra.

— Eu te amo — digo, tremendo inteiro, nossos rostos perto o bastante para compartilharmos a mesma lufada de ar.

Theo abraça meu pescoço e aperta a testa na minha.

— Eu te amo — elu responde. — *Eu te amo pra caralho.*

Isso é tudo que basta para me levar ao clímax. Eu me seguro só até observar a boca delu se abrir com a primeira onda e, então, sou arrebatado pelo mar junto com Theo, mergulhado nas profundezas e envolto pelo abraço delu, lágrimas quentes nos olhos. Nunca gozei tão intensamente. Nunca me senti mais grato por nada na vida. Nunca amei Theo mais do que amo neste momento.

O amor fincou raízes em mim antes de eu descobrir o nome desse sentimento, e estou há muito tempo sentado à sombra dele sem comer de seu fruto. Sinto como se finalmente tivesse pegado um pedaço da fruta nas mãos e a aberto. É tão doce por dentro.

Amarga também, um pouco verde — mas tão, tão doce.

PALERMO (DIA DOIS) COMBINA COM:

Granita e brioche, uísque catorze anos

Palermo

Quando chegamos à Sicília, Fabrizio nos contou o mito da criação da região. Que três ninfas dançaram sobre a terra, colhendo o melhor de tudo, o solo mais fértil e a flora mais perfumada, as frutas mais maduras e as pedras mais lisas. Elas se encontraram na parte mais azul do Mediterrâneo, onde os céus eram mais luminosos, e ali dançaram, lançando seus tesouros ao mar e formando, assim, a ilha.

Enquanto caminho com Theo para a Palermo Centrale sob a luz de uma manhã siciliana quente, dividindo granita di caffè com uma colher, fico pensando que deve ser verdade.

Hoje é o último dia da excursão, e estamos finalizando com uma viagem de um dia a Favignana, uma das pequenas ilhas perto da costa noroeste da Sicília. Encontramos o grupo do lado de fora da estação ferroviária com passagens na mão para o porto de Trapani, onde vamos pegar um barco para a ilhota. Montana acena quando nos vê, os óculos de sol reluzindo com glamour sob o sol.

— Ei, a gente se perdeu de vocês ontem à noite! — ela diz. — Para onde vocês foram?

Eu e Theo nos entreolhamos, sem conseguir esconder o riso. O olhar de Montana desce para nossas mãos, os dedos entrelaçados.

— Ai, meu Deus, não creio! — ela exclama. — Ah, nossa, estou tão feliz por vocês!

Theo arqueia uma sobrancelha surpresa.

— Está mesmo?

— Dã, todo mundo sabe que vocês são, tipo, caidinhos de amores um pelo outro.

— Todo... todo mundo sabe?

— Sim, Calum e Calum vivem falando que torcem para vocês

se entenderem — ela diz, como se isso fosse senso comum. — Ko, vem ver!

Dakota chega, olha para nossas mãos e diz, sem expressão:

— Arrasou.

Quando nosso trem chega em Trapani, parece que todos os outros da excursão ficaram sabendo que estamos juntos de novo. Esperamos do lado de fora de uma *gelateria* do outro lado do píer, comendo bolinhas de brioche fresco recheadas de gelato e achando graça enquanto observamos as pessoas fingirem que não estão olhando pra gente. Os suecos estão fofocando em um sueco rápido. O casal em lua de mel que deu instruções para Theo em Chianti está cochichando. Até Stig parece interessado em nossa saga.

— A gente tá... famoso na excursão? — Theo me pergunta.

Abano a cabeça, espantado.

— Acho que somos os Calums deles.

— Vamos dar um show, então.

Chego perto e dou um beijo firme e intenso em Theo. Elu tem gosto de café, pistache e protetor solar, gosto de amor da minha vida.

A bordo da balsa, eu e Theo encontramos um lugar na popa do barco e ficamos observando enquanto Trapani encolhe ao longe e as águas azuis vão ficando mais vastas. Nós nos encostamos um no outro, um apoiando o peso do outro, o vento soprando nossos cabelos em um turbilhão de castanho e ouro rosa. O sol beija nossos ombros.

Fecho os olhos e nos embebemos no ar do mar, como se fosse possível carregar esse momento em meu corpo para sempre.

— Você trouxe o seu, né? — Theo pergunta.

Abro o zíper da bolsa e mostro o que prometi trazer para Favignana conosco: o envelope contendo minha carta não enviada de quatro anos atrás, a que eu pretendia enterrar no mar no último dia da minha viagem solo.

Em resposta, Theo abre sua pochete para me mostrar a carga prometida delu: a pequena garrafa de uísque do nosso aniversário.

— *Amici!* — A voz de Fabrizio é calorosa atrás de nós. Nós nos viramos para encontrá-lo atravessando uma multidão esparsa de passageiros, os braços bem abertos. — É verdade o que ouvi falar? Vocês estão juntos, por fim?

Theo me abre um pequeno sorriso íntimo, o que é resposta o suficiente para Fabrizio. Ele nos envolve em um abraço, dando beijos de parabéns em nossas bochechas. Promete pedir prosecco extra no jantar de hoje à noite e sai andando, radiante pela alegria do romance renovado.

Theo toca a bochecha, ainda sorrindo.

— Não tenho coragem de contar para ele — elu diz.

— Não — digo. — Não acho que ele precise saber.

— — —

Ontem à noite, depois que nos lavamos e voltamos a deitar juntos na cama, não conseguíamos pegar no sono. Estávamos acelerados demais um pelo outro, inquietos demais pelos toques atrasados e cheios de coisas que queríamos dizer um para o outro. Theo queria ver meus cadernos de desenho, então os tirei e folheei com elu sentade atrás de mim, enchendo minhas costas nuas de beijos.

No alto do meu ombro, Theo hesitou.

— Ah.

Só me dei conta que elu tinha chegado na minha tatuagem quando passou o dedo sobre ela.

— "*Supera todas as pedras preciosas*" — Theo disse, com uma voz baixa. — Acabei de me lembrar de por que conheço isso.

Quando me virei para seu rosto, vi lágrimas em seus olhos.

E, de repente, estávamos numa cama diferente. Não éramos dois adultos que se reencontraram; éramos duas crianças de olhos arregalados num quarto com estrelas no teto, durante o pior verão da minha vida.

Aconteceu de uma forma que acho que minha mãe teria adorado. Quase um conto de fadas. Uma maldição silenciosa de um jardim encantado, um sono eterno. Por muito tempo, eu me apeguei a essa ideia para fazer a morte dela parecer menos absurdamente cruel, mas, no fim, foi um acidente simples e idiota. Ela escorregou e bateu a cabeça na estufa, foi dormir certa de que não tinha se ferido gravemente e nunca mais acordou. Não houve nenhuma doença, nenhum acontecimento terrível. Um dia estava lá e, no outro, não, e a vida que eu conhecia se foi junto com ela.

Eu tinha treze anos. Ollie tinha dezesseis, e Cora, dez. Nenhum de nós sabia o que fazer, nem mesmo meu pai… muito menos meu pai. Mas Theo, sabe-se lá como, sabia.

Elu tinha proximidade o suficiente com a minha família para saber do que cada um de nós precisava e distanciamento suficiente para fazer as coisas que nenhum de nós conseguia fazer. Durante o verão todo, percorreu três quilômetros de skate da casa delu até a minha. Perguntava nossas refeições favoritas, escrevia listas de ingredientes e encarregava Ollie de fazer as compras. Sabia que eu adorava cozinhar e que Cora adorava bolos, mas que não dava para usar as receitas de *maman* por enquanto, então pegava livros de receitas emprestados da biblioteca e furtava edições de *Good Housekeeping* da drogaria. E, quando eu não conseguia pegar no sono por dias, subia na cama comigo e lia em voz alta meu livro favorito, *O Silmarillion*.

—*Maman* leu para mim quando eu tinha seis anos — eu disse.

— Em francês, né? — Theo perguntou daquele seu jeito simples e direto. — Bom, vou ler em inglês, então vai ser meio diferente.

Àquela altura, fazia anos que eu já sabia que amava Theo. Mas, em minha cama no deserto naquele verão inimaginável, eu soube que, o que quer que acontecesse entre nós quando fôssemos mais velhos, elu sempre seria a pessoa que fez isso por mim. Que sempre importaria mais do que qualquer coisa.

Nunca consegui encontrar as palavras para dizer para elu o que isso significou para mim, mas, quando chegou o aniversário de treze anos de Theo naquele outono, tentei explicar num cartão. No verso, escrevi algumas frases do meu capítulo favorito de *O Silmarillion*: a história do homem mortal Beren e da princesa elfa Lúthien. Beren, depois de longos anos sofridos na floresta, viu Lúthien dançando sobre as clareiras de Doriath sob a luz do nascer da lua e se apaixonou.

Para Theo, escrevi uma frase do discurso de Beren para o pai, o rei: *E aqui descobri o que de fato não procurava, mas, ao encontrar, quis possuir para sempre. Pois está acima de todo ouro e toda prata, e supera todas as pedras preciosas.*

Nunca contei para Theo, mas fazia anos que eu pensava em fazer uma tatuagem das últimas palavras desse trecho. Fiz finalmente um ano depois do término. Eu ainda tinha vontade. Ainda significava algo para mim. Eu tinha recebido a dádiva de ser amado até o centro da alma duas vezes na vida e, embora essas duas pessoas não estivessem mais presentes, o amor tinha estado. Ainda estava, já que me moldou no que eu era.

Quando Theo tocou a tatuagem no mar perto de Saint-Jean-de-Luz, tive certeza que elu tinha deduzido tudo. Não conseguia decidir se estava desapontado ou aliviado quando elu não deduziu nada. Mas ontem à noite, quando reconheceu, quando fui lembrado do que aquela frase significava para mim, olhei em seus olhos e soube. Simplesmente soube.

— Eu te amo mais do que qualquer coisa — eu disse. — Mas não consigo fazer isso.

Essa era a última coisa que eu queria dizer e a única que poderia ser dita. Perdi Theo uma vez correndo atrás de um sonho sem considerar o preço que me cobraria. Não posso correr esse risco de novo, nem mesmo se o sonho for elu.

O problema é: não posso prometer que não vou cometer os mesmos erros de novo. Não tenho como saber se o que estamos começando vai terminar, nem quando, nem como, e não tenho como saber se vamos reatar de novo caso terminemos. Se existir uma chance de um dia eu nunca mais voltar a ver Theo, e eu tiver a possibilidade de mudar esse destino ao nunca correr esse risco, prefiro parar por aqui. Aceito a barganha.

Theo fica em silêncio por um longo tempo, a bochecha delu pousada em minha escápula.

Finalmente, diz:

— Eu também não.

Vivemos em continentes diferentes, elu disse. Temos vidas diferentes.

Uma das verdades essenciais sobre Theo é que, quase todas as vezes, elu vai sacrificar o que quer para proteger o que já tem. Nossa amizade é algo garantido, e elu escolheria essa coisa garantida em vez de qualquer outra coisa.

— Mas ainda te amo — elu disse.

— É — concordei. — Ainda te amo.

Nós nos beijamos e choramos, e dissemos um ao outro que estávamos fazendo a coisa certa. Que esse é o tipo de escolha dolorosa que adultos aprendem a fazer para manter algo para sempre. Um dia, não doeria mais tanto, e ficaríamos gratos por termos feito essa escolha.

Aí Theo disse:

— E agora?

A beleza delu naquele momento era de partir o coração, de cabelo desgrenhado e chupões na clavícula, os olhos úmidos e avermelhados. Eu precisava deixar elu partir. Mas pensei que algo dessa magnitude merecia uma despedida de verdade.

— E se ficássemos juntos neste último dia — eu disse —, só para ver como é?

— — —

— Você arranjou um *barco* pra gente?

— Assim — Theo diz no píer, baixando os olhos para a embarcação, as mãos no quadril igual a um comandante observando seu navio —, tecnicamente, é um bote.

Admiro o barquinho flutuando sobre a água cristalina que cerca Favignana. As paredes arredondadas e infláveis dele brilham num branco imaculado, parecendo merengue italiano sob o sol. Tem duas fileiras horizontais de bancos, um motor tão pequeno que chega a ser adorável na parte de trás e, graças a Theo, é nosso por um tempo.

— Você *arranjou um barco pra gente*.

Theo desce até o convés do bote com pernas firmes de marinheiro. Os sanduíches nas minhas mãos estão começando a escorrer gordura para meus punhos através do papel de cera, mas mal presto atenção.

— Você disse: "Vai comprar sanduíches para a gente que vou arranjar alguma coisa para beber" e voltou com um *barco*.

— Ah! Trouxe bebida também! — Theo pega uma sacola de compras debaixo de um banco e me mostra uma garrafa transpirante de vinho branco. — Não está mais tão gelado, mas é um dos bons.

— Theo, *como*?

— Fiz amizade com um cara lá na enoteca, relaxa — elu diz, como se fosse bobagem, como se convencer um estranho a emprestar um barco numa ilha mediterrânea remota fosse algo que qualquer um conseguisse fazer. — Vem, a gente só tem duas horas com ele. Me passa os sanduíches e entra.

Quando eu tinha dezesseis anos, em Nova York, invejava todas as pessoas do vale que tinham podido testemunhar a carreira de Theo como rei das festas em casa. Queria tê-le visto assim, andando com o ar presunçoso de um jovem James Dean, invocando magicamente o objeto de desejo de qualquer pessoa. Até agora, vinha achando que nunca mais veria o retorno daquela versão de Theo.

— James Dean, porra — digo baixo para mim mesmo, e faço o que Theo pede.

Cada lugar em que paramos nesta excursão foi muito singular, mas Favignana é, de fato, diferente de qualquer outro. A ilha é formada por rocha bege descorada pelo sol, de uma cor tão uniforme que até as casas atarracadas que cercam suas ruas têm o mesmo tom de casca de ovo. As praias são silenciosas aqui, bolsões naturais de areia branca entre costas rochosas irregulares e tufos de grama verde-amarelada desgrenhada. E a água… a água é tão translúcida que os barcos parecem flutuar magicamente em pleno ar.

Como a ilha é pequena demais para que a gente se perca, temos tempo para explorá-la sozinhos. Eu e Theo já passeamos por quase todas as ruas poeirentas de mãos dadas, passando por casas com todos os batentes de janelas e portas pintados num tom idêntico de azul-marinho, passando por terraços cercados de cactos onde velhas penduram lençóis em varais e velhos abrem mexilhões. Depois de um tempo, fomos voltando para a costa, onde nos dividimos para buscar o almoço.

Vou admitir: eu estava me sentindo um pouco pela comida que tinha descolado pra gente. Encontrei um trailer amarelo perto de uma enseada onde vendiam peixe fresco e pedi dois sanduíches bem recheados de kebab de atum e tomate, pingando de *agrodolce* de cebola e gotas de limão-siciliano entre pães oleosos esfregados por ervas. O cheiro é incrível, mas não é um barco. Theo ganha essa rodada.

Quando subo a bordo, pergunto:

— Você sabe pilotar esse negócio?

Theo dá de ombros, segurando confiante o manete de aceleração.

— Tenho certeza de que vou descobrir. Sou foda.

— Você é o quê? — pergunto, mas o som é abafado pelo ronco do motor.

Como em quase tudo a que Theo se dedica, leva apenas alguns minutos de tentativa e erro para pegar o jeito. Não demora para estarmos saltitando como uma pedra pela baía turquesa, seguindo a curva da ilha.

Estou me esforçando muito para não pensar que, a essa hora, amanhã, vou estar voltando para Paris e vamos nos separar, e não sei quando vou ver Theo de novo. Em vez disso, memorizo cada detalhe do momento que estamos vivendo. A luz do sol sobre as ondas, o zumbido do motor e o sopro do vento, os peixes prateados pulando sob nós. Theo, com sua tempestade de areia de sardas, o cabelo ao vento, o sorriso radiante.

Theo vira na direção de uma enseada reservada entre paredes íngremes e curvadas de rocha e lança a âncora. Lá, flutuamos, comendo, conversando e revezando entre goles da garrafa.

— Puta que pariu — Theo geme enquanto mastiga. — Por que esse é, tipo, o melhor sanduíche que já comi?

— Eu tenho uma teoria sobre isso — digo. — Chamo isso de sanduíche contextual.

— Sanduíche contextual?

— É — digo. — Às vezes, um sanduíche perfeito não tem a ver apenas com o sanduíche em si, mas com o *ambiente*. A *experiência* de comer o sanduíche. O contexto pode elevar um sanduíche a uma experiência espiritual.

— Acho que entendi — Theo diz, acenando com a cabeça e assumindo um ar pensativo. — Acho que é isso e também o *agrodolce* de cebola.

— O *agrodolce* de cebola é tudo — concordo. — Quero ter um filho com ele.

— Aah. — Theo se empertiga, inspirando fundo. — *Agrodolce* de cebola, pensa rápido.

— Ué, eu acabei de falar, eu pegaria o *agrodolce* de cebola e faria um filho nele.

— Algo que dê para comer, Kit.

— E por que não comer o bebê? Igual Saturno devorando o próprio filho.

— Kit devorando seu filho-cebola — Theo imagina. — Já tô até imaginando o quadro.

— Os historiadores da arte o odiariam.

— E com razão.

— Mas, falando sério… — Mastigo e dou mais uma mordida, pensando na pergunta que elu me fez. — Acho que eu faria uma coisinha simples. Assaria em uma bela focaccia. Deixaria que ele desse esse charminho sexy.

— Hm. Na focaccia vai muito azeite, né?

— Aham.

— Tá, então eu pego o azeite e emulsifico com uma clara de ovo — Theo diz. — Adiciono suco de limão-siciliano, xarope de açúcar de manjericão, Gin Mare e um pouco de soda. Um gin fizz mediterrâneo.

Imagino uma mesa de bistrô em algum lugar perto do mar, servida com os dois. Uma focaccia macia com cebola agridoce em um pires lascado, um copo alto de fizz com uma única folha de manjericão fresco encomendado de uma fazenda em Cinque Terre. Percebo que não quero pensar no próximo prato; quero me sentar e apreciar esse par complementar.

— Você já pensou — pergunto a Theo — em como é incrível que uma bebida ou um prato de comida possam ser tão bons separadamente, mas, se você os juntar, passam a ser uma experiência?

— Ué, já — Theo diz, girando o vinho. — Essa é a função do sommelier.

— Hm. É mesmo, né? Você é a pessoa que cria experiências.

— É, sou — Theo diz, envaidecendo-se um pouco. Amo ver isso. — Acho que é o que mais gosto em tudo que faço, seja o lance do micro-ônibus ou de ser sommelier ou sei lá. Gosto de criar uma experiência. Gosto de experimentar, de cheirar e de sentir coisas, e de ouvir o que é importante para uma pessoa e tentar destilar tudo isso num copo.

— O que você achou das harmonizações de vinho naquele primeiro jantar em Paris?

— Nossa, cacete. Aquelas foram inspiradas. O Châteauneuf-du-

-Pape que harmonizaram com o *gigot d'agneau*? — Theo geme com a lembrança. — Para falar a verdade, acho que aquela talvez tenha sido minha refeição favorita da viagem toda.

— Mesmo? A gente teve tantas refeições incríveis depois.

— Eu sei. Talvez eu tenha um fraco por comida francesa.

— Ah, é? — digo, sorrindo. — Algum motivo em particular?

Estou todo saidinho, dando de bandeja a oportunidade para que faça uma piada safada sobre como a comida de um francês é boa, mas Theo diz apenas:

— Provavelmente porque te amo.

Falamos isso tantas vezes ontem à noite, mas meu coração se aperta mesmo assim.

— E você? — Theo pergunta. — Qual foi a sua refeição preferida da viagem?

Penso nisso por um momento.

— Talvez o jantar no restaurante da família de Fabrizio em Nápoles. Aquele ragu, *nossa.*

— Aah, aquele foi gostoso mesmo — Theo concorda. — Mas meu drinque favorito... talvez seja o Pomerol que tomamos no château em Bordeaux.

Sorrio com carinho.

— Ah, Florian.

— Ah, *Florian* — repete Theo.

— Fala a verdade: ele levou madeirada melhor do que eu?

— Eu não diria que melhor — Theo diz, de maneira justa. — Mas levou gostoso.

— Quem sabe não volto para Bordeaux um dia.

— Me manda um vídeo se voltar.

— Vou perguntar para ele se posso gravar — digo, mais intrigado pela ideia de Theo querer vídeos de mim do que pela ideia de ser o ativo trepando com aquele lavrador perfeito e divino. — Minha bebida preferida foi o *vin santo* que tomamos em Chianti, com os *cantucci*.

— Escolhendo a única bebida que vinha com um biscoito — Theo provoca. — Qual foi seu ponto turístico favorito?

— O Duomo em Florença — digo. — Sem dúvidas. E o seu?

— O Fórum Romano está bem alto na lista. Mas acho que o primeiro lugar é da Sagrada Familia. — Theo termina o sanduíche e embala os restos de volta no papel. — Posso te contar um segredo?

— Todos, sempre.

— Acho que — Theo diz — estar na Sagrada Familia com você, ouvindo você me falar sobre aquele templo… foi quando comecei a me tocar que ainda te amava.

A maré balança suavemente contra as laterais do barco, balançando-nos de um lado para o outro.

— Foi?

Theo faz que sim.

— Foi.

— Uma aula de arquitetura fez você se tocar que ainda me amava?

— Foi aquela história do Gaudí, cara — Theo diz, rindo. — Me pegou.

— É romântica, né?

— O cara amava demais aquela igreja. — Theo está com os óculos de sol no cabelo e seu olhar encontra o meu enquanto me devolve a garrafa. — Também foi porque… eu soube que te amava quando ouvi você falar sobre algo que ama. Não sei se você sabe como é bonito o jeito como você entrega todo o seu coração ao que te move. Você está sempre procurando motivos para amar as coisas e, quando ama, nunca é pela metade. Sempre amei isso em você.

— Theo — digo, com a voz suave. Coloco a garrafa no chão do barco e pego a mão delu. — Preciso te contar uma coisa.

— Conta.

Respiro fundo e digo:

— Meu nariz vai começar a sangrar.

— Seu…?

— Meu nariz, é.

— Como… ah, puta que me pariu, começou.

Theo tira a mão, crispando-se quando o calor úmido começa a pingar sobre a inclinação em cima do meu lábio superior. Eu ficaria envergonhado, se ainda tivéssemos alguma razão para ficar. Agora, porém, tenho que segurar o riso para que não transborde e entre em minha boca.

— Cara, você tá bem? — Theo pergunta, passando um guardanapo de papel para mim. — Acontece sempre, assim mesmo?

— Antes de eu ver você em Londres, fazia mais de um ano que não acontecia — digo. — Mas, desde então… duas vezes por semana? Talvez três?

— Por quê?

Sorrio, uma gota de calor escorrendo sobre meu lábio. É tão ridículo. As sobrancelhas de Theo se erguem.

— Por *minha* causa? São sangramentos nasais de… *amor*?

— Sim — respondo, assentindo. — Sempre foram.

— Que *nojo* — Theo retruca, partindo para cima de mim e colocando uma mão em meu cabelo.

Theo traça a língua sobre meus lábios e a enfia em minha boca, e bebemos nossos sabores misturados: o ardor ácido de uvas verdes e vinagre, uma combinação inebriante de laranja-azeda e lavanda e sangue acobreado, que ficou doce e maduro feito uma romã na palma da mão de Proserpina.

Puxo o corpo de Theo para o meu colo e elu empurra nossas roupas de banho para o lado e me recebe aqui mesmo, flutuando em nossa enseada azul secreta sob o sol mediterrâneo. Abro os dedos para tocar todo o corpo delu que consigo alcançar, para que, quando elu se for, eu não tenha que imaginar nada. Só vou ter que fechar os olhos e reviver este momento, o quadril delu rebolando, o cheiro de verão em sua pele, o corpo delu vivendo para sempre na memória do meu.

Rilke uma vez escreveu: *Ele faz morada em seu coração família, lá finca raízes e se recomeça.*

Depois disso, ficamos só com a parte de baixo das roupas de banho, nossos peitos nus sem cerimônia, e pulamos. Vago pela água enquanto Theo nada ao meu redor, reverberações de luz deslizando sobre elu. Conto suas braçadas eficientes. Elu sabe exatamente o que está fazendo.

— — —

Em um restaurante à beira-mar, perto da parte mais movimentada de Favignana — isto é, uma das travessas onde não passa rebanho —, todos parecem relutantes em terminar a última refeição da excursão.

Mesmo depois de todos aqueles dias num ônibus e noites em camas estranhas, todas as bolhas causadas pelas longas caminhadas urbanas e queimaduras de sol florentino e fracassos diários de tradução, sempre parece que a volta para casa poderia esperar mais um dia. Não sei se algum dia vou estar pronto para dar meu último gole de vinho usando sapatos que contemplaram um Botticelli poucos dias atrás. Não consigo me imaginar entrando em meu apartamento e os descalçando para jogar na pilha com os outros.

Ao redor de mesas cheias de frutos do mar frescos, os estranhos que conhecemos três semanas atrás falam e riem e se banqueteiam de formas já familiares. Os casais em lua de mel dão as mãos sobre a toalha de mesa. Os suecos comem os vegetais primeiro. Dakota e Montana fotografam cada prato de uma dezena de ângulos dinâmicos diferentes antes de baixarem os celulares e atacarem. Os Calums riem alto demais — embora, hoje, estejam sentados mais perto do que o normal. Um chupão visível no pescoço do Loiro parece do tamanho de uma boca masculina. Quando Theo encontra os olhos de Montana, ela dá um joinha para elu, e eu e Theo erguemos nossas taças. Montana sorri com ar vitorioso, passando os dedos pelos cabelos loiros de Dakota.

Entre o *primi* e o *secondi*, Fabrizio se levanta e propõe um brinde.

— Já faz nove anos que faço essa excursão — Fabrizio diz, erguendo a taça de prosecco no ar. — Desde que eu tinha vinte e cinco anos. Para ser sincero, às vezes mal posso esperar por esse jantar. Às vezes as pessoas não são tão legais, e o tempo não ajuda, e quero chegar em casa o quanto antes. Mas às vezes, este jantar parte meu coração, porque as pessoas são tão gentis, e o céu é tão azul, e o vento é tão quente, e o amor em meu coração pela comida e pelo vinho e pela história se reflete em todos vocês e volta para mim, e não quero me despedir. Hoje, *amici*, meu coração está partido.

As pessoas suspiram. Meu coração dói. Por baixo da mesa, Theo pega minha mão.

— *Grazie mille, ragazzi* — Fabrizio diz, com um brilho nos olhos —, obrigado por entrarem nessa comigo. Espero que se lembrem de mim com carinho. *Salute!*

— *Salute!* — o salão grita em resposta, e bebemos em homenagem ao nosso querido, delicioso e devastador Fabrizio.

— — —

Antes do fim do jantar, saímos às escondidas para a praia menor e mais vazia que conseguimos encontrar por perto. Paramos debaixo do sol poente e pegamos o uísque, como dissemos que faríamos. Theo tem mais um dia e meio sozinhe, mas eu viajo logo cedo, então esta é a última chance que temos. Curiosamente, Theo vai fazer uma escala em Paris.

Enquanto bebemos, Theo pergunta:

— Qual foi sua cidade favorita?

Penso nessa resposta por muito tempo.

Finalmente, admito:

— Não consigo parar de pensar em Saint-Jean-de-Luz.

— Eu também ia falar essa — Theo diz. — Em todas as outras, senti que estava visitando, mas em Saint-Jean-de-Luz eu me sentia em casa, sabe? Mas tipo… acho que talvez você se sinta em casa em Paris, então talvez não.

— Não, eu entendi o que você quis dizer — digo. — Tinha algo ali, uma certa…

— Paz — Theo completa para mim.

Concordo com a cabeça, deixando a maré subir até meus tornozelos. Theo me passa o uísque, e saboreio o ardor na língua.

— Acho que essas devem ter sido as três semanas mais importantes da minha vida — Theo diz. — Fiz tanta coisa que eu nem sabia que era capaz até estar fazendo. E nunca saberia se não tivesse vindo. E agora, quando olho para vida que levo lá em casa, sinto que consigo olhar pra ela daqui com uma clareza de verdade, sabe?

— Aham, entendo total o negócio da clareza — respondo. — Sabia que fazia uns dois anos que eu estava tentando ler *Um quarto com vista*?

Theo faz que não.

— Sério? Você?

— Pois é. Eu estava desse jeito com várias coisas. Fazer doces para mim mesmo, criar receitas, pintar ou desenhar. Não tinha mais forças dentro de mim. Trouxe aquele livro e todos aqueles cadernos porque estava torcendo para algo aqui trazer isso à tona. E agora sinto que, tipo… que estou começando a voltar à vida. Como se eu fosse uma planta e alguém tivesse lembrado de me regar, finalmente.

Depois de um longo momento de reflexão, Theo diz:

— Você sempre fazia uma cara quando estava fazendo doce… um *sorriso*, tipo como se estivesse exatamente no lugar em que deveria estar.

Penso nisso por um minuto, as diferenças entre agora e antes, quando eu fazia minhas próprias receitas em minha própria cozinha. Acho que talvez eu voltasse a sentir aquilo de novo, nas condições certas.

— Acho que eu preciso de um emprego novo — confesso. Theo ri baixinho e eu também. — E você? Vai fazer o que quando chegar em casa?

— Acho que — Theo diz, erguendo o queixo num ar declarativo — vou tentar entender o que eu quero fazer da vida e me dedicar de verdade a isso.

— É, acho que é um plano legal.

— E acho que talvez, *quem sabe*, eu converse com Sloane sobre dinheiro. E talvez eu possa até sair do vale, para algum lugar novo — Theo diz. — Não sei. O mundo é tão grande, sabe?

— É mesmo — concordo.

— Mais do que tudo — elu diz — quero que a gente continue amigos.

Nossa, eu não tinha me dado conta do quanto precisava ouvir isso da boca delu até agora. Toco a bochecha de Theo com a ponta dos dedos, nadando nos azuis e verdes cristalinos de seus olhos.

— É o que eu quero, também — digo. — Não quero você fora da minha vida.

— Que bom — elu diz, com firmeza. — E vou vir visitar você.

Ergo as sobrancelhas, duvidando.

— Vai mesmo?

— Vou. — Theo coloca os braços ao redor da minha cintura. — E você também vai me visitar, e aí pode ser que a gente tenha… vantagens.

— Vantagens — repito. — Sempre vou querer suas vantagens.

Theo ri.

Quando terminamos de tomar o uísque, pego minha carta não

enviada e a enrolo o máximo possível, depois a coloco dentro da abertura da garrafa e fecho a tampa.

Theo encaixa o queixo sobre o meu ombro, apoiando a bochecha no meu pescoço. Imagino a gente daqui a cinco, quinze, trinta anos. Melhores amigos a um oceano de distância, reaparecendo de tantos em tantos anos para botar fogo num quarto, depois voltar para nossas próprias vidas. Sempre orbitando um ao outro, nunca fora dessa órbita.

Eu poderia amar essu Theo permanente e perene de novo. Existe tanto romance nisso, tanta beleza em descobrir o quanto meu coração consegue aguentar. Às vezes, acho que a única forma de guardar uma coisa para sempre é perdê-la e deixar que ela assombre você.

Ergo o braço para trás, pronto para jogar nossa mensagem na garrafa ao mar, mas, no último momento, Theo me interrompe.

— Quero ficar com ela — elu diz. — Talvez eu queira ler, num dia em que esteja te amando menos.

PARIS (DE NOVO) COMBINA COM:

Tarte tatin aux pêches, espresso do segundo melhor café da Bastille

Paris

Sinto como se houvesse uma distância enorme entre Palermo e a minha casa, entre onde Theo está e onde não está, mas o voo demora apenas duas horas e meia. Fecho os olhos ao som de Ravel em meus fones e, quando os abro, estou mais uma vez chegando em Paris sozinho. Desta vez, estou aqui porque escolhemos. Isso deve valer de alguma coisa.

Em casa, tudo está como deixei. As almofadas bordadas no sofá, as estantes dos meus livros e dos de Thierry. Maxine lavou e trocou as roupas de cama, até borrifou nelas o óleo de lavanda que deixo ao lado da cama. As plantas nas janelas estão felizes e verdejantes, as folhas roliças e brilhantes sob a luz do começo da tarde. A lista detalhada de instruções de cuidados com as plantas que deixei na lousa perto da cozinha foi apagada e substituída por um desenho de bonequinho de palito de mim e Maxine cavalgando em um morango gigante.

A primeira coisa que faço, depois de abrir as malas, tomar banho e aplicar todos os produtos de pele bons que não deu para levar, é ir ao mercado. Compro o básico para preparar minha cozinha para uso diário de novo — ovos, manteiga, leite, tomates maduros em rama, um pão camponês, embalagens de papel com frutas vermelhas, limões-sicilianos, creme de leite fresco — e então seleciono com cuidado os ingredientes para uma tarte tatin. O verão vai acabar em breve e, em poucos meses, o outono vai trazer marmelos; hoje, escolho pêssegos.

Desde a época da escola de pâtisserie que não preparo uma tarte tatin, e parece que esqueci como a receita é complexa. Um quarto dos pêssegos gruda na assadeira. Já preparei coisa melhor, mas, para ser sincero, já transei com coisa melhor do que Guillaume. Ambos dão para o gasto.

São doze minutos de bicicleta do meu apartamento até o de Guillaume, e os passo refletindo sobre o que exatamente eu vinha fazendo com ele. Gosto dele, mas gosto de várias outras pessoas. Ele é fofo, trabalha como gerente no melhor café da Bastille. No mês passado, me mandou um poema fisicamente por correio, o que significa que deve estar pelo menos um pouquinho apaixonado por mim. Nunca pedi que se apaixonasse, e nunca sugeri que fosse uma boa ideia. Mas levo, *sim*, uma torta para ele de tanto em tanto tempo, o que Maxine diz ser falta de "responsabilidade afetiva". Não era minha intenção iludir o menino. É só que ele dá um sorriso lindo toda vez.

Inclusive agora, quando atende a porta para mim e para minha torta, o que me deixa ainda mais culpado por estar aqui para terminar tudo.

Neste momento sei, do mesmo jeito que sempre soube, desde que tinha nove anos no deserto, que vou amar Theo para sempre. Mas não posso continuar fazendo o que vinha fazendo com esse amor. Não parece justo continuar enterrando-o em outras pessoas, mostrando para elas todos os afrescos de flores que Theo pintou em meu coração sem revelar que já coloquei a estátua de outra pessoa na fonte central. Guillaume é o primeiro da lista. Amanhã vou ligar para Delphine, daí depois pro Luis, e pra Eva, e pra Antoine e... talvez eu deva escrever essa lista, de fato, depois.

Guillaume até que aceita bem, mas me avisa, em termos muito claros, que *não* vai devolver minha travessa. Eu mereci.

Quando volto pra casa, faço a segunda coisa em minha lista de tarefas domésticas: ligo para o meu pai. Ele atende de um jeito que parece que nos falamos pela última vez poucos dias atrás, o que não me surpreende. Não está em Roma, mas está escrevendo atualmente numa residência no Ace Hotel em Manhattan, embora seu apartamento fique a apenas seis quarteirões de distância. Está traduzindo um romance de vampiro alemão por diversão em seu tempo livre. Conto para ele sobre a excursão, sobre a comida e as pinturas e o mar, mas não falo nada de Theo. O mais próximo que chegamos de comentar sobre nossa última conversa é uma menção vaga que ele faz sobre querer visitar Paris e "deixar o trabalho em casa, desta vez".

— Não sei quanto tempo vou continuar morando aqui — digo. — Estava pensando em fazer umas mudanças.

Do outro lado da linha, ele fica em silêncio por tanto tempo que acho que não estava prestando atenção. Minhas suspeitas parecem se confirmar quando ele diz:

— Comentei que meu editor vai embora? Jantei com ele na semana passada.

— Ah, é? — Continuo podando o pé de manjericão na janela da cozinha, pronto para começar a encerrar a conversa.

— Eu estava contando para ele como Violette ficaria feliz que você foi parar de volta na França.

Minha tesoura para no ar.

— É mesmo?

— Ele vai se mudar para fora com a esposa, e eles têm dois filhos. De dezesseis e onze anos. Ele me perguntou como vocês três se adaptaram quando saímos da França. Eu disse: bom, Ollie tinha idade suficiente para ficar animado, e Cora era pequena demais para se lembrar de muita coisa. Mas nosso Kit... era com ele que Violette se preocupava mais. Nosso menino sensível. Ele é o que mais puxou à mãe, e o coração dela pertencia à França.

Minha garganta se aperta. Ele não gosta de falar sobre minha mãe, muito menos comigo e com meus irmãos. Acho que dói demais enfatizar as partes dela que existem em nós, do mesmo jeito que eu só falei francês nos primeiros meses depois de perder Theo para que não tivesse que ouvir as frases e inflexões inglesas que tinha adotado delu. Essa é a primeira vez em anos que ele diz algo assim para mim. É o mais próximo que já chegou de dizer que se arrepende de tirá-la da França pelos últimos seis anos da vida dela.

Olho para as pinturas em aquarela penduradas na parede da cozinha, do exato jeito como sempre estiveram desde que Thierry as pendurou tantos anos atrás. A mais central é uma paisagem de jardim, toda verde tirando os contornos marrons de um filhote de raposa deitado todo enroladinho nas raízes de uma laranjeira.

— Você acha que eu deveria ficar, então? — pergunto.

— O que eu acho — ele responde — é que sou grato por você ter meu espírito, mas o coração dela.

À noite, rolo o dedo na tela por vagas de emprego, deitado na cama, buscando sem entusiasmo por algo que possa me fazer mais feliz do que meu trabalho atual. Não faltam vagas de meio período para padeiros, sous chefs e decoradores de bolo, mas, quanto mais tento me imaginar fazendo alguma dessas tarefas, mais difícil fica ignorar o que não sinto: a adrenalina chocante de possibilidades que senti quando Paloma me contou sobre a pâtisserie em Saint-Jean-de-Luz.

Digito uma mensagem para Paloma: posso te ligar amanhã?

Quando envio, volto às mensagens, para minha conversa com Theo. Não recebi nada delu o dia todo, e digo a mim mesmo que isso não é motivo para preocupação. Elu deve estar ocupade aproveitando o tempo que tem sem mais ninguém para incomodar em Palermo, se bronzeando na praia e comendo arancini. Vou receber notícias delu amanhã. A gente prometeu um pro outro.

Pego no sono pensando nelu. A curva de seu ombro, a inclinação de seu sorriso. As mãos engorduradas de pizza, um beijo com sabor de damasco. Já sinto uma falta terrível delu. Mas aprendi a amar essa saudade.

— — —

No dia seguinte, volto para o trabalho, e me sinto melhor do que em muito tempo — não porque tenha decidido ficar, mas porque decidi ir embora. Percebo que é possível aguentar toda aquela chatice quando consigo imaginar meus próprios menus degustação enquanto trabalho. É bom sentir que estou indo na direção de alguma coisa maior, mesmo que ainda não saiba exatamente o que vai ser.

Ainda não recebi nada de Theo. Enviei uma mensagem hoje cedo, perguntando se comeu mais alguma granita e algum brioche desde que fui embora, mas elu não respondeu. Eu me pego deixando a tela do celular voltada para cima durante toda a manhã, embora isso seja expressamente proibido. Talvez Theo esteja se preparando para o voo transatlântico que vai fazer hoje. Talvez seja só isso. A qualquer minuto, vai me mandar uma foto do pau e das bolas de alguma escultura valiosíssima e vai ficar tudo bem.

Maxine me encontra para tomar o *apéro* no mesmo café a que vamos sempre. Fica feliz em me ver, depois que termina de me dar bronca porque Guillaume voltou a cobrar pelos cafés dela. Conto que estou tentando terminar com todos os contatos que revezo e ela diz que seria mais rápido se eu mandasse uma newsletter.

Conto tudo que aconteceu na viagem — até as partes mais safadas, que são mais interessantes para ela do que as partes em que vivencio os píncaros da emoção humana enquanto contemplo igrejas antigas. Ela entende como chegamos à decisão que tomamos, mas não concorda. Acho cada vez mais difícil, quanto mais eu falo, explicar por que faz sentido, sim.

Fazia todo o sentido dois dias atrás, num momento em que eu tinha medo demais da minha propensão egoísta, certeza demais que daria continuidade à maldição da minha família. Mas fico me lembrando das palavras do meu pai. *O coração da sua mãe*. Queria poder conversar com ela sobre isso, ouvi-la me dizer que tomei a decisão certa. Queria que ela pudesse me contar se já se arrependeu das coisas de que abriu mão por amor.

— E você? — pergunto a Maxine, ansioso para mudar de assunto. — Saiu com alguém enquanto eu estava fora?

Maxine bufa, levando a mão à taça.

— Querido, eu nem lembro da última vez que conheci uma pessoa em quem valesse a pena colocar a boca.

— Maxine — suplico. — Deve existir alguém.

Ela pensa nisso, recostando em sua cadeira, um baseado bolado de forma elegante entre as unhas feitas.

— Você disse que tinha o número pessoal de Fabrizio?

— Disse — respondo, sem conseguir conter um sorriso. Mais uma vítima norte-americana da ofensiva de charme de Fabrizio. — Mas escuta *só*.

— — —

Maxine se oferece para passar a noite, sabendo o quanto odeio dormir sozinho, mas digo que vou ficar bem. Preciso me acostumar. Ando para casa em meio ao crepúsculo, parando no mercado no caminho. Tive uma ideia que quero testar.

O sol já se pôs quando chego em casa. Theo deve estar fazendo escala agora. Em algum lugar nas imediações da cidade, está pedindo um café amargo na Brioche Dorée e pesquisando licores franceses no free shop, encarando as janelas do aeroporto e observando a mesma noite que eu. Amanhã, vamos estar de novo em hemisférios diferentes, mas, por algumas poucas horas hoje à noite, estamos na mesma cidade.

Separo os ingredientes na bancada da cozinha e começo a fazer as madeleines que fantasiei enquanto contemplava *O nascimento de Vênus*.

Está tudo indo bem até eu ligar meu mixer. Faz tanto tempo que não o uso que um parafuso deve ter se soltado em algum lugar sem que eu tenha notado. Ele sai voando pela cozinha estreita, quicando na geladeira e indo na direção dos quadros na parede ao lado. Numa fração de segundo, a paisagem de jardim que notei ontem à noite é atingida num golpe e tomba de lado, empurrando o arame de pendurar atrás dele, preso a um prego de décadas, para fora da parede, e o quadro cai no chão da cozinha.

Por um milagre, o vidro não se quebra. Um canto da moldura rachou, mas a pintura, em si, não sofreu nenhum dano.

Quando viro a moldura para ver se tem algum estrago atrás, encontro uma coisa que nunca soube que estava lá: uma inscrição em francês datada de dois anos antes de meus pais se conhecerem.

Preciso me sentar quando reconheço a letra da minha mãe.

Thierry,

Feliz aniversário, meu querido irmão!

Por favor, não deixe sua namorada pendurar isto na casa dela. Eu adoraria ver esse quadro de novo! Haha — brincadeira. Espero que um dia eu consiga ser mais parecida com você. Se conseguir entregar todo o meu coração ao amor sem medo do preço que ele custa, não vou me arrepender de nada.

Com amor, sua irmã Vi

Prendo a respiração.

Leio a última frase mil vezes.

Coloco a mão no peito. Sinto que meu coração está batendo forte, sinto que está se partindo. Sinto o amor se regenerando para sempre.

Ultimamente, tenho estado disposto a aceitar que estava errado sobre muita coisa. Sobre as escolhas que fiz quando pensei que sabia o que era melhor, sobre os sonhos que acreditei que se materializariam se eu simplesmente decidisse que deveriam se materializar. Sobre Paris, sobre o que Theo queria. Sobre o amor significar que uma pessoa deve abrir mão de tudo e sobre o amor significar que uma pessoa não deve abrir mão de nada. Sobre o que merecemos um do outro. Implorei a mim mesmo, de joelhos, para que eu entendesse que nunca vou fazer as coisas tão bem como em minhas fantasias, que um amor que termina é o único tipo que posso ter, porque perdê-lo seria demais para mim.

Mas antes de tudo isso acontecer, eu era só um menino numa vila de contos de fadas ridículos. Era uma criança com os olhos e o coração da mãe, um coração que ela queria entregar ao amor. E tenho a chance da minha vida de fazer o mesmo que ela, mas em vez disso estou na cozinha da minha casa, fazendo madeleines porque tenho medo do quanto isso vai me custar. Cara, ela me daria uma bronca *eterna* se soubesse disso.

O que estou fazendo? O que foi que eu fiz?

O relógio em cima do forno diz que faltam quinze para as dez. Theo deve embarcar daqui a uma hora e meia.

Se eu correr... se pegar o táxi mais rápido de Paris... se comprar a primeira passagem internacional disponível a caminho do aeroporto... se conseguir chegar a tempo no portão...

Se conseguir pegar Theo antes que suba no avião, posso dizer a elu que estava errado. Que estava com medo, mas que não quero mais estar. Que estar com elu vale qualquer coisa. Vale tudo. Que não importa o que vá me custar, ou como vai acabar. A única coisa de que eu me arrependeria mais do que perder Theo é nunca poder lhe dar o amor que eu poderia dar agora.

A chance de que eu consiga é muito pequena, mas preciso tentar. Preciso.

Desligo o forno, coloco as chaves no bolso, pego a carteira e meu passaporte do pote sobre a lareira, corro na direção da porta e a abro...

E do outro lado, com os olhos arregalados e sem fôlego, a mochila ainda nos ombros e a mão erguida como se fosse bater na porta, está...

— *Theo*.

Elu me encara.

— Oi. — Examina minha expressão frenética, o passaporte na mão. — Estava de saída para algum lugar?

— Pro aeroporto — digo, com a voz fraca. Theo está aqui. Theo está aqui, no *pied-à-terre*, em cima do meu capacho. — Como você…

Elu ergue um envelope amarelado e enrugado. Não está mais enroladinho como o deixei, e um lado foi rasgado.

— Remetente.

— Você… — tento formar as palavras, fazer minha cabeça parar de girar. — Você abriu.

— Eu estava no avião saindo de Palermo — Theo diz — e me toquei de que nunca te amaria menos.

Estou apertando meu passaporte com tanta força que talvez o brasão dele fique impresso na palma da minha mão.

— Quando dei por mim, estava pegando mais um avião sem você. E você estava aqui, em Paris, sem mim. Tudo pelo que passamos, tudo que dissemos um para o outro, tudo que fizemos para tentarmos ser melhores, pra terminar no mesmo lugar onde começamos. E, sabe-se lá como, a gente se convenceu a acreditar que isso queria dizer que tínhamos crescido. Mas sabe, Kit, eu cresci *mesmo*… cresci para me tornar uma pessoa melhor para você. E você cresceu para se tornar uma pessoa que é melhor para mim. E sei que você quer colocar nossa amizade em primeiro lugar, e estou com muito medo de fazer cagada. Na verdade, tenho medo, mas muito medo mesmo, de fazer cagada o tempo todo com qualquer coisa. Não sei como as coisas vão funcionar entre a gente, não sei nem onde a gente vai morar ou como nossa vida vai ser daqui pra frente ou o que vai acontecer se eu estiver perdendo alguma oportunidade, mas… esse não é o pior erro que eu poderia estar cometendo. *Este aqui* não é o pior erro que eu poderia estar cometendo. O pior erro que eu poderia estar cometendo é fingir que seria feliz tendo você só como amigo pelo resto da vida. E desculpa se não é isso que você queria ouvir, mas não dava para eu voltar para casa sem te dizer isso.

Elu solta uma respiração enorme, como se a estivesse segurando desde que abri a porta. Lágrimas brilhantes iluminam seus olhos. O cabelo delu está sujo da viagem, o rosto, vermelho de tanto correr e, se eu pudesse encomendar uma pintura a óleo delu neste estado que grita perfeição absoluta, eu encomendaria.

— Ah, aliás — Theo diz. — Seria bem legal se eu pudesse dormir no seu sofá hoje, porque o próximo voo só sai amanhã.

— Theo — digo. Minha voz treme. Todos os nervos em meu corpo cantam juntos uma ópera em três atos. — Foda-se o sofá. Vem pra minha cama.

E, com o impulso de vinte anos e cem mil quilômetros, Theo se joga em cima de mim.

A força de seu beijo me empurra para trás, para dentro do apartamento, tombando a sapateira e pelo menos dois dos vasos artesanais de Thierry, que se espatifam no chão a nossos pés, no processo. Eu nem percebo. Depois peço desculpas para ele. Neste momento, estou sendo jogado contra a parede e agarrando Theo pelos cabelos, beijando sua boca pelos nossos vinte e dois anos, cheios de coragem, admiração e abusando da sorte que tivemos. Pelos nossos vinte e quatro e por nossos montes de sonhos e medos, pelos nossos vinte e seis e por estarmos perdidos na memória um do outro. Então beijo Theo por este momento, aos vinte e oito anos, mais sensatos e seguros, evoluídos e ainda malucos pra caralho um pelo outro.

— Só pra deixar claro — Theo diz, ofegante, se soltando da minha boca —, quando você disse que estava indo para o aeroporto...

— Eu estava indo atrás de você — completo. — Mas você vive chegando antes de mim.

— Legal. Eu adoro vencer — Theo responde, com um sorriso histérico. A mochila delu ainda está nas costas. Talvez eu esteja pisando em meu passaporte. — Então quer dizer que você... você sente o mesmo...

— Eu te amo — digo. — Quero você de volta.

— E não vai mudar de ideia amanhã de manhã?

— Theo. — Olho no fundo de seus olhos brilhantes e perscrutantes. — Se morasse um padre neste prédio, eu levaria você até a porta dele agora mesmo e pediria para ele nos casar.

— Ah — Theo diz. — Eu fiquei pensando que seria bem mais divertido se o Fabrizio fosse o mestre de cerimônia.

— Você ficou... — Meu coração balbucia. Elu não está nem

brincando. — Tem um monte de coisas que quero te perguntar, mas, Theo, juro por Deus, se você não subir na minha cama neste segundo, eu *vou* morrer.

Então a gente vai até lá, a mochila de Theo jogada no carpete, sapatos chutados para cantos diferentes, roupas tiradas tão rapidamente que botões saem voando e rolam pelo chão. Theo me beija com tanta força que até deixa marca, e me sinto tão grato, tão incrível e devastadoramente grato por isso. Pra caralho.

— — —

Na manhã seguinte, acordo Theo com rolinhos de canela.

— Você finalmente encontrou a receita perfeita — elu diz, depois que dá a primeira mordida.

Está resplandecente, sentade na cadeira da minha cozinha sem nenhuma roupa além da minha cueca, o cabelo colado de suor no pescoço de tanto sexo.

— É a mesma receita que usei na primeira noite em que ficamos — digo.

— Ah. Bom. Deve ser por isso que eu gostei tanto.

Coloco uma xícara de café ao lado de seu prato, seguindo o olhar delu até a parede da cozinha, ao lado da lousa.

— Não acredito que você comprou um desses — elu diz, sorrindo para o calendário que trouxe de uma barraca de lembrancinhas à beira da estrada em Roma, que exibe um padre gato por mês. — Não, pera aí, que besteira… é claro que você comprou. Continua sendo o Kit.

— Padre, dai-me vossa bênção, porque pequei — digo, beijando a testa delu. Depois inspeciono o calendário mais de perto e percebo que dia é hoje. — Espera, Theo, não era para você estar fazendo a prova de sommelier hoje?

Elu leva a mão ao açucareiro e vira uma colherada em sua xícara.

— Acho que sei a que quero me dedicar — elu diz. — E acho que nem vou precisar passar numa prova.

Eu me sento na cadeira ao lado delu, segurando minha xícara, deixando o calor do café me aquecer.

— Me conta.

— Imagina um bar — Theo começa —, mas que também seja uma confeitaria. Um cardápio novo toda semana, só cinco ou seis especiais, dependendo do que estiver dando na época, além de uma seleção cuidadosa de produtos regionais. O foco seria comida francesa, mas com elementos espanhóis e italianos. Tudo comprado através de um relacionamento pessoal direto com fazendas, vinhedos, peixeiros, *chocolatiers*, padeiros. E o conceito do lugar seria: cada prato é elaborado para combinar com uma bebida. Um coquetel personalizado, uma taça de vinho escolhida com cuidado. Cada combinação de prato e bebida é elaborada para contar uma história, então, quando você faz o seu pedido, está pedindo uma experiência completa.

Aceno com a cabeça. Adoro a ideia.

— E como esse lugar se chamaria?

— Eu estava pensando — Theo diz — em Field Day.

A ficha cai devagar. Fairfield. Flowerday. Fairflower era nosso primeiro sonho. Esse pode ser nosso novo sonho.

— Se você estiver a fim — Theo acrescenta. — É só uma ideia. Não sei nem onde a gente abriria isso.

Encaro Theo, banhade em luz da manhã, e imagino elu no mar comigo, nadando na minha direção e eu na delu, nós dois nos encontrando de novo e mais uma vez. A areia é tão branca e fina como açúcar.

— Talvez eu tenha uma sugestão.

— Marcona.

— [illegible] — [illegible] — mas que também [illegible] uma confusão [illegible] dar a noventa [illegible], ou outro ou seis [illegible], entendendo em que estiver [illegible] na época [illegible] de uma [illegible] da própria [illegible]. O [illegible] [illegible] o assunto separado. [illegible] compreensível de um [illegible] pelo [illegible] entre [illegible], peixe [illegible], baldeou-se o copo [illegible] esta ponta [illegible] com [illegible] qualquer pessoa [illegible] de vinho [illegible] com cuidado. [illegible] de [illegible] elaborada [illegible] quando [illegible] completo.

[illegible] Avisou-a ele.

— Como esse lugar se chama?

— [illegible] — Disse ele. — [illegible]

[illegible] contra.

— [illegible] — [illegible]

[illegible] grande [illegible]

[illegible]

[illegible]

Epílogo

Notas sobre o aroma de Saint-Jean-de-Luz numa manhã de inverno:

Água do mar fria e cristalina. Roupas de cama limpas, lavadas ontem mesmo, já com um toque de lavanda e neroli. Levedura, casca de pão, manteiga queimada, raspas de limão-siciliano, tomilho desidratado ao sol numa janela de cozinha. Tinta molhada e serragem das dobras da minha calça jeans, a geleia de damasco que Kit trouxe de Les Halles para mim quando eu estava ocupade demais embaixo da pia com uma chave inglesa para fazer compras. Possibilidade.

— Repete — Paloma diz, no caminho de volta do correio, os braços cheios de encomendas. — Mas dessa vez mais rápido.

— *Veux-tu m'épouser?*

— Agora com vontade.

— *Veux-tu m'épouser!*

— Aí sim! Sua pronúncia está melhorando.

Sorrio. Paloma cheira vagamente a sardinhas e café adoçado.

— Eu aprendo rápido.

No verão passado, quando desembarquei de volta na Califórnia com um dos suéteres de Kit e toda uma ideia nova de como minha vida poderia ser, comecei a aprender francês. Não me faltou ajuda — longos e-mails de Paloma, ligações de Cora, podcasts e aplicativos e Maxine com o ar de uma sargenta sexy. E, claro, Kit. Sempre Kit, e nossa conversa infindável, nossas chamadas de vídeo para testar receitas ou traçar planos. Às vezes, eu deixava que ele me aplicasse um teste. Às vezes, ele só ficava do outro lado da linha lendo um romance em francês em voz alta enquanto eu cuidava da casa.

(Às vezes, a gente também ficava pelado. Para uma pessoa com francês intermediário, adquiri um vocabulário realmente impressionante de safadeza.)

— Está lindo, Léa! — Paloma grita na direção da janela aberta quando chegamos a nosso destino. A priminha dela trocou a flauta pelo clarinete faz pouco tempo, para a tristeza dos vizinhos. — Parece bem menos que você tá assassinando um gato!

— Cala a boca, Paloma — Léa grita, botando a cabeça para a fora. — Oi, Theo!

— Oi, Léa! — grito em resposta. — Vejo você no jantar hoje!

— O Kit vem?

— Claro.

— *Mama!* — Léa grita, desaparecendo. — Acho que a gente precisa de mais uma galinha!

A pilha de caixas em meus braços é tão alta que escuto a risada de Kit antes de vê-lo.

— Eu não busquei nossas encomendas na semana passada mesmo? — ele diz, pegando algumas. O rosto dele surge em meu campo de visão e, por um momento, me espanto de novo por essa ser nossa vida. Que estou tendo a oportunidade de acordar todo dia de manhã com o barulho do mar e essa pessoa ao meu lado, essa pessoa linda e insubstituível, com um risco de tinta no nariz e um sorriso aberto apenas para mim. Ele chega perto e beija minha bochecha.

— Buscou — digo. Passamos lá com tanta frequência hoje em dia que o senhorzinho atrás do balcão já conhece a gente pelo nome. — Gilles mandou oi.

Com a ajuda de Kit, eu e Paloma levamos nossas encomendas para dentro e as empilhamos no chão ao lado da vitrine de doces.

— São para Mikel — Kit diz, apontando uma caixa de macarons para Paloma. Quando compramos a doceria da antiga dona, compramos as receitas dela também. Nós dois achamos que existem coisas que deveriam ser eternas. — E fala para ele que não esqueci que ainda está com minha cópia de *Cândido*.

— Você sabe que ele nunca vai devolver esse livro, né?

Kit volta a seu arsenal de baldes de tinta, ainda sorrindo.

— Sei, mas é divertido encher o saco dele.

— Você sabe quantos amigos seus vêm no domingo? — pergunto para Paloma.

— Todos, meu bem — ela diz, com um sorriso. — Todinhos. São amigos de vocês também.

Paloma se despede para trabalhar na barraca de peixe, saindo com tanto gingado que quase tropeça numa mulher à porta. As duas pedem desculpa antes de se afastarem e a mulher se vira, e reconheço aquele rosto lindo e familiar em formato de coração.

— Ai, meu Deus — digo, ofegante com a surpresa, saltando sobre as caixas. — *Sloane!*

Minha irmã grita quando me jogo de corpo inteiro em cima dela, envolvendo os braços ao seu redor e tirando-a do chão.

— Ai, Theo, cuidado com as minhas costelas!

Eu a coloco no chão, banqueteando meus olhos com ela pela primeira vez desde que me mudei para fora quase um ano atrás. Ela nunca chegou a raspar a cabeça, como ameaçou fazer, mas seu cabelo está muito mais curto do que estava, pouco acima dos ombros e quase de volta à nossa cor natural. Passo a mão nele para bagunçar um pouco, gostando da careta que provoco nela.

— O que você está fazendo *aqui*?

— Vim degustar o cardápio dos amigos e familiares? — Sloane diz. — Você literalmente me convidou.

— Sim, mas você é tão ocupada, não pensei que viria de verdade, e você nunca falou que…

— Desmarquei meus compromissos essa semana — ela responde, com um dar de ombros. — Oi, Kit.

Kit, que está olhando para mim e para Sloane com o leve divertimento de quem já nos viu sair no braço pelo último cupcake da festa de aniversário de três anos de Este, diz:

— Oi, Sloane. — E então ele também a abraça.

Enquanto Kit volta a trabalhar no mural que está pintando na parede dos fundos da loja, faço um tour do investidor com Sloane pelo que logo vai ser o Field Day: os fornos novos que instalamos juntos, as caixas de armazenamento organizadas cuidadosamente por Kit, o mosaico de azulejos que montamos à mão na parede atrás do balcão. Nossa vibe é o encontro entre o Velho e o Novo Mundo, aconchegante, luminoso e bem parecido com o que costumava ser para não desagradar tanto a vizinhança. Adicionamos mesas de café e uma mesa de canto, uma máquina de espresso, plantas em todas as janelas. Soldado dentro da base da vitrine de doces está o para-choque dianteiro do meu antigo bar micro-ônibus, tirado antes de eu vendê-lo para um amigo de Montana e Dakota, o velho logo surrado da VW refletindo as luzes que Kit pendurou em cima.

Termino mostrando para ela o que estamos preparando para nossa primeira degustação de cardápio no fim de semana. Ramos de hortelã, potes de especiarias cor de laranja e vermelho-escuras, paus de canela, pistache moído. Terminei o menu de coquetéis ontem, mas ainda não dei nomes para todos — no meu caderno, ainda estão com os nomes provisórios das noites que os inspiraram. O Caterina, o Émile, o Estelle.

Sloane se apoia na porta do frigorífico, sorrindo, sem dizer nada.

— Que foi? — pergunto, por fim.

— Nada — ela diz. — É só que você parece feliz aqui.

— Estou, sim. No começo foi assustador. Mas estou muito feliz, sim.

Na verdade, foi muito mais do que assustador. Foi aterrorizante. Eu me tremi de nervosismo durante todos os dias dos seis meses que passei resolvendo as últimas pendências nos Estados Unidos, solicitando meu visto, confirmando que o Timo ficaria bem sem mim, dando tchau para o pessoal da cozinha com quem trabalhei desde os dezenove anos. Então rolou um monte de discussões logísticas, burocracia, orçamentos e planos de negócios, todo tipo de coisa que costuma ser bem difícil para mim. Mas uma coisa que descobri é que nunca sei de verdade do que sou capaz até estar fazendo, e a única forma de descobrir é seguindo em frente. E, nos momentos em que a coisa pega, Kit está lá.

Amo esta vida. Amo esta vida com uma intensidade que teria me metido um medo danado cinco anos atrás, porque não conseguiria confiar que seria capaz de mantê-la. Em vez disso, nado pelo Atlântico antes do café da manhã e sigo mais firme a cada dia.

Mais tarde, enquanto Kit e Sloane estão ocupados fofocando feito dois pré-adolescentes, começo a desencaixotar todas as nossas remessas. Tem as encomendas esperadas — jogos de bar, mexedores, nozes enviadas dos Pireneus — e também tem as coisas que começaram a chegar depois que iniciamos a divulgação da inauguração do Field Day na semana que vem. Uma caixa de vinho com um bilhete escrito à mão por Gérard e Florian, e uma outra do sommelier do Timo com um cartão da equipe do bar. Um pacote de chocolate em pó puro de Santiago, saquinhos de sementes de acácia-australiana e pimenta-da-tasmânia dos Calums, sal do mar Mediterrâneo em flocos de Apolline. Um pacote de boa sorte contendo dois aventais de linho puro, uma coqueteleira dourada e um cartão-postal de Este.

O resto de nossos amigos de fora da cidade começam a chegar amanhã. Maxine deve pegar o trem em Paris; nossos pais desembarcam à tarde. Cora e Ollie coordenaram os voos com os suecos. Valentina até convenceu Fabrizio a ir embora do Rio em pleno janeiro para vir até a França, e Kit quase caiu da cama de tanto rir quando ela nos mandou uma foto dele encapotado de má vontade num suéter de lã. Toda noite depois do jantar na última semana, eu e Kit paramos diante da janela com vista para a baía e repassamos o cardápio, determinados a fazer com que seja o melhor, dentro das possibilidades. Não perfeito, mas o *melhor possível*. E é isso que nós somos. É isso que Theo-e-Kit é.

Do outro lado da lojinha, Kit brilha sob a luz rosa da manhã que entra pelas janelas grandes da entrada, riscado pelas sombras das letras que formam FIELD sobre o vidro. Amo as manchas de tinta em suas mãos, o cardigã velho com as mangas arregaçadas até os cotovelos. Amo como ele me faz bem. Amo como me faço bem quando estou com ele.

Penso na pergunta que venho praticando: *Veux-tu m'épouser?*

Ele foi a primeira grande coisa que me permiti querer. Desta vez, não vou me permitir perdê-lo.

Agradecimentos

Que livro grande este, hein?

Quando se abre a primeira página em branco para escrever, é importante ter um objetivo em mente. Meu principal objetivo com este aqui foi amar o processo de escrita e escrever um livro que amasse ser um livro. Acho que cheguei lá. Tenho certeza de que nunca vou ter meu amor tão correspondido por um livro como tenho por este.

Este livro me fez pular de um veleiro no Mediterrâneo e esfregar raspas de limão em açúcar refinado na cozinha. Me acordou com um beijo e me recomendou ler Rilke antes de começar a trabalhar. Me pediu para ser mais inteligente e mais curiose, para aprender uma dezena de coisas novas diferentes. Foi um prazer escrevê-lo, e tenho uma dívida enorme de gratidão a muitas pessoas por isso.

Agradeço a minha agente incansável, Sara Megibow, e a minha editora fiel, Vicki Lame. Agradeço a toda a equipe de St. Martin's Griffin por todo o trabalho dedicado a editar este livro e colocá-lo numa embalagem tão bonita para ser lançado ao mundo, incluindo Anne Marie Tallberg, Vanessa Aguirre, Meghan Harrington, Alexis Neuville, Brant Janeway, Melanie Sanders, Chrisinda Lynch, Lauren Hougen, Laura Apperson, Sam Dauer, Jeremy Haiting, Devan Norman, Kerri Resnick e Olga Grlic. Agradeço também à ilustradora da capa original, Mira Lou. Agradeço a nossos atores incríveis de audiolivro, Emma Galvin e Max Meyers; nossa diretora, Kimberley Wetherell; e à equipe de áudio da Macmillan, incluindo Elishia Merricks, Emily Dyer, Isabella Narvaez, Ashley Johnson e Tim Franklin.

Agora, vou começar a listar as fontes que entraram na pesquisa para este livro, mas bem rapidinho, senão levaria mais umas cinquenta páginas. Eu só tinha ido a Europa algumas vezes quando tive a ideia de escrever este livro, e teria ficado literal e figurativamente perdide se não fossem pelas dezenas de guias — físicos, literários e virtuais — que me mostraram o caminho. Agradeço aos YouTubers de viagem, cujo conteúdo foi indispensável enquanto estava pesquisando coisas como "ruas de Nápoles ASMR 4K" à uma da madrugada, incluindo Oui in France, Tourister, Abroad and Hungry, Chad and Claire, Days We Spend, Euro Trotter e todos os canais que publicaram episódios antigos de *Rick Steve's Europe*. Agradeço demais aos escritores e editores dos muitos livros que usei como referência, incluindo *Cork Dork: Loucos por vinho*, de Bianca Bosker, *Horas italianas*, de Henry James, *Wine Simple*, de Aldo Sohm e Christine Muhlke, *The Sommelier's Atlas of Taste*, de Rajat Parr e Jordan Mackay, *Bouchon Bakery*, de Thomas Keller e Sebastien Rouxel, e *O guia essencial do vinho: Wine Folly*, de Madeline Puckette e Justin Hammack. Obrigade aos blogueiros de viagem cujos textos e fotos me ajudaram a entrar em cada cenário, incluindo Along Dusty Roads, Bordeaux Travel Guide e Florence Inferno. Obrigade aos colaboradores de *TravelMag*, *AFAR*, *Lonely Planet*, *ArchDaily*, *Atlas Obscura*, *Condé Nast Traveler*, *Travel + Leisure* e do Guia Michelin, cujos trabalhos me ajudaram tanto a escrever este livro como a planejar minhas próprias viagens. Agradeço aos apresentadores e produtores dos podcasts que ouvi para me contextualizar, incluindo *Half-Arsed History*, *ArtCurious*, *Stuff You Missed in History Class* e *Wine for Normal People*. Obrigade a todas as pessoas que deixaram comentários aleatórios nos subreddits de cada um desses destinos pelas recomendações que fizeram. Obrigade ao documentário *Somm*. Obrigade à poeta Louise Labé, por me ajudar a entender a perturbação sexual e romântica de alguém vindo de Lyon. Obrigade à Galeria Uffizi, por disponibilizar um passeio virtual tridimensional pela Gruta Buontalenti sem nem imaginar para que eu o usaria. Eu até pediria desculpas, mas sinto que honrei o espírito do lugar.

Obrigade especialmente a Anthony Bourdain por *Volta ao mundo*, *Sem reservas* e basicamente por tudo.

Quanto aos moradores e especialistas brilhantes dos lugares retratados aqui, que me ensinaram sobre a história, comida e bebida de cada um deles, um agradecimento por escrito está longe de parecer o suficiente. Obrigade a meu guia de história florentina, Gian; a minha guia do chocolate de Barcelona, Carla; a meu guia de tapas, Boris, da Food Lover Tours (que me contou a história da garrafa de vinho que Fabrizio narra na seção de Nápoles); a Pierre, que deu uma volta comigo por Paris num Citroën antigo; a Angelo, pelo tour de Vespa que fizemos em Roma; à Ciao Florence Tours, por um dia de viagem suado e magnífico pela Toscana; e a Michele, pelo tour de confeitarias parisienses. Obrigade a Sara da Villa Le Barone, por responder a todas as perguntas que fiz sobre as flores e árvores específicas que estariam florescendo durante o fim de agosto/começo de setembro em Chianti. Obrigade a meus amigos Carol Ann, Brenden e Joey por me acompanharem em minha viagem pela França e pela Espanha e por falarem mais francês do que eu. Um agradecimento enorme, enorme mesmo, a Sarah Looper, da il Buco, por ler as páginas que escrevi e salvar minha vida com seu grande cérebro de sommelier.

Obrigade, como sempre, a minha melhor amiga e parceira de escrita, Sasha Peyton Smith, por sempre me encorajar à escolha mais saborosa; a minha família, pelo amor e apoio incondicionais por mim; e ao amor da minha vida, Kris, que foi incansavelmente paciente enquanto eu fazia bagunça na cozinha e acumulava várias garrafas de vinho escrevendo este livro. Obrigade a todos os meus amigos que devoraram as primeiras versões e me ajudaram a dosar a quantidade exata de tesão nele.

E, claro, obrigade, Leitor. Espero que termine este livro com um desejo de comer uma segunda porção de algo delicioso, experimentar alguma coisa que não consiga pronunciar num cardápio e fazer a escolha mais saborosa. Não se contente com nada menos do que o máximo.

Amo vocês. Quengas no topo.

ESTA OBRA FOI COMPOSTA POR VANESSA LIMA EM BEMBO E
IMPRESSA PELA GRÁFICA SANTA MARTA EM OFSETE SOBRE PAPEL PÓLEN NATURAL
DA SUZANO S.A. PARA A EDITORA SCHWARCZ EM JULHO DE 2024

FSC
www.fsc.org
MISTO
Papel | Apoiando o manejo florestal responsável
FSC® C005648

A marca FSC® é a garantia de que a madeira utilizada na fabricação do papel deste livro provém de florestas que foram gerenciadas de maneira ambientalmente correta, socialmente justa e economicamente viável, além de outras fontes de origem controlada.